고구려통사 8

고구려 고고
- 유적 편

고구려통사 ❽

고구려 고고
– 유적 편

동북아역사재단 한국고중세사연구소 편

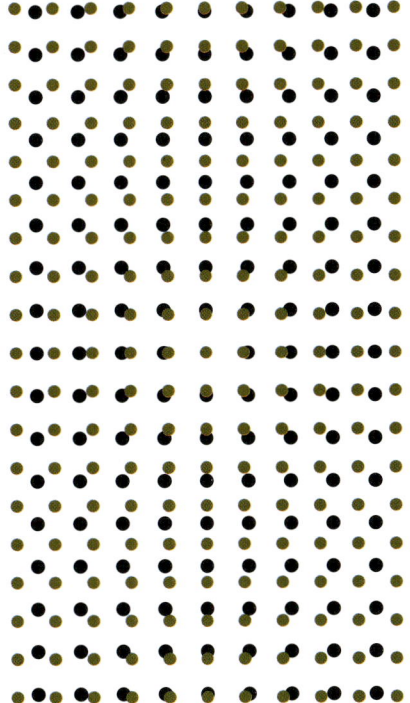

동북아역사재단

책머리에

『고구려통사』의 편찬 목적과 주안점

고구려사는 한국고대사에서 지난 10년간 가장 큰 변화상을 보였던 분야이다. 『삼국사기(三國史記)』 고구려본기(高句麗本紀)의 초기 기사를 적극 활용하여 고구려사 연구의 방향과 방법론이 새롭게 모색되었으며, 정치사와 대외관계사를 중심으로 연구주제가 세분화되고 다양해지면서 괄목할 만한 성과를 거두었다. 또한 고고학에서는 북한의 연구성과에 기초하여 개설적인 정리를 시도하던 경향에서 벗어나, 중국에 남아 있는 고구려 고고자료가 소개되고 임진강 이남의 한반도 중부지역에서 고구려 유적에 대한 조사가 늘어나면서 고분벽화·고분·토기 등 여러 분야에서 독자적인 연구성과물이 나오는 단계에까지 이르고 있다.

이에 현시점에서 그간의 연구성과를 정리·집약하여 고구려사에 대한 우리의 이해가 어디에 이르렀는지를 파악하고, 남은 과제는 무엇이며, 새로운 연구는 어디로 나아가야 할 것인지를 따져 봐야 할 필요가 있다. 이 책은 다음과 같은 목적을 가지고 편찬하였다.

첫째, 축적된 연구성과를 정리해야 할 필요성이다. 현재 학계가 이용하고 있는 고구려사 개설서나 개인 연구자의 연구서들은 발간 당시의 성과를 반영한 결과물이지만, 담고 있는 내용이 제한적이거나 과거의 이해에 머물고 있다. 지난 10여 년 동안 연구범위가 넓어지고 새로운 이해가 더해졌지만, 학문적 성과를 잘 담지 못하고 있는 것이다. 그러므로 최근 연구성과를 반영한 새로운 정리물이 절실하다.

둘째, 역사상에 부합하는 이해를 제시할 필요성이다. 그동안 고구려사 연구가 커다란 성과를 거두었음은 의심할 나위가 없다. 하지만 일부 연구에서는 재검토가 요청되는 섣부른 결론도 보인다. 이 경우 역사상에 부합하는 이해를 제시하여 이제 막 연구자의 길에 들어선 이나 역사에 관심 있는 이들이 학술적으로 타당한 이해를 토대로 고구려사를 고찰할 수 있도록 해주어야 한다.

이러한 문제의식에서 『고구려통사』 기획위원회를 구성하였다. 위원회가 가장 고민한 지점은 어떻게 하면 역사상에 충실하며 특정 이해에 치우치지 않는 집필이 가능할 것인가였다. 기획위원으로는 임기환(서울교육대학교 교수), 여호규(한국외국어대학교 교수), 김기섭(경기도박물관 관장), 정호섭(고려대학교 교수), 양시은(충북대학교 교수), 김현숙(동북아역사재단 수석연구위원), 이성제(동북아역사재단 책임연구위원)가 참여하였다. 『고구려통사』 총서는 시대별 특징과 고고자료의 중요성을 고려하여 초기사(전 2권), 중기사(전 2권), 후기사(전 3권), 고고자료(전 2권), 그리고 총론(1권)으로 구성하였다.

각 권은 주제와 시기를 달리하지만, 체계와 내용의 주안점에서 기획위원회가 마련한 일관된 기준에 따르도록 하였다. 관련 연구를 진행한 연구자가 책임지고 해당 장절을 집필하는 방식이 아니라, 위원회가 여러 차례 논의를 거쳐 마련한 편목별 내용구성안과 집필기준에 따라 원고를 작성토록 하였다.

한편, 고구려사 연구가 짧은 시간 내에 이토록 발전하게 된 데에는 중국의 동북공정식 연구가 추동한 위기의식 때문이기도 하였다. 이들 연구는 고구려사를 핵심과제로 다루었고, 자연히 고구려사를 구성한 제 분야를 섭렵하는 연구가 쏟아져 나왔던 것이다. 최근에는 유민 묘지(遺民墓誌)나 『한원(翰苑)』 등 1차사료에 대한 활발한 연구와 고고자료를 활용한 새로운 논리 개발도 적극적으로 전개되고 있다. 이 점에서 『고구려통사』는 세 번째 주안점을 새로운 문헌자료와 고고자료의 충실한 소개와 중국 측 논거에 대한 학술적 비판과 정합적 이해의 제시에 두었다.

　『고구려통사』 발간은 이러한 고구려사의 연구성과를 충실하게 정리하여 학계와 일반에게 제공하는 데 목적을 두고 있다. 연구에 막 입문한 이들에게는 고구려사의 주요 맥락과 과제에 보다 수월하게 접근할 수 있는 지침서가 되길 바라며, 역사에 관심을 가진 이들에게는 그간 알지 못했던 고구려의 새로운 모습을 살필 수 있는 자료가 되기를 희망한다.

기획위원회를 대신하여
이성제

차례

책머리에 / 5

1 도성체계 / 양시은

1. 졸본 / 14
2. 국내도성 / 26
3. 평양도성 / 41

2 성곽 / 양시은

1. 고구려 성의 기원 / 72
2. 고구려 성의 구조 / 76
3. 고구려의 관방체계 / 109

3 적석총 / 강현숙

1. 적석총의 구조와 형식 / 154
2. 적석총의 기원과 변천 과정 / 172
3. 적석총의 입지와 분포 / 183
4. 통구분지의 초대형 적석총 / 191

4 석실봉토분 / 강현숙

1. 석실 / 227
2. 석실봉토분의 출현과 변천 과정 / 244
3. 평양도성시기의 왕릉 / 253

5 고분벽화 / 전호태

1. 기원 / 284
2. 시기별 변화양상 / 292
3. 벽화를 통해 본 생활상 / 338

6 건축유적 / 최종택

1. 궁궐유적 / 396
2. 사묘유적 / 410
3. 사찰유적 / 413
4. 주택유적 / 432

7 남한의 고구려 유적 / 최종택

1. 성곽 / 463
2. 고분 / 491
3. 출토유물 / 509
4. 역사적 의미 / 538

찾아보기 / 556

1 도성체계

1. 졸본
2. 국내도성
3. 평양도성

1장

도성체계

양시은 | 충북대학교 고고미술사학과 부교수

『삼국사기』 지리지에 따르면, 주몽이 졸본(卒本), 즉 흘승골성(紇升骨城)에 고구려를 세웠고, 유류왕(유리왕)이 22년(3년)에 도읍을 국내성(國內城)으로 옮겼다. 이후 장수왕이 15년(427년)에 평양(平壤)으로 도읍을 옮겼으며, 다시 평원왕이 28년(586년)에 장안성(長安城)으로 도읍을 옮겼으나, 보장왕 27년(668년)에 멸망하였다. 물론, 문헌에는 도읍을 옮긴 기사(移都, 遷都, 移居 등)가 더 확인되고 있을 뿐 아니라 그 시기에 대한 논란도 있으나, 왕도의 위치에 따라 졸본, 국내, 평양으로 구분하는 것이 일반적이다.

중국의 고대 도성은 일반적으로 평지에 황제나 왕이 머무르는 궁을 보호하는 내성(內城)과 거주민의 취락 등을 둘러싼 외곽(外郭)으로 구성되어, 기본적으로는 방형 평면의 큰 성곽도시 형태를 취하였다. 그렇지만 큰 산과 깊은 계곡이 많은 고구려에는 중기까지도 도읍을 둘러싼 대형 성곽 구조가 확인되지 않으며, 6세기 후반 장안성으로 천도한 이후에야 도시를 감싸는 외성(外城)을 갖추게 되었다. 그리고 장안성 역시 자연지형에 맞춰 석축 성벽을 쌓은 관계로 성벽의 축조방식이나 평면형태, 세부구조 등에서 중국의 도성과 큰 차이를 보인다.

고구려 도성제에 대한 그간의 연구들은 『주서(周書)』에 기록된 평양성의 내용과 개별 유적의 분포양상을 근거로 평지의 왕궁과 위급 시 사용된 배후의 산성으로 이루어졌다는 세키노 다다시(關野貞, 1914)의 주장에 대체로 동조해 왔다. 그러나 이 주장은 개별 왕성(또는 궁성)유적의 축조 및 활용 시점에 대한 고고학적인 근거를 바탕으로 한 것이라기보다는 후대까지 보존된 도읍의 왕성유적을 시간에 대한 별다른 고민 없이 평지성과 방어용 산성이라는 고정된 틀에 끼워 맞춘 것에 불과하다(양시은, 2021).

그렇지만 천도 기사에 등장하는 여러 성의 위치 비정이나 도성의 구조에 대해 여전히 의견이 분분한 만큼, 다음에서는 고고학 조사 내용과 그간의 연구성과를 중심으로 고구려 도성에 대해 살펴보겠다.

1. 졸본

『삼국사기』 고구려본기에는 동명왕 즉위년(기원전 37년)에 주몽이 "졸본천(卒本川)에 이르러, 그 토양이 기름지고 아름다우며, 산하가 험하고 견고한 것을 보고 마침내 도읍하려고 하였으나, 궁실(宮室)을 지을 겨를이 없었으므로 일단 갈대를 엮어 비류수(沸流水) 위에 살았다",

지도1 | 환인 지역의 고구려 유적 분포(ⓒ구글 어스)

그리고 얼마 후(기원전 34년)에 "성곽과 궁실을 지었다"고 한다. 또한 〈광개토왕릉비〉에는 "비류곡(沸流谷) 홀본(忽本) 서쪽 산 위에 성을 쌓고 도읍을 세웠다"고 하고, 『위서(魏書)』에는 "흘승골성에 이르러 마침내 자리를 잡았다"라고 한다.

고구려의 첫 번째 도읍이었던 졸본은 중국 요령성(遼寧省) 환인현(桓仁懸) 일대로 비정된다. 졸본은 고구려 성곽과 적석총을 비롯한 이른 시기의 고구려 유적과 유물이 집중적으로 분포하는 곳이어야 하는데, 무기단적석총과 기단적석총이 대규모로 군집하면서 성곽이 함께 존재하는 곳은 현재 환인과 집안(集安) 지역밖에 없다. 그런데 〈광개토왕릉비〉와 〈집안고구려비〉가 소재한 집안이 국내성이므로, 환인을 졸본으로 파악하는 것이 타당하다. 실제로 환인 일대에는 평지성인 하고성자토성(下古城子土城)과 산성인 오녀산성(五女山城)은 물론 혼강(渾江)을

1장 도성체계 15

따라 망강루고분군(望江樓古墳群), 상고성자고분군(上古城子古墳群), 고력묘자고분군(高力墓子古墳群, 고려묘자고분군) 등 이른 시기의 고구려 유적이 다수 분포하고 있다.

환인 지역에서 고구려 초기 왕성의 후보지로 거론되는 곳은 오녀산성, 하고성자토성, 나합성(喇哈城)이다.

오녀산성은 환인 시가지에서 동북쪽으로 약 8.5km 떨어진 오녀산(해발 806m)에 위치한다. 오녀산의 정상부는 남북 길이 600m, 동서 너비 110~200m가량의 넓은 평탄지로, 사방이 험준한 절벽으로 둘러싸여 있다. 산성은 정상부와 완만하게 경사진 동쪽 산비탈을 이용하여 조성하였는데, 정상부의 넓은 평탄지에 대형 건물지와 주거지, 저수시설 및 망대(장대)를 비롯한 대부분의 유구와 서문지 등이 위치한다. 성의 전체 둘레는 4,574m에 달하지만, 대부분은 절벽을 그대로 이용하여 천연 성벽으로 삼았고, 돌로 인공 성벽을 쌓은 곳은 남벽과 동벽의 남단으로 565m에 불과하다(도면1).

산성에 대한 고고학 조사는 20세기 초 일본인 관학자들에 의해 시작되었으나, 본격적인 조사는 신중국 성립 이후에 이루어졌다. 1985년 오녀산에 TV 송신탑을 세울 때 많은 유물이 출토되어, 이듬해인 1986년에 발굴조사가 이루어졌으나 정식 보고서는 발간되지 않았다. 1994년에 전국중점문물보호단위(全國重點文物保護單位)로 선정된 이후, 1996~1999년과 2003년에 요령성문물고고연구소(遼寧省文物考古研究所) 등에 의해 발굴조사가 이루어졌으며, 2004년에 보고서가 발간되어 중요한 연구자료로 이용되고 있다. 현재 세계문화유산인 오녀산성은 산 아래에 있는 오녀산성박물관과 함께 매년 많은 관람객이 찾고 있다.[1]

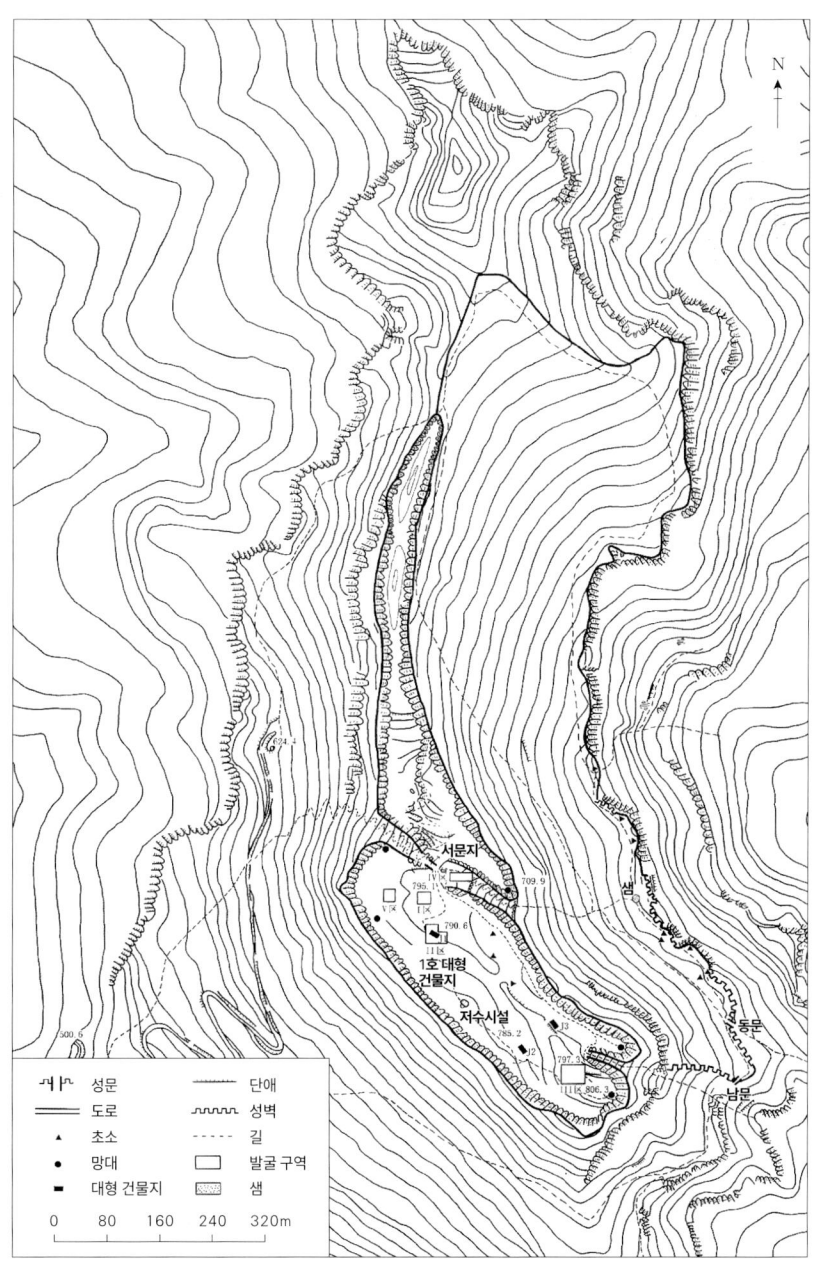

도면1 | 오녀산성 평면도(遼寧省文物考古硏究所, 2004, 도11)

사진1 | 오녀산성(ⓒ양시은)
1. 전경(2009년) 2. 서문지로 향하는 절벽 사잇길(2009년) 3. 동벽(2008년)

    산성에는 5개의 문화층이 발견되었는데, 조사단은 제1기 문화층은 신석기시대 후기, 제2기 문화층은 청동기시대 후기, 제3기 문화층은 양한(兩漢)시기에 즈음한 고구려 초기, 제4기 문화층은 4세기 말에서 5세기 초에 해당하는 고구려 중기, 제5기 문화층은 금대(金代)로 판단하였다(遼寧省文物考古硏究所, 2004).

    제3기 문화층에는 1호 대형 초석 건물지와 평면형태가 원형 혹은 말각장방형인 수혈주거지 4기, 수혈(灰坑) 3기가 확인되었다. 주거지에는 노지나 간단한 부뚜막시설만 발견되었으며, 제4기 문화층의 주거지와 달리 쪽구들은 설치되지 않았다. 출토유물로는 잔석립이 혼입된 회갈색 수제(手製)토기, 철제농공구, 동전 등이 있다. 토기는 종위대상파수(縱位帶狀把手)가 부착된 심발(罐)이 주를 이루고 있는데, 모두 조질태토로 소성온도는 낮은 편이다. 철기는 삽날(鐵錘)과 괭이(鐵钁)가, 동전은 1호 대형 건물지에서 출토된 오수전(五銖錢)과 대천오십전(大泉

---

1 2004년 '고구려 왕성·왕릉 및 귀족무덤(Capital Cities and Tombs of the Ancient Koguryo Kingdom, 高句麗王城·王陵及貴族墓葬)'으로 세계문화유산에 지정되었다.

五十錢), 그리고 1986년 조사 당시 수습된 전한시기 반량전(半兩錢)과 왕망(王莽)시기(8~25년) 화천(貨泉) 등이 있다. 이상의 유물로 볼 때 제3기 문화층은 고구려 초기에 해당한다.

한편, 발굴조사단은 서문지 일대를 제외한 대부분의 석축 성벽을 제3기 문화층과 관련된 것으로 판단하고 있다. 그러나 성벽의 회절부 처리와 장대석 기초, 쐐기꼴 성돌의 석재 가공 수준과 성벽의 축조기술 등이 집안의 환도산성(丸都山城)이나 국내성과도 유사하다는 점에서 이 성벽은 고구려 초기가 아닌 중기에 조성된 것으로 보인다(王志剛, 2016). 일정 높이 이상의 석축 성벽을 축조하기 위해서는 상당한 수준의 석재 가공 및 토목건축 기술이 필요한데, 환인 지역에서 당대 최상위 무덤으로 비정되는 망강루 4호분이나 6호분의 경우 한 변의 길이가 13~15m임에도 불구하고 강돌 등과 같은 미가공 석재로 울타리를 돌리듯이 쌓은 것을 보면, 고구려 초기에는 인공 성벽을 쌓을 만큼 석재 다루는 기술이 축적되지 못하였을 가능성이 크다(강현숙, 2015).

다만, 서문지에서 확인되는 자연절벽을 이용한 초기 형태의 옹성 구조나 고구려 중기 산성에 비해 정연하지 못한 성돌의 겉쌓기 방식은 오녀산성 석축 성벽의 축조시기가 고구려 중기에서도 약간 이를 가능성이 있음을 보여준다. 이와 관련해서는 오녀산성을 고구려 초기에 조성된 정상부의 유구와 이보다 늦은 위진시대(魏晉時代, 220~420년)에 해당하는 사면부의 석축 성벽으로 나누어 본 이신전(李新全, 2009)의 견해가 주목된다.

또한 발굴단은 오녀산성이 4세기 말에서 5세기 초까지만 사용된 것으로 판단하고 있으나, 실제로는 고구려 후기의 유물도 다수 확인된다. 그렇지만 이들 토기는 제작기법과 세부형태에서 고구려 중기 토기의 특징을 공유하면서도 아차산일대보루군에서 출토된 고구려 후기 토기와는 일정한 차이를 보인다. 고구려는 중기 이후부터 행정관청을 비롯한 중요 건물에 기와를 사용하였는데, 기와가 전혀 발견되지 않은 오녀산성의 경우에는 국내 도읍으로 천도한 이후부터는 방어성으로만 기능하였던 것으로 추정된다. 그리고 평양 천도 이후 오녀산성은 건국지라는 상징성을 지닌 졸본의 방어를 위해 계속 유지는 되었으나 왕도로 향하는 주 방어선에서 멀어지면서 활용도가 국내도읍기에 비해 현저히 낮아진 것으로 보인다(양시은, 2020).

한편, 제3기 문화층에서 가장 주목되는 유구는 1호 대형 건물지이다(도면2-1). 길이 13.8m, 너비 6~7.2m인 6칸 규모의 초석 건물지로, 초석은 대체로 자연석을 이용하였지만 일부 가공한 것도 있다. 건물지 주변에서 기와가 전혀 발견되지 않아 기와지붕 구조는 아니었음을 알 수 있다. 내부에 쪽구들이나 노지와 같은 별도의 난방시설도 발견되지 않았다. 이 건물지는 고구려 전기의 다른 주거유적과 비교하여 그 규모나 건축구조가 월등하기 때문에 초기 왕궁건축일 가능성이 크다.

사실 환인 지역에서 가장 높은 곳에 자리한 오녀산성은 별도의 성벽

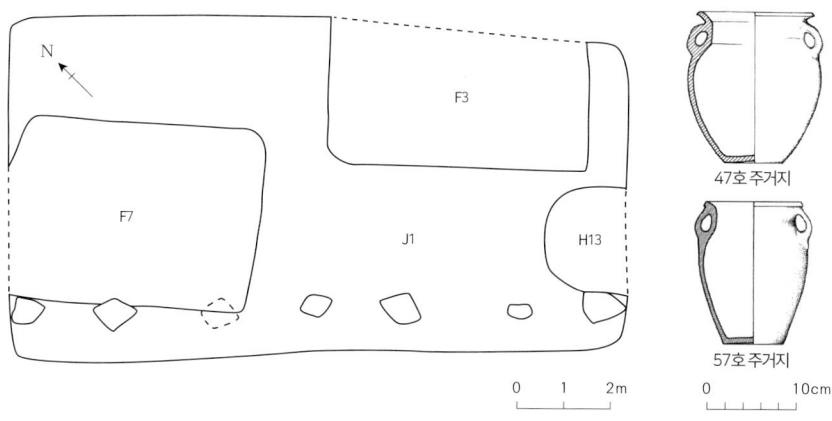

도면2 | 제3기 문화층의 주요 유구와 유물(遼寧省文物考古研究所, 2004, 도70, 77, 79)

을 쌓지 않고도 충분히 방어가 가능한 천혜의 요새이자, 환인분지 어디에서나 조망이 가능하다는 점에서 고구려 초기 도성으로 상징성을 갖기에 충분하다(사진1-1). 그리고 발굴조사를 통해서도 고구려 초기에 활용되었음이 밝혀진 만큼, 건국 당시 산 위에 성을 쌓아 도읍[2]으로 삼았다는 흘승골성[3]으로 보기에 무리가 없다.

그렇지만 오녀산성이 험준한 산 정상부에 위치해 있어 접근이 쉽지 않다는 점 때문에 평상시 왕이 머무는 거처로 적합했을까 하는 문제는 여전히 남아 있다. 지금도 겨울이 되면 눈과 추위 때문에 오녀산을 등

---

2 고구려의 산상 도읍에 대해서는 이규보의 『동국이상국집(東國李相國集)』 동명왕편에 소개된 『구삼국사(舊三國史)』 인용문에 "7월에 검은 구름이 골령(鶻嶺)에 일어 사람들이 그 산을 볼 수 없었다. … 7일이 지나 운무(雲霧)가 스스로 걷히자 성곽과 궁실 및 누대가 저절로 만들어졌다"는 내용에서도 확인이 가능하다.

3 고구려의 첫 도읍은 졸본이지만, 흘승골성은 첫 도성으로서 실재했던 것이 아니라 후대에 명목상의 설정에 지나지 않는다는 주장도 있다(권순홍, 2019).

반하는 것이 쉽지 않아 산성에서의 정주(定住)는 사실상 불가능해 보인다. 따라서 평상시 왕이 거처하며 정무를 보는 곳이 평지에 따로 마련되어 있었을 가능성이 크다. 동일한 이유로 고구려 중기 이후에도 오녀산성은 치소성이 아닌 방어성으로만 기능하였던 것으로 보인다.

강현숙(2015)은 산성 내에서 고구려 초기의 유구가 거의 확인되지 않는다는 점을 들어 오녀산성은 정주성보다는 비상시에 일시적으로 사용한 성이며, 주몽이 처음에 비류수가에 집을 짓고 살았다는 문헌기록으로 볼 때 혼강 유역에 평상시 정주적 성격을 가진 평지 토성이 별도로 존재하고 있었을 것으로 추정하였다. 앞서 언급한 바와 같이 고구려의 도성이 왕이 평시에 거주하는 평지 도성과 비상시 사용하는 방어용 산성으로 구성되었을 것이라는 견해는 세키노 다다시(關野貞, 1914)에 의해 처음 제기된 것으로, 그간 학계의 통설로 자리 잡았다. 그렇지만 지금까지의 고고학 조사결과와 연구성과로 보건대, 고구려 도성이 평지성과 방어용 산성의 모습을 갖추게 된 것은 적어도 국내성이 축조되는 4세기 이후에나 가능한 것이어서 세키노 다다시의 주장은 그대로 수용하기 어렵다(양시은, 2021).

환인 일대에서 고구려 초기 도읍과 관련하여 언급되는 평지성은 하고성자토성과 나합성이다(지도1).

혼강과 부이강(富爾江)의 합류 지점에 위치한 나합성은 한 변의 길이가 200m가량인 평면 방형의 석축 평지성이다. 오녀산성에서 동쪽으로 약 12km가량 떨어져 있다. 유적은 댐 건설로 인해 수몰되었지만, 갈수기에는 성벽이 지면에 드러나기도 한다. 1909년에 간행된 『회인현지(懷仁縣志)』에 성의 존재가 기록되어 있는데, 2003년 환인현문물관리소가 이를 확인하였다. 오녀산성의 동쪽에 위치한다는 점에서 〈광개토왕릉비〉의 기록을 근거로 졸본의 평지 도성[4]으로 보기도 한다(王從安·紀飛, 2004). 그렇지만 지표에 노출된 석벽이 좁고 작아 성벽으로 보기 어려울 뿐만 아니라 유적에서 채집된 회청색 기와편 모두 중화민국시기라는 점에서 고구려 성으로 보기 어렵다는 주장도 있다(梁志龍, 2008).

하고성자토성은 환인 시가지에서 서북쪽으로 3km 떨어진 육도하자향(六道河子鄕) 하고성자촌에 있다. 성의 동쪽에는 혼강이 북쪽에서 남쪽으로 흘러간다. 오녀산성과는 약 10km 떨어져 있다. 마을 내에 자리하고 있어 훼손이 심한데, 전체 둘레가 0.8km인 평면형태 장방형의 토성이다. 현재는 서·남·북벽만 잔존하고 있다.

위존성(魏存成, 1985)은 산세가 험한 오녀산성은 일상생활이 불편할 뿐만 아니라 행정기구 전체를 수용할 수 있는 면적도 아니어서 정권의 기틀과 거주민들이 모일 수 있는 별도의 거점이 필요하다고 보았다. 이로 인해 혼강변에 있는 하고성자토성이 오녀산성과 함께 초기 도성을 구성하였을 것으로 주장하였는데, 고구려 건국기에는 토성을 축조하는 전통이 없었기 때문에 한대 성을 연용하였을 것이라고 추정하였다. 이러한 위존성의 주장은 이후 학계에 지대한 영향을 끼쳤는데, 왕면후(王綿厚, 2002), 이신전(李新全, 2008), 박순발(2012) 또한 졸본이 하고성자토성과 오녀산성으로 구성된 것으로 본다.

그렇지만 기저부 너비 15.2m, 상단부 너비 8.4m, 잔고 1.4m인 토축 성벽(서벽)에 대한 1998년도 시굴조사(遼寧省文物考古研究所, 2004)

---

4 국내에서는 노태돈(2012), 심광주(2005), 권순홍(2015) 등이 졸본을 나합성 일대로, 오녀산성을 위나암성으로 비정한 바 있다.

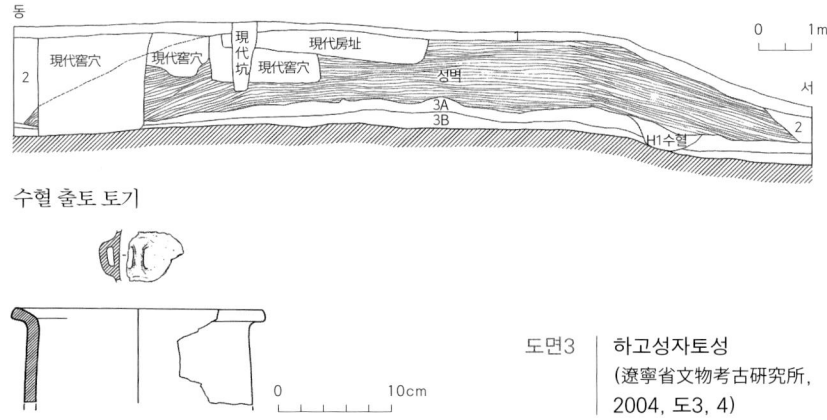

도면3 | 하고성자토성
(遼寧省文物考古研究所, 2004, 도3, 4)

당시 성벽보다 먼저 조성된 수혈(H1)에서 종위 대상파수와 심발형토기 파편 등 고구려 전기 유물들이 출토되면서 하고성자토성은 위존성의 주장과는 달리 고구려가 축조했음이 밝혀졌다(도면3).

  졸본의 평지 도성 문제를 해결하기 위해서는 하고성자토성의 축성 시기를 파악하는 것이 중요한데, 발굴조사가 제대로 이루어지지 않은 관계로 현재는 간접적인 추론만 가능하다. 우선 토성 인근에 자리한 상고성자고분군은 기단적석총이 대다수이면서 계단식적석총이 확인되지 않는 점과 2006년에 조사된 4호묘에서 니질회색태토에 점열문 또는 중호문과 점열문이 시문된 토기가 출토되었다는 점에서 조영연대를 3~4세기까지 내려보기도 한다(梁振晶, 2008). 토성 거주 집단의 무덤으로 추정되는 상고성자고분군의 조영연대는 기단적석총 중심의 묘제로 볼 때 고구려 건국 시점보다는 다소 늦을 가능성이 있다. 그리고 〈광개토왕릉비〉에는 홀본의 서쪽 산 위에 도읍을 세웠다고 하므로, 오녀산성의 서쪽에 위치한 하고성자토성은 여러 면에서 졸본의 평지 도성으로 비정하기 어렵다. 이로 인해 하고성자성을 "골천(鶻川)에 이궁(離宮)을 지었다"는 『삼국사기』 고구려본기 기사를 근거로 유리왕 3년(기원전 17년)에 축조되었다는 이궁으로 보기도 한다(李殿福, 2004; 梁志龍, 2008).

한편, 국력이 약했던 고구려 건국 당시에는 대규모 노동력과 재력을 투입하기 쉽지 않았을 것이므로, 평상시 거점에 성곽을 축조하지 않았을 가능성도 있다. 고구려 초기에는 산상의 군사방어성이 평상시 거점보다 중시되었을 가능성도 배제할 수 없다(여호규, 2015). 고구려의 도성이 평지성과 방어용 산성으로 구성되었다는 기존의 인식에서 벗어난다면, 고구려 초기의 대내외적인 상황과 함께 졸본 도읍의 경관을 이해하는 데도 효과적일 수 있다.

이에 양시은(2014)과 여호규(2014)는 오녀산성의 동쪽, 대규모 고구려 고분군이 조성되어 있는 고력묘자촌 부근의 수몰지구를 졸본의 평지 거점으로 보고 있다. 고력묘자고분군은 1956년 조사에서 240여 기의 고분이 확인되었다. 고분군은 다수의 적석총과 소수의 봉토분으로 구성되어 있는데, 무기단·기단·계단 모든 형식의 적석총이 발견되었다. 또한 적석총에서 손으로 제작한 심발과 초창기 형태의 호가 출토되어, 고구려 초기부터 고분군이 조영되었음을 알 수 있다(萬欣·梁志龍, 1998). 환인 지역에서 규모가 가장 클 뿐만 아니라 고분군의 조영 기간도 가장 길고, 또 대형 적석총도 다수 확인된다는 점에서 고력묘자고분군 일대는 인근의 오녀산성과 함께 고구려 초기 도읍을 구성하였을 것으로 보인다.

최근에는 고구려 초기의 도읍이 산성으로만 이루어졌을 것이라는 주장도 제기되었다. 왕지강(王志剛, 2016)은 하고성자토성의 건립시기가 고구려 초기라는 증거가 충분하지 않을 뿐만 아니라 국내로 천도하기 전 고구려는 국력이 약했기 때문에 막대한 인력을 동원하여 방어에 불리한 평지 토성을 구축할 수 없었을 것으로 판단하였다. 이에 오녀산을 도읍으로 하였던 시기에는 평지에 도성이나 대형 예제(禮制) 건축물 등은 조영되지 않았을 것으로 보았다. 기경량(2019) 또한 유리왕이 여러 이궁을 지어 옮겨 다닌 것을 볼 때 졸본시기에는 평지의 거주공간을 정궁(正宮)으로 인식하지 않았을 가능성이 있으므로, 졸본도읍기의 왕성은 고구려 왕도 경관의 최정점이자 신성성이 강조되는 오녀산성이었고, 정궁 역시 산성에 위치하였을 것이라고 주장하였다.

2. 국내도성

고구려의 두 번째 도읍인 국내는 중국 길림성(吉林省)의 집안 지역으로, 이 일대에는 〈집안고구려비〉와 〈광개토왕릉비〉를 비롯하여 국내성과 산성자산성(환도산성), 그리고 태왕릉과 장군총 등 왕릉으로 비정되는 초대형 적석총이 분포하고 있다.

집안 지역은 압록강 중류 일대에서 가장 넓은 평지가 펼쳐져 있는 곳으로, 만주의 소강남(小江南)이라고 불릴 정도로 따뜻하고 강수량도 풍부하며 서리가 내리지 않는 날이 많아 농사짓기에 알맞은 곳이다. 북쪽에 있는 노령산맥(老嶺山脈)에서 뻗어내린 용산(龍山, 해발 507m), 우산(禹山, 762m), 칠성산(七星山, 706m) 등이 집안의 분지 지형을 감싸며 천혜의 자연방어벽을 형성하고 있으며, 남쪽으로는 압록강이, 서쪽으로는 통구하(通溝河)가 흐른다. 내륙 교통로 외에도 압록강 수로를 이

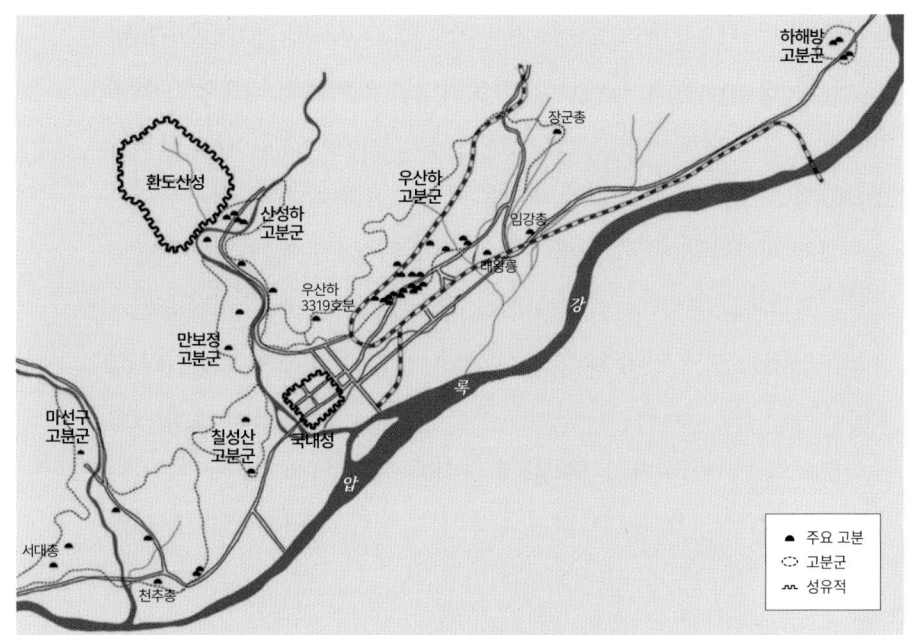

지도2 | 집안 지역의 주요 고구려 유적 분포도(강현숙 외, 2020, 그림V-5)

용한 물자 수송과 통행이 가능하다(지도2).

『삼국사기』 고구려본기에는 유리왕 22년(3년)에 "왕은 국내로 천도하고, 위나암성(尉那巖城)을 쌓았다"고 하지만, 『삼국지』 위서동이전에는 건안(建安) 연간(196~219년)에 "이이모(伊夷模)가 다시 새로운 도성을 건설하였다(更作新國)"고 한다.

국내 도읍의 위치에 대해서는 별다른 이견이 없으나, 졸본에서 국내로의 천도 시점에 대해서는 다양한 견해가 존재한다. 대체로 ① 유리왕대(기원전 19~기원후 18년 재위) 천도설(박순발, 2012), ② 태조왕대(53~146년 재위) 천도설(여호규, 2005; 강현숙, 2015; 권순홍 2019), ③ 신대왕대(165~179년 재위) 천도설(임기환, 2015; 기경량, 2017), ④ 산상왕대

(192~227년 재위) 천도설(심광주, 2005; 노태돈, 2012)로 나누어볼 수 있다. 이 중 중국과 북한 학계는 유리왕대 천도설이, 일본 학계는 산상왕대 천도설이 통설이다. 남한 학계에서도 한동안 유리왕대 천도설이 주류를 차지하였으나, 집안 지역의 왕성유적과 왕릉 및 귀족무덤이 2004년 세계문화유산으로 등재되는 과정에서 주요 유적에 대한 발굴조사 보고서들이 전격적으로 발간되면서 다양한 의견이 제기되고 있다.[5]

집안 지역의 성곽유적으로는 국내성과 산성자산성(山城子山城)이 있다. 물론 유적의 분포현상만을 놓고 보면 국내 도읍이 평지성과 유사시의 산성으로 이루어졌다는 세키노 다다시(關野貞, 1914)의 주장이 일견 타당해보일 수도 있으나, 개별 왕성유적의 축조 및 활용 연대에 따라 도성 구조가 달라진다는 점에서 문제가 된다.

위존성(魏存成, 1985)은 유리왕대인 기원후 3년에 국내로 천도하면서 현 국내성 석축 성벽 아래에 있던 전한시기의 토성을 왕성으로 이용하고, 동시에 수도의 방어를 위해 위나암성(산성자산성)을 축조한 것으로 보았다. 이후 공손씨의 출병으로 토성이 완전히 폐허가 되자 산상왕이 환도성(산성자산성)으로 천도하였으며, 3세기 중엽 관구검(毌丘儉)에 의해 환도성이 파괴되어 도읍으로 삼을 수 없게 되자 평양성을 쌓고 백성과 종묘, 사직을 옮겼는데, 당시는 평양 지역에 낙랑이 존재하고 있었으므로 문헌에 기재된 평양성이 바로 지금의 국내성이라고 하였다.

웨이춘청의 주장은 이후 여러 연구자들에게 지대한 영향을 끼쳤다.

---

[5] 고대사학계의 논의는 노태돈(2012), 이정빈(2017), 임기환(2018) 등의 논문을 참고하기 바란다.

중국에서 간행된 최초의 고구려 고고학 개설서인 『高句麗 考古』(魏存成, 1994)에도 약간의 논지와 자료만 보강되었을 뿐 기본 내용은 동일하다. 고구려 도성의 구조를 평지성과 산성으로 파악하여 논지를 전개한 그의 주장은 당시까지의 고고학 조사내용을 문헌기록에 최대한 맞춰 해석한 것이었다.

그렇지만 2000년대 초반 국내성 북벽에 대한 발굴조사(吉林省文物考古硏究所, 2004a)에서 토성의 흔적은 발견되지 않았으며, 석축 성벽과 내부의 토축부가 국내성의 축조시점에 함께 조성된 것임이 밝혀졌다(심광주, 2005). 그리고 2000년대 후반에 실시된 동벽 조사에서도 토축의 기초부와 석축 성벽의 축조시기는 4세기 초를 상회하기 어렵다는 보고가 있었다(吉林省文物考古硏究所, 2012).

사실 1970년대 중반 조사에서 발견된 토축 다짐층(너비 7~8m, 높이 1.7~2m: 도면4-1의 2번 토층)은 전한시기 현도군(玄菟郡) 소속의 토성이 아니라 고구려가 국내성 성벽 축조를 위해 조성한 기초 성토층으로, 이러한 다짐층은 남한의 호로고루나 당포성 등에서도 확인된 바 있다(사진2-2). 그리고 이 토축 다짐층에서 청동기시대의 석기와 함께 고구려 전기로 편년되는 종위대상파수가 부착된 심발형토기(도면4-2)가, 북벽과 서벽의 내부 토층에서 고구려 중기로 편년되는 회전대로 제작한 니질태토의 토기(도면5-2)가 출토된 것으로 볼 때, 국내성의 석축 성벽은 고구려 중기에 축조되었음이 분명하다(양시은, 2013).

사실 〈관구검기공비(毌丘儉紀功碑)〉를 제외하면 관련된 고고자료가 거의 없어 국내로의 천도 시점을 논하기가 쉽지 않지만, 『삼국사기』 신대왕 3년(167년)에 "왕이 졸본에 가서 시조사당(始祖廟)에 제사를 지냈다"는 기록이 있어 적어도 2세기 중엽에는 졸본이 아닌 국내가 도읍이

1. 국내성 남벽(Tr.4) 단면도

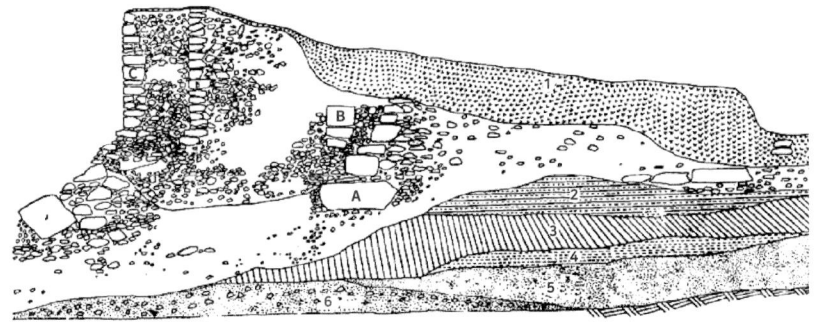

A: 1차 건축(고구려)   B: 개축(고구려)   C: 근대
1: 교란층   2: 황갈색 사질점토층(토루 추정)   3: 황색 사질점토층   4: 황색 사질점토층
5: 갈색 사질점토층   6: 사질자갈층

2. 다짐층(2번 토층) 출토 심발형토기

도면4 │ 국내성 남벽(集安縣文物保管所, 1984, 도13, 12)

1. 국내성 북벽 평·단면도

2. 북벽 내 고구려 토기

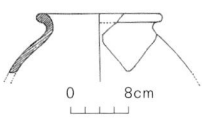

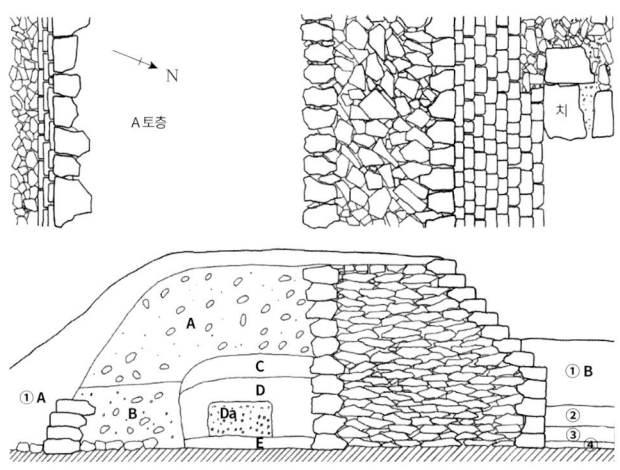

도면5 │ 국내성 북쪽 성벽과 출토 토기(吉林省文物考古硏究所, 2004, 도11, 12)

사진2 | 국내성과 당포성의 기저부 비교(ⓒ양시은)
1. 국내성 남벽 기저부(2007년) 2. 당포성 동벽 기저부(2006년)

었음을 짐작해볼 수 있다. 고구려는 일찍부터 한 군현과 대립해왔기 때문에 비록 평지에 성곽을 쌓지 않았더라도 왕도였던 국내에는 방어를 위한 산성이 갖추어져 있었을 가능성이 크다.

　대무신왕 11년(28년)에는 한의 공격에 고구려가 위나암성에서 농성을 한 기록이 전한다. 『삼국사기』에는 위나암성이 물이 전혀 나지 않을 것으로 여겨질 만큼 지세가 험한 바위산에 있는 것으로 묘사되어 있다. 문헌에 묘사된 지형적인 조건만을 고려한다면, 포곡식 산성인 산성자산성보다는 산정식 산성인 오녀산성이 위나암성에 부합한다(노태돈, 2012). 이로 인해 임기환(2018)은 국내 위나암으로의 천도 기사는 실제 당시의 천도가 아니라 후대에 국내 지역을 기반으로 한 왕실이 졸본 지역을 기반으로 한 초기 왕계와 결합하면서 유리왕을 주몽왕의 아들로 편입하고 유리왕대에 국내로 천도한 것처럼 분식한 결과로 이해하기도 한다. 그렇지만 위나암성의 비정 문제는 환인과 집안 지역의 고고자료가 추가로 확인되지 않는 이상 해결하기가 쉽지 않다.

　한편, 『삼국사기』에는 산상왕 2년(198년)에 환도성을 쌓고, 산상왕

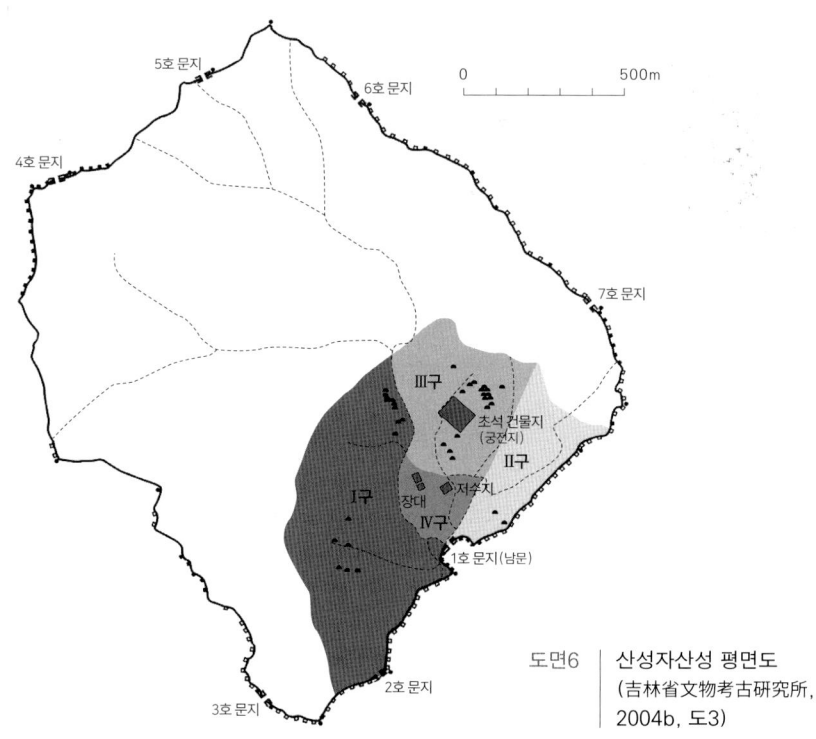

도면6 | 산성자산성 평면도
(吉林省文物考古硏究所, 2004b, 도3)

 13년(209년)에는 환도로 도읍을 옮겼다(移都)는 기록이 있다. 환도성은 국내성에서 북쪽으로 2.5km가량 떨어져 있는 산성자산성으로 비정된다. 현지에서 환도산성으로 불리는 산성자산성은 남쪽 계곡 입구를 정문으로 삼고 주변의 험준한 산 능선을 따라 석축 성벽을 쌓아 전체 둘레가 7km에 달하는 전형적인 포곡식 산성이다(도면6, 사진3-1). 지대가 가장 낮은 남쪽은 압록강 지류인 통구하로 인한 자연해자와 수직 절벽이 형성되어 있어 남문 외에는 접근이 쉽지 않다.

 2001~2003년에는 길림성문물고고연구소 등이 문지와 장대, 초석 건물지(궁전지) 등을 발굴조사하였다. 세계문화유산으로 지정된 2004년

이후에는 성벽과 성 내부에 대한 지속적인 정비복원작업이 이루어져 현재는 관람로를 따라 전체 성벽을 둘러볼 수 있게 되어 있다. 성내의 산비탈에는 무기단적석총 30기와 기단적석총 6기가 분포하고 있으며, 성 바깥에는 통구하를 따라 산성하고분군이 분포하고 있어 장관을 이룬다.

산성은 동벽의 남단과 서벽의 북단 그리고 북벽이 비교적 잘 남아 있는데, 잔고는 5m 이상이다. 성벽은 쐐기꼴 돌을 이용하여 능선의 바깥 경사면은 내탁식(內托式)으로, 평탄한 능선은 협축식(夾築式)으로 축조하였다. 남벽 동단을 포함한 일부 구간에서 여장과 돌구멍도 확인되었는데, 여장의 폭은 0.73~1m, 잔고는 0.78~1.3m이다(사진3-3).

성문은 7개 이상이며, 정문인 남문(사진3-2)은 '凹'자형의 지세를 이용한 일종의 장방형 옹성 구조로 되어 있는데, 통로 좌우의 양쪽 성벽에서 너비 10m, 길이 15~20m, 잔고 15m인 장방형의 평대가 확인되었다. 남문과 그 주변에는 성벽 하단부에 배수를 위한 수구가 별도로 마련되어 있다. 남문지 주변에 고구려 기와편이 집중되고 있어 성문 위로 문루가 있었음을 짐작해볼 수 있다.

남문에서 성 내부로 진입하면 길이 6.7m, 너비 4.5m, 잔고 4.5m 규모의 석축 장대가 있다. 장대는 들여쌓기 방식으로 축조하였으며, 상부로 올라설 수 있는 계단시설도 갖추었다. 장대에 올라서면 성 바깥의 통구하 일대가 한눈에 조망된다. 장대 주변으로 기와가 집중 산포되어 있어, 누각이 세워져 있었던 것으로 추정된다.

산성 내부의 동편에는 남북 91~96m, 동서 70~75m 범위의 4단으로 구성된 대지에 조성된 대규모 초석 건물지(도면7-1)가 발견되었다. 석축 담장 안으로 규모가 다양한 초석 건물지 11동이 조성되었는데, 중

사진3 | 환도산성(ⓒ1: 최종택, 2~4: 양시은)
1. 전경(2005년) 2. 정비된 남문지(2016년) 3. 동벽 여장과 돌구멍(2010년)
4. 북쪽 성벽(2010년)

간 단의 동편에는 8각 건물지 2동이 나란히 배치되어 있다. 온돌시설은 확인되지 않았으며, 각 건물지의 상단부에는 배수로가 길게 설치되어 있다. 와당과 기와를 포함한 다수의 유물이 출토되었는데, '소형(小兄)'이라는 고구려 관등명이 새겨진 기와도 발견되었다.

발굴조사단은 이 건물지를 342년 전연(前燕: 337~370년)의 침입으로 환도성이 함락되었을 때 소실되어 폐기된 궁전지로 추정하고 있다(吉林省文物考古硏究所, 2004b). 그러나 이 건물지에서 출토된 연화문 와당과 유사한 모티브의 와당이 6세기대로 편년되는 연천 호로고루에서, 양이부호(도면7-2) 또한 5세기 중후반의 남한 내 여러 고구려 유적에서 발견되고 있을 뿐만 아니라 6세기대 문헌에서도 여전히 환도성의 명칭이 등장하고 있어 4세기대 폐기설은 인정하기 어렵다(양시은, 2016).

그리고 산성에 대한 지금까지의 발굴조사에서 5세기대 이후로 편년되는 유물만 출토되었을 뿐 3~4세기대의 유물이나 유구는 확인되지 않았다. 집안 지역의 국내성이나 초대형 적석총에서 발견되는 4세기대 권운문와당 또한 산성에서는 전혀 발견되지 않고 있으며, 5~6세기대의 연화문와당이나 귀면문와당 등이 주를 이루고 있는 상황이다. 이러한 고고학적인 양상은 환도성이 일찍부터 도성으로 활용되었다는 문헌기록과 차이를 보인다. 그럼에도 불구하고 산성자산성은 2세기 말부터 존재하고 있었을 가능성이 높은데, 1906년에 집안분지의 소판차령(小板岔嶺)에서 발견된 〈관구검기공비〉에는 244년에 관구검이 고구려를 공격한 기록이 남아 있어 당시의 문헌기록과 일치하기 때문이다.

문헌에 따르면, 환도성은 3세기 중엽에 조위(曹魏: 220~265년)의 관구검과 4세기 중엽에 전연의 모용황(慕容皝)에 의해 대규모로 파괴되

1. 평면도

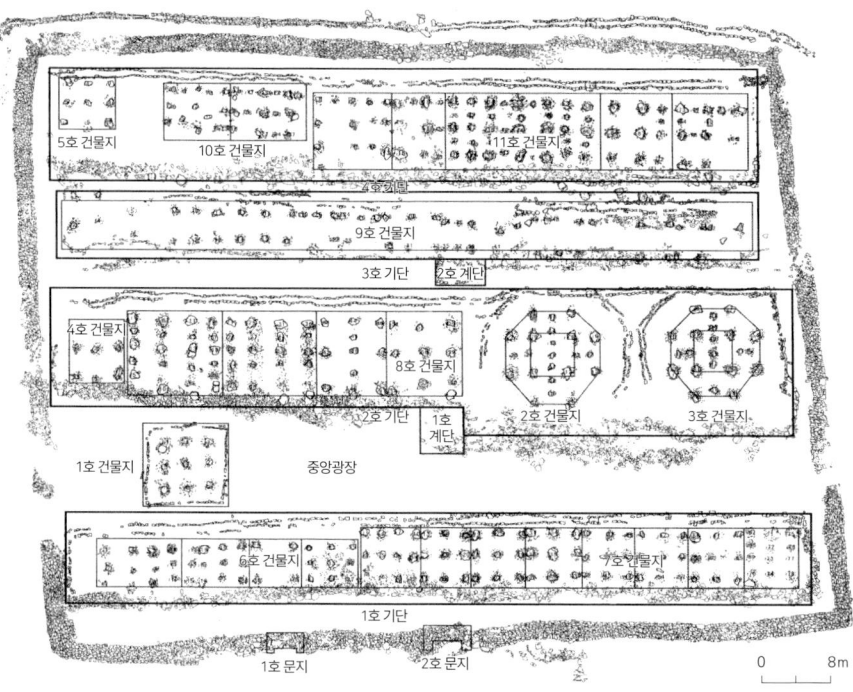

2. 궁전지 출토 양이부호

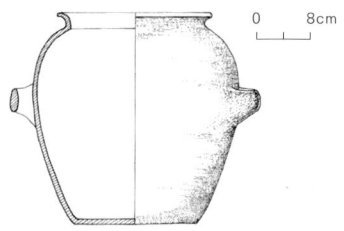

도면7 | 환도산성 추정 궁전지(吉林省文物考古硏究所, 2004b, 도41, 104)

면서 여러 차례 개축되었다. 지금까지의 발굴조사는 남문지 일대와 장대, 궁전지 등 특정 구역을 중심으로 이루어졌기 때문에, 앞으로 추가 조사를 통해 3세기대의 고고자료가 확인되기를 기다려보는 수밖에 없다.

이상과 같이 집안 지역의 왕성유적에 대한 발굴조사가 진행되면서 국내 천도 시점부터 도성의 구조가 평지성과 방어용 산성으로 이루어졌다는 기존의 주장은 더 이상 성립할 수 없게 되었다. 이로 인해 초기 국내 도읍은 졸본과 마찬가지로 평지성이 아닌 평지 거점과 비상시 군사방어성으로 구성되어 있었을 것이라는 새로운 견해가 등장하였다.

강현숙(2015)은 환인과 집안 일대의 초대형 적석총에 대한 비교 검토를 통해, 2세기 전반경에는 국내 지역이 이미 왕도로 자리하였을 것으로 주장하였다. 특히 초대형 무기단적석총인 마선구(麻線溝)2378호분이 위치한 마선구고분군 일대에 국내 위나암의 왕궁이 있었을 가능성이 크다고 보고, 유력한 후보지로 건강(建疆)유적을 주목하였다. 여호규(2005) 또한 3면이 산줄기로 둘러싸여 있어 별도의 성곽을 축조하지 않아도 평상시 거점으로 삼기에 충분한 천혜의 요새지인 마선구 일대를 국내 초기 도성으로 보았다. 그리고 이 지역에서 성곽유적이 발견되지 않는 것은 정치적 중심지로서의 성격만을 가지고 있을 뿐, 일반적인 도성 경관은 당시까지도 본격적으로 형성되지 않았기 때문이라고 하였다. 더욱이 평상시 거점은 산상왕대에 공손강(公孫康)의 침공으로 파괴된 이후, 244년 조위 관구검 침공 시까지 환도성을 임시 왕성으로 삼은 관계로 수십 년간 방치되었을 것이기에 관련 유적이 잔존하고 있을 개연성은 매우 낮다고 보았다. 그렇지만 마선구 평원지대와 현 집안 시내의 평원지역은 그 넓이에서 상당한 차이가 있어, 국내로 천도할 시점에 굳이 좁은 마선구 지역을 천도지로 삼았다고 보기 어렵다는 임기환(2018)의 비판도 있다.

기경량(2019)은 우산의 완사면과 칠성산 산기슭에 분포하는 적석총이 가장 이른 시기에 형성되었다는 점에서, 두 고분군 사이에 위치한 집안의 평지성 일대가 처음부터 중심 주거지였을 가능성이 높은 것으로 보기도 한다. 왕지강(王志剛, 2016) 또한 국내로 천도한 이후 통구평야의 중심부를 '평지 도읍(平地都邑)'으로 삼았던 고구려가 4세기 중반이 되어서야 국내성을 축조함으로써 도읍을 보완하고 방어를 강화한 것으로 추정한 바 있다. 즉 평지 도읍을 대표하는 국내성이 축조되면서 환도산성과 함께 산성과 평지성의 결합이라는 고구려의 독특한 도성제가 시작된다고 판단한 것이다.

한편, 통구분지의 서쪽 넓은 평야에 자리한 국내성은 방형의 평면 형태를 지닌 둘레 2.7km가량인 석축 평지성이다(도면8). 남쪽의 압록강과 서쪽의 통구하가 자연해자를 이루며, 북쪽의 우산(禹山)은 자연방어벽을 형성하고 있다.

1910년대에는 통구성(通溝城)으로 알려져 있었으며, 6m 높이의 성벽에는 일정한 간격의 치(雉)가, 북벽 바깥쪽에는 해자(濠)가 남아 있었다. 1921년에는 집안현성(輯安縣城)이었던 국내성을 대대적으로 수리하면서 상당한 변형이 이루어졌다. 1975년에는 성벽의 여러 지점에 대한 시굴조사가 있었고, 2000~2003년에는 국내성의 북벽과 서벽 그리고 성 내부의 중요 지점에 대한 발굴조사가 대대적으로 이루어졌다. 2004년에 환도산성(산성자산성)과 함께 세계문화유산으로 등재된 이후, 2006년 남벽과 동벽 일부 구간에 대한 정비작업 과정에서 추가 조사가 진행되었다. 2012년에는 펜스를 설치하고 성벽의 출입을 금지하

사진4 | 국내성(ⓒ양시은)
1. 서북 모서리 성벽과 각루(2009년)
2. 서문지(2009년)

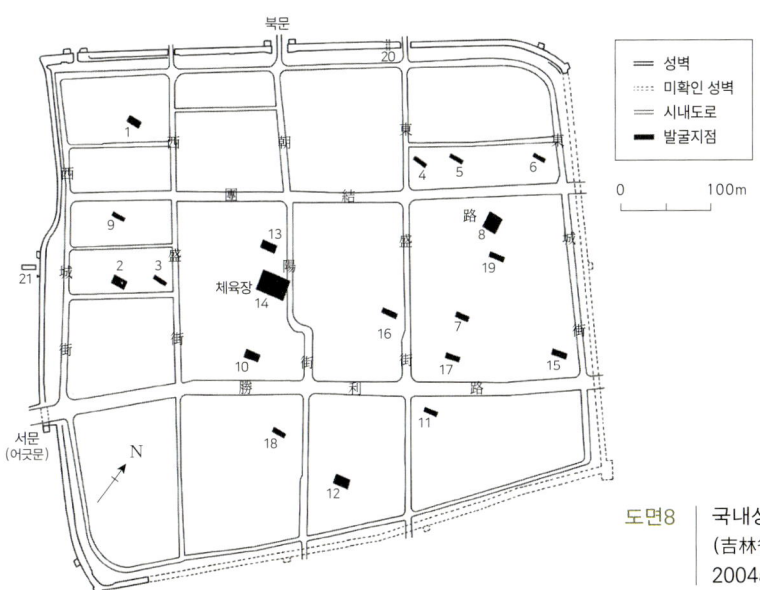

도면8 | 국내성 평면도
(吉林省文物考古硏究所, 2004a, 도5)

면서 유적 보존·정비작업은 완료되었으나, 그 이후에도 신규 안내판을 설치하는 등 꾸준히 관리가 이루어지고 있다(양시은, 2017).

국내성의 규모는 동벽 554.7m, 서벽 702m, 남벽 751.5m, 북벽 730m로, 전체 둘레는 약 2,738m이다. 쐐기형 성돌로 성벽을 축조하였으며, 1960년대 시가지 개발로 인해 동벽과 남벽이 많이 훼손되었다. 성문은 2000년대 조사에서 동문 2개, 서문 1개, 북문 4개, 남문 2개로 총 9개가 확인되었는데, 북문지 2곳에는 적대(敵臺)가 설치되어 있다. 서문지는 두 석축 성벽이 서로 이어지지 않고 어긋나 마치 11자와 같은 어긋문 구조로, 한정된 인원만이 성벽을 우회하여 좁은 통로로 들어와 성문을 공격할 수밖에 없게끔 되어 있어서 옹성과 비슷한 방어효과를 기대할 수 있다. 성벽의 각 모서리에는 각루(角樓)가 존재하며, 치는 1913년 조사 당시 42개가 확인되었다.

지금까지의 발굴조사결과에 따르면 국내성은 여러 차례에 걸쳐 수축(修築)이 이루어졌는데, 고구려시기에도 한 차례 이상 개축되었다. 그동안 국내성의 초축(初築)과 관련한 여러 견해가 있었으나, 앞서 언급한 바와 같이 발굴조사를 통해 현재의 석축 성벽은 고구려 중기에 축조되었음이 밝혀졌다.

그리고 2003년도에 조사된 체육장 지점의 가장 아래 문화층에는 권운문와당과 시유도기, 동진(東晉: 317~420년)기의 절강(浙江)지구에서 제작된 청자 등이 출토되어 4세기대 중요 건물지가 있었음이 밝혀졌다. 국내성에서 3세기대에 해당하는 유구가 발견된 사례가 없고, 성 내부 최하층에서 발견된 '태녕(太寧) 4년'(327년)명 권운문와당을 비롯한 각종 유물로 볼 때, 현재의 국내성은 축성 기사가 전하는 고국원왕 12년(342년)에 완공되었다고 이해하는 것이 가장 합리적이다.

3. 평양도성

『삼국사기』에는 장수왕 15년(427년)에 "평양으로 도읍을 옮겼다(移都)"고 한다. 주변이 넓은 평야지대인 평양 지역은 낙랑이 오랜 기간 세력을 유지하였던 곳이었던 만큼 고구려가 점령할 당시에는 이미 도시의 기반시설이 잘 갖추어져 있었을 것이다. 357년에 조성된 안악3호분의 묵서명으로 보건대, 313년 미천왕이 낙랑을 축출한 이후부터는 고구려가 평양을 다스려왔던 것으로 추정된다. 그리고 광개토왕 2년(392년)에는 "9개의 절을 평양에 창건하였다"는 기사도 전하고 있어, 평양 지역은 고구려의 도읍으로 활용되기 전부터 중요한 곳이었음이 확인된다(양시은, 2013).

6세기 중엽 북주(北周)의 역사를 기록한 『주서(周書)』 고려전에는 "치소(治所)는 평양성이다. 그 성은 동서가 6리이며 남쪽으로는 패수(浿水)에 닿아 있다. 성내에는 오직 군량과 무기를 비축하여 두었다가, 적(寇賊)이 침입하면 모두 들어가 굳게 지킨다. 왕은 그 곁에 별도의 집(宅)을 지었는데, 항상 거기에 머무르지 않는다"라고 전한다. 해당 기사는 고구려의 도성제가 평상시의 평지성과 방어용 산성으로 이루어져 있음을 보여주는 주요 근거자료로 이용되어 왔다.

이와 관련하여 세키노 다다시(關野貞, 1928)는 안학궁에서는 늦은 시기의 와당이 그리고 청암리토성(청암동토성)에서는 대성산성 출토품과 유사한 고식의 연화문와당이 출토되고 있다는 점을 근거로 고구려의 전기 평양성은 대성산성과 청암리토성으로 구성되었을 것이라고 주장하였다. 그는 과거 안학궁을 평양성과 짝을 이루는 평지성으로 추정하였으나, 와당의 편년을 근거로 청암리토성을 왕성으로 비정하면서 안

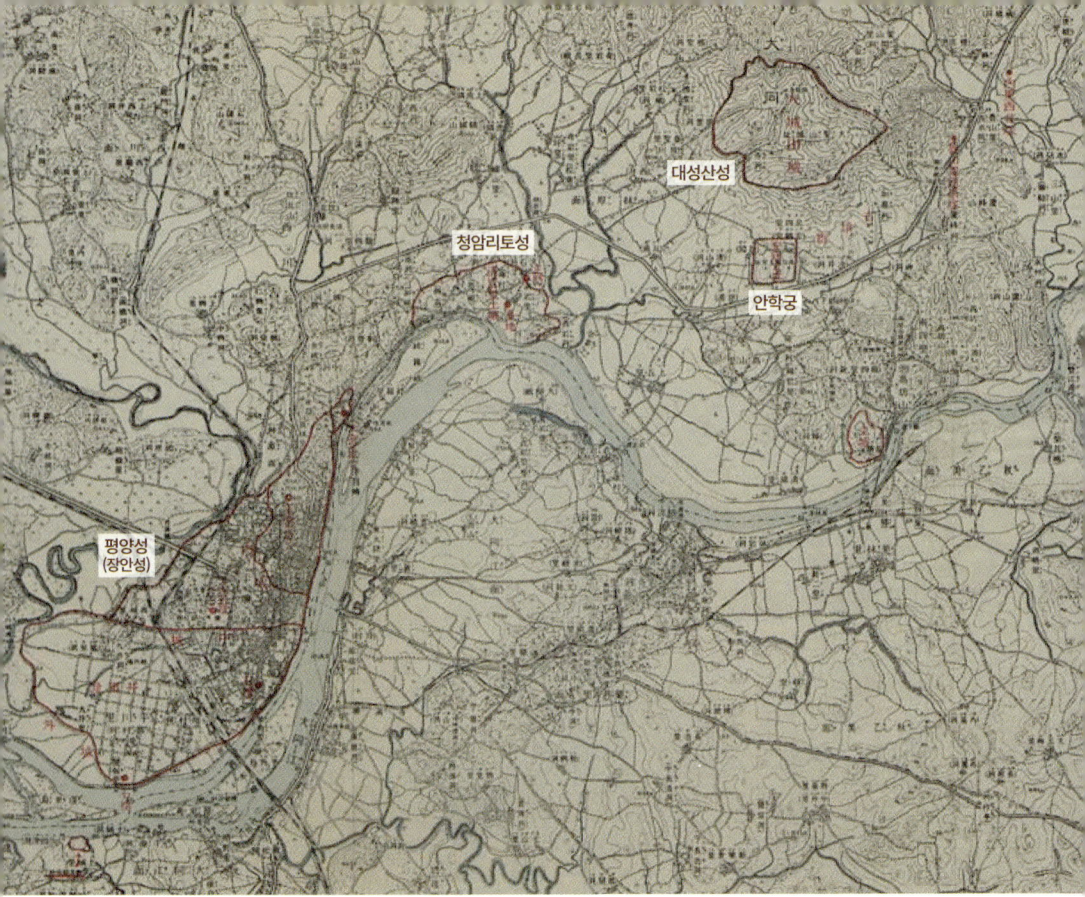

지도3 | 평양 지역의 왕성유적 분포도(朝鮮總督府, 1929, 지도1)

학궁은 고구려 후기의 별궁으로 본인의 견해를 수정하였다.

평양의 왕성유적에 대한 발굴조사는 1930년대 중반에 이루어졌는데, 평양부립박물관 관장이었던 고이즈미 아키오(小泉顯夫)는 1935년과 1936년에 평양성(장안성)을, 1938년과 1939년에는 요네다 미요지(米田美代治)와 함께 청암리토성을 조사하였다. 그 결과 전기 평양성의 왕궁터로 추정된 청암리토성의 중앙부에 대한 조사에서 8각탑을 비롯한 금당으로 추정되는 건물지가 발견되었다. 고이즈미 아키오(小泉顯夫, 1940)는 지역전승과 주변의 지명조사를 통해 이 절터를 498년(문자

청암리토성의 평면도

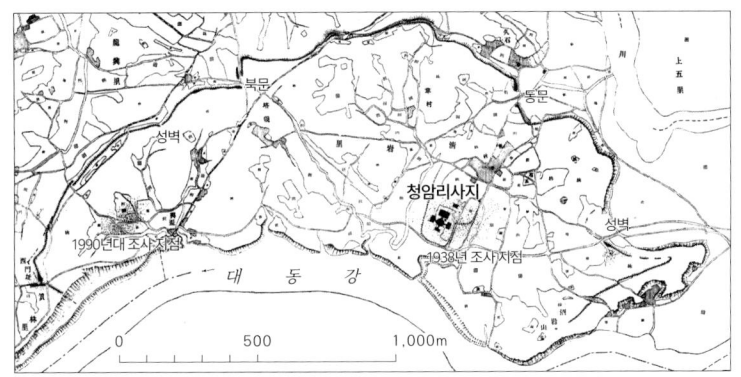

청암리사지의 평면도

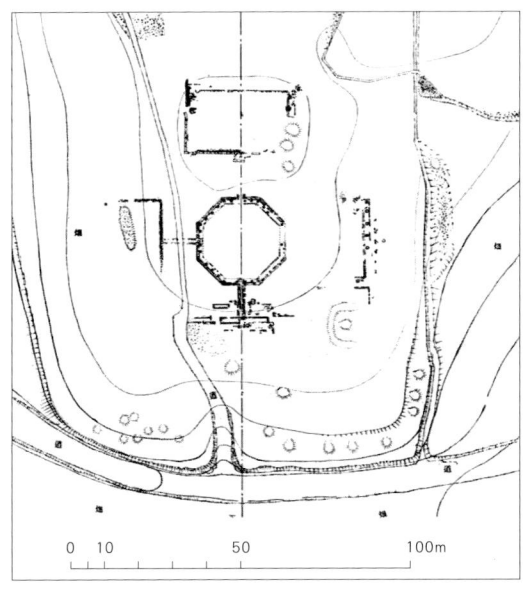

도면9 | 청암리토성과 청암리사지(小泉顯夫, 1940, 도2, 9)

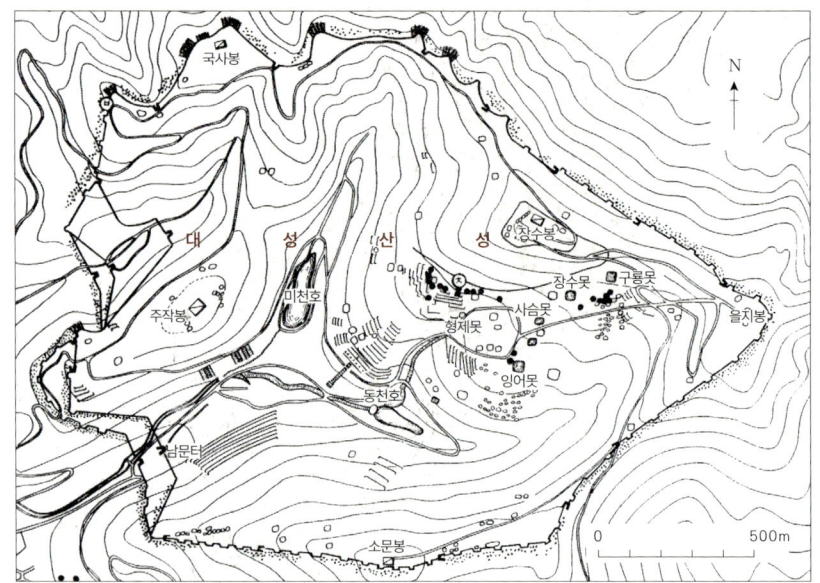

도면10 | 대성산성 평면도(『조선유적유물도감』 3, 도83)

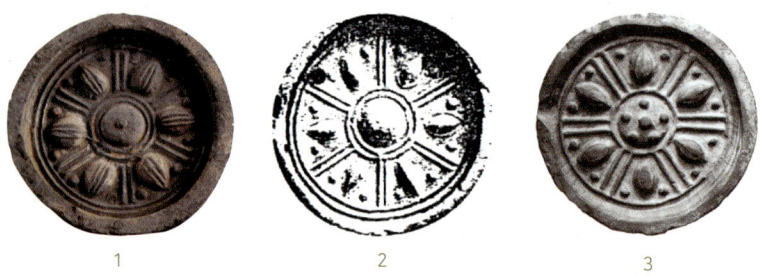

사진5 | 고구려 연화문와당 비교
    1. 천추총 출토 와당(吉林省文物考古硏究所 외, 2010, 57쪽)
    2. 대성산성 출토 와당(김일성종합대학 고고학및민속학강좌, 1973, 85쪽)
    3. 청암리토성 출토 와당(井內古文化硏究室, 1976, 53번)

왕 7년)에 창건된 금강사(金剛寺)로 보았다. 이러한 조사결과는 이후 연구에서 청암리토성이 고구려의 왕성이 될 수 없다는 주장의 핵심 근거가 되었다.

해방 이후 북한 학계는 고구려 평양성의 모습을 기술한 『주서』의 기록을 근거로, 전기 평양성을 대성산성과 안학궁의 조합으로 보고 있다(채희국, 1964). 김일성종합대학을 중심으로 1958년부터 1961년까지 대성산성과 안학궁에 대한 대대적인 발굴조사가 이루어졌는데(김일성종합대학 고고학및민속학강좌, 1973), 안학궁의 경우 평양 천도 시점의 유물이 출토되지 않았음에도 불구하고 그러한 주장은 계속되었다. 반면, 대성산성과 마찬가지로 국내성시기의 연화문와당이 출토된 청암리토성의 경우 별다른 주목을 받지 못하였다.

대성산성은 평양시 대성구역 대성산(해발 274m)에 있는데, 6개의 봉우리와 그 능선에 석축 성벽을 쌓아 전체 둘레가 7km에 달하는 대형 포곡식 산성이다(도면10). 지형에 따라 구간별로 약간씩 다르게 성벽을 축조하였다. 소문봉 구간의 성벽은 너비가 8m로, 협축식 성벽을 덧대어 쌓았다. 보통의 성벽과는 달리 내벽과 외벽 사이에 중간벽이 있는데, 중간벽에는 수직기둥홈이 약 2m 간격으로 확인된다. 수직기둥홈은 연천 당포성과 호로고루 그리고 서울 홍련봉1보루에서도 발견되었다. 주작봉 구간은 경사면에 2중 성벽을 축조하였고, 내탁식 구조로 흙과 잔돌을 이용하여 뒷채움하였다.

산성에는 총 20개의 문지가 확인되었는데, 주작봉과 소문봉 사이 계곡에 위치한 남문이 정문이다. 남문은 남북 길이 20m, 동서 너비 13.8m 가량의 장방형 석축 기초를 성벽 바깥쪽으로 내어 만든 뒤, 그 위에 성문을 조성하였다. 문지 주변에서 와당을 비롯한 고구려의 적갈색 기와

편이 다량으로 출토되어 문루(門樓)가 있었음을 짐작해볼 수 있다. 산성에는 65개나 되는 치가 발견되었는데, 그 규모는 길이 12m, 너비 10.3~9.8m, 잔존 높이 3.3m이다.

산성에는 많은 수의 건물지가 발견되었는데, 기와 건물지는 20여 곳이다. 장수봉 서남쪽 계곡에서 초석 기와 건물지가 확인되었는데, 산성 내에서 규모가 가장 클 뿐만 아니라 금자경(金字經)이 출토되어 고구려의 행궁지로 추정된 바 있다. 다만, 금자경이 담겨 있던 석함과 유사한 형태의 석함이 소문봉 성벽에서도 발견되었는데, 이 석함에는 고려시대에 유행한 지장보살상이 담겨 있어서 행궁지 시기와 성격에 대한 주의가 요구된다(김현봉, 2021).

이 밖에도 불경(묘법연화경)과 불상을 비롯한 청동마구, 청동완, 토기, 기와 등 다양한 유물이 산성에서 출토되었다. 연화문와당 중에는 천추총이나 태왕릉 등의 출토품과 유사한 양식도 있어 대성산성은 평양 천도 이전에 축조되었음을 짐작해볼 수 있다.

한편, 북한에서 전기 평양성의 왕궁으로 판단하고 있는 안학궁은 평면형태가 마름모꼴에 가까운 방형 토성으로, 전체 둘레는 2.5km가량이다. 평양 대성구역 안학동에 있으며, 대성산 소문봉 남쪽 기슭의 평탄한 곳에 입지하고 있다. 1958년부터 1971년까지 김일성종합대학에서 성벽과 궁성에 대한 여러 차례의 발굴조사를 실시하여 축성방식과 내부구조 등이 밝혀졌다(김일성종합대학 고고학및민속학강좌, 1973).

성벽 기저부의 너비는 8.2~10m이고, 토루의 내외 면은 다듬은 쐐기꼴 돌로 2m 내외까지 들여쌓기 하였다. 성벽의 잔고는 6m이다. 성문은 모두 6개가 확인되었는데, 남벽 중앙의 문이 정문으로 너비는 18m이다. 문지에는 잔돌을 깔아 만든 평면형태 원형의 초석이 3개씩

8줄로 배열되어 있다. 성 밖에는 너비 1m 내외의 해자를 설치하였다. 성벽의 네 모서리에는 각루의 흔적이 남아 있다.

성내에는 남북 중심축을 중심으로 5개의 건축군이 분포한다. 남궁·중궁·북궁·동궁·서궁으로 구분되는데, 각 궁전들은 회랑으로 서로 연결되어 있다(도면11). 모두 21기의 건물터와 31기의 회랑터가 발견되었으며, 그 외에도 정원과 연못, 우물 등이 확인되었다. 양정석(2008)은 안학궁 중앙 건축군의 배치구조가 한나라 고대(高臺) 건축제도를 채택한 국내성의 궁궐 구조를 계승한 것이며, 남궁은 위진남북조시기의 태극전(太極殿)과 동서당제(東西堂制)를 채용한 것으로 보고 있다.

그렇지만 안학궁의 축조시기에 대해서는 그동안 많은 논란이 있었다. 특히 안학궁 축조 이전에 이미 조성되어 있었던 고구려 석실분과 안학궁에서 출토된 와당에 대한 연대 문제가 논의의 핵심이다.

다나카 도시아키(田中俊明, 2005)는 안학궁이 5세기 말에서 6세기 초로 편년될 수 있는 고구려 횡혈식석실분을 폐기하고 축조되었고, 출토 기와 또한 고려로 추정되는 만큼 안학궁은 고려시대의 궁전건축일 가능성이 있다고 주장하였다. 박순발(2012) 역시 안학궁이 고구려 석실분을 파괴하고 조성된 점, 2호 석실묘 출토 토기가 고려시대로 편년되는 점, 그리고 출토된 막새의 형식이 통일신라 내지는 고려 이후의 것이라는 점을 들어 7세기 이후에 안학궁이 조성되었을 것으로 보았다.

반면 민덕식(2003)은 안학궁이 고구려가 멸망할 때까지 기와건물의 개와(改瓦)가 한 번도 이루어지지 않았다고 단정하기 어려운 만큼, 후기 평양성(장안성)으로 천도한 후에 별궁으로 사용되었을 가능성이 있는 것으로, 임기환(2007)은 평양 천도 이후 도성을 정비하는 과정에서 문자왕대인 5세기 말에 안학궁을 왕궁성으로 조영함과 더불어 청암동 토성에는 왕실사찰(금강사)을 건립하였을 것으로 추정하였다.

지금까지 안학궁에서는 연화문와당, 귀면문와당, 치미 등 다양한 기와가 수습되었는데, 평양시기 고구려의 전형적인 붉은색 기와보다는 회색 계통의 기와가 다수를 차지하고 있어 특징적이다. 채희국(1964)은 안학궁 출토 연화문와당(사진6-1)이 대성산성 출토품(사진5-2)과 유사하다는 점을 들어 안학궁 축조시점을 4세기 말 내지는 5세기 초로 보았다. 그렇지만 이 와당은 구획선 없이 6입의 연화 사이에 간엽이 있는 회청색 계통의 와당으로, 대성산성에서 출토된 2조의 구획선이 있는 적갈색 계통의 연화문와당과는 큰 차이가 있다. 집안이나 평양 지역에서 출토되는 5세기대 와당에서는 전혀 찾아볼 수 없는 문양 구조이며, 이와 유사한 문양 구조의 와당 중에는 뒷면에 반원형의 1조 홈(사진6-2)이 있거나 주연부가 연주로 장식(사진6-3)되는 등 늦은 시기의 특징을 가진 것도 있어 채희국의 주장은 성립할 수 없다(양시은, 2021). 특히 주연부에 연주문이 부가된 (청)회색 계통의 와당은 안학궁을 제외한 다른 고구려 유적에서 전혀 확인되지 않을 뿐만 아니라, 일반적인 고구려 와당과는 달리 내면에 1~2조의 깊은 홈이 반원형으로 파져 있는 경우가 대부분이라는 점에서 고려시대의 것으로 추정된다.

지금까지 보고된 안학궁 출토 토기 역시 통일신라시대 이후의 것들이 많다. 리광휘(2006)는 안학궁에서 출토된 토기와 기와를 모두 고구려시대의 것으로 파악하고 있으나, 그가 논문에서 제시한 2-3부류(격자타날 토기), 4-5부류(파상문 시문), 5-7부류(타날+돌대), 6-8부류(회청색 타날문 토기), 7-9부류(타날+돌대, 내면 타날), 8-10부류(유약)는

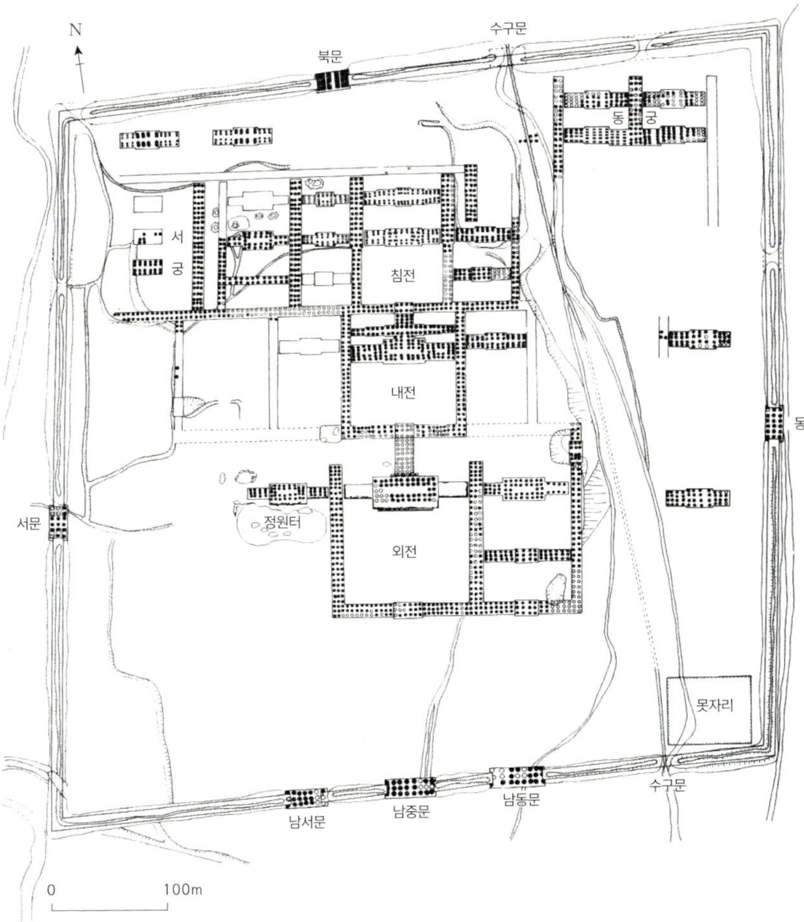

도면11 | 안학궁 평면도(『조선유적유물도감』 3, 도3)

1   2   3

사진6 | 안학궁 출토 연화문와당
1. 김일성종합대학 고고학및민속학강좌, 1973   2. 고구려연구재단, 2006, 사진12
3. 사회과학원 고고학연구소, 2009, 사진40

고구려가 아닌 통일신라 및 고려 시대에 해당한다. 또 『대성산의 고구려유적』(김일성종합대학 고고학및민속학강좌, 1973)에 제시된 안학궁 출토품 중 전면이 타날된 토기편, 돌대와 타날흔이 있는 동체부편, 그리고 T자형 구연부를 가진 토기편 역시 통일신라시대 이후의 것이다. 그렇지만 『고구려 안학궁 조사 보고서 2006』에는 소량이지만 고구려의 승문 타날 암키와나 연화문와당, 토기편도 제시되어 있어 주의가 필요하다.

그렇다면 안학궁은 언제 축조된 것일까? 이와 관련하여 안학궁 조성 이전에 조성된 석실분 3기는 안학궁의 축조시기를 결정짓는 중요한 자료가 될 수 있다. 그렇지만 3기의 석실분 모두 상부구조가 훼손되어 기초부만 남아 있는 상황이다. 1호분은 우편재연도에 장방형 현실을, 2호분은 중앙연도에 방형의 현실을 갖추었고, 3호분은 쌍실분으로 좌측은 우편재연도에 장방형 현실을, 우측은 우편재연도에 방형 현실을 갖추고 있다. 그렇지만 유사한 형태의 석실분이 대성산성을 비롯한 고구려 전 영역에서 확인되고 있을 뿐만 아니라, 무벽화 석실분의 경우 특정 형식의 출현과 지속 시기에 대한 연구가 부족하여 직접적인 대입도 어렵다.

따라서 현재로서는 석실분에서 출토된 유물의 연대를 밝히는 것이 중요하다. 『대성산의 고구려유적』 보고서에는 2호분과 3호분에서 유물이 출토된 것으로 기록되어 있으며, 3호분에서 출토된 3점의 토기에 대한 기술과 함께 도면이 게재되어 있다. 토기는 반구형 구연을 가진 회색 계통의 호 1점과 비슷한 크기의 회청색 호 1점, 그리고 회색 계통의 뚜껑 1점으로, 박순발(2012)은 반구형 구연의 호(도면12-2)를 구연부가 발달하고 내면에도 물레흔이 뚜렷하다는 점에서 고려시대의 토

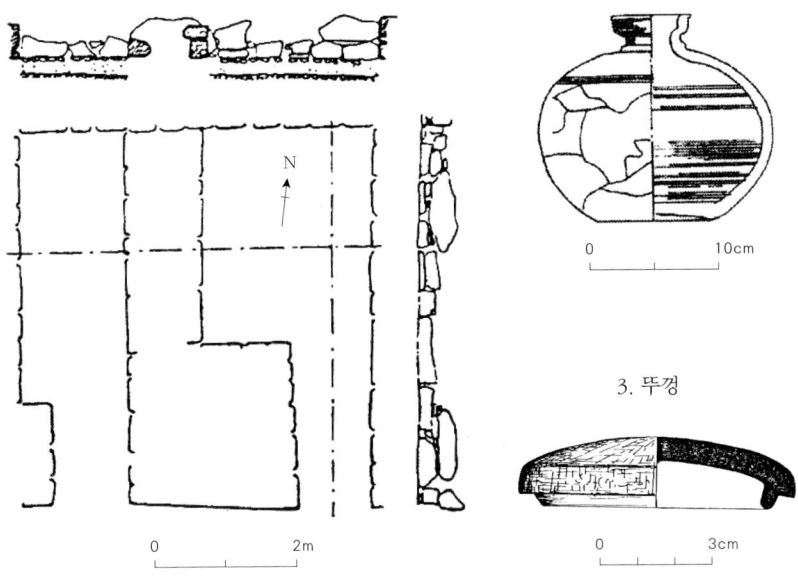

도면12 | 안학궁3호분과 출토 토기(김일성종합대학 고고학및민속학강좌, 1973)

기로 판단한 바 있다. 다만 후대의 반구형 호는 경부가 세장하거나 구연부와 경부가 확실하게 구분되는 데 반해, 안학궁 석실분 출토품은 그렇지 않다. 사례가 드물기는 하지만, 한강 유역의 구의동보루나 아차산3보루에서도 반구형 구연을 갖춘 병이나 호가 출토되었다는 점에서 해당 토기를 무리하게 고려로 늦춰 볼 필요는 없다. 뚜껑받이 턱을 갖춘 뚜껑 또한 남한 내 고구려 성에서 유사한 형태를 찾아볼 수 있다. 유물을 실견한 것이 아니기 때문에 연대를 판단하기 쉽지 않지만, 제작기법 등을 고려해볼 때 고구려 후기 토기로 보아도 큰 문제는 없으리라 생각한다.

그렇다고 하더라도 안학궁이 고구려 중기의 석실분을 파괴하고 축조되었다는 점, 출토 와당의 형식이 대성산성이나 청암리토성 출토품보다 늦다는 점, 국내성과는 달리 문지에 별도의 방어시설을 갖추지 않은 점, 그리고 토루의 기단부 외면을 석축한 점 등을 종합적으로 고려한다면, 안학궁은 고구려가 평양으로 천도한 427년보다는 그 이후에 축조되었다고 보는 것이 합리적이다.

한편, 안학궁과 함께 전기 평양성의 후보로 거론되는 청암리토성은 반달모양의 평면형태를 띤 토성으로, 성벽의 전체 둘레는 약 3.5km이다. 고구려 전기 평양성에 대한 북한 학계의 확고한 입장으로 인해 일제강점기 고구려 왕성의 후보지 중 하나였던 청암리토성에 대한 조사와 연구는 해방 이후 북한에서 큰 관심을 받지 못하였다. 전기 평양성이 대성산성과 안학궁이라는 기본 틀은 유지하면서도 도읍을 구성하는 주요 요소 중 하나로 청암리토성을 인식하거나 평양 천도 이전의 평양성으로 비정하는 정도였다.

청암리토성에 대한 발굴조사는 1990년대 중반이 되어서야 이루어졌는데, 그마저도 고구려 왕성보다는 북한에서 새롭게 주장하는 대동강문화론의 영향으로 인해 고조선에서 고구려로 이어지는 문화의 흐름이 강조되었다. 청암리토성의 성벽 축조기법과 토루 내에서 발견된 유물을 근거로 고구려 성 하부에 고조선 시기의 성(왕검성)이 있었을 것이라는 새로운 주장이 제기된 것이다(남일룡·김경찬, 1998).

토성의 서쪽 구역에는 길이 50m, 너비 20m 규모의 벽화가 그려진 초석 건물지가 발견되었다. 그간 고구려 건축에 벽화가 발견된 사례는 청암리토성이 유일하다. 건물지 기초시설로는 자갈과 점토를 교대로 다져 만든 방형의 적심시설과 직경 70~80cm가량의 원형 초석이 확인되었다. 벽화는 점토 벽체에 가는 모래와 점토를 섞어 얇게 바른 다음

연화문, 원문 등 다양한 문양을 나타낸 채색벽화로, 금가루를 입힌 벽화편도 발견되었다(남일룡·김경찬, 2000).

또한 토성에서는 고구려 중기와 후기의 기와들이 다량으로 확인되었다. 대성산성과 마찬가지로 국내도읍기 고구려 왕릉에서 출토된 것과 유사한 형식의 연화문와당도 다수여서 평양 천도 이전에 축조되었음을 알 수 있다. 앞서 언급한 바와 같이 왕궁지로 추정되던 토성 중앙부에서 발견된 절터로 인해 왕성 여부에 대한 논란이 있었지만, 사찰의 축조시기 또는 사찰의 성격에 따라 전기 평양성으로 기능하였을 가능성 또한 여전히 유효하다.

최근에는 졸본과 국내 도읍뿐만 아니라 전기 평양성에서도 평지성이 반드시 필수적인 요소인가라는 고구려 도성제에 대한 근본적인 문제가 제기되면서, 평상시의 평지성과 비상시의 산성이라는 도식적인 논의에서 벗어나 대성산성만을 왕성으로 비정하는 새로운 견해도 등장하였다. 기경량(2017)은 『주서』에 치소인 평양성이 산성으로 묘사되어 있고, 왕은 그 옆에 따로 집(宅)을 지어 놓았다는 기록만 전할 뿐이어서 평지 거소가 꼭 평지성일 필요는 없으므로 전기 평양성을 대성산성으로만 봐야 한다고 주장하였다. 권순홍(2019) 또한 사료 분석을 통해 장수왕대의 평양 천도는 귀족 평의적 전통을 극복하고 대왕의 전제화와 귀족의 관료화를 위한 것으로, 귀족에 대한 배타화된 왕권을 표출하기 위해 당시 대성산성만을 왕성으로 활용하였을 가능성이 있다고 하였다.

이상에서 살펴본 바와 같이 고구려 도성제에 대한 연구는 도성 내 성곽유적의 분포현황과 『주서』의 기록을 바탕으로 고고학 조사가 시작된 일제강점기부터 본격적인 논의가 이루어졌다. 그렇지만 개별 왕성유적에 대한 발굴조사가 어느 정도 진행된 지금에 와서는 기존의 통설을 뒷받침하던 근거의 상당수가 사실이 아니라고 밝혀졌다. 현재까지의 고고학 조사내용만을 놓고 본다면, 고구려의 도성이 평지성과 방어용 산성으로 구성되었다는 기존의 견해는 적어도 국내성이 축조되는 4세기 이후에나 적용이 가능한 것이다. 물론 일부 연구자의 경우 전기 평양성마저도 대성산성만 왕성으로 사용되었고, 평지에는 별도의 성곽이 없었을 가능성도 제기하고 있는 상황이다. 물론 향후 논의 과정에서 여전히 검토해야 할 많은 문제가 남아 있지만 새로운 견해 역시 선행연구결과와 함께 주요하게 다루어질 것임이 분명하다.

한편, 고구려의 도성제는 6세기 후반 장안성으로 천도하면서 기존의 도읍과는 전혀 다른 새로운 모습으로 변화하였다. 도시를 감싸는 외성의 조영과 도로를 기반으로 거주민을 통제하는 데 적합한 방리제(坊里制)의 실시 등이 그것인데, 장안성에 투영된 중국식 도성제의 영향은 무시할 수 없겠으나 그 적용 과정에서 보이는 고구려만의 특징 또한 분명히 남아 있음이 확인된다.

『삼국사기』에는 양원왕 8년(552년)에 장안성을 쌓기 시작하여, 평원왕 28년(586년)에 그곳으로 도읍을 옮겼다는 기록이 남아 있다. 축성 관련 내용이 기록된 성돌과 그 연대가 일치하는 현재의 평양성이 바로 당시 고구려의 장안성이다. 전기 평양성과의 구분을 위해 후기 평양성으로 편의상 구분하기도 한다. 평양성은 북쪽의 모란봉(해발 96.1m)과 을밀대, 만수대의 험준한 지형을 이용하였으며, 나머지 3면은 대동강과 그 지류인 보통강을 자연해자로 활용하면서 절벽과 능선에 성벽을 쌓았다.

평양성은 북한의 국보유적 제1호로 지정되었으나, 최근까지 지속적으로 사용하면서 훼손되거나 개축된 부분이 많아 고구려 당시의 흔적을 찾아보기 어려우며, 성벽의 기초부나 발굴조사를 통해 부분적인 확인만 가능한 상황이다. 조선시대에는 외성이 석성과 토성으로 이루어진 것으로 알려져 있었는데, 북한 학계의 조사를 통해 외성의 토루는 고려시대에 대동강의 범람을 막기 위해 고구려가 축조한 석축 성벽 상부에 토루를 덧쌓거나 성벽 바깥쪽에 토벽을 추가한 것임이 밝혀졌다(최희림, 1978).

평양성에서 발견된 글자가 새겨진 성돌의 내용이나 기존의 발굴조사결과를 종합해보면, 평양성은 축조 당시부터 성벽 전체를 석축으로 조성하였음을 알 수 있다. 외면은 다듬은 성돌로 겉쌓기 하였고, 중성과 외성 일부 구간의 성벽 내부는 점토와 작은 할석 및 기와를 섞어 다진 것으로 밝혀졌다. 이러한 토심석축 성벽은 평양성보다 이른 시기의 대성산성과 국내성에서도 찾아볼 수 있는데, 대체로 내부의 토심과 석축을 동시에 축조한 것이다(최종택, 2020).

성벽 외곽의 전체 둘레는 약 16km이며, 안쪽 성벽까지 포함하면 성벽의 총연장 길이는 23km이다. 산성과 평지성이 합쳐진 평산성 구조로, 기존의 고구려 도성과 달리 주민의 거주지역이 포함된 도시를 방어할 수 있도록 하였다는 점에서 획기적이라 할 수 있다.

평양성에는 축성시점과 축조구간, 관리감독자 등이 기록된 성돌(刻字城石)이 여러 개 발견되었다. 내용을 분석해보면, 주로 소형(小兄) 정도의 관리가 축성을 감독하였으며, 축성구간은 일정하지 않음이 확인된다. 성돌에 기재된 간지를 552년에 장안성을 축조하기 시작하였다는 『삼국사기』 기록에 따라 배열해보면 566년(병술)과 589년(기유)에 축성이 있었음을 알 수 있다. 이를 통해 552년에 공사를 시작한 장안성은 566년에는 내성을 쌓고, 천도한 이후인 589년에는 외성을 쌓고 있었음이 확인된다. 그리고 『평양속지(平壤續志)』에 북성에서 '本城四十二年畢役'이 새겨진 성돌을 발견되었다는 기록이 있어, 외성과 북성을 포함한 장안성의 축성공사는 착수한 지 42년이 지난 593년에 종료되었음을 알 수 있다.

또한 최근 연구에서 위성사진과 근대 지도를 기초로 각자성석에 새겨진 축성거리를 검토한 결과, 장안성 축성에는 35.6cm인 고구려 척(尺)이 사용되었고, 1리는 1,000척에 해당하는 척리법(尺里法)이 이용되었음이 밝혀졌다(기경량, 2017).

현재의 평양성은 북성·내성·중성·외성으로 구성되어 있는데, 중성의 남쪽 성벽이 고구려시기에 축조된 것인지에 대해 논란이 있다. 일제강점기에 중성과 외성 사이의 성벽 하단부에서 고구려시기로 추정되는 원형 초석 2개가 발견되었는데, 세키노 다다시(關野貞, 1928)는 성벽 하단부에 고구려 건물 초석이 존재한다는 점에서 중성 벽은 후대에 쌓은 것으로 보았다. 반면 최희림(1978)은 이를 문루의 초석으로 보고 그 위치에 고구려시기의 성문이 존재하였을 것으로 추정하였다. 기경량(2017) 역시 중성과 외성 내부의 격자형 구획이 고구려 때의 것이 분명하다면 중성 남쪽 성벽 역시 고구려 당시에 만들어진 것으로 보고 있다.

이 밖에도 평양성의 외성과 중성에는 도로로 구분되는 격자형 구획이 확인되고 있어 고구려 당시에 리방제(里坊制) 또는 방리제(坊里制)가 실시되었음이 확인된다. 도로는 대·중·소로 나뉘는데, 대로는 14m 내외, 중로는 4.8m 내외로 추정된다. 또한 도로에 의해 구획된 방형 구획은 한 변이 177.08m이고, 그 내부는 한 변이 88.54m인 4개의 소구

도면13 | 평양성(장안성)의 구조(ⓒ최종택)

획으로 구성된다(기경량, 2017).

　김희선(2006)은 평양성에서 확인되는 리방제(가로구획방식)는 북위의 도성이었던 낙양성(洛陽城)에서 영향을 받은 것으로 보았다. 중국에서 주민의 거주지역인 리(里)를 방(坊)으로 구획한 것은 422년에 축조된 북위 평성(平城)이 처음이다. 평성은 전체 길이가 32리에 달하는 외곽에 방을 축조하고 그 내부에 항(巷)을 배치하였다. 방은 주변이 담장으로 둘러진 평면 방형인 공간으로, 평성에 도읍을 정한 뒤 도성 인구를 늘리기 위해 유목민이나 농경 한족(漢族)을 사민(徙民)하는 과정에서 주민 통제를 위해 탁발선비족(拓拔鮮卑族)이 고안한 방식이었다.

박순발(2012)은 리방제가 북위 낙양성은 물론 수·당 장안성으로 이어져 고대 동아시아 도성제의 전형으로 정착된 것으로 보고 있다. 그리고 리방제는 도성 내에서의 택지 반급(班給)에 대한 율령제도가 뒷받침되어야 가능한 것인데, 통구분지 내에 왕릉이 혼재하고 있는 집안 지역과 달리 평양 지역에는 왕릉이 도성 외곽에 분산 배치되어 있다는 점에서 도성지역 주변 공간에 대한 새로운 인식이 반영된 결과라는 견해를 제시하기도 하였다. 이 밖에도 기경량(2017)은 고구려에서 격자형 구획이 중성과 외성이 축조된 589년 무렵에 나타난다는 점에서 북위 보다 수의 대흥성(大興城)에서 영향을 받았을 것이라고 추정하였다.

이상에서 살펴본 바와 같이, 고구려는 장안성 축조 이전까지는 고대 중국의 중원 왕조와 구별되는 독특한 도성제를 운영하였다.

고구려의 건국지인 졸본은 현재의 중국 요령성 환인 지역으로, 이른 시기의 고구려 유적이 다수 분포하고 있다. 발굴조사를 통해 고구려 전기 초석 건물지가 확인된 오녀산성은 초기 도성인 흘승골성으로 판단된다. 그렇지만 아직까지 졸본의 평지 거점은 명확히 밝혀지지 않았는데, 여러 정황상 환인댐으로 수몰된 고력묘자고분군(고려묘자고분군) 인근으로 추정된다.

고구려의 두 번째 도성이었던 중국 길림성 집안 지역에는 고구려 중기 도성으로 활용된 국내성과 환도산성이 있다. 환도산성은 문헌이나 〈관구검기공비〉 등을 통해 볼 때 2세기 말에 축조되었을 가능성이 큰

데, 지금까지의 발굴조사에서 모두 5세기대 이후 유물만 출토되었다. 현재의 국내성은 성벽과 내부 건물지에 대한 발굴조사결과로 볼 때, 고국원왕 12년(342년)의 축성 기사에 부합한다. 이러한 고고학 연구결과는 유리왕 22년(3년)에 국내로 천도하였다는 문헌기록과 맞지 않아 앞으로 추가적인 조사와 연구가 필요한 상황이다. 그리고 집안 일대에서 가장 이른 시기에 해당하는 초대형 무기단적석총이 있는 마선구 일대를 국내 초기 도성으로 보고, 별도 성곽이 없는 평지 거점으로 이해하려는 최근 연구들은 지금까지 밝혀진 고고학자료의 틀에서 국내 초기 도성을 찾기 위한 노력으로 이해할 수 있겠다.

고구려의 세 번째 도성은 427년 장수왕대에 천도가 이루어진 평양성이다. 문헌에는 평양성은 대동강 북쪽에 위치하고 있으며, 성에 군량과 무기를 비축해 두었다가 비상시에 방어를 하지만, 왕은 성 옆 별도의 집에 거주한다고 기록되어 있다. 장안성으로 천도하기 이전까지의 전기 평양성은 대성산성과 청암리토성, 안학궁이 도성 후보지로 거론되고 있다.

발굴조사결과 대성산성에서 다수의 고구려 기와 건물지가 확인되고 있고, 집안 지역의 태왕릉과 장군총 출토품과 유사한 연화문와당이 발견되고 있다는 점에서 전기 평양도성과 관련되어 있음이 분명하다. 반면 안학궁의 경우에는 고구려 중기에 조성된 석실분을 파괴하고 궁성이 조영되었다는 점, 그리고 출토유물이 고구려 이후 시대의 것이 주를 이룬다는 점에서 문제가 있다. 청암리토성 역시 중심부에 절터가 발견되어 논란의 여지가 있으나, 태왕릉이나 장군총, 대성산성에서 출토되는 연화문와당이 확인된다는 점에서 여전히 전기 평양성으로서의 가능성이 남아 있다.

다만, 고구려의 도성체계가 평지성과 방어용 산성으로 조합되었을 것이라는 기존 견해와는 다른 양상이 졸본이나 국내성 지역에서 확인되고 있으므로, 평양 전기 도성에서도 그러할 가능성 역시 무시할 수 없다. 이로 인해 최근에는 전기 평양도성기에 왕은 치소인 대성산성(평양성)에 머물되 인근 평지에 마련된 궁성을 오가며 생활하였을 것이라는 새로운 주장도 제기되었다. 다만 이 경우에도 평지 거점에 대한 실체가 밝혀지지 않아 고고학적으로 전기 평양성에 대한 문제를 해결하기 쉽지 않은 상황이다.

한편, 고구려는 586년에 평지성과 산성이 조합된 평산성 구조의 장안성(현 평양성)으로 도읍을 옮기게 된다. 기존 도성과는 달리 도시를 방어할 수 있는 대형 성곽으로 성벽의 전체 둘레는 16km에 달한다. 축성 기사가 새겨진 성돌과 문헌기록을 종합해보면, 552년에 성을 축조하기 시작하여 566년에는 내성을, 천도 이후인 589년에는 외성을 쌓았던 것으로 보인다. 외성에는 주민 통제를 위한 리방제가 실시되었는데, 북위나 수, 당의 도성이 방형의 평면형태를 취하고 있었던 것과는 달리 지형에 맞게 변형시킨 점은 고구려만의 특징이라 하겠다.

참고문헌

강현숙·양시은·최종택, 2020, 『고구려 고고학』, 진인진.
김일성종합대학 고고학및민속학강좌, 1973, 『대성산의 고구려 유적』, 김일성종합대학출판사.
동북아역사재단, 2006, 『고구려 안학궁 조사 보고서 2006』.
사회과학원 고고학연구소, 2009, 『고구려유물』, 조선고고학전서 34, 진인진.
양시은, 2016, 『고구려 성 연구』, 진인진.
채희국, 1964, 『대성산 일대의 고구려 유적에 관한 연구』, 사회과학원출판사.
최희림, 1978, 『고구려 평양성』, 과학백과사전출판사.
강현숙, 2015, 「고구려 초기 도성에 대한 몇 가지 고고학적 추론」, 『역사문화연구』 56.
권순홍, 2015, 「고구려 초기의 都城과 改都 – 태조왕대의 왕실교체를 중심으로」, 『韓國古代史硏究』 78.
_____, 2017, 「도성 관련 용어 검토 – '도(都)'·'곽(郭)'·'경(京)'을 중심으로 –」, 『사림』 62.
_____, 2019, 「고구려 도성 연구」, 성균관대학교 박사학위논문.
기경량, 2017, 「高句麗 王都 硏究」, 서울대학교 박사학위논문.
_____, 2019, 「고구려 왕도·도성의 공간과 경관」, 『고대도성과 월성의 공간구조와 경관』, 제51회 한국상고사학회 학술대회자료집.
김현봉, 2021, 「고구려 평양도성의 경관 연구」, 충북대학교 석사학위논문.
김희선, 2005, 「高句麗 長安城의 築城過程과 遷都의 背景」, 『역사문화연구』 22.
남일룡·김경찬, 1998, 「청암동토성에 대하여(1)」, 『조선고고연구』 1998-2.
_____, 2000, 「청암동토성에 대하여(2)」, 『조선고고연구』 2000-1.
노태돈, 2012, 「고구려 초기의 천도에 관한 약간의 논의」, 『韓國古代史硏究』 68.

민덕식, 2005, 「高句麗城郭의 發掘調査 現況과 展望」, 『白山學報』72.
박순발, 2012, 「高句麗의 都城과 墓域」, 『韓國古代史探究』12.
심광주, 2005, 「高句麗 國家 形成期의 城郭硏究」, 『고구려의 국가 형성』, 고구려연구재단.
_____, 2012, 「고구려 대형집수시설의 비밀」, 『한국고고학저널』2011, 국립문화재연구소.
양시은, 2013, 「高句麗 城 硏究」, 서울대학교 박사학위논문.
_____, 2014, 「고구려 도성 연구의 현황과 과제」, 『高句麗渤海硏究』50.
_____, 2017, 「중국의 고구려 세계문화유산 활용 - 集安 지역을 중심으로」, 『高句麗渤海硏究』59.
_____, 2020, 「오녀산성의 성격과 활용 연대 연구」, 『한국고고학보』115.
_____, 2021, 「高句麗 都城制 再考」, 『한국상고사학보』112.
양정석, 2008, 「고구려 안학궁 중앙건축군에 대한 고찰: 전전 고대건축 형제의 채용을 중심으로」, 『中國史硏究』56.
梁志龍, 2008, 「關于高句麗建國初期王都的探討 - 以卒本和紇升骨城爲中心 -」, 『졸본시기의 고구려 역사 연구』, 동북아역사재단.
여호규, 2005, 「高句麗 國內 遷都의 시기와 배경」, 『韓國古代史硏』38.
_____, 2014, 「고구려 도성의 구조와 경관의 변화」, 『삼국시대 고고학개론 1 - 도성과 토목 편 -』, 진인진.
_____, 2015, 「삼국 초기 도성의 형성 과정과 입지상의 특징」, 『삼국시대 국가의 성장과 물질문화』I, 한국학중앙연구원출판부.
_____, 2019, 「고구려 국내성기의 도성 경관과 토지 이용」, 『高句麗渤海硏究』65.
이정빈, 2017, 「고구려의 국내성·환도성과 천도」, 『韓國古代史硏』87.
임기환, 2015, 「고구려 國內都城의 형성과 공간구성 - 문헌 검토를 중심으로」, 『한국사학보』59.
_____, 2018, 「고구려 國內 遷都 시기 再論」, 『사학연구』132.
田中俊明, 2005, 「高句麗平壤遷都と王宮城」, 『고대도성과 익산왕궁성』, 제17회 마한백제문화국제학술회의, 원광대학교 마한·백제문화연구소.
최종택, 2020, 「平壤城 發掘의 成果와 課題」, 『湖西考古學』45.

吉林省文物考古研究所·集安市博物館, 2004a, 『國內城, 2000-2003年集安國內城與民主遺址試掘報告』.
_____, 2004b, 『丸都山城』, 文物出版社.
吉林省文物考古研究所·集安市博物館·吉林省博物院, 2010, 『集安出土高句麗文物集粹』, 科學出版社.
王綿厚, 2002, 『高句麗古城研究』, 文物出版社.
魏存成, 1994, 『高句麗 考古』, 吉林大學出版社.
吉林省文物考古研究所·集安市博物館, 2012, 「集安國內城東南城垣考古清理收穫」, 『邊疆考古研究』 11.
梁振晶, 2008, 「桓仁縣上古城子魏晉時期墓群」, 『中國考古學年鑑』 2007, 文物出版社.
李新全, 2008, 「高句麗早期遺存及其起源研究」, 吉林大學 博士學位論文.
李殿福, 2004, 「高句麗的都城」, 『東北史地』 2004-1.
萬欣·梁志龍, 1998, 「遼寧桓仁縣高麗墓子高句麗積石墓」, 『考古』 1998-3.
王從安·紀飛, 2004, 「卒本城何在」, 『東北史地』 2004-2.
王志剛, 2016, 「高句麗王城及相觀遺存研究」, 吉林大學 博士學位論文.
遼寧省文物考古研究所, 2004, 『五女山城-1996~1999, 2003年桓仁五女山城調查發掘報告』, 文物出版社.
魏存成, 1985, 「高句麗初中期的都城」, 『北方文物』 1985-2.
李新全, 2009, 「高句麗的早期都城及遷徒」, 『東北史地』 2009-6.
集安縣文物保管所, 1984, 「集安高句麗國內城址的調查與試掘」, 『文物』 1984-1.

朝鮮總督府, 1929, 『高句麗時代之遺蹟』 圖版 上冊, 古蹟調查特別報告 第5冊.
井內古文化研究室 編, 1976, 『朝鮮瓦塼圖譜』 II.
關野貞, 1914, 「國內城及丸都城の位置」, 『史學雜誌』 25-11.
_____, 1928, 「高句麗の平壤城と長安城に就いて」, 『史學雜誌』 39-1.
小泉顯夫, 1940, 「平壤清岩里廢寺址の調査」, 『昭和十三年度古蹟調査報告』, 朝鮮古蹟研究會.

2 성곽

1. 고구려 성의 기원
2. 고구려 성의 구조
3. 고구려의 관방체계

2장
성곽

양시은 | 충북대학교 고고미술사학과 부교수

고구려는 일찍부터 산성을 중심으로 하는 독특한 방어체계를 갖추었는데, 이는 평지성을 중심으로 한 중국의 고대 중원 왕조와는 뚜렷하게 대비되는 것이다. 건국 당시부터 한나라의 평지 토성을 접할 수 있었음에도 불구하고, 고구려는 석축 산성을 축조하였다. 군사방어를 위해 구축된 대부분의 산성은 왕도로 향하는 주요 길목을 통제할 수 있는 전략적 요충지에 위치하고 있다.

고구려 초기에는 험준한 산 정상부 위에 방어 목적의 성을 주로 축조하였으나, 영토가 확장된 중기 이후부터는 효율적인 지방 지배를 위해 거점별로 치소성도 필요하게 되었다. 고구려가 지방을 다스리기 위한 행정거점으로 성을 활용하였음은 "요동(遼東)이나 현도(玄菟) 등 수십 성에 모두 관청(官司)을 설치하여 통치(統攝)하였다"는 『주서(周書)』의 기록과 고구려가 멸망할 당시 "5부(部) 176성(城) 69만 7천 호(戶)"였다는 『구당서(舊唐書)』의 기록을 통해서도 확인된다.

이들 치소성은 고구려가 요동 지역으로 진출하게 된 이후 본격적으로 설치되어 운영되었다. 특히 하곡평야(河谷平野)에 입지한 포곡식 산성은 넓은 평지가 포함된 계곡부를 감싸고 있는 경우가 많아, 위급 시에 주민을 성 내부로 피신시킬 수 있을 뿐만 아니라 평상시에도 주민의 접근이 용이하다는 점에서 행정 치소로서의 역할 수행이 가능하다.[1] 또 이러한 포곡식 산성에는 고구려 기와가 다량으로 수습되는 곳이 많은데, 이는 "사찰(佛寺)·신묘(神廟) 및 왕궁·관부(官府)만이 기와를 사용하였다"는 『구당서』의 기록과도 일치한다.

한편, 『한원(翰苑)』에는 고구려 지방통치의 중심지인 대성(大城)에 최고 지방관인 욕살(褥薩)이 파견되었는데, 이는 당의 지방관인 도독(都督)에 해당한다고 기록되어 있다. 욕살이 파견된 고구려 성으로는 책성(柵城)과 오골성(烏骨城)이 있다. 책성은 현재 중국 연변 혼춘(琿春) 지역으로, 오골성은 중국 봉성(鳳城)의 봉황산산성(鳳凰山山城)으로 비정되고 있다.

봉황산산성은 전체 둘레가 16km에 달하는 요동 일대에서 가장 규모가 큰 포곡식 산성으로, 쐐기형 성돌을 이용하여 정연하게 석축 성벽을 쌓았다. 요동평원에서 평양으로 진격하기 위해서는 단동(丹東) 일대

---

[1] 장하(莊河) 성산산성(城山山城)은 산상형 포곡식 산성이지만 치소성으로 기능하였을 가능성이 높고, 협하를 사이에 두고 나란히 축성되어 있는 후성산산성(後城山山城)은 하곡평지형 포곡식 산성이지만 성산산성에 비해 군사방어적인 성격이 두드러지므로, 입지 유형에 따라 일률적으로 그 성격을 규정하기 어렵다는 견해(임기환, 2015, 132쪽)도 있다. 그럼에도 전체 고구려 성의 현황을 보았을 때 대체적인 추세는 인정된다고 판단된다.

사진1 | 봉성 봉황산산성
1. 위성사진(ⓒ구글 어스, 2021년 3월) 2. 북벽(ⓒ양시은, 2016년)

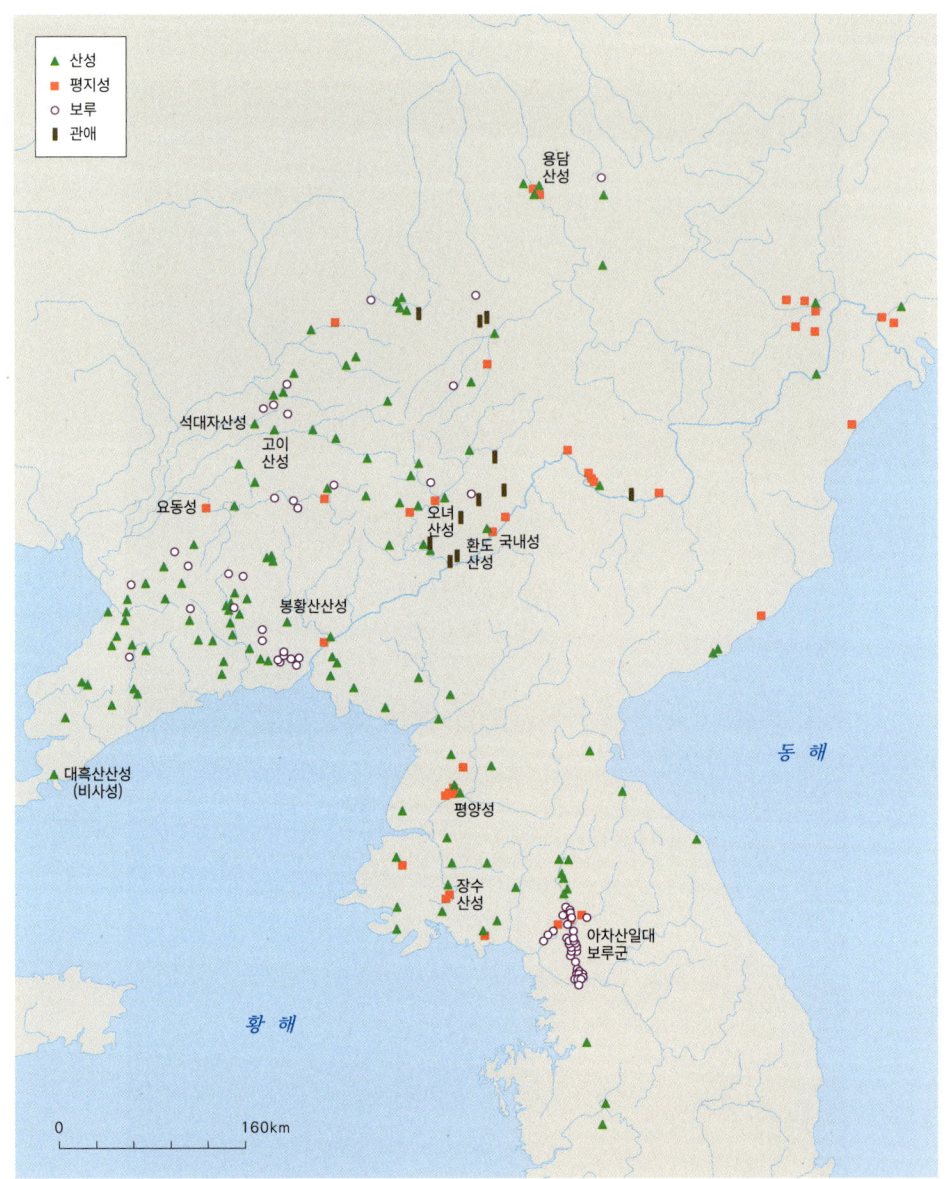

지도1 | 전체 고구려 성의 분포(ⓒ양시은)

에서 압록강을 건너야 하는데, 그 과정에서 반드시 봉성을 거쳐야 하는 만큼 산성은 교통로의 요충지에 자리하고 있다. 그리고 망대와 성내 대형 건물지 등에서는 연화문와당을 포함한 다량의 고구려 기와가 발견되고 있어 산성에 관청이 있었음을 알 수 있다.

고구려 성은 현재 중국의 동북지역과 북한 전역, 그리고 남한의 일부 지역에 분포한다. 중국에는 최소 150개가 넘는 고구려 성이 분포하는 것으로 알려져 있으며, 둘레가 1km 넘는 중형급 이상의 산성이 상당수를 차지한다. 북한 지역은 정보의 부족으로 전체 숫자를 파악하기가 쉽지 않지만, 지금까지 50여 기가 알려져 있다. 북한 내 고구려 성은 고구려 멸망 이후에도 고려와 조선 시대까지 지속적으로 활용되면서 증축 및 개축된 곳이 많다. 남한 지역에도 약 50여 기가 분포하고 있는데, 둘레가 300m 미만인 소규모의 보루가 대부분이다(양시은, 2013).

북한을 제외한 중국과 남한 지역의 고구려 산성은 고구려 당시의 모습이 남아 있는 경우가 많아 관련 연구에 중요한 기초 자료가 되고 있다. 현재까지 남아 있는 다수의 고구려 산성이 오랜 기간이 지났음에도 보존상태가 매우 양호한 점, 백제나 신라의 여러 성에서 고구려의 축성술이 확인되는 점(백종오, 2017), 그리고 수·당과의 전쟁에서 중국의 대군이 고구려 성을 쉽게 점령하지 못하였다는 문헌기록을 통해서도 고구려의 우수한 축성기술과 이를 바탕으로 한 효율적인 방어체계를 짐작해볼 수 있다.

1. 고구려 성의 기원

고구려를 비롯한 동북아시아의 고대국가는 성을 축조하고 군대를 양성함으로써 영토를 방어하고 백성을 통치하였다. 한은 군현제(郡縣制)를 실시하여 각 지방을 다스렸는데, 환인(桓仁) 지역의 외곽에도 통화(通化) 적백송고성(赤柏松古城)이나 신빈(新賓) 영릉진고성(永陵鎭古城) 등과 같은 군현 토성이 설치되었다(지도2).

고구려는 일찍부터 한의 토성을 접했음에도 불구하고 건국 초기부터 산성을 축조하였다. 이는 〈광개토왕릉비〉에 주몽이 "비류곡 홀본 서쪽 산 위에 성을 쌓고 도읍을 세웠다"라는 기록이나 『삼국사기』 고구려본기에 대무신왕 11년(28년) 한의 요동태수가 쳐들어왔을 때 왕이 위나암성(尉那巖城)에서 항전할 당시의 기사 등을 통해 확인이 가능하다.

고구려가 건국 초기부터 산성을 축조한 이유에 대해 진대위(陳大爲, 1995)는 혼강(渾江) 유역에 거주하던 청동기시대의 주민이 산 위에 취락을 이루어 살던 풍속을 고구려 산성의 기원과 연결시켜 설명하였다. 그의 견해는 환인 오녀산성(五女山城)에서 신석기시대와 청동기시대의 문화층이 확인된다는 점에서는 일견 타당해 보일 수 있다. 그러나 요령 지역의 일부 고구려 산성에서만 확인된 주거용 원형 수혈(高麗坑)을 길림의 구태(九台) 상하만(上河灣) 지역의 청동기시대 산상 주거유적과 연결시켜 고구려 산성이 청동기시대의 고지대 취락에서 발전하였다는 주장은 논리적 비약이 심하다.

왕면후(王綿厚, 1997)는 고구려 산성이 하가점하층문화(夏家店下層文化)에서 하가점상층문화(夏家店上層文化)로 이어지는 요서 지역의 청동기시대 석성(高山型石城)을 계승하였다고 주장하였다. 즉, 선민족인 예맥족(濊貊族, 주로 맥족)의 석축담(城壇)과 적석묘의 전통을 고구려가 계승, 발전시킨 것으로 이해한 것이다. 고구려의 석성이 적석총의 발전과 밀접하게 연관되어 있는 것은 분명하나, 시기적인 차이가 크고 거리도 먼 요서 지역의 청동기문화를 혼강과 압록강 중류 지역의 고구려 전기 문화와 직접적으로 연결 짓는 것은 무리한 해석으로, 고고학적인 근거가 부족하다.

이러한 문화계통론적인 접근방식으로는 고구려 산성의 등장배경을 설명할 수 없으며, 오히려 자연지형적 요인과 전략적 판단에 따라 자연스럽게 산성이 등장했다고 보는 것이 현재로서는 더 합리적이다. 고구려가 발원한 혼강 및 압록강 중류 지역은 『삼국지(三國志)』 위서 동이전에 "큰 산과 깊은 계곡이 많으며, 벌판과 호수가 없다"라고 기록되어 있을 만큼 산악지대가 대부분으로, 한나라에 비해 상대적으로 세력이 약한 고구려는 험준한 산 정상부에 성을 쌓아 전력의 열세를 극복하고자 했을 가능성이 있다. 특히 절벽이나 험준한 자연지형을 천연 성벽으로 활용할 수 있는 산을 택하여 방어력이 약한 일부 구간에만 성벽을 쌓음으로써 축성에 소요되는 노력과 기술을 최소화할 수 있었을 것이다. 그 과정에서 비교적 쉽게 구할 수 있는 재료인 석재가 자연스럽게 성벽의 축조에 이용되었을 가능성이 크다(양시은, 2013).

실제로 고구려가 건국한 환인 지역의 오녀산성과 그 외곽에 분포하고 있는 고구려 전기의 방어성은 신빈 흑구산성(黑溝山城)이나 전수호산성(轉水湖山城)처럼 험준한 지세를 가진 산 정상부에 축조된 산성이 대다수이다. 이들 산정식 석축 산성은 자연절벽 등을 천연 성벽으로 삼아 별도의 인공 성벽을 쌓지 않더라도 방어가 용이한 것이 특징이다(사진2).

사진2 | 신빈 흑구산성
1. 위성사진(ⓒ구글 어스) 2. 전경(ⓒ양시은, 2010년)

그리고 고구려 중기 이후에 축조된 중대형 산성 중에는 철령(鐵嶺) 최진보산성(催陳堡山城)이나 개주(蓋州) 고려성산성(高麗城山城, 청석령산성)처럼 지형에 따라 구간별로 토축, 토석혼축, 석축 성벽이 모두 확인된 예가 있는데, 이는 고구려인들이 지형에 따라 축성재료를 선택하였음을 보여준다. 이 밖에도 집안 국내성(國內城)이나 연천 호로고루, 당포성 등과 같이 고구려 중기 이후에 축조된 성에서는 석축 성벽의 기저부나 내면을 흙으로 채우거나, 평양 안학궁이나 연천 은대리성처럼 토루 외면에 일정 높이까지 석축을 부가한 경우도 발견되고 있어, 고구려 성은 하나의 축성재료만을 고집한 것이 아니라 자연환경에 따라 또는 토축과 석축의 장단점을 적절히 혼용함으로써 성벽 축조의 효율성을 극대화하였음을 알 수 있다.

한편, 자연지형적 요인에 따른 축성재료의 선택은 중국에서도 확인된다. 용산문화기(龍山文化期)의 취락방어용 성은 중국 전역에서 발견되는데, 토성이 대다수이나 내몽고 지역만 특이하게도 석성이다. 평야지대인 중원 지역에는 평지 토성이, 내몽고 지역에는 높은 구릉에 석성이 축조되었다. 중원 지역의 토성은 이른 시기부터 판축공법으로 축조하였는데, 전체 둘레가 1km 이상인 것이 대다수이다. 반면 내몽고 지역의 석성은 강안대지나 구릉지역에 입지하고 있으며, 주변에서 쉽게 구할 수 있는 돌로 성벽을 쌓고, 평지 토성에 비해 규모가 작다. 내몽고 지역의 이러한 양상은 하가점하층문화 단계에도 이어진다. 반면, 같은 내몽고 지역이라고 하더라도 황하 유역의 하투(河套) 지구에는 150여 기가 넘는 전국시대에서 진·한대의 평지 토성이 분포한다. 이는 평지 토성을 기반으로 한 군현제와도 깊이 연관되어 있겠으나, 성의 입지와 지형적 요인에 따라 축성재료가 좌우됨을 보여주는 또 다른 증거이다.

2. 고구려 성의 구조

1) 성벽

고구려 성은 체성벽(體城壁)을 구성하는 주 재료에 따라 크게 목책성·석성·토성 등으로 구분할 수 있는데, 대체로 주변에서 쉽게 구할 수 있는 재료를 사용하여 성벽을 축조하는 것이 일반적이다.

(1) 목책성

목책성은 나무를 이용하여 울타리와 같은 방어시설을 만든 것이다. 단기간에 설치할 수 있다는 장점이 있으나, 화공에 약하고 내구성이 떨어지기 때문에 임시적인 방어시설이었을 것으로 추정된다.

문헌에는 고구려가 일찍부터 목책을 축조하였음이 확인된다. 『삼국사기』 고구려본기에는 태조왕 46년(98년)과 50년(102년), 산상왕 21년(217년)에 책성(柵城)에 대한 기사가, 보장왕 4년(645년)에 안시성(安市城)전투 당시 당(唐)의 공격에 맞서 성안에 목책을 세워 무너진 곳을 막았다는 내용이, 그리고 보장왕 27년(668년)에 압록책(鴨綠柵)에 대한 기사가 전한다.

지금까지 목책과 관련된 유적은 남한에서만 확인되었는데, 연천 호로고루와 전곡리 목책유구, 안성 도기동산성, 청원 남성골산성 등이 있다. 남성골산성의 경우 내측과 외측의 목책으로 구성된 복곽식 구조로 이루어져 있다. 목책은 2열로 구축되어 있으며, 그 간격은 2.5~3m 내지는 4~4.5m로 지형에 따라 차이가 있다. 목책은 대체로 깊이 1.5m 이상의 구덩이를 파고 직경 20~30cm가량의 나무기둥을 세운 다음,

사진3 | 안성 도기동산성의 목책(ⓒ양시은, 2015년)

구덩이를 팔 때 나온 흙과 돌로 그 주변을 덮고 단단하게 다져서 세웠다(중원문화재연구원, 2008). 도기동산성 역시 내외 이중의 목책 구조로, 외벽에는 외목책에 소형의 할석을 점토와 함께 덧대어 보강한 후 불을 질러 단단히 하였다(기남문화재연구권, 2018). 그렇지만 도기동산성에서 확인된 석축 부가방식은 석성인 연천 무등리2보루의 성벽 기초부에서도 발견된 바 있어 향후 추가 검토가 필요하다. 다만 이중 목책 구조는 대전 월평동유적에서도 확인되고 있는바, 고구려에 목책성이 있었던 것은 분명하다.

한편, 과거에는 남한의 고구려 보루에서 발견된 2~3열의 목주열이 석축 성벽에 선행하는 목책의 흔적으로 보기도 하였으나(양시은, 2012a), 서울 홍련봉2보루에 대한 발굴조사에서 확인된 목주열은 얇은 석축 성벽으로는 내부의 토압을 견딜 수 없기에 성벽의 축조 과정에서 이를 지탱할 수 있도록 한 영정주(永定柱)임이 밝혀졌다(심광주, 2018).

(2) 토성

고구려 토성은 하고성자성과 같은 평지성뿐만 아니라, 심양(瀋陽) 탑산산성(塔山山城)이나 요원(遼源) 용수산성(龍首山城)처럼 요동 지역의 중대형 포곡식 산성에서도 확인된다. 성벽의 축조방식으로는 흙을 쌓아올려 축조하는 성토법(盛土法), 흙을 깎아서 축조하는 삭토법(削土法), 흙을 층층이 단단하게 다져 쌓아올리는 판축법(版築法)과 교호성토법(交互盛土法) 등이 있다. 산성에는 지형이나 필요에 따라 각기 다른 방식을 채택하였는데, 능선이나 경사면에는 삭토법과 성토법을, 성문이나 계곡 입구처럼 방어력을 강화해야 하는 곳에는 많은 공력이 들지만 훨씬 견고한 판축공법이 주로 채택되었다.

판축은 단위 구간별로 판재를 대고 안쪽으로 흙을 부어 달구질을 하거나 발로 밟아 층층이 다져 올라가는 공법이다. 이와 같은 과정을 무수히 반복하여 흙을 여러 번 다지면 굉장히 단단해져서 토축 벽체가 장기간 버틸 수 있게 된다. 판축을 위한 기본구조물에는 목주(木柱, 영정주)와 판목(板木), 횡장목(橫長木), 종장목(縱長木) 등이 있다. 기본 나무기둥인 목주를 우선 설치하고, 목주와 목주 사이는 종장목과 횡장목으로 결구하여 기본구조를 갖춘 다음, 판축토가 밀리는 것을 방지하기 위하여 판목(협판)을 설치한다.

고구려 성에서의 판축 흔적은 성벽 절개면에서 쉽게 찾아볼 수 있다. 개주 고려성산성(청석령산성), 해성(海城) 영성자산성(英城子山城), 길림(吉林) 용담산성(龍潭山城)의 성문 일대 성벽에는 판축의 흔적이 잘 관찰된다(사진4). 토축 성벽에서 세로로 갈라지는 곳은 판축 당시 영정주나 종장목을 세웠던 부분이고, 가로로 여러 겹 쌓여 있는 것은 흙을 여러 번 다져 판축한 결과물이다. 개별 판축 토층의 두께는 10cm 내외이

도면1 | 판축공법 개념도(李湞, 2006; 박원호·서치상, 2009 재인용)

며, 세로로 나누어지는 부분은 유적마다 다르나 대체로 1.5m 내외이다.

무순(撫順) 고이산성(高爾山城)의 동성에는 문지 주변의 성벽에서 판축기법이, 능선을 따라 축조된 성벽에는 흙과 돌을 섞은 토석혼축방식과 판축기법이, 동성과 서성의 경계 지점 남단에서는 토축 성벽 안쪽에 비교적 큰 석재로 기단을 구축하고 그 위에 흙을 덧쌓은 기단 석축 부가방식이 확인되었다. 동성 남문의 서벽 역시 할석으로 30~50cm 높이의 기단 석축을 하고 그 위에 토축 성벽을 쌓았다(徐家國·孫力, 1987). 다만 고이산성은 요금시기까지도 활용되었기 때문에 산성에서 확인되는 축성기법을 모두 동시기의 것으로 보기는 어렵다.

한편, 노변장관애(老邊墻關隘)를 비롯한 집안 일대의 여러 관애와 일부 고구려 성은 흙과 돌을 이용하여 성벽을 축조한 토석혼축성으로 알려져 있다. 그렇지만 관애를 제외한 대부분의 성은 엄밀한 의미의 토석혼축보다는 토루를 축조하는 과정에서 주변의 잔돌이 섞여 들어간 경우가 대부분이어서 외관상 토성과의 구별이 불가능한 경우가 많아 토

사진4 | 개주 고려성산성(ⓒ양시은, 2007년)
　　　　1. 서문지 일대 전경　2. 서문 일대 판축 흔적

석혼축성은 토성의 범주에 속하는 경우가 많다.

그리고 토성 중에는 토루 외벽을 일정 높이까지 석축으로 보강하거나 또는 기단 내부에 석렬 또는 석심을 부가하기도 한다. 평양 안학궁이나 연천 은대리성은 토루 외면에 일정 높이까지 석축을 부가하였는데, 토루의 외면 전체를 석축한 것이 아니기 때문에 토성으로 분류된다. 중심 토루에 기단 보강 석축 또는 외면 보강 석축이 부가된 토성은 평양 천도 이후에 축조된 성에서 주로 발견된다.

(3) 석성

석성은 고구려 성에서 상당한 비중을 차지하고 있는데, 축조방식에 따라 내탁식(內托式, 단면축조법)과 협축식(夾築式, 양면축조법)이 있다. 내탁식은 경사면을 정리하여 석축을 쌓고 그 안쪽을 흙과 돌로 채워 넣는 방식으로, 석축부와 토축부(뒷채움구간)로 구분된다. 산성에 구축된 성벽은 대부분 내탁식으로 축조되었으나, 지형에 따라 협축식으로 쌓은 경우도 있다. 협축식은 성벽의 내외면 모두를 돌로 쌓는 방식이다. 주로 평지나 얕은 경사면, 그리고 성문 인근의 성벽을 축조할 때 이용된다.

석축 산성에서 협축식 성벽은 성벽 전체를 돌로 쌓는 것이 일반적이나, 국내성이나 연천 호로고루, 당포성과 같은 석축 평지성은 성벽의 내면 혹은 내벽을 흙으로 쌓기도 한다. 심광주(2018)는 성벽의 기저부나 중심부는 흙으로 쌓고, 외벽만 석축하거나 또는 내외 벽을 모두 석축으로 쌓는 이러한 축성기법을 '토심석축공법(土芯石築工法)'이라고 부르며, 고구려 후기 축성법의 가장 중요한 특징으로 본다. 토성은 석성에 비해 축성이 용이하지만 외벽의 경사가 완만하여 방어에 취약하

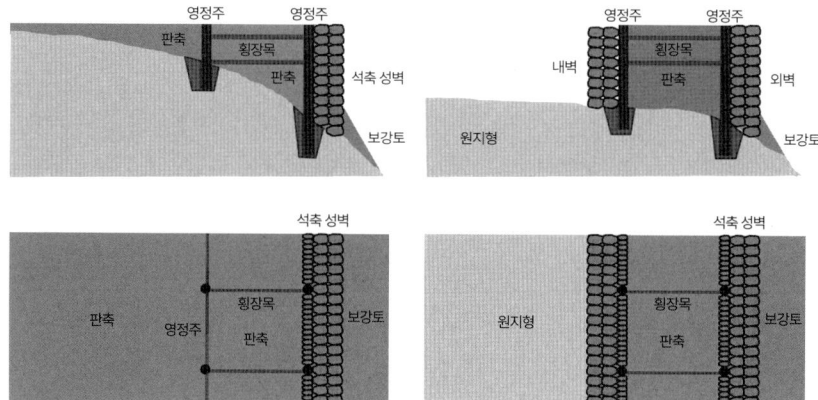

도면2 | **토심석축공법 축조 모식도**(심광주, 2018)

다. 석성은 수직에 가깝게 외벽을 쌓을 수 있지만 토성에 비하여 축성에 지나치게 많은 인력과 비용이 소모된다는 단점이 있다. 토심석축공법은 토성과 석성의 장점을 결합한 공법으로, 성벽은 두꺼운 토축부와 얇은 석축부로 구성된다(도면2). 토축부는 성벽의 안정성을 유지해주고, 석축부는 성벽의 외벽경사를 유지시키고 빗물로 성벽이 침식되는 것을 막아주는 역할을 한다. 이러한 토심석축공법은 국내성 외에 아차산일대보루군과 연천 무등리보루군 등과 같은 남한 지역 고구려 보루의 성벽에서도 찾아볼 수 있다(사진5).

한편, 석축 성벽을 축조하기 위해서는 석재의 하중을 지탱할 수 있도록 지반을 다지는 기초공사가 필수적이다. 기초부 조성방식은 지반의 상태에 따라 달라진다.

지반이 암반이 아닌 경우에는 일정 깊이까지 파서 점토를 다져 성토하거나 또는 점토와 잡석을 채워 넣어 평탄한 기초부를 조성하는 것이

사진5 | 구리 시루봉보루(ⓒ서울대학교박물관, 2010년)

보통이다. 국내성 남벽에도 기저부에 기초를 튼튼히 하기 위한 다짐층이 확인되는데(1장 사진2-1), 이처럼 기초부를 성토하는 방식은 연천 당포성이나 호로고루와 같은 평지성에서 주로 발견된다.

지반이 암반일 경우에는 상황에 따라 성토를 하여 기초부를 조성하거나 암반 위에 바로 성돌을 쌓는다. 구리 시루봉보루에는 경사진 기반암 위에 점토를 깔아 성돌의 수평을 유지시키면서 지면에 고정되도록 하였으며, 기단부에는 비교적 편평하고 큰 석재를 놓고 한 층마다 조금씩 들여쌓아 성벽이 높이 올라가더라도 무너지지 않고 균형을 유지할 수 있도록 하였다. 그리고 환인 고검지산성(高儉地山城)이나 보란점(普蘭店) 위패산성(魏覇山城, 오고성)에는 기반암이나 바위를 직접 다듬은 후에 성돌을 쌓아올리거나, 암반의 형태에 맞추어 치석한 성돌을 쌓아올리는 방식도 확인되었다.

이와 관련하여 심양 석대자산성(石臺子山城)에는 발굴조사에서 다양

사진6 | 고구려 석성 기초부 조성방식(ⓒ양시은)
1. 착암기초법(위패산성, 2007년) 2. 버팀축조법(고검지산성, 2008년)
3. 그랭이기법(위패산성, 2007년) 4. 들여쌓기(백암성, 2007년)

한 방식의 기초공법이 확인되어 주목된다. 비교적 평탄한 곳에서는 성벽 벽체 너비로 암반층까지 땅을 판 다음 잔 할석이나 점토를 채워 넣어 기초를 쌓는 구덩이기초법(基槽基礎法)이, 큰 바위가 지면에 돌출되어 있어 성벽 기초작업이 어려운 곳에서는 바위에 홈을 파거나 다듬는 착암기초법(鑿岩基礎法)이, 경사가 가파른 산비탈에서는 산의 지세에 따라 여러 구간으로 나눈 뒤 각 구간의 최저 지점부터 석축을 쌓기 시작하여 아래쪽 한 단의 수평선을 초과하게 되면 다시 전체 석축을 쌓아가는 버팀축조법(戧築法)이 적용되었다(遼寧省文物考古研究所, 2012b).

이 밖에도 다수의 고구려 석축 산성에는 그랭이기법도 찾아볼 수 있다(사진6-3). 『한국고고학전문사전 – 성곽·봉수편』에 따르면, 그랭이기법은 성벽을 축조하는 과정에서 하단 석재의 상면에 맞추어 상단 석재의 하면을 깎아 내거나, 줄눈을 맞추기 위해 하단 석재의 상면을 깎아내어 빈틈이 없도록 쌓는 방식이다. 다시 말해 성벽 기초부에 큰 바위나 암반이 있을 때에는 바위를 깨뜨리지 않고 그대로 놔둔 채 성돌을 바위 모양대로 깎아 맞추는 방법이다. 그렇지만 그랭이기법으로 축조한다고 해서 꼭 바위나 암반 면을 다듬지 않는 것은 아니기 때문에, 착암기초법과 그랭이기법은 함께 사용되었던 것으로 보인다. 그리고 고구려 석축 성벽의 하단부는 들여쌓기가 일반적이지만, 위패산성의 경우처럼 필요한 경우 기단부에 보축 성벽을 쌓아 성벽의 하중을 견딜 수 있도록 하기도 한다.

이상과 같은 석축 성벽 기저부의 조성방식은 고구려의 계단식적석총, 지상 건물지 기단부와 대형 석축 저수시설 등에도 동일하게 적용되고 있어, 축성기법은 당시 건축 및 토목 기술의 발전과 밀접한 관련이 있음을 짐작해볼 수 있다.

체성벽은 성의 핵심시설로, 축성 시 가장 많은 공력을 들이는 부분이다. 성벽의 축조에서 특히 주목할 것은 성돌 형태, 치석방법, 성돌 간의 짜임새와 뒷채움 방식이다.

고구려 석축 성벽의 외면은 바깥쪽을 잘 다듬은 돌이 정연하게 쌓여 있는 경우가 많은데, 정면에서 바라볼 때 '品'자형 또는 6합(六合) 구조가 일반적이다. 하나의 성돌에 위아래로 각각 2개, 좌우로 1개가 맞물리게 쌓아 1개의 성돌이 6개의 성돌과 한 단위로 서로 접하는 방식이다. 6합 구조로 성벽을 축조하면 치를 쌓는 경우에도 성벽과 치의 성돌이 서로 엇갈려 맞물리기 때문에 구조가 허술해지지 않는다(사진7). 다만 남한의 고구려 보루는 주변에서 구하기 쉬운 화강암을 치석하여

사진7 | 장하 성산산성의 성벽 축조방식(ⓒ양시은, 2007년)
1. 성벽의 6합 구조 2. 쐐기꼴 돌을 이용한 겉쌓기
3. 쐐기꼴 돌과 북꼴 돌의 결합 4. 쐐기꼴 돌과 북꼴 돌의 결합

1~2겹으로 체성벽을 축조하기 때문에 이러한 쌓기방식은 적용되지 않는다.

겉쌓기에 쓰이는 성돌은 쐐기꼴 혹은 장방형의 평면형태로 치석하였는데, 특히 쐐기꼴 돌(楔形石)이 많이 사용된다. 성벽의 바깥쪽에서 보면 잘 다듬어진 장방형 형태이지만, 위쪽에서 보면 쐐기꼴 형태로 앞부분에 비해 뒷부분의 뿌리쪽이 좁고 길쭉하다. 성벽 안쪽에 사용하는 성돌은 쐐기꼴 돌에 맞물릴 수 있도록 앞부분은 얇고 전체적으로는 길쭉한 모양으로 다듬는데, 마치 베를 짤 때 쓰는 북의 형태와 유사하여 북꼴 돌(梭形石) 혹은 마름모형 돌(菱形石)이라고 한다.

오녀산성의 경우 쐐기꼴 돌은 그 길이가 대략 50cm, 북꼴 돌은 70cm

전후이다. 북꼴 돌이 쐐기꼴 돌에 비해 상대적으로 긴데, 이는 북꼴 돌이 앞쪽이 무거운 쐐기꼴 돌을 안쪽에서 잘 지탱해줄 수 있어야 하기 때문이다. 쐐기꼴 돌로 첫 번째 단을 쌓게 되면 장방형 머리 부분은 성벽의 겉면에 노출되어 있고 뾰족한 꼬리 부분은 안쪽을 향해 있어 두 쐐기꼴 돌 사이의 안쪽 공간은 삼각형의 빈틈이 생기게 된다. 이제 북꼴 돌을 그 사이에 끼워 넣음으로써 쐐기꼴 돌과 북꼴 돌을 맞물리게 한다. 그다음으로 두 개의 쐐기꼴 돌과 북꼴 돌이 맞물려 있는 곳의 위에 두 번째 단의 쐐기꼴 돌을 올려놓게 되면, 쐐기꼴 돌의 꼬리 부분은 첫 번째 단의 북꼴 돌을 눌러주게 된다. 이러한 방식으로 쌓기를 반복하면 성벽이 견고해지는 효과가 있다. 또, 쐐기꼴 돌과 북꼴 돌이 맞물리는 지점 인근의 빈 공간에는 할석이나 진흙 등을 채워 넣어 성돌이 서로 단단하게 고정될 수 있도록 하였다. 이처럼 쐐기꼴 돌과 북꼴 돌을 맞물려 축조한 성벽은 겉의 쐐기꼴 돌 일부가 빠지더라도 안쪽의 북꼴 돌이 그대로 남아(사진7-4) 성벽의 형태와 방어력이 유지되고, 후에 상대적으로 수월하게 성벽을 수리할 수 있다.

한편, 중국 학계는 지금까지 성돌의 가공과 치석의 정도를 축조집단이나 시간적인 속성으로 간주해 왔다. 리전푸(李殿福, 1998)는 쐐기꼴 돌로 정연하게 성벽을 쌓아올리는 방식(打壘法)을 고구려 산성의 성벽 축조에서 가장 먼저 등장하는 특징으로 보았다. 성벽에는 여장과 불규칙하게 배치된 방형의 돌구멍도 확인되고 있는데, 환인 오녀산성, 신빈 흑구산성, 집안의 환도산성(丸都山城)과 패왕조산성(覇王朝山城) 등을 대표 사례로 들었다. 이들 산성이 고구려 초기 도읍이었던 환인과 집안 일대에 분포한다는 점을 들어 쐐기꼴 성돌로 축조된 성벽을 이른 시기로 판단한 것이다.

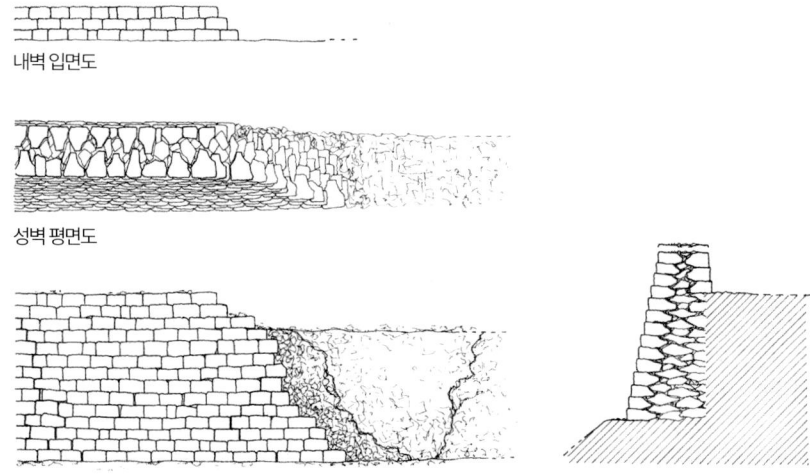

도면3 | 집안 환도산성의 동벽(吉林省文物考古硏究所, 2004b, 도37)

그렇지만 돌을 가공하여 일정 높이 이상으로 성벽을 축조하기 위해서는 상당한 수준의 석재 가공 및 토목건축 기술이 필요하다. 환인 지역의 당대 최상위 무덤으로 비정되는 망강루고분군(望江樓古墳群)의 4호분이나 6호분은 적석총 한 변의 길이가 13~15m임에도 불구하고 가공되지 않은 석재(강돌 등)로 쌓았다. 이를 통해 본다면 고구려 초기에는 인공 성벽을 쌓을 만큼 석재 다루는 기술이 축적되지 못하였을 가능성이 크다(강현숙, 2105).

그리고 쐐기꼴 돌과 북꼴 돌의 조합으로 이루어진 석축 성벽은 등탑(灯塔) 백암성(白巖城)이나 평양성 등 고구려 중기와 후기 유적에서도 확인되고 있으므로, 성돌의 가공 및 축성 방식만으로 그 시기를 판단하는 방식은 문제가 있다. 리롱빈(李龍彬, 2008) 또한 이와 유사한 문제를 제기한 바 있다. 크고 길쭉한 장대석을 기초로 삼고 쐐기꼴 돌로 성벽을 쌓아올린 서풍(西豊) 성자산산성(城子山山城), 개원(開原) 마가채산성(馬家寨山城)이나 심양 석대자산성 등에서는 고구려 중기 및 후기 유물이 출토되고 있기 때문에 단순히 쐐기꼴 돌을 이용하여 성벽을 축조했다는 사실만으로 이른 시기로 판단할 수 없다는 것이다.

2) 성문

성의 안과 밖을 통행할 수 있도록 한 출입시설인 성문은 적에게 첫 번째 공격대상이 되는 만큼, 성문과 그 주변은 방어를 강화하기 위한 다양한 축성기법이 적용된다.

(1) 성문의 구조

성문은 출입방식에 따라 평문(平門)과 현문(懸門)으로 구분할 수 있고, 그 외 유사시 은밀한 출입을 위하여 잘 보이지 않는 곳에 축조하는 암문(暗門)이 있다.

평문은 가장 일반적인 구조의 성문으로, 개구부 윗부분을 아치형으로 둥글게 만든 홍예식(虹霓式), 윗부분에 장대석이나 판석을 수평으로 걸친 평거식(平据式) 그리고 개구부에 별도의 상부구조 없이 바로 누마루를 올리는 개거식(開拒式)으로 세분된다(손영식, 2011).

홍예식 성문은 조선시대 성에서 주로 확인되며, 북한의 주장과는 달리 고구려의 것으로 명확히 밝혀진 사례는 없다. 평거식 성문은 양쪽 벽 위에 큰 판석을 올려놓아야 하기 때문에 성문의 너비가 좁은 것이 보통인데, 개주 연통산산성(煙筒山山城)에서 발견된 사례가 있다. 그리고 용강대묘를 비롯한 고구려 고분벽화에 그려진 성곽도에는 개거식

사진8 | 고구려의 성문 구조(ⓒ양시은)
1. 개주 연통산산성의 평거식 성문(2009년)   2. 통화 자안산성의 복원된 현문(2016년)

도면4 | 용강대총에 묘사된 성문과 문루(『북한의 문화재와 문화유적』 I)

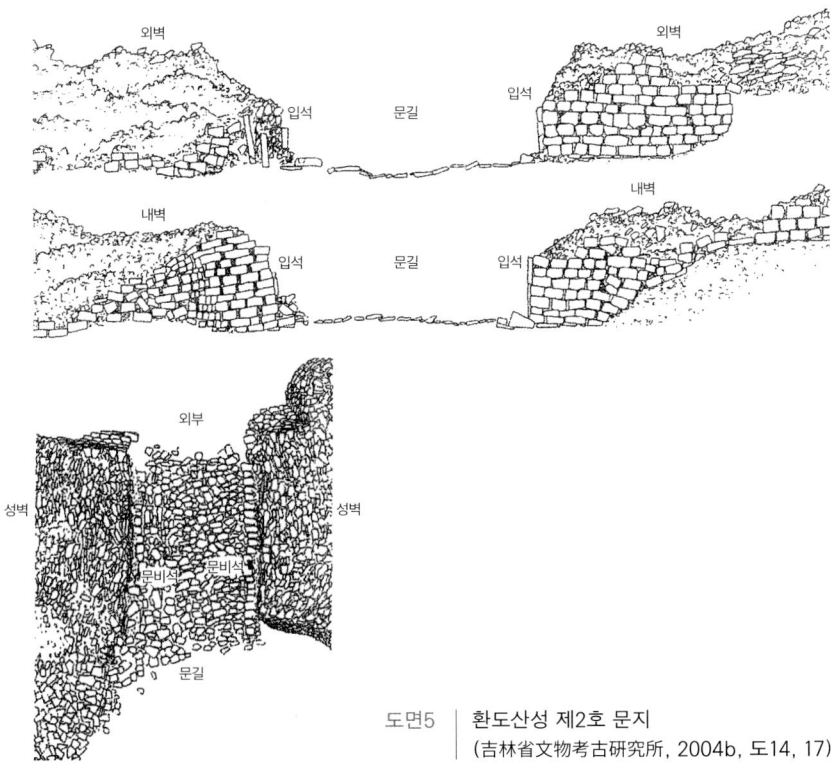

도면5 | 환도산성 제2호 문지
(吉林省文物考古硏究所, 2004b, 도14, 17)

구조의 성문만이 묘사되어 있어(도면4), 고구려는 개거식 성문을 주로 사용하였을 가능성이 있다. 화재로 인해 전소된 석대자산성의 문지에서도 성문의 상부구조에 사용될 만한 대형 석재가 발견되지 않은 점 또한 이를 뒷받침한다.

현문은 성벽 위에 문이 있어 사다리 등을 이용하여 출입할 수 있도록 한 일종의 다락문 구조로, 포천 반월산성, 양주 대모산성, 하남 이성산성, 이천 설성산성, 보은 삼년산성 및 단양 온달산성 등 6세기 중엽 이후에 축조된 신라 성에서 주로 발견된다. 고구려에는 봉황산산성, 위패산성, 자안산성 등에서만 현문 구조가 확인되었을 뿐이다.

성문은 기본적으로 문짝, 문짝을 지탱하는 기둥과 확돌(문비석), 그리고 이를 감싸고 있는 석축 구조물 등으로 구성되며, 성문 위에는 문루가 축조되기도 한다. 발굴조사에서 성문 구조가 비교적 잘 밝혀진 유적으로는 심양 석대자산성과 집안 환도산성이 있다.

환도산성의 제2호 문지는 문길 길이 8.4m, 안쪽 너비 5.4m, 바깥쪽 너비 5.2m로, 문길의 양쪽 벽과 바닥은 판석으로 마감하였다. 문길의 양 끝으로는 벽을 따라 1열의 석단을 만들었으며, 그 중간에 문비석을 두었다. 문비석(돌확)은 문 안쪽에서부터 대략 2.5m 떨어진 곳에 있는데, 한 변 길이 15cm인 방형 홈이 파인 문설주(문기둥)와 직경 15cm인 원형 홈이 파인 문장부(문지도리) 초석으로 구분되어 있다. 문지 주변에서는 귀면문과 연화문와당을 포함한 고구려 기와편이 다량으로 출토되어, 당시 성문에 기와를 올린 누각(문루)이 축조되어 있었음을 짐작해 볼 수 있다. 이와 관련하여 약수리고분이나 용강대총, 삼실총 등의 고구려 고분벽화에는 단층이나 2층 구조로 된 문루가 묘사되어 있다.

(2) 성문 보호시설

고구려에서 확인되는 성문 보호시설로는 옹성(甕城), 적대(敵臺), 해자(垓字) 등이 있다.

옹성은 성문 바깥쪽에 장방형이나 반원형의 성벽을 덧대어 쌓아, 성문이 직접 노출되지 않으면서 한정된 수의 적군만이 들어올 수 있게 하여 측면과 후면에서도 적을 공격할 수 있도록 만든 효과적인 방어시설이다.

고구려에서 옹성을 축조하기 시작한 시점은 분명하지 않지만, 오녀산성 서문에서 자연절벽을 이용한 초기 형태의 옹성 구조가 확인되고 있고, 환도산성의 제2호 문지에는 옹성이 부가되어 있는 것을 볼 때, 고구려 중기부터는 옹성이 본격적으로 사용되었을 가능성이 있다. 다만 연길 성자산산성(도문 마반촌산성)의 서문지, 봉황산산성의 북문지 및 백암성의 서문지 등에 대한 최근 발굴조사결과, 후대 개축 과정에서 옹성이 추가되었음이 밝혀진 만큼 옹성 구조에 대한 연구는 보다 신중한 접근이 필요해 보인다.

한편, 국내성 서문지와 대성산성의 소문봉 문지 등에는 옹성의 기능과 유사한 어긋문 구조가 발견되었다. 어긋문 역시 한정된 인원만이 어긋난 성벽을 우회 진입하여 좁은 통로에서 성문을 공격할 수밖에 없어 옹성과 비슷한 방어효과가 있었다. 그리고 국내성 북문지에는 적대가 확인되었는데, 적대는 성문 양쪽에 설치한 치(雉)로 성문을 공격하는 적군을 측면에서 공격할 수 있어 방어에 효과적이다.

이 밖에도 남한의 아차산일대보루군에는 출입시설과 관련된 특이한 구조의 치가 발견되었다(양시은, 2013). 아차산4보루의 2중 구조 치, 용마산2보루의 3중 구조 치를 비롯하여 시루봉보루에서 발견된 체성벽과 일정한 간격을 두고 축조된 치 등으로, 이들 보루에서는 별도의 출입시설이 확인되지 않았다.

아차산4보루의 치는 평면형태가 방형이고 남벽에 부착된 원래의 치와 다시 2.5m가량 떨어져 구축된 방형 석축 구조물로 이루어져 있다. 치와 방형 석축 구조물 사이의 빈 공간에는 중앙에 1개의 기둥구멍 흔적, 내부공간으로의 접근을 차단하기 위해 추가로 설치한 보축 석단 4개가 확인되었다. 보루로 향하는 주 등산로에 위치하면서 내부로의 접근을 어렵게 한 폐쇄적인 구조물과 내부의 기둥 흔적으로 볼 때 사다리 등을 이용한 출입 구조물이 마련되어 있었을 가능성이 있다.

오녀산성 서문지
(遼寧省文物考古研究所, 2004, 도35)

환도산성 제2호 문지
(吉林省文物考古研究所, 2004b, 도14)

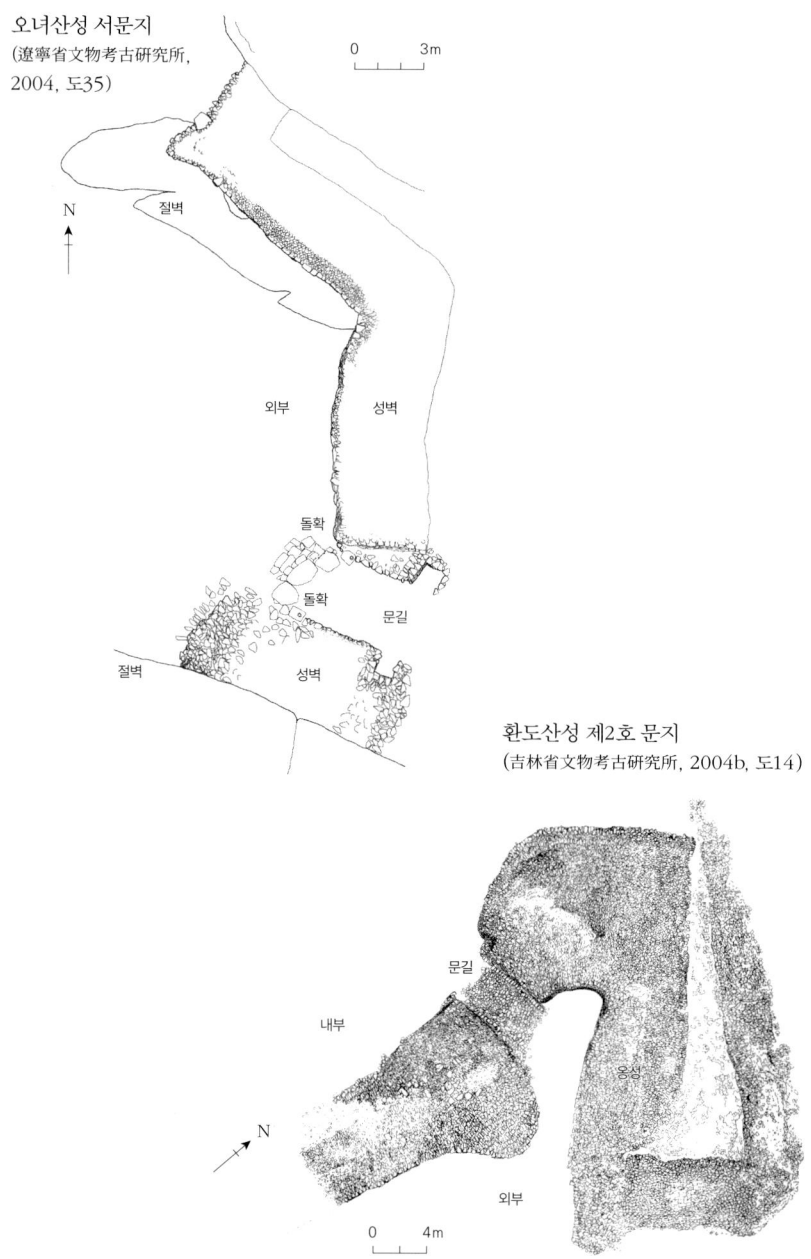

도면6 | 고구려의 옹성

어긋문(서문지)

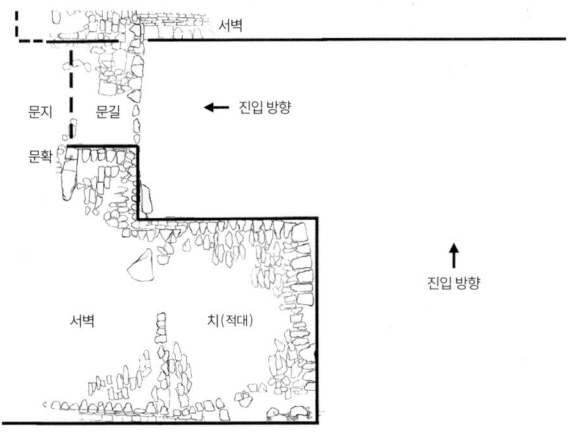

적대(북문지)

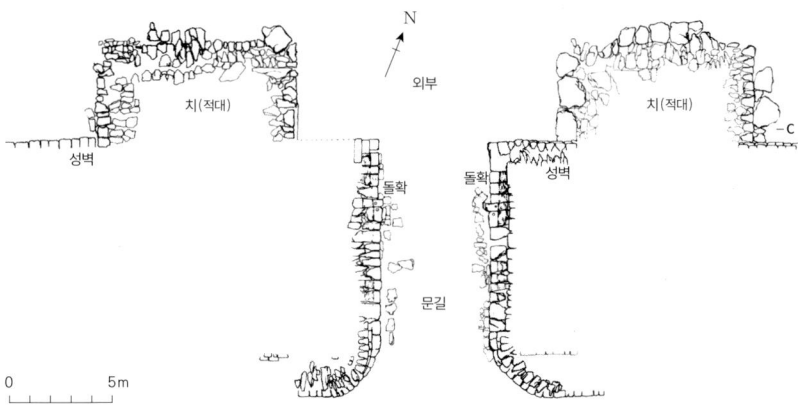

도면7 | 국내성의 성문 보호시설(吉林省文物考古硏究所, 2004a, 도20, 16)

사진9 | 아차산일대보루군의 출입시설
1. 아차산4보루(ⓒ국립문화재연구소, 2007년) 2. 시루봉보루(ⓒ서울대학교박물관, 2009년)

시루봉보루의 서남쪽 치는 북쪽면은 추가로 돌을 덧대어 체성벽과 연결되어 있지만, 남쪽면은 별다른 시설 없이 체성벽과 치 구조물 사이로 드나들 수 있도록 되어 있다. 체성벽과 마주보고 있는 치의 단벽에는 불 맞은 점토 벽체와 함께 그 주변에서 탄화된 각재의 흔적이 발견되는 것으로 볼 때, 보루 내 출입을 위한 시설이 갖추어져 있었을 가능성이 있다.

3) 성벽 부속시설

(1) 치(雉)

치는 성벽에 방형으로 돌출시켜 쌓은 성벽 구조물로, 적을 관측하기 쉬운 곳이나 추가 방어가 필요한 곳에 설치한다. 치는 일자형 성벽과 달리 ㄇ 형태로 돌출되어 있어 성벽에 접근하는 적을 정면과 양쪽 측면에서 공격할 수 있어 방어에 효과적이다. 성문 방어를 위해 성문 옆 성벽에 축조한 것을 적대, 성 모서리에 축조한 것을 각루(角樓)로 별도 구분하기도 한다.

산성에서 치는 주로 주변을 관측하기 쉬운 곳이나 등산로처럼 적의 집중 공격이 예상되는 지점에 축조하는 것이 일반적이지만, 국내성이나 백암성과 같이 평지 또는 평탄한 능선에는 일정한 간격으로 여러 개의 치를 설치하여 방어력을 극대화하기도 한다.

치는 성의 규모나 위치한 지형에 따라 규모가 매우 다양하다. 국내성에서 확인되는 치는 평면형태가 옆으로 긴 장방형으로, 정면 너비 9~10m, 길이 5.5~6.5m인 것이 대부분이다. 석대자산성이나 아차산일대보루군의 일반적인 치는 방형 또는 장방형의 평면형태로, 너비는 5~9m이다.

석대자산성에서는 모두 10개의 치가 발견되었는데, 그중 6개는 기초부에 별도의 석단을 마련하였다. 석단을 갖춘 치는 평면형태 방형의 기초부에 모서리가 각진 것(方形方角式)이 5기, 방형에 모서리가 둥근 것(方形圓角式)이 1기이다. 석단이 있는 제1호 치의 기초부는 정면 너비 8.6m, 측면 길이 9m이고, 몸체는 너비 6.4m, 길이 7.4m이다. 제1호 치로부터 60m 떨어진 곳에 있는 제2호 치는 기초 석단이 확인되지 않으며, 너비 8.9m, 길이 6.2m이다(遼寧省文物考古硏究所, 2012b).

성벽의 전체 둘레가 200~300m가량인 아차산일대보루군에도 여러 개의 치가 설치되어 있다. 홑겹으로 된 체성벽에 비해 큰 돌로 기단부를 만들고 그 위에 치석된 석재들을 조금씩 들여쌓거나, 3~4겹의 성돌을 이용하여 담장식(양면쌓기)으로 쌓았기 때문에 비교적 견고하다. 내부는 돌로 채워진 것과 흙으로 채워진 것으로 구분된다. 치가 덧붙여진

사진10 | 백암성의 치(ⓒ전호태, 2007년)

성벽은 다른 구간에 비해 보존상태가 양호한 경우가 많은데, 이는 치가 성벽을 지지하는 보축의 역할도 함께 수행하였기 때문으로 추정된다.

한편, 서풍 성자산산성의 북벽 망대와 서북모서리 망대를 용도(甬道)[2]로 보기도 한다(白種伍, 2017). 이들 망대는 돌출부의 길이가 15.6~18.4m 정도로 길쭉한 형태인데, 2000년대 후반 조사 당시에는 치로 보고된 바 있다(周向永·許超, 2010).

---

[2] 용도는 좁고 긴 성벽으로 둘러싸인 통로를 말하는데, 조선시대 수원 화성의 서암문에서 화양루까지 100여m에 달하는 용도가 대표적이다.

(2) 여장과 돌구멍

여장(女墻)은 적의 공격으로부터 몸을 숨길 수 있도록 성벽 위에 쌓아올린 담장시설로 성가퀴라고도 한다. 성벽의 가장 상면에 축조되기 때문에 대부분 훼손되어 남아 있지 않거나 그 흔적만 확인할 수 있다.

고구려시기의 여장이 남아 있는 성으로는 환인 오녀산성과 고검지산성, 집안 환도산성, 장하 성산산성(城山山城), 대련(大連) 대흑산산성(大黑山山城) 등이 있다(1장 사진3-3, 2장 사진11). 여장의 너비는 0.8~1.2m로 일정한 편이며, 모두 평여장이다. 북한의 평양성, 황룡산성, 장수산성, 능한산성 등에서도 여장이 보고되었으나, 모두 후대까지 사용된 성이어서 고구려의 것인지는 분명하지 않다.

오녀산성, 고검지산성, 환도산성, 대흑산산성에는 여장 안쪽으로 평면형태 방형의 돌구멍(石洞)이 남아 있다(1장 사진3-3, 2장 사진11). 흑구산성, 봉황산산성, 후성산산성, 당포성 등에서는 여장은 발견되지 않았지만, 바깥 성벽으로부터 안쪽으로 약 1m 들어온 곳에 돌구멍이 확인된다. 돌구멍의 한 변 길이는 0.25~0.5m이다. 깊이는 다소 얕은 것도 있지만 0.5~1m인 것이 대부분이다. 돌구멍은 1.5~2m 정도의 일정한 간격으로 배치되어 있는 것이 보통인데, 구간에 따라 한두 개만 확인되는 경우도 있다.

오녀산성 동벽에는 매우 양호한 상태의 여장과 돌구멍이 발견되었다(도면8). 여장의 너비는 1m, 잔고는 0.2~0.4m이다. 여장 안쪽에는 2m가량의 일정한 간격을 두고 평면형태 방형의 돌구멍 11개가 확인되었다. 크기는 대략 0.3×0.2×0.5~0.8m이며, 돌구멍 입구를 판석으로 덮은 것도 있다.

봉황산산성의 북벽에서도 여장과 함께 연속적으로 분포하고 있는 30여 개의 돌구멍이 발견되었다. 돌구멍의 한 변 길이는 0.25m, 깊이는 0.5~1.2m이다. 돌구멍 바닥에서는 돌확(圓鼓形)과 편평한 형태의 초석이 발견되었다고 한다(李龍彬, 2007).

이러한 돌구멍의 용도에 대해서는 물을 빼는 배수구(關野貞, 1914), 성벽 바깥쪽으로 굴릴 통나무를 매달았던 나무기둥 구멍(撫順市博物館, 1985) 내지는 목책을 세워 성벽의 방어력을 강화하기 위한 기둥 구멍(채희국, 1985), 성을 방어하기 위한 노포(弩砲)를 세운 구조물(사회과학원 고고학연구소, 1975), 투석기나 쇠뇌 등의 장비를 일시적으로 고정시키는 시설(심광주, 2005), 방어용 그물망을 고정시키기 위한 기둥구멍(趙俊杰, 2008) 등 다양한 견해가 존재한다.

돌구멍은 석축 성벽 상단부에 열을 이루어 분포하고, 여장과 바로 인

사진11 | 대흑산산성의 여장과 돌구멍(ⓒ전성영, 2009년)

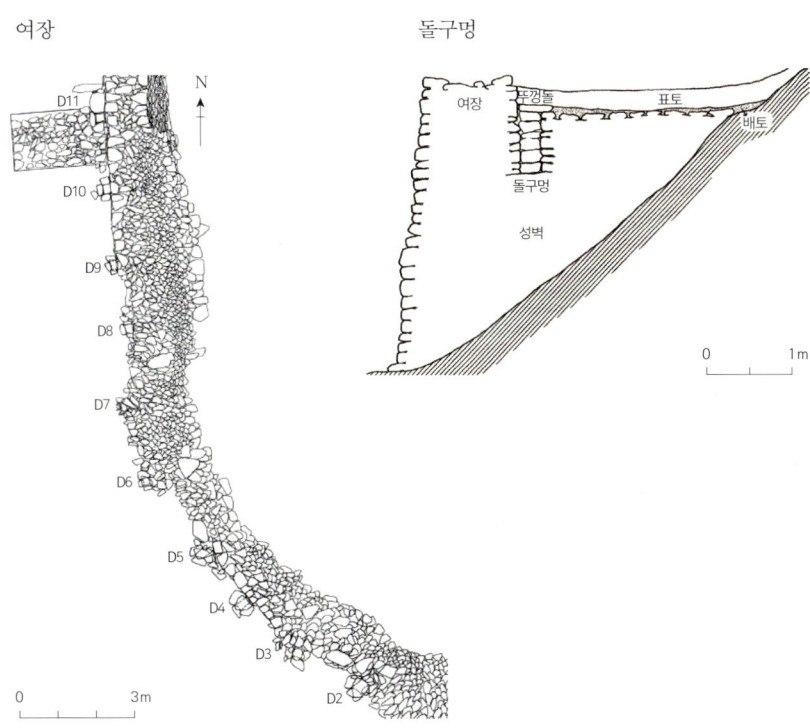

도면8 | 오녀산성 동벽의 여장과 돌구멍(遼寧省文物考古硏究所, 2004, 도22, 26)

2장 성곽 101

접해 설치된다는 점을 주목할 필요가 있다. 접근이 쉽지 않은 급경사면에 축조된 성벽에서도 돌구멍이 확인되고 있는 점을 볼 때, 방어력 강화를 위한 시설물을 설치하기 위한 구조물보다는 성벽의 축조와 관련이 있는 것으로 보인다.

(3) 수직기둥홈

고구려 석축 성벽에는 1.5~2m 간격으로 한 변의 길이가 20~30cm 가량인 방형의 수직기둥홈[3]이 발견되기도 한다(사진12). 이들 수직기둥홈은 모두 겹성벽에서 확인되는 것이 특징이다.

대성산성의 수직기둥홈은 소문봉의 바깥쪽 성벽에서 안쪽으로 3.8m 들어온 중간 성벽에 있다. 기둥홈의 크기는 한 변이 30~40cm이며, 홈의 간격은 약 2m이다. 채희국(1964)은 지하수의 압력을 완화시키기 위한 장치로, 서길수(1999)는 경사가 급한 곳이나 무너지기 쉬운 곳의 축성공법으로 이해한 바 있다.

남한의 당포성과 호로고루에도 대성산성과 동일한 구조의 수직기둥홈이 발견되었다. 호로고루의 수직기둥홈은 바깥 성벽에서 안쪽으로 1.2m 들어온 지점에 있다. 기둥홈이 있는 내성벽은 대성산성과 마찬가지로 바깥쪽 성벽보다는 부정형의 성돌을 이용하여 축조하였다. 홈은 길이 30~34cm, 너비 22~24cm이며, 간격은 2.15m이다. 기둥홈은 성벽의 기초부까지 연결된다. 그리고 수직기둥홈의 바깥 외벽으

---

[3] 수직기둥홈이라는 용어는 석축 성벽에서 확인되는 특징적인 양상과 같은 것으로 혼동될 우려가 있으므로, 기둥흔 또는 영정주라는 용어를 사용해야 한다는 심광주(2018, 83쪽)의 주장도 있다.

사진12 │ 수직기둥홈(ⓒ양시은)
1. 호로고루(2012년) 2. 홍련봉1보루(2013년)

로, 외벽의 기초부에는 일정한 간격으로 놓인 돌확이 발견되었다. 돌확은 외성벽과 보축 성벽의 사이로, 체성벽 하단부의 지대석 외면에 1.85m 간격으로 놓여 있었다. 직경 25cm, 깊이 7cm가량의 홈이 있으며, 인근의 당포성에서도 확인되었다. 호로고루의 돌확과 수직기둥홈은 모두 축성 과정에서 나무기둥을 세우기 위한 보조 구조물로 추정되며, 석축 성벽을 견고하게 유지해주는 역할도 담당하였던 것으로 보인다(양시은, 2013).

홍련봉1보루에도 겹성벽 안쪽에서 기둥홈이 확인되고 있는데, 간격은 약 1.5m이다. 바깥 성벽에는 일정한 간격으로 기둥홈이 발견되고 있는데, 외성벽을 지지하던 기둥의 흔적으로 판단된다.

수직기둥홈이 확인된 고구려의 성은 모두 평양 천도 이후에 축조된 것이어서, 이러한 축성방식은 고구려 후기에 새롭게 등장하였음을 알 수 있다. 수직기둥홈은 춘천 삼악산성, 보은 호점산성, 단양 독락산성,

문경 노고성, 제천 와룡산성 등과 같은 남한 지역 고려 산성에서도 발견되고 있어, 고구려의 축성기법이 후대에 영향을 준 것으로 추정된다.

(4) 등성시설

고구려 산성에서는 성벽을 오르기 위한 등성시설(坡道)도 확인된다. 고검지산성에서는 북벽과 남벽에 각각 2개, 동벽에 1개 등 모두 5개의 등성시설이 발견되었다(遼寧省文物考古硏究所, 2012a). 보존상태가 양호한 제2호 등성시설은 북문에서 동쪽으로 약 16m 떨어져 있는데, 성벽 내벽의 돌과 서로 맞물려 있어, 성벽 축조 당시에 함께 만들어진 것으로 보인다. 등성시설의 전체 평면형태는 삼각형에 가까운데, 길이 9m, 너비 3m, 높이 3m이다. 경사로는 계단 형태로 되어 있는데, 크게 두 부분으로 나누어진다. 지면에서부터 약 3.1m까지는 비교적 완만한 3단의 경사로이며, 이후에는 성벽 상단부까지 6단의 계단으로 되어 있다(도면9).

이 밖에도 흑구산성과 봉황산산성에서는 성의 내벽과 'T'자형으로 맞물려 있는 등성시설이 발견되었다. 흑구산성 등성시설의 규모는 길이 6.1m, 너비 1.6m, 잔고 0.5m이다. 봉황산산성은 계단식 구조이다.

(5) 성벽 배수시설

고구려 성에는 성 내부의 물이 바깥으로 빠져나갈 수 있도록 성벽이나 성문 아래쪽에 수구(水口)와 같은 배수시설이 잘 갖춰져 있다. 산성의 경우 큰 비가 내렸을 때 빗물이 성벽을 포함한 성 내외의 여러 시설물을 파괴할 수 있기 때문에, 사전 대비책의 일환으로 배수시설을 마련해놓고 있다. 배수시설은 성벽의 하단부에 위치하는 경우가 대부분이

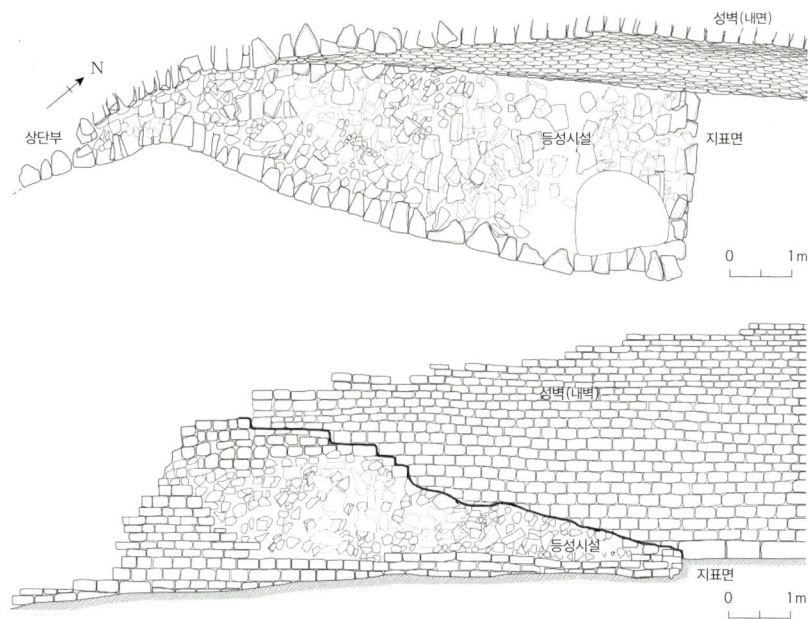

도면9 | 고검지산성 제2호 등성시설(遼寧省文物考古硏究所, 2012a, 도6, 7)

기 때문에, 성 관련 시설 중 가장 먼저 축조된다.

국내성 서벽 하단부에서 발견된 배수로는 성 안쪽에서 성벽 바깥으로 8.8m 떨어진 곳까지 이어진다. 배수로의 잔존 길이는 약 16.25m, 너비 0.7~0.8m, 뚜껑돌을 포함한 배수로 높이는 1.9~2.1m이다. 판석재를 이용하여 바닥을 만들고 그 위에 2단의 돌로 벽을 만든 다음 큰 돌을 이용하여 뚜껑을 덮은 구조로 되어 있다. 배수로는 동쪽이 약간 높고 서쪽이 낮아 자연스럽게 배수가 될 수 있도록 하였다.

환도산성 남문지 주변에는 성벽 하단부에 4기의 배수시설이 있다. 제1호 배수로는 문지 동쪽 성벽의 기초부에 설치되어 있는데, 배수로의 외부 및 내부 입구에 모두 장대석을 3단으로 축조하였다. 배수로는

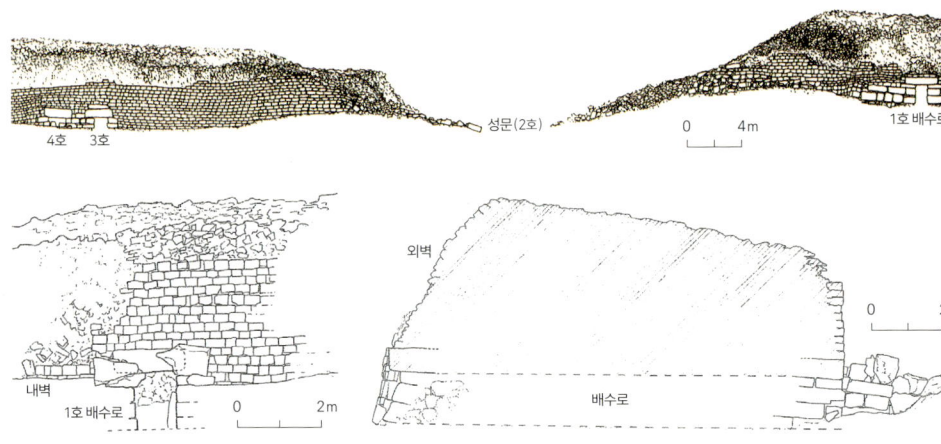

도면10 | 환도산성 남문지 일대 배수로(吉林省文物考古硏究所, 2004b, 도6, 8)

너비 0.8m, 높이 1.4m이며 전체 길이는 13m이다. 배수구의 단면은 방형이고 상면(뚜껑돌)은 장대석으로 덮었다. 환도산성의 정문이자 산성에서 가장 낮은 지점에 위치한 제2호 배수로는 문지 아래에 마련된 수구로, 현재는 훼손이 심해 확인이 어렵다. 제3호와 제4호 배수로는 제1호와 동일한 구조이다(도면10).

배수로는 아차산일대보루군과 같은 작은 규모의 성에도 설치되어 있다. 시루봉보루나 홍련봉2보루에는 성 내부의 집수정이 배수로와 연결되도록 하여 성벽 바깥으로 빗물이 자연스럽게 빠져나갈 수 있도록 하였다.

또한 산상식 포곡식 산성인 심양 석대자산성의 경우에는 내부 계곡부 시작부에 대형 집수시설을 갖추고 있다. 이 집수시설은 평면형태 원형의 석축 집수지[4]로, 성내의 물이 자연스럽게 계곡부에 자리한 집수지로 모일 수 있도록 하였다. 이처럼 보란점 위패산성이나 환도산성 등을 비롯한 중대형 포곡식 고구려 산성에는 계곡부에 대형 집수지가 마련되어 있는 경우가 많아 성내의 물길을 계획적으로 통제하였음을 알 수 있다.

이 밖에도 장하 성산산성이나 보란점 위패산성에는 계곡을 막아 쌓은 성벽에 누조(漏槽)와 같은 배수시설을 별도로 갖춰, 큰 비가 내릴 때 성벽 위로 물이 넘쳐흐르도록 하였다.

(6) 외황

외황(外隍)은 홍련봉2보루와 시루봉보루 등에서 확인된 일종의 도랑 형태의 방어시설이다(사진13). 평지성에서 확인되는 해자와 유사한데, 물이 차 있는 해자와는 달리 외황은 물이 고여 있지 않고 배수로를 통해 바깥으로 내보낸다는 데에서 차이가 있다.

홍련봉2보루의 외항은 성벽에서 2~3m가량 떨어져 보루를 감싸고 있는데, 폭은 1.5~2m, 깊이는 0.6~2.5m, 단면형태는 U자형 또는 V자형이다. 외황에는 배수시설이 별도로 설치되어 물이 고이지 않도록 하였으며, 일부 지반이 약한 구간은 석축으로 보강하기도 하였다. 이처럼 보루에 축조된 외황은 성벽의 접근을 막는 것 외에도 성내의 빗물을 효과적으로 처리하는 역할도 담당하였던 것으로 보인다. 이는 성의 상부에 마련되어 있는 집수정에서 배수된 물이 낙수받이용 석축유구를 통해 외황으로 들어가게끔 되어 있는 구조에서도 확인이 가능하다.

---

4 평면형태 원형의 석축 집수시설은 청주 부모산성, 거제 폐왕성, 남해 대국산성 등에서도 확인된다. 석대자산성 집수지의 상한은 581~618년, 부모산성은 6세기 후반에서 7세기 후반, 거제 폐왕성과 남해대국산성은 7세기대로 편년되고 있어 앞으로 계통 문제에 대한 연구도 필요하다(白種伍, 2017).

홍련봉2보루(ⓒ한국고고환경연구소, 2013년)

시루봉보루(ⓒ서울대학교박물관, 2010년)

사진13 | 홍련봉2보루와 시루봉보루의 외황

3. 고구려의 관방체계

고구려가 혼강과 압록강 중상류에서 발원하여, 중국의 고대 중원 왕조와 그 주변 국가의 끊임없는 견제에도 불구하고 서쪽으로는 요하(遼河)를 경계로 요동반도 전체, 북쪽으로는 송화강(松花江) 유역의 길림일대, 동쪽으로는 두만강 유역, 남쪽으로는 금강 유역까지 그 영역을 확장할 수 있었던 이유 중 하나는 우수한 기술로 축조한 많은 성과 이를 기반으로 한 탄탄한 방어체계에서 찾을 수 있다.

고구려는 국가를 건국할 당시부터 성을 축조하였는데, 평지성을 쌓아 도시를 방어했던 고대 중국과 달리 산성을 기반으로 한 방어체계를 갖추었다. 고구려의 산성은 험준한 지세를 최대한 활용하였기 때문에 점령이 쉽지 않았으며, 왕도로 향하는 주요 교통로를 통제할 수 있는 지점에 축조하여 효율적인 방어체계를 구축할 수 있었다.[5] 고구려의 성은 영역의 확장과 도읍의 위치에 따라 분포양상에서 차이를 보인다.

『삼국사기』 지리지에는 고구려의 도읍을 졸본, 국내성, 평양성, 장안성으로, 『삼국사기』 고구려본기에는 졸본, 국내, 환도, 평양 동황성, 평양, 장안성으로 기록하고 있다. 그런데 문헌기록과 현재까지의 고고학 연구결과를 직접적으로 연결하기가 쉽지 않아, 그동안에는 왕도의 위치를 기준으로 졸본·국내·평양 도읍기로 구분하여 고구려 성의 관방체계를 살펴본 예가 많았다.

우선, 진대위(陳大爲, 1995)는 요령성 내 고구려 산성을 광개토왕대

---

[5] 최근에 고구려 방어체계의 운용에 중요한 역할을 하였을 봉수에 대한 초보적인 연구가 이루어진 바 있다(이성제, 2016).

를 기준으로 전기와 후기로 양분하여 검토하였다. 전기는 산세가 험한 곳에 조성된 비교적 작은 규모의 산성이 많지만, 후기가 되면 영역의 확장으로 요동 남부 전역에 산성이 축조되고, 그 규모 또한 확대된다고 하였다. 중국 동북지역의 고구려 산성만을 놓고 보면 광개토왕을 기준으로 시기를 구분해볼 수도 있겠으나, 평양 천도로 인해 왕도로 향하는 교통로가 바뀌면서 관방체계 역시 변화할 수밖에 없었을 것인데, 그의 분기 설정은 이와 같은 내용을 설명하기에 부족하다.

왕면후(王綿厚, 2002)는 중국 경내의 고구려 산성을 전기, 중기, 후기로 나누어 살펴보았다. 전기는 홀승골성 축조부터 신성(國北新城)이 축조되는 3세기 말까지, 중기는 신성의 축조 이후부터 427년 평양 천도까지, 후기는 평양 천도 이후이다. 그의 주장에 따르면, 전기의 산성은 험한 산세와 자연절벽을 의지하여 축조하였고, 성벽은 대형 석재를 기초로 삼고 계단식으로 쌓아올리되 쐐기형 성돌이나 얇은 장방형 성돌을 끼워 넣는 방식(干揷石)을 이용하였다. 중기에는 고구려 영역이 북으로는 송화강 중상류, 서로는 요하, 동북으로는 두만강, 남으로는 한강까지 확장되었다. 이 시기에는 성돌의 가공이 좀 더 정밀해졌을 뿐만 아니라, 토석혼축과 판축기법이 새롭게 출현하였으며, 옹성의 형태가 완비되고, 치와 각루, 여장 등이 보편적으로 설치되었다. 후기에는 토축 성벽과 치의 설치가 크게 증가하였다. 그렇지만 그의 주장 중에 고구려 중기에 옹성의 형태가 완비되었다거나 한강 유역까지 영역이 확장되었다는 등의 내용은 잘못된 것이다.

정원철(鄭元喆, 2010)은 전체 고구려 산성의 분기를 4기로 구분하였다. 1기는 고구려 건립부터 3세기 말, 2기는 3세기 말부터 4세기 말, 3기는 4세기 말부터 6세기 중엽, 4기는 6세기 중엽부터 7세기 중엽이다. 그는 고구려 산성의 기본구조가 2세기 말에서 3세기 초에 환도성이 축조되면서 완성되었으며, 도성 주변의 산성은 3세기 이후에 본격적으로 등장한다고 파악하였다. 2기에는 기존의 나부체제(那部體制)가 해체되면서 중앙집권통치제도가 성립되었는데, 그 과정에서 신성이 축조된 것으로 판단하였다. 3기는 요동 지역 점령, 4기는 장안성 천도를 분기의 기준으로 삼았다. 3기에는 요동 지역으로의 영역 확장과 함께 대규모 산성이 축조되며, 군사 목적의 산정식 산성뿐만 아니라 지방 통치와 관련된 포곡식 산성이 증가하고, 옹성과 치, 장대와 같은 고구려 성의 주요시설이 완비되는 것으로 판단하였다. 4기에는 토축 성벽이 증가하고 천리장성이 축조됨으로써 고구려의 관방체계가 완성되는 것으로 이해하였다. 그렇지만 고구려 산성의 분기는 장안성 천도보다는 평양 천도를 기준으로 하는 것이 성의 분포양상이나 방어체계를 검토하는 데 합리적이다.

한편, 정치사에 입각한 기존 연구에서는 고구려사를 대체로 3기로 구분한다(노태돈, 1999; 임기환, 2003). 초기는 국가형성기부터 3세기까지로 초기 정치체제의 성립기이다. 보다 구체적으로는 고구려의 국가형성과 단위정치체로서의 5부체제가 성립되는 시기를 의미한다. 중기는 4~5세기로, 중앙집권적 정치체제가 확립되는 단계이다. 고구려에는 4세기 이후에 관등제가 정비되면서, 나부제가 소멸하고 중앙집권체제로의 정비가 이루어졌다. 특히 태왕호(太王號)의 사용은 왕권이 강화되고 중앙집권화가 이루어진 5세기대 고구려의 상황을 반영하고 있는 것으로 이해된다. 후기는 6세기부터 고구려가 멸망하는 시기이다. 기존의 중앙집권체제가 붕괴되고 귀족연립체제, 즉 귀족을 중심으로 하는 정치가 운영된 시기이다. 그런데 이러한 정치사적인 분기 구분으로는 고구려 성의 변천양상을 제대로 파악할 수 없다. 다만 고구려가 성을 기본단위로 지방을 지배했음을 고려하면, 중앙집권화 이전과 이후라는 정치사적인 구분은 고구려 성의 분기 설정에도 어느 정도 참고가 될 만하다.[6]

이상의 내용과 그간의 고고 조사내용을 종합해보면, 고구려 성의 축조와 운영에 대한 분기는 크게 3기로 설정해볼 수 있다. 도읍의 위치와 활용기간을 고려하여 환인·집안도읍기와 평양도읍기로 나눈 다음, 고구려 정치사의 기존 연구성과에 따라 환인·집안도읍기를 중앙집권화 이전과 이후로 세분한 것이다(양시은, 2013).

I기는 고구려가 건국하여 환인과 집안 일대에 성을 축조하고 활용하던 시기로, 중앙집권화가 이루어지기 전인 3세기 말까지이다. II기는 4세기부터 평양 천도 이전까지로, 고구려가 요동과 평양 지역으로 진출을 시도하며 영역을 확장한 시기이다. 5세기 초반 광개토왕이 단기간에 요동과 길림 그리고 황해도 지역까지 영역을 급속도로 확장시켰지만, 얼마 지나지 않아 장수왕이 평양으로 수도를 옮겼기 때문에, 성의 방어체계는 평양 천도 이후에 완성된 것으로 판단된다. III기는 평양으로 천도한 이후부터 멸망까지이다. 6세기 후반 장안성으로 천도하면서 도성제는 획기적으로 변화하지만, 왕도가 평양이라는 점에는 변함이 없어 독립적인 분기를 설정할 필요는 없다.

---

6 고구려 성의 현황을 통해 고구려 지방지배방식에 대한 이해를 시도한 국내 연구로는 여호규(2002), 양시은(2013), 임기환(2015), 이경미(2017) 등의 연구가 있다.

1) I기(국가 성립~3세기)

I기는 국가 성립에서 3세기까지로, 당시의 도읍은 환인과 집안 지역이다. 이 시기는 중앙집권화 이전의 5나부체제가 확립되는 시기이기도 하다.

고구려의 건국지인 졸본은 현재 환인 지역으로, 오녀산성을 비롯한 초기 유적이 다수 분포하고 있다. 졸본도읍기에는 오녀산성이 왕성으로 사용되었는데, 평지 거점은 환인댐 건설에 따른 수몰로 인해 아직까지 명확하게 밝혀지지 않은 상황이다.

고구려의 두 번째 도읍은 〈광개토왕릉비〉가 있는 집안 지역으로, 국내성과 환도산성(산성자산성)이 있다. 국내로의 천도 시점에 대해서는 여러 견해가 존재하나, 왕이 졸본에 가서 시조사당(始祖廟)에 제사를 지냈다는 신대왕대의 기록으로 볼 때, 적어도 2세기 중엽에는 집안 지역이 도읍이었음을 알 수 있다. 그렇지만 환도성은 산상왕 2년(198년)에 축조 기록이 있음에도 불구하고, 발굴조사에서 5세기대 이후의 유구와 유물만 발견되었다. 국내성은 성벽과 내부 건물지에 대한 발굴조사를 통해 고국원왕 12년(342년)의 축조 기사가 전하는 4세기에 축조되었음이 확인되었다.

지금까지 고구려는 평지성과 산성의 결합이라는 독특한 도성제를 구축한 것으로 알려져 왔으나, 현재까지 밝혀진 바에 따르면 국내성이 축조되는 4세기 중엽 이전까지 이러한 도성체제는 성립할 수 없다. 오히려 최근에는 전기 평양성시기에도 평지성 없이 대성산성만이 왕성으로 사용되었을 것이라는 주장이 제기되기도 하였다. 고구려는 건국 초기부터 한의 침공에 대비하여 산성 중심의 방어체계를 구축하였는데,

환인이나 집안 지역에도 왕도의 방어를 위한 산성이 우선시되었을 가능성이 있다.

환인과 집안 지역의 외곽에는 수도로 향하는 주요 길목을 통제할 수 있는 지점에 다수의 성이 분포하고 있다.[7] 고구려 건국 초기에는 환인에서 멀지 않은 곳에 영릉진고성과 적백송고성과 같은 한대 군현성이 있었다. 이들 성은 고구려 도읍지로 향하는 주요 길목에 자리하고 있으며, 수도와도 그리 멀지 않다. 일찍부터 한과 고구려가 경합을 벌였으며, 1세기 말에서 2세기 초에 현도군(玄菟郡) 치소가 무순(撫順) 지역으로 옮겨간 것으로 볼 때, 이들 지역은 2세기에 고구려의 영역으로 편입된 것으로 추정된다.

고구려 성은 환인 외곽에 부이강을 이용한 길목(경로1)에는 전수호산성과 흑구산성이, 태자하(太子河) 내지는 소자하(蘇子河)에서 육도하를 거쳐 환인으로 들어오는 길목(경로2)에는 고검지산성이, 혼강을 따라 환인 또는 집안으로 향하는 교통로(경로3)에는 건설산성(建設山城)과 패왕조산성이, 한대 서안평현(西安平縣)이 있는 단동에서 압록강을 거쳐 혼강을 거슬러 환인으로 들어오거나 또는 환인에서 압록강을 거쳐 집안으로 향하는 남쪽의 교통로(경로4)에는 소성자산성(小城子山城 또는 평정산산성), 성장립자산성(城墻砬子山城) 등이 있다(지도2).

이들 성은 패왕조산성과 고검지산성을 제외[8]하면 모두 산정식 석축

---

7   이하의 교통로 분석은 기존 연구성과(임기환, 2012; 여호규, 2012; 王綿厚·李健才 저, 동아시아교통사연구회 역, 2020)를 바탕으로, 위성사진과 『中國文物地圖集』 등을 통해 주요 하천과 고구려 성의 위치를 확인하여 작성한 것이다.
8   고검지산성과 패왕조산성은 산 중턱 위에 축조된 산상형 포곡식 산성(산복식 산성)으로, 산정식 산성과 포곡식 산성의 중간 단계에 해당한다. 고검지산성에는 고구려 전기와 중기 토기가 모두 출토되었다.

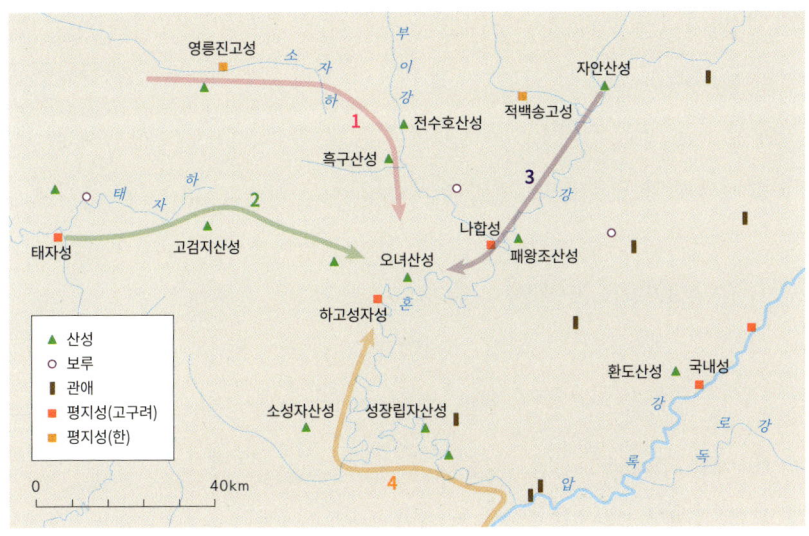

지도2 | I기의 주요 교통로와 관방체계(ⓒ양시은)

산성이다. 산 정상부에 입지하고 있으며, 절벽이나 험준한 자연지형을 천연 성벽으로 활용하면서 필요한 일부 구간에만 석축 성벽을 쌓았다. 다만 처음부터 정연한 석축 성벽을 쌓지는 못했을 것이고, 자연지형을 최대한 활용하다가 돌을 다루는 기술이 어느 정도 수준에 오른 이후에야 본격적인 축성이 이루어졌을 것으로 추정된다. 산성으로의 접근이 쉽지 않고 성 내부가 넓지 않다는 점을 고려하면, 군사방어적인 목적이 우선이었던 것으로 판단된다. 산성 주변으로 적석총이 분포하는 경우도 다수 확인된다.

고구려가 이른 시기부터 산정식 석축 산성을 이용하여 방어하였음은 문헌을 통해서도 확인이 가능하다. 『삼국사기』 고구려본기에는 신대왕 8년(172년) 한이 공격해왔을 때 명림답부(明臨答夫)가 왕에게 "도랑을 깊이 파고 보루를 높이며 들을 비워서 대비하면, 그들은 반드시

한 달을 넘기지 못하고 굶주리고 궁핍해져서 돌아갈 것입니다"라고 조언하여 승리한 내용이 전한다. 고구려의 청야전술(淸野戰術)은 특히 산성에서 효율적인 전략으로, 산정식 석축 산성을 이용한 I기 고구려 군의 방어체계와 전략을 잘 대변해주고 있다.

2) II기(4세기~평양 천도 이전)

II기는 4세기부터 평양 천도 이전 시기까지로, 고구려의 영역 확장기에 해당한다. 4세기는 고구려 정치사에서 나부체제가 해체되고 왕권이 강화되며 중앙집권화가 이루어지던 시기이다. 미천왕은 서안평(311년), 낙랑군(313년), 대방군(314년), 현도성(315년)을 차례로 점령하여 영역 확장의 기초를 마련하였고, 고국원왕은 고구려 서북방어선의 핵심이라고 할 수 있는 신성(335년)을 축조하여 요동에서 혼강 유역까지 하천 교통로를 따라 연결되는 방어선을 구축하였다.

당시의 도읍은 집안 지역으로, 환도산성 외에도 342년에 축조 기록이 있는 국내성이 왕성으로 기능하였다. 통구분지의 외곽에는 노령산맥이 지나가고 있어, 외부에서 수도로 들어올 수 있는 길이 한정되어 있다. 고구려는 국내 도읍으로 진입이 가능한 주요 협곡에 관애를 축조하여 교통로를 차단했는데, 이처럼 관애가 집중적으로 분포하고 있는 곳은 집안 지역이 유일하다. "우리나라는 산이 험하고 길이 좁아, 한 명이 관(關)을 지키면 만 명이 당할 수 없다"는 『삼국사기』 신대왕 8년조(172년) 기사는 고구려가 주변의 자연지형을 최대한 이용하여 효율적으로 방어하는 전략을 십분 활용하였음을 보여준다. 관애를 축조하여 수도 외곽을 통제하는 방식은 졸본이나 평양 도읍과는 구별되는 국내

도읍만의 독특한 특징이다.

한편, 이 시기 국내로 들어가기 위해서는 하천과 계곡을 따라 형성된 6개의 교통로를 이용하였을 것으로 추정된다(지도3). 경로1은 백두산에서 압록강을 따라 집안으로 들어오는 것으로, 수로를 이용한 교통로이다. 이 교통로에는 십사도구고성, 십이도만관애, 동마록포자고성, 협피구고성, 화피전자고성, 임강고성 및 장천고성 등 많은 평지성이 강안대지 위에 축조되어 있다. 경로2는 통화에서 대라권구하를 따라 집안으로 들어오는 길로, 이도구문관애와 석호관애가 위치한다. 경로3은 통화에서 혼강을 거쳐 청하를 따라 집안으로 내려오는 교통로인데, 이 길은 지금도 이용되고 있다. 관련 관방시설로는 자안산성과 대천초소, 관마장관애가 있다. 경로4는 통화에서 혼강을 따라 내려오다가 신개하를 따라 집안으로 들어오는 것으로, 패왕조산성과 망파령관애가 있다. 경로5는 환인 남쪽에서 집안으로 향하는 교통로로, 현재 환인-집안 간 도로가 개설되어 있다. 여기에는 북구관애, 성장립자산성, 와방구산성 등이 집안으로 향하는 길목을 통제하고 있다. 경로6은 단동에서 압록강을 거슬러 올라오는 길이다. 단동에서 육로 또는 수로를 이용하여 혼강과 압록강이 만나는 지점까지 이동한 후에 다시 육로를 이용하여 집안으로 진입하게 되는데, 경로5와도 연결된다. 혼강과 압록강의 합류 지점과 집안으로 향하는 육로를 차단할 수 있는 지점에 칠개정자관애와 노변장관애가 축조되어 있다.

이상의 교통로 중에서 경로1을 제외한 5개의 교통로에는 관애가 설치되어 있다. 경로1은 다른 교통로와는 달리 수로를 이용하는 노선으로, 일찍부터 고구려에 복속된 동해안 일대의 물자 수송과 관련되었을 것으로 추측된다. 둘레가 200m 내외의 소규모 성들이 압록강을 따라

사진14 | 통화 대라권구관애(석호관애)
1. 위성사진(ⓒ구글 어스)
2. 전경(ⓒ양시은, 2009년)

분포하고 있어, 여호규(2008)는 이들 성의 성격을 동해로(東海路)와 연결되는 압록강 상류의 수로를 관리하는 역참(驛站)으로 추정하였다.

앞서 언급한 바와 같이 고구려는 4세기 초반 요동과 평양 지역까지 그 영역을 확장하였다. 이로 인해 주요 교통로에 산정식 석축 산성을 축조하여 방어하던 I기와는 달리 추가적인 방어체계가 필요하게 되었다. 그 결과 요동평원에서 집안 지역으로 진입할 수 있는 소자하와 태자하를 따라 형성된 교통로에 새롭게 축조한 성을 활용한 1차 방어, 환인 외곽에 이미 축조되어 있던 산정식 산성을 이용한 2차 방어, 집안으로 진입이 가능한 협곡에 설치된 관애를 활용한 3차 방어, 도읍 내에서의 최종 방어로 이루어진 다중방어체계가 구축되었다.

고구려는 광개토왕이 요동 지역을 완전히 장악하는 5세기 이전까지 모용선비가 세운 전연(前燕) 및 후연(後燕)과 끊임없이 다투었다.『삼국

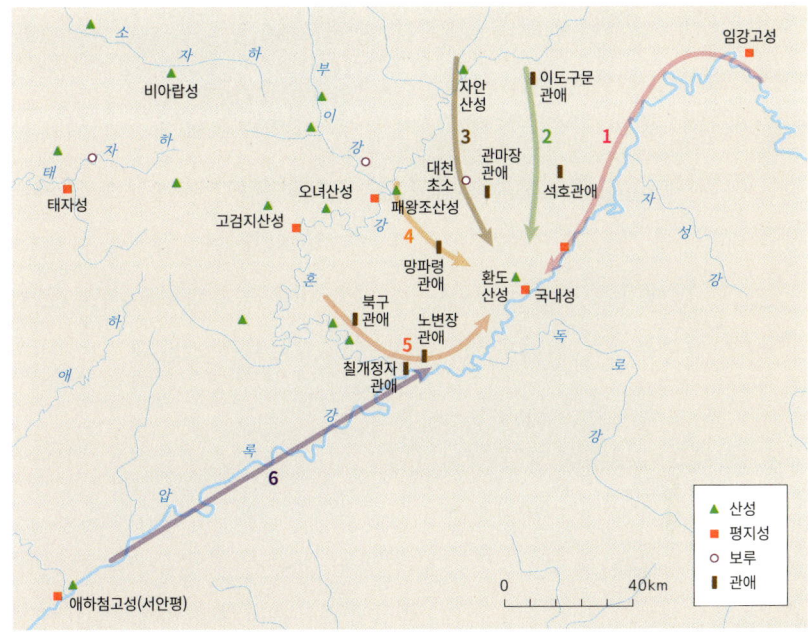

지도3 | II기의 주요 교통로와 관방체계(ⓒ양시은)

사기』 고구려본기에는 고국원왕 12년(342년) 11월에 모용황(慕容皝)이 고구려를 침입할 당시 "고구려에는 두 길이 있는데, 북도(北道)는 평탄하고 넓고(平闊), 남도(南道)는 험하고 좁다(險狹)"는 기록이, 『위서(魏書)』 고구려전에는 "남도의 목저(木底)에서 전연이 고구려를 대파하고 환도에 이르렀다"는 기록이 전한다. 이를 통해 4세기 중반 요동에서 집안으로 가기 위해서는 크게 두 경로가 있었음을 짐작해볼 수 있다.

이 밖에도 『삼국사기』에는 광개토왕 9년(399년)[9]에 모용성(慕容盛)

---

9 『자치통감(資治通鑑)』을 비롯한 중국 사서에는 400년으로 기록되어 있다.

이 고구려를 침입하여 신성과 남소성(南蘇城)을 점령하고 돌아갔다고 하며, 『신당서(新唐書)』에는 647년 이적(李勣)의 군대가 영주도독(營州都督)의 군사를 거느리고 신성도(新城道)를 따라 남소와 목저로 진격했다는 기록과 668년 부여성을 공략한 설인귀(薛仁貴)가 다시 남소·목저·창암(蒼岩) 세 성을 점령하고 이적의 군대와 합류하여 압록강을 건너 평양으로 향했다는 기록이 전한다. 이상의 내용을 종합하면, 4세기 중반 이후 고구려에는 신성도, 즉 신성-남소-목저-창암-환도로 이어지는 교통로가 존재하고 있었음을 알 수 있다.

모용 세력이 요동에서 고구려의 수도인 집안으로 진입하기 위해서는 당시 소자하 내지는 태자하의 교통로를 이용해야만 했다(지도4). 이와 관련하여 경로1은 혼하-소자하 유역의 교통로로, 심양에서 무순과 신빈을 거치는 길이다. 여기에는 고이산성과 철배산성, 오룡산성과 구노성(비아랍성) 등이 분포한다. 경로2는 태자하 유역의 교통로인데, 요양에서 본계(本溪)를 거치는 길이다. 이 경로에는 연주성, 변우산성, 유관산성, 하보산성, 태자성과 삼송산성 등이 분포한다. 소자하와 태자하 유역에 새롭게 축조된 산성은 환인 외곽에 있는 기존의 산정식 산성과는 달리 계곡을 끼고 성을 축조하여 접근이 용이하고 보다 많은 병사가 주둔할 수 있게끔 규모가 확대되었다. 이들 산성 중에는 기와가 출토되고 있어 행정관청의 존재를 상정해볼 수 있는데, 이는 4세기 이후 요동평원에서 혼강으로 연결되는 주요 하천변에 축조된 성이 방어적인 목적 외에도 행정치소의 기능을 겸비하였음을 짐작케 한다.

이 지역에 분포하는 성을 커널밀도추정법(Kernel Density Estimation)을 이용하여 검토해보면, 분포밀도가 높은 구간은 소자하 유역의 교통로를 따라 축조된 고이산성, 비아랍성, 오녀산성임을 알 수 있다. 소자

지도4 | 요동-집안 간 고구려 성의 분포(ⓒ양시은)

하 유역은 강을 따라 비교적 낮은 산지와 평지가 펼쳐져 있고, 태자하 유역은 강을 따라 비교적 험준한 산이 위치하며 그 사이가 매우 좁다. 지리분석학적으로 볼 때, 남도는 태자하 유역, 북도는 소자하 유역일 가능성이 높다. 다만, 그 경로가 소자하-부이강-신개하-집안인지, 아니면 소자하-육도하-신개하-집안인지에 대해서는 추가 검토가 필요한데, 현재로서는 전자일 가능성이 높다(홍밝음·강동석, 2020).

소자하 유역의 교통로는 고이산성을 기점으로 심양 또는 무순에서 신빈으로 이어지며, 태자하 유역의 교통로는 요양에서 본계를 거치는 경로로, 요동성에서 시작된다. 다만, 요동성은 5세기 이후에 활용된 것으로 추정되므로, 4세기에는 태자성이 중심이었을 것이다. 따라서 II기에 중국에 대한 방어체계에서 핵심적인 기능을 담당한 성은 고구려의 최전선에 축조된 신성, 즉 고이산성이었다.

고이산성은 무순시의 북쪽에 있는데, 동성을 중심으로 서성, 남위성, 북위성 및 동남쪽의 세 개의 작은 성(小城)으로 구성되며, 전체 둘레는 4km에 달한다. 요동평원과 동부 산간지대의 접경지대에 위치하고 있어 혼하와 소자하 일대에서 가장 중요한 전략적 요충지이다. 『삼국사기』 고구려본기에서 "신성은 고구려 서쪽 변방의 요해지로 먼저 점령하지 않고서는 나머지 성들도 쉽게 빼앗을 수 없다"라는 이적의 언급은 고이산성의 중요성을 단적으로 보여준다.

둘레가 2.8km인 동성은 토성으로, 토루는 토축 또는 토석혼축으로 이루어져 있다. 성문은 남문지, 북문지, 동문지가 있는데, 남문이 정문이며 U자형의 옹성 구조이다. 동성의 성벽 안쪽 사면에는 주거용 온돌 건물지가 마련된 계단상의 대지가 조성되어 있다. 산성에서는 많은 유물이 출토되었다. 철기로는 투구, 갑옷 파편, 화살촉, 창, 칼 등과 같은 무기 및 방어구류, 도끼·삽·낫·보습 등과 같은 철제농공구류, 차축두와 등자 등의 마구류가 있다. 토기는 주로 고구려 중기와 후기로 편년되는, 니질태토의 호, 옹, 동이, 시루, 완, 뚜껑, 원통형사족기 등 생활용기가 대부분이다. 기종 구성 및 기형과 제작기법상에서 남한의 아차산 일대 고구려 보루군에서 출토된 6세기대 토기와 유사한 특징을 보인다.

II기의 산성은 I기와는 달리 주요 하천변을 따라 평지 부근에 위치한 경우가 많고, 요충지의 성에서는 고구려 기와가 출토되기도 한다. 고구려는 과거에 비해 넓어진 영토를 효과적으로 다스리기 위해, 주요 교통로에 축조한 군사요충지인 성을 활용하여 지방통치를 강화한 것으로 보인다. 치소로 활용된 성은 주로 포곡식 산성이나 강안평지성으로, 고

표1 고구려 남도와 북도에 관한 여러 견해(홍밝음·강동석, 2020, 표3 수정)

연구자	남도	북도	남소성	목저성	창암성
王綿厚·李建才 (동아시아교통사 연구회 역, 2020)	무순(혼하)-소자하-신빈현 목기성(목저성)-신빈현 왕청문-부이강-전수호산성-흑구산성-패왕조산성(환인)-망파령관애(신개하)-천구문-소판차령-환도산성(집안)	무순(혼하)-소자하-신빈현 목기성(목저성)-신빈현 왕청문-남태고성-태평구문고성-영액포산성-적백송고성-위사하-대청하-대천초소-관마장관애-서청구하-환도산성(집안)			
佟達(1993)	혼하-소자하-부이강-혼강-신개하-(집안)	혼하-영액하-유하-휘발하-혼강-위사하-(집안)	오룡산성	목기진 동남	
손영종(1998)	무순(혼하)-소자하-영릉-육도하-환인-신개하-집안	무순(혼하)-청원-유하-통화시-집안	철배산성	(목기)	구로성
여호규(1995)	혼하-소자하-신개하-집안	혼하-일통하·삼통하-용강산맥-혼강상류-위사하(청하)-노령산맥-집안	철배산성	목기진 일대	두도립자산성, 구로성
공석구(2007)	영릉진-소자하-환인-혼강-신개하-판차령-환도산성(집안)	영릉진-소자하-신빈-왕청문-통화-환도산성(집안)	철배산성	구로성	
임기환(1998)	태자하	고이산성-혼하-소자하-부이강/환인-(집안)	철배산성	구로성	
기경량(2017)	요양-태자하-목저성-육도하-환인-신개하-집안	무순(혼하)-소자하-영릉진-육도하-환인-신개하-집안	철배산성	고검지산성	오룡산성
정원철(2011)	태자하-(집안)	혼하-소자하-부이강-신개하-집안		고검지산성	
田中俊明(1999)	태자하-육도하-(집안)	혼하-소자하-부이강-(집안)	구로성	고검지산성	오룡산성

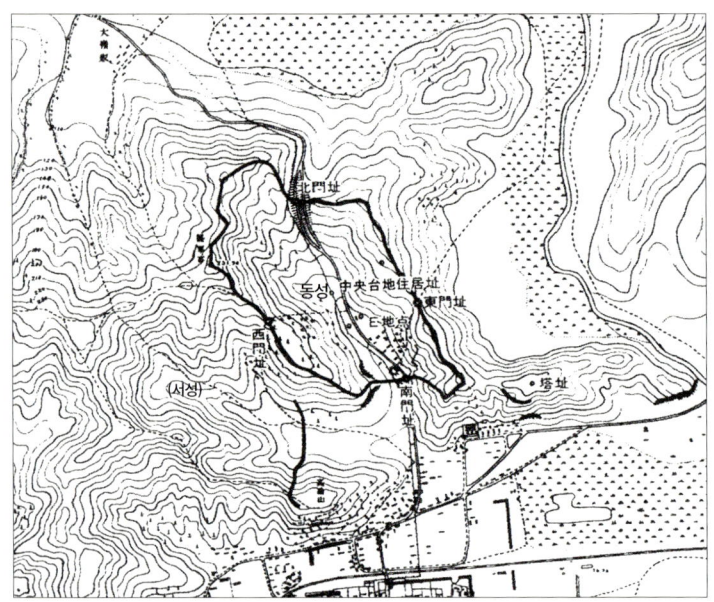

도면11 | 고이산성 평면도(三上次男·田村晃一, 1993, 도2)

사진15 | 고이산성 전경(ⓒ전성영, 2010년)

이산성(혼하 유역), 오룡산성과 한대 토성이었던 영릉남성지(이상 소자하 유역), 태자성(태자하 유역) 등인데, 이곳에서는 모두 기와가 출토되었다. 이 밖에도 압록강 하구에 위치한 서안평의 치소였던 애하첨고성과 북쪽 길림 지역에서 집안으로 들어오기 위해 반드시 거쳐야 하는 통화 자안산성에서 고구려 기와가 출토되었다. 이상의 성은 서로 일정한 거리를 두고 각 지역의 중심지에 자리하고 있어, II기에는 고구려가 중앙집권화된 군사 및 지방 지배체제를 갖추었음을 시사한다.

반면, 고구려의 도읍이었던 환인 지역의 성에서는 기와가 출토된 사례가 없다. 초기 왕성이었던 오녀산성에서도 기와 건물지가 발견되지 않았는데, 이는 국내 천도 이후 오녀산성이 치소성이 아니라 군사방어 목적으로만 이용되었음을 의미한다(양시은, 2020).

이상에서 살펴본바, 고구려 중기에 새롭게 축조된 치소성은 입지나 규모, 축성재료 등 여러 측면에서 이전 시기의 산성과 구별된다. 우선 규모가 크고, 산 정상부 대신 평지에서의 접근이 용이한 지점에 입지한다. 물론 이 시기에도 필요에 따라 군사방어를 주목적으로 하는 산정식 산성은 지속적으로 축조되었을 것이다. 치소성으로 활용된 포곡식 산성의 내부에는 행정기능을 갖춘 관청이 세워졌고, 일부 산성에는 주거 건물이 들어설 수 있도록 안쪽 사면을 깎아 계단상대지를 조성한 곳도 발견되었다. 그리고 I기의 산성이 모두 석성이었던 것에 비해, 중기에는 고이산성과 같은 토성도 새롭게 등장하였다.

II기에는 대중국 방어를 위한 서북지역 방어체계 외에도 백제를 대상으로 한 남쪽 방어체계도 운용되었을 것이다. 4세기 중엽 백제는 황해도 일원까지 진출하였고, 더군다나 371년에는 평양성을 공략하여 고국원왕이 전사하는 일까지 발생하였기 때문이다. 그런데 평양을 비롯한 북한 지역은 평양 천도 이전 시기의 고구려 자료를 찾아보기 쉽지 않을뿐더러, 북한 내 고구려 성 대다수가 고려 및 조선 시대에 개축된 것이 많아 더 이상의 논의는 불가능한 상황이다.

고구려의 동북지역이었던 연변 일대에도 다수의 고구려 성이 분포하고 있으나, 발굴조사된 유적이 거의 없어 자세한 내용을 파악하기 쉽지 않다. 지금까지 확인된 연변 지역의 10개 성 중 8개가 평지성으로, 다른 지역과 달리 평지성이 차지하는 비중이 매우 크다(이성제, 2009). 규모를 정확히 알 수 없는 동흥고성을 제외하면, 가장 작은 규모인 태암고성의 둘레는 0.3km, 석두하자고성과 하룡고성은 1km가량이고, 나머지 평지성은 모두 1.6km 이상이다. 연변 지역은 고구려의 동북단에 위치하나, 일찍부터 책성(柵城)이 설치될 정도로 매우 중요한 곳이었다. 연변 지역의 고구려 성은 요동 지역처럼 다중방어체계를 갖추고 있지 않지만, 대부분의 성이 평야의 중심에서 외곽으로 빠져나가는 길목이나 외부에서 중심지역으로 들어올 수 있는 길목의 초입부에 위치하고 있는 것이 특징이다. 문헌기록과 성내에 행정관청으로 활용된 기와 건물지가 존재하고 있는 평지성이 다수 분포하고 있다는 점에서 연변 지역의 고구려 성들은 조세 확보를 위한 기능을 수행하였을 가능성이 크다(양시은, 2012b).

이 밖에도 5세기 초에 고구려로 편입된 북쪽의 길림이나 요원 일대는 요동 지역과 달리 각 요충지에 중심성과 위성으로 이루어진 방어체계를 갖추었다. 길림 지역은 용담산성이, 요원 지역은 용수산성이 중심이 되었는데, 모두 토성으로 성내에는 연화문와당을 비롯한 기와가 출토되었다. 그리고 집안에서 통화를 거쳐 휘발하와 송화강으로 연결되는 북쪽 교통로에도 산성이 구축되어 있으나 중국 세력에 대한 다중의 방어선을 구축한 요동 지역의 방어체계와는 확연한 차이가 있다. 이는 북방 지역의 여러 정치체가 고구려 중기 이후부터는 위협이 될 만큼 큰 영향력을 행사하지 못했기 때문으로 추정된다.

3) Ⅲ기(평양도읍기)

Ⅲ기는 집안에서 평양으로 천도한 이후부터 멸망까지이다. 광개토왕의 활발한 정복활동으로 고구려의 영토는 5세기에 비약적으로 확장되었다. 광대한 영역을 확보한 고구려는 427년에 평양으로 천도하였고, 도읍의 이동에 따라 교통로가 변화하면서 새로운 방어체계와 지방지배체제가 필요하게 되었다. 『삼국사기』에는 평원왕 28년(586년)에 다시 장안성으로 도읍을 옮긴 사실이 기록되어 있으나, 같은 평양 지역 내의 천도였기에 도성 외곽의 관방체계는 그대로 유지되었을 것으로 판단된다.

당시의 방어체계는 크게 대중국 방어체계와 대백제·신라 방어체계로 구분된다. 대중국 방어체계에서 1차 방어는 요하를 경계로 한 국경 방어선이었다. 요하 일대에 대한 방어체계는 광개토왕이 요동 지역을 완전히 장악한 5세기 초반부터 구축되었다. 요동반도의 남단인 금주(錦州)부터 개주, 요양, 심양, 철령을 거쳐 요원까지 산성을 쌓음으로써 요하와 요동반도의 서쪽 해안가를 따라 국경 방어선, 즉 서부전선을 구축한 것이다.

특히 요하의 평원지대가 천산산맥(千山山脈)과 만나는 중심 거점에 요동성과 같은 대형의 평지성이나 최진보산성, 고이산성, 영성자산성, 고려성산성 등 중형급 이상의 포곡식 산성을 축조하고, 그 주변에는 다시 중소형의 산성을 추가 배치하여 이들 성이 비상시에 유기적으로 운영되도록 하였다. 이들 요하 유역 방어선의 핵심은 요양의 요동성(遼東城)이었다. 수나 당의 군대가 요하를 건넌 뒤 이 성을 점령하기 위해 가장 많은 노력을 기울였다는 점은 이러한 사실을 뒷받침한다.

물론 이 시기에도 군사방어적인 목적의 산정식 산성과 중형의 산상형 포곡식 산성(산복식 산성)도 지속적으로 축조되었다. 심양 석대자산성은 요동 지역의 대표적인 산상형 포곡식 산성이다. 성의 둘레는 약 1.36km이고, 성벽에는 대략 60m의 간격으로 9개의 치가 설치되었다. 성 내부에 기와 건물지가 확인되지 않는다는 점에서 지방지배보다는 군사방어를 담당한 것으로 보인다. 군사 목적의 중형 산성은 입지에서 차이를 보일 뿐만 아니라 기와가 출토되지 않는다는 점에서도 치소성으로 활용된 하곡평지형 중대형 포곡식 산성과 분명하게 구별된다.

한편, 7세기 중반인 영류왕 때 동북의 부여성부터 서남쪽 바다에 이르기까지 천 리에 걸쳐 축조하였다는 장성 또한 요하 방어와 관련된 것이다. 당시 서북 변경지역을 가로지르는 천리장성의 축조는 최전방 영토 방어를 위해 매우 중요한 일이었을 것이다. 요하를 경계로 한 고구려 서북전선의 1차 방어선은 천리장성의 축조로 완성되었다.

천리장성의 실체에 대해서는 여러 견해가 존재한다. 천리장성이 실재한 것으로 보기도 하지만(李健才, 2000; 馮永謙, 2002), 장성을 변경에 설치된 하나의 독립적인 방어시설물이 아닌 길림성 농안(農安)에서 요령성 개주의 발해만에 이르는 고구려 서부 변경의 주요 성을 연결한 보조시설물로 파악하거나(王健群, 1987), 천리장성의 실체를 인정하지 않고 기존의 고구려 산성을 연결하는 일종의 개념적인 방어선으로 이해하기도 한다(陳大爲, 1989; 梁振晶, 1994; 申瀅植, 1997). 또한 길림성 덕혜(德惠)에서 요령성 영구(營口)의 해안가까지 이어진 토축 장성과 관련하여 노변강토장성(老邊崗土長城)을 고구려의 천리장성과 연관짓기도 한다(여호규, 2000; 張福有 외, 2010). 그렇지만 노변강토장성은 현재 훼손이 심해 일부 구간을 제외한 대부분의 구간에서 그 흔적을 찾아보기 어렵다. 1971년 조사 당시 보존상태가 비교적 양호한 구간의 경우, 토축 성벽의 규모는 기단부 너비 6m, 잔고 1m 내외였다고 한다(王健群, 1987). 이와 관련하여 여전히 성격이 불문명한 이들 유구를 장성으로 추정하고 그 잔존 현상을 토대로 천리장성의 형태를 논하는 것은 무리이며, 고구려의 서부 방어선이 요서 동부에서 요하 유역으로 후퇴하는 과정에서 16년이라는 장기간에 추진되었다는 점에서 천리장성은 고구려 서쪽 변경 전 구간에서 방어시설의 수축을 의미하는 것으로 봐야 한다는 주장도 있다(이성제, 2014).

이상과 같이 고구려는 5세기 이후 요하와 요동반도의 서쪽 해안가를 따라 1차 국경 방어선을 구축하였다. 그리고 압록강을 건너 평양도성으로 향하는 요동의 모든 교통로에 성을 축조함으로써 2차 방어선을 마련하였다. 국내도읍기에 구축한 기존 방어체계는 요동에서 집안으로 향하는 교통로를 중심으로 이루어져 새롭게 수도가 된 평양을 효과적으로 지킬 수 없었기 때문에, 요하부터 압록강을 거쳐 평양으로 향하는 육상 교통로와 산동반도에서 평양으로 향하는 해상교통로를 통제할 수 있는 곳에 다수의 성을 축조함으로써 수도로 향하는 요동의 방어체계를 대대적으로 개편하였다. 강폭이 넓은 요하 하류로는 수와 당의 군대가 건널 수 없었기에, 고구려는 요하 중류부터 압록강 하구까지 이어지는 주요 하천교통로를 중심으로 산성을 축조하였다.

경로1은 요하에서 압록강으로 이어지는 주요 교통로이다. 요하를

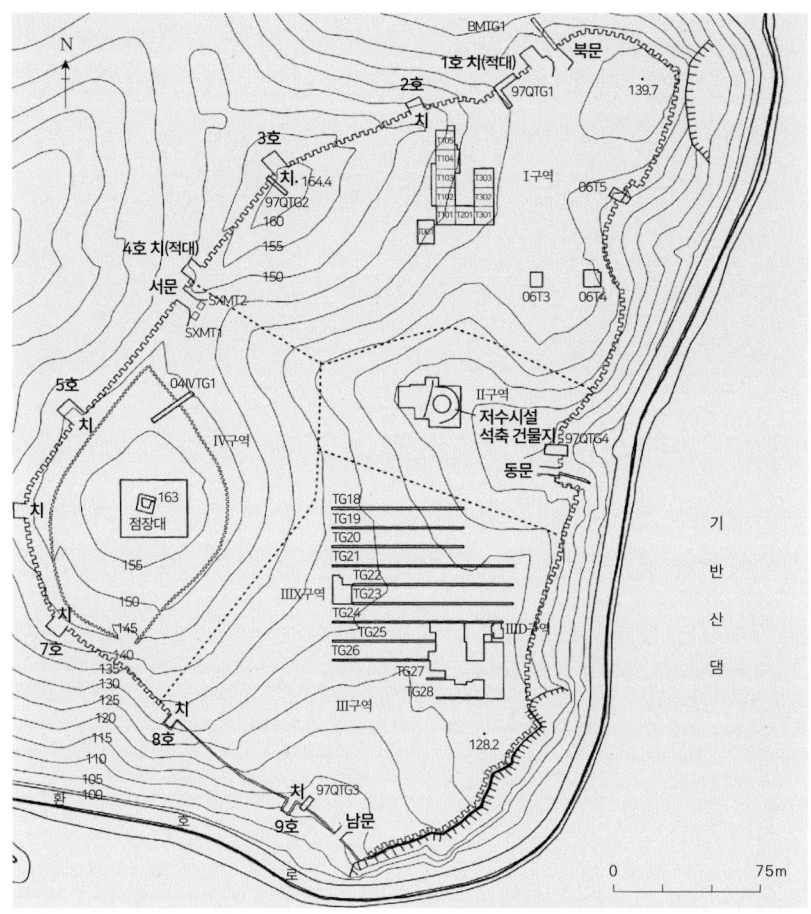

도면12 | 석대자산성 평면도(遼寧省文物考古硏究所, 2012b, 도3)

건너온 적군을 막는 1차 방어선은 앞서 언급한 바와 같이 요하를 따라 축조된 요동성, 백암성, 석대자산성, 고이산성, 탑산산성 등이 담당하였다. 그런데 요동평원에서 압록강을 건너기 위해서는 반드시 봉성을 거쳐야만 하는데, 이 교통로에는 이가보산성과 봉황산산성, 그리고 호산산성이 있다. 경로2는 요하를 건넌 후 압록강으로 향하는 대신 소자

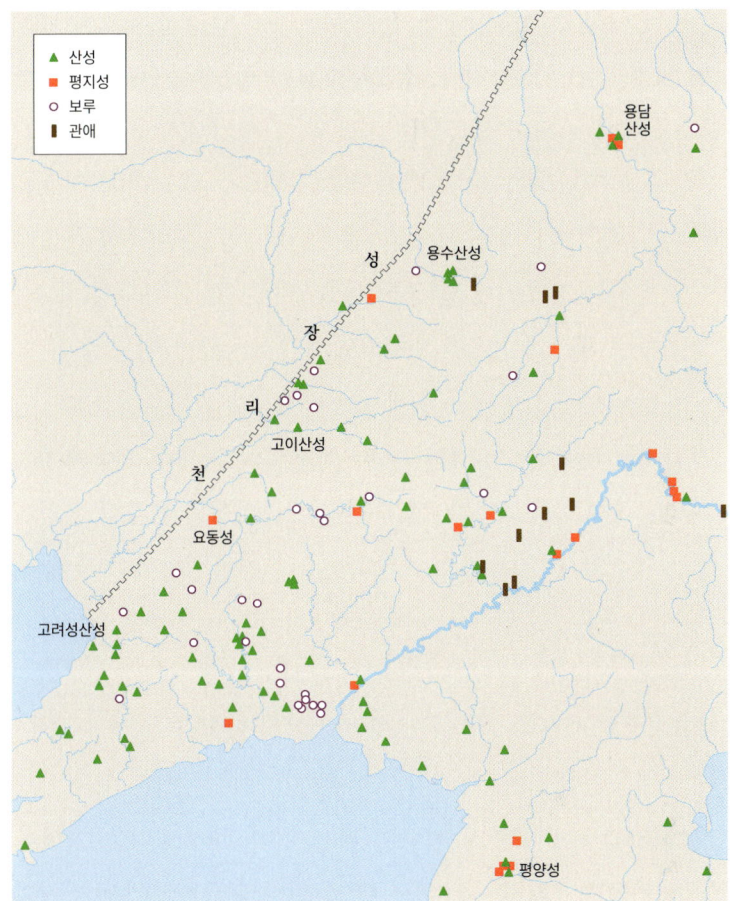

지도5 | 천리장성 개념도(ⓒ양시은)

하 또는 태자하를 따라 만들어진 기존의 교통로를 통해 진격하다가 집안 쪽에서 다시 우회하여 압록강으로 합류하는 노선이다. 이 경로의 방어에는 요동성이나 고이산성을 시작으로 국내도읍기에 축조된 산성이 활용되었다. 경로3은 요하를 건너 남쪽으로 이동한 후 수암(岫岩)을 거쳐 압록강에 도달하는 것으로, 영성자산성과 낭랑산성이 있다. 이 교통로에는 단동의 서북쪽 산악지대에 집중 분포하고 있는 소규모의 보루들 역시 일정 기능을 담당하였다. 경로4는 요하 하구의 개주 고려성산성(청석령산성)에서 바로 수암을 거쳐 단동으로 진입하거나 장하로 남하하여 단동으로 진입하는 것이다. 상당히 우회하는 경로라서 비효율적이지만, 이 교통로에도 다수의 성이 분포한다. 경로5는 산동반도에서 평양으로 향하는 해로인데, 고구려는 요동반도 끝에 비사성(대흑산산성)을 축조하여 해상교통로를 통제하였다. 『삼국사기』에는 수나 당의 군대가 항상 비사성을 점령한 후에 이동하였음이 기록되어 있다.

요동 지역에서 압록강으로 향하는 각 교통로의 군사적 요충지에는 중대형 포곡식 산성을 축조하고, 그 주변에는 중소형의 산정식 산성이나 보루를 배치하였다. 압록강으로 향하는 2차 방어선에서 가장 중요한 곳은 욕살이 파견된 오골성(烏骨城)으로, 지금의 봉성 봉황산산성이다(사진1). 봉황산산성은 둘레가 16km에 달하는 대형 성곽으로, 내부에는 행정관청으로 사용된 기와 건물지가 들어서 있었다.

요동 지역의 고구려 성이 유기적으로 운영되었다는 점은 668년 당이 부여성(扶餘城)을 공략하자 인근의 40여 성이 항복했다는 기록이나, 645년 요동성(遼東城)을 구원하기 위해 신성과 국내성에서 보병과 기병 4만 명을 보냈다는 기록, 648년 박작성(泊灼城)을 구원하기 위해 오골(烏骨)과 안지(安地) 등 여러 성의 군사 3만 명이 모였다는 『삼국사기』의 기록 등을 통해서도 알 수 있다.

고구려의 박작성으로 비정되는 관전(寬甸)의 호산산성(虎山山城)은 애하(靉河)와 압록강이 합류하는 지점의 돌출된 독립 구릉 위에 입지한다. 중국이 주장하고 있는 소위 '명대 만리장성 동단 기점' 하부에 있어 훼손이 심한 관계로 분명하지는 않지만 전체 둘레는 1.2km에 달한다.

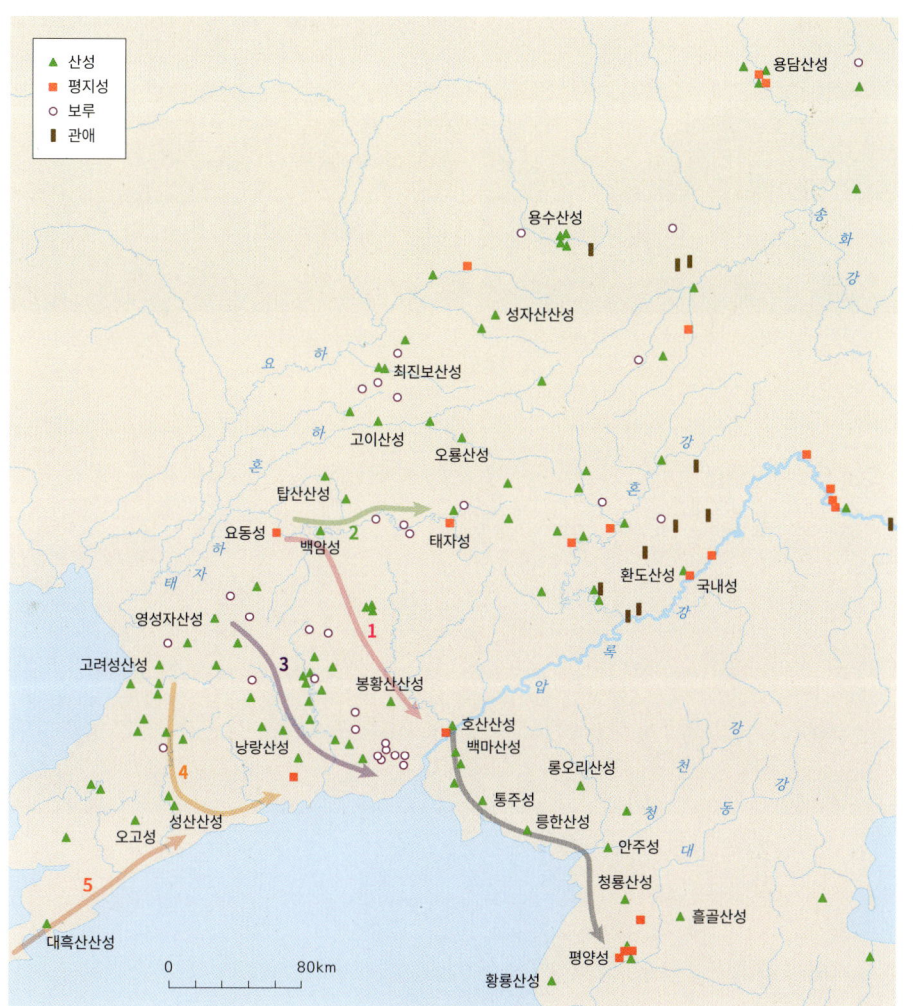

지도6 | 평양도읍기 서북 방면의 교통로와 고구려 성 분포(ⓒ양시은)

사진16 | 요동 지역의 주요 고구려 산성

1. 장하 성산산성(ⓒ임기환, 2007년)
2. 장하 후성산산성(ⓒ임기환, 2007년)
3. 백암성(ⓒ동북아역사재단, 2006년)
4. 대흑산산성(ⓒ전성영, 2009년)

압록강 하구지역임에도 불구하고, 강물이 분산되어 수심이 다른 지역보다 얕고 하중도가 있어 압록강을 쉽게 건널 수 있는 곳인 만큼 전략적으로 중요한 곳이다.

이상과 같이 요하를 경계로 한 국경 방어와 압록강을 건너 평양으로 향할 수 있는 요동의 모든 교통로에 성을 축조한 고구려의 방어체계는 수·당과의 전투에서 매우 효과적이었다. 산성은 적군이 쉽게 함락시키기 어려웠고, 이를 지나쳐 가더라도 후미의 보급이 차단될 우려가 있어, 결국 성을 점령하지 않으면 사실상 진군이 불가능했다. 고구려의 산성은 지형적인 특성상 방어가 쉬웠는데, 특히 요동 지역에 있는 대형 산성은 계곡을 끼고 있어 수원 확보가 용이하므로 오랫동안 항전할 수 있어 대군을 맞아 적은 병력으로도 효과적인 운용이 가능했다. 고구려는 산성의 장점을 정확히 인식하고 수·당과의 전쟁에서 이러한 이점을 최대한 이용하였다.

한편, 요동 지역을 통과한 수·당 군대가 평양으로 진격하기 위해서는 반드시 압록강을 건너야 했다. 그런데 압록강 하구는 강폭이 넓어 배를 이용하지 않으면 건널 수 없었고 다른 지역은 『구당서』에 따르면 군대가 이동하기에 험한 지형이었다. 결과적으로 압록강은 요하에 이어 또 다른 자연적인 방어벽 구실을 했다.

이제 압록강을 넘은 수·당의 군대가 평양으로 가기 위해서는 서해안을 따라 남하하거나 내륙교통로를 이용해야 했는데, 고구려는 두 경로에 모두 중대형 포곡식 석축 산성을 축조하였다.[10]

서해안 교통로는 의주-룡천-선천-정주-안주-숙천-평양으로 이어지며, 주요 지역마다 백마산성-걸망성-룡골산성-통주성-룽한산성-안주성-청룡산성이 자리하여 길목을 차단하고 있다. 이들 성에도

사진17 | 호산산성과 그 주변(ⓒ구글 어스)

고구려 기와가 출토되고 있어, 치소성의 기능을 겸한 것으로 보인다. 평안북도의 교통로는 고려와 조선시대에도 외적의 침입경로였기 때문에, 이 지역의 고구려 산성은 고려 이후에도 많은 개축이 이루어지면서 지속적으로 이용되었다.

한편, 평안북도 지역에는 집안 지역에서 압록강을 건너 강계를 거쳐 남하하는 내륙교통로도 있다. 이 경로는 강계-전천-회천-영변-개천-순천-평성-평양으로 이어지며, 평야지대가 시작되는 영변 지역에 롱오리산성과 철옹성이 있다. 그 남쪽으로, 다시 평양으로 내려가는 교통로에는 안주성, 청룡산성, 흘골산성이 분포하고 있다.

서북한 지역의 이들 성은 서해안이나 내륙교통로 모두 안주성을 거

---

10 서북한 지역의 고구려 산성에 대해서는 徐日範(1999), 사회과학원 고고학연구소(2009), 동북아역사재단(2017) 등을 참고하기 바란다.

쳐 다시 평양 외곽의 청룡산성으로 연결된다는 특징이 있다. 그리고 접근이 어려운 내륙보다 많은 병력이 이동할 수 있는 서해안 교통로에 방어력이 집중되어 있는 것도 특징인데, 특히 압록강 남안에 집중 배치되어 있는 백마산성, 걸망성, 룡골산성이 중요한 역할을 담당하였다.

고구려의 3차 방어선은 평양도성 외곽에 네 방향으로 분포하고 있는 중대형 산성이 담당하였다. 평양 북쪽에는 압록강을 건너 해안가 또는 내륙을 통해 내려오는 적군을 막을 수 있도록 청룡산성이, 북동쪽에는 북쪽에서 내륙으로 남진하거나 동해안쪽에서 평양으로 접근하는 것을 차단할 수 있도록 흘골산성이, 서쪽에는 황해로부터 대동강을 거슬러 평양으로 들어오는 것을 막을 수 있도록 황룡산성[11]과 구월산성이, 그리고 남쪽에는 한반도 중부에서 개성을 거쳐 재령평야를 넘어 올라오는 적군을 막을 있도록 황주성이 배치되었다.

평양 지역의 성들은 고구려의 최종 방어선으로, 대동강의 넓은 평야지대에 위치하고 있어 상대적으로 사방에서 적의 공격을 받기가 쉽다. 이에 고구려는 평양과 평양 외곽에 여러 성을 축조함으로써 최종 방어체계를 갖추었다.

평양 내에서는 처음에는 대성산성이 도성의 최종 방어를 담당하였을 것이며, 후기에는 현재의 평양성(장안성)이 최종 방어를 담당한 것으로 보인다. 평양은 대동강 수로를 통해서도 접근이 가능하므로, 이 시기에는 평양성의 외성을 이용한 방어전략도 새롭게 추가되었다.

---

11 이와 관련하여 황룡산성 주변에 분포하는 우산성, 동진성(관애), 늑명산성, 보산성이 황해에서 대동강을 따라 고구려 평양성으로 진격할 수 있는 연안교통로를 방어할 수 있도록 긴밀히 연결되어 있음을 지적한 연구도 있다(이성제, 2011).

사진18 | 평안북도 지역의 주요 고구려 산성(ⓒ동북아역사재단)
1. 철옹성 2. 릉한산성

612년 수의 내호아(來護兒)가 이끄는 수군이 바다를 건너 대동강 하구로 들어와 평양을 단독으로 공격하다가 크게 패한 기사는 이를 뒷받침한다.

한편, Ⅲ기의 대백제·신라 방어체계는 시기에 따라 차이가 있겠지만, 황해도 지역의 중대형 포곡식 산성과 남한 지역의 고구려 성으로 구분해볼 수 있다.

황해도 일대에는 예성강이나 해안가를 따라 평양으로 북진할 수 있는 길목에 고구려 산성이 분포하고 있는데, 소규모인 남한의 성과 달리 대부분 중대형 포곡식 산성이다.

개성에서 평양까지 예성강을 따라 난 교통로에는 치악산성, 태백산성, 휴류산성, 황주성이 분포한다. 치악산성은 예성강으로 인해 수로와 육로교통이 모두 편리한 배천에 있는데, 예성강 하류를 방어하는 역할을 수행하였다. 해주에서 평양으로 통하는 길목은 수양산성, 장수산

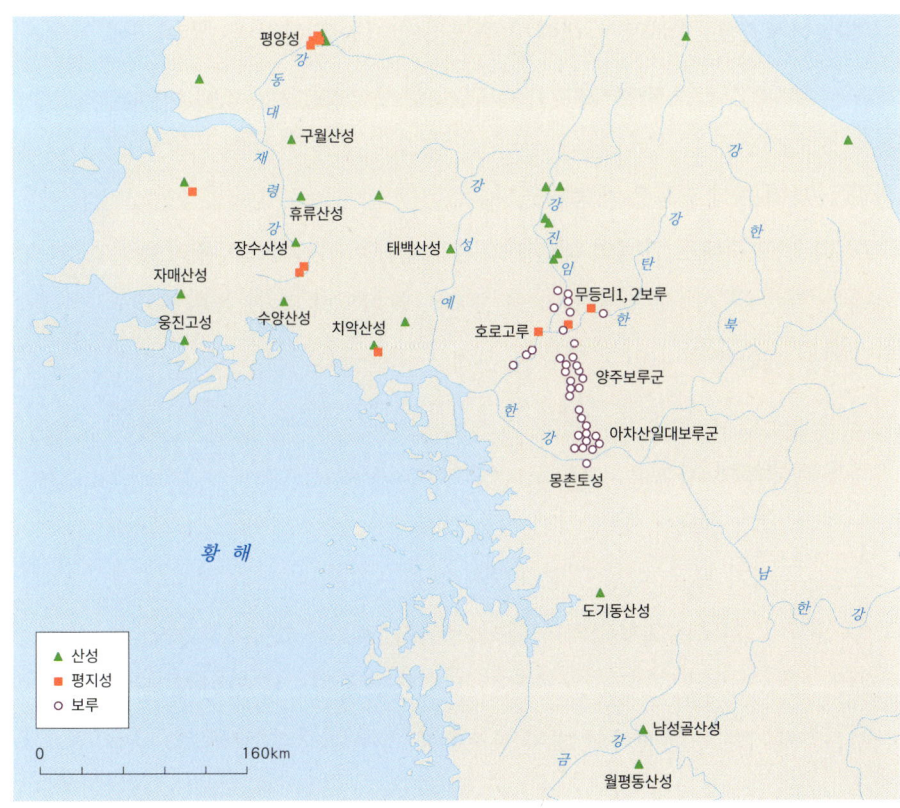

지도7 | 평양 이남 지역의 고구려 성 분포(ⓒ양시은)

성이 차단하고 있다.

북한 학계는 장수산성을 국내성과 함께 고구려의 별도(別都)로 알려진 남평양(南平壤)으로 비정하고 있다(최승택, 1994). 장수산성은 전체 둘레가 10.5km인 포곡식 산성으로, 내성(4.7km)과 외성(7.95km)으로 이루어져 있다. 산성에는 성문과 장대지, 그리고 내부 건물지에서 연화문와당을 비롯한 고구려 기와가 출토되었다. 그리고 남문지 부근에는 제철유구도 발견되었다. 인근의 아양리 평지성과 함께 도시유적을 방어하는 산성으로, 황해도 일대에서 중심적인 기능을 하였다. 성 인근에는 고구려시기의 석실봉토분 1,000여 기가 분포한다. 장수산성은 고려와 조선시대까지 지속적으로 사용된 관계로 성벽의 기초 부분을 제외한 나머지는 대부분은 개축되었다.

이 밖에도 황해도 일대의 해안가에는 남쪽부터 수양산성, 옹진고성, 자매산성(오누이성), 구월산성 등의 산성이 확인된다. 특히 구월산성은 황해에서 대동강을 따라 평양으로 향하는 적군을 1차로 막을 수 있는 지점에 축조되어, 대동강 북안의 황룡산성과 함께 평양 외곽 방어를 중점적으로 담당하였다.

이상과 같이 황해도 주요 거점 성들은 평양의 남쪽 방어를 담당하였으므로, 둘레가 2km 이상인 중대형이 대부분이며, 평지와 연결된 포곡식 산성이 많다.[12] 대부분의 성에서 고구려 기와가 수습되고 있어 각 성에는 해당 지역을 관할하는 관청이 설치되었던 것으로 보인다. 이들 산성은 4세기대에 백제와의 대치 과정에서 축조되기 시작하였을 것이기에, 427년 고구려가 평양으로 천도할 당시에는 이미 기본적인 방어체계는 갖추어져 있었을 것으로 추정된다. 장수산성 일대를 중심으로 한 황해도 일대는 고구려 남부전선 확장의 중요한 배후거점으로 활용되었을 가능성이 크다(신광철, 2011).

이 밖에도 남한 내 고구려 성의 분포는 임진강·한탄강 유역, 양주 일대, 한강 유역, 금강 유역의 4개 분포 영역으로 구분된다. 남한 내 고구려 성은 중국, 북한처럼 중대형 성곽이 아니라 소규모 산성과 보루가

---

12 황해도 일대의 고구려 산성에 대해서는 徐日範(1999), 사회과학원 고고학연구소(2009), 신광철(2011), 동북아역사재단(2015) 등을 참고하기 바란다.

사진19 | 황해도 지역의 주요 고구려 산성
(ⓒ동북아역사재단)
1. 장수산성　2. 구월산성
3. 태백산성　4. 수양산성

2장 성곽　141

중심이라는 점에서 차이가 있다. 실제 임진강 유역의 3개 강안평지성과 금강 유역의 남성골산성을 제외하면 성벽의 둘레가 200~300m인 보루가 대부분이다.[13]

---

13 남한 지역의 고구려 성에 대해서는 7장에서 다루므로, 여기에서는 생략한다.

참고문헌

강현숙·양시은·최종택, 2020, 『고구려 고고학』, 진인진.

孔錫龜, 1999, 『高句麗 領域擴張史 硏究』, 서경문화사.

국립문화재연구소, 2009, 『아차산 4보루 발굴조사보고서』.

기남문화재연구원, 2018, 『安城 道基洞山城』.

동북아역사재단 편, 2010, 『高句麗城 사진자료집: 中國 吉林省 東部』.

_____, 2015, 『황해도 지역 고구려 산성』.

_____, 2017, 『평안도 지역 고구려 산성』.

東潮·田中俊明 저, 박천수·이근우 역, 2008, 『고구려의 역사와 유적』, 동북아역사재단.

사회과학원 고고학연구소, 1975, 『고구려문화』, 사회과학출판사.

_____, 2009, 『고구려의 성곽』, 조선고고학전서 27, 진인진.

서울대학교박물관, 2013, 『시루봉보루Ⅱ』.

손영식, 2011, 『한국의 성곽』, 주류성.

손영종, 1997, 『고구려사』 2, 과학백과사전종합출판사.

余昊奎, 1999, 『高句麗 城 Ⅱ』, 國防軍史硏究所.

王綿厚·李健才 저, 동아시아교통사연구회 역, 2020, 『고대 동북아시아 교통사』, 주류성.

이성제 편, 2006, 『高句麗城 사진자료집: 中國 遼寧省·吉林省』, 동북아역사재단.

정원철, 2017, 『고구려 산성 연구』, 동북아역사재단.

조선유적유물도감편찬위원회, 1989, 『조선유적유물도감 3(고구려편 1)』.

중원문화재연구원, 2008, 『淸原 南城谷 高句麗遺蹟(2006年度 追加 發掘調査)』.

지승철, 2005, 『고구려의 성곽』, 사회과학출판사.

채희국, 1964, 『대성산 일대의 고구려유적에 관한 연구』, 유적발굴보고 제9집, 사회과학출판사.

_____, 1985, 『고구려 력사 연구:고구려건국과 삼국통일을 위한 투쟁, 성곽』, 김일성종합대학출판사.

한국고고환경연구소, 2015, 『사적 제455호 아차산 일대 보루군 홍련봉 1·2보루』.

강현숙, 2015, 「고구려 초기 도성에 대한 몇 가지 고고학적 추론」, 『역사문화연구』 56.

공석구, 2007, 「고구려와 모용 '연'의 전쟁과 그 의미」, 『東北亞歷史論叢』 15.

기경량, 2017, 「高句麗 王都 研究」, 서울대학교 박사학위논문.

노태돈, 1999, 「高句麗 政治史 研究」, 서울대학교 박사학위논문.

朴京哲, 2005, 「高句麗 邊防의 擴大와 構造的 中層性」, 『韓國史學報』 19.

박원호·서치상, 2009, 「판축토성(版築土城)의 기원과 변천에 관한 시론 – 환호(環壕)와 토성 유적을 중심으로–」, 『한국건축역사학회 학술발표대회 논문집』.

白種伍, 2017, 「高句麗 城郭 築城術의 擴散에 대한 豫備的 檢討」, 『高句麗渤海研究』 59.

서길수, 1999, 「고구려 축성법 연구(1) – 석성의 체성 축조법을 중심으로」, 『高句麗研究』 8.

徐日範, 1999, 「北韓地域 高句麗山城 研究」, 단국대학교 박사학위논문.

손영종, 1998, 「고구려의 남도·북도와 환도성의 위치에 대하여」, 『력사과학』 1998-3·4.

신광철, 2011, 「황해도 일대의 고구려 관방체계와 남부전선의 변화」, 『先史와 古代』 35.

申瀅植, 1997, 「高句麗 千里長城의 研究」, 『白山學報』 49.

심광주, 2005, 「고구려와 백제의 성곽문화」, 『高句麗研究』 20.

_____, 2018, 「임진강유역 고구려 성곽의 발굴조사 성과와 축성법」, 『高句麗渤海研究』 62.

양시은, 2012a, 「아차산 고구려 보루의 구조 및 성격」, 『古文化』 79.

_____, 2012b, 「연변지역 고구려 유적의 현황과 과제」, 『東北亞歷史論叢』 38.

_____, 2013, 「高句麗 城 研究」, 서울대학교 박사학위논문.

_____, 2020, 「오녀산성의 성격과 활용 연대 연구」, 『한국고고학보』 115.

_____, 2021, 「高句麗 都城制 再考」, 『韓國上古史學報』112.
여호규, 1995, 「3세기 후반~4세기 전반 고구려의 교통로와 지방통치조직 - 南道와 北道를 중심으로 -」, 『韓國史硏究』91.
_____, 2000, 「高句麗 千里長城의 經路와 築城背景」, 『國史館論叢』91.
_____, 2002, 「遼河中上流東岸地域의 高句麗城과 地方支配」, 『역사문화연구』17.
_____, 2008, 「鴨綠江 중상류 연안의 高句麗 성곽과 東海路」, 『역사문화연구』29.
_____, 2012, 「고구려 성곽과 방어체계의 변천」, 『한국군사사 14 - 성곽』, 육군본부.
_____, 2020, 「高句麗와 漢의 接境空間 변화에 따른 住民集團의 잡거」, 『역사문화연구』74.
이경미, 2017, 「압록강~요하 유역 고구려 성곽과 지방통치 연구」, 한국외국어대학교 박사학위논문.
李成制, 2009, 「高句麗와 渤海의 城郭운용방식에 대한 기초적 검토」, 『高句麗渤海硏究』34.
_____, 2011, 「龍岡 黃龍山城과 黃海~大同江沿岸路 - 고구려 후기 王都방어체제의 一例」, 『高句麗渤海硏究』41.
_____, 2014, 「高句麗 千里長城에 대한 기초적 검토 - 장성의 형태와 성격 논의를 중심으로 -」, 『嶺南學』25.
_____, 2016, 「최근 조사자료를 통해 본 중국 소재 고구려 성곽의 운용양상 - 이해의 한계와 새로운 접근의 가능성을 중심으로」, 『東北亞歷史論叢』53.
임기환, 1998, 「高句麗前期 山城 硏究 - 高句麗 山城의 기초적 검토(1)」, 『國史館論叢』82.
_____, 2003, 「고구려 정치사의 연구 현황과 과제」, 『韓國古代史硏究』31.
_____, 2012, 「고구려의 군사제도와 방어체계」, 『한국군사사 1 - 고대 I』, 육군본부.
_____, 2015, 「요동반도 고구려성 현황과 지방지배의 구성」, 『韓國古代史硏究』77.
田中俊明, 1999, 「성곽시설로 본 고구려의 방어체계 - 왕도 및 대중국 방어를 중심으로」, 『高句麗渤海硏究』8.
정원철, 2011, 「고구려 남도·북도와 고구려 산성의 축성」, 『東國史學』50.
최승택, 1994, 「장수산성에 관한 연구」, 사회과학원고고학연구소 준박사 학위론문.
홍밝음·강동석, 2020, 「GIS를 이용한 고구려 국내성 시기의 관방체계 검토 - 압록강 중상류~요하 중류를 중심으로-」, 『북방의 재인식: 우리 고대문화 연구에서의 함의』, 제52회 한국상고사학회 학술대회자료집.

吉林省文物考古研究所·集安市博物館, 2004a, 『國內城, 2000-2003年集安國內城與民主遺址試掘報告』.

──────────────────────, 2004b, 『丸都山城』, 文物出版社.

遼寧省文物考古研究所, 2004, 『五女山城-1996~1999, 2003年桓仁五女山城調査發掘報告』, 文物出版社.

遼寧省文物考古研究所·瀋陽市文物考古研究所, 2012, 『石臺子山城』, 文物出版社.

魏存成, 1994, 『高句麗考古』, 吉林大學出版社.

張福有·孫仁杰·遲勇, 2010, 『高句麗千里長城』, 吉林人民出版社.

周向永·許超, 2010, 『鐵嶺的考古與歷史』, 遼海出版社.

李龍彬, 2007, 「鳳城市高句麗鳳凰山山城」, 『中國考古學年鑒』, 文物出版社.

──────, 2008, 「鐵嶺境內高句麗山城的幾個問題」, 『東北史地』 2008-4.

李殿福, 1998, 「高句麗山城研究」, 『北方文物』 1998-4.

撫順市博物館 外, 1985, 「遼寧省新賓縣黑溝高句麗早期山城」, 『文物』 1985-2.

徐家國·孫力, 1987, 「遼寧撫順高爾山城發掘簡報」, 『遼海文物學刊』 1987-2.

梁振晶, 1994, 「高句麗千里長城考」, 『遼海文物學刊』 1994-2.

王健群, 1987, 「高句麗千里長城」, 『博物館研究』 1987-3.

王綿厚, 1997, 「高句麗的城邑制度與都城」, 『遼海文物學刊』 1997-2.

遼寧省文物考古研究所, 2012, 「2008-2009年遼寧桓仁縣高儉地高句麗山城發掘簡報」, 『東北史地』 2012-3.

魏存成, 2012, 「高句麗南北道辨析」, 『社會科學戰線』 2012-9.

李健才, 2000, 「再論唐代高麗的扶余城和千里長城」, 『北方文物』 2000-1.

鄭元喆, 2010, 「高句麗山城研究」, 吉林大學博士學位論文.

趙俊杰, 2008, 「試論高句麗山城城墻上石洞的功能」, 『博物館研究』 2008-1.

陳大爲, 1989, 「遼寧境內的高句麗遺蹟」, 『遼海文物學刊』 1989-1.

──────, 1995, 「遼寧高句麗山城再探」, 『北方文物』 1995-3.

佟達, 1993,「關于高句麗南北交通路」,『博物館研究』1993-3.
馮永謙, 2002,「高句麗千里長城建置辨」,『社會科學戰線』2002-1.

三上次男·田村晃一, 1993,『北關山城』, 中央公論美術出版.
關野貞, 1914,「滿洲輯安縣及び平壤附近に於ける高句麗時代の遺跡1·2」,『考古學雜誌』5-3·4.

3 적석총

1. 적석총의 구조와 형식
2. 적석총의 기원과 변천 과정
3. 적석총의 입지와 분포
4. 통구분지의 초대형 적석총

3장
적석총

강현숙 | 동국대학교(경주) 고고미술사학과 교수

 적석총은 지상에 돌을 깔고 주검을 안치한 후 그 위에 다시 돌을 덮어 매장을 마감한 무덤이다. 돌로 쌓은 지상의 분구가 적석총의 큰 특징이어서, 북한에서는 돌무지무덤 또는 돌각담무덤이라고 하고 중국에서는 적석묘(積石墓)라고 한다. 남한 학계에서는 적석총 또는 적석묘로 부른다. 그러나 적석총의 분구가 크고 높아서 청동기시대의 적석묘와 구별하기 위해서 적석묘보다는 적석총으로 표현하는 것이 적절할 것이다.
 적석총이 고구려 고유 무덤 형식이었음은 중국의 여러 역사 기록에서 확인이 가능하다. 『후한서(後漢書)』 동이열전(東夷列傳) 고구려조(高句麗條)와 『삼국지(三國志)』 위서(魏書) 고구려조(高句麗條)에서 "고구려에서는 돌을 쌓아 무덤을 봉하고, 무덤 둘레에 소나무와 잣나무를 심었다(積石爲封 列種松柏)"고 하여서, 오래전부터 압록강 중하류 유역과 혼강을 비롯한 압록강 지류 유역에 집중 분포하는 적석총을 고구려 무덤으로 생각하였음을 알 수 있다. 특히 적석총은 중국 동북의 여타 지역에서는 보이지 않아서 고구려를 대표하는 무덤으로 생각하게 되었고, 혼강과 압록강 중하류와 그 지류 유역을 중심으로 분포하는 적석총을 고구려 전기 묘제로 이해하고 있다.

조선시대 지리서나 문집에 의하면, 만포에서 압록강을 넘어가면 오국성(五國城)이 있고 그 주위에 수를 헤아릴 수 없는 무덤(塚)이 있다고 하거나, 태왕릉이나 장군총과 같은 거대한 적석총을 황제의 무덤으로 이해하기도 하였다(그림1). 이렇듯 적석총에 대한 관심은 오래되었지만, 이에 대한 조사는 일제강점기에 시작되었다고 할 수 있다. 일제는 만주 진출을 선점하기 위해 강점 이전부터 이 일대를 조사하면서 〈광개토왕릉비〉와 함께 주변의 거대한 적석총에 관심을 가졌다. 특히 높고 큰 적석총의 기원과 변천에 관심을 두었다. 중국이나 만주 일대의 다른 지역에서는 이와 같은 적석총이 보이지 않았기 때문인데, 이는 전파론적 시각에서 유적, 유물을 해석하려 하였던 당시 고고학적 인식의 결과이기도 하다.

이후 적석총의 기원과 변천은 1980년대에 이르기까지 적석총 연구의 주된 주제가 되었다. 적석총의 변천에 대해서는, 분구가 무기단에서 기단, 계단으로 변화하고, 매장부는 주검 1인이 안치되는 단인장의 수혈식 구조에서 2인의 추가 합장이 가능한 횡혈식 구조로 변한다고 보았다.

그러나 적석총의 기원에 대해서는 아직 해결되어야 할 문제가 남아있다. 현재 고구려 적석총은 중국 요동반도 남단의 신석기시대 말부터

그림1 〈광여도(廣輿圖)〉
평안도 강계부
(ⓒ규장각한국학연구소)

청동기시대까지 축조되었던 적석무덤에서 기원했을 것이라는 생각이 다수의 견해이지만, 아직까지 청동기시대에서부터 고구려 적석총이 축조되는 300~400여 년 중 요동반도 남단에서 압록강 중하류 유역에 이르는 지역에서 적석총의 기원을 보여줄 만한 무덤 자료가 확인되지 않고 있다. 적석총의 기원은 족속과 결부되기도 하는 민감한 문제이므로 향후 관심을 갖고 신중을 기해야 할 연구과제이다.

최근에 들어서 적석총에 대한 관심은 왕릉 비정에 있다. 특히 세계유산 등재를 위해서 중국에서는 집안 통구분지에 있는 초대형 적석총 13기를 정비하고, 그중 12기를 국내도성의 고구려 왕릉으로 비정하였다. 국내도성 초대형분의 왕릉 비정은 중국의 고구려사 왜곡과도 결부될 소지가 있는 만큼 객관적이고 과학적인 접근이 필요하다. 국내에서도 왕릉 비정에 대한 관심과 함께 고구려 능제로 연구관심이 확대되었고, 이와 함께 도성과 왕릉이 그려내는 국내도성의 경관 등도 새로운 연구주제로 부각되었다.

1. 적석총의 구조와 형식

적석총은 지상에 돌을 깔아서 무덤의 기초를 만들고 그 위에 주검을 놓은 후 주검의 주위를 돌아가며 돌을 돌리고, 다시 그 위를 돌로 덮어서 만든 무덤이다. 분구를 쌓는 데 사용한 돌과 돌의 가공 정도, 쌓아 올리는 방식 등에 따라서 드러나는 적석총의 분구는 여러 형태를 띤다. 주검은 지상의 분구 가운데 놓이게 되는데, 무덤 하나에 1인이 안치되기도 하고, 여럿이 안치되기도 한다. 보통 1인이 안치되는 경우 수혈식 장법이라고 하고, 2인 이상이 시간 차이를 두고 안치되는 경우 횡혈식 장법으로 매장되었다고 한다. 따라서 매장방식은 매장부 구조와 연결되어서 수혈식 장법은 목관이나 목곽에 한 사람이 안치되며, 횡혈식 장법은 목관에 안치된 주검이 목실이나 돌로 만든 석실 한쪽 벽의 입구를 통해서 시차를 두고 안치된다(그림2).

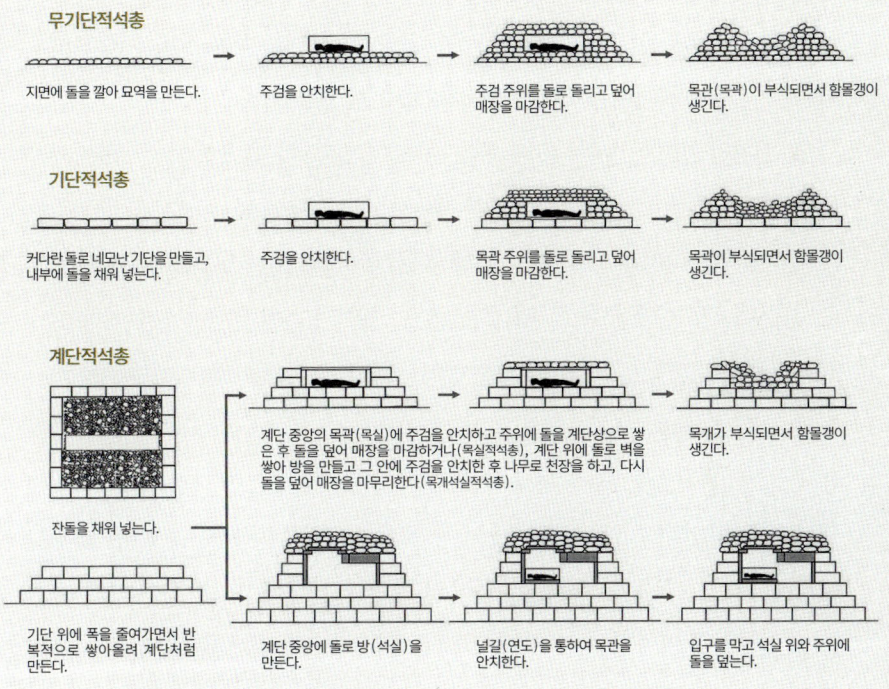

그림2 | 적석총 축조방식 (강현숙, 2013)

1) 무덤의 구조

(1) 분구

분구는 사용된 돌의 재질과 가공 정도, 돌을 쌓는 방식에 따라 여러 형태를 보여준다. 중국이나 남한의 연구자들은 적석총의 분구를 무기단(무단), 기단(방단), 계단(방단계제, 방계제, 방계대)으로 설명한다. 북한의 연구자들은 돌무덤, 돌무지무덤 또는 돌각담무덤으로 표현하며, 세부적으로는 무기단무덤(돌무지무덤), 기단돌무덤으로 설명하는데,

기단돌무덤에는 계단돌무덤이 포함된다. 이는 아마도 북한의 적석총 가운데 잘 남아 있는 초대형분이 많지 않고 대부분 파괴되어서 계단과 기단의 구분이 확실하지 않기 때문일 것으로 생각된다.

무기단은 기단이 없는 돌무지로, 가장 단순한 축조기술이다. 가공하지 않은 깨진 돌이나 자연 냇돌을 이용하여 축조하였다. 다듬지 않은 돌이므로 높고 크게 쌓는 것은 한계가 있고, 정형화된 형태를 유지하기도 어렵다. 무기단 분구의 평면은 방형, 장방형, 타원형, 원형 외에도 사우돌출형, 전방후원형, 전원후방형 등 여러 형태가 있다. 사우돌출형과 전방후원형은 압록강 이남의 자성 송암리, 초산 연무리 일대 적석총에서 보고되었다. 초산 연무리2호분은 분구의 네 모서리가 돌출된 사우돌출형 평면이고, 초산 운평리4-6호분은 원형 평면의 적석총 앞에 방형 평면으로 돌을 깐 시설이 있어서 전방후원형을 띤다. 집안의 통구 분지, 환인 일대에서는 반원형의 돌을 깐 시설이 있어서 전체 평면이 전원후방형인 적석총도 있다.

계장식은 무덤의 중심에서 바깥쪽으로 가면서 울타리를 쌓듯이 돌을 돌리고 그 내부에 작은 돌을 채우고 다시 같은 방식으로 울타리를 쌓고 그 내부를 잔돌로 채워가면서 평면적을 넓게 하고, 다시 같은 방식으로 높이를 높여 가며 축조해서 무기단적석총보다 크고 높게 쌓은 방식이다. 적석 분구의 맨 가장자리 울타리돌은 무덤의 외연을 표시하는 동시에 분구가 무너져 내리는 것을 방지한다. 기단을 형성하지 않았다는 점에서 드러나는 형태는 무기단적석총과 같고, 기단식과는 네 모서리가 서로 맞지 않고 각 변 울타리 높이도 서로 달라서 구별이 가능하지만, 한 변의 중간 부분에서는 계단상을 띠기도 하여 원상이 잘 남아 있지 않은 상태에서 중간 부분만으로 계단적석총과 구별이 쉽지 않다. 따라서 계장식은 무덤을 높고 크게 쌓으려는 의도하에 조성된 무기단적석총이라고 할 수 있다. 현재 계장식으로 축조된 적석총은 환인 망강루 4호분, 5호분, 6호분과 집안 호자구1호분을 들 수 있고, 이 무덤들은 각 지역의 최대분에 해당된다. 중국에서 왕릉급 무덤으로 비정한 집안 통구분지의 마선구2378호분, 마선구626호분, 산성하 전창36호분, 칠성산871호분 등이 계장식적석총으로 분류되었다.

기단적석총은 비교적 커다란 돌로 방형이나 장방형의 테두리를 돌리고 그 내부에 잔돌을 채워 넣어 기단을 만든 후 기단 위에 주검을 안치하고 돌을 쌓은 것이다. 둘레를 돌린 기단석은 부분 가공하거나 떼어져 나간 돌의 절리면을 밖이 되도록 해서 드러난 기단의 외면은 비교적 가지런하다. 기단 둘레돌 내부에 채워진 돌은 깨진 잔돌이거나 작은 냇돌이며, 규모가 큰 무덤의 경우 기단 내부에는 잔돌을 채워 넣기 위해 구획된 석렬이 확인되기도 한다. 기단의 평면이 방형이어서 중국에서는 방단(方壇)적석묘로 부르기도 하는데, 집안 하활룡24호분이 이에 해당된다.

계단적석총은 가공된 장대석을 이용하여 기단 축조방식과 같은 방식으로 층층이 올려 쌓아 전체 모습은 계단 형태이다. 대개 3~5단 정도 쌓아올리며, 네모난 평면의 계단이라는 의미에서 중국에서는 방단계제(方段階梯), 방계제(方階梯) 또는 방계대(方階台) 등 여러 명칭으로 부른다. 가장 잘 보존된 계단적석총은 최고의 기술로 축조된 7층 계단의 장군총이다.

이 외에도 적석총의 분구를 적석분구의 상부가 둥글어서 원구식(圓丘式)이라고 하며, 경사져 내린 면에 수평을 맞추기 위해 단을 만든 것을 유단식(有壇式)으로 부르기도 한다. 원구식적석총으로 보고된(陳大爲,

1960) 환인 고력묘자15호분은 계단적석총 2기가 연접된 무덤이다. 집안 칠성산879호분은 경사진 사면에 자리하는데, 경사진 위쪽은 단을 형성하지 않았지만 경사져 내린 면은 두 단을 올린 유단식적석총이다. 또한 경사진 곳에 자리한 적석총을 보호하기 위해 보축단을 세운 경우가 있는데, 집안 우산3146호분은 방형 평면의 기단적석총으로 경사가 낮은 하단에 보축단을 덧대어서 무덤의 전체 평면은 전방후방형을 띤다. 분구를 보호하기 위한 이 보축단을 중국에서는 묘설(墓舌)로 부르기도 한다.

분구를 기준으로 무기단식 혹은 계장식, 기단식, 계단식으로 분류한 명칭은 결국 축조에 사용한 돌과 돌을 다듬는 기술, 축조기술의 차이에 의한 것이다. 시간에 따른 기술의 발전이라는 관점에서 볼 때 적석총은 높고 크게 축조하려는 방향으로 전개되어서 분구의 형태는 무기단에서 기단, 계단으로 변화하였다. 한편, 분구의 무기단식과 계장식, 기단식과 계단식 등 각 형태는 등장시점에서의 선후관계를 가지며, 같은 시기에 병존하는 적석총 분구의 규모는 계단, 기단, 무기단 순이어서 병존하는 서로 다른 형태의 분구를 통하여 피장자의 사회·경제적 지위를 유추할 수 있다. 이렇듯 적석총의 분구 형태는 사회의 분화 정도를 가시적으로 드러내므로 적석총은 분구 지향형 묘제라고 할 수 있다.

(2) 매장부

매장부는 주검이 안치되는 시설 또는 구조로, 무덤의 중심이 되는 공간이다. 적석총의 매장부는 지상의 분구 중에 놓인다는 점에서 지하의 매장부와 지상의 분구로 이루어진 중국 동북의 여타 지역 무덤과 뚜렷하게 구별된다. 매장부 구조는 매장방식에 따라서 1인을 안치하고 1회로 매장이 마감되는 수혈식 장법의 구조와 2인이 동실에 합장되는 횡혈식 장법의 구조로 대별된다.

수혈식 장법의 매장부 구조는 중국에서는 석광(石壙)으로, 북한에서는 석곽으로 표현한다. 중국에서 사용하는 석광은 돌구덩이란 뜻으로 토광(土壙)에 대응되며, 일부 연구자는 돌로 네 벽을 쌓고 천장이 없는 것으로 보기도 한다(魏存成, 1995). 북한에서는 석곽 또는 돌곽으로 표현하며, 수혈식 석곽과 횡구식 석곽으로 구별한다. 수혈식 장법의 석곽은 석곽 내에 1인을 안치한 후 덮개돌을 덮은 것이고, 횡구식 석곽은 추가 합장을 위해 한쪽 단벽에 입구시설이 있는 것이다. 이와는 별도로 정찬영(1961)은 꺾쇠를 사용한 목곽이나 별도의 장구 없이 칠성판 위에 주검을 안치했을 것으로 추정한 바도 있다. 남한이나 일본의 학자들도 석곽으로 표현하지만, 분구 상부가 함몰된 상태로 확인되는 적석총이 다수인 점으로 미루어 돌로 덮개를 한 상자형 석곽일 가능성은 커 보이지 않으며, 석광적석총은 정찬영의 견해대로 목관이나 목곽일 가능성이 크다.

횡혈식 장법의 매장부 구조는 2인 이상이 시차를 두고 매장되어서 매장 공간이 관이나 곽에 비해 크므로, 관, 곽과 구별하여 실(室)이라고 한다. 실은 대개 돌로 쌓았으므로 석실(石室)이 횡혈식 구조 무덤을 대표한다. 석실은 돌로 연도와 현실을 완전하게 쌓은 것으로 동실 추가 합장이 가능한 구조이다. 드물게 벽돌이 함께 사용된 전석혼축실(塼石混築室)도 있다. 현재 조사보고된 전석혼축실은 집안 우산하3319호분이다. 한편, 중국 연구자들이 사용하는 광실(壙室)도 이에 해당된다. 광실은 석광과 마찬가지로 함몰갱을 표현한 것으로, 광실로 보고된 적석총에서 관못, 꺾쇠, 장막걸이쇠 등이 출토되어서(그림3), 주검은 목

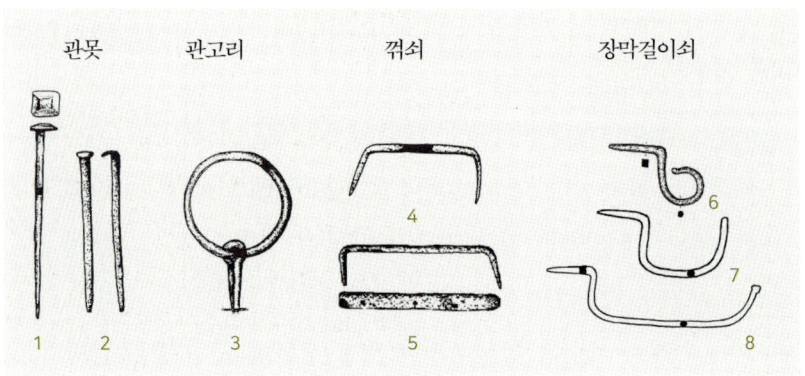

그림3 목관(목곽)이나 목실 부재(강현숙 외, 2020)
1·3·4. 마선구401호분 2·5. 우산하540호분 6. 우산하2112호분 7·8. 칠성산1096호분

관에 안치된 후 목실에 안치되었을 것으로 추정되며, 목실 내에는 유장(帷帳)을 드리웠을 것이다. 한편, 광실로 분류된 무덤 중에 석실의 하부구조처럼 돌로 쌓은 현실과 통로의 아래 벽이 남아 있는 경우도 있는데, 이러한 구조도 천장석이 없다는 점에서 광실로 분류한다. 따라서 광실 중에는 목실이나 나무로 뚜껑을 대신한 목개석실(木蓋石室)이 포함될 것이다. 현실 벽과 연도 벽을 돌로 쌓았지만 돌로 천장을 덮지 않았다는 점에서 목개석실은 목실과 석실의 과도기 구조라고 할 수 있다.

이 외에 중국에서는 동실(洞室)이라는 용어도 사용한다. 동실은 석실과 같은 구조이지만 규모가 크지 않은 소형 적석총의 매장부로, 지면에서 떨어져 분구 중간에 있는 적석총의 석실과 구별하여 사용되었다. 그러나 1997년 「통구고묘고분 실측조사보고서」(吉林省文物考古硏究所·集安市博物館, 2002)에서는 석실만 남아 있고, 분구를 확인할 수 없는 경우도 동실묘로 표현하였다. 특히 소형 동실묘 중에는 분구가 훼손되어서 적석총인지 또는 봉토분이었는지 구분이 불분명한 경우가 적지 않다. 이러한 무덤들은 비교적 늦은 시기로 추정되며, 일부는 고구려 멸망 이후에 조성되었을 가능성도 배제할 수 없다.

2) 무덤의 형식

적석총은 분구와 매장부가 지상에 자리하므로 자연적·인위적 변형에 노출되기 쉬운 구조이다. 특히 매장부가 돌로 잘 쌓은 석실이 아닌 경우 분구의 원래 모습을 알기 어렵고, 중·소형 적석총의 대부분은 함몰 구덩이가 있는 돌무지 상태로 남아 있다. 이 때문에 그동안 적석총은 주로 분구 형태를 기준으로 형식을 설정하였지만, 조사가 증가되면서 매장부를 기준으로 형식을 설정하기도 하였다(표1).

중국 연구자들 가운데 분구를 기준으로 분류한 방기동(1985), 이전복(1980)의 형식 가운데 적석묘는 무기단적석묘에 해당되어서 광의의 적석총 또는 적석묘와 구별할 필요가 있다. 표1에서 보는 바와 같이 적석총의 형식은 분구나 매장부 하나만을 기준으로 하거나, 분구와 매장부를 결부시켜 설정되었다. 그러나 적석총의 분구 형태와 매장부 구조가 꼭 일대일로 대응하는 것은 아니어서, 연구자의 분류목적에 따라 적석총은 다양한 기준으로 분류될 수 있다. 다만, 분구 형태와 매장부 구조는 무기단적석총은 목관이나 목곽과 상관성을 보이며, 계단적석총은 목실이나 석실과 상관성을 보인다. 따라서 분구와 매장부 구조를 결부시켜 세분하자면, 적석총의 형식은 무기단목곽(관)적석총, 무기단석실적석총, 기단목곽(관)적석총, 기단목실적석총, 기단석실적석총, 계단목실적석총, 계단(목개)석실적석총 등 7개의 형식으로 나누어 볼 수 있다.

표1 적석총 형식 분류안(강현숙, 2013)

연구자	수혈식 장법			횡혈식 장법			
				횡구식		횡혈식	
주영헌(1962)	무기단적석	기단적석		곽실적석		묘실적석	
정찬영(1973)	강돌돌각담	돌기단, 수혈식		돌기단(연도 표시)		돌칸돌무덤	
손수호(2001)	무기단돌곽	기단돌곽		-	기단돌칸	계단돌칸	돌칸돌무덤
陳大爲(1981)	원구식		계대식적석묘	계대식곽실		계대식석실	봉석석실
張雪岩(1979)	석광적석묘		계대식적석묘	-		방단계제석실묘	-
方起東(1985)	적석묘	기단·방단적석묘	계단적석묘(묘광)	계단적석묘 묘실			-
方起東(1996)	적석석광묘	기단적석석광묘	계단적석석광묘	-		계단적석석실묘	-
方起東·劉振華(1979)	적석석광묘	유단적석석광묘	계단석광분	-	계단적석석실	동실	-
李殿福(1980)	적석묘	방단적석묘	방단계단적석묘			방단계단석실묘	방단봉석석실묘
魏存成(1987)	무단석광묘	방단석광묘	방단계제석광묘			방단계제석실묘	방단석실묘
孫仁杰(1993)	석광적석묘			광실적석묘		적석석실묘	
鄭永振(2003)	무기단석광적석묘	방단석광적석묘	방단계제석광적석묘	-		방단계제석실적석묘	방단석실적석묘
田村晃一(1982)	석곽적석총			연도부석곽		석실적석총	
	방대형분구	(1단) 기단	계단	단장	합장	궁륭상천장 / 석실지상	석실지표
東潮(1995)	무기단석곽 / 방단부원구석곽 / 원구 / 방구	방단석곽	방단계제석곽	방단계제석곽연접	-	방단계제석실	방대형석실
지병목(1987)	수혈식적석총			연도부기단		석실적석	
	무기단	방단	기단	연도무	연도유	기단석실	봉석석실
김용성(2005)	목곽묘(단곽식 / 주부곽식)			목실(단실식, 유부곽식, 유이실식)		석실(단실식, 유이실식)	
	무단원구	무단방대형	방단방대형 / 방단층단	계장계단 / 계단방대 / 계단층단	방단방대 / 방단층단	계단방대 / 계단층단	방단방대 / 방단층단 / 계단층단	지표방대형
여호규(2012)	무기단묘곽	기단묘곽	계단묘곽	방단곽실	계단곽실	계단석실	봉석석실
강현숙(2013)	무기단목곽	기단 목곽	(계단)	기단 / 목곽실, 목개석실	계단 / 석실	기단	계단 / 봉석석실동실

(1) 무기단목곽(관)적석총

적석 분구의 함몰상황으로 미루어 매장부는 하나이고, 주검은 나무로 만든 목관이나 목곽에 안치되었을 것으로 보인다. 따라서 분구와 매장부를 결부시킨다면 무기단목관적석총 또는 무기단목곽적석총으로 부를 수 있다.

무기단 분구는 방형이나 장방형, 또는 원형이나 타원형이지만, 전방후원형, 전원후방형, 사우돌출형 등도 있다. 초산 연무리2호분은 사우돌출형 평면이고, 초산 운평리4-6호분은 전방후원형 평면이다. 초산 운평리4-9호분은 주곽과 부곽이 종렬로 배치된 주부곽식무덤이다.

무기단 분구를 가진 적석총은 고구려 건국 이전부터 축조된 것으로 추정된다(그림4). 중국 전한(前漢)의 화폐가 출토된 장백(長白) 간구자(干溝子)고분군의 적석총은 평면 원형이며, 청동기와 철기가 공반된 집안 오도령구문(五道嶺溝門)고분은 장방형 평면이다. 출토유물로 미루어 두 무덤은 기원전 2세기~기원전 1세기경으로 비정된다. 한편, 환인 망강루고분군의 적석총은 환인 일대 무기단적석총 가운데 최상위에 해당된다. 특히 망강루 4호분과 6호분에서 출토된 금제이식은 부여 노하심중층56호분에서 출토된 것과 유사해서, 두 무덤은 1세기를 전후한 시기에 조성된 것으로 추정된다. 이어 집안 하활룡8호분, 산성하 동대파(東台坡)356호분 순으로 축조되었을 것이다. 가장 늦은 시기에 축조된 것으로는 집안 상활룡2호분을 들 수 있다. 여기에서 출토된 토기는 어깨에 밀집파상선문이 있는 시루로, 밀집파상선문은 4세기 중엽에 유행한 무늬이다. 따라서 무기단목곽(관)적석총은 기원전 2세기경부터 4세기대까지 지속적으로 축조되었을 것이다.

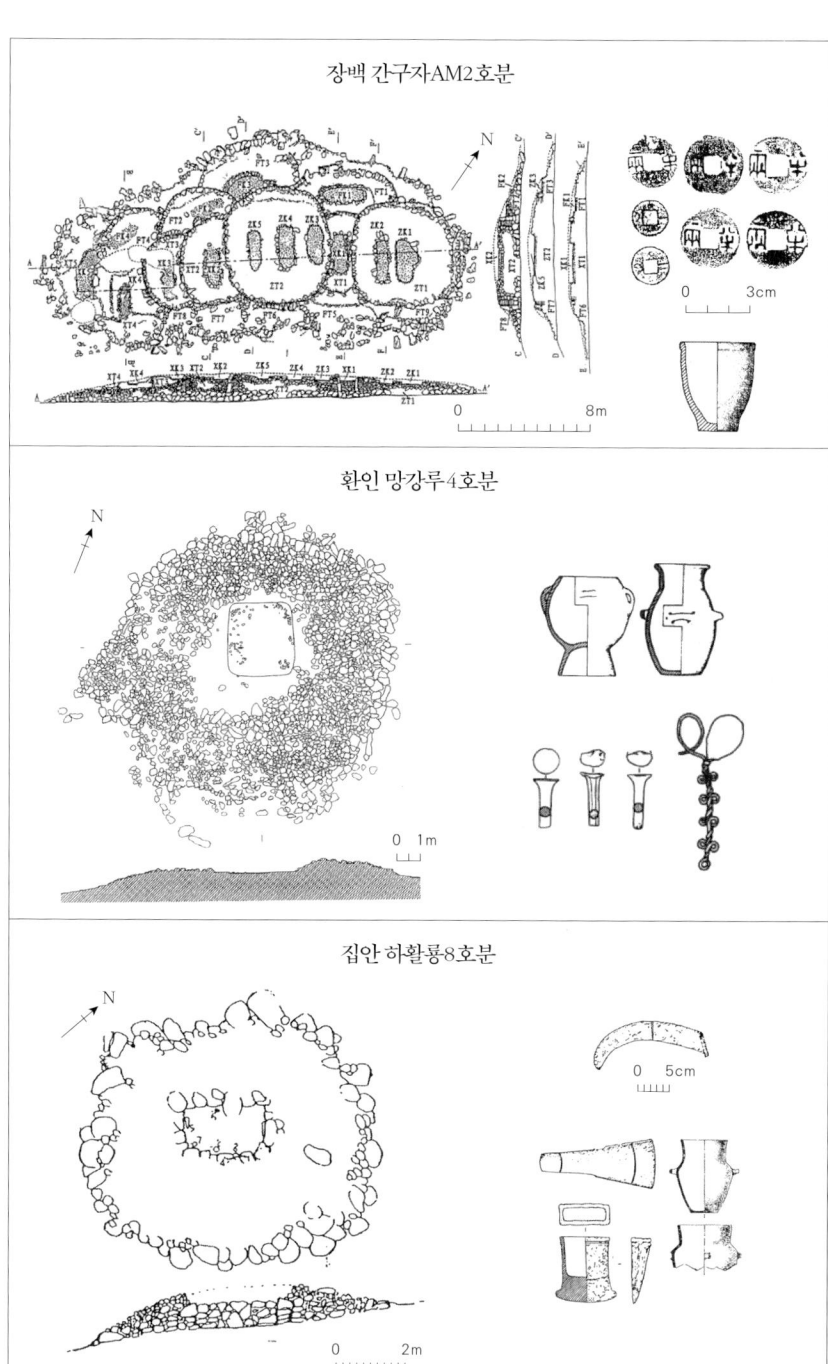

그림4 | 무기단목곽(관)적석총

(2) 무기단석실적석총
(무기단토석혼봉무덤)

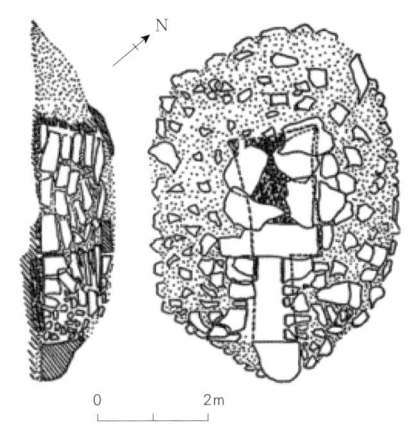

그림5 | 집안 노호초4호분

분구의 적석이 남아 있지 않아서 동실묘로 부르기도 하고, 석실의 잔존상태가 양호하지 않은 채 돌무지 일부만 남아 있기도 하여 봉석묘로 부른다. 훼손된 상태여서 원상을 알 수 없지만 잔존상태만 보면 토석혼봉무덤에 가깝다. 대부분 소형분의 형태로 소형의 봉토분과 함께 군을 이루고 있다.

석실은 횡혈식 구조를 완비했다기보다 커다란 괴석 한두 매 혹은 가공하지 않는 석재를 쌓아서 벽석을 만들고 연도를 냈지만, 연도가 낮고 좁아서 연도를 통한 추가 합장이 가능하지 않다. 집안 노호초(老虎哨) 2호분, 4호분, 5호분 등은 석실 구조가 잘 남아 있는 토석혼봉무덤이다(그림5). 연대를 추정할 만한 자료는 없지만, 횡혈식 장법과 봉토분이 등장한 4세기 이후에 축조되기 시작하여 고구려 멸망 이후에도 존속했을 가능성이 있다.

(3) 기단목곽(관)적석총

가공하지 않았거나 부분 가공한 크고 작은 돌로 방형이나 장방형 평면의 테두리를 만든 후 내부에 작은 돌을 채워 기단을 만들고, 그 위에 목곽 혹은 목제장구를 놓고 돌을 돌리고 덮어 쌓은 무덤이다. 중국에서는 방단적석묘 또는 방단석광적석묘로 부르는데, 조사보고 사례는 많지 않다. 칠성산879호분(孫仁杰·遲勇, 2007)과 칠성산695호분, 집안 양민73호분 등이 이 형식에 해당하는데, 이 중 칠성산879호분은 3세기 말로 비정된다(그림6-1).

(4) 기단목실적석총

기단을 축조한 후 그 위에 목실을 놓고 주위에 돌을 돌리고 덮은 무덤으로, 기단광실적석총으로 불리기도 한다. 목실은 남아 있지 않으나, 목실이 부식됨에 따라서 생긴 함몰 구덩이나 그 주위에서 관못과 꺾쇠, 장막걸이쇠 등이 출토되어서 목실 내에 목관이 있었음을 유추할 수 있다. 집안 우산하68호분, 우산하3241호분, 우산하3232호분, 우산하3296호분 등이 이 형식에 해당된다. 우산하68호분은 출토된 동정(銅鼎)으로 미루어 4세기 중엽을 전후한 시기로 비정된다(그림6-2).

(5) 기단석실적석총

기단을 만들고 상면을 고르게 한 후 그 위에 석실을 만든 무덤으로, 석실은 천장까지 돌로 쌓았다. 통구분지에서는 잘 보존된 기단석실적석총은 보고되지 않았다. 초산 운평리4-10호분은 분구는 길이 13.5m, 폭 9m, 높이 1.45m로 장방형 평면이고, 매장부는 장방형 현실, 오른쪽으로 치우친 연도를 가진 평천장 석실이다. 현실은 길이 250m, 폭 85m, 높이 96~104m, 연도 길이 197m, 폭 65m, 높이 94m이다. 현실의 폭이 좁아서 추가 합장하기에 넉넉한 공간은 아니다(그림6-3).

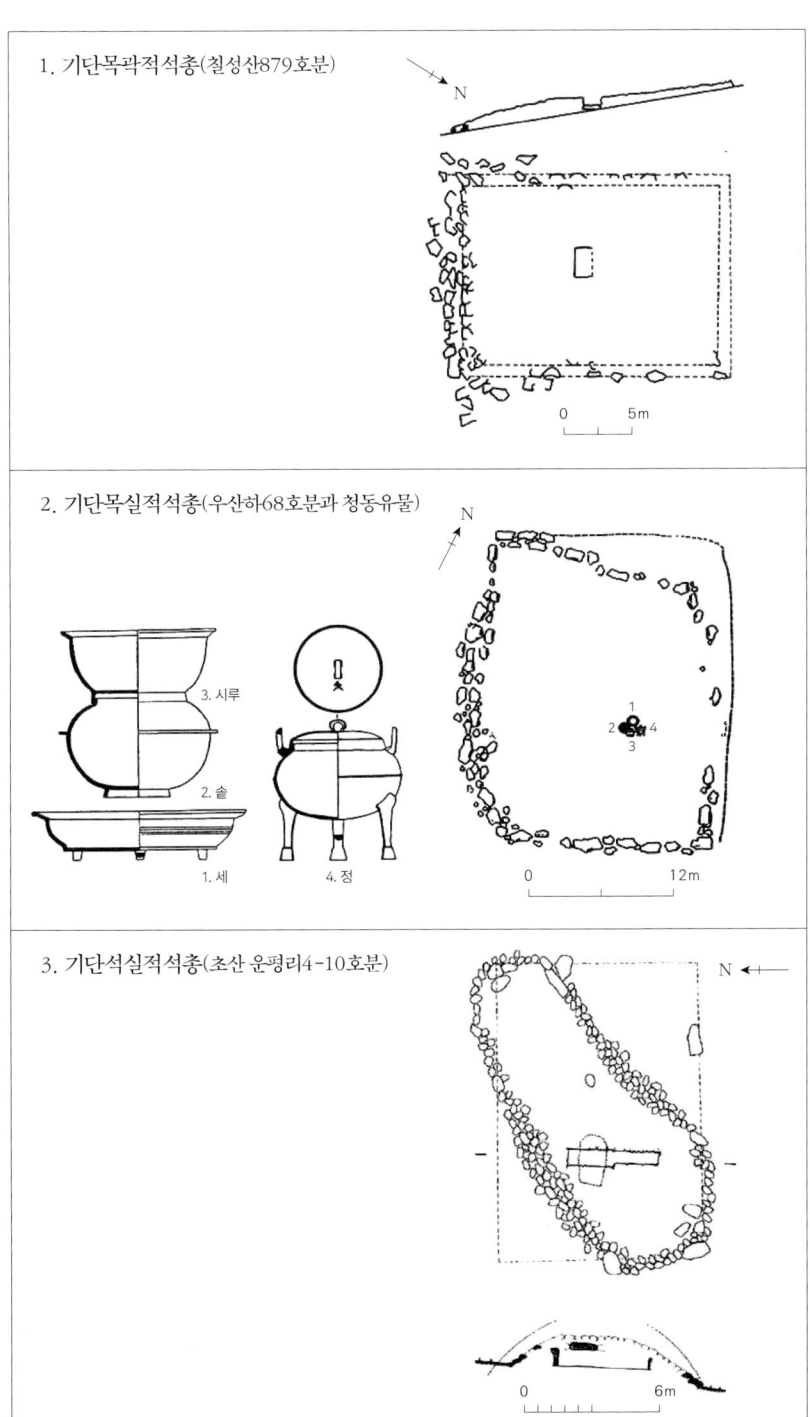

그림6 | 기단적석총의 여러 형식

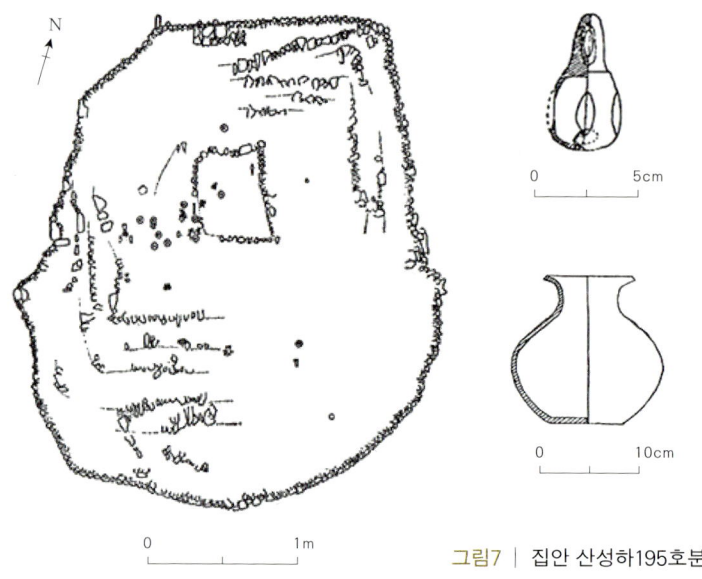

그림7 | 집안 산성하195호분

(6) 계단목실적석총

분구는 전면 가공하거나 부분 가공한 석재를 이용하여 기단을 만든 후 다시 조금씩 들여서 계단상의 층단을 이루었다. 층단은 대개 3~5단이며, 목실은 2~3단에 위치한다. 적석 분구의 무너져 내린 내부 채움돌이나 함몰 구덩이에서 관못이나 꺾쇠, 장막걸이쇠가 출토되어서 주검은 목실 내의 목관에 안치되었을 것으로 추정된다. 이 무덤을 중국에서는 광실적석총으로 부른다.

집안 산성하195호분(그림7)과 우산하249호분, 우산하3148호분, 우산하1340호분, 만보정78호분과 환인 고력묘자15호분 등은 입구시설이 없는 횡구식 목실일 가능성이 크다. 시중 로남리 남파동32호분은 입구를 돌로 표시한 횡구식 목실이다. 집안 산성하195호분에서 출토된 금동제덮개방울이 만보정242-1호분에서 출토된 것과 유사하여

3세기 말이나 4세기 초로 비정되므로, 계단목실적석총은 3세기 말이나 4세기 초에 축조되기 시작하였을 것이다. 계단목실적석총 축조의 하한시기는 만보정78호분에서 출토된 마구와 시유도기가 5세기 전반으로 비정되었으므로 5세기 전반까지 축조되었을 것으로 보인다.

(7) 계단(목개)석실적석총

횡혈식 구조의 매장부를 가진 계단적석총으로, 천장석의 유무에 따라서 목개석실과 석실로 구분된다.

목개석실은 석실의 벽석은 확인되지만 천장석이 확인되지 않아서 목개로 추정되는 것이다. 집안 만보정242-2호분, 우산하2891호분, 우산하3126호분과 우산하3105호분은 목개석실이다. 만보정242-2호분보다 먼저 축조된 만보정242-1호분에서 철제화살주머니와 금동제 덮개방울, 재갈 등이 출토되어서 늦어도 3세기 말이나 4세기 초로 비정되므로, 만보정242-2호분은 이와 비슷하거나 조금 늦게 축조되었을 것이다. 우산하3105호분은 행엽으로 미루어 4세기 전반으로 비정되어서 계단목개석실적석총의 중심시기는 4세기 전반으로 비정된다.

벽과 천장까지 돌로 잘 쌓은 횡혈식 구조를 완비한 석실은 계단적석총에서 가장 많은 비중을 점한다(그림8). 칠성산1096호분의 1, 2호 석실과 환인 고력묘자 1호분과 11호분, 절천장총, 위원 사장리1호분, 만포 문악리1호분, 운산 용호동1호분, 우산하41호분, 그리고 왕릉으로 비정된 바 있는 태왕릉, 장군총 등이 이에 해당한다.

대부분의 계단석실적석총은 1개의 현실와 연도로 이루어진 단칸구조이며, 석실의 상당수에서는 돌로 만든 관대가 두 개 나란히 놓여 있는 것으로 보아 주검이 안치된 목관이 관대 위에 놓였을 것이다. 따라

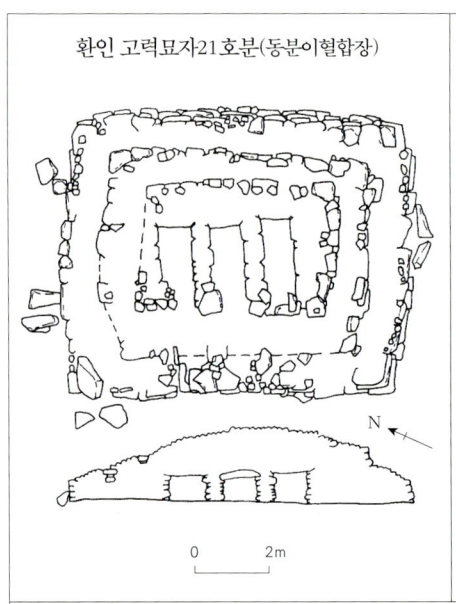

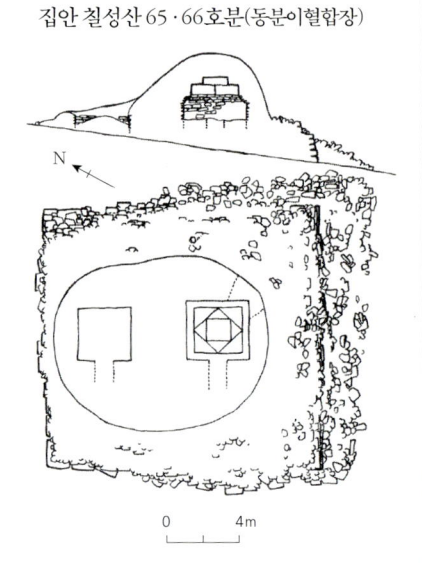

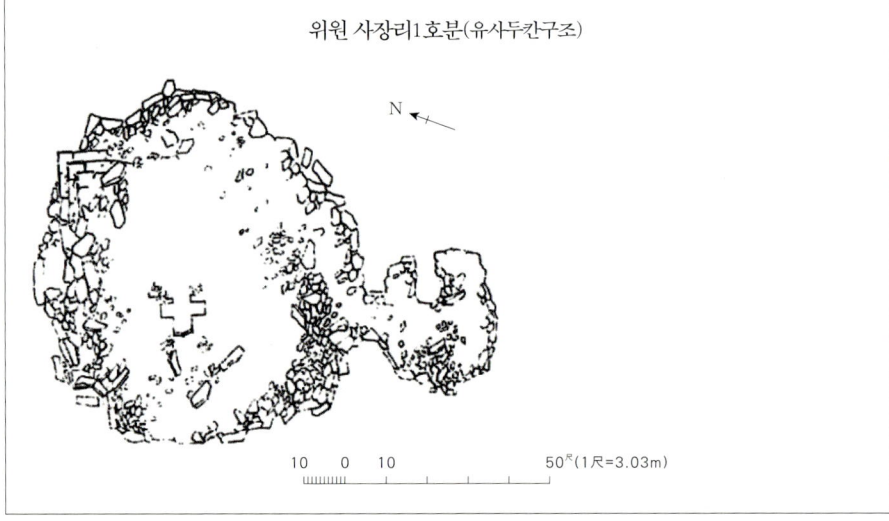

그림8 | 계단(목개)석실적석총

서 석실은 관과 실의 2중 구조 매장부이다. 한편, 태왕릉에서는 관, 곽, 실의 3중 구조가 확인된다. 태왕릉의 석실 내부에는 맞배지붕 형태로 돌을 짜 맞춘 가형석곽이 있고, 석곽 내부에는 돌로 만든 관대 2개가 나란히 있고, 그 위에 목관이 놓였을 것이다. 따라서 태왕릉은 목관, 가형석곽, 석실의 3중 구조임을 알 수 있다. 천추총은 석실이 남아 있지 않지만, 적석 분구의 상부에서 태왕릉의 가형석곽 부재와 같은 재질과 형태의 석재가 출토되어서 태왕릉과 같은 가형석곽으로 추정된다. 따라서 천추총의 매장부도 목관, 가형석곽, 석실의 3중 구조로 추정된다. 이 외에도 드물지만 연도 좌우에 서로 대칭되도록 측실이 있어서 마치 현실 외에 방이 하나 더 있는 것처럼 보이는 유사두칸구조도 있다. 이 구조로는 위원 사장리1호분과 절천장총 외에도 우산하540호분 등 대형 계단적석총에서 확인되며, 절천장총 내부에서 벽화편이 확인되어서 벽화가 그려진 적석총임이 확인되었다.

한편, 계단석실적석총 중에는 추가 합장이 가능한 구조임에도 하나의 분구 내에 여러 개의 매장부가 있는 동분이혈(同墳異穴)의 석실적석총도 있다. 동분이혈 석실적석총 중에는 현실의 폭이 좁아서 실질적인 합장이 가능하지 않는 경우도 있지만, 합장이 가능한 구조의 석실이 함께 있는 경우도 있어서 여러 차례에 걸쳐 합장했음을 보여준다. 환인 고력묘자21호분은 추가 합장이 가능하지 않는 동분이혈무덤이며, 집안 칠성산65·66호분은 추가 합장이 가능한 현실이 복수로 있는 다장무덤이다. 동분이혈 석실적석총은 왕릉급 초대형분에서는 확인되지 않는다.

계단석실적석총은 칠성산1096호분 2호 석실에서 출토된 마구와 청동제 초두와 정으로 미루어 4세기 중엽으로 비정된다. 권운문과 연화문 와당이 출토된 천추총은 4세기 말로 추정되며, 태왕릉은 5세기 초로, 벽화가 있는 우산하41호분은 5세기 후엽으로 비정되어서 4세기 중엽에서 5세기대가 계단석실적석총의 중심시기이다.

2. 적석총의 기원과 변천 과정

1) 기원

〈광개토왕릉비〉와 함께 태왕릉, 장군총 등의 거대한 계단적석총이 알려지면서 일제강점기에서는 적석총을 거석문화의 하나로 인식하였다. 당시 생각하는 거석문화는 유럽의 스톤헨지나 이집트의 피라미드로, 높고 큰 적석총도 거석문화의 하나로 이해하였다. 따라서 장군총과 같은 거대한 적석총을 동방의 금자탑으로 불렀지만, 정작 중국이나 유라시아 등 북방의 여러 지역에서는 적석총과 같은 묘제가 확인되지 않았다. 따라서 당시의 전파론적 시각에서 적석총의 기원을 구체적으로 설명할 수 없었다.

적석총의 기원에 관한 구체적인 견해는 북한과 중국이 합동으로 실시한 중국 동북지방의 고고학 조사가 계기가 되었다. 당시 요동반도 남단의 강상과 누상 두 곳에서 비파형동검이 부장된 청동기시대의 적석묘가 조사되었다. 두 적석묘는 구조와 장법에서 고구려 적석총과 공통점이 있어서 적석총의 기원으로 주목하였다.

현재까지도 적석총의 기원에 대한 가장 우세한 견해는 중국 요동반도 남단의 청동기시대 적석묘에서 적석총이 기원하였다는 단선론이다.

요동반도 남단의 여순-대련 지구는 신석기시대 말에 적석묘가 출현하기 시작하여 청동기시대에 지속적으로 적석묘가 시간적 선후관계를 갖고 축조된 곳으로, 선사시대 적석묘가 집중되어 있다는 점에서 요동의 여타 지역과 구별된다. 구조적으로도 요동반도 남단의 청동기시대 적석묘는 여러 기의 무덤으로 이루어진 집단무덤이며, 주검은 지상에 놓이고 돌을 덮어 매장을 마감한 무덤이라는 점에서 고구려 적석총과 유사하다. 특히 매장한 후 무덤에서 행해진 화장이 요동반도의 청동기시대 적석묘와 고구려 초기 적석총에서 관찰되어서 장법에서의 특징도 공유한다. 이런 이유로 요동반도 남단에 위치한 청동기시대 적석묘의 연장선에서 고구려 적석총을 이해하고 있으며, 요동반도 남단의 적석묘를 고조선의 묘제로 보고 있는 북한에서는 고구려가 고조선의 묘제를 계승한 것으로 해석한다(정찬영, 1967).

그러나 중국 요동반도 남단의 청동기시대 적석묘에서 고구려 적석총이 기원하였다는 입장은 몇 가지 해결해야 할 문제를 갖고 있다. 중국 요동반도의 청동기시대 무덤은 적석묘와 석붕(북방식 지석묘), 그리고 석개묘(개석식 지석묘)가 있는데, 서북한의 지석묘는 요동반도의 석붕과 같은 무덤 형식이다. 중국 요동반도의 적석묘는 석붕이나 석개묘와 달리 제한된 범위에서만 확인된다. 따라서 분포지역을 달리하는 석붕과 석개묘를 포함하여 요동 지역 청동기시대의 여러 무덤 형식 사이의 관계를 설명할 수 있어야 한다. 아울러 요동반도 남단의 적석묘와 압록강 중하류 유역의 고구려 적석총 사이 지역에서 청동기시대 적석묘에 후속하는 고구려 이전의 적석묘가 발견되어야 한다. 그렇지 않으면 청동기시대 적석묘와 고구려 적석총 사이의 300~400년 이상의 시간 공백이 설명되지 않는다.

이후 환인과 혼강 유역의 조사성과에 따라서 고구려 적석총을 혼강 유역과 압록강 중하류 유역을 나누어 각각의 기원을 설명한(李新全, 2009) 다선론도 등장하였다. 즉, 압록강 중하류 유역에서 현재 가장 이른 시기로 비정되는 장백 간구자고분군의 적석총이 요동반도의 청동기시대 적석묘에서 연원하였고, 이 적석총이 고구려의 압록강 중하류 유역 적석총과 연결된다는 것이다. 한편, 혼강 유역의 환인 일대 고구려 적석총은 석개석광적석묘와 연결된다고 보았다. 석개석광적석묘는 요동반도 남단의 청동기시대 적석묘의 영향을 받은 석개묘가 석개석광적석묘로 발전하였고, 석개석광적석묘에서 덮개돌이 사라지면서 환인 일대의 무기단석광적석묘가 출현하였다고 보고, 그 예로 환인 망강루 고분군의 적석총을 들었다. 환인 일대의 경우 시간적인 공백이 조금 줄어들기는 했지만, 여전히 공간적으로는 납득할 만한 설명을 되지 못한다. 간구자는 압록강 상류 유역에 자리하고 있는 반면, 압록강 중하류 유역에서는 아직 간구자와 같은 적석총이 확인되지 않았기 때문이다. 한편, 다선론은 아니지만 환인 지역의 풍가보자유적 석개적석묘와 고구려 초기 적석총을 연결지으려는 견해도 있다(오강원, 2012). 결국 혼강 유역의 고구려 초기 무기단석광적석총은 청동기시대 적석묘와 석개묘가 결합하여 석개석광적석묘가 되고 석개석광적석묘는 무기단석광적석묘가 되었다는 것이다.

이 외에 예계와 맥계의 무덤이 복합적으로 작용하여 고구려 적석총으로 발전하였다는 견해도 있다. 이는 통화 만발발자유적의 대석개묘, 석개적석묘, 토광석곽묘, 석관묘에서 관찰된 화장에 근거한 것이다(王綿厚, 2005). 춘추전국시대 다인합장의 토갱묘와 토갱석곽묘, 토갱석곽석관묘는 서단산문화의 영향을 받은 예계 문화이며, 전국시대 말에서 전한 초를 거치면서 출현한 화장을 한 대개석묘, 대개석적석묘와 적석묘는 맥계의 무덤으로 보아서, 고구려 적석총은 맥계 묘제와 예계의 요소가 결합하면서 자체 발전하였다는 것이다. 그리고 대개석적석묘는 대개석묘와 고구려 적석총의 과도기 묘제로 설명하였다.

이러한 단선론이나 다선론 또는 예계와 맥계의 결합설 등 고구려 적석총의 기원을 보는 여러 해석은 결국 그 연원을 거슬러 올라가면 청동기시대 요동 지역의 무덤과 요동반도 남단의 적석묘로 연결된다. 그럼에도 청동기시대 요동반도를 포함한 요동 지역의 청동기시대 무덤들과의 관계가 구체적으로 설명되지 않고 있다. 따라서 현재까지 논의된 고구려 적석총의 기원에 대한 여러 입장(그림9)은 아직 가설 수준에서 크게 벗어나지 못했다고 할 수 있다. 다만, 고구려 초기 영역인 환인, 신빈 일대의 풍가보자(馮家堡子), 대전자(大甸子) 외에 무순 등지에서도 적석석개묘가 조사되고 있어서, 요동반도 남단과 고구려 사이의 공백을 해결해줄 수 있는지 신중하게 접근할 필요가 있다. 무엇보다도 적석총의 기원은 고구려 족속과 결부된 문제이므로, 객관적이고 구체적인 논증 과정을 거쳐야 한다.

2) 변천 과정

적석총이 언제, 어느 곳에서 출현하여 어떠한 과정을 거쳐 고구려의 중심 묘제로 자리했는지에 대해서는 아직 구체적으로 설명하기 어렵다. 하지만 장백, 환인, 집안과 초산, 만포 등지의 무기단적석총을 볼 때 적석총은 기원전 2세기를 경과하면서 혼강과 압록강 본류의 중하류 유역과 그 지류 유역을 중심으로 축조되기 시작했다고 할 수 있다.

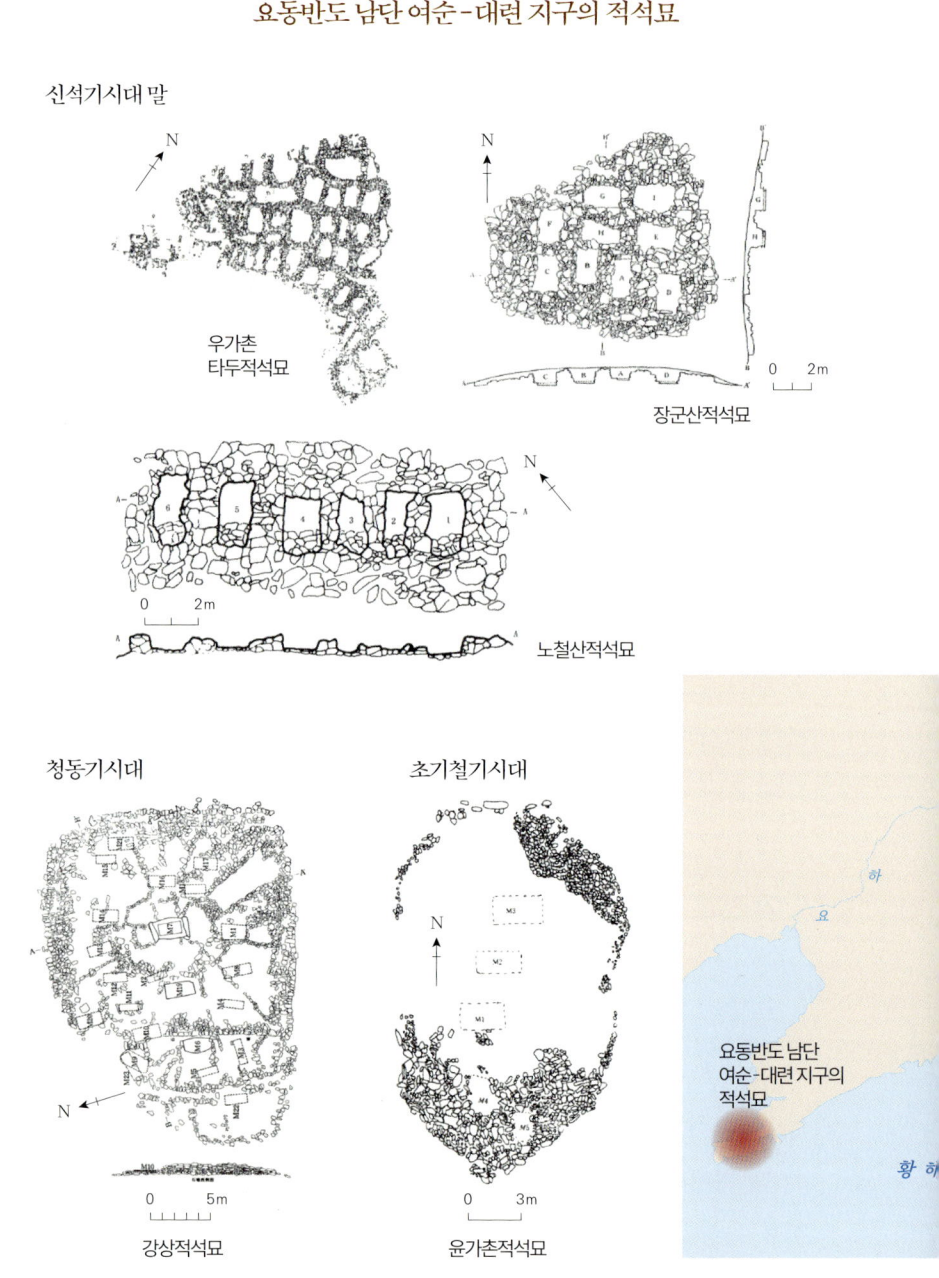

그림9 | 적석총의 기원과 관련된 여러 무덤(ⓒ강현숙)

고구려 적석총

혼하 유역

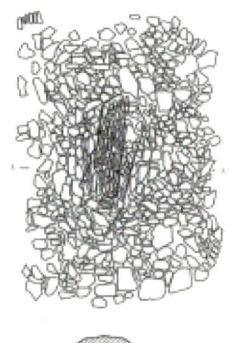

무순 산용5호분

혼강 유역

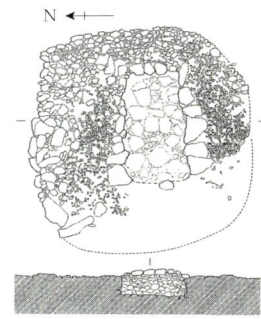

환인 풍가보자4호분
(석개적석석광묘)

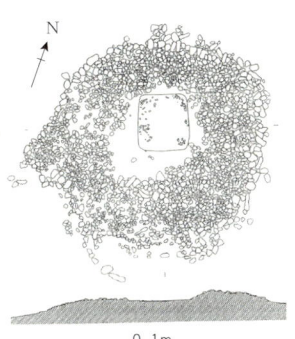

환인 망강루4호분
(석광적석총)

압록강 유역

고구려 적석총

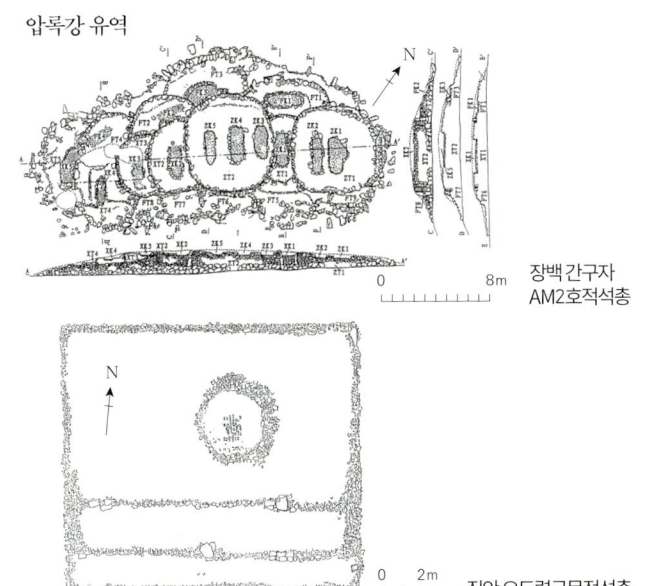

장백 간구자 AM2호적석총

집안 오도령구문적석총

그리고 적석총은 고구려의 성장과 발전, 새로운 장법의 수용 등 사회 변화와 함께 돌을 다루고 쌓는 기술의 발전에 따라서 높고 크게 축조되었다. 4~5세기대의 높고 큰 계단식적석총을 정점으로 평양 천도 이후에는 잘 쌓은 높고 큰 계단식적석총이 차츰 줄어든다. 그러다 6세기 이후가 되면 높고 큰 계단식적석총은 더 이상 축조되지 않고 압록강 중하류 유역 일부 지역에서 봉토분과 함께 등장하는데, 이때의 적석총은 무기단의 소형분으로 고구려 멸망 이후까지 지속적으로 축조된다. 따라서 적석총은 700여 년을 넘는 고구려의 역사와 함께하였다고 할 수 있다.

　고구려의 긴 역사 속에서 적석총은 높고 크게 축조하는 방향으로 전개되어 갔다. 분구는 무기단식에서 기단식으로 축조되면서 방형 평면으로 분구 형태에서의 정형성을 갖추었고, 다시 계단식이 축조되면서 높고 큰 거대한 분구 축조가 가능하게 되었다. 따라서 분구는 계단식, 기단식, 무기단식 순으로 위계 분화를 보여준다. 한편, 대형분은 계장식에서 계단식으로 변화해서 계단식적석총이 가장 발달된 형태이자 가장 상위의 무덤 형태라고 할 수 있다. 이처럼 적석총의 분구 형태는 사회 내 분화 정도를 드러내어 보여준다. 매장부 구조는 1인이 안치되어 매장이 마감되는 수혈식 장법에서 시차를 두고 2인 이상이 추가로 안치되는 횡혈식 장법으로 변화함에 따라 목관(곽)에서 목실, 목개석실, 석실 등으로 변화하였다(그림10). 돌을 다듬고 쌓은 기술의 발전과 수혈식에서 횡혈식으로의 매장방식 변화를 기준으로 볼 때 적석총은 대략 세 단계의 변천 과정을 거친 것으로 볼 수 있다.

　Ⅰ단계는 적석총이 출현하여 고구려 적석총이 성립하는 과정이라고 할 수 있다. 이 단계는 혼강과 압록강 중하류와 그 지류 유역에서 적석

총이 축조되기 시작하는 기원전 2세기경부터 3세기까지의 긴 기간이다. 목관이나 목곽에 주검 1인이 안치되며, 분구는 무기단과 기단 그리고 대형분의 경우 계장식으로 축조되었다. 이때의 무덤을 중국에서는 석광적석총으로 부르거나 적석묘로 부른다. 이 단계는 무기단적석총만 축조되었던 시기와 기단적석총이 축조되면서 무기단과 기단적석총이 병존하는 두 시기로 나눌 수 있고, 계장식은 I단계 전 기간에 걸쳐 축조되었다.

I단계는 다시 크게 두 단계로 나눌 수 있다. 전반은 가공하지 않은 돌로 쌓은 무기단적석총이 중심이 되는데, 기원을 전후한 시기가 되면서부터는 무덤을 높고 크게 쌓기 위해서 울타리 쌓듯이 계장식으로 축조한 계장식적석총이 축조되면서 무기단적석총과 병존한다. 계장식무기단적석총을 대표하는 것은 환인 망강루 4호분과 6호분이다. 여기에서 출토된 금제귀걸이와 이전(耳瑱) 등 부장품으로 볼 때 기원을 즈음하여 무기단적석총은 피장자의 사회적 지위에 따라서 무기단과 계장식으로 분화되었음을 추정할 수 있다.

I단계의 후반은 기단적석총이 출현한 시기로 생각하지만, 현재 보고된 자료로 기단적석총의 출현 시기를 확정하기는 어렵다. 다만, 중국에서는 기단적석총이 늦어도 후한 초인 1세기경에는 출현한 것으로 보고 있다(魏存成, 1994). 이 기간 중에 방형 평면으로 정형성을 가진 기단적석총이 축조되면서 무기단, 계장식, 기단 적석총이 병존하며, 최상위 무덤은 계장식으로 축조한 무기단적석총이다. 중국의 보고서(吉林省文物考古研究所·集安市博物館, 2004)에 의하면, 집안 통구분지의 마선구2378호분, 마선구626호분, 칠성산871호분 등은 2세기경부터 3세기까지의 고구려 왕릉급 초대형분으로 보고 있다.

구분	I. 출현·성립기	
	1세기	2세기
무기단적석총	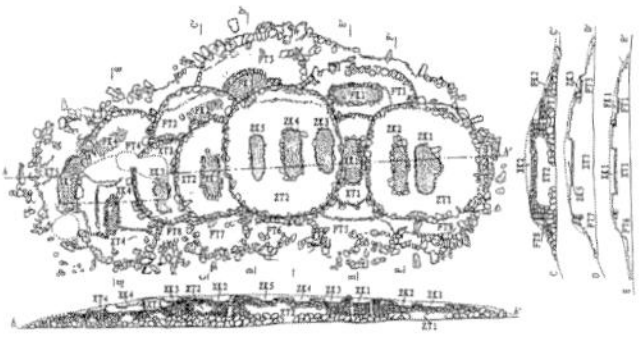 장백 간구자AM2호분 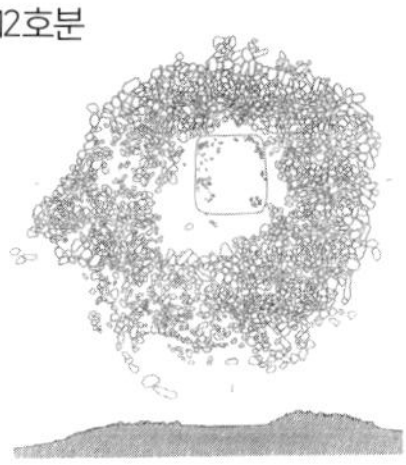	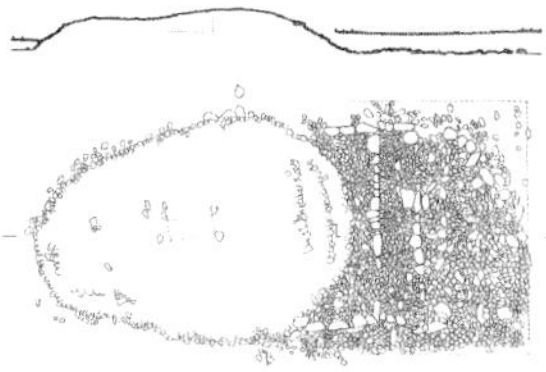 환인 망강루4호분 / 초산 운평리4-6호분 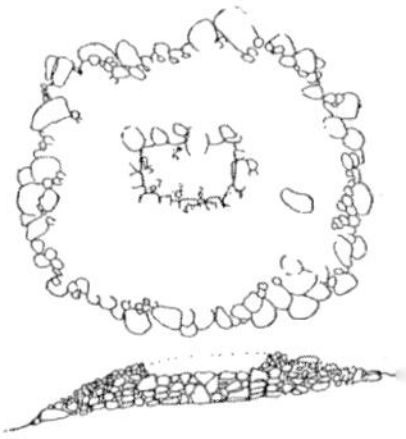 / 집안 하활룡8호분
기단적석총		 집안 하활룡
계단적석총		수혈식 적석총(목관, 목곽)

그림10 | 고구려 적석총의 변천 과정(강현숙 외, 2020)

	II. 성행기		III. 쇠퇴기
	4세기	5세기	6세기

동대파356호분(계장식)　집안 상활룡2호분

집안 칠성산879호분　초산 운평리4-10호분　환인 고력묘자31호분

집안 우산하1340호분(목곽)　집안 상활룡5호분

집안 우산하2112호분　절천장총(벽화분)　집안 우산하41호분(벽화분)

횡혈식 적석총(목실, 석실, 전석혼축실)

Ⅱ단계는 적석총이 크게 유행하였던 중심시기는 4~5세기대로, 이 시기의 특징은 계단식 분구와 횡혈식 장법의 매장부이다. 돌을 다듬고 쌓는 기술이 발전함에 따라서 가공한 석재를 이용하여 높고 큰 규모의 계단식 축조가 가능하게 되었고, 횡혈식 장법의 수용에 따라서 매장부는 추가 합장이 가능하도록 목곽은 규모가 커진 목실로 바뀌며, 목실은 목개석실을 거쳐 석실로 변화한다. 따라서 이 시기는 최상위 무덤의 구조 변화에 따라서 두 시기로 나누어 볼 수 있다.

전반은 3세기 말부터 4세기 전반까지의 기간이다. 적석총은 기술의 발전에 따라서 부분 가공한 석재를 이용하여 높고 크게 분구를 쌓게 되었다. 따라서 분구는 계장식에서 방형 평면의 계단상으로 정형화된 모습이 완성되었다. 적석총의 매장부는 횡혈식 장법의 수용 정도에 따라서 목실, 목개석실이 병존하며, 최상위 무덤은 계단목실적석총이다. 계단목실적석총으로는 임강총, 우산하2110호분과 서대총, 우산하992호분 등이 대표적이며, 이 무덤들은 국내성시기의 왕릉급 무덤으로 비정된다. 임강총은 3세기 말, 서대총은 4세기 초이며, 우산하992호분은 4세기 전반으로 비정된다.

Ⅱ단계의 후반은 4세기 후반에서 5세기대에 걸친 시기이다. 횡혈식 매장부에 봉토 분구, 묘실 벽화 등 새로운 요소가 더해지면서 여러 형태의 무덤이 병존하며, 중앙과 지방의 무덤 형식도 차이를 보이기도 한다. 4세기 중엽 국내도성의 계단적석총 중에는 목개석실도 있고, 우산하3319호분처럼 전석혼축실의 계단적석총도 있다. 석실의 구조와 매장방식도 다양해서 칠성산1096호분은 하나의 분구에 세 기의 매장부가 있는 동분이혈의 계단석실적석총이며, 우산하3319호분, 절천장총, 위원 사장리1호분은 현실 중앙과 외부를 연결시켜 주는 통로(연도)

양쪽 벽에 작은 측실이 대칭되도록 있어서 마친 현실 앞으로 방이 하나 더 있는 것처럼 보이는 유사두칸구조이다. 유사두칸구조의 우산하 3319호분과 절천장총에서는 묘실 벽화도 검출되었다. 매장부는 천추총과 태왕릉은 목곽, 석곽, 석실의 3중 구조이며, 장군총은 석실 내에 목관이 놓이는 관, 실의 2중 구조이다. 한편, 평안북도 운산 용호동에서도 대형 계단식적석총이 자리하며(강현숙, 2020), 평양 대성산성 부근에서도 평양 천도 이전에 기단식이나 계단식 적석총이 축조되었다. 따라서 II단계의 후반은 다양한 형식의 적석총이 넓은 지역에서 축조된 최성기라고 할 수 있다.

III단계는 6세기 이후로 적석총의 쇠퇴기라고 할 수 있다. 특히 국내도성시기 최상위 신분의 무덤 형식이었던 계단석실적석총이 더 이상 축조되지 않는다. 평양도성 일대에서도 6세기대의 적석총은 확인되지 않으며 압록강 중하류 유역의 일부 지역을 제외하고는 적석총이 더 이상 축조되지 않는다. 오직 압록강 중하류 유역을 중심으로 한 일부 지역에서만 적석총이 축조된다. 이 일대는 고구려의 출발지라고 할 수 있는 곳으로, 많은 수는 아니지만 무기단석실적석총이 동실묘, 봉석묘, 토석혼봉묘의 형태로 고구려 멸망 이후까지도 축조되었다.

3. 적석총의 입지와 분포

고구려 적석총은 압록강 중하류와 그 지류에 형성된 강변의 평탄한 곳에 모여 있기도 하고, 강변에 임한 구릉의 사면에 모여 있기도 하다. 강변의 평탄한 곳에 모여 있는 적석총은 강의 흐름과 나란히 줄지어 분포하며, 구릉 사면에 모여 있는 적석총은 구릉을 따라서 내려오면서 열지어 분포한다. 이러한 분포 양상은 모두 의도적으로 입지를 선정한 결과라도 할 수 있다.

한편, 무리를 이루는 적석총들은 하나의 무덤에 한 사람이 묻힌 단독분도 있지만, 단독분이 분구의 한 변과 잇대어 있는 연접무덤도 있고, 하나의 분구에 매장부가 여러 기 있는 집단무덤 형태도 있다. 이렇게 여러 양상의 무덤이 줄지어 분포하여 무리를 이루는 적석총의 수나 개개 적석총의 규모와 무덤 형식 등을 통해서 적석총 축조 집단을 상정해 볼 수도 있다. 따라서 적석총의 입지와 분포는 축조 집단의 의도가 반영된 사회적 현상이라고 할 수 있다.

1) 입지의 특징

고구려 적석총은 대부분 강변 대지나 평탄화된 대지 혹은 급하지 않은 구릉 사면에 모여 있다. 공간 활용이라는 관점에서 볼 때 혼강과 압록강 중하류와 그 지류 유역 양안에 분포하는 적석총의 이러한 입지는 고분을 조성할 당시부터 생활역과 묘역을 분리하고자 한 의도에서 결정된 사회적 행위라고 할 수 있다.

구릉 사면에 자리하는 산지 입지는 산 정상부에 자리하는 경우와 급하지 않는 기슭의 사면에 자리하는 경우가 있다. 환인 망강루고분군의 적석총은 산 정상부에서 사면을 따라 6기가 열지어 자리한다. 혼강이 지나가는 환인과 통화 일대의 적석총이나 압록강 중하류 유역 양안과 지류 유역에 모여 있는 적석총은 대개 평탄지에 자리한다. 장백 간구자고분군의 적석총, 집안 태평구와 유수림하 유역 고력묘자고분군의 적석총, 초산, 만포, 위원 등지의 적석총이 강변 대지에 자리한다.

평지에 조성된 고분군은 적석총끼리 모여 있기도 하지만, 일부는 봉토분과 함께 있다. 가령, 압록강 이북의 집안 상활룡촌과 하활룡촌의 고분군이나 유수림하 유역의 집안 대고력묘자, 소고력묘자 고분군은 평지에 적석총과 봉토분이 함께 자리하며, 적석총과 봉토분 사이에 묘역의 분리나 분포에서의 정형성이 두드러지지 않는다.

가장 많은 적석총이 분포하는 집안 통구분지의 경우 적석총 무리는 경사가 완만해지기 시작하는 산 중턱에서부터 기슭의 사면을 따라 내려오면서 평지와 연결된다. 산 중턱이 시작되는 곳에는 무기단적석총의 비중이 크고, 내려오면서 기단적석총, 계단적석총의 비중이 증가하며, 구릉의 끝자락에는 적석총 사이에 봉토분이 자리한다. 초대형 적석총의 형식 변화에 비추어볼 때 초대형 적석총은 산 정상부에서 사면을 따라 내려오고 있다. 4세기 말에서 5세기를 경과하면서 대형 계단적석총은 평탄한 대지나 평탄화된 구릉 끝자락에 분포한다. 특히 환도산성 동벽 아래 통구하변의 평탄지에 대형 계단적석총과 석실봉토벽화분이 함께 모여 있어서 귀족묘역으로 해석되기도 한다.

이처럼 집안 통구고분군의 적석총은 산지에서 평지로의 일정한 질서를 갖고 축조되어서 5세기대까지는 입지 선정에서 의도적 질서가 있었음을 보여준다. 이러한 무덤 조성에서의 질서는 지방의 고분군에서도 확인된다. 가령, 환인 고력묘자고분군, 임강 동전자고분군과 집안 장천고분군이 그 예이다. 특히 장천고분군은 통구분지에서 벗어난 대형 계단적석총과 석실봉토벽화분이 함께 있는 대규모 고분군으로, 간구천 계곡을 따라 백여 기의 적석총이 모여 있다. 그중 산 중턱이나 정상 가까이에는 대형 계단석실적석총이 자리한다.

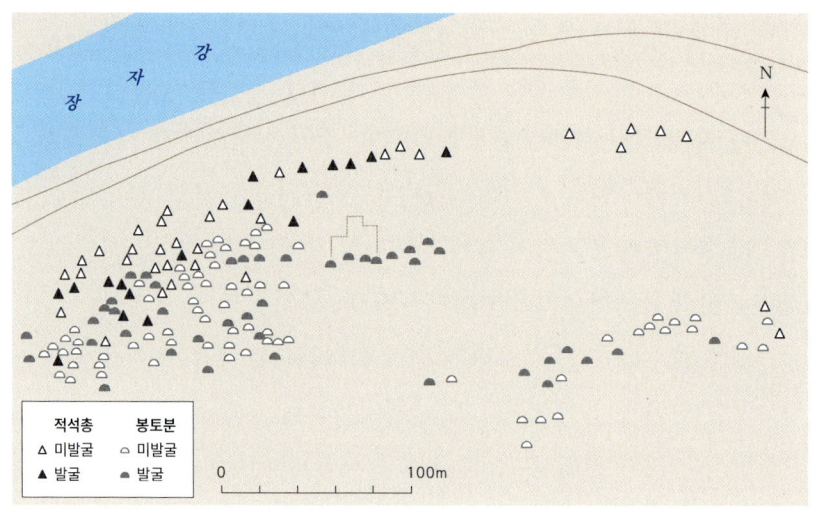

그림11 | 장자강(독로강) 유역 로남리 남파동고분군의 고분 분포양상

    한편, 압록강을 사이에 두고 북한에 있는 압록강 중하류와 지류 유역의 고분군들은 강변 대지에 적석총이 줄지어 자리하고, 강변에서 산기슭 쪽으로 들어가면서 봉토분의 비중이 커지는 경향을 보인다(그림11). 마찬가지로 압록강 이남 지역에서도 입지를 달리하면서 적석총과 봉토분이 무리를 이루고 있어서 장기간에 걸쳐 커다란 변화 없이 무덤이 조성되었음을 알 수 있다.

    이처럼 모여 있는 많은 적석총이 입지 선정에서 일정한 방향성을 갖고 지속적으로 축조되었다는 것은 적석총 축조 집단의 안정적이고도 지속적인 성장을 시사한다. 적석총의 개체 수와 집단의 인구 규모가 비례함을 고려해볼 때 구릉에서 평지로 이어지는 의도적이고 연속적인 적석총 입지 선정은 고분군 가까이에 대규모 집단의 존재를 상정할 수 있으므로, 특히 왕도 주변의 대규모 고분군은 주요 거점지였을 것이다.

2) 분포양상

적석총의 분포 범위는 동쪽으로 중국 길림성 장백, 서쪽으로 요령성 관전, 북쪽으로 혼강 유역의 환인과 통화 일대에 이르며, 북한의 조사에 따르면 장수산성이 있는 황해도 신원유적에서도 적석총이 확인되었다고 하므로 남쪽으로 황해도 일대까지 넓은 범위에 걸쳐 있다고 볼 수 있다(그림12). 그 가운데 적석총의 최대 밀집지역은 중국 길림성 집안의 통구분지여서 적석총이 국내성시기를 대표하는 무덤임을 잘 보여준다.

집안 통구분지의 고분군은 서쪽에서 동쪽으로 가면서 마선구고분군, 칠성산고분군, 만보정고분군, 산성하고분군, 우산하고분군, 하해방고분군 등 6개의 고분구역으로 나뉘며(그림13), 그 가운데 적석총은 하해방고분군을 제외한 모든 구역에서 확인된다.

적석총은 산기슭의 사면을 따라 줄지어 내려오면서 축조되거나 줄에서 갈라져 내려오면서 축조된다. 내려오면서 무기단적석총보다는 기단적석총이, 기단적석총보다는 계단적석총의 비중이 커지는 변화를 보인다. 환도산성 동벽 아래에는 대형 계단적석총과 봉토분, 벽화분이 모여 있어서 중국에서는 이를 귀족묘역으로 해석하였고, 현재 세계유산으로 등재되어 있다(사진1). 반면, 초대형 적석총은 국내성을 중심으로 5~7km 단독으로 자리해서 도성의 경관을 구성하기도 한다.

통구분지와 비슷한 분포양상을 보이는 고분군으로는 환인 고력묘자고분군을 들 수 있다. 현재는 환인댐에 수몰되었지만, 혼강변의 대지에서 산기슭에 이르는 범위에서 적석총과 봉토분이 확인되었고, 그중에는 열상으로 분지되어 가는 모습을 보여준다.

그림12 | 고구려 적석총의 분포(ⓒ최종택)

사진1 | 환도산성 동벽 아래 산성하고분군(ⓒ최종택)

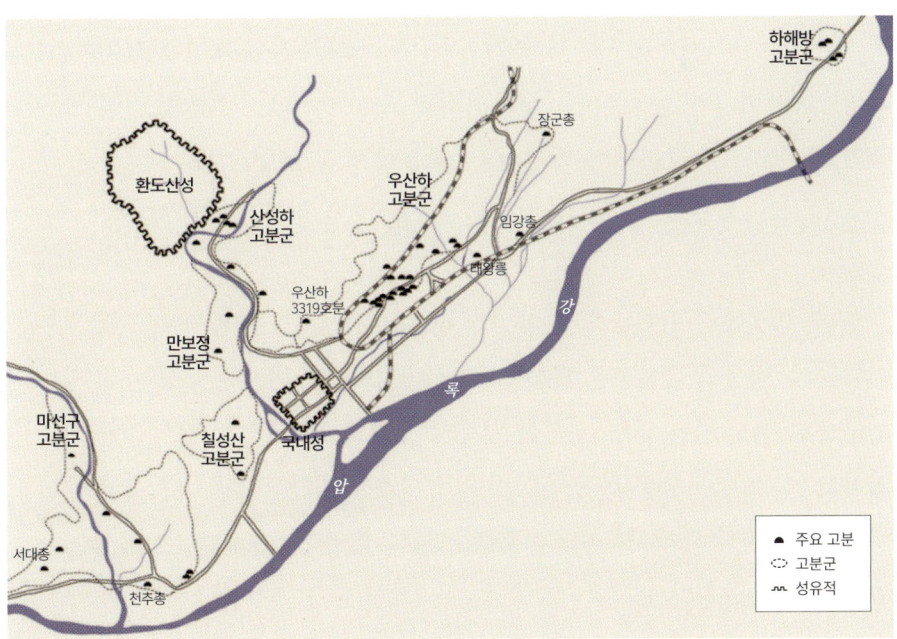

그림13 | 통구분지의 고분과 주요 적석총(ⓒ강현숙)

집안 장천고분군이나 임강 동전자고분군도 비슷한 양상을 보이며, 특히 집안 장천고분군에서는 대형 계단석실적석총과 석실봉토벽화분 그리고 중·소형의 기단적석총이 입지를 달리하며 조성되어서 통구분지 밖의 최대 고분군이라고 할 수 있다. 압록강 중류 유역에서는 임강 동전자고분군이 산기슭에서 내려오면서 기단적석총과 계단적석총이 연접하거나 열지어 분포하고, 평탄화된 대지는 대형 계단석들로 미루어 계단적석총이 있었을 것으로 추정되어서 압록강 중류 유역의 최대 고분군이라고 할 수 있다.

이와 달리 혼강 유역의 환인 망강루고분군은 무기단적석총 6기가 구릉을 따라 줄지어 분포한다. 그중 망강루 4호분과 6호분에서 출토된 금제이식(張福有, 2007)은 중국 길림성 노하심유적 중층 56호 목곽묘에서 출토된 것과 유사해서 고구려 초기를 대표하는 상위 무덤군이다.

집안 호자구(蒿子溝)고분군은 초대형 적석총 가운데 가장 동쪽에 위치하며, 현재 6기가 확인, 보고되었다. 호자구고분군의 가장 서쪽에 단독 위치하는 호자구1호분의 적석 분구에서는 기와와 불에 녹은 돌들이 섞여 있다. 이러한 양상은 통구분지의 왕릉으로 비정되는 초대형 적석총인 마선구2378호분이나 칠성산871호분에서도 관찰된다. 이를 근거로 호자구1호분도 왕릉으로 보고 동천왕릉으로 비정하기도 하였다 (張福有, 2005).

한편, 적석총은 압록강 하류 유역의 관전과 평안북도 벽동에서도 확인되는데, 벽동의 적석총은 석실적석총이어서 4세기 이후에 조성된 고분군으로 추정된다. 평양 대성산 일대의 고분군에도 무기단적석총이 있다고 하지만, 보고된 상황으로 미루어 대개는 기단적석총이나 계단적석총으로 구성되어서 4세기 이후에 조성된 것으로 추정된다.

4. 통구분지의 초대형 적석총

1) 초대형 적석총과 왕릉 비정안

『삼국사기』에 의하면 국내도성은 유리왕이 졸본에서 국내로 천도한 3년부터 장수왕이 평양으로 천도한 427년까지 고구려의 왕도였다. 유리왕이 천도한 국내가 어느 곳인지에 대해서는 연구자마다 견해를 달리하지만, 3세기대에 집안 일대가 국내도성이었다는 점에는 별 이견이 없다. 중국에서는 유리왕이 천도한 국내가 현재의 집안 일대이고, 도성 주변에 왕릉이 있을 것이라는 전제에서 통구분지의 초대형 적석총 13기를 국내성시기의 고구려 왕릉으로, 대형 적석총과 봉토석실벽화분을 귀족묘로 비정하였다.

중국에서 본 왕릉의 조건은, 높고 개활한 곳에 단독 자리하며, 같은 시기 무덤 중 가장 큰 규모와 매장시설의 완비, 그리고 분구 위의 상당한 범위에서 기와나 와당의 출토였다. 이 외에도 무덤 주위의 배장무덤과 제대시설, 능원의 담장과 능침과 같은 건물터, 왕족 지위에 상당하는 부장품 등을 왕릉 판단의 조건으로 들었다(吉林省文物考古硏究所 外, 2004).

이러한 조건에 부합되는 적석총으로 마선구2378호분, 산성하전창36호분, 마선구626호분, 칠성산871호분, 임강총, 우산하2110호분, 칠성산211호분, 서대총, 우산하992호분, 마선구2100호분, 천추총, 태왕릉, 장군총 등 13기를 들었고(표2), 이 중 산성하전창36호분을 제외한 12기 적석총이 국내성시기 고구려 왕릉으로 세계유산에 등재되었다.

표2 통구분지 내의 왕릉급 초대형 적석총

고분명		분구				매장부		부대시설	비고
		규모*	형식	계단 수	묘상시설	형식	규모*(석실)		
우산하	992호분	38.5, 36.1, 6.5	계단	7층 (가공 석재)	판와, 통와, 와당	석광	17, 9, -2.3	동·서 양측 제대(배장묘?)	특대형 계단 적석석광묘
	2110호분	66.5, 45, 5.5(장방형)	계단	13~14층	판와, 통와	석광 (2개)		제대, 묘역	특대형 유단 적석석광묘
	임강총	76, 71, 10	계단	21~23층 또는 30~34층	판와, 통와, 척와	석광	17, 10, -2	제대	특대형 계단 적석석광묘 (미가공 석재)
	태왕릉	66, 62, 14	계단	11층 (추정)	기와, 와당	석실, 3단평행 고임천장, 가형석곽, 목관	석실 3.24, 6, 3, 묘도 길이 5.4, 너비 1.8	버팀석, 배수시설, 제대, 배총, 능원	특대형 계단 적석석실묘
	장군총	32.6, 31.7, 13	계단	7층	기와, 와당	석실, 평행고임 천장, 관대	5.4, 5.4, 5.1	제대, 배총, 능원	특대형 계단 석실묘
산성하	전창36호분	37, 28, 4.5	계장	?	판와, 통와, 용석	석광		전원후방형 (보단)	계단적석석광묘(파괴됨)
칠성산	871호분	48, 40(48), 9.2	계장		기와	석광		묘역시설, 배장묘(제대?), 건물지	특대형 계단 적석석광묘
	211호분	66, 58, 7	계단	3층	판와, 통와	석광		배장묘(제대?)	특대형 적석석광묘
마선구	2378호분	46, 30, 4	계장	?	판와, 통와, 용석	석광	(3개 추정)	전원후방형 (보단)	화장 흔적, 특대형 계단 적석석광묘
	626호분	48, 41, 6	계장	6층 20줄	판와, 통와, 용석	석광		전방후원형, 제대, 산수시설, 배장묘	특대형 계단 적석석광묘
	2100호분	33, 29.6, 6	계단	4층 (가공석)	기와, 와당	석광		능원, 산수	특대형 계단 적석석광묘
	서대총	62.5, 53.5, 11	계단	14층	통와, 판와, 와당	석실 (미가공 석재)		제대, 배수, 능원	특대형 계단 적석석광묘 (가공 석재)
	천추총	71, 60, 11	계단	잔존 5층, 원래 10층 추정 (가공석)	판와, 통와, 와당	석실	석실, 석곽 (파괴, 추정)	배수시설, 능원, 8각 초석	특대형 계단 적석석광묘

* 규모는 길이, 너비, 높이임.

마선구 2378호분은 작은 구릉의 정상부에 자리하는 계장식으로 축조된 무기단적석총이다. 주검이 안치된 무덤은 방형 평면이며, 여기에 반원형의 부석시설이 덧대어져서 전체 평면형태는 전원후방형이다. 덧대어진 부석시설은 무덤을 보호하는 시설로서 중국에서는 보단으로 부른다. 적석 분구와 무덤 주변에서 다량의 암·수키와가 출토되었다. 주변 무덤에서 출토된 토기로 미루어 보고서에서는 1세기경의 무덤으로 비정하였다. 무덤 주변에 있는 3기의 무덤 가운데 동쪽으로 규모가 작은 마선구2379호분과 마선구2380호분을 배장무덤으로 보았다. 그리고 북쪽으로 50cm 정도 사이를 두고 인접한 마선구2381호분과는 일정한 관계를 가진 것으로 보고 있다. 무덤의 주인공에 대해서는 차대왕(張福有, 2007)으로 보거나 봉상왕(桃崎祐輔, 2009)으로 보기도 하지만, 무덤의 연대를 확정할 만한 증거가 충분하지 않아 주인공 비정의 근거 또한 확실하지 않다.

마선구626호분은 구릉 사면에 단독으로 자리한 계장식으로 축조된 무기단적석총이다. 무덤은 전원후방형으로, 방형 평면의 아래쪽으로 반원형의 부석시설이 있다. 적석 분구와 무덤 아래에서 암·수키와가 다량으로 출토되어서 무덤 상부에 건축물이 있었을 것으로 추정하며, 매장부는 구조를 알 수 없지만 광실로 비정하였다. 무덤의 주변시설로는 석대와 돌을 깐 시설, 배장무덤 등이 보고되었다. 석대는 무덤 동쪽으로 20m 떨어져서 위치하며, 석대에서 철체차할과 토기 구연부편이 출토되었고, 중국에서는 이를 제대로 비정하였다. 돌을 깐 시설은 무덤의 동쪽, 무덤과 석대 사이에서 확인된다. 돌은 길이 30~40cm 크기로 묘역을 표시하거나 또는 물방울이 튀는 것을 방지하는 산수석으로 보기도 한다. 무덤의 서측으로 북쪽에 치우쳐 있는 원형 적석총 한 기를 배장무덤으로 비정하지만 확실하지 않다. 무덤의 연대는 보고서에서 1~2세기로 비정하였고, 대무신왕의 무덤으로 비정하였고(張福有, 2007), 장지명과 재위 기간을 고려하여 산상왕릉(임기환 2009; 桃崎祐輔, 2009)으로 비정하기도 하지만, 연대를 확정할 만한 무덤 자료는 확실하지 않다.

칠성산871호분은 칠성산 남쪽 구릉 사면에 단독으로 자리한 계장식 무기단적석총이다. 무덤의 서북쪽으로 판석을 깔아서 묘역석으로 보고 있으며, 무덤의 북쪽으로 11m 떨어진 곳에 배장무덤 또는 석대로 추정되는 시설이 남아 있다. 한편, 무덤의 서북쪽으로 22m 떨어진 곳에서 암·수키와와 불에 녹은 돌 여러 점과 맞배지붕 형태의 토기편과 동물머리모양의 모서리 장식 등이 출토되어서 능사 또는 능원의 문지로 추정하지만, 보고가 자세하지 않아서 칠성산871호분과의 관계는 판단하기 어렵다. 적석 분구와 무너져 내린 돌 사이에서 동제 보요와 장식, 그리고 철제 갑옷편과 화살촉 등과 다량의 암·수키와가 수습되었다. 무덤의 연대는 동제 보요나 장식편, 철제갑옷편 등으로 미루어 3세기대로 비정하는 것이 합리적이라 할 수 있다. 입지와 배장무덤, 능원, 묘역시설 등으로 보고서에서는 2세기대의 고구려 초기 왕릉으로 보았으며, 무덤 주인에 대해서는 태조왕(張福有, 2007), 산상왕(魏存成, 2007), 신대왕 또는 고국천왕(임기환, 2009) 등의 견해가 있다.

임강총은 용산 자락의 작은 구릉 정상부에 자리하며, 일제강점기에 압록강 가까이 있는 큰 무덤이라 하여 임강총으로 불리게 되었다. 다수가 가공하지 않은 돌로 축조해서 분구는 계단의 모습이 잘 남아 있지 않고, 계단의 수도 각 변마다 차이가 있다. 매장부는 함몰갱에서 출토된 꺾쇠와 관못 등으로 미루어 목실로 추정된다. 분구 상부에서 암·

수키와와 등성마루기와 등 많은 기와가 출토되었다. 무덤에서 동쪽으로 13.5m 떨어진 곳에 제대로 보고된 석대가 있으며, 석대 상부의 함몰구덩이에서 사람얼굴 형상의 차할과 철제재갈, 토기, 금환, 철제띠고리와 마노구슬, 금동장식편 등이 출토되었다. 보고서에서는 임강총의 하한 연대를 3세기 말로 비정하였다. 동천왕릉(吉林省文物考古硏究所, 2002; 여호규, 2006; 임기환, 2009), 산상왕릉(張福有, 2007)으로 비정한 바 있으며, 무덤의 연대와 입지, 장지명 등을 고려해볼 때 동천왕릉일 가능성이 가장 높다.

우산하2110호분은 우산의 남쪽 말단면과 이어지는 평지에 자리하며, 일제강점기에 온화보 서대총, 서강 남대석릉, 온화보 남대총 등으로 불렸다. 부분 가공된 돌과 가공하지 않은 돌로 분구를 축조하여 남아 있는 계단의 수가 6~12단으로 각 변마다 차이가 있다. 분구의 중앙에 동서 방향으로 석렬이 있어서 매장부를 두 공간으로 분리하였다. 무덤에서 출토된 철제 꺾쇠와 관못, 장막걸이쇠 등으로 미루어 매장부는 목실로 추정된다. 무덤 주위에 돌을 깔아서 묘역을 만들었으며, 무덤 동쪽으로 장방형 평면의 적석유구를 제사 관련 시설로 추정하고 있다. 분구에서는 암·수키와, 등성마루기와 등이 출토되었고, 무덤의 동쪽 내부에서 청동제 사람얼굴 형상의 차할이 출토되었다. 이 청동체차할은 임강총에서 출토된 것과 매우 비슷하여 임강총과 비슷한 시기의 무덤으로 추정된다. 무덤의 주인공에 대해서는 고국천왕(張福有, 2007), 중천왕(魏存成, 2007; 임기환, 2009) 등으로 비정한다.

칠성산211호분은 칠성산의 평탄화된 말단면에 위치한다. 도굴과 후대의 훼손으로 분구 내부 채움돌이 계단을 완전히 덮어서 낙타등과 같은 형상이다. 분구에서는 다수의 암·수키와가 출토되었다. 매장부는 청동제 관못, 꺾쇠, 장막걸이쇠 등으로 미루어 목실로 추정된다. 무덤의 북쪽으로 12m 떨어진 곳에서 적석총으로 추정되는 돌무지(칠성산212호로 편호)가 있었으나 파괴되어 잔존하지 않으며, 무덤의 북변과 나란하게 석대가 있어서 보고서에서는 제대 또는 배장묘로 추정한다. 무덤에서는 보요와 장식판 등 금동제장식구가 출토되었다. 보요는 원형과 규형 두 종류가 출토되었고, 철제 갑옷편과 재갈, 마노구슬과 청자편 등이 출토되었다. 통구하 서편에 자리해서 서천왕릉(魏存成, 2007; 張福有, 2007; 임기환, 2009)으로 비정된다.

서대총은 완만한 구릉 사면에 자리하며, 국내도성으로부터 가장 서쪽에 있는 커다란 무덤이어서 서대총으로 명명되었다. 일찍이 도굴되어 무덤 내부의 채움돌이 분구를 완전히 덮었다. 계단은 가공된 석재를 이용하여 축조하였고, 14단 정도가 확인되었다. 매장부는 완전히 파괴되어 알 수 없으나, 출토된 철제 관못, 꺾쇠, 장막걸이쇠 등으로 미루어 목실임을 알 수 있다. 무덤시설로는 북쪽 계단 위에 녹색을 띠는 얇은 판석을 깔고 세워서 ∟상으로 놓은 입석판이 있으며, 북쪽 계단 1층 밖으로 배구수시설이 확인되었다. 무덤의 북쪽으로 40.5m 떨어진 곳에 무덤을 둘러싼 담장 석렬이 확인되었고, 동쪽으로 40m 지점에는 제대로 추정되는 석대가 있다. 유물로는 규형과 원형 보요, 장식판을 포함한 각종 금동장식구와 철제재갈 등이 출토되었다. 분구에서는 암·수키와와 권운문와당이 출토되었고, 권운문와당의 연호문 사이에 기축(己丑) 간지가 있어 329년으로 연대 비정되므로 미천왕릉으로 비정된다.

우산하992호분은 우산의 말단면과 이어지는 평지에 자리하는 계단목실적석총으로, 일제강점기에 온화보 중대총, 서강 북대총으로 불렸다. 밖으로 드러난 면을 가공한 석재로 축조한 계단적석총으로, 계단은 7층이 확인된다. 매장부는 남아 있지 않으나 청동제 관못, 꺾쇠, 장막걸이쇠 등으로 미루어 목실로 추정된다. 무덤 외 시설로는 제대로 보고 있는 석대가 무덤의 동·서 양측에서 확인되었다. 또한 서측 제대에 있는 4개의 돌무지를 배장묘 또는 건물유적으로 추정하고 있으나 자세하지 않다. 무덤에서는 금동제 보요와 장식구, 그리고 금동제 화판형 운주 등 장식마구와 철제 말얼굴가리개(馬胄) 외에도 토기와 지석 등이 수습되었다. 분구에서는 암·수키와와 권운문와당이 출토되었고, 연화문와당 잔편 1점이 출토되었다. 권운문와당의 무술(戊戌)명 간지로 미루어 338년으로 비정된다. 무덤의 주인공으로는 고국원왕으로 비정하거나(吉林省文物考古研究所, 2004; 魏存成, 2007; 張福有, 2007; 임기환, 2009), 왕릉이 아닌 왕족이나 귀족의 무덤으로 비정하기도 한다(여호규, 2006).

마선구2100호분은 평탄한 대지 위에 단독으로 자리한 계단목실적석총이다. 기초석을 놓은 후 계단을 축조하였으며, 계단석은 가공 석재로 현재 4단이 남아 있다. 매장부는 남아 있지 않으나 관못, 꺾쇠, 장막걸이쇠로 미루어 목실로 추정된다. 무덤 외 시설로는 배수를 고려한 산수석이 깔려 있고, 무덤의 동북 모서리 부근 산수석과 계단 기초석 사이의 입석판에서 금동장식물이 발견되었고, 무덤의 남쪽으로 30m 떨어진 곳에서 능원의 담장 석렬이 확인되었다. 무덤의 서남쪽으로 200m 떨어진 평지에 있는 건물지를 능침과 관련된 건물지로 추정 보고하였으나, 보고가 자세하지는 않다. 무덤에서는 금, 금동, 청동, 철기와 토기, 기와 등 다량의 유물이 출토되었다. 특히 분구에서 출토된 암·수키와와 권운문와당은 서대총이나 우산하992호분보다 퇴화된 무늬여서 4세기 중엽으로 추정되며, 밀집파상선문이 시문된 시유도기(施釉陶器) 호도 4세기 중엽으로 연대가 비정된다. 보고서에서는 마선구2100호분을 소수림왕릉으로 비정하였고, 위존성(魏存成, 2007)도 같은 입장이다. 이 외에도 봉상왕릉(張福有, 2007)으로 비정하거나 개장된 미천왕릉의 무덤으로 보기도 한다(東潮, 2006).

천추총은 평지에 단독으로 자리한 계단석실적석총이다. 일찍이 '千秋萬歲永固'가 찍힌 벽돌에 따라서 천추총으로 명명되었고, 중국의 고분번호에 따르면 마선구1000호분이다. 분구는 잘 다듬은 장대석으로 축조하였고, 현재 서남 모서리에서 5층이 확인되며 원래는 10층으로 추정된다. 분구를 돌아가면서 분구에 비스듬히 기대어 돌을 세워 분구를 보호하였고, 이를 중국에서는 호분석(護墳石)으로 부른다. 분구 상부에서 출토된 석재가 태왕릉의 가형석곽 석재와 같고, 관못과 꺾쇠 등이 출토되어서 매장부는 태왕릉과 같은 목관, 가형석곽, 석실의 3중 구조로 추정된다. 무덤의 서쪽으로 돌을 깔아 묘역을 만들었고, 분구에서 남쪽으로 40m 떨어진 지점에서 능원의 담장 석렬이 확인되었다. 한편, 무덤의 서남쪽으로 300m 떨어진 마선구하 강변대지에서 건물지가 확인되어 제사건물로 추정하고 있다.

무덤에서는 금, 은, 금동제의 각종 장식구와 금동제 화판형 운주 등 마구, 금동제갑옷편, 청동방울, 철제 갑옷편과 도, 마노구슬 등과 토기가 출토되었다. 분구에서 다량의 암·수키와와 퇴화된 권운문와당, 회색조의 구획선이 있는 6판 연화문와당과 '千秋萬歲永固', '保固乾坤相畢'명이 찍힌 명문벽돌이 출토되었다. 기와 가운데 '未在永樂'명이 확인되어서 무덤의 연대는 을미(乙未, 395년) 또는 정미(丁未, 407년)로 비정되나, 연화문와당이 출토되어 마선구2100호분과 태왕릉 사이에 위치 지을 수 있으므로 무덤의 연대는 4세기 말로 비정된다. 이에 따라 중국 학자들은 무덤의 주인공을 대개 고국양왕으로 비정하며(吉林省文物考古硏究所, 2004; 魏存成, 2007; 張福有, 2007; 東潮, 2006), 장군총을 광개토왕릉으로 보는 입장에서는 천추총을 소수림왕릉으로 비정하고 있다(여호규, 2006; 임기환, 2009).

태왕릉은 우산 남쪽에서 뻗은 작은 구릉에 위치하는 계단석실적석총이다. 일찍이 무덤에서 출토된 '願太王陵安如山固如岳'이 새겨진 벽돌로 태왕릉으로 불리게 되었고, 〈광개토왕릉비〉와 함께 광개토왕릉으로 생각하게 되었다. 잘 가공된 석재를 이용하여 계단을 축조하였고, 거대한 계단에 돌을 기대어 세워 분구 보호석 역할을 한다. 계단은 8층 정도가 확인되는데, 원래는 11층 정도였을 것으로 추정된다. 계단의 남쪽 1층에 얇은 청록색 응회암을 ㄴ상으로 계단 위에 놓은 입석판시설이 확인되며, 분구 아래에는 산수석과 배수시설이 있다. 매장부는 방형현실, 중앙연도를 가진 석실 내에 조립해서 만든 가형석곽이 놓이고, 가형석곽 내에 관받침 두 개가 있는 관, 곽, 실의 3중 구조이다.

무덤 주위에 강자갈을 깔아서 묘역을 삼았고, 무덤으로부터 남쪽으로 100m 떨어진 곳에서 능원의 담장 석렬이 확인되었다. 무덤의 동쪽으로 50~68m 떨어진 곳에 석대 2개가 나란히 있는데, 중국에서는 이를 제대로 보고 있다. 무덤은 남쪽 1층 계단에서 3m정도 떨어진 곳에 석붕묘(북방식 지석묘)와 비슷한 배장묘가 있었다고 하지만 자세하지 않으며, 무덤의 동북쪽으로 120m 떨어진 곳에 건물지가 있었다고 하지만 그 성격을 알 수 없고, 태왕릉에서 〈광개토왕릉비〉까지의 길도 확인되지 않아서 둘의 관계는 확실하지 않다.

무덤에서 출토된 유물은 금, 은, 금동의 각종 장식구와 함께 청동제

화덕, 금동제 만가 및 상다리, 등자와 행엽, 청동방울 등 마구류 등 다종다양하다. 특히 청동방울 중에 '辛卯年 好太王 □造鈴 九十六'이라는 명문이 음각되어서 주인공과 관련지어 해석되기도 한다. 분구에서는 구획선이 있는 6판 연화문와당이 출토되었고, 그중 연봉우리 모양의 와당은 태왕릉식 연화문와당으로 불리기도 한다. 무덤의 연대는 출토된 등자로 미루어 4세기 말이나 5세기 초로 비정되며, 권운문와당이 출토되지 않아서 천추총보다는 늦을 것으로 보고 있다. 따라서 태왕릉에 대해서는 광개토왕릉으로 비정하거나 고국양왕릉으로 비정하기도 한다. 주로 중국 학자들이 광개토왕릉으로 보는 입장이고(吉林省文物考古研究所, 2004; 魏存成, 2007; 張福有, 2007), 〈광개토왕릉비〉를 태왕릉과 관련지을 수 없다는 입장에서 고국양왕릉으로 비정하기도 한다(여호규, 2006; 임기환, 2009).

장군총은 용산 기슭에 자리하는 계단석실적석총이다. 원래 모습이 잘 보존된 고구려 최고의 기술로 축조된 적석총으로, 계단은 잘 가공한 석재를 이용하여 7층을 쌓고, 거대한 석재를 1층 계단에 기대어 세워서 분구를 보호하였다. 석재는 1,146매가 사용되었고, 21매가 결실되었다. 매장부는 5층 계단에 위치하며, 방형 현실, 중앙연도의 단칸구조이고, 현실 내에 관대가 두 개 놓여 있는 관, 실의 2중 구조이다. 무덤 외 시설로는 2기의 배장묘와 제대, 능원 담장, 제사건물로 추정되는 건물지가 조사되었다.

1호 배장묘는 무덤의 서북 모서리에서 43m 떨어져 자리하는 계단석실적석총이다. 2호 배장묘는 1호 매장묘의 서북쪽으로 35m 떨어져 있는데, 계단석실적석총으로 많이 파괴되었으나 호분석이 확인된다. 중국에서는 2호 배장묘와 인접한 석대를 제대로 보고 있으나, 일제강점기 조사에서 배장묘가 4~5기였다고 하여 석대를 배장무덤으로 보기도 한다.

건축지는 서남쪽으로 100m 떨어진 곳에서 확인되었고 여기서 출토된 연화문와당은 무덤에서 출토된 것과 달리 구획선이 없는 적색 와당이다. 장군총에서는 금동제 장식과 신발바닥, 철제연결쇠 등이 출토되었다.

특히 철제연결쇠는 최상층인 7층 계단석의 둘레에 직경 10cm, 깊이 15cm 정도의 작은 구멍이 돌아가며 있어서 이와 결부시켜 7층 계단 위에는 중앙에 기와를 얹은 목조건물이 있고, 그 주위에 난간을 돌렸을 것으로 추정한다. 중앙의 목조건물은 향당 또는 제의와 관련되거나 상징적인 건물로 보기도 한다.

적석 분구에서는 구획선이 있는 연화문와당이 출토되었는데, 이는 모두 8판으로 태왕릉의 연화문와당보다 크다. 태왕릉을 고국양왕릉으로 보는 입장에서는 장군총을 광개토왕릉으로 비정하고(여호규, 2006; 임기환, 2009), 태왕릉을 광개토왕릉으로 보는 입장에서 장군총을 장수왕릉으로 비정한다(吉林省文物考古硏究所, 2004; 魏存成, 2007; 張福有, 2007).

이와 같이 국내도성의 동·서 양 방향으로 자리하는 초대형 적석총을 국내도성시기의 왕릉급 무덤으로 보는 데에는 이견이 없지만, 무덤의 구조와 장지명, 당시 환경 등을 고려하여 비정한 왕릉안은 연구자마다 견해 차이를 보인다(표3). 왕릉 비정을 위해서는 무덤에 대한 안정적인 편년안 마련이 선결되어야 하나, 현재 확보된 고분 자료만으로는 무덤의 연대 추정이 어려워 왕릉 비정 문제 또한 쉽게 해결되기 어렵다.

표3 왕릉 비정에 대한 여러 견해(강현숙, 2013)

왕호	재위 기간	장지	왕릉 비정					
			地內宏 (1938)	吉文考硏 (2002)	吉文考硏 (2004)	張福有 (2005)	東潮 (2006)	여호규 (2006)
東明王	기원전 37~ 기원전 19	龍山				망강루4		
瑠(琉)璃明王	기원전 19~ 18	豆谷東原				우산하 0000		
大武神王	18~44	大獸林原				마선구 626		
閔中王	44~48	閔中原石窟						
慕本王	48~53	慕本原				마선구 2381		
太祖大王	53~146					칠성산 871		
次大王	146~165					마선구 2378		
新大王	165~179	故國谷				산성하 전창36		
故國川王	179~197	故國川原				우산하 2110		
山上王	197~227	山上陵	장군총			임강총		
東川王	227~248	柴原		임강총		호자구1		임강총
中川王	227~248	中川之原				산성하 전창1		
西川王	270~292	西川之原 (故國原)		서대총	칠성산 211	칠성산 211		칠성산 211
烽上王	292~300	烽山之原				마선구 2100		
美川王	300~331	美川之原			서대총	서대총	서대총 마선구 2100 (개장)	
故國原王	331~371	故國之原			우산하 992	우산하 992	우산하 992	
小獸林王	371~384	小獸林			마선구 2100	천추총	태왕릉	

왕릉 비정							비고
정호섭 (008)	張福有 (2007)	魏存成 (2007)	이도학 (2008)	임기환 (2009)	이병도 외 (1954)	永島暉臣眞 (1988)	
	망강루4						鄒牟王
							儒留王, 孺留王
	마선구 626						大解朱留王, 大朱留王
							國祖王
	칠성산 871						
	마선구 2378						
	산성하 전창36		칠성산 871				
	우산하 2110		칠성산 871				國襄(壤)王
	임강총	칠성산 871	마선구 626				
		임강총	임강총				東襄(壤)王
우산하 2110		우산하 2110	우산하 2110				中襄(壤)王
칠성산 211	칠성산 211	칠성산 211	칠성산 211				(西)襄(壤)王
임강총	마선구 2100						雉葛王
서대총, 마선구 2100 (개장)	서대총	서대총	서대총				好襄(壤)王
	우산하 992	우산하 992	우산하 992				國岡上王
	천추총	마선구 2100	천추총				小解朱留王

왕호	재위 기간	장지	왕릉 비정					
			地內宏 (1938)	吉文考硏 (2002)	吉文考硏 (2004)	張福有 (2005)	東潮 (2006)	여호규 (2006)
故國壤王	384~391	故國壤		천추총	천추총	우산하 540	천추총	태왕릉
廣開土王	391~412	山陵	태왕릉	광개토왕	광개토왕	태왕릉	장군총	장군총
長壽王	412~491		장군총	장군총	장군총	장군총		
文咨王	492~519					우산하 2115	토포리 대총	
安臧王	519~531					오회분1		
安原王	531~545					오회분2		
陽原王	545~559					우산하 2114	호남리 사신총	
平原王	559~590					통구 사신총	강서대묘	
嬰陽王	590~618					오회분3	강서중묘	
榮留王	618~642					오회분4		
寶藏王	642~668	唐京師頡利 墓 왼쪽						

2) 초대형 적석총의 구조와 형식

중국은 분구의 한 변 길이가 30m를 넘는 초대형 적석총 가운데 개활한 입지, 무덤의 분구 위 기와나 와당, 그리고 제대나 배장묘, 능원의 담장 등 무덤시설 등에서 다른 무덤들과 차이를 보이는 12기의 무덤을 국내성시기의 '고구려 왕릉'으로 보고, 세계유산에 등재시켰다. 그러나 왕릉으로 비정된 무덤에서 왕릉의 구성요소가 일률적으로 확인되지 않았고, 시간에 따라 방향성을 갖고 전개되지도 않는다.

왕릉 비정							비고
정호섭 (008)	張福有 (2007)	魏存成 (2007)	이도학 (2008)	임기환 (2009)	이병도 외 (1954)	永島暉臣眞 (1988)	
태왕릉		천추총	태왕릉	태왕릉			
장군총	태왕릉	태왕릉	장군총	장군총		태왕릉	國岡上廣開土境平安好太王, 國岡上廣開土地好太王, 永樂大王
	장군총	장군총, 한왕묘 (실묘)				(전)동명왕릉	
							文咨明王, 明治好王
							陽岡上好王
					강서대묘		平岡上好王
							平陽王

초대형 적석총은 석재의 가공 여부와 그 정도, 축조기술, 그리고 매장부 구조에 따라 몇 가지 형식으로 나뉜다. 분구는 계장식과 계단식으로 나뉘며, 계단식은 석재의 가공기술에 따라서 다시 나눌 수 있다. 매장부는 목곽과 목실, 석실로 나뉘며, 목실과 석실은 횡혈식 구조로 추정된다. 따라서 초대형 적석총은 계장식목곽적석총, 계단목실적석총, 그리고 계단석실적석총으로 나뉜다. 계단목실적석총은 부분 가공된 석재로 계단을 축조하였고, 계단석실적석총은 전면 가공된 석재로 계단을 축조해서 각 형식은 시간에 따른 선후관계를 가진다(그림14).

그림14 | 왕릉으로 비정되는 초대형 적석총의 분포(ⓒ강현숙)

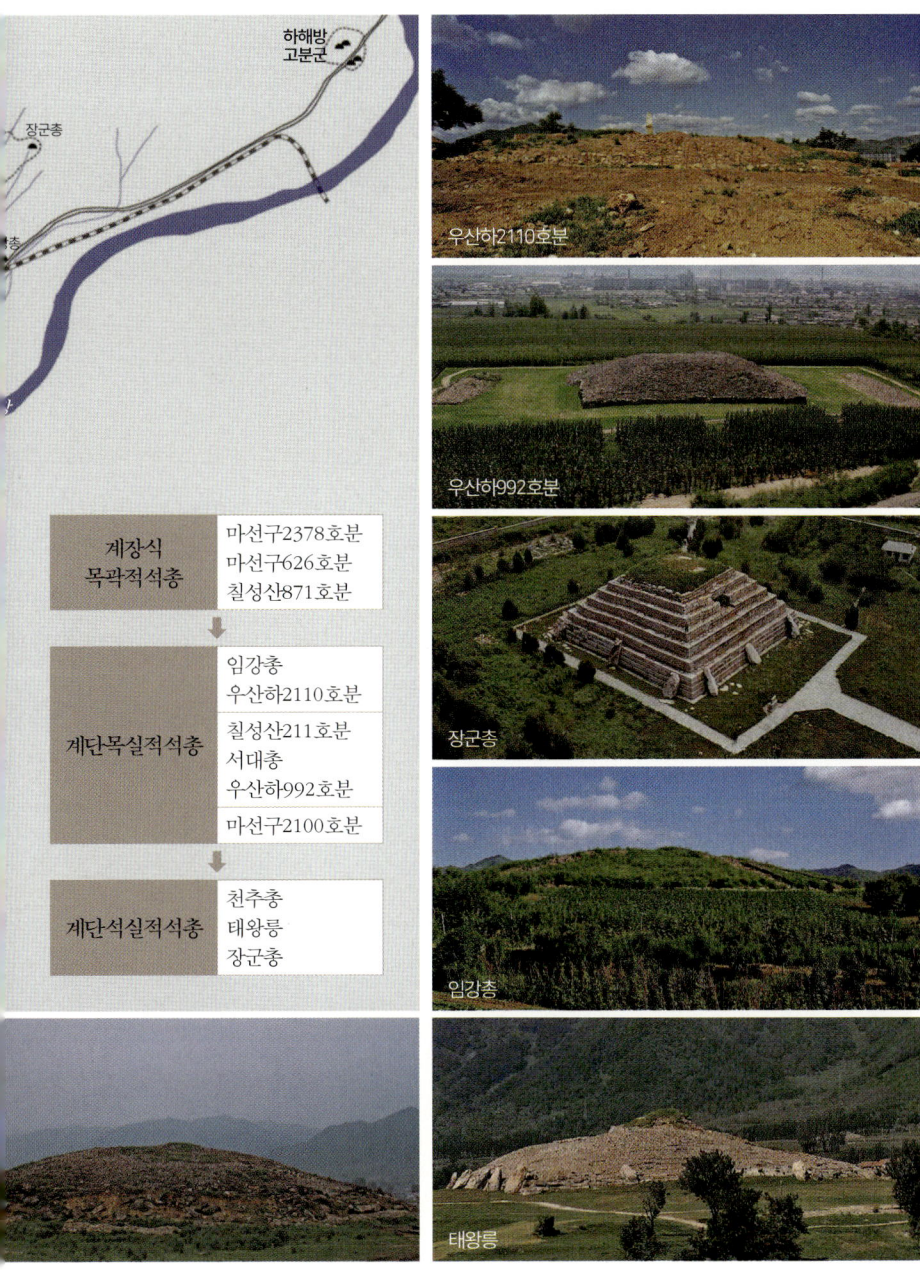

계장식목곽적석총은 마선구2378호분, 마선구626호분, 칠성산 871호분이 있고(吉林省文物考古研究所 外, 2004), 왕릉으로 세계유산에 등재되지는 않았지만 산성하전창36호분도 이에 해당될 것이다. 이 중 마선구2378호분과 산성하전창36호분, 마선구626호분은 방형 평면 앞에 반원형의 부석시설이 있어서 전체 평면은 전원후방형이며, 칠성산871호분은 부석시설이 없는 방형 평면이다. 분구에서 암·수키와와 함께 불에 탄 돌들이 확인되어서 매장이 끝난 후에 번소의식이 있었던 것으로 보인다.

계단목실적석총은 임강총, 우산하2110호분, 칠성산211호분, 서대총, 우산하992호분, 마선구2100호분 등으로, 계장식무기단목곽적석총과는 달리 방형 평면으로 정형화된 모습을 보이며, 분구에서의 번소의식은 관찰되지 않는다. 이중 임강총과 우산하2110호분은 분구에서 암·수키와만 출토되었고, 서대총, 우산하992호분과 마선구2100호분에서는 암·수키와와 함께 권운문와당이 출토되었다. 무덤에서 관못, 꺾쇠, 장막걸이쇠 등이 출토되어서 주검은 휘장을 둘러친 목실의 목관에 안치되었을 것이며, 목실의 한쪽 벽을 이용하여 추가 합장이 행해졌을 가능성도 있다. 따라서 계단목실적석총은 축조석재와 권운문와당으로 미루어볼 때 임강총과 우산하2110호분이 비슷한 시기로 가장 이른 형식이며, 이어 칠성산211호분, 그리고 서대총과 우산하992호분이 4세기 전반으로 선후관계를 가지며, 가장 늦은 것은 퇴화된 무늬의 권운문와당이 출토된 마선구2100호분이다.

왕릉이라는 것에 이견이 없는 천추총, 태왕릉, 장군총은 계단석실적석총이다. 잘 다듬은 장대석을 이용하여 계단을 축조하였으며, 방형 평면 분구의 기저부 네 면에 거대석을 세워 분구를 보호하였다. 주검은 목관에 안치한 후 석실이나 석실 내 가형석곽에 안치하였다. 천추총과 태왕릉의 매장부는 목관, 가형석곽, 석실의 3중 구조이고, 장군총은 목곽과 석실의 2중 구조이다. 이 세 무덤에서는 회색조의 구획선이 있는 연화문와당이 출토되었는데, 천추총에서는 퇴화된 무늬의 권운문와당과 6판 연화문와당이 출토되었고, 태왕릉에서는 연화문와당과 함께 연봉우리무늬와당이, 장군총에서는 8판 연화문와당이 출토되었다.

3) 초대형 적석총의 시설

초대형 적석총의 분구시설로는 묘상 건물, 계단 위에 ㄴ상으로 얇은 판석을 놓고 기댄 시설, 무덤 기저부와 연결된 묘역과 호분석, 산수석과 배수시설 등이 확인된다.

(1) 분구 건물 - 능각(陵閣)

초대형 적석총의 무너져 내린 돌 사이에서는 상당량의 암·수키와가 출토되었고, 4세기를 경과하면서 암·수막새기와와 등마루기와 등이 출토되어 분구 위에 기와건물이 있었을 것으로 생각하게 되었다. 따라서 중국에서는 적석 분구에서 출토된 기와를 왕릉 판단의 기준으로 삼았다.

왕릉은 아니지만, 왕릉 후보군으로 비정된 바 있는 초대형 적석총인 우산하3319호분에서도 권운문와당이 출토되었다. 이 권운문와당은 와당 둘레를 돌아가면서 글자가 찍혔다. 그 내용은 "정사년 5월에 중랑과 부인을 위하며 무덤을 덮을 기와를 만들고 또 백성 4천…만세를 누리시라(太歲在丁巳五月 日爲中郞及夫人造盖墓瓦又作民四千□□…用

(盈)時興詣得(享)萬世"는 것으로, 기와로 무덤을 덮었음을 알려주는 자료이다.

그러나 기와를 어떻게 덮었는지 알 수 없고, 기와가 출토된 무덤을 모두 왕릉이라고 보기도 어렵다. 가령, 계장식으로 축조한 적석총인 경우 분구에서 불로 태운 번소의식이 있었서 불에 녹은 돌과 기와와 함께 응결되어 있다. 이는 분구 위 건물의 존재를 부정하는 근거가 된다. 매장부가 목실로 추정되는 중국에서 광실로 보고한 계단적석총도 마찬가지이다. 매장부가 목재인 경우 시간에 따른 목재의 부식으로 적석총 분구의 상부가 함몰되므로, 설사 건물이 있었다고 하더라도 누대에 걸쳐 안정적으로 유지될 수 없다. 그렇기 때문에 기와로 무덤을 덮었지만, 계장식이나 계단식의 광실적석총에서 출토되는 기와가 분구 위의 건물을 보여주는 것은 아니다.

분구 위의 건물은 천장까지 돌로 잘 쌓은 계단석실적석총에서는 가능하다. 가령, 장군총의 석실은 5단에 위치하며 거대한 판상석 한 매로 천장을 덮었다. 판상의 거대한 천장석은 7층 계단석의 중앙에 자리해서 분구 위 건물의 초석이나 돌기단 역할을 했을 것이다. 한편, 7층 계단석 가장자리를 돌아가며 같은 간격으로 있는 원형 평면의 홈은 장군총에서 출토된 유물 중 난간으로 추정되는 철제연결쇠로 미루어 계단석 가장자리의 난간을 세웠던 구멍으로 유추해볼 수 있다(그림15). 따라서 7층 계단을 돌아가며 난간이 있었고, 난간 안에는 지붕을 얹은 건물이 있었을 것이다. 석실 매장부를 가진 천추총이나 태왕릉도 장군총과 마찬가지로 분구 위에 지붕을 얹은 건물이 있었을 것이다.

분구 위 건물의 성격에 대해서는 중국의 향당과 같이 무덤 제사와 관련짓기도 한다. 그러나 실제 제사가 행해졌던 곳이라기보다는 무덤을

추정 능각

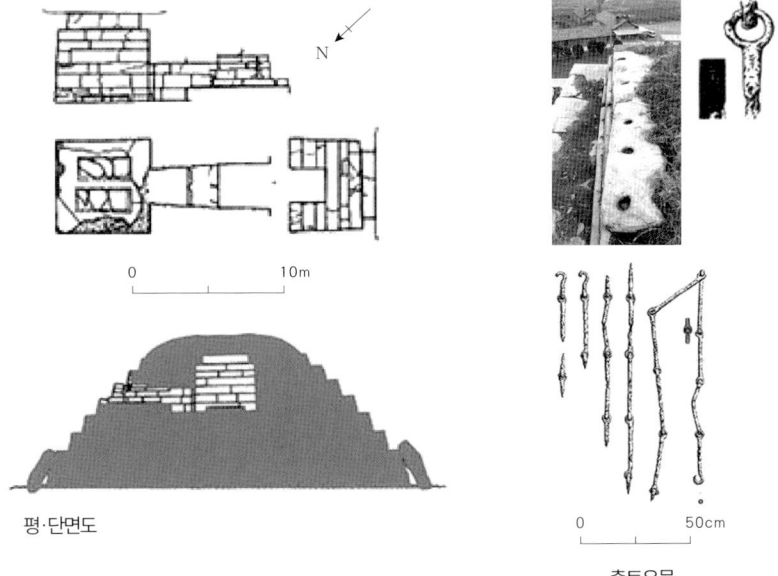

평·단면도

출토유물

그림15 | 장군총과 출토유물 및 추정 능각(강현숙 외, 2020)

장엄하는 구조물로서, 침전의 상징이자 왕릉을 다른 계단적석총과 구별시키는 상징이었을 것이다.

(2) 입석판

중국에서 얇고 편평한 판상석을 계단적석총의 층단에 ㄴ상으로 깔고 세운 구조물을 입석판이라고 한다. 서대총과 마선구2100호분, 태왕릉의 계단에서 확인되는 입석판은 대개 녹색을 띠는 돌로 만들었고, 편평한 입석판의 다른 한쪽 면에는 회가 발라져 있다. 서대총의 북측 둘째 계단과 태왕릉의 남측 1층 계단에서 확인된 입석판은 녹색을 띠는 장방형의 얇은 판상석이며, 마선구2100호분에도 이와 비슷한 시설이 있다고 한다(그림16).

현재 그 용도를 알 수 없지만, 『수서(隋書)』고구려전에 사람이 죽으면 생시에 사용하였던 의복과 수레를 무덤 옆에 두고 장사 지낸 사람들이 이를 가져간다는 기록으로 미루어볼 때, 매장 시 행해졌던 특정한 의례와 관련지어 볼 여지가 있다.

(3) 분구 버팀석(호분석)과 묘역

계단석실적석총의 계단 분구 아랫단 네 면에 기대어 세운 분구를 보강해주는 거대한 돌인 분구버팀석을 중국에서는 호분석(護墳石)이라고 하는데, 천추총, 태왕릉, 장군총에서 보인다. 이러한 시설은 계장식적석총의 분구 외연을 돌아가며 분구가 무너져 내리는 것을 방지하는 장백 간구자고분군의 적석총이나 이른 시기의 계단적석총인 만보정242호분의 울타리돌에서 연원했을 가능성이 있다. 집안 만보정242호분을 보면 분구에 기대어 세운 돌의 축조상황으로 미루어 호분

서대총

마선구2100호분

태왕릉 평·단면과 사진

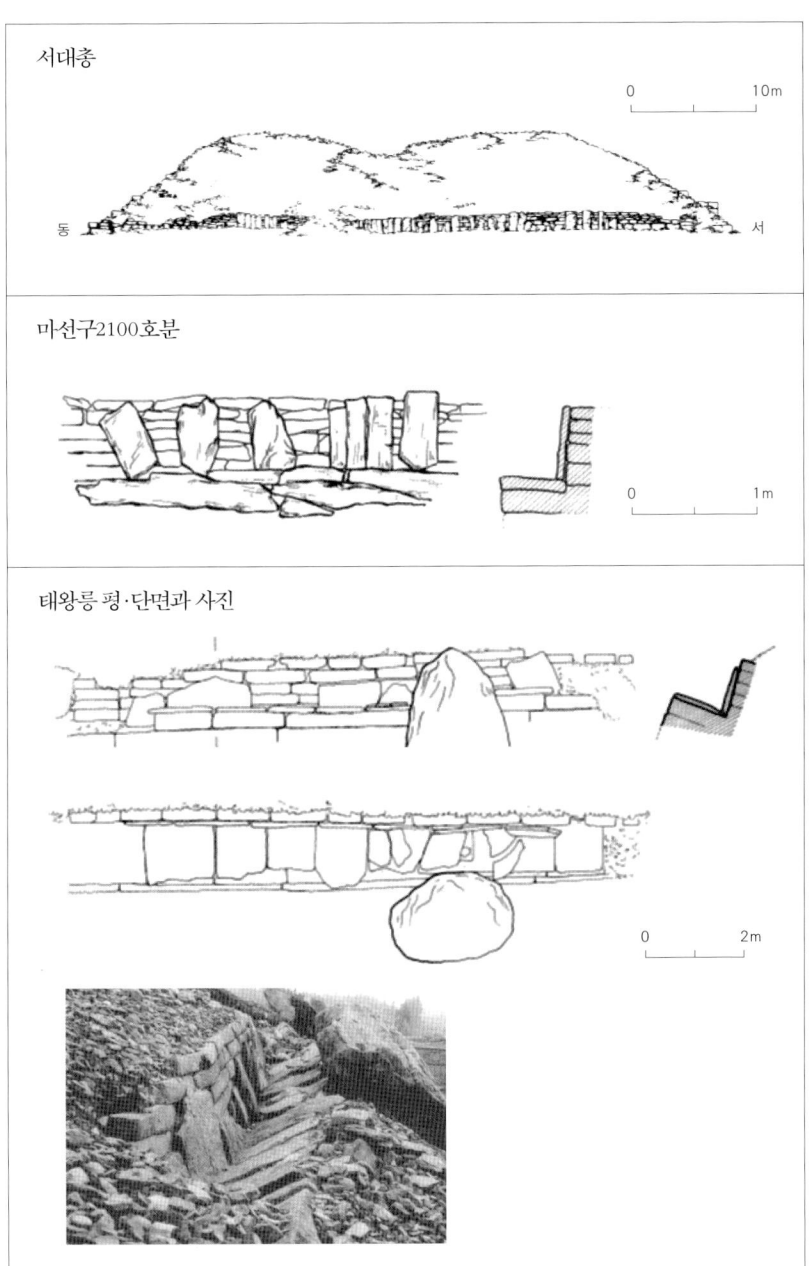

그림16 | 입석판

석의 기능보다는 울타리 기능이 더 컸을 것으로 보인다. 그러나 4세기 말 이후에 조성된 천추총이나 태왕릉, 장군총은 호분석으로서의 역할이 가능했을 것이며, 장군총 2호 배장무덤에서도 확인되어서 왕릉에만 국한된 시설물은 아닐 것이다.

(4) 산수석과 배수시설

산수석(散水石)은 원래 기와 낙수면에서 떨어지는 물이 지면에 튀는 것을 방지하는 위해 잔돌을 깐 시설로, 적석총의 분구 주위를 돌아가며 배수 역할을 겸하기도 한다. 마선구626호분, 칠성산871호분, 마선구2100호분에서는 산수석만 확인되며, 서대총, 천추총, 태왕릉, 장군총 등에서는 산수석과 배수시설이 함께 확인된다. 태왕릉에서는 황토층 위에 판석을 깔고 그 위에 다시 냇돌을 깔아 산수시설을 만들고, 산수시설 일부에 배수관이 있기도 하다.

(5) 능원

초대형 적석총에서는 무덤과 일정 간격을 두고 무덤 주위를 돌아가면서 석렬이 확인되어서 이를 능원의 담장으로 추정한다. 능원은 우월한 입지의 배타적 점유를 확인시켜 주는 동시에 누대에 걸쳐 안정적으로 왕릉이 관리되고 있음을 시사하는 시설이다. 능원의 담장이 완전하게 남아 있지는 않지만, 서대총, 마선구2100호, 천추총과 태왕릉, 장군총에서 일부 담장렬이 확인된다. 무덤과 담장렬 사이의 거리를 통해 능원의 한 변 길이를 추산해보면, 서대총은 150m, 마선구2100호분은 100m, 천추총은 150m, 태왕릉은 260m를 상회할 것이며, 장군총은 100m 정도로 여겨진다.

(6) 석대(제대)

중국에서 제대로 보고 있는 시설은 초대형 적석총의 측면이나 후면에 일정 거리를 두고 자리한다. 돌로 장방형 또는 세장방형 평면이 되도록 돌을 돌리고 그 내부에 작은 돌을 채운 높이 1m 내외의 석대시설이다. 석대 위에는 별도의 상면시설이 되어 있지 않아서 상면을 이용했다고 보기 어렵다. 더욱이 구릉의 사면에 자리한 경우에도 경사가 그대로 유지되어서 석대의 상면이 수평을 유지하지 않는다. 따라서 무덤 앞에서 행해지는 무덤제사와 관련된 제대로 보기 어렵다. 특히 적석총의 시간에 따른 치석과 축조기술의 발전이 제대 축조에 반영되어 있지 않아서 왕릉 구성의 중요한 시설로 보기도 어렵다.

한편, 무기단적석총의 한 변에 잇대어 있는 반원형이나 장방형 부석시설을 제단으로 보기도 한다. 부석시설은 초대형 적석총뿐 아니라 무기단, 기단, 계단 적석총 등 여러 형태의 무덤에서 확인되어서 적석총의 전체 평면형은 전원후방형, 전방후방형, 전방후원형을 띤다. 적석총에 잇대어진 전원부 혹은 전방부 시설은 제대라기보다 산사면에 자리한 경우 분구가 흘러내리는 것을 방지하기 위한 분구 보강시설로 보는 것이 합리적이며, 이러한 시설을 묘설(墓舌)로 부르기도 한다(吉林省文物考古研究所, 1993).

(7) 배장무덤

배장무덤은 주 무덤에 딸린 별개의 무덤으로, 가야의 순장이나 수릉이 전제되는 중국의 배장과는 다르다. 집안 마선구626호분과 태왕릉, 장군총에서 배장무덤이 보고되었고, 칠성산871호분, 칠성산211호분, 우산하992호분에서는 제대로 보고했으면서도 배장무덤일 가능성이 있다고 하였다. 현재 남아 있는 가장 확실한 배장무덤은 장군총의 1호와 2호 배장무덤이다. 장군총의 1호 배장무덤은 장군총 축조에 사용된 돌과 축조기술이 같고, 2호 배장무덤은 부분 가공된 석재로 쌓은 계단과 분구버팀석 등 구조적으로 장군총과 유사하다. 장군총과 배장무덤이 서로 유사구조여서 장군총 능역 조성 시 배장무덤에 대한 고려가 있었을 것이므로, 배장무덤은 장군총과 비슷한 시기에 조성된 것으로 생각된다. 배장자의 성격은 밝혀지지 않았다.

(8) 능묘

능묘(陵廟)는 무덤 제사를 위한 건물이다. 능묘 또한 잘 남아 있지 않지만, 능원 밖에서 건물지가 확인되어서 이 건물지를 무덤 제사와 관련된 능묘로 추정한다. 현재 능묘로 볼 수 있는 건물로는 장군총 서남쪽에 있는 건물지를 들 수 있다.

장군총의 서남쪽으로 100m 떨어진 곳에서 확인된 건물지는 장군총과 같은 방향으로 남북 길이 100m, 동서 너비 40m의 대형이다. 1,800m² 범위에서 담장의 벽체, 산수시설, 배수구, 문지 등이 확인되었고, 여기서 출토된 암·수키와를 포함한 막새기와는 환도산성이나 국내성에서 출토된 것과 비슷해서 보고자는 제사 관련 유적이나 침원(寢園) 또는 능묘로 추정한다. 환도산성이나 국내성과 비교해볼 때 귀면문이나 인동문 수막새 등은 보이지 않고, 연화문수막새도 문양이 다양하지 않아서, 건물지의 존속 기간은 그리 길지 않았던 것으로 보인다.

이 외에도 마선구2100호분의 서남쪽으로 200m 떨어진 곳에서 건물에 사용되었을 것으로 추정되는 장대석이 확인되었고, 천추총의 서

남쪽으로 300m 떨어진 곳에서 장대석과 냇돌로 쌓은 담장이 확인되었다. 남아 있는 흔적만으로 단정하기 어렵지만, 무덤의 서남쪽으로 떨어져서 건물지가 있다는 공통점이 있어서 능묘일 가능성을 생각해볼 수 있다.

참고문헌

강현숙, 2013, 『고구려 고분 연구』, 진인진.
강현숙·양시은·최종택, 2020, 『고구려 고고학』, 진인진.
김일성종합대학 고고학및민속학강좌, 1973, 『대성산의 고구려 유적』, 김일성종합대학출판사.
노태돈, 1999, 『고구려사연구』, 사계절.
東潮·田中俊明 저, 박천수·이근우 역, 2008, 『고구려의 역사와 유적』, 동북아역사재단.
사회과학원 고고학연구소, 1975, 『고구려문화』, 사회과학출판사.
_____, 1979a, 『조선고고학개요』, 과학백과사전출판사.
_____, 1979b, 『고구려문화』, 사회과학출판사.
사회과학원출판사, 1966, 『중국 동북 지방의 유적 발굴 보고 1963~1965』, 평양종합인쇄공사.
손수호, 2001, 『고구려고분연구』, 사회과학출판사.
외이춘청 저, 신용민 역, 1996, 『고구려고고』, 호암미술관(魏存成, 1994, 『高句麗考古』).
임기환 외, 2009, 『고구려 왕릉 연구』, 동북아역사재단.
정찬영, 1983, 『압록강·독로강 유역 고구려 유적 발굴보고』, 과학백과사전출판사.
강현숙, 2018, 「고구려 무덤제사에 대한 고고학적 연구」, 『한국상고사학보』 101.
_____, 2020, 「북한의 고구려 고고학 조사·연구의 성과와 과제」, 『문화재지』 53.
_____, 2020, 「평북 운산 용호동 고분 검토」, 『考古學誌』 26.
공석구, 2008, 「集安지역 高句麗 王陵의 造營」, 『고구려발해연구』 31.
김용성, 2005, 「고구려 적석총의 분제와 묘제에 대한 새로운 인식」, 『북방사논총』 3.

리창언, 1991, 「최근에 조사발굴된 압록강류역의 돌각담무덤들에서 주목되는 몇가지 문제」, 『조선고고연구』 1991-3.
여호규, 2011, 「高句麗 초기 積石墓의 기원과 築造集團의 계통」, 『역사문화연구』 39.
_____, 2012, 「고구려 적석총의 내·외부 구조와 형식분류」, 『동아시아의 고분문화』.
_____, 2013, 「고구려 도성의 의례공간과 왕권의 위상」, 『한국고대사연구』 71.
오강원, 2012, 「고구려 초기 적석묘의 출현과 형성과정」, 『고구려발해연구』 43
임기환, 2015, 「국내도성 형성과 공간구성 - 문헌검토를 중심으로」, 『한국사학보』 59.
林永珍, 1992, 「高句麗 考古學」, 『國史館論叢』 33.
정백운, 1957, 「조선고대무덤에 관한 연구 II」, 『문화유산』 1957-3.
정찬영, 1961, 「고구려 적석총에 대하여」, 『문화유산』 1961-5.
_____, 1963, 「자성군 조아리·서해리·법동리·송암리 고구려고분 발굴보고」, 『고고학 자료집(각지 유적 정리보고)』 3집, 과학원출판사.
_____, 1967, 「고구려 초기묘제의 유래」, 『고고민속』 1967-4.
_____, 1973, 「기원 4세기까지의 고구려 묘제에 대한 연구」, 『고고민속론문집』 5.
정호섭, 2008, 「고구려 적석총의 피장자에 관한 재검토」, 『한구사연구』 143호.
주영헌, 1962, 「고구려 적석무덤에 관한 연구」, 『문화유산』 1962-2.
최종택, 2015, 「고구려 고고학 연구 120년」, 『고구려발해연구』 53.

耿鐵華, 2004, 『高句麗考古研究』, 吉林文史出版社.
_____, 2008, 『中國高句麗王城王陵及貴族墓葬』.
吉林省文物考古研究所·集安市博物館, 2002, 『洞溝古墓群-1997年調査測繪報告』, 科學出版社.
_____, 2004, 『集安高句麗王陵』, 文物出版社.
吉林省文物考古研究所·集安市博物館·吉林省博物院, 2010, 『集安出土高句麗文物集粹』, 科學出版社.
吉林省文物志編纂委會, 1984, 『集安縣文物志』.
孫仁杰·遲勇, 2007, 『集安高句麗墓葬』, 香港亞洲出版社.
魏存成, 1994, 『高句麗考古』, 吉林大學出版社.
_____, 2001, 『高句麗遺迹的考古发现与研究』, 吉林大學出版社.

張福有·孫仁杰·遲勇, 2007, 『高句麗王陵通考』, 香港亞洲出版社.
鄭永振, 2003, 『高句麗渤海靺鞨墓葬比較研究』, 延邊大學出版社.
吉林省考古研究室·集安市博物館, 2005, 「洞構古墓群禹山墓區JYM3319號墓發掘報告」, 『東北史地』2005-6.
吉林省考古研究室·集安縣博物館, 1984, 「集安高句麗考古的新收穫」, 『文物』1984-1.
吉林省文物考古研究所·集安博物館, 2010, 「2008年集安市洞溝古墓群考古發掘報告」, 『邊疆考古研究』9.
吉林省文物考古研究所·集安市文物保管所, 1993, 「集安洞溝古墓群禹山墓區集錫公路墓葬發掘」, 『高句麗研究文集』, 延邊大學出版社.
吉林省文物工作隊·集安文管所, 1984, 「1976年集安洞溝高句麗墓清理」, 『考古』1984-1.
吉林省博物館文物工作隊, 1977, 「吉林集安的兩坐高句麗墓」, 『考古』1977-2.
吉林集安縣文管所, 1982, 「集安萬寶汀墓區242號古墳清理簡報」, 『考古與文物』1982-6.
萬欣·梁志龍, 1998, 「遼寧桓仁縣高麗墓子高句麗積石墓」, 『考古』1998-3.
方起東, 1985, 「高句麗石墓的演進」, 『博物館研究』1985-2.
_____, 1986, 「千秋墓, 太王陵和將軍墳墓主人的推定」, 『博物館研究』1986-2.
_____, 1993, 「高句麗的墓制和葬俗」, 『東北亞歷史與考古信息』1993-1.
_____, 1996, 「高句麗墓葬研究中的其個問題」, 『遼海文物學刊』1996-2.
徐光輝, 1993, 「高句麗積石墓研究」, 『青果集』, 中國大百科全書出版社.
孫仁杰, 1993a, 「高句麗積石墓葬具研究」, 『高句麗研究文集』, 延邊大學出版社.
_____, 1993b, 「高句麗串墓的考察與研究」, 『高句麗研究文集』, 延邊大學出版社.
梁志龍·王俊輝, 1994, 「遼寧桓仁出土青銅遺物墓葬及相關問題」, 『博物館研究』1994-2.
王綿厚, 2009, 「試論桓仁'望江樓積石墓'與'卒本夫餘'」, 『東北史地』2009-6.
魏存成, 1987, 「高句麗積石墓的類型和演變」, 『考古學報』1987-3.
_____, 1993, 「集安高句麗大型積石墓王陵」, 『青果集』, 中國大百科全書出版社.

李殿福, 1980a,「集安高句麗墓硏究」,『考古學報』1980-2.
張福有, 2005,「集安禹山3319號墓卷云紋瓦當銘文認識與考證」,『中國歷史文物』2005-3.
張雪岩, 1979,「集安縣兩座高句麗積石墓的淸里」,『考古』1979-1.
趙俊杰·馬健, 2014,「集安禹山41號高句麗壁畵墓的時代」,『考古與文物』2014-1.
陳大爲, 1960,「桓仁縣考古調査發掘簡報」,『考古』1960-1.
_____, 1981,「桓仁高句麗積石墓的外形化內部結構」,『遼寧文物』1981-2.
集安縣文物保管所, 1979,「集安縣兩座高句麗積石墓的淸理」,『考古』1979-1.

東潮, 1997,『高句麗考古學硏究』, 吉川弘文館.
藤田亮策·梅原末治, 1966,『朝鮮古文化綜鑑』4, 養德社.
小泉顯夫, 1986,『朝鮮古代遺跡の遍歷: 發掘調査三十年の回想』, 六興出版.
朝鮮古跡硏究會, 1937,『高句麗古墳 調査, 昭和12年度 古蹟調査報告』.
_____, 1940,『昭和十三年度蹟調査報告』.
朝鮮總督府, 1929,『高句麗時代之遺蹟』.
池內宏, 1938,『通溝』上, 日滿文化協會.
關野貞, 1914,「滿洲輯安縣及び平壤附近に於ける高句麗時代の遺跡1·2」,『考古學雜誌』5-3·4.
桃崎祐輔, 2005,「高句麗太王陵出土瓦馬具からみた好太王陵說の評價」,『海と考古學』, 六一書房.
緖方泉, 1985a,「高句麗古墳群に關する-試考(上)」,『古代文化』37-1, 古代學協會.
_____, 1985b,「高句麗古墳群に關する-試考(下)」,『古代文化』37-3, 古代學協會.
田村晃一, 1982,「高句麗積石塚の構造と分類について」,『考古學雜誌』68-1, 日本考古學會.
_____, 1984,「高句麗の積石塚の年代と被葬者の問題について」,『靑山史學』8.

4

석실봉토분

1. 석실
2. 석실봉토분의 출현과 변천 과정
3. 평양도성시기의 왕릉

4장

석실봉토분

강현숙 | 동국대학교(경주) 고고미술사학과 교수

　석실봉토분은 주검이 안치된 석실을 흙으로 덮고 쌓아 매장을 마감한 무덤으로, 고구려 후기 묘제로 이해되는 무덤이다. 지상에 드러나는 분구를 흙으로 쌓았다는 점에서 적석총과는 뚜렷하게 구별된다. 혼강과 압록강 중하류와 그 지류 유역에 집중 분포하는 적석총과 달리, 석실봉토분은 확대된 고구려 전 영역에서 확인되어서, 석실봉토분의 분포를 통해서 확대된 고구려 영역을 추정할 수 있다.

　석실은 주검이 안치되는 방을 돌로 쌓아서 붙여진 이름이다. 방은 한쪽 벽에 문을 만들고 이 문 앞으로 분구 밖과 연결되는 통로가 이어진다. 이 통로를 통하여 시차를 두고 추가로 주검을 안치할 수 있게 되며, 통로를 통해서 옆으로 주검이 안치되어서 횡혈식 장법이라고 하며, 추가 합장이 가능한 구조를 횡혈식 구조라고 한다. 고구려의 횡혈식 구조

무덤은 대부분 돌로 축조해서 석실이라고 하지만, 이 외에도 벽돌로 축조한 전실, 벽돌과 돌을 함께 이용한 전석혼축실도 있다.

석실의 분구는 흙으로 쌓아서 석실봉토분으로 부르지만, 석실을 생략하고 봉토분으로 부르기도 하며, 봉토 분구를 생략하여 석실분으로 부르기도 한다. 그러나 석실은 태왕릉이나 장군총과 같은 계단적석총에서도 확인되므로, 석실분이 꼭 석실봉토분을 의미하는 것은 아니다. 석실봉토분의 분구는 대부분 방형 평면이며 상부의 흙이 무너져 내려서 전체 형태는 상부가 둥근 방대형으로 보이지만 원래는 방추형에 가까웠을 것이다. 원형 평면의 반구형 분구도 있지만 많은 수를 점하지는 않으며, 대형분에서 원형 분구는 확인되지 않았다.

석실봉토분 중에는 돌로 기단을 만든 후 흙을 덮은 기단봉토분도 있다. 기단봉토분은 기단적석총과 마찬가지로 기단은 다듬은 돌로 방형 평면으로 쌓고, 기단 내부에 돌이나 흙으로 채워 평탄하게 만든다. 그리고 기단 위에 석실이 놓이고, 석실 주위와 위를 흙으로 쌓고 덮는다. 따라서 기단봉토분은 적석총의 기단 축조방법과 봉토 분구 축조방법이 결합된 무덤으로, 적석총과 봉토분의 결합형이라고 할 수 있다.

석실봉토분 중에는 석실 내부에 그림을 그려 장식한 벽화분도 있다. 벽화가 그려진 석실은 벽화가 없는 석실에 비해 석실의 규모가 크고 구조도 복잡하며 천장 가구도 여러 방법이 함께 사용된다. 그렇기 때문에 그간 석실봉토분은 주로 벽화분을 중심으로 연구가 진행되었다. 벽화분을 통해서 석실봉토분의 기원과 변천 과정을 설명하기도 하고, 벽화에 대한 자세한 관찰로 당시 생활상과 사회상 등 여러 측면에서의 연구가 이루어졌다. 벽화뿐 아니라 벽화분은 건축기술에서도 창조성과 예술성을 보여준다는 평가를 받고 있다.

이처럼 석실봉토분에 반영된 사회적 의미는 적석총과 차이가 있다. 적석총은 무기단, 기단, 계단 등 지상에 드러난 분구 형태가 사회 내 위계를 상징하지만, 석실봉토분은 분구의 규모, 석실의 규모와 구조, 묘실 벽화 등이 사회 내 위계를 보여준다. 그러한 점에서 석실봉토분은 매장부 지향적인 묘제라고 할 수 있다.

1. 석실

　석실봉토분의 분구는 방형 평면의 방추형 또는 방대형이어서 형태에서 보이는 차별성은 없지만, 방대형 봉토 분구는 반구형의 백제 석실이나 신라, 가야 석실분과 구별되는 고구려의 특징이라고 할 수 있다. 무엇보다 고구려 석실봉토분의 큰 특징은 석실에 있다. 석실이 다양하고 복잡한 양상을 띠어서 석실봉토분은 석실의 구조를 기준으로 형식을 나누고, 시간에 따른 형식 변화로 석실 구조의 변화를 설명한다. 특히 석실 구조의 변화는 벽화분에서 잘 보이는데, 단칸과 여러 칸 구조가 병존하다가 차츰 여러 칸 구조가 줄어들면서 단칸구조로 변화한다.

1) 축조방법

　석실의 축조는 먼저 지면이나 반지하에 목탄과 점토 또는 돌이나 삼합토 등을 켜켜이 다져서 석실의 기초를 다진 후 그 위에 백회를 바르거나 점토를 발라서 바닥면으로 만든다. 그런 다음 그 위에 가공한 커다란 석재나 가공하지 않은 벽돌 크기의 할석으로 석실을 축조한다(그림1).

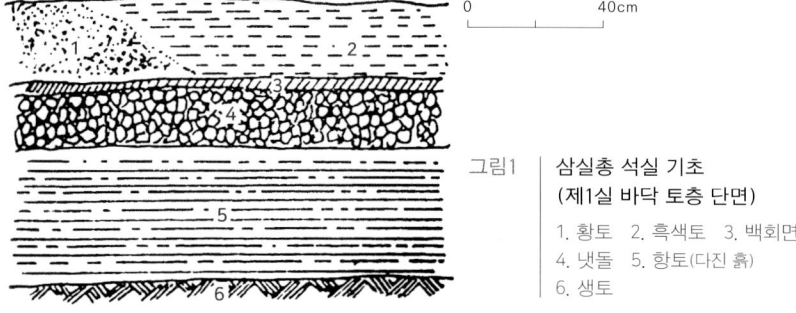

그림1 | 삼실총 석실 기초
(제1실 바닥 토층 단면)
1. 황토 2. 흑색토 3. 백회면
4. 냇돌 5. 항토(다진 흙)
6. 생토

 벽의 축조는 강서대묘나 강서중묘처럼 잘 가공된 석재를 이용하기도 하지만, 대부분의 석재는 전면 가공하기보다 벽으로 드러나는 면을 가공하거나 자연 절리면을 이용하여 벽을 축조한다(그림2). 벽은 대개 뉘어쌓기 방식으로 축조되며, 장대석을 뉘어쌓은 경우 큰 장대석을 아래에 작은 장대석을 위에 올려 쌓는다(장천2호분). 가공한 장대석재로 축조한 석실은 주로 대형분에서 관찰된다. 이러한 방식은 크기가 서로 다른 석재의 경우에도 적용되어서 큰 돌을 아래에 놓고, 작은 돌로 벽의 상부를 쌓는다(집안324호분). 깬돌(할석)으로 축조한 경우 크고 작은 돌 크기의 차이가 있지만, 전축분의 벽돌 쌓는 방식과 마찬가지 방식으로 긴 쪽을 뉘어서 쌓아올린다(안학동5호분). 벽돌을 쌓듯이 축조한 석실은 서북한 일대의 석실 축조에서 관찰되는 보편적인 방식이다. 황해도와 평양 일부 지역에서는 돌 대신 벽돌로 축조하기도 한다. 벽돌로 축조한 경우 천장부나 현실 입구의 문기둥이나 이맛돌, 문턱 등 문틀시설이나 천장의 상부에 벽돌 대신 돌을 사용한다. 영화9년명 동리묘가 벽 상부와 천장에 돌을 사용한 전석혼축실이다.
 석실은 반지하나 지상에 자리해서 석실의 벽과 천장을 축조하면서 흙으로 분구를 쌓아올렸고, 석실의 입구 부분을 제외한 분구의 나머지

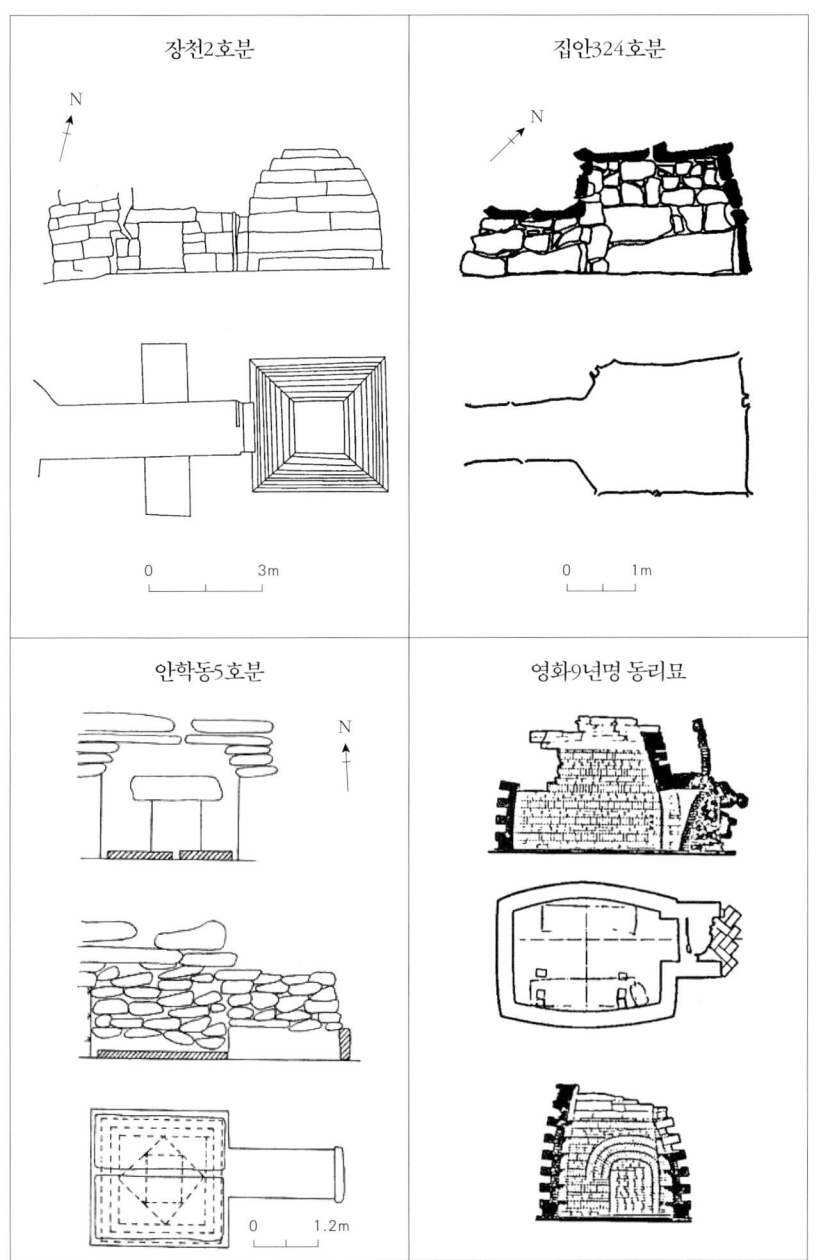

그림2 | 석실 벽 축조방식

부분을 축조한 후 맨 마지막에 입구를 막았을 것이다. 석실기단봉토분도 기단을 축조한 후의 석실 축조는 석실봉토분과 마찬가지 과정을 거쳤을 것이다.

2) 평면 구조

석실의 기본 구조는 주검이 안치되는 방과 통로로, 주검이 안치되는 방을 현실이라고 하고, 외부와 연결되는 통로를 연도라고 한다. 현실 한쪽 벽에 문이 있고, 문은 통로와 연결되며, 통로를 통해서 시간을 달리하며 추가로 매장이 이루어진다.

현실 내에는 주검이 안치된 목관이 놓이며, 목관을 올려놓을 수 있도록 관대가 마련되어 있다. 목관은 대개 두 기가 놓이지만, 세 기가 놓이기도 한다. 따라서 현실은 합장이 가능하도록 일정 길이와 너비 그리고 높이를 갖고 있어야 한다.

현실 중에는 한 변 길이가 1.5m 내외이거나 너비가 1m 미만으로 작고 좁아서 실질적으로 현실 내에 추가 합장이 가능하지 못한 경우도 있다. 이러한 경우 분구 내에 비슷한 규모의 석실이 2~3개 놓이기도 하는데, 이렇게 동일 분구 내에 여러 개의 매장부가 있는 무덤을 동분이혈합장(同墳異穴合葬)이라고 부른다.

그러나 대부분은 현실은 한 변 길이가 2m 내외이고, 너비는 1.4~5m 정도여서 추가 합장이 가능한 규모이다. 큰 현실은 한 변 길이와 너비가 3m를 넘으며, 경신리1호분의 경우 현실의 한 변 길이가 3.3~3.5m이고 높이는 3.5m로 높고 크다. 현실과 연결된 통로(연도)도 길이 5m, 너비 1.5m로 길다. 따라서 현실과 연도로 이루어진 대형 석실은 그 자체로 하나의 완벽한 건축물이라고 할 수 있다.

현실은 방형이나 장방형 평면이 중심이 된다. 길이는 비슷하지만 너비가 넓어지면서 현실의 평면은 장방형에서 너비가 넓어져 방형이 되고, 다시 너비가 더 넓어진 횡장방형 평면이 되어서 현실의 크기는 횡장방형, 방형, 장방형 순이다. 횡장방형 석실인 통구 오회분 4호분이나 5호분의 경우 현실 내에 관대가 3개 확인되고 있어서 현실 너비가 넓어지는 것은 추가 합장에 따른 결과로 볼 수 있다. 한편, 장방형 현실 중에는 현실의 너비가 좁아서 실질적으로 추가 합장이 불가능한 경우도 있다. 안악 오국리무덤이나 요동성총의 경우가 그 대표적인 예로 현실의 너비가 70~80cm 내외이다. 이러한 장방형 현실은 같은 분구 내에 여러 기의 매장부가 있는 동분이혈합장무덤에서 관찰된다.

연도는 현실의 한쪽 벽에 있다. 연도는 벽의 가운데에 있는 중앙연도와 오른쪽이나 왼쪽으로 치우친 편재연도 두 가지로 나뉘며, 중국에서는 중앙연도를 산형(鏟形), 치우친 연도를 도형(刀形)이라고 부른다. 연도 위치는 시간에 따라 변화하지는 않지만, 중국 동북지방인 집안·환인·통화 등지에서는 중앙연도와 왼쪽으로 치우친 편재연도가 우세한데 비해, 평양과 서북한 일대에서는 중앙연도와 오른쪽으로 치우친 편재연도가 비슷한 비중을 차지해서 지역에 따른 선호도 차이로 해석될 여지가 있다.

3) 천장 가구

완성된 건축물로서 석실봉토분을 특징 짓는 중요한 구조적 속성 중 하나가 천장 가구이다. 석실의 벽을 일정한 높이로 쌓고 그 위로 조금씩 안으로 들여쌓아서 천장부를 형성하였다. 천장부는 생활풍속도가 그려진 벽화분의 경우 석실 전체 공간의 반 정도를 차지할 정도로 높게 형성되었다. 천장을 높게 쌓아올렸음에도 무너지지 않고 분구로부터 오는 압력을 분산시킨 것은 고구려 석실의 탁월한 특징이며, 적석총과 함께 고구려의 높은 건축술을 보여주는 것이다. 특히 벽화분이 오늘날까지 잘 남아 있을 수 있었던 것은 견고하고 완전히 밀봉된 석실 축조에 있다고 할 수 있다.

천장부의 형성방법에 따라서 천장은 평천장, 고임식 천장, 궁륭상식 천장으로 나눌 수 있다(그림3).

평천장은 벽의 상부로 가면서 조금씩 들여쌓아 벽 상부의 너비를 좁힌 후 그 위에 커다란 돌 몇 매로 천장을 막은 것이다. 별도의 천장부가 형성되지 않아서 석실의 횡단면은 사다리꼴이나 네모난 형태가 된다. 평천장은 현실 폭이 좁은 장방형 평면이거나 횡구식 석실에서 많이 확인되며, 소형분에서도 다수 확인된다. 우산하742호분은 벽 위에 커다란 돌 몇 매를 덮었으며, 봉토분은 아니지만 대형 석실적석총인 우산하1041호분(우산하41호분)은 커다란 돌 한 매로 천장을 막았다.

고임식 천장은 일정 높이로 벽을 쌓아올린 후 천장부가 시작되는 곳에서 돌을 석실 내부쪽으로 한 단 한 단씩 고이면서 천장부를 줄여가며 높이 쌓은 방법이다. 현실 내부에서 천장을 올려 볼 때 보이는 모양에 따라서 고임식 천장은 몇 가지로 나뉜다. 평행고임은 네 변에서 일정한 폭으로 돌을 안으로 내밀면서 고여 쌓아 계단 모양이 된 것이다(장천1호분 현실, 통구12호분 오른쪽 현실). 삼각고임은 네 모서리를 귀접이 하듯이 네 변의 모서리에 돌을 고여서 현실 아래에서 올려 보면 네 모서리에 삼각형의 고임석이 보인다(집안1897호분 왼쪽 현실). 팔각고임은

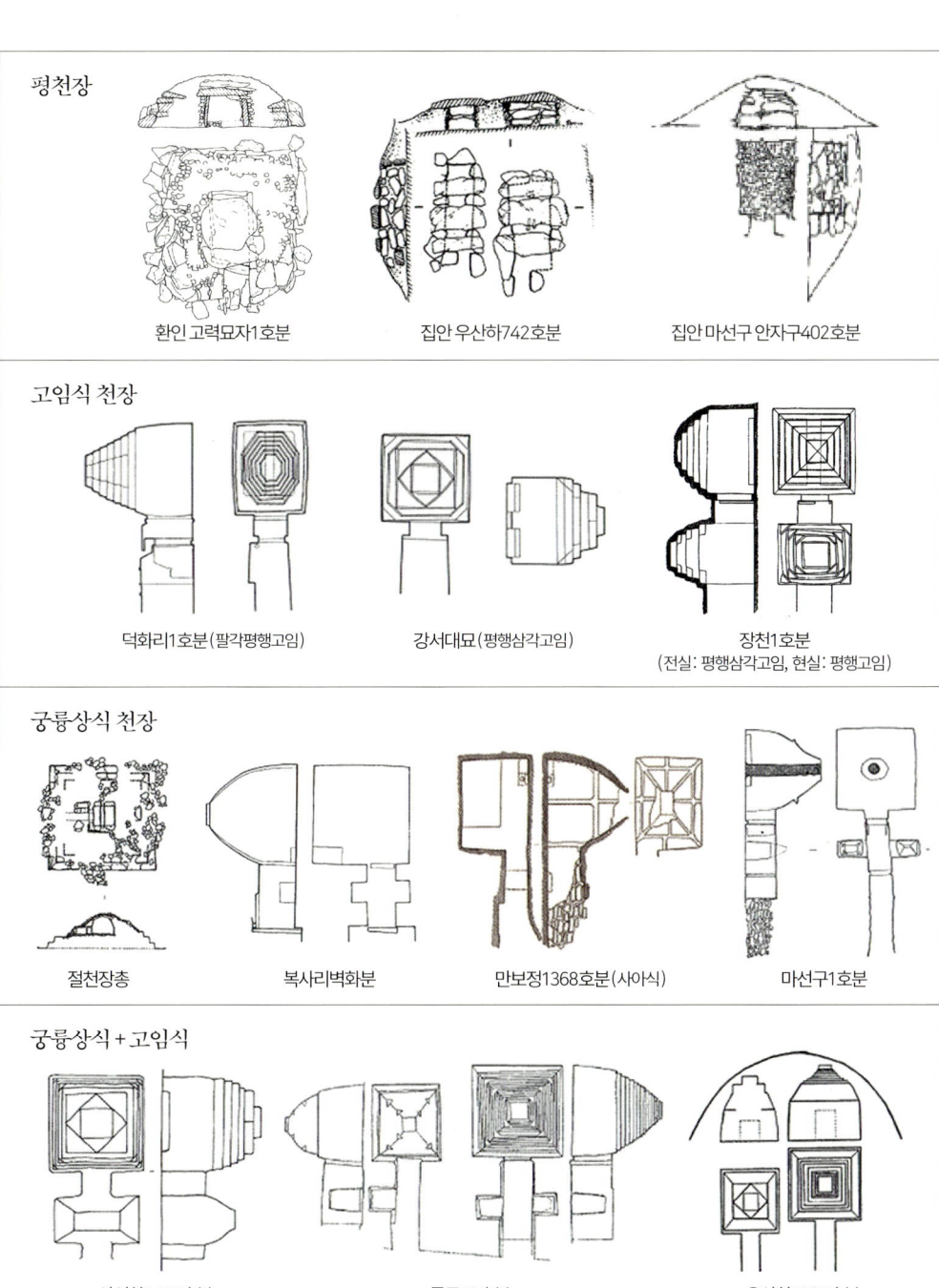

그림3 | 여러 천장 가구 (강현숙, 2013)

삼각고임과 비슷한 방식으로 고여서 아래에서 보면 천장의 평면이 팔각형이 되도록 고인 것으로 계단상의 팔각형 평면 천장이다(덕화리1호분). 고임 단이 많을수록 천장부는 높게 형성된다. 고구려 석실에서 가장 많이 사용되는 것은 2~3단의 평행고임 위에 1~2단의 삼각고임을 하여 천장부의 면적을 줄인 후 1매의 돌로 천장을 막은 것이다(강서대묘). 평행삼각고임으로 불리는 이러한 천장 가구는 벽돌무덤에서는 보이지 않지만, 이른 시기 벽화분인 안악3호분은 평행삼각고임천장이어서 고구려에서 석실의 축조에는 벽돌무덤과는 다른 기술 계통이 있었음을 시사한다.

궁륭상식 천장은 네 벽의 모서리를 죽이면서 조금씩 안으로 들여서 둥글게 쌓아올려 천장 상부의 면적을 둥글게 좁혀가는 방식이다(복사리벽화분, 마선구1호분). 그렇지만 천장이 반구상으로 둥글게 되지 않는 경우, 이를 궁륭상식과 구별하여 네 모서리의 선이 살아있는 것을 사아식 천장으로 부르기도 한다(만보정1368호분, 통구12호분 좌실). 엄격하게 적용하자면 고구려 석실의 궁륭상식 천장은 대부분 사아식이다. 절천장은 사아식처럼 올라가다가 중간에 급하게 경사를 줄여서 천장을 마무리한 것으로, 사아식이나 궁륭상식과 구별하여 절천장으로 부른다(절천장총, 산성하1408호분 전실). 사아식이나 절천장은 계단석실적석총에도 사용된 천장 가구이다(절천장총).

4) 공간 구성

석실봉토분은 현실과 연도 외에 별도의 공간 유무에 따라서 공간 구성이 다양하다. 가장 많은 수를 점하는 것은 하나의 현실에 연결된 하

그림4 | 석실의 공간 구성(덕흥리벽화분)

나의 연도로 이루어진 단칸구조이고, 별도의 공간을 가진 석실은 벽화분이나 대형분에서 주로 확인된다. 이 외에도 현실이 두 개 이상의 복수인 경우도 있다. 이처럼 석실의 공간 구성은 현실의 수와 별도의 공간 유무, 그리고 연도의 조합에 따라서 나누어볼 수 있다(그림5).

단칸구조는 석실봉토분의 대부분이 이에 해당된다. 현실과 연도 각 하나로 구성된 가장 간단한 구조이지만, 현실의 평면 형태와 연도의 위치 조합에 따라 평면형은 다양하다. 가장 많은 수를 점하는 것은 방형 현실+중앙연도 무덤이며, 가장 적은 비중을 차지하는 것은 횡장방형 현실+중앙연도 무덤이다. 여러 평면구조 가운데 가장 많은 것은 방형 현실에 중앙연도, 천장은 평행삼각고임이다. 한편, 석실봉토벽화분에서는 중앙연도가 많은 비중을 차지해서 현실은 방형, 장방형, 횡장방형 평면 순이며, 일부 장방형 현실에서는 오른쪽으로 치우친 연도도 있다. 그중 장산동 1호분과 2호분은 장방형 현실, 중앙연도의 벽화분이며, 태성리2호분은 장방형 현실, 오른쪽으로 치우친 연도, 그리고 현실 좌우에 벽감이 있는 벽화분이다. 사신도 벽화분은 대부분 방형 현실, 중앙연도 구조이다.

두칸구조는 하나의 현실과 통로로 연결된 별도의 공간 하나가 더해진 구조이다. 별도의 공간은 현실과 연도 사이에 위치한다. 현실은 주검이 안치된다는 측면에서 주실(主室), 또는 뒤에 있다고 보아서 후실(後室)로 부르고, 현실 앞에 있는 별도의 공간을 앞칸 또는 전실(前室)이라고 부른다. 따라서 두칸구조는 현실과 전실 또는 주실과 전실, 후실과 전실로 구성된다. 현실이나 전실의 한쪽 벽 또는 양쪽 벽에 별도의 작은 방이 달리기도 한다. 이 작은 방을 곁칸 또는 측실(側室)로 부르며, 양쪽에 대칭되는 경우 사람의 신체에 비유해서 이실(耳室)로 부르기도 한다.

평양 지경동 1호분과 2호분을 제외한 대부분의 두칸구조는 벽화분이다. 두칸구조의 다수를 차지하는 것은 방형 현실이며, 장방형 현실의 두칸구조 무덤은 드물다. 전실은 종장방형, 방형, 횡장방형 등 다양하다. 예외적인 구조로, 태성리1호분은 장방형 현실에 전실과 현실이 통로로 연결되지 않고, 현실에서 전실로 통하는 입구 중앙에 기둥을 세우고, 전실은 북벽 양측 끝에 벽감을 만들었다. 또한 안악3호분은 회랑으로 공간이 구획된 두칸구조로, 현실을 돌아가며 회랑이 있는 무덤으로는 안악3호분과 태성리3호분 두 기가 보고되었다. 안악3호분은 방형 현실에 회랑이 현실을 ㄱ상으로 돌아가며, 현실과 전실은 기둥으로 구획되어 있고, 전실 좌우에 통로로 연결된 측실이 있으며 연실과 연도로 구성되었다. 태성리3호분은 안악3호분과 같으나 회랑이 현실을 ㄷ상으로 돌아간다.

별도의 통로로 연결된 공간은 아니지만, 긴 연도의 좌우 벽을 파고 들어가서 별도의 방을 만든 경우 연도와 좌우의 공간이 마치 현실 앞에 횡장방형의 전실이 있는 것처럼 보인다. 현실과 전실이 통로로 연결된 두칸구조와 구별되므로 연도 좌우에 측실이 있는 이러한 구조는 유사두칸구조라고 할 수 있다. 유사두칸구조인 통구분지의 절천장총, 산성하725호분은 벽화가 있는 계단석실적석총이며, 산성하983호분과 산성하332호분은 석실봉토벽화분이다. 위원 사장리1호분도 유사두칸구조의 계단석실적석총이며, 평양 대성산성, 안학궁 부근의 석실봉토분인 고산동15호분도 유사두칸구조이다.

두칸구조는 현실과 전실, 연도가 일렬로 배치되어 있으며, 현실 평면과 전실 평면, 연도 위치의 조합에 따라 다양한 양상을 보인다. 가장 많은 것은 방형 현실, 횡장방형 전실, 중앙연도이며, 장방형 현실의 좌우편재연도와 횡장방형 현실의 경우 별도의 공간을 가진 석실은 아직 보고되지 않았다. 이처럼 현실은 하나이나 별도 공간이 더해진 두칸구조는 벽화분에서 주로 많이 관찰되지만, 평성 지경동 1호분이나 2호분, 집안 모두루총은 벽화가 없는 두칸구조이다.

현실이 두 개 이상인 경우는 고구려 고분에서 드물다. 현실 두 개와 연도 하나로 구성되거나 현실 세 개와 현도 하나로 구성되기도 한다. 우산하2174호분은 현실 두 기가 통로로 연결되어 좌우로 나란하고, 우측 현실의 좌편재연도를 통하여 좌우 현실에 주검이 매장되었을 것이다. 좌우 현실은 모두 방형 평면이다. 삼실총은 세 개의 방형 현실이 통로로 연결되었다. 좌측이 되는 북편으로 현실 두 개가 통로에 의해 종으로 연결되고, 위쪽에 위치한 현실의 오른편 통로를 통해서 우측(남편) 현실이 연결된다. 연도는 우측 현실의 중앙에 있어서, 연도를 포함한 전체 평면은 ㄇ상 배치이다. 각 현실은 방형이다.

복수 현실	두칸구조	
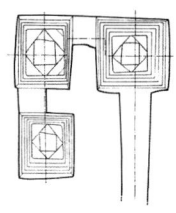 요동성총	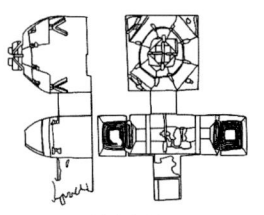 천왕지신총	장천1호분
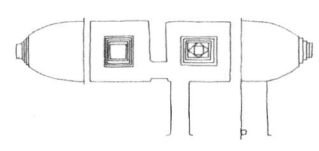 삼실총	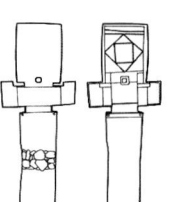 태성리1호분	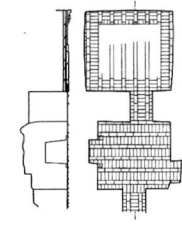 평양역전이실분
우산하2174호분	안학3호분	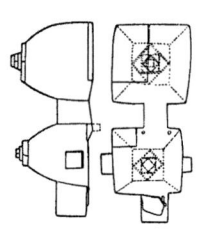 약수리벽화분
	현실＞전실 방형 현실, 종장방형·방형 전실, 중앙연도: 고산동7호분, 고산동10호분, (전)동명왕릉 **현실≦전실** - 방형 현실, 장방형·방형 전실, 중앙연도: 장천1호분, 장천2호분, 약수리벽화분, 덕흥리벽화분, 모두루총, 감실총, 동암리벽화분 - 방형 현실, 세횡장방형 전실, 중앙연도: 천왕지신총, 용강대총, 간성리연화총 - 장방형 현실, 세횡장방형 전실, 중앙연도: 태성리1호분	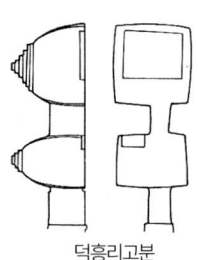 덕흥리고분

그림5 | 고구려 석실봉토분의 공간 구성(ⓒ강현숙)

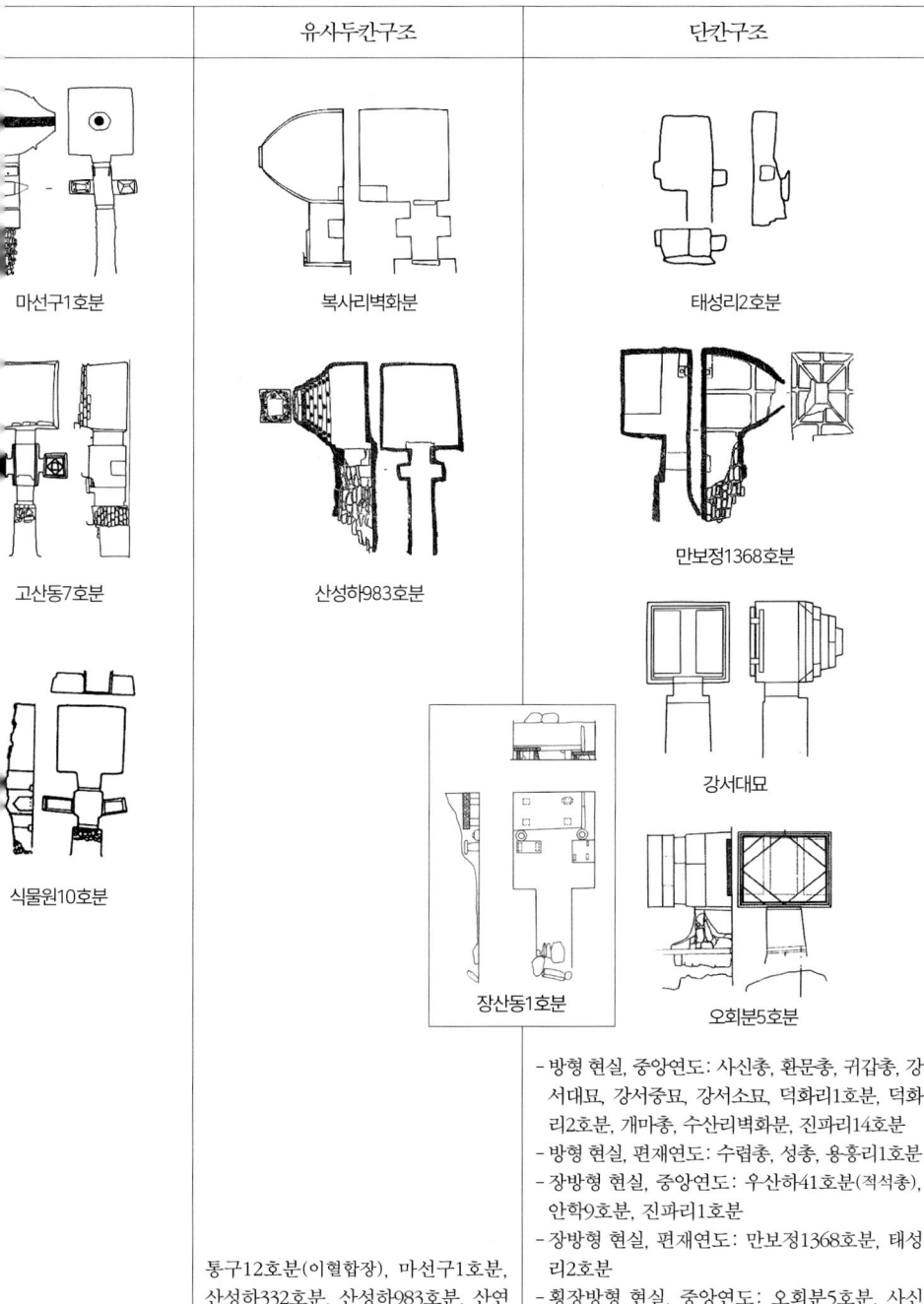

	유사두칸구조	단칸구조
마선구1호분	복사리벽화분	태성리2호분
고산동7호분	산성하983호분	만보정1368호분
식물원10호분	장산동1호분	강서대묘
		오회분5호분
	통구12호분(이혈합장), 마선구1호분, 산성하332호분, 산성하983호분, 산연화총, 산성하725호분, 산성하1407호분, 절천장총(적석총)	- 방형 현실, 중앙연도: 사신총, 환문총, 귀갑총, 강서대묘, 강서중묘, 강서소묘, 덕화리1호분, 덕화리2호분, 개마총, 수산리벽화분, 진파리14호분 - 방형 현실, 편재연도: 수렵총, 성총, 용흥리1호분 - 장방형 현실, 중앙연도: 우산하41호분(적석총), 안학9호분, 진파리1호분 - 장방형 현실, 편재연도: 만보정1368호분, 태성리2호분 - 횡장방형 현실, 중앙연도: 오회분5호분, 사신총, 운용리벽화분, 호남리사신총 - 횡장방형 현실, 치우친 중앙연도: 오회분4호분

현실 네 개가 옆으로 나란히 배치되고 그 앞으로 긴 횡장방형의 전실이 있고, 짧은 연도가 두 개 있는 구조도 있다. 요동성총이 이러한 구조로, 짧은 연도 두 개와 가로로 긴 횡장방형 전실, 그리고 주검이 안치되는 관실 4칸이 병렬 배치된 무덤이다. 통념적으로 현실은 두 차례 이상의 추가 합장이 전제된 구조인 데 비해 요동성총의 현실 각각은 너비가 좁아서 관이 하나 정도 들어갈 크기여서 합장이 불가능하여 관실(棺室)이라고 할 수 있다. 너비가 가장 넓은 서측이 1.12m이고 나머지 3칸은 0.8m, 0.86m, 0.88m로 관 하나가 들어갈 수 있는 공간이다. 따라서 요동성총은 나란하게 배열된 4개의 관실이 하나의 긴 횡장방형 전실을 공유한 관실 병렬 배치 무덤이다. 이러한 구조는 고구려에서 유례가 없는 이질적인 것이나 중국 요령성 요양 일대의 후한 말~위·진대에 걸친 벽화분에서 확인되고 있어서 고구려와 중국 동북지방과의 교류를 시사한다.

이 외에도 중국 연구자들이 석붕형으로 부르는 석실도 있다. 석붕형 석실은 판상석 1~2매를 이용하여 벽을 세우고, 그 위에 커다란 돌을 덮어서 천장을 하였다. 한쪽 단벽을 입구로 한 전체적인 모습이 마치 북방식 지석묘와 같아서 중국에서는 석붕형(石棚形) 석실이라고도 한다. 이로 인해 고구려 석실분의 기원을 청동기시대 지석묘에서 구하기도 하지만, 석붕형 석실의 대부분은 분구가 돌인지 흙인지 알 수 없는 경우가 많아서 동실묘 또는 봉석묘와 구분이 쉽지 않다.

태왕릉의 배총 외에도 환인, 관전, 봉성 등지에서는 석붕형 석실이 소형 무기단적석총의 매장부로 확인되기도 하지만, 서북한의 경우는 조금 다르다. 용강군 황산 남쪽 기슭의 이실총, 삼실총, 칠실총 등은 봉토가 멸실되어서 지상에 드러나 석실은 판상석재로 축조되어서 마치

그림6 | 석봉형 석실

1. 황산 남쪽 기슭 칠실총(『高句麗時代之遺蹟 下冊』)
2. 함경북도 부거리의 판상석재 발해 석곽(ⓒ국립중앙박물관)

개석이 없어진 북방식 지석묘와 같은 형상이다(사진2). 이러한 구조적 유사성으로 인해 지석묘를 고조선의 묘제로 보고 있는 북한에서 고구려 석실이 고조선 묘제를 계승하였다는 주장(주영헌, 1962)을 한 것으로 추정된다. 한편, 이러한 판상석재를 이용한 석곽은 함경북도의 발해 석곽에서도 관찰되어서(국립중앙박물관, 1998) 이에 대해 관심을 기울일 필요가 있다.

5) 그 외 시설

석실 내에서는 주검 안치와 관련하여 관을 올려놓는 관대(또는 관상) 외에도 돌로 만든 상(床)과 돌기둥(石柱) 등이 확인된다.

관대는 관을 받치는 받침대로, 깨진 돌로 만들거나 거대한 판상석을 이용하기도 한다. 경신리1호분에서는 관 받침대 아래에 받침돌이 있어서 관상(棺床)으로 부르기도 한다. 대개는 현실 내에 연도 방향과 일렬로 관대가 두 기 놓이며, 장방형 현실, 중앙연도 석실에서는 연도를 중심으로 양쪽에 나뉘어 있으며, 편재연도인 경우 연도의 반대쪽 장벽에 관대가 하나 놓인다. 보편적이지는 않지만 덕흥리벽화분에서는 현실의 북벽쪽으로 연도 방향과 직교하여 관대가 한 개 놓이는데, 관대의 폭이 넓어서 두 기의 목관이 나란히 놓일 만한 크기이다.

석상(石床)은 현실과 전실로 구분된 방에서는 전실에, 현실 하나만 있는 단칸구조 무덤에서는 현실 입구 쪽에 있다. 석상의 용도는 정확히 알 수 없지만 놓여 있는 위치로 볼 때 제상으로서의 기능을 생각할 수 있다. 두칸구조의 석실인 약수리벽화분, 팔청리벽화분, 동암리벽화분, 덕흥리벽화분, 복사리벽화분에서 석상이 확인되었다. 덕흥리벽화분은

그림7 | 석실 내 돌기둥

1. 안악3호분(조선유적유물도감, 1993)
2. 쌍영총(ⓒ국립중앙박물관)

전실의 서측으로 북벽에 그려진 남자 주인공 앞에 석상이 하나 놓여 있어서 배례나 제의와 관련된 시설로 추정된다. 단칸구조의 장산동1호분과 장산동2호분에서는 장방형 현실의 장축과 직교하게 관대가 놓이고, 각 관대 앞에 석상 한 기가 놓여 있어서 제의와 관련된 시설물로 추정한다. 석상은 사신도 벽화분인 통구사신총에서도 확인된다.

  돌기둥은 단칸구조나 두칸구조의 현실이나 전실 내부 혹은 현실과 전실 사이 통로에 있어서 공간을 분리하는 역할과 함께 천장석을 받치는 역할을 하였다(그림6). 공간을 분리하는 역할은 안악3호분과 태성리1호분에서 확인된다. 안악3호분에서는 모양을 달리하는 여러 개의 기둥이 전실과 현실 공간을 분리하였고, 단칸구조의 장산동 1호분과 2호분은 현실 내에 기둥을 세워 주검이 안치된 관대와 석상의 공간을 분리하였다. 집안 마선구1호분 현실 중앙에 있는 돌기둥은 현실 공간을 둘로 나누는 역할과 함께 천장석을 받치는 역할을 한다. 전실과 현실 사이의 통로에서 장식성이 더해진 상징적 역할의 돌기둥은 팔청리벽화분과 쌍영총에서 확인된다. 이 중 쌍영총은 용이 그려진 팔각기둥이 통로 좌우에 하나씩 세워져 있는 데서 무덤의 이름이 유래되었다.

2. 석실봉토분의 출현과 변천 과정

1) 석실봉토분의 출현

  석실봉토분은 일찍부터 고구려 묘제였던 적석총과는 구조와 장법이 전혀 다르다. 가시적으로 드러나는 지상의 분구가 돌과 흙이라는 축조재료에서의 차이뿐 아니라 매장방식과 그에 따른 매장부 구조도 다르다. 일제강점기에 적석총과 석실봉토분 두 무덤의 기원이 다르다고 생각한 것도 두 무덤의 차이 때문일 것이다.

이처럼 적석총과 석실봉토분을 별개의 묘제로 인식하였기에, 석실봉토분의 등장과 관련하여 지석묘 기원설, 서역 영향설, 그리고 중국 영향설 등 여러 견해가 제기되었다. 지석묘 기원설은 북방식 지석묘의 실질적 매장부 역할을 하는 지석의 형태와 매장방식이 석실과 유사하다는 점이 근거가 되었다. 실제 북방식 지석묘와 유사한 형태를 보이는 판상석 1~2매를 이용하여 축조한 석실은 황산의 남쪽 기슭에서 보인다. 그러나 판상석으로 축조한 횡구식 구조의 석실은 고구려에서 유행한 보편적인 석실은 아니다. 북방식 지석묘와 석실봉토분을 연결시키려면, 북방식 지석묘에서 석실봉토분으로의 시간적 공백에 대한 설명이 필요하다.

서역의 영향을 강조하는 설(도유호, 1959)은 안악3호분 조사가 계기가 되었다고 할 수 있다. 안악3호분의 기둥을 세운 석실 구조와 평행삼각고임 천장 가구 또는 벽화에 묘사된 눈이 크고 코가 높은 서역인의 모습이나 서역계 기물 등 벽화에 표현된 제재에 근거하여 서역과의 관련을 설명한다. 고구려와 서역의 교류는 문헌기록뿐 아니라 고구려 벽화분 여러 곳에서 확인된다(박아림, 2008; 전호태, 2012). 그러나 서역이라는 개념이 모호하여 서역으로부터 영향을 받은 배경이나 경로에 대해서는 구체적으로 설명되지 않는다. 따라서 고구려의 물질문화에서 서역과의 교류가 있었음은 충분히 상정되지만, 서역의 영향으로 석실봉토분이 등장하였다고는 단정하기 어렵다.

중국 영향설도 마찬가지이다. 일제강점기부터 낙랑을 염두에 두고 고구려 석실봉토분의 등장이 중국 한 문화의 영향을 받을 것으로 보았다. 횡혈식 장법이 일찍부터 중국에서 유행하였기 때문에 중국과의 관련성을 인정할 수도 있다. 그러나 고구려의 석실봉토분은 중국의 벽돌무덤이나 낙랑의 벽돌무덤과는 무덤 축조와 그에 반영된 관념에서 차이가 있다. 먼저 축조재료에서 돌과 벽돌이라는 차이가 있다. 무덤을 축조하는 데 있어서 중국이나 낙랑의 벽돌무덤은 지하에 벽돌방이 위치하므로 지상의 봉토 분구와 벽돌방이 서로 분리된다. 이에 비해 고구려의 석실무덤은 지상이나 반지상에 석실이 놓여서 지상의 분구 중에 석실이 위치하게 된다. 이는 주검 안치가 지하로 들어가는지 혹은 지상에 놓이는지의 차이이기도 하며, 매장 관념의 차이이기도 하다. 따라서 관념의 수용과 석실의 축조는 구분해서 볼 필요가 있다.

한편, 중국 동북지방, 특히 요양 일대 석실봉토벽화분을 고구려 석실봉토분의 등장과 연결시키기도 한다(東潮, 1997). 요양 일대는 중국 동북지역에서 후한대 이후 위·서진대 벽화분의 중심지이며, 요양 일대의 벽화분은 벽돌무덤이 아닌 석실분이다. 특히 요동성총이 요동 일대 벽화분과 유사구조여서 고구려 석실봉토분을 요양 일대 석실벽화분의 영향으로 보았다. 그렇지만 요동성총은 고구려에서 예외적인 석실 구조이고, 요양 일대 석실벽화분은 관실이 병렬 배치된 구조로 현실와 연도로 구성된 고구려와는 차이가 크다(강현숙, 2002). 따라서 고구려 석실봉토분의 등장을 요양 일대 벽화분과 결부시켜 중국 동북지방의 영향이라고 설명할 수 없다. 따라서 서역이나 중국 어느 특정 지역에서 단선적으로 전해졌을 것이라는 전파론적 해석은 다시 생각해봐야 한다.

적석총에서 석실봉토분으로의 변화가 자생적이라는 주장은 주로 북한 연구자에 의해 제기되었고 북한 학계의 공식 입장이다(손수호, 2001;

정백운, 1957; 정찬영, 1967; 주영헌, 1963). 매장부 구조에 초점을 두자면, 적석총 수혈식 장법의 매장부 구조(목관, 목곽, 목실, 목개석실) 등에서 석실로의 계기적 발전이 설명된다. 따라서 적석총에서 봉토분으로의 변화를 일률적으로 설명하기보다는 해당 지역의 선행 묘제와 관련하여 살필 필요가 있다. 따라서 적석총의 중심 분포지가 아닌 서북한과 적석총의 중심 분포지인 집안 일대 등 지역을 나누어 볼 필요가 있다.

고구려 고분에 대한 조사가 늘어남에 따라 돌로 기단을 만든 후 흙으로 덮은 기단봉토석실분이 확인되었고, 적석총 중에서도 석실을 매장부로 한 무덤이 적지 않게 확인되었다. 석실은 횡혈식 장법을 전제로 한 구조로, 고구려의 횡혈식 장법 무덤은 석실 외에 벽돌로 축조하거나 벽돌과 돌을 함께 사용하여 축조된 경우도 있다. 적석총이 중심 묘제였던 국내도성 일대에서는 석실적석총과 석실봉토분이 함께 축조되었고, 서북한 지역은 고구려가 진출하기 전인 2세기부터 횡혈식 장법의 벽돌무덤이 축조되었다. 이렇듯 서북한 지역과 중국 집안 국내도성 두 지역에서 석실은 선행 묘제와의 관련 속에서 출현하였으므로, 고구려 석실의 출현을 어느 한 지역에서 먼저 등장하여 다른 지역에 영향을 주는 단선적인 과정으로 설명할 수 없다.

2) 석실봉토분의 변천 과정

석실봉토분은 해당 지역의 선행 묘제와의 관련하에 출현해서, 초창기에는 지역별로 구조상 차이가 있으나 시간이 흐름에 따라서 차이가 줄어들면서 전 영역에서 비슷한 구조의 석실봉토분이 축조되었다. 따라서 석실봉토분의 변천은 고구려 무덤의 전형이 마련되는 과정이라고 할 수 있다.

국내도성 일대에서 확인 가능한 이른 시기의 석실은 계단적석총에서 먼저 확인되며, 이어 봉토분에서 확인된다. 계단적석총으로는 만보정242-2호분을, 석실봉토분으로는 만보정1368호분을 들 수 있다. 만보정242호분은 4기의 계단적석총이 연접된 무덤으로, 그중 두 번째 조성된 만보정242-2호분은 천장이 확인되지 않았지만 방형 현실, 우편재연도를 가진 목개석실이다. 무덤에서 출토된 덮개방울이나 재갈로 미루어 연대는 3세기 말이나 4세기 초로 비정된다. 만보정1368호분은 장방형 현실, 우편재연도를 가진 석실이며, 석실 내부에 기둥과 들보를 그려 넣은 벽화분으로 4세기 중엽으로 비정된다.

이와 달리 서북한 일대의 석실 가운데 연대를 알 수 있는 무덤은 평양 영화9년명 동리묘(353년)와 황해도 안악 로암리무덤(342년)과 장무이무덤(348년) 그리고 석실봉토벽화분인 안악3호분(357년) 등이 있다. 안악3호분은 회랑을 가진 두칸구조의 석실이고, 로암리무덤과 영화9년명 동리묘는 벽돌이 주 축조재료이며, 장방형 현실, 우편재연도의 단칸구조이고, 장무이무덤은 배가 부른 방형 평면의 현실과 연도 좌우에 횡장한 측실을 가진 유사두칸구조이다.

이처럼 비슷한 시기에 지역을 달리하며 축조되었던 석실 혹은 전실(塼室)의 다양한 양상은 해당 지역 선행 묘제와 관련이 있을 것이다. 적석총이 선행 묘제인 국내성 일대에서 전통적으로 행해졌던 수혈식 장법의 목곽에서 횡혈식 장법을 받아들여 목실로 변화하고, 목실이 적석총의 매장부로 자리하면서 차츰 목개석실, 석실로 변하는 과정을 겪었을 것이다. 한편, 만보정1368호분처럼 서북한 지역 벽돌무덤의 영향으로 완성된 석실봉토분이 새로운 묘제로 등장하였을 것이다. 반면, 낙랑군과 대방군하에 있었던 서북한 일대는 고구려 진출 이전부터 횡혈식 장법의 벽돌이나 돌로 축조한 봉토분이 축조되었던 곳이다. 이 지역에서는 4세기 중엽 돌이 벽돌을 대체하면서 석실봉토분이 주로 축조되었다. 황해도와 일부 지역에서는 벽돌을 사용한 전실봉토분이나 벽돌과 돌을 함께 사용한 전석혼축실봉토분이 5세기 초까지 축조되면서 석실봉토분과 병존하였다.

따라서 고구려에서 석실봉토분은 횡혈식 장법이 수용되고, 낙랑군과 대방군이 축출되는 4세기를 경과하면서 출현하였고, 석실이 적석분구와 봉토 분구의 매장부로 채용되면서 묘실 벽화도 수용되어 고구려의 성장과 함께 각 지역으로 확산되었을 것이다. 그러므로 적석총에서 석실봉토분으로의 전환은 단절적이지 않고 계기적이었다고 할 수 있으며, 어느 특정 한 곳의 영향으로 석실봉토분이 등장한 것도 아니다.

석실봉토분이 등장하여 확산되기 시작하는 4세기는 고구려가 낙랑군과 대방군을 축출하고, 서북한 일대로 본격적으로 진출하기 시작한 시기이다. 선행 묘제가 서로 달랐던 국내도성과 서북한 지역의 등장기 석실이 차이가 있듯이, 국내도성이 있는 집안 통구분지와 고구려 영역에 새로 편입된 서북한 지역의 석실봉토분은 대략 세 단계로 나누어 설명할 수 있다(그림8).

첫 번째 단계는 국내도성에서 횡혈식 장법을 수용하는 시기이다. 이 시기는 횡혈식 장법을 수용하여 석실봉토분이 등장하기 전까지로 대략 3세기 말부터 4세기 중엽까지이다. 석실은 방형과 장방형 현실, 중앙과 우편재연도의 단칸구조이다. 서북한 일부 지역에서는 전실봉토분이나 전석혼축실봉토분이 축조되기도 하지만, 대체적인 경향은 벽돌

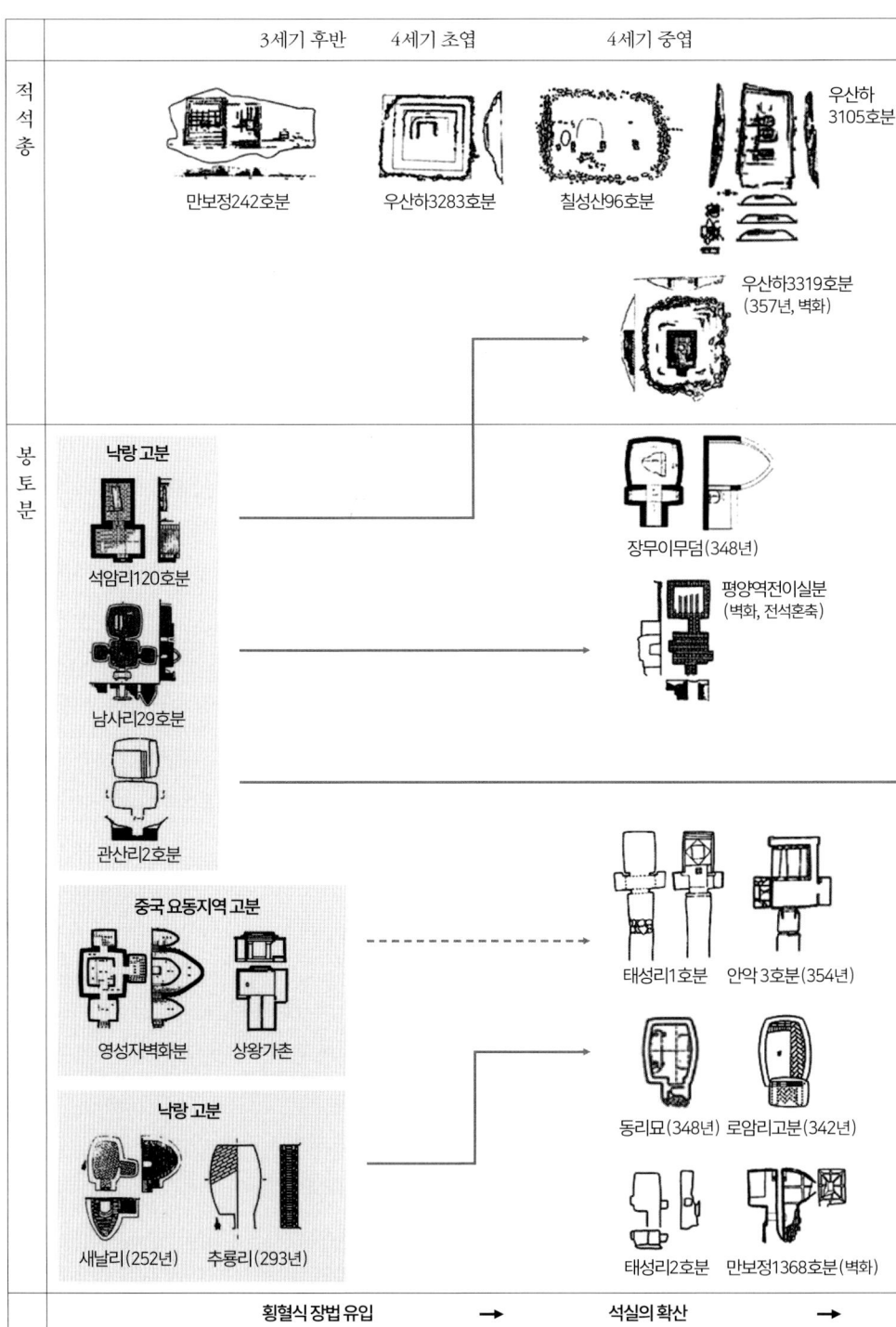

그림8 | 석실봉토분 전개 과정(ⓒ강현숙)

|세기 | 6세기

석총

절천장총

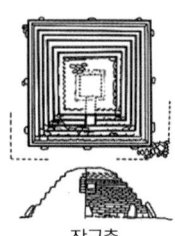
장군총

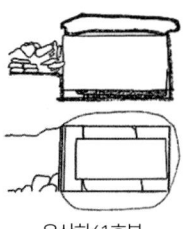
우산하41호분

화분

구1호분

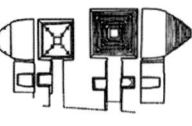
통구12호분

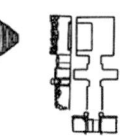
고산동15호분

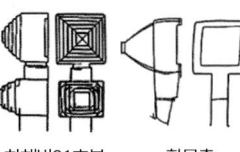
하해방31호분   환문총

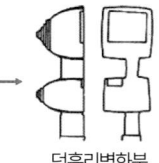
덕흥리벽화분
(408년)

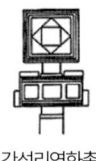
간성리연화총

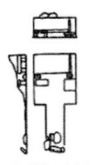
장산동1호분

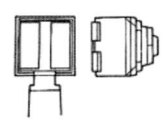
강서대묘

단봉토분

(전)동명왕릉
(구 진파리10호분)

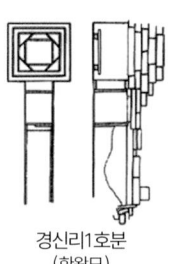
경신리1호분
(한왕묘)

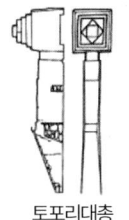
토포리대총

호남리사신총

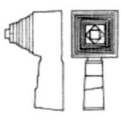
진파리4호분

양한 구조의 석실 병존 → 석실의 제일성 확립

에서 돌로 축조재료가 변화한다는 것이다.

　두 번째 단계는 석실봉토분의 확산기이다. 4세기 중엽에서 5세기 말까지의 긴 기간으로, 석실적석총과 석실봉토분, 여기에 묘실 벽화가 더해진 벽화분이 병존하는 횡혈식 묘제의 병존기라고 할 수 있다. 국내도성에서는 석실을 매장부로 하는 여러 형태의 무덤이 병존하지만, 5세기를 경과하면서 차츰 석실적석총은 줄어들고 석실봉토분이 확대되어 간다. 서북한 일대에서는 벽돌무덤을 축조하였던 기술적 기반 위에서 석실봉토분에 벽화 요소가 더해져 석실봉토분과 석실벽화봉토분이 병존한다. 특히 석실벽화봉토분은 석실의 평면 구조와 공간 배치가 다양해서 단칸구조 외에도 여러 칸 구조가 축조되었다. 이러한 다양한 양상은 5세기를 경과하면서 국내도성 일대에서는 초대형 계단석실적석총을 정점으로 계단석실적석총과 석실봉토벽화분이 상위 무덤으로 자리하였고, 지방 각지에서는 석실봉토벽화분이 대형분으로서 최상위 무덤이 되었다.

　세 번째 단계는 6세기 이후로, 확대된 고구려 전 영역에서 석실봉토분이 축조되고 현실과 연도의 단칸구조로 석실봉토분에서 제일성이 확립된 시기이다. 이 시기에는 국내도성이 자리한 집안 통구분지에서도 대형 석실적석총이 더 이상 축조되지 않는다. 또 왕도와 지방 각지에서 축조된 석실봉토분은 모두 현실과 연도로 이루어진 단칸구조여서 분구뿐 아니라 매장부 구조에서도 정형화된 모습을 보인다. 특히 사신도가 그려진 석실봉토분이 계단석실적석총을 대신하여 최상위 무덤으로 자리하였다. 최상위 무덤에서는 방형 현실과 중앙연도, 평행삼각고임구조가 선호되었으며, 이와 유사한 구조의 석실봉토분이 지방 각지에서 축조되었다. 따라서 왕을 정점으로 묘제에서의 제일성이 확립되었다고 할 수 있다.

요컨대, 고구려에서 석실봉토분은, 선행 묘제인 적석총에 횡혈식 장법이라는 관념의 유입, 이를 구현할 수 있는 축적된 기술의 바탕 위에 석실, 봉토, 묘실 벽화라는 새로운 요소가 결합되어 다양한 양상을 띠고 등장했다가, 차츰 석실봉토분이 확대된 고구려 전 지역에서 축조되는 방향으로 확산됨으로써 고구려 후기 묘제로서 정착되었다고 할 수 있다.

3. 평양도성시기의 왕릉

고구려는 427년 국내도성에서 평양으로 천도하였다. 평양도성기는 양원왕 8년(552)에 장안성을 축조하였고, 평원왕 28년(586)에 장안성으로 천도하였다는 기록으로 미루어볼 때 장안성 축조와 천도를 계기로 두 시기로 나눌 수 있다.

전기 평양도성기는 427년부터 586년까지로, 국내시기와 마찬가지로 왕성이 평지성과 산성의 도성체계를 갖추었을 것이다. 이 중 산성은 대성산성이었다는 점에 이견이 없다. 평지성에 대해서는 안학궁 또는 청암리토성, 또는 청암리토성에서 안학궁으로 이궁하였다는 등 여러 견해가 있는데, 북한에서는 안학궁을 평지성으로 보고 있다(한인호·리호, 1991). 후기 평양 도성은 586년부터 고구려가 멸망한 668년까지로, 평지와 산성이 결합된 장안성(평양성)이다.

대성산성과 안학궁 혹은 청암리토성이나 평양성 일대에서는 왕릉으로 비정할 만한 초대형 적석총이 확인되지 않는다. 따라서 평양 천도를 즈음하여 왕릉의 형식에도 변화가 있었음을 유추할 수 있다. 고대사회에서 왕릉은 왕의 무덤일 뿐 아니라 국가를 상징하는 역할을 했을 것이므로, 통념적으로 왕릉은 당시 조성된 무덤 중 가장 높고 컸을 것으로 생각하고 있다. 실제 국내도성 일대에 있는 천추총이나 태왕릉, 장군총 등은 '왕 중의 왕'인 태왕의 무덤으로서 위용을 잘 보여주고 있다.

고구려 고분에서 왕릉임을 말해주는 고분은 "願太王陵安如山固如岳"이 찍힌 명문벽돌이 출토된 태왕릉 한 기뿐이어서 고총고분(高塚古墳)으로 불리는 높고 큰 분구를 가진 무덤 가운데 가장 월등한 무덤을 왕릉 혹은 왕릉급 무덤으로 판단하고 있다. 이를 평양 일대에 적용시켜 보면 평양도성시기의 고총으로 볼 만한 무덤은 석실봉토분이다. 그중에 많은 비용이 들어간 무덤은 벽화분이라고 할 수 있다. 특히 사신이 그려진 석실봉토벽화분은 가장 많은 비용이 투입된 무덤일 뿐 아니라 수적으로도 희소하여 평양도성시기의 왕릉으로 추정한다.

그러나 평양도성시기의 왕릉을 비정하기 위해서 먼저 살펴보아야 하는 것은 귀장(歸葬)과 수릉(壽陵) 여부이다. 귀장은 타지에서 죽은 경우 고향에 데려와 장사를 지내고 무덤을 쓴 풍습이다. 만약 고구려에서 귀장을 했다면 427년 이후 얼마간 고구려 왕릉은 국내도성이 자리한 통구분지나 졸본에 있었을 것이다. 그러나 졸본으로 비정되는 중국 요령성 환인 일대에는 고구려 왕릉으로 비정할 만한 초대형 무덤이 없다. 환인의 망강루4호분을 동명왕릉으로 비정하기도 하지만(張福有, 2005) 고고학적으로 검증된 것은 아니다. 북한에서는 안악3호분을 백제와의 전쟁에서 전사한 고국원왕의 능으로 비정하지만, 그렇게 하기에는 문헌기록의 장지명과 왕호, 국내도성 일대의 왕릉으로 비정된 초대형 적석총과의 관계 등 해결할 문제가 있다. 따라서 고국원왕도 귀장했을 것으로 추정된다. 그렇다고 평양도성시기의 왕들을 모두 귀장했다고 볼 수는 없다. 장군총보다 늦게 조성된 초대형 적석총 중에 왕릉으로 비정할 만한 무덤이 없기 때문이다.

수릉은 왕이 즉위하면서부터 생시에 자신의 무덤을 미리 만든 것을 말한다. 『삼국사기』 기록을 볼 때, 만약 고구려에서 수릉을 했다면 동명왕과 국내 천도를 한 유리왕의 무덤은 졸본에 있어야 한다. 대무신왕부터 광개토왕의 능은 국내도성이 자리한 통구분지에 있을 것이며, 평양도성으로 천도한 장수왕릉도 통구분지에 있어야 한다.

고구려 왕릉을 설명하는 데 있어서 귀장이나 수릉을 일률적으로 적용할 수는 없지만, 귀장이나 수릉이 왕릉 비정에 중요한 이유는 국내도성이 자리한 통구분지에도 평양도성 주변과 마찬가지로 6세기대 이후의 사신도 석실봉토벽화분이 자리하기 때문이다. 따라서 왕릉 비정은 문헌기록과 동 시기 백제나 중국 등의 사례를 종합하여 판단해야 하는데, 고구려에서 귀장의 가능성은 그리 크지 않고, 수릉 또한 획일적으로 적용하기도 어렵다(강현숙, 2008).

1) 왕릉급 무덤의 입지

평양도성시기의 고구려 왕은 장수왕에서 보장왕까지 9명이다. 보장왕을 제외한 8명의 왕은 귀장이나 수릉을 하지 않았다면 능은 평양도성 근처에 있을 것이다. 고대사회에서 왕릉은 왕성과 함께 국가의 권위를 드러내는 도성 경관의 중요한 요소이다. 국내도성기의 왕릉급 초대형 적석총은 국내성을 중심으로 동서 양 방향으로 5~7.5km 거리에 자리하며, 왕릉 조성에서도 시간에 따른 일정한 순서를 보여준다. 즉, 서쪽 마선구고분구역에 마선구2378호분이 조성되기 시작하여, 3세기 말이 되면 동쪽 우산하고분구역에 임강총이 조성되고, 다시 서쪽 마선구고분구역에 서대총, 천추총이 조성되고, 이어 동쪽으로 우산하고분구역에 태왕릉이 조성된다. 태왕릉에 이어 축조된 장군총은 국내성에서 가장 동쪽으로 멀리 떨어진 곳에 자리한다.

평양도성시기의 왕릉으로 비정되는 무덤은 벽화가 있거나 커다란 분구를 가진 무덤으로, 분구는 한 변 길이 20~30m 정도로 추정된다. 같은 시기 무덤에 비해 월등한 규모이지만, 국내도성시기의 왕릉급 초대형 적석총에 비하면 분구는 작아졌다. 이는 석실봉토벽화분 자체가 적석총처럼 분구 규모와 형태에 사회적 위계를 드러내는 무덤이 아니라 가시적으로 드러나지 않는 매장부를 지향하는 무덤이었기 때문일 것이다. 이러한 변화는 묘실 벽화의 주요 제재가 생활풍속에서 사신으로 변한 것처럼 사후관념의 변화와 관련 있을 것이다.

현재 평양도성시기의 왕릉으로 추정되는 무덤으로는 경신리1호분, (전)동명왕릉, 토포리대총, 호남리사신총, 진파리1호분과 진파리4호분, 그리고 강서대묘와 강서중묘 등 8기이다. 중국에서는 통구 오회분 4호분과 5호분, 사신총을 왕릉으로 비정하기도 하지만(張福有, 2005), 이 경우 귀장이 전제되어야 하므로 신중할 필요가 있다. 여하튼 이 무덤들의 입지조건은 조금씩 다르다. (전)동명왕릉은 구릉 사면에 위치하며, 진파리 1호분이나 4호분은 능역을 같이한다. 한편, 토포리대총이나 호남리사신총은 대동강변의 평탄화된 대지에 자리하며, 강서대묘와 강서중묘도 마찬가지이다. 통구 오회분 4호분이나 5호분, 통구사신총 등도 평탄화된 대지에 단독으로 또는 한 줄로 나란히 있거나 삼각상으로 자리한다. 따라서 장지 선정에서 지형조건이 먼저 고려되었다기

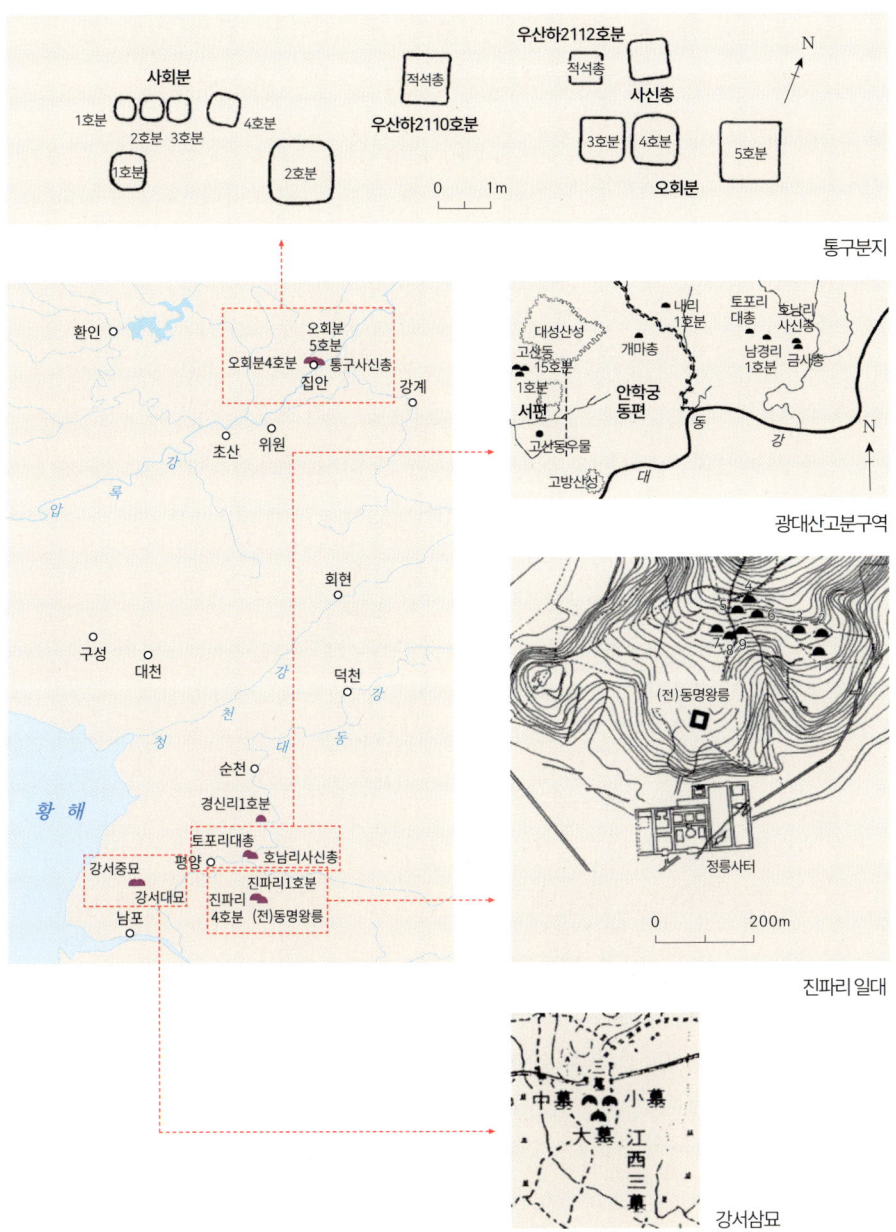

그림9 | 평양도성시기 왕릉급 무덤의
입지와 분포

4장 석실봉토분   257

보다 배타적 점유가 우선되었다고 할 수 있고, 이러한 점은 국내도성시기 왕릉급 무덤과도 공통된다(그림9).

　평양도성시기의 왕릉으로 이견이 없는 무덤들은 대성산성 동쪽으로 광대산 일대와 대동강 이남의 진파리 일대, 그리고 평양에서 남쪽으로 내려간 강서 일대에 자리한다. 광대산 일대의 고분군에서 가장 동쪽에 자리하는 것은 호남리사신총인데, 안학궁, 대성산성에서 동쪽으로 7.5km 정도 떨어져 있다. 북쪽으로 평성시의 경신리1호분은 평양으로부터 대략 직선거리로 약 28km, 남쪽으로 진파리고분군은 대동강 너머에 자리하며, 남서쪽으로 강서대묘는 더 멀리 떨어져 있다. 국내도성과 마찬가지로 도성의 외곽에 왕릉이 자리하였다면 평양도성시기의 왕도는 국내성시기에 비해 그 범위가 더욱 확대되었음을 유추할 수 있다.

2) 왕릉 비정안

　평양 부근에서 왕릉으로 비정할 만한 초대형 석실기단봉토분과 석실봉토벽화분은 평성시, 평양 대성산성의 동편인 토포리, 호남리 일대, 그리고 남쪽으로 대동강 너머의 진파리 일대와 대동강 하류의 강서 일대에 자리하며, 집안 통구분지에 분포한다(그림10).

　석실기단봉토분은 적석총과 마찬가지로 기단을 축조한 후 내부에 흙이나 돌을 채우고 그 위에 석실을 안치한 후 다시 흙을 덮어 분구를 형성한 것으로, 기단적석총의 기단 축조방식이 적용된 봉토분이라는 점에서 적석총과 봉토분이 결합된 형태라고 할 수 있다. (전)동명왕릉, 경신리1호분, 토포리대총, 호남리사신총과 통구분지의 오회분 4호분과 5호분 그리고 통구사신총 등이 이에 해당된다. 석실봉토벽화분으로는 진파리 1호분과 4호분 그리고 강서대묘와 강서중묘가 있다.

(전)동명왕릉은 고려시대 이래 동명왕릉으로 전해져오면서 조선시대 들어 전각이 세워지고 관리되어 왔다. 이 무덤은 진파리 일대 고분 조사 당시 진파리10호분으로 편호되었던 것으로, 석실은 방형 현실, 종장방형 전실, 전실 좌우의 벽감, 그리고 중앙연도로 이루어졌다. 현실은 방형 평면의 절천장 구조이고, 전실은 종장방형으로 폭은 연도와 비슷하며, 전실 좌우 벽에 작은 벽감이 있다. 이러한 구조는 마선구1호분이나 고산동7호분과 유사하며 서북한 일대 두칸구조 벽화분과는 차이가 있다. 벽화는 현실 벽과 천장에 연꽃을 그린 장식무늬벽화분이다. 부대시설은 확인되지 않았지만, 무덤의 동남쪽으로 120m 거리에서 정릉사터가 확인되었다. 정릉사는 정릉(定陵), 능사(陵寺) 등의 명문토기로 능사임이 확인되어서 (전)동명왕릉과 관련이 있는 능사 또는 사당과 불교건축이 결합된 묘사(廟寺)로 보고 있다. 무덤의 연대는 구조와 벽화 내용으로 미루어 평양 천도 직후인 5세기 중엽으로 비정된다. (전)동명왕릉의 주인공은 장수왕릉으로 보는 견해도 있지만(永島暉神眞), 다수의 견해는 동명왕릉이지만 실묘가 아니라 허묘로 보고, 고구려가 축조한 동명왕의 기념물 또는 상징물이었을 것으로 보기도 하며(전제헌, 1994; 강현숙, 2008), 장군총을 광개토왕릉으로 비정하는 견해에 따라서 평양으로 천도한 장수왕의 무덤으로 보거나(강진원, 2014; 정호섭, 2008), 문자왕의 무덤으로 보기도 한다(기경량, 2017).

경신리1호분은 평양에서 28km 떨어진 평성시에 위치한다. 마을 사람들이 한왕묘(漢王墓) 또는 황제묘(皇帝墓)로 불렀던 무덤이다(朝鮮總督府, 1914). 평양 일대에서 가장 큰 분구를 가진 무덤으로, 1978년 북한에서 전면 재조사한 결과, 벽화분임이 확인되었으나 벽화 내용은 알

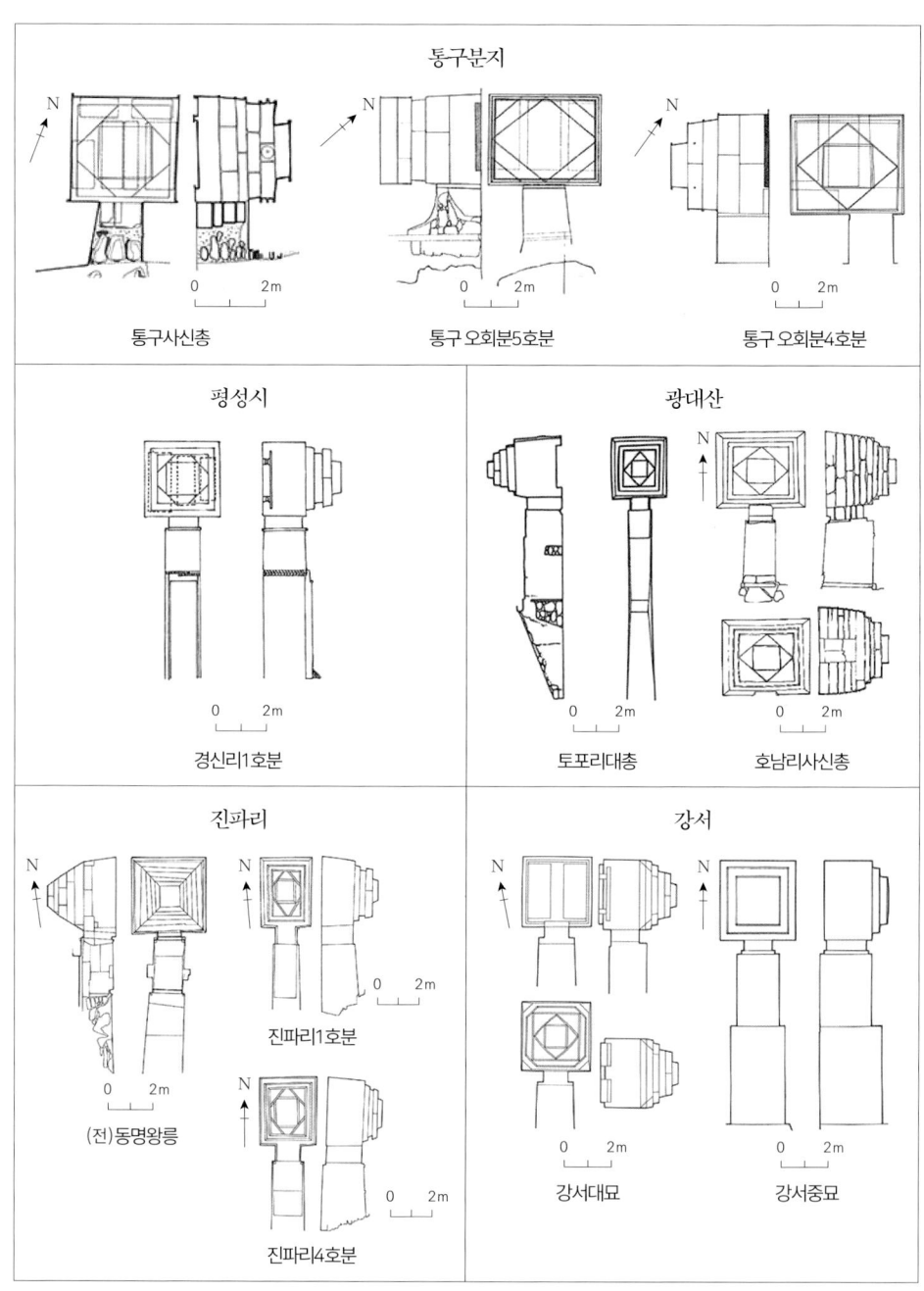

그림10 | 평양도성시기 왕릉으로 비정되는 고분(강현숙, 2019)

수 없다. 분구는 기단봉토 분구이고, 분구 아래에서 석실 전체를 덮은 기와와 와당이 확인되었다. 석실은 장군총의 석실과 같은 방형 현실과 중앙연도로 이루어진 단칸구조이다. 석실 내에는 관상 세 기가 놓여 있고, 석실의 벽면과 관상 모두 10~15cm 정도 두께의 백회를 발랐다. 관상 위에서 관못과 칠관편이 출토되었다. 능원의 담장이나 배총 등의 부대시설은 확인되지 않았다. 무덤의 연대는 출토된 와당과 구조로 미루어 (전)동명왕릉과 비슷한 5세기 중엽 혹은 후엽으로 비정된다. 장군총을 광개토왕릉을 이장한 것으로 보거나(강경구, 1995), 장군총을 장수왕의 허묘로 보는 입장에서는 경신리1호분을 장수왕릉을 비정하며(東潮,1997), 장군총을 장수왕릉으로 보는 입장에서는 경신리1호분을 문자왕릉으로 비정한다(강진원, 2014).

토포리대총은 광대산 남쪽의 평지에 대형분들과 함께 무리지어 있다. 석실기단봉토분으로 석실은 방형 현실, 중앙연도의 단칸구조이고, 연도는 12.8m로 매우 길다. 일제강점기 조사 당시 현실 내에서 두침과 견좌가 표현된 석침과 관못, 장막걸이쇠 등의 장구와 동물다리모양의 석제상다리가 출토되었다. 이 외에도 금동제화살촉과 시유장경병과 뚜껑, 토제장경병과 채회토기뚜껑, 동물다리모양의 삼족반 등이 수습되었다. 무덤의 연대는 출토된 장경병으로 미루어 6세기 초로 비정된다. 토포리대총은 벽화가 없지만, 석실 구조가 장군총, 경신리1호분처럼 긴 연도가 있어서 사신도 벽화분보다 먼저 조성되었을 것으로 추정된다. 토포리대총의 피장자에 대해서는 문자왕으로 비정되기도 하지만, 조성 시기가 6세기 초로 비정되므로 안장왕일 가능성이 있어서 문자왕릉 또는 안장왕릉으로 비정한다(강인구, 1990; 東潮, 1997).

호남리사신총도 광대산 남쪽의 평지에 자리하는데, 대성산성으로부

표 1 평양도성시기의 추정 왕릉

추정 왕릉	분구 규모 (m)	분구 형태	분구 시설	위치	매장부(m) 현실	매장부(m) 전실	매장부(m) 연도	부대시설	벽화	왕 (비정)
(전)동명왕릉	22, 8.15	방형	기단	지상	4.21, 4.18, 3.88 절천장	3.09, 1.69, 1.87 평천장	4.26(4.67), 2.25(1.63), 1.32(1.42)	분구 주위 5m 폭 묘역	연꽃 장식	동명왕, 동명왕 허묘, 장수왕
진파리 1호분	30, 7	방형		지상	3.4, 2.5, 2.54 평행삼각고임		3.5, 1.5		사신	안장왕, 양원왕
진파리 4호분	23, 6	방형		지상	3.04, 2.53		3.15, 1.5		사신	문자왕, 평원왕
경신리 1호분	54, 12	방형	기단	지상	3.37, 3.45, 3.46 평행삼각고임		길이 7.4	분구 중 기와, 와당	미상	광개토왕(이장), 장수왕, 문자왕
호남리 사신총	20, 4	방형	기단	지상	3.1, 3.6, 2.9 평행삼각고임		2.5, 1.3, 2.5	분구 주위 3m 폭 묘역	사신	안원왕, 양원왕
토포리 대총	29.4, 7.8	방형	기단	지상	2.7, 3, 3.45 평행삼각고임		길이 12.8	분구 주위 표역		문자왕, 안장왕, 양원왕
강서 대묘	51, 1.9	방형		반지하	3.15, 3.5, 4 평행삼각고임		3, 1.8, 1.7	대묘, 중묘, 소묘가 삼각형으로 배치		평원왕, 영양왕
강서 중묘	45.5 (추정)	방형		지상	3.29, 3.09, 2.55 평행삼각고임		3.47, 1.71~1.77, 2.04		사신	평원왕, 영양왕, 영류왕, 대양왕
통구 사신총	35, 8	방형	(기단)	(지상)	3.55, 3.5, 3.3 평행삼각고임		2.1, 1.8, 1.8	주변 기와	사신	평원왕
오회분 1호분	30, 8	방형			미조사		미조사	주변 기와	미상	안장왕
오회분 2호분	55, 15	방형			미조사		미조사	주변 기와	미상	안원왕
오회분 3호분	35, 8	방형			미조사		미조사	주변 기와	미상	영양왕
오회분 4호분	28, 8	방형	(기단)		3.68, 4.2, 1.92 평행삼각고임		1.88, 1.75, 1.75 평천장	주변 기와	사신	영류왕
오회분 5호분	25, 5	방형	(기단)		3.56, 4.37, 3.94 평행삼각고임		1.93, 1.62(1.87), 2.86 평천장	주변 기와	사신	대양왕

터 가장 동쪽에 있는 초대형분으로 석실기단봉토벽화분이다. 분구는 방형 평면이며 기단 주위에 3m 폭으로 묘역을 만들었다. 석실은 방형 현실과 중앙연도로 이루어졌고, 무덤 내부에서 금동금구 잔편과 금도금한 관못이 수습되었다. 현실은 대리석으로 쌓았으며, 대리석 벽면에 직접 사신을 그렸다. 무덤 연대는 토포리대총과 비슷하거나 조금 늦은 6세기 전반으로 비정된다. 호남리사신총은 양원왕릉(東潮, 1997) 또는 안원왕릉(강진원, 2014)로 보기도 하지만, 안원왕과 양원왕 모두 6세기 중엽에 해당되므로 왕릉으로 특정하기 어렵다.

강서대묘는 남쪽의 대묘를 중심으로 서북, 동북으로 세 기의 무덤이 삼각형으로 배치되어서 통상 강서삼묘로 불리는 무덤이다. 대묘와 중묘는 사신도 벽화분이며, 소묘는 벽화가 없는 무덤이다. 대묘와 중묘는 모두 잘 다듬은 석재를 이용하여 축조하였으며, 벽면에 직접 사신을 그렸다. 강서대묘는 잘 다듬은 벽면에 직접 사신을 그렸으며, 천장 막음돌에 황룡을 그렸다. 강서대묘는 사신도 벽화분 가운데 가장 발달된 것으로 보고, 다른 사신도 벽화분과의 선후관계를 고려하여 6세기 말이나 7세기 초로 비정되며, 평원왕(이병도·강진원, 2014) 또는 영양왕(강인구, 1990)의 무덤으로 비정된다. 강서중묘는 대묘에 비해 사신의 운동감이나 신비감이 줄어들었지만 강서대묘와 비슷한 시기로 비정되어서 피장자는 평원왕, 영양왕, 영류왕으로 비정된다.

통구분지의 사신도 벽화분으로 통구사신총과 오회분 4호분과 5호분이 있다. 오회분은 모두 평지에 자리하며, 서쪽에서 동쪽으로 가면서 5기가 나란히 확인되어 1호분에서 5호분으로 편호되었고, 그중 4호분과 5호분이 사신도 벽화분이다. 통구사신총은 오회분 4호분과 5호분 사이에 자리한다. 현재는 석실봉토분처럼 보이지만, 조사 당시 기단 일부가 유실되고 봉토가 기단을 덮고 있는 것이 확인되어서 원래 모습은 기단봉토분으로 추정한다. 귀장을 전제로 중국에서는 통구 오회분과 사신총을 평양도성시기의 고구려 왕릉으로 비정해서 통구 오회분1호분을 안장왕릉으로, 오회분2호분을 안원왕릉으로, 오회분3호분을 영양왕릉으로, 오회분4호분을 영류왕릉으로, 그리고 오회분5호분을 보장왕릉(대양왕릉)으로 비정하고, 통구사신총은 평원왕릉으로 비정하였다(張福有, 2005). 그러나 이러한 비정안은 귀장이 전제되어야 설명 가능한 견해로, 논증이 이루어지지 않았고, 평양 일대의 사신도 벽화분과의 관계에 대해 설득력 있는 설명이 필요하다.

이 중 그 내용이 알려진 것은 통구 오회분 4호분과 5호분, 통구사신총 정도이다. 모두 잘 다듬은 화강암을 이용하여 석실을 축조하였고, 횡장방형 현실에 중앙에서 약간 편재된 연도를 가진 단칸구조이다. 잘 다듬어진 현실 벽면에 직접 사신을 그리고 천장부에 해와 달, 별자리, 용과 인동 당초문과 연꽃 등 장식무늬, 그리고 천인과 신선을 그려 넣었다. 사신의 배경무늬로는 화염문이 배치되어 있어서 평양 일대의 사신도 벽화분과 구별된다. 연대를 정확히 알 수 없지만, 대략 6세기 전반에 세 무덤이 조성된 것으로 추정하고 있다. 따라서 같은 시기 평양 일대 사신도 벽화분과의 관련성이 설명되어야 왕릉 비정이 가능할 것이다. 그러나 평양으로 천도한 이후에도 환도산성이나 동대자유적에서 볼 수 있듯이 국내도성이 별도로서 상당한 위상을 유지했을 것이므로, 국내도성에 남아 있는 상당한 유력자의 무덤일 가능성도 생각해볼 수 있다.

이상에서 정리한 바와 같이 평양도성시기의 왕릉 비정에 여러 견해가 있는 것은 무덤의 연대를 판단할 수 있는 구체적인 자료가 확보되지 않았기 때문이다. 국내도성시기의 경우 장지와 왕호, 고분의 입지조건 등을 결합하여 왕릉을 도출하지만, 평양도성시기의 경우에는 쉽지 않다. 특히 토포리대총이나 호남리사신총이 있는 광대산 일대에는 내리 1호분에서 동쪽으로 가면서 초대형 석실봉토분이 분포하고 있다. 그렇기 때문에 평양 주변의 무덤 8~9기를 대상으로 왕릉을 비정하는 것은 신중을 기해야 한다. 이 외에도 조사하지 않은 왕릉급 무덤이 더 있고, 조사된 왕릉급 무덤에서 왕릉을 비정할 수 있는 증거는 충분하지 않기 때문이다.

3) 왕릉 관련 시설

능사는 무덤 제사와 불교가 결합된 것으로, 대개 무덤 가까이에 조성된다. (전)동명왕릉 앞쪽에서 조사된 정릉사가 현재 보고된 유일한 고구려의 능사인데, 발굴조사에서 정릉(定陵), 능사(陵寺) 등 명문이 있는 토기편이 확인되어 정릉사로 불린다(그림11).

정릉사는 1탑3금당식의 가람 배치를 하고 있으며, 탑은 8각의 다층탑으로, 현재 7층 석탑을 중심으로 가람의 일부가 재현되어 있다. 정릉사는 국내성시기에 사용된 것으로 보이는 와당이 출토되지 않는 점으로 미루어볼 때, 평양 천도 이후 (전)동명왕릉 조성 이후에 조성되었을 것이다. 능사로서 정릉사는 왕들의 명복을 빌던 원찰이면서 왕릉을 관리, 보호하는 기능을 함께하였을 것이다.

평양도성시기의 왕릉으로 비정되는 무덤들에서는 국내도성시기 초대형 적석총에서 보이는 여러 구조물은 확인되지 않는다.

배장묘와 관련하여 북한에서는 (전)동명왕릉 배후에 일렬로 있는 석

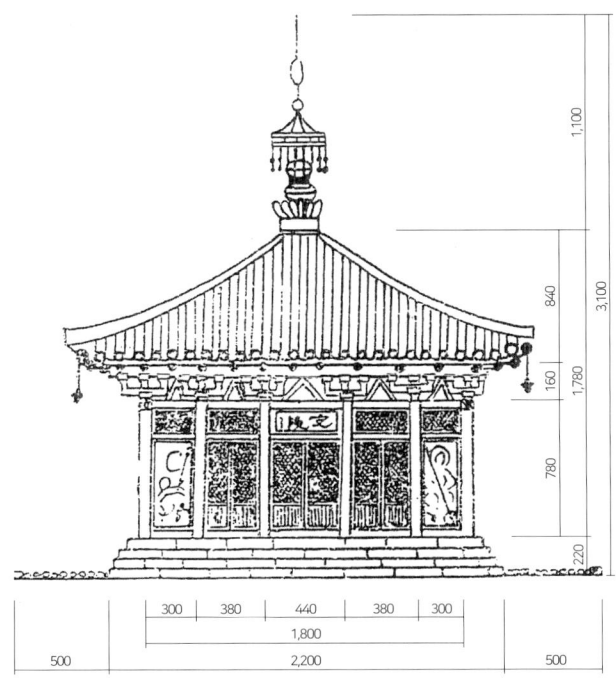

* 능각의 수치는 발굴조사된 내용을 근거로 북한의 복원도를 수정·보완하였음.

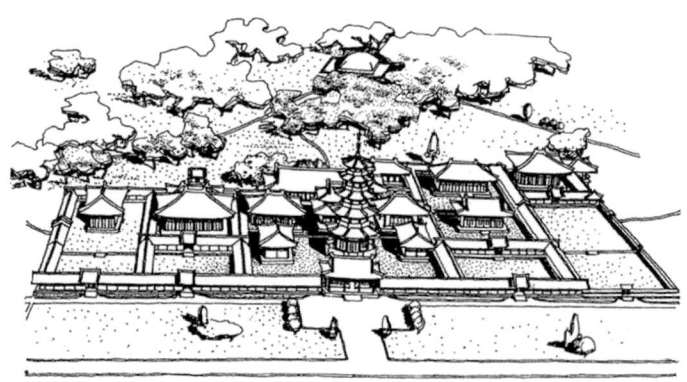

그림11 | (전)동명왕릉 능각과 정릉사 복원도

실봉토분(동명왕릉 4호분, 5호분, 6호분)을 주몽과 함께 남하한 인물들이 배장된 것으로 설명하였다. 만약 이 무덤들을 배장묘라고 한다면 국내 도성의 능원 내 초대형 적석총 주위에 있는 배장묘의 성격과는 다를 것이다.

기단봉토분인 (전)동명왕릉의 경우 북한에서는 능각을 그림으로 복원한 바 있다(그림11). 도상 복원된 전각은 능각이라기보다는 분구를 보호하는 상징적 구조물로서, 모든 기단봉토분에 이러한 구조물이 있었다고 할 수 없다. 기와가 출토된 기단봉토분인 경신리1호분은 석실을 기와로 한 겹 덮고 그 위에 분구를 쌓은 것으로, 묘상 건축물과 관련이 없기 때문이다. (전)동명왕릉의 능각은 방수와 방습 등으로부터 무덤을 보호하기 위한 기능적 역할뿐 아니라 가시적 상징물로 기능하였을 것이며, 무덤 제사와 관련된 능각은 아닐 것이다.

한편, 토포리대총, 호남리사신총 외에도 통구분지의 오회분 주위에서도 기와가 출토되었다고 한다. 대개 서남쪽에서 기와가 주로 확인되고 있는 점으로 미루어 능묘와 관련된 건물지일 가능성을 배제할 수는 없다.

참고문헌

강현숙, 2013, 『고구려 고분 연구』, 진인진.
강현숙·양시은·최종택, 2020, 『고구려 고고학』, 진인진.
고구려연구재단, 2006, 『고구려 안학궁 조사 보고서 2006』.
金元龍, 1980, 『韓國壁畵古墳』, 一志社.
金元龍·安輝濬, 1993, 『新版韓國美術史』, 서울大學校出版部.
김일성종합대학출판부, 1976, 『동명왕릉과 그 부근의 고구려유적』.
노태돈, 1999, 『고구려사연구』, 사계절.
東潮·田中俊明 저, 박천수·이근우 역, 2008, 『고구려의 역사와 유적』, 동북아역사재단.
사회과학원 고고학 및 민속학연구소, 1976, 『동명왕릉과 그 부근의 고구려 유적』.
사회과학원 고고학연구소, 1975, 『고구려문화』, 사회과학출판사.
_____, 1979a, 『조선고고학개요』, 과학백과사전출판사.
_____, 1979b, 『고구려문화』, 사회과학출판사.
_____, 2009, 『고구려의 돌칸흙무덤(1)』, 조선고고학전서 30, 진인진.
사회과학원출판사, 1966, 『중국 동북 지방의 유적 발굴 보고 1963~1965』, 평양종합인쇄공사.
손수호, 2001, 『고구려고분연구』, 사회과학출판사.
申瀅植, 1996, 『集安 高句麗遺蹟의 調査硏究』, 國史編纂委員會.
외이춘청 저, 신용민 역, 1996, 『고구려고고』, 호암미술관(魏存成, 1994, 『高句麗考古』).
李殿福 저, 차용걸·김인경 역, 1994, 『중국내의 고구려 유적』, 학연문화사.
임기환 외, 2009, 『고구려 왕릉 연구』, 동북아역사재단.

전호태, 2000, 『고구려 고분벽화 연구』, 사계절.
정찬영, 1983, 『압록강·독로강 유역 고구려 유적 발굴보고』, 과학백과사전출판사.
조선유적유물도감편찬위원회, 1990, 『조선유적유물도감 5-고구려편 3』, 외국문물종합출판사.
주영헌, 1961, 『고구려 벽화무덤의 편년에 관한 연구』, 과학원출판사.
_____, 1986, 『고구려고분벽화』, 조선화보사.
채희국, 1964, 『대성산 일대의 고구려유적에 관한 연구』, 유적발굴보고 제9집, 사회과학출판사.
강경구, 1995, 「고구려강왕릉고」, 『한국상고사학보』 20.
姜仁求, 1991, 「高句麗 封土石室墳의 재검토」, 『韓國考古學報』 25.
강진원, 2014, 「평양도읍기 고구려 왕릉의 선정과 묘주(墓主)비정」, 『한국고대사연구의 자료와 해석』.
강현숙, 2018, 「고구려 무덤제사에 대한 고고학적 연구」, 『한국상고사학보』 101.
_____, 2020, 「북한의 고구려 고고학 조사·연구의 성과와 과제」, 『문화재지』 53.
과학원고고학 및 민속학연구소, 1958, 「안악3호분 발굴보고」, 『유적발굴보고 4』.
기경량, 2017, 「평양지역 고구려 왕릉의 위치와 피장자」, 『한국고대사연구』 88.
김용남, 1979, 「새로 알려진 덕흥리 고구려 벽화무덤에 대하여」, 『력사과학』 1979-3.
金元龍, 1973, 「高句麗의 壁畫古墳」, 『아시아公論』 2-10, 아시아公論社.
도유호, 1949a, 「안악에서 발견된 고구려 고분들」, 『문화유물』 1.
_____, 1949b, 「최근 안악에서 발견된 고구려 고분의 벽화와 연대에 대하여」, 『력사제문제』 9.
_____, 1959, 「고구려 석실봉토분의 유래와 서역문화의 영향」, 『문화유산』 1959-4.
리경식, 1990, 「고구려 벽화무덤에 작용된 립체표현수법」, 『조선고고연구』 1990-2.
리광희, 1990, 「고구려무덤을 통하여 본 유약바른 질그릇의 발생시기에 대하여」, 『조선고고연구』 1990-4.
리준걸, 1981, 「28수를 다 그린 진파리 4호무덤」, 『력사과학』 1981-3.
리창언, 1993, 「압록강류역에서 고구려돌칸흙무덤의 발생과 년대」, 『조선고고연구』 1993-2.
박윤원, 1963, 「안악 3호분은 고구려 미천왕릉이다」, 『고고민속』 1963-2.

박황식, 1965, 「미천왕무덤의 건축구성에 대하여」, 『고고민속』 1965-1.

서영교, 2004a, 「고구려 기병과 등자-고구려 고분벽화 분석을 중심으로」, 『역사학보』 181.

_____, 2004b, 「고구려 벽화에 보이는 고구려의 전술과 무기-기병무장과 그 기능을 중심으로」, 『고구려연구』 17.

손영종, 1987, 「덕흥리 벽화무덤의 주인공의 국적문제에 대하여」, 『력사과학』 1987-1.

林永珍, 1992, 「高句麗 考古學」, 『國史館論叢』 33.

전주농, 1957, 「고구려 고분벽화 악기연구」, 『문화유산』 1957-1.

_____, 1958, 「고구려시기의 무기와 무장(1)」, 『문화유산』 1958-1.

_____, 1959a, 「안악 '하무덤'(3호분)에 대하여-그 발견 10주년을 기념하여」, 『문화유산』 1959-2.

_____, 1959b, 「고구려시기의 무기와 무장(2)」, 『문화유산』 1959-1.

_____, 1963, 「다시 한 번 안악의 왕릉을 논함-미천왕릉설의 타당함을 증명함」, 『고고민속』 1963-2.

_____, 1964, 「고구려 벽화무덤의 시원에 대하여」, 『고고민속』 1964년 3기, 고고민속편집부.

정백운, 1957, 「조선고대무덤에 관한 연구II」, 『문화유산』 1957-3.

정찬영, 1963, 「자성군 조아리·서해리·법동리·송암리 고구려고분 발굴보고」, 『고고학 자료집(각지 유적 정리보고)』 3, 과학원출판사.

정호섭, 2008, 「고구려 벽화고분의 현황과 피장자에 대한 재검토」, 『민족문화연구』 49.

주영헌, 1960a, 「고구려 벽화무덤의 구조형식과 벽화내용의 변화·발전(1)」, 『문화유산』 1960-2.

_____, 1960b, 「고구려 벽화무덤의 구조형식과 벽화내용의 변화·발전(2)」, 『문화유산』 1960-3.

_____, 1963a, 「안악 제3호무덤의 피장자에 대하여」, 『고고민속』 1963-2.

_____, 1963b, 「고구려 봉토무덤의 기원과 그 변천」, 『고고민속』 1963-3.

_____, 1965, 「고구려 벽화무덤의 구조형식과 벽화내용의 변화발전」, 『고고민속』 1965-4.

_____, 1984, 「고구려 돌칸흙무덤의 연원」, 『력사과학』 1984-3.
주홍규, 2017, 「고구려 기와로 본 경신리1호분(소위 한왕묘)의 조영연대와 피장자 검토」, 『한국사학보』 68.
蔡秉瑞, 1959, 「安岳近傍壁畵古墳發掘手錄」, 『亞細亞硏究』 2-2, 高麗大學校 亞細亞問題硏究所.
채희국, 1959, 「고구려석실봉토분의 기원에 관하여」, 『문화유산』 1959-3.
최종택, 2009, 「벽화와 유물을 통해 본 고구려의 군사체계」, 『제33회 한국고고학전국대회발표자료집』, 한국고고학회.
_____, 2015, 「고구려 고고학 연구 120년」, 『고구려발해연구』 53.
국립중앙박물관(www.museum.go.kr).

耿鐵華, 2004, 『高句麗考古硏究』, 吉林文史出版社.
_____, 2008a, 『中國高句麗王城王陵及貴族墓葬』.
_____, 2008b, 『高句麗古墓壁畵硏究』, 吉林大學出版社.
吉林省文物考古硏究所·集安市博物館, 2002, 『洞溝古墓群-1997年調査測繪報告』, 科學出版社.
_____, 2004, 『集安高句麗王陵』, 文物出版社.
吉林省文物志編纂委員會, 1984, 『集安縣文物志』.
吉林省集安市文物局, 2008, 『高句麗王城王陵及貴族墓葬』, 上海世界圖書出版公司.
孫仁杰·遲勇, 2007, 『集安高句麗墓葬』, 香港亞洲出版社.
遼寧省文物考古硏究所·瀋陽市文物考古硏究所, 2012, 『石臺子山城』, 文物出版社.
魏存成, 1994, 『高句麗考古』, 吉林大學出版社.
_____, 2001, 『高句麗遺迹的考古發現与硏究』, 吉林大學出版社.
尹國有, 2003, 『高句麗壁畵硏究』, 吉林文學出版社.
日滿文化協會, 1938, 『通溝上-滿洲國通化省輯安縣高句麗遺蹟』.
張福有·孫仁杰·遲勇, 2007, 『高句麗王陵通考』, 香港亞洲出版社.
鄭永振, 2003, 『高句麗渤海靺鞨墓葬比較硏究』, 延邊大學出版社.

耿鐵華, 1987,「高句麗貴族冉牟墓及墓志考釋」,『遼海文物學刊』1987-2.
吉林省考古研究室·集安市縣博物館, 1984,「集安高句麗考古的新收穫」,『文物』1984-1.
吉林省文物考古研究所·集安市博物館, 2005,「洞構古墓群禹山墓區JYM3319號墓發掘報告」,『東北史地』2005-6.
_____, 2010,「2008年集安市洞溝古墓群考古發掘報告」,『邊疆考古研究』9.
吉林省文物考古研究所·集安市博物館·吉林省博物院, 2010,『集安出土高句麗文物集粹』, 科學出版社.
吉林省文物工作隊, 1983,「吉林集安長川2號封土墓發掘紀要」,『考古與文物』1983-1.
吉林省文物工作隊·集安文管所, 1984,「1976年集安洞溝高句麗墓清理」,『考古』1984-1.
吉林省博物館文物工作隊, 1977,「吉林集安的兩坐高句麗墓」,『考古』1977-2.
梁振晶, 2008,「桓仁縣上古城子魏晉時期墓群」,『中國考古學年鑑』, 文物出版社.
李殿福, 1984,「吉林集安五盔坟四號墓」,『考古學報』1984-1.
方起東, 1964,「吉林輯安麻癬溝1號壁畵墓」,『考古』1964-2.
_____, 1993,「高句麗的墓制和葬俗」,『東北亞歷史與考古信息』1993-1.
_____, 1996,「高句麗墓葬研究中的其個問題」,『遼海文物學刊』1996-2.
方起東·劉萱堂, 2002,「集安下解放第31號高句麗壁畵墓」,『北方文物』2002-3.
宿白, 1952,「朝鮮安岳研究發現的冬壽墓」,『文物參考資料』1952-1.
王志剛, 2010,「集安市五座高句麗墓葬」,『中國考古學年鑑』2009, 文物出版社.
李殿福, 1980a,「集安高句麗墓研究」,『考古學報』1980-2.
_____, 1980b,「集安高句麗壁畵初探」,『社會科學輯刊』1980-4.
_____, 1983,「集安洞溝三座壁畵墓」,『考古』1983-4.
趙俊杰·馬健, 2014,「集安禹山41號高句麗壁畵墓的時代」,『考古與文物』2014-1.
陳大爲, 1960,「桓仁縣考古調查發掘簡報」,『考古』1960-1.
陳相偉, 1983,「吉林集安長川2號封土墓發掘記要」,『考古』1983-4.
陳相偉·方起東, 1982,「集安長川一號壁畵墓」,『東北考古與歷史』1982-1.

東潮, 1997, 『高句麗考古學硏究』, 吉川弘文館.

_____, 2011, 『高句麗壁畵と 東亞世亞』, 學生社.

東潮·田中俊明, 1995, 『高句麗の歷史と遺跡』, 中央公論社.

藤田亮策·梅原末治, 1966, 『朝鮮古文化綜鑑』4, 養德社.

小泉顯夫, 1986, 『朝鮮古代遺跡の遍歷: 發掘調査三十年の回想』, 六興出版.

朝鮮古跡硏究會, 1937, 『高句麗古墳 調査, 昭和12年度 古蹟調査報告』.

_____, 1940, 『昭和十三年度蹟調査報告』.

朝鮮總督府, 1929, 『高句麗時代之遺蹟』.

池內宏, 1938, 『通溝』上, 日滿文化協會.

關野貞, 1914, 「滿洲輯安縣及び平壤附近に於ける高句麗時代の遺跡1·2」, 『考古學雜誌』5-3·4.

堀田啓一, 1979, 「高句麗壁畵古墳にみえる武器と武裝」, 『展望アシアの考古學』, 橿原考古學硏究所.

李進熙, 1956, 「黃海道發見の高句麗壁畵古墳」, 『駿台史學』6, 明台大學史學地理學會.

緖方泉, 1985a, 「高句麗古墳群に關する-試考(上)」, 『古代文化』37-1, 古代學協會.

_____, 1985b, 「高句麗古墳群に關する-試考(下)」, 『古代文化』37-3, 古代學協會.

永島暉臣愼, 1982, 「高句麗の壁畵古墳」, 『日本古代文化流波』.

5

고분벽화

1. 기원
2. 시기별 변화양상
3. 벽화를 통해 본 생활상

5장
고분벽화

전호태 | 울산대학교 역사문화학과 교수

고구려 고분벽화는 1902년 대한제국 강서군수 일행에 의해 평안남도 강서군 삼묘리(三墓里)의 대형 흙무지돌방무덤 3기가 조사되면서 그 존재가 외부에 알려지게 되었다(早乙女雅博, 2001, 그림1). 고구려 벽화고분은 2020년 10월까지 평양과 안악 일대에서 89기, 중국 길림성 집안과 요령성 환인 일대에서 38기가 발견, 보고되었다. 따라서 현재까지 알려진 고구려 벽화고분의 수는 127기에 이른다(조우연, 2019; 강현숙·양시은·최종택, 2020; 전호태, 2020; 표1, 지도1~4).

북한과 중국의 고구려 벽화고분은 2004년 7월 세계문화유산에 등재됨으로써 국제적인 관심과 보호의 대상이 되었다(전호태, 2012). 그러나 세계문화유산에 등재된 유적을 포함한 모든 고구려 벽화고분의 보존과 연구는 일반적인 예상보다 어려운 문제점을 안고 있다. 이런 점

그림1 | 강서삼묘 전경(일제강점기)

에서 국내외의 이 분야와 관련 있는 연구자의 각별한 관심과 주의가 필요하다.

고구려 벽화고분은 고구려뿐 아니라 동아시아와 그 바깥 세계에 대한 많은 정보를 담고 있다(전호태, 2012). 벽화고분이라는 유적 자체가 복합적인 면모를 지닌 까닭이다. 무덤은 건축의 한 분야이고, 벽화는 미술의 한 장르이다. 고분벽화와 무덤의 껴묻거리는 무덤이 만들어진 시대의 종교·신앙을 담고 있는 동시에 무덤에 묻힌 이가 살던 세계의 모습을 그대로 옮겨 놓고 있다. 건축의 전 과정이 지니는 복합적 측면 외에도 일상생활이 꾸려지던 시공간의 여러 가지, 곧 생산, 유통, 소비, 인간관계, 관습, 문화활동 등이 한 덩어리가 되어 벽화고분이라는 공간 안에 들어와 있다고 해도 과언이 아니다.

사실 벽화고분이 아니더라도 우리 주변에 존재하는 모든 것이 작건

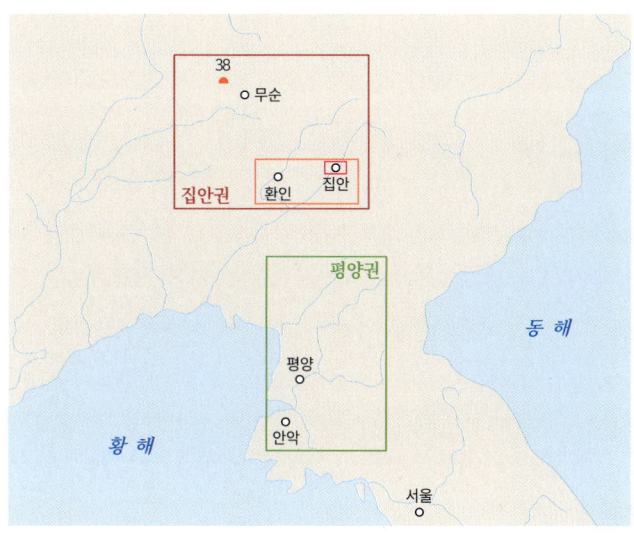

지도1 | 고구려 벽화고분 분포 현황

크건 인간과 자연에 대한 온갖 정보를 담고 있다. 어떻게, 얼마나 읽어 내느냐의 문제일 뿐이다. 그런 면에서는 고구려 벽화고분이 다른 유적과 구별되기 어렵다고 할 수 있다. 그러나 중국의 수와 당, 이웃한 신라 등과의 오랜 전쟁, 나라의 멸망, 주민의 강제 이주와 분산, 폐허가 된 옛 고구려 중심지역의 방치 등 저간의 사정을 고려하면 그 시대, 그들의 모습을 그대로 옮겨 놓은 듯한 고분벽화는 우리와 고구려시대와의 대화를 위한 가장 귀중한 통로라고 할 수 있다.

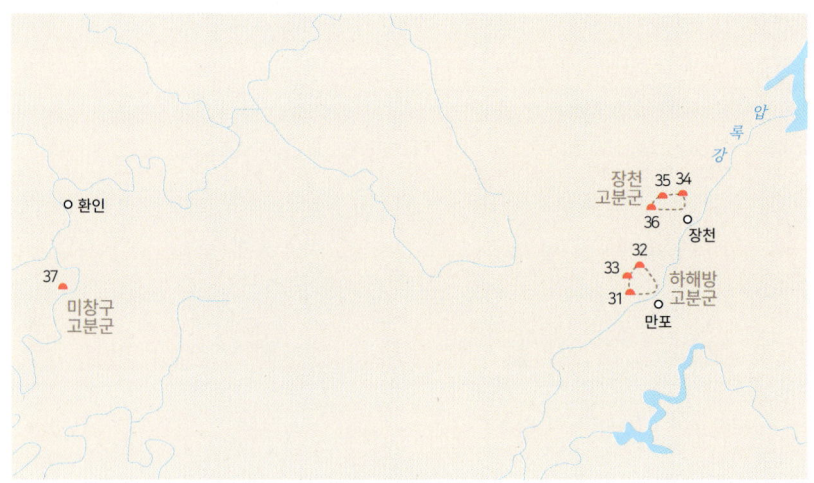

지도2 | 환인·집안 일대 고구려 벽화고분 분포

지도3 | 집안 지역 고구려 벽화고분 분포

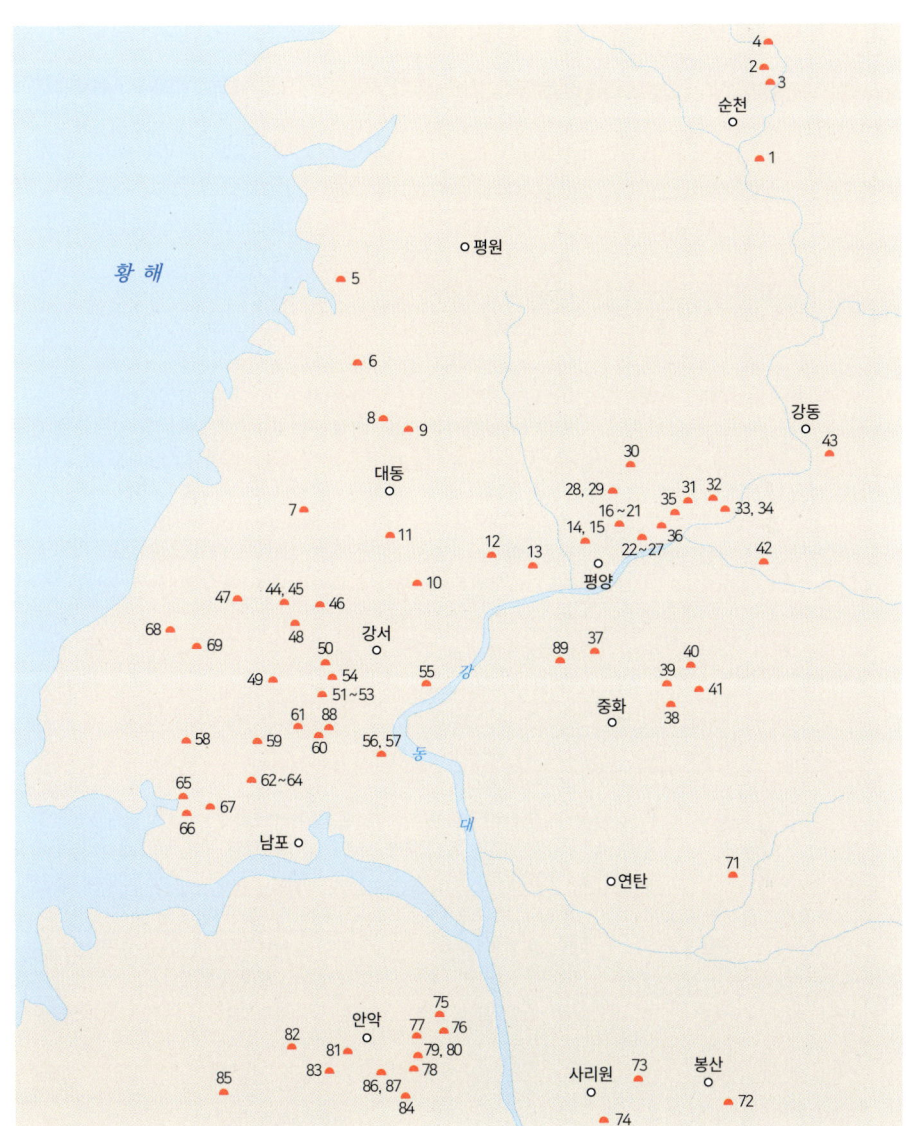

지도4 | 평양 지역 고구려 벽화고분 분포

표1   고구려 벽화고분 현황(2020년 10월 현재 총127기)

문화권·지역		소지역·고분군	고분명		
평양권 (89)	평양군 (71)	순천지역(4)	1. 동암리벽화분	2. 요동성총	3. 용악동벽화분
			4. 천왕지신총		
		평원지역(2)	5. 운룡리벽화분	6. 청보리벽화분	
		대동지역(5)	7. 가장리벽화분	8. 덕화리1호분	9. 덕화리2호분
			10. 대보산리벽화분	11. 팔청리벽화분	
		평양지역 (33)	만경대구역(1)	12. 용악산벽화분	
			중구역(1)	13. 평양역전벽화분	
			서성구역(2)	14. 장산동1호분	15. 장산동2호분
			대성구역(12)	16. 미산동벽화분	17. 안학동7호분	18. 안학동9호분
				19. 대성동벽화분	20. 대성동34호분	21. 민속공원1호벽화분
				22. 고산동1호분	23. 고산동7호분	24. 고산동9호분
				25. 고산동10호분	26. 고산동15호분	27. 고산동20호분
			용성구역(3)	28. 청계동4호분	29. 청계동5호분	30. 화성동벽화분
			삼석구역(6)	31. 개마총	32. 노산동1호분	33. 내리1호분
				34. 남경리1호분	35. 호남리사신총	36. 호남리18호분
			낙랑구역(2)	37. 동산동벽화분	89. 보성리벽화분	
			력포구역(4)	38. 傳동명왕릉	39. 진파리1호분	40. 진파리4호분
				41. 진파리16호분		
			승호구역(1)	42. 금옥리1호분		
			강동군(1)	43. 傳단군릉		
		남포지역 (25)	강서구역(12)	44. 강서대묘	45. 강서중묘	46. 덕흥리벽화분
				47. 수산리벽화분	48. 약수리벽화분	49. 용호리1호분
				50. 보림리대동11호분	51. 태성리1호분	52. 태성리2호분
				53. 태성리3호분	54. 연화총	55. 보산리벽화분
			대안구역(2)	56. 대안리1호분	57. 대안리2호분	
			용강군(5)	58. 용흥리1호분	59. 옥도리벽화분	60. 용강대묘
				61. 쌍영총	88. 은덕지구벽화분	
			항구구역(3)	62. 우산리1호분	63. 우산리2호분	64. 우산리3호분
			와우도구역(3)	65. 성총	66. 감신총	67. 수렵총
		온천지역(2)	68. 마영리벽화분	69. 계명동고분	
	안악군 (18)	연탄지역(2)	70. 송죽리1호분	71. 문화리벽화분	
		봉산지역(1)	72. 천덕리벽화분		

문화권·지역	소지역·고분군	고분명
	안악군 (18)	사리원지역(1)	73. 어수리고분
		은파지역(1)	74. 은파읍벽화분
		안악지역(13)	75. 복사리벽화분 76. 봉성리1호분 77. 봉성리2호분 78. 평정리벽화분 79. 안악1호분 80. 안악2호분 81. 안악읍고분 82. 한월리고분 83. 노암리고분 84. 안악3호분 85. 월정리고분 86. 월지리1호벽화분 87. 월지리2호벽화분
집안권 (38)	집안군 (36)	집안지역 우산하고분군 (11)	1. 각지총(JYM0457) 2. 무용총(JYM0458) 3. 우산하1041호분(JYM1041) 4. 통구12호분(JYM1894) 5. 산연화총(JYM1896) 6. 오회분4호묘(JYM2104) 7. 오회분5호묘(JYM2105) 8. 통구사신총(JYM2113) 9. 우산하2174호분(JYM2174) 10. 삼실총(JYM2231) 11. 우산하3319호분(JYM3319)
		산성하고분군 (14)	12. 산성하332호분(JSM0332) 13. 산성하동대파365호분(JSM0365) 14. 산성하491호분(JSM0491) 15. 산성하725호분(JSM0725) 16. 산성하798호분(JSM0798) 17. 산성하983호분(JSM0983) 18. 산성하1020호분(JSM1020) 19. 산성하미인총(JSM1296) 20. 산성하절천정총(JSM1298) 21. 산성하귀갑총(JSM1304) 22. 산성하1305호분(JSM1305) 23. 산성하1405호분(JSM1405) 24. 산성하1407호분(JSM1407) 25. 산성하1408호분(JSM1408)
		만보정고분군 (4)	26. 만보정645호분(JWM0645) 27. 만보정709호분(JWM0709) 28. 만보정1022호분(JWM1022) 29. 만보정1368호분(JWM1368)
		마선구고분군 (1)	30. 마선구1호분(JMM0001)
		하해방고분군 (3)	31. 모두루총(JXM0001) 32. 하해방31호분(JXM0031) 33. 환문총(JXM0033)
		장천고분군 (3)	34. 장천1호분(JCM0001) 35. 장천2호분(JCM0002) 36. 장천4호분(JCM0004)
	환인· 무순군 (2)	환인지역 미창구고분군(1)	37. 미창구장군묘(HMM001)
		무순지역 시가고분군(1)	38. 시가1호분(FSM001)

* 괄호 안 숫자는 모두 고분의 기수.

1. 기원

중국은 동아시아에서 가장 다양한 장르의 장의미술(葬儀美術)을 발전시키며 그로 말미암은 결과물을 이웃 사회에 전했다. 그러나 중국에서 시작된 장의미술의 어떤 장르가 어느 지역에 언제, 어떻게 영향을 주었는지는 시대와 지역에 따라 다르다. 중국의 한(漢) 왕조에서 크게 유행한 화상석은 남북조시대 이후에도 띄엄띄엄 만들어졌지만, 동아시아의 다른 사회는 받아들이지 않았다. 동아시아의 다른 지역이나 사회에는 이런 장르가 뿌리내릴 수 있는 사회적 수요도 없었을뿐더러 전문 제작집단도 존재하지 않았다. 더욱이 화상석의 중심 주제였던 승선신앙(昇仙信仰)이 수용되지 않은 상태에서 굳이 과도한 비용이 소요될 이유도 없었다.

화상석과 달리 고분벽화는 중국에서 동아시아의 다른 지역으로 전해져 장기간 유행한 대표적인 장의미술 장르이다. 고분벽화는 동북아시아와 중국의 서북 경계지역에 수용된 뒤 지역에 따라 독자적인 발전이 이루어졌다. 물론 벽화 제작에 능한 화공이 무덤칸 내부를 장식해야 했으므로 고분벽화는 고구려와 같은 특정한 국가에서는 크게 유행했지만, 이외의 동북아시아 국가들에서는 적극적으로 제작되지 않았다. 고분벽화는 동북아시아의 고구려와 백제를 매개로 일본열도에도 전해졌다. 7세기 말 일본 기내(畿內) 지역에서 제작된 2기의 고분벽화는 제재 구성과 표현 면에서 고구려와 백제 장의미술의 영향을 받은 것이다.

중국 남북조시대의 석각선화(石刻線畵) 및 석굴사원 장식에 적용된 제재와 기법 일부는 한 세기 동안 동아시아 여러 나라가 공유하는 문화 요소가 되었다. 중국 남북조의 미술은 7세기 중엽을 경계로 동아시아의 새로운 중심으로 떠오른 당(唐)의 문화가 범(汎)동아시아 문화의 호수 역할을 하도록 그 바탕을 마련하는 역할을 담당하였다.

고구려는 중국에서 펼쳐지던 문화·예술의 흐름에 비교적 민감하고 적극적인 반응을 보인 나라이다. 그러나 고구려가 외래문화요소를 수용하고 소화하는 방식은 선택적이며 제한적이었다. 일단 새로운 문화요소가 받아들여졌다 하더라도 '고구려화'라는 나름의 원칙에 바탕을 둔 재해석과 소화가 제대로 이루어지지 않은 것은 고구려 사회에 뿌리내리지 못했다. 고분벽화는 고구려에 성공적으로 뿌리를 내린 외래문화요소 가운데 하나이다.

3세기부터 5세기 초에 이르는 고구려의 초기 고분벽화에는 중국의 화상석이나 고분벽화에서 자주 발견되는 제재가 보인다. 초기 고분벽화가 고구려의 변경이던 요동과 평양 일원에서 출현하였음을 고려하면 이는 당연한 현상이다(전호태, 2002; 강현숙, 2005; 박아림, 2015). 고구려는 고분벽화라는 새로운 장의미술을 받아들이는 단계부터 제재를 적극적으로 취사선택했다(전호태, 1999).

고구려의 초기 고분벽화에는 중국 한대의 화상석뿐 아니라 중국 위·진시대 요양지역 고분벽화에서도 주요한 제재이던 연음백희(宴飮百戱) 장면이 생략되거나 간략하게 처리되었다. 이와 대조적으로 무덤주인의 위세를 보여주는 행렬도는 빈번히 그려졌다. 중국 서북지역에서 유행한 화상전에서는 평범하고 일반적인 제재인 사냥도가 고구려 고분벽화에서는 중요한 제재의 하나로 취급된 것도 고구려식 취사선택의 결과라고 할 수 있다.

초기의 고구려 벽화고분은 새로운 장의미술의 도입단계라는 사실을 반영하는 듯 정형화된 구조를 지니고 있지 않다. 안악3호분이나 요동성총과 같이 요양 위·진 벽화고분과의 친연성을 드러내는 회랑(回廊)이나 다관실(多棺室) 설치 사례도 볼 수 있고(강현숙, 2005; 전호태, 2007), 태성리2호분에서 볼 수 있듯이 널방 좌우에 벽화와 직접적 관계가 없는 감(龕)이 달린 것도 있다. 무덤칸 천장고임의 구조도 다양한 편이다. 삼각고임, 궁륭식, 꺾음식, 평행고임 및 둘 이상의 고임방식이 혼합된 유형이 모두 나타난다.

중기인 5세기 중엽에 제작된 고분벽화의 주제는 생활풍속, 장식무늬, 사신(四神)이 여러 방식으로 어우러진 사례가 많다(전호태, 2004). 무덤구조도 다양하며, 천장고임도 복합적이다. 통구12호분은 한 봉분 안에 사아궁륭식 천장고임이 있는 북분, 평행고임으로 마무리된 남분이 공존한다. 천왕지신총은 좌우로 긴 앞방의 천장 3칸이 각각 평행고임, 꺾음식, 삼각고임으로 처리되고, 널방 천장은 4각고임 및 8각고임으로 마무리된 특이한 사례이다. 대안리1호분은 앞방을 삼각고임 및 평천장으로, 널방을 8각고임으로 처리하였다. 연화총은 앞방에 평행고임, 널방에 평행삼각고임을 올렸으며 앞방에 4개의 감이 달렸다.

후기 벽화고분으로 이행하는 5세기 말부터 6세기 초 사이, 고구려에서는 널길이 널방 입구 가운데에 설치되고, 널방이 정방형을 띠는 등의 특징을 지니는 전형적인 외방무덤이 축조되었다. 무덤칸 천장고임도 정형화하여 널방 천장은 평행삼각고임이나 삼각고임으로 마무리하는 것이 일반적이었다.

돌방무덤이 주류인 벽화고분의 축조방식은 시기와 규모에 따라 변화를 보인다. 대형 돌방무덤일 경우, 봉분 주변에 강돌을 까는 등의 방식으로 묘역을 구분할 수 있게 하였다. 봉분은 대개 방대형으로 고구려의 전통적인 돌무덤 축조방식의 연장선에서 이해할 수 있는 형태를 보인다. 돌방 위에 흙으로 봉분을 쌓으면서 흙에 회를 섞거나, 흙무지 안에 석회 덩어리를 넣기도 하였는데, 이는 봉분의 형태 유지에도 도움을 주고 무덤칸 안의 벽화 보존에도 영향을 끼치기 때문이라고 할 수 있다(李鐘祥, 2003; 전호태, 2004). 흙무지에 자갈을 섞고, 흙무지 위에 자갈과 기와를 덮는 것은 흙무지를 보호하는 동시에 습기와 빗물이 가능한 한 적게 무덤칸 안으로 흘러들게 하려는 조치이다. 무덤칸 외부를 크고 작은 돌을 섞어 덮은 뒤 진흙에 회와 숯을 섞어 다지며 덮는 것도 같은 이유에서이다.

벽화고분 무덤칸의 벽과 천장부는 초기와 중기에는 벽돌 정도 크기의 돌을 쌓아올린 다음 회죽으로 돌 틈을 메우고 다듬는 방식으로 처리하였다. 후기의 대형 돌방무덤에서는 잘 다듬은 커다란 석회암이나 화강암 판석을 축조재료로 사용하였다. 무덤칸의 바닥은 흙과 숯, 강돌, 모래, 회 등으로 두껍게 덮고 다졌다. 바닥에는 무덤 안으로 흘러든 빗물 등을 배수하기 위한 시설도 마련하였다.

널방에는 1~3개 정도의 돌로 만든 관대를 놓았으며, 중기까지는 관대에도 회를 발랐다(전호태, 2000). 무덤칸 내부의 장치로 관대 외에 돌로 제상(祭床)을 만들어 놓기도 했다. 집안 만보정1368호분과 같이 널방의 한 벽에는 돌관대를 놓고 다른 벽에는 돌아궁이를 설치한 뒤 그 위에 백회를 바른 사례도 있다. 무덤칸의 입구에는 외짝이나 두 짝으로 된 돌문을 달았다. 무덤으로 들어서는 널길 입구는 보통 회와 막돌을 섞어 다지면서 쌓아 막았다. 태성리3호분에서 보듯이 회와 막돌로 통로를 막고 그 안쪽을 두꺼운 화강암 판석으로 막은 사례도 있다(전호태, 2020).

벽화를 그리는 방법에는 벽이나 천장 면에 별다른 물질을 덧입히지 않은 채, 그 면에 직접 그림을 그리는 조벽지법(粗壁地法)과 회를 고르게 입혀 잘 다듬어낸 면을 화면으로 사용하는 화장지법(化粧地法)이 적용되었다(安秉燦, 2003; 전호태, 2004; 남북역사학자협의회·국립문화재연구소, 2007). 화장지법은 화면에 입힌 회가 마르기 전에 그림을 그리는 습지벽화법(濕地壁畫法)과 회가 마른 뒤 화면에 그림을 그리는 건지벽화법(乾地壁畫法)으로 나눌 수 있다.

건지벽화법에 의한 벽화는 선명도가 매우 높으나 빛과 공기에 장기 노출되거나 습기의 침투를 계속 받으면 안료의 특정 성분이 산화되어 변색되고, 채색층이 백회에서 분리되는 탈색이 빨라질 수 있다. 이와 달리 습지벽화법에 의한 벽화는 그림의 선명도가 떨어질 수는 있으나, 안료가 백회에 스며들므로 안료의 산화와 퇴색이 덜하다. 이런 까닭에 오랜 시일이 흘러도 처음의 명도와 채도가 유지될 수 있다. 초기와 중기의 고구려 고분벽화는 대부분 습지벽화법으로 그려졌다. 장천1호분 벽화처럼 습지벽화법과 건지벽화법이 모두 적용된 사례도 있다(전호태, 2016a).

화장지법 벽화는 보존상 온도와 습도의 변화에 약하다. 고분벽화에서는 이러한 약점이 더 뚜렷이 드러난다. 초기와 중기 벽화고분 상당수가 벽화가 그려진 백회층이 무덤칸 바닥에 떨어졌거나, 떨어져 나간 상태로 발견된 것은 벽화가 무덤칸 벽이나 천장 면에 덧입힌 백회층 위에 그려진 까닭이다. 사계절의 교차가 뚜렷하고, 계절별 일교차의 폭이 큰 만주와 한반도 일대의 기후환경이 벽화가 그려진 백회층을 벽면과 천장에 붙어 있지 못하게 만든 것이다.

본래 무덤의 천장 중심부와 바닥 면에 가까운 벽면 하부는 계절교차, 일교차에 따른 결로(結露)로 말미암아 다른 부분보다 벽화층이 약해져 일찍 벗겨져 나갈 가능성이 크다. 그런데 도굴 과정에서 무덤칸에 구멍이 뚫린 뒤 그대로 방치된다면 무덤칸 안으로 토사가 흘러들고 외부 공기의 출입이 이루어져 무덤 안 벽화의 보존환경은 급격히 나빠진다. 시간이 흐르면 벽화층이 퇴색되고 벗겨져 나갈 수밖에 없다. 만약 무덤칸의 벽과 천장에서 벽화층이 전부 떨어져 나간 다음 발굴조사 과정에서 바닥의 벽화 조각들이 발견되거나, 수습되지 못한다면 그 무덤이 원래 벽화분이었더라도 무(無)벽화분으로 인식될 수도 있다(리창언, 1988; 전호태, 2004).

고구려의 후기 고분벽화는 대부분 석면을 잘 다듬은 뒤 그 위에 직접 그림을 그리는 조벽지법으로 그려졌다. 조벽지법으로 벽화를 제작할 때에는 목필(木筆)이나 죽필(竹筆)에 접착제가 거의 혼합되지 않은 무기질의 비수용성(非水溶性) 안료를 묻혀 석면에 찍어누르다시피 그림을 그리게 된다. 이 때문에 안료는 요철(凹凸)이 있는 석질의 입자 사이에 박히다시피 하므로 채색층과 바탕층은 사실상 일체가 된다. 이런 화면 위에 얇은 석회 피막층이 형성되면 벽화의 보존성은 극히 높아지게 된다. 실제 조벽지법 벽화는 보존환경이 나빠지더라도 오랜 기간 원래의 모습을 잃지 않을 수 있다.

그러나 집안 국내성 오회분4호묘와 오회분5호묘의 사례처럼 무덤의 입구를 수시로 열어 외부의 공기가 무덤칸 안으로 쉽게 드나들 수 있게 하고, 사람의 출입을 자유롭게 해 무덤칸 내부가 사람이 내뿜는 이산화탄소에 무방비상태로 장시간 노출되면 채색안료의 산화와 퇴색, 안료에 대한 생물학적 침투가 빠른 속도로 이루어질 수 있다. 실제 집안 오회분4호묘와 오회분5호묘 벽화는 비교적 짧은 시간 안에 거의 완전히 퇴색되어 원래의 벽화 상태를 알 수 없게 되었다.

그림2 | 안악3호분 앞방 서쪽 곁방 서벽 벽화 – 무덤주인

그림3 | 환문총 널방 벽화 – 무용수

고분벽화를 그릴 때는 습지벽화법의 경우 점성이 높은 붉은 점토가 주성분인 소석회 반죽을 얇게 발라 초벌층을 이루게 한다. 다시 그 위에 볏짚이나 갈대류를 잘게 썰어 넣고 모래를 더하여 반죽한 회를 두어 차례 두껍게 발라 재벌층을 만든다. 마지막으로 순도가 매우 높은 소석회를 묽게 반죽하여 얇게 덧입힌다.

이렇게 만들어진 바탕층에 미리 준비된 모본(模本)을 덧대고 묵이나 목탄, 먹바늘 등으로 밑그림을 그린다(安秉燦, 2003; 전호태, 2012). 그런 다음 채색이 이루어진다. 혹, 밑그림이 어설프거나 벽화 제재를 바꾸게 될 때는 화면에 얇게 회칠을 한 번 더한 다음 밑그림을 새로 그렸다.

습지벽화법이 적용된 사례는 아니나 안악3호분의 무덤주인은 얼굴 세부가 세 번 이상 고쳐 그려졌다(그림2). 이로 말미암아 무덤주인의 눈과 눈썹 사이는 처음보다 크게 벌어졌고, 눈과 눈 사이도 넓어졌다. 이런 수정작업을 통해 안악3호분의 무덤주인은 당시 동아시아에서 일반적으로 받아들여지던 관후인자(寬厚仁慈)한 느낌을 주는 얼굴상에 가까워졌다(전호태, 2004). 안악3호분 벽화를 자세히 살펴보면 여주인과 시녀들이 입은 옷깃의 위치도 몇 차례씩 고쳐졌음을 알 수 있다. 안악3호분 벽화는 밑그림의 수정이 벽화 제작 과정에서 수시로 이루어졌음을 알려주는 좋은 사례이다.

습지벽화법으로 제작된 집안의 환문총은 벽화의 주제가 완전히 바뀐 경우이다(그림3). 춤추는 사람들을 비롯한 생활풍속의 제재로 장식되었던 무덤 안의 벽화가 어떤 이유에서인지 동심원문 위주의 장식무늬 벽화로 완전히 바뀌었다. 무덤주인과 그의 일족의 내세관이 커다란 변화를 겪었음을 미루어 짐작할 수 있는 생생한 사례에 해당한다(金元

龍, 1980; 전호태, 2014).

　벽화 채색에 사용하는 안료는 송연(松煙)먹, 석청(石淸), 석록(石綠), 석황(石黃), 자황(雌黃), 백록(白綠), 주사(朱砂), 자토(紫土), 금(金), 연분(鉛粉)과 같은 광물질 가루를, 투명성이 높고 점액성이 낮아 수화성(水化性)이 높은 까닭에 높은 습도를 견뎌낼 수 있는 해초를 달여 만든 태교(苔膠)나 동물성 아교(阿膠)에 개어 썼다. 색채는 갈색(褐色)조를 바탕으로 흑색, 황색, 자색, 청색, 녹색 등을 자주 썼다. 무덤의 내부를 화려하면서도 부드럽고 차분한 분위기의 공간으로 만들기 위해서이다. 갈색은 벽사(辟邪)와 재생을 상징한다는 점에서 장의의 기본 목적에 잘 부합하는 색깔이기도 하다.

2. 시기별 변화양상

1) 초기 고분벽화

　현재까지 발견된 고구려 고분벽화는 3세기 초부터 7세기 전반에 걸쳐 제작된 것이다(전호태, 2004). 이 가운데 3세기 초부터 5세기 초까지 제작된 고분벽화가 초기 작품으로 분류된다. 초기 고분벽화는 대부분 벽과 천장에 석회를 바르고 그 위에 그림을 그린 것이다. 석회 채색층은 오랜 기간 심한 온습도 변화를 겪으면 벽과 천장에서 떨어져 나오기 쉽다. 이런 까닭에 초기 고분벽화는 온전한 것이 드물다.

　초기 고분벽화 가운데 발견 당시 보존상태가 매우 좋았던 안악3호분이나 덕흥리벽화분은 북한의 문화재 관리 당국이 벽화 보존에 상당한 주의를 기울였음에도 조사 뒤 10년 이상이 지나자 채색층에 곰팡이가 피고, 벽화층이 벗겨져 일어나거나 조각조각 떨어져 내리는 현상이 나타났다. 벽화가 보존되는 데에 적합한 환경이 조성되지 못했던 까닭이다.

초기 고분벽화의 대표적 주제는 생활풍속이다(전호태, 2012). 평양지역 생활풍속계 외방무덤 가운데 태성리2호분, 장산동1호분, 장산동2호분, 안악 지역 외방무덤계열 생활풍속계 벽화고분 가운데 봉성리1호분, 안악1호분, 복사리벽화분은 초기 벽화고분이다. 두방무덤 가운데 동암리벽화분, 덕흥리벽화분의 벽화는 생활풍속이 주제이다. 안악 지역의 여러 방무덤 가운데 초기 벽화고분을 대표하는 유적은 357년 축조된 안악3호분이다.

생활풍속계 고분벽화에는 무덤주인 부부, 행렬, 사냥, 가무(歌舞), 연회(宴會) 장면이 주로 그려졌다. 그러나 생활풍속을 주제로 한 고분벽화라 하더라도 지역에 따라 제재 구성방식이 다르다. 수렵도는 어느 지역 고분벽화에서나 쉽게 확인된다. 그러나 행렬도는 평양 지역 고분벽화에서는 주요한 제재로 자주 등장하지만, 집안 국내성 지역에서는 삼실총 벽화 정도 외에는 제재로 선택된 사례를 찾아보기 어렵다.

생활풍속계 고분벽화는 문화권이나 지역에 따라 제재를 표현하는 방식에서도 차이를 보인다. 생활풍속계 벽화의 공통된 주요 제재인 무덤주인 부부도 평양 지역에서는 신상(神像)처럼 그려지는 게 일반적이지만, 집안 국내성 지역에서는 일상생활 속의 인물로 묘사된다. 제재 구성과 표현에서 확인되는 이와 같은 공통점과 차이점은 고분벽화 제작 과정에 지역에 한정되지 않는 보편적인 관념, 지역에 따라 다른 문화전통이 동시에 작용했기 때문일 것이다.

그림4 | 안악3호분 앞방 서벽 벽화
       - 묵서묘지명

그림5 | 안악3호분 앞방 서쪽 곁방 서벽 벽화 - 무덤주인과 신하

생활풍속계 고분벽화는 현세와 내세를 관습과 질서가 크게 다르지 않은 세계로 여기는 계세적 내세관을 전제로 구성되고 표현되었다고 할 수 있다(전호태, 1989). 이런 까닭에 생활풍속이 벽화 주제인 고분의 내부는 현실세계의 질서와 가치, 관계와 관념을 다시 담아내는 장소이자, 이전보다 나아진 삶의 조건을 보여주는 공간이다.

357년이라는 기년명(紀年銘)이 있는 안악3호분 벽화는 생활풍속을 주제로 한 초기 고분벽화를 대표하는 작품이다(전호태, 2016a). 안악3호분은 묵서명(墨書銘)의 주인공인 전연(前燕) 망명객 동수(佟壽)가 실제 피장자(被葬者)인지, 묵서명의 동수는 호위무관에 불과한지, 피장자가 고구려의 왕이라면 미천왕인지, 고국원왕인지로 논란이 있는 벽화 고분이다(전호태, 2004; 정호섭, 2008; 정호섭, 2010).

안악3호분은 널길칸, 앞방과 좌우 곁방, 널방, 'ㄱ'자 회랑으로 이루어진 여러 칸무덤으로 천장은 삼각고임이며 무덤 방향은 남향이다. 널길칸 벽에서 앞방의 입구인 남벽의 좌우벽에 걸쳐 의장대와 고취악대가 그려졌고, 앞방 동벽에 수박희(手撲戱), 앞방 서벽에 호위문무신(護衛文武臣)과 7행 68자의 묵서명이 남아 있다(그림4). 서쪽 곁방 서벽에는 무덤주인과 신하들이, 북벽에는 무덤주인의 부인과 시녀들이, 동쪽 곁방의 각 벽에는 방앗간, 용두레 우물, 마구간, 외양간, 차고, 고기창고, 부엌 등이 그려졌다. 널방 서벽에는 무악(舞樂) 장면이 묘사되었다. 널방 천정에는 연꽃이 그려졌으며, 널방을 둘러싼 동쪽과 북쪽 회랑에는 250명 이상의 인물이 등장하는 대규모 출행도(出行圖)가 표현되었다. 각각의 벽화 속 인물과 시설 옆에는 설명 형식의 묵서(墨書)가 쓰여 있다. 무덤칸 구조와 벽화 배치방식을 함께 고려하면 안악3호분은 4세기 고구려 대귀족의 저택을 무덤 속에 재현한 것임을 알 수 있다.

안악3호분 벽화에 적용된 회화기법은 앞방 서쪽 곁방의 무덤주인 부부 그림과 회랑의 대행렬도에서 가장 잘 드러난다. 회랑의 대행렬도는 행렬 일부만 그린 것이어서 생략된 후열(後列)까지 고려하면 행렬 전체는 500여 명에 이르는 대규모였을 것으로 짐작되고 있다(황욱, 1958). 회랑 행렬도에서 특히 눈에 들어오는 부분은 행렬의 인물을 겹쳐 그려 화면에 공간감을 주려 했다는 사실이다. 대상을 겹쳐 그려 공간적 깊이를 드러내는 기법은 고대 회화에서는 상당히 높은 수준의 표현기법이다.

벽화 속 인물들의 얼굴은 대부분 4분의 3 측면관으로 자세나 복장은 다르나 표정은 거의 같다. 대상의 개성 표현은 회화기법의 발전 외에 대상에 대한 인식과도 관련이 깊다(전호태, 2004). 개인을 부족이나 씨족의 구성원으로서가 아니라 가문을 대표하는 존재로, 혹은 독립적인 인물로 인식하고 있음은 남북국시대 후기의 기록에서 비로소 확인된다(盧泰敦, 1981). 따라서 비교적 세련된 표현기법에도 불구하고 안악3호분 벽화의 인물들이 몰개성적으로 그려진 것은 표현 대상을 여전히 집단의 구성원으로만 인식했기 때문이라고 할 수 있다.

서쪽 곁방의 무덤주인과 부인은 각기 양 귀퉁이와 한가운데의 꼭대기가 연봉오리와 반쯤 핀 연꽃으로 장식된 탑개(榻蓋) 안에 앉아 있다(그림5). 정좌한 무덤주인을 중심으로 좌우의 인물들은 지위와 거리에 따라 점차 작아져 화면 전체가 삼각형의 구도를 이룬다. 무덤주인의 옷 주름은 태서법(泰西法)이나 요철법(凹凸法)에 비견될 기법으로 표현되었다(安輝濬, 1988). 등장인물들의 얼굴은 행렬도에서처럼 몰개성적이다.

안악3호분 벽화의 무덤주인의 모습은 중국 서진대(西晉代)의 작품인 요양(遼陽) 상왕가촌묘(上王家村墓) 우이실(右耳室) 정면 벽 무덤주인과 매우 닮았다(東潮, 1993; 강현숙, 2005). 안악3호분의 무덤주인이 상왕가촌묘 무덤주인보다 세련되고 정리된 필치로 표현되었으며, 복식으로 보아도 위계가 더 높은 것으로 추정되는 점이 다를 뿐이다. 무덤칸 구조 및 벽화 구성상 안악3호분이 상왕가촌묘가 대표하는 요양 고분벽화의 한 흐름을 잇고 있다는 점은 확실하다(전호태, 2016a). 구도 및 표현기법으로 보아 상왕가촌묘 벽화 무덤주인이 후한시기의 작품인 하북(河北) 안평(安平) 녹가장전실묘(碌家莊塼室墓) 벽화의 무덤주인 초상을 모델로 삼은 것으로 보인다는 사실까지 함께 고려하면, 안악3호분 벽화의 구성과 표현은 후한시대 이후 하북, 요양으로 이어지는 벽화 전통을 계승하여 발전시킨 결과라는 해석도 가능해진다.

408년 기년명이 있는 덕흥리벽화분은 묵서명에 의해 확인된 피장자인 진(鎭)이 선비족 모용씨가 세운 연(燕) 출신 망명객으로 실제 유주자사를 역임한 인물인지, 아니면 고구려인으로 광개토왕대 유주 경략과 관계 있는 인물인지로 논쟁이 있는 유적이다(孔錫龜, 1990; 정호섭, 2011). 덕흥리벽화분은 널길, 앞방과 이음길, 널방으로 이루어진 두방무덤으로 천장고임은 궁륭식이며 무덤 방향은 남향이다. 무덤칸 벽과 천장고임 하단에 목조가옥의 골조를 그려 넣은 다음, 그 안에 생활풍속의 각 장면을 묘사했다.

널길 벽에는 괴물수문장, 연꽃 및 인물을, 앞방 벽에는 무덤주인 출행도, 13군태수배례도(十三郡太守拜禮圖), 무덤주인의 막부업무도(幕府業務圖) 등을 그렸다. 앞방의 천장고임에는 해와 달, 60여 개의 별자리, 상상 속의 존재들과 사냥 장면 등을 배치하였다. 이음길 입구와 닿는 앞방 북벽 상단에는 묵서로 묘지명을 써넣었다. 이음길 벽에는 무덤주인의 부인이 나들이하는 장면을 묘사하였다. 널방 벽에는 연못과 무덤주인의 칠보공양행사(七寶供養行事), 마사희(馬射戱), 우교차(牛轎車), 무덤주인의 정면 좌상, 마구간, 외양간, 누각, 고상창고(高床倉庫)와 같은 가내시설을 표현하였다. 널방 천장고임에는 활짝 핀 연꽃과 구름을 그렸다. 덕흥리벽화분 벽과 천장고임에 그려진 인물과 시설, 행사 장면 옆에는 설명 형식의 묵서가 쓰여 있다.

덕흥리벽화분 벽화에서 눈길을 끄는 것은 무덤주인 초상의 표현과 위치, 다양한 벽화 제재의 표현 기법과 양식, 묘지명의 내용이다(전호태, 2016a). 먼저 무덤주인 초상의 표현과 그 위치에 대해 살펴보자. 두방무덤인 덕흥리벽화분 무덤주인의 초상은 곁방이 아닌 앞방 북벽과 널방 북벽에 묘사하였다. 무덤주인을 앞방 안벽인 북벽에 묘사한 것은 곁방의 소멸이라는 무덤구조의 변화 때문이라고 할 수 있다. 그러나 무덤주인을 널방 북벽에도 그린 것은 새로운 방식이다.

중국의 한·위·진대 고분에서 무덤 앞방의 오른쪽 곁방, 곧 서쪽 곁방은 혼전(魂殿)으로 여겨졌다(土居淑子, 1986). 벽화고분의 서쪽 곁방에 무덤주인이 그려진 것도 이 때문이다. 그런데 덕흥리벽화분에서는 무덤 앞방에 곁방이 마련되지 않고, 무덤주인의 초상도 앞방 안벽인 북벽으로 옮겨졌다(그림6). 앞방 안벽인 북벽의 무덤주인 초상 앞에 상석(床石)이 놓인 것으로 보아 무덤 안의 혼전에 대한 개념은 여전히 남아 있다. 그러나 널방 북벽에도 무덤주인 초상이 표현된 데에서 알 수 있듯이 전통적인 혼전 인식과 표현에는 혼란이 왔다. 혼전에 대한 관념을 담은 널방 북벽 무덤주인 초상 표현의 전통은 쌍영총, 약수리벽화분, 수렵총으로 이어져 내려간다.

안악3호분 벽화의 무덤주인 그림에 적용되었던 삼각형 구도는 덕흥

그림6 | 덕흥리벽화분 앞방
북벽 벽화 - 무덤주인

그림7 | 덕흥리벽화분 앞방 서벽
벽화 - 13군태수(일부)

리벽화분 벽화에서는 약화된다. 하지만 신분과 지위에 따른 비례적 인물 표현방식은 바뀌지 않고 오히려 강화되는 듯이 보인다. 신분과 지위의 차이를 인물의 크기로 나타내는 회화기법은 당시에는 상식이었다. 하지만 덕흥리벽화분의 무덤주인과 시종 표현에서 이러한 기법이 과장되게 적용된 것은 유주자사를 지냈다는 주인의 지위를 강조하려는 의도 때문인 듯하다.

덕흥리벽화분 앞방 서벽의 13군태수배례도에 보이는 인물 표현은 여전히 몰개성적이다(그림7). 표현 기법과 수준은 오히려 앞 시기보다 낮아진 듯 보이기도 한다. 거칠고 뻣뻣한 필선(筆線)으로 묘사된 인물과 동물의 움직임은 어색해 보이며, 옆으로 길게 펼쳐진 인물들은 이들이 자리한 곳의 공간적 깊이를 느끼기 어렵게 한다.

그러나 이런 변화는 안악3호분 벽화로 대표되는 4세기 중엽의 회화기법 및 경향에서 탈피하려는 노력의 결과이자, 5세기 고구려식 회화의 성립을 위한 움직임의 한 과정일 수도 있다. 안악3호분 벽화보다 고구려적 분위기를 많이 띤 덕흥리벽화분 벽화 등장인물의 얼굴과 복식이 이와 같은 해석의 타당성을 어느 정도 뒷받침한다. 볼과 턱이 풍만한 안악3호분 벽화 여주인과 시녀들이 걸친 통옷 계통의 복식과 달리 덕흥리벽화분 벽화 시녀들의 얼굴은 갸름하며, 속바지 위에 걸친 주름치마는 전형적인 고구려 복식이다(전호태, 2016b).

널길 벽에서부터 나타나는 연꽃, 널방의 연못 및 칠보공양도, 묘지명의 "釋迦文佛弟子"라는 구절로 보아 덕흥리벽화분의 무덤주인은 생시에 각종 공양을 통해 정토왕생(淨土往生)을 기원하던 독실한 불교신자였다고 할 수 있다. 그러나 묘지명 후반의 "孔子擇日 武王選時 … 周公相地" 등의 문구로 볼 때, 중국의 전통적인 장의관(葬儀觀)도 아울러 지닌 인물이었다(全虎兒, 1993). 이처럼 덕흥리벽화분의 구조, 벽화 속 묘사대상의 표현 내용, 방식, 기법 등은 안악3호분과 구별되며, 요양 상왕가촌묘의 그것과는 현격한 차이를 보인다. 벽화의 표현기법은 후퇴하는 기미를 보이고, 무덤구조와 벽화 속 인물의 복식 등은 고구려적 분위기가 뚜렷하다. 이는 안악3호분의 축조와 벽화 제작 이후 반세기 동안 진행된 '고구려화'의 결과라고 할 수 있다.

그러나 덕흥리벽화분 벽화에서 외래 장의미술의 소화 단계를 넘어선 새로운 고구려식 회화양식을 읽어내기는 어렵다. 두 갈래 이상의 내세관이 정리되지 못한 상태로 뭉뚱그려 담긴 무덤주인의 묘지명에서 잘 드러나듯이, 5세기 초의 고구려 사회는 새롭게 접하거나 영역화한 다양한 사회와 문화를 수용하거나 소화하는 단계에 머물고 있었기 때문일 것이다(全虎兒, 1998).

중국 집안과 환인 지역 초기 벽화고분으로는 만보정1368호분과 각저총 정도를 들 수 있다. 두 벽화고분 가운데 초기의 회화적 특성을 파악하기에 적절한 유적은 5세기 초로 편년되는 각저총이다. 집안의 우산(禹山) 남쪽 기슭에 무용총과 나란히 축조된 각저총은 퇴화형 앞방, 정방형에 가까운 널방을 지닌 두방무덤으로 앞방 천장고임은 궁륭식, 널방 천장고임은 변형팔각고임이며 무덤 방향은 서남향이다.

각저총 벽화에서 주목되는 것은 개별 제재의 표현기법, 배치방식 및 화면구성이다(全虎兒 1996; 전호태 2014a). 무덤 안의 벽과 천장고임을 독립 화면으로 나누는 목조건축의 골조 그림, 널방 각 벽의 그림을 주제별로 나누어 보게 하는 커다란 나무, 매부리코의 서역계 인물과 고구려인의 씨름 장면, 두 부인을 거느린 무덤주인, 널방 천장고임을 장식한 넝쿨무늬와 해, 달, 별자리 등에서 이런 부분을 확인할 수 있다.

각저총 무덤칸 안의 벽 모서리, 벽과 천장고임이 맞닿는 곳에 그려진 기둥과 들보는 안악3호분에서 공간을 나누는 역할을 맡았던 돌기둥과 고임돌을 대신하는 제재이다. 덕흥리벽화분에서 실물이 그림으로 대치되는 데에서 짐작할 수 있듯이 '기둥과 들보'는 생활풍속이 주제인 초기 고분벽화에 거의 빠짐없이 등장하는 제재이다.

각저총 벽화에 등장하는 인물들은 하나같이 볼에 군살이 없고 얼굴선이 깔끔하게 내려오는 고구려인 특유의 길고 갸름한 얼굴을 지녔다. 이목구비 표현에도 변화가 있어 인물의 개성과 나이의 차이도 느낄 수 있다. 408년 묘지명이 있는 덕흥리벽화분 벽화의 인물을 그린 화공보다 각저총 벽화의 인물을 그린 화공이 표현 기량에서 뚜렷이 앞선다는 사실을 알 수 있다.

각저총 무덤칸 벽면 나무들은 가지는 자색(赭色)으로, 잎은 연녹색으로 채색되었다. 'X'자로 교차하며 얽힌 가지, 버섯의 갓처럼 덩어리진 잎 등은 집안 일대에서 생장하는 나무 가운데 5월경 가지 끝에서 잎이 덩어리지듯이 돋는 가래나무의 모습과도 닮았다. 중국 한대 화상석 표현에서 유래한 수목 표현기법이 위·진시기 요양을 거쳐 고구려에 전해지고, 집안 국내성 지역 가래나무 가지와 잎이 5월이 되면 어떤 모습을 보여주는지 잘 알고 있던 고구려 화공이 나름의 방식으로 이 둘을 아우른 각저총 벽화의 나무 표현을 창안해냈을 수 있다. 각저총 벽화의 나무는 요양에서 집안으로 이어지는 벽화 수용과 소화의 경로가 있었다는 해석을 가능케 한다.

각저총 벽화의 씨름 장면도 눈길을 끄는 벽화 제재 가운데 하나이다(그림8). 고구려에서 유행한 힘겨루기 기술 가운데 씨름으로 불리는 장면은 집안의 각저총과 장천1호분 벽화에, 수박희(手搏戲)로 칭하는 격

그림8 | 각저총 널방 동남벽 벽화 모사도 - 씨름

그림9 | 각저총 널방 동북벽 벽화 모사도 - 무덤주인 부부

5장 고분벽화   303

투기 장면은 평양권의 안악3호분 벽화와 집안권의 무용총 벽화에서 각각 볼 수 있다. 각저총 벽화에서 씨름에 열중하는 두 역사 가운데 한 사람은 보통의 고구려인이나, 다른 한 사람은 눈이 크고 코가 높은 서역계 인물이다(임영애, 1998). 안악3호분 앞방 남벽의 수박희 장면에 등장하는 두 남자, 무용총의 널방 천장고임에 그려진 수박희 중인 두 남자도 한 사람은 전형적인 고구려인이고 다른 한 사람은 서역계 인물이다.

전통적으로 동아시아에서는 서역계 인물이 '힘'의 상징으로 여겨졌던 점, 내륙아시아의 여러 민족에게 장례 때에 씨름을 행하는 풍습이 있었다는 민족지 자료, 『일본서기』의 백제사절 씨름기사가 장의행사의 하나로 이해되고 있는 점 등을 함께 고려하면, 고구려 고분벽화에 표현된 씨름, 수박희 등은 일상생활 장면의 표현이라는 측면 외에도 장의행사의 하나로 행해졌을 가능성도 검토할 수 있다(齊藤忠, 1979; 寒川恒夫, 1993).

널방 안벽인 동북벽의 무덤주인 부부 가내생활도에서 무덤주인은 다리가 높은 탁자에 정면을 향해 앉았으며 배 앞에 두 손을 모아 왼손으로 오른 팔목을 잡았다(그림 9). 무덤주인보다 작게 그려진 두 부인은 바닥에 놓인 깔개 위에 앉았는데, 머리에는 두건을 썼고 주름치마 위에 깃이 달린 긴 치마를 입었다.

각저총 벽화에서 무덤주인 부부가 널방에만 표현되는 것은 무덤구조의 변화 및 그 변화에 깔린 인식의 문제와 관련이 있다. 화면 속의 무덤주인 부부는 장방 안에서 시종들의 시중을 받으며 여유 있는 한때를 보내고 있는데, 이런 식의 표현은 같은 시기 평양 지역 생활풍속계 고분벽화에서는 찾아보기 어렵다. 각저총 벽화는 무덤 안의 혼전에 대한 인식과 표현이 5세기 초의 집안에서는 사실상 소멸단계에 들어갔음을 알게 한다.

널방 씨름 장면에 등장하는 커다란 자색 나무의 가지 사이에는 여러 마리의 검은 새가 그려졌고, 나무 밑동에는 곰과 호랑이가 표현되었다. 각저총 벽화의 나무들이 하늘과 땅을 잇는 우주목이자 화면을 나누는 경계목이기도 하다는 사실을 고려하면, 나무 밑동의 곰과 호랑이는 하늘 기둥의 역할을 하는 거대한 나무에 의지하여 지상세계 생명의 소망을 하늘세계에 전하려는 존재이며, 검은 새는 이들의 꿈을 들고 하늘세계에 전하려는 전령인지도 모른다(전호태, 2014a). 이러한 점에서 각저총 벽화의 곰과 호랑이는 고조선의 건국신화인 단군신화를 연상시키는 존재이다.

각저총 벽화에서 나뭇가지의 새는 각기 다른 자세를 취하고 있으며, 사람처럼 나무에 기대어 엉거주춤 선 듯한 자세의 곰과 호랑이의 얼굴에는 표정이 있다. 벽화에서 이들은 씨름 등의 다른 제재와 어울려 한 편의 풍속화를 연출한다. 이런 까닭에 각저총 벽화 널방 화면 구성에서 요양 위·진 고분벽화의 화면을 떠올리기는 어렵다. 5세기 전반에 고구려에서는 고분벽화의 독자적 화면 구성이 이루어지고 있었다고 할 수 있다.

집안의 초기 고분벽화를 대표한다고 볼 수 있는 각저총 벽화는 집안을 중심으로 성립한 고구려 사회의 전통신앙과 이에 근거한 재래의 계세적 내세관이 생활풍속계 고분벽화의 제재 선택과 구성에 큰 영향을 끼쳤음을 확인시켜 준다(전호태, 2000). 이러한 사실은 성스러운 나무에 대한 신앙, 개와 같은 영혼 인도 동물에 대한 관념의 표현이 각저총 벽화 구성에서 중요한 위치를 차지하는 데에서 잘 드러난다. 성스러운 나무 및 영혼 인도 동물은 현세 삶과 차별성을 지니지 않는 내세 삶의 성격과 관련 있는 존재이다.

각저총 벽화에 채택된 개별 제재의 표현양식은 중국의 한에서 삼국·위·진에 걸쳐 산동(山東) → 하북(河北) → 요양(遼陽)으로 이어지는 장의미술양식의 전파 과정과 맥락이 닿는다(전호태, 2007). 고분벽화가 고구려의 바깥에서 시작되어 고구려 사회에 받아들여진 장의미술의 한 장르라는 사실을 고려하면 이해할 수 있는 현상이자 과정이다.

2) 중기 고분벽화

중기 고분벽화는 초기 작품보다 주제가 다양하다. 중기 고분벽화에서는 생활상을 재현한 것 외에 상징성이 높은 장식무늬를 주제로 한 것, 천문신앙을 바탕으로 성립한 사신(四神)을 주제로 삼은 것이 모두 발견된다. 중기에는 세 종류의 큰 주제가 비중을 달리하며 서로 섞인 상태의 고분벽화도 다수 확인된다.

중기 고분벽화에는 생활풍속, 장식무늬, 사신을 중심 주제로 삼는 경우도 발견되고, 여러 주제를 다양한 비중으로 혼합한 사례도 확인된다. 장식무늬 고분벽화는 5세기 중엽에 많이 제작되는데, 대부분 연꽃을 소재로 삼은 것이다. 환인 미창구장군묘나 평양 전동명왕릉은 무덤 내부가 연꽃무늬와 몇 가지 장식무늬로만 장식된 벽화고분이다. 순수 장식무늬 벽화고분은 고구려에서만 특이하게 나타나는 현상이다(전호태, 2012).

무용총 벽화는 집안문화권 중기 고분벽화의 흐름을 읽기에 좋은 길잡이가 될 수 있다. 두방무덤인 무용총은 널방 벽의 가무배송도(歌舞徘

送圖), 사냥도, 묘주접객도(墓主接客圖), 천장고임의 수박희 장면과 사신(四神), 선인들과 상금서수(祥禽瑞獸), 하늘로 떠오르는 연꽃과 연봉오리, 해, 달 및 별자리로 가득한 하늘세계 그림으로 잘 알려진 유적이다. 무용총 벽화에서 특히 눈길을 끄는 것은 널방 천장고임에 연꽃 등 불교와 관련한 장식무늬와 선계(仙界)의 존재인 선인 및 상금서수가 함께 표현된다는 사실이다. 계세적 내세관의 초점이 계세(繼世)에서 승선(昇仙)으로 옮겨가는 것과 관련되어 나타나는 현상으로 해석 가능한 부분이다(全虎兒, 1997).

 무용총 벽화는 5세기 중엽에 이르면 고구려 회화가 독자적인 화면구성이 가능한 수준에 이르렀음을 잘 보여준다. 무용총 널방 동남벽의 가무배송도는 말을 타고 나가는 무덤주인과 시동, 무덤주인을 배웅하는 무용수들과 합창대로 이루어졌다(그림10). 무용수 가운데 다섯 사람은 비스듬한 선을 이루는 세 사람과 수평으로 나란히 선 두 사람으로 나눌 수 있다. 앞의 세 사람 가운데 두 번째, 세 번째 사람의 두루마기 빛깔을 다르게 표현하고, 네 번째와 다섯 번째 사람의 저고리와 바지의 색을 서로 엇바뀌게 그려 춤출 때의 역동성과 조화로운 느낌을 고려하였음을 알게 한다. 아랫줄의 합창대로 추정되는 일곱 사람 가운데 세 번째 사람은 고개를 돌려 뒤를 돌아보고 있다. 이는 화면에 변화와 생동감을 부여하려는 화가의 의도 때문으로 그에 상응하는 적절한 효과를 자아낸다. 무용수들은 한결같이 두 팔을 '一'자로 펴면서 뒤로 젖힌 듯한 자세이다. 하지만 화면상으로는 두 팔이 한쪽 겨드랑이에서 돋아난 듯이 표현되었다. 화공이 제재의 배치와 구성, 배색 등에서는 충분한 효과를 거두게 그렸지만, 특수한 표현에서는 어려움을 느꼈음을 미루어 짐작할 수 있다(全虎兒, 1998).

그림10 | 무용총 널방 동남벽 벽화 모사도 – 가무

그림11 | 무용총 널방 서북벽 벽화 모사도 – 사냥

무용총 널방 서북벽의 사냥 장면도 고구려 나름의 회화적 성취를 보여주는 좋은 사례이다. 화공은 힘 있고 간결한 필치로 사냥꾼과 짐승들 사이에 쫓고 쫓기는 관계를 현장감 있게 잘 나타냈다(그림11). 놀라 달아나는 호랑이와 사슴, 말을 질주시키며 활시위를 당기는 기마 사냥꾼의 역동적인 자세는 물결무늬 띠가 겹을 이룬 산줄기에 의해 한층 속도감과 긴장감을 부여받는다(전호태, 2019b). 사람과 짐승의 자세와 동작은 비교적 정확하면서도 세련되게 표현되었지만, 산줄기는 공간감이 부족하고 산봉우리의 나무는 고사리순 같은 느낌을 주는 등 어설프게 묘사되었다.

가까운 산은 흰색, 그 뒤의 산은 붉은색, 먼 산은 노란색을 바탕색으로 삼은 것은 보는 사람에게서 멀어짐에 따라 백(白)-적(赤)-황(黃)의 차례로 채색하는 고대 설채법(設彩法)의 원리에 따른 것이다(安輝濬, 1980). 화면구성, 배색효과 등 구성적 측면에서는 향상되고, 제재의 형태, 자세의 묘사와 같은 기법적 측면에서는 한계를 드러내는 5세기 중엽 집안 국내성 지역 고구려 화공의 표현기량이 이 그림에서도 드러난다고 할 수 있다.

널방 동북벽의 무덤주인과 승려 두 사람의 대화 장면에서 눈길이 가는 것은 무덤주인이 더는 신상(神像)처럼 정좌하지 않고 특정한 장면의 등장인물로 묘사된다는 사실이다(전호태, 2004c). 이와 같은 구성과 표현으로 말미암아 각저총 벽화에도 흔적을 남기고 있던 무덤 안의 혼전에 대한 인식을 무용총 벽화에서는 느끼기 어렵다. 무용총 벽화의 이 장면은 내세관을 둘러싼 새로운 인식에서 비롯되었다고 할 수 있다.

무용총 널방 천장고임의 사신(四神)은 집안문화권 국내성 지역 생활풍속계 고분벽화에 처음으로 모습을 드러낸 사례에 해당한다. 벽화의 청룡과 백호는 각종 동물의 특징이 어색하게 배합된 모습이며, 주작 자리에는 한 쌍의 닭이 등장하였다. 주작이 봉황에 대한 인식을 바탕으로 나타났고 봉황의 형상에 대한 인식이 금계신앙(金鷄信仰)과 닿아 있음을 고려하면, 벽화의 닭은 주작을 나타낸 것으로 보아야 한다(全虎兒, 1993).

5세기 중엽 집안문화권에서는 장식무늬, 특히 연꽃무늬가 주제인 고분벽화가 크게 유행한다. 이는 국내성(國內城)이 왕도(王都)인 상태에서 불교가 공인되고, 왕명으로 불교신앙이 장려된 것과 관련이 깊다. 집안의 연꽃 장식 고분벽화의 세계는 죽은 이의 정토왕생 소망과 관련이 깊다(全虎兒, 1990; 전호태, 2000b). 연꽃무늬를 주제로 한 고분벽화는 같은 시기 중국 남북조에서 만들어진 벽화고분에서는 발견되지 않는 것으로 고구려 독자의 창안이다.

5세기 중엽 집안문화권 벽화예술의 흐름을 보여주는 다른 벽화고분으로는 삼실총(三室塚)과 장천1호분을 들 수 있다. 세 개의 널방이 'ㄷ'자형으로 이어진 삼실총의 제1널방 벽은 생활풍속, 천장고임은 쌍(雙)사신과 별자리로 장식되었고, 제2널방과 제3널방 벽은 역사(力士), 천장고임은 쌍사신과 연꽃, 연화화생(蓮花化生), 선인, 해, 달, 별자리 등으로 채워졌다. 삼실총 벽화에서 특히 눈길을 끄는 것은 제2널방과 제3널방 벽에 가득 차게 그려진 역사들이다.

제2널방 서남벽 외의 세 벽에 그려진 역사들은 두 다리는 기마자세를 취하고 두 팔로 천장고임 아래쪽을 받쳐 든 모습이다(그림12). 각 벽의 역사는 눈이 크고 코가 뚜렷하며, 날씬한 허리를 지녔다. 붉은빛 얼굴의 서북벽과 동북벽 역사의 두 다리에는 각기 뱀이 한 마리씩 감겼으며 온몸에서는 상서로운 기운이 뻗어 나온다. 제3널방 서남벽 역사는 뱀이 감긴 오른팔로 천장고임 아래쪽을 받치고, 왼팔로 기둥을 밀어내는 자세이다(그림13). 위와 옆에서 가해지는 무게와 압박을 두 팔로 강하게 버티고 있음을 나타내려는 듯 눈은 부릅뜨고 이를 악물었다.

크고 둥근 눈, 오뚝한 코, 짙은 구레나룻 등 삼실총 벽화의 역사들은 이목구비에서 서아시아 및 중앙아시아 지역 사람들의 인종적 특징을 드러낸다(전호태, 2016a). 두 소매 끝의 연꽃잎무늬, 두 다리를 감은 뱀에서 불교 및 토속신앙과 관련한 인도 및 서아시아 종교문화의 흐름이 느껴진다. 장천1호분 앞방 천장고임 네 모서리 각 삼각석 측면에도 삼실총 벽화의 역사와 같은 인물들이 묘사되었다. 5세기 중엽 고구려에 전해져 받아들여지는 서역계 문화, 불교와 함께 흘러든 서아시아적 관념과 회화기법, 이로 말미암은 고구려 사회의 변화를 읽게 한다(全虎兌, 1993).

장천1호분은 전형적인 두방무덤이다. 앞방 서벽 좌우에 문지기 장수, 남벽에 가무진찬(歌舞進饌), 북벽에 백희기악(百戱伎樂)과 사냥, 동벽 좌우에 문지기, 앞방 천장고임에 사신(四神), 전투, 보살, 여래(如來)와 예불공양(禮佛供養) 중인 귀족 남녀, 비천(飛天)과 기악천(伎樂天), 연꽃과 연화화생을 그렸고, 이음길 좌우 남벽과 북벽에 시녀, 널방 벽과 천장고임에 연꽃, 천정석에 해와 달, 북두칠성 등을 묘사하였다.

장천1호분 벽화에서 눈길을 끄는 것은 실물 크기로 그려진 인물들이다. 앞방 동벽 좌우에 그려진 실물 크기의 문지기 두 사람은 얼굴뿐 아니라 자세에서도 개성을 드러내어 더 눈길을 끈다. 군살이 없는 둥근 얼굴, 부드러운 눈매, 두 손을 가슴 앞에서 모아 쥔 공손한 자세로 말미암아 문인(文人)을 연상시키는 동벽 북쪽의 인물과 달리 남쪽의 인물은 길고 각진 얼굴, 날카로운 눈매, 두 손을 배 앞에 대고 상대를 위압하려

그림12 | 삼실총 제2널방 벽화 모사도 - 우주역사

그림13 | 삼실총 제3널방 벽화 모사도 - 역사

는 듯한 자세가 무인(武人) 기질을 느끼게 한다(전호태, 2016a). 각저총과 무용총 벽화에서 싹튼 인물의 개성 표현이 5세기 중엽을 전후하여 인물을 실물 크기로 묘사하는 변화를 동반하면서 더 구체적으로 되고 있다.

고분벽화 인물 묘사에서의 이런 변화는 구성원의 개성을 인정하고 수용하는 새로운 사회현상과 관련 있다(全虎兌, 1998). 사회구성원 각인의 개성을 인정한다는 것은 신분과 지위로 인간을 차별하던 고대적 사고와는 어긋난다. 회화에서 인물의 개성 표현은 이런 점에서 사회적으로 중요한 의미를 담고 있다고 할 수 있다.

장천1호분 벽화에서 주목되는 것은 대상에 부여한 비중에 따라 크기를 조절하는 위계적 표현도 정도가 현저히 누그러진다는 사실이다. 예불공양, 백희기악, 가무진찬 등의 장면에 등장하는 사람과 동물 사이에는 특별한 의미가 부여된 흰말 외에 표현비례의 차이가 그리 엄격하게 적용되지 않았다. 무덤주인을 기준으로 했을 때, 표현비례의 차가 최대 1:16에 이르렀던 각저총과 무용총 널방 동북벽 벽화의 등장인물 표현과 대조적이다(전호태, 2000a).

인물의 개성이 구체적으로 표현되고, 대상 비중에 따른 표현이 지양되는 새로운 흐름과 관련하여 하나 더 검토할 것은 널방 안벽인 동벽에 무덤주인이 묘사되지 않는다는 사실이다. 평양권 고분벽화에서 5세기 후반에도 여전히 무덤주인의 정면상이 제재로 선택되는 현상을 고려하면, 집안에서 나타나는 이 새로운 흐름은 그 사회·문화적 의미와 관련하여 눈여겨볼 필요가 있다.

장천1호분 벽화에 무덤주인의 초상이 그려지지 않은 것은 사람이 죽으면 조상신이 된다는 기존의 인식이 윤회적 전생(轉生)이나, 정토왕생을 상정하는 불교적 내세관으로 대체되면서 일어난 현상으로 이해될 수 있다(全虎兒, 1990; 전호태, 2000b). 무덤의 널방을 연꽃으로만 장식한 사례가 같은 시기 중국의 고분벽화에서는 발견되지 않는 점까지 염두에 둔다면, 무덤주인 초상의 소멸이라는 이 새로운 현상은 고분벽화라는 장의미술의 고구려적인 소화의 결과라고 할 수 있다.

장천1호분 벽화에서 더 주목할 부분은 외래문화요소의 고구려적 소화 및 재창조 와중에도 외부로부터의 새로운 자극에 민감했고, 필요에 따라 수시로 이를 받아들였음을 알게 한다는 사실이다. 장천1호분 앞방 천장고임의 예불공양도, 보살도, 비천도 등은 이전의 고분벽화에서는 나타나지 않던 새로운 제재이다. 여래와 보살의 얼굴, 복장 등은 5세기까지 중앙아시아에서 제작되었던 석굴사원 벽화의 영향을 고려하게 한다. 앞방 천장고임 4/5층의 정면에서 내려오는 비천(飛天)을 나타내는 데에 적용된 단축법(短縮法)은 다른 벽화에는 보이지 않는 기법으로 중앙아시아에서의 영향을 고려하게 하는 사례이다(전호태, 2016b).

새로운 제재, 양식, 기법이 수용되면서 기존의 관념과 새로운 양식 및 기법 사이에 발생하는 모순과 맞닥뜨린 화공의 고뇌를 읽게 하는 표현도 찾아볼 수 있다. 앞방 천장고임 2/3층의 남녀 공양자가 행하는 오체투지(五體投地) 예불 장면이 그 사례이다. 화공은 엎드리면서 가려진 남녀 공양자의 얼굴을 드러내야 한다는 강박감 때문에, 어떤 방향의 시점에서도 표현 불가능하다는 사실을 알면서도 공양자의 얼굴을 90도 돌려놓고 그렸다. 새로운 양식이나 기법을 수용하여 소화하기가 쉽지 않다는 사실을 알게 하는 단적인 사례이다.

장천1호분 앞방 북벽의 백희기악도에서는 어느 정도 적용된 대상 비중에 따른 위계적 표현이 천장고임에 등장하는 여래와 공양자들, 비천과 기악천에는 적용되지 않았다. 중국의 북조 석굴사원 벽화에 보이는 비천들과 구별되는 안악2호분 벽화의 아름다운 비천이 어디에서 시작되었는지 알려주는 그림이 장천1호분 벽화에 보인다.

장천1호분 앞방 천장고임과 널방 천장고임에 그려진 남녀쌍인 연화화생은 고구려 나름의 방식으로 소화된 외래종교 관념의 구체적 표현이다(그림14). 불교에서 연화화생이란 업(業)과 인연(因緣)의 매듭을 풀지 못하고 전생(轉生)을 거듭할 수밖에 없는 중생이 윤회(輪回)의 수레바퀴에서 벗어나 불교의 이상세계인 정토(淨土)에서 태어나는 방식이다(전호태, 2000b). 하늘연꽃이라는 이상적인 매개체를 통한 정토에서의 새 삶은 모든 불교도의 꿈이었으므로 연화화생 표현은 인도로부터 동아시아로의 불교 전파경로에 있는 여러 불교유적에서 발견된다.

고구려 고분벽화에서도 연화화생과 관련된 표현은 비교적 자주 발견된다. 집안의 삼실총, 오회분5호묘, 오회분4호묘, 평양의 성총(星塚), 진파리1호분, 진파리4호분, 강서대묘 등에서 연화화생이 완성된 모습, 연화화생의 각 과정을 담은 장면을 볼 수 있다. 일본의 천수국수장(天壽國繡帳)은 제작 과정에 고려화사(高麗畵師)가 참여했음이 기록되어 고구려 회화의 일본 전파를 알려주는 작품이다(안휘준, 2000), 여기에 묘사된 연화화생은 고구려 고분벽화의 화생 표현에서 비롯된 것이다.

이들 벽화와 장식무늬에서 연꽃은 예외 없이 한 생명이나 어떤 특수한 물체를 탄생시킨다. 이와 달리 장천1호분 벽화에서 연꽃은 두 생명, 곧 어린 남녀를 한꺼번에 정토에 왕생시킨다. 여성의 깨달음에 회의적이던 고대 불교세계의 관념과 거리가 느껴질 뿐 아니라, 모든 인연에서 자유로워야 하는 정토 삶의 원리에도 맞지 않는 표현이 장천1호분 벽

그림14 연화화생
1. 성총 2. 삼실총
3. 천수국수장 4. 장천1호분

화에 남아 있다. 이 장면은 이혼을 터부시하고 부부합장의 전통을 강하게 유지하던 고구려적인 사고와 관습이 불교 특유의 논리와 관념을 넘어선 결과로 해석할 수 있다.

장천1호분 널방 벽과 천장고임을 장식한 연꽃은 5세기 중엽을 전후하여 고구려 사회를 풍미하던 불교신앙, 이로 말미암은 불교적 내세관의 유행을 실감케 하는 사례이다(전호태, 2000). 집안 국내성 지역의 중기 벽화고분 가운데에는 통구12호분 벽화와 같이 줄기와 잎, 꽃봉오리까지 모두 표현된 연(蓮)이 널방의 천장고임을 장식하는 사례가 있는가 하면, 활짝 핀 연꽃으로 널방 벽 전체를 가득 채우다시피 한 환인 미창구장군묘 벽화와 같은 사례도 있다.

5세기 중엽부터 평양문화권 고분벽화에서는 생활풍속과 사신이 함께 등장하는 새로운 흐름이 나타난다. 초기에는 사신이 무덤칸 천장고임에 하늘의 별자리와 함께 그리 크지 않은 비중으로 그려지다가 일정한 시간이 흐른 다음에는 생활풍속 장면과 함께 벽에 묘사된다. 이후 시간이 흐름에 따라 사신은 벽면에 가득 차게 표현된다. 이런 변화에 맞추어 생활풍속 그림이 벽화에서 지니는 비중은 점차 낮아진다.

외방무덤인 안악2호분은 중기 벽화고분 가운데 재령강 유역의 안악 지역을 대표하는 유적이다. 5세기 후반에 제작된 것으로 추정되는 안악2호분 벽화에서 눈길을 끄는 것은 널방 벽에 그려진 비천, 벽 모서리와 상부에 묘사된 기둥과 도리, 천장고임을 가득 메운 화려하고 세련된 장식무늬이다. 무덤칸의 장식 기둥과 도리, 벽에 그려진 비천 및 공양자(供養者) 행렬은 무덤칸 내부가 불교사원인 것처럼 느끼게 만든다.

약간은 어색하고 긴장된 필선으로 그려진 까닭에 화면에 붙잡혀 있는 듯이 느껴지기도 하는 장천1호분 벽화의 비천들과 달리 안악2호분 널방 동벽의 두 비천은 부드러움을 몸과 표정에 담고 있다. 잘생긴 고구려 미소년을 연상시키는 얼굴에 입을 살짝 벌려 미소 지으며 팔을 조금 들어 올린 채 왼손의 엄지와 검지로 오른손에 받쳐 든 연화반의 연꽃잎을 집어내는 비천의 자태는 우아하고 자연스럽다. 5세기 집안 고분벽화에 보이는 인물의 사실적 표현이 안악 지역에서는 한 걸음 더 나아갔음을 알 수 있다(전호태, 2016a).

안악2호분 널방의 벽 모서리와 벽 상부를 장식한 기둥과 도리는 크기가 과장되었고 무늬가 화려하다. 변형구름무늬, 넝쿨무늬, 연꽃무늬, 보륜무늬, 기하학적 도형무늬로 채워진 기둥과 도리, 들보는 무덤주인 부부의 내세 삶이 펼쳐지는 별세계의 배경장치처럼 느껴진다(그림15). 현세 삶을 재현하기 위해 생활풍속이 그려지던 시기에는 볼 수 없던 현상이다. 비천과 공양자, 천장고임을 가득 메운 연꽃무늬에서 잘 드러나듯이 무덤칸 벽화와 관련된 이들의 관심은 불교에서 말하는 내세 정토로 옮겨지고 있으며, 그 과도기적인 정황이 장식무늬로 가득한 기둥과 도리로 나타난다고 할 수 있다.

5세기 말로 편년 가능한 쌍영총(雙楹塚)은 벽화의 사신 비중이 높아지면서 생활풍속의 후퇴가 뚜렷이 진행되던 시기의 유적이다(전호태, 2016a). 널길 좌우 동벽과 서벽에 행렬, 앞방 남벽 좌우에 문지기 장수, 앞방 동벽과 서벽에 청룡(靑龍)과 백호(白虎), 북벽 좌우에 문지기를 그렸다. 앞방과 널방 사이에 세워진 두 8각 돌기둥에는 용을 묘사했으며, 널방 남벽 위 소슬 사이에 암수 주작(朱雀) 한 쌍, 동벽 위에 귀부인 공양행렬, 북벽에 무덤주인 부부의 정좌상과 쌍현무(雙玄武)를 나타냈다.

쌍영총 벽화에서 눈길을 끄는 것은 인물과 사신, 연꽃의 배치와 묘사이다. 쌍영총 널길 벽과 널방 동벽에는 깔끔하고 세련된 필선으로 묘사

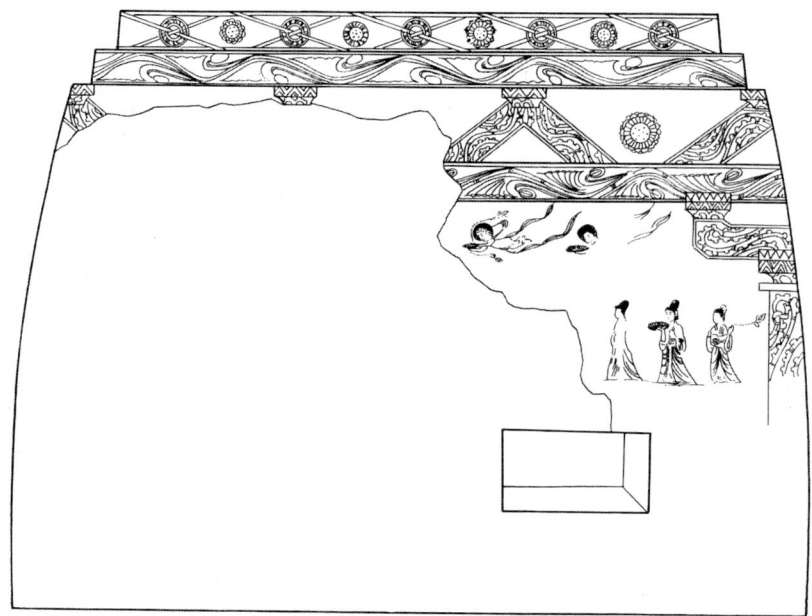

그림15 | 안악2호분 널방 동벽 벽화 모사선화 – 비천과 공양자

된 갸름한 달걀꼴 얼굴의 인물들이 배치되었다(그림16). 남자들은 머리에 고구려 특유의 모자인 절풍(折風)을 썼고, 선(襈)을 덧댄 왼쪽 여밈 저고리에 통 넓은 바지를 입었다. 여자는 선을 덧댄 저고리에 주름치마를 입었다(전호태, 2016b). 모두 전형적인 고구려인의 모습 그대로이다. 5세기 후반으로 편년되는 수산리벽화분이나 팔청리벽화분 벽화에서도 이런 모습의 인물들을 볼 수 있는데, 인물에 따라 표정에 변화를 주어 개성을 드러내려 한 화공의 의지가 읽힌다. 쌍영총 등의 벽화에서 고구려식 인물표현의 전형이 나타난다고 할 수 있다.

그런데 널길과 앞방 벽의 인물들과 달리 쌍영총의 널방 안벽의 무덤 주인 부부는 개성 없는 신상형(神像形) 인물로 그려졌다(그림17). 표정이 풍부한 인물을 그릴 수 있음에도 화공이 무덤주인 부부를 신상 모습

그림16 | 쌍영총 널방 동벽 벽화 모사도 - 공양행렬

그림17 | 쌍영총 널방 북벽 벽화 모사도 - 무덤주인 부부와 쌍현무

의 정좌상으로 묘사한 이유는 무엇일까? 고구려 사회에 풍미하던 불교의 전생적 내세관 및 정토왕생신앙의 영향으로 현세 재현 중심의 계세적 내세관이 후퇴하는 와중에도 형식적으로나마 무덤칸 안에 무덤주인 부부를 그려 넣게 된 때문일까? 무덤주인 부부는 이전처럼 내세에 조상신과 비슷한 존재로 다시 태어난다고 믿었던 까닭이 아닐까?

쌍영총 벽화에는 인물의 위계적 표현은 이전보다는 약화하였으나, 상당히 뚜렷하게 반영되었다. 쌍영총보다 이른 시기의 작품으로 여겨지는 수산리벽화분 인물행렬에서도 위계적 표현이 확인된다. 이로 보아 평양권에서는 인간을 신분과 지위에 따라 차등적으로 인식하고 묘사하는 관습이 5세기 후반에도 상당히 강하게 유지되고 있었다는 해석도 가능하다.

쌍영총 앞방과 널방 천정석에는 활짝 핀 연꽃이 그려졌다. 불교 승려가 이끄는 귀부인의 공양행렬이 시사하듯이 이 연꽃들은 무덤주인이 불교에서 말하는 이상세계에서의 삶, 곧 정토왕생을 간절히 소망했음을 알려준다. 5세기 말로 편년되는 덕화리1호분 널방 천정석 연꽃이 천제를 상징할 가능성이 큰 것과 달리 쌍영총 천정석의 연꽃은 같은 시기 중국 석굴사원 천장부에 표현된 연꽃이나 안악2호분 널방 천정석 연꽃처럼 여래의 깨달음, 혹은 불교의 이상세계를 나타낸다.

쌍영총 벽화의 활짝 핀 연꽃은 5세기 집안권과 평양권으로 나뉘어 지역적 특성을 뚜렷이 드러내며 표현되던 서로 다른 연꽃양식의 혼합형이다(전호태, 1990; 전호태, 2016a). 쌍영총 널길 벽화의 기마인물이 덕흥리벽화분 사냥도의 기마인물과 무용총 벽화 사냥도의 기마인물이 보여주는 지역적 특색을 뭉뚱그려 담아내는 것과 비슷하다.

쌍영총 벽화의 두 연꽃은 427년의 평양 천도 이후, 새로운 왕도인 평양을 중심으로 추진되던 남북 문화의 통합 노력이 일정한 성과를 거둔 증거라는 해석도 가능하게 한다. 귀부인 공양행렬의 일부 인물이 고구려 특유의 점무늬 바지와 저고리 차림인 것도 이와 관련하여 주목된다. 점무늬 바지와 저고리는 5세기 전반까지 집안 고분벽화 인물도에 주로 나타나기 때문이다. 널방 천장 삼각고임 밑면에 묘사된 해 안의 세발까마귀와 달 속의 두꺼비 역시 집안의 각저총과 무용총 벽화에서 확인되는 세발까마귀 및 두꺼비의 표현방식에 세련미와 운동감을 더해 고구려적인 맛을 강하게 드러낸다는 점에서 고구려 남북 미술양식의 통합 과정을 보여준다고 할 수 있다(全虎兒, 1992).

　이런 사실을 염두에 두면 쌍영총 벽화는 안악3호분 이래 진행되어온 고분벽화라는 외래 장의미술의 소화가 일정한 성과에 다다른 결과물이자, 집안권과 평양권이라는 고구려 남북 문화권 통합의 산물이라고 할 수 있다. 쌍영총 벽화는 문화사적으로도 상당히 의미 있는 고분벽화인 셈이다.

　이상에서 잘 드러났듯이 평양권 중기 고분벽화에서는 생활풍속이 벽화 제재 구성에서 일정한 비중을 지닌다. 같은 시기 집안의 고분벽화가 연꽃장식무늬 위주로 제재가 단일화된 것과는 사뭇 대조적이다. 사신이 지니는 벽화 제재로서의 비중이 집안 고분벽화들보다 빨리 높아지는 점도 눈여겨볼 필요가 있다. 사실 평양권 고분벽화에서는 초기부터 존재를 드러내는 몇몇 제재 가운데 하나가 사신이다.

　중기 평양권 고분벽화에서 연꽃이 중심제재로 등장하는 사례가 빈번하게 보이지 않는 것은 평양의 문화적 전통에서 그 원인을 찾아볼 필요가 있다. 중국 한에 의해 옛 고조선의 중심지에 낙랑군이 설치된 이래, 평양 일대는 일종의 국제문화지대가 되었다. 한의 외군(外郡)으로서 낙랑(樂浪)의 지위는 오래 유지되지 못하였지만, 중국 왕조들과 직접, 간접적으로 연결된 세력이 낙랑의 지배층에 영향력을 행사하였던 까닭에 중국문화의 중개지로서의 낙랑의 기능은 고구려의 평양 경영 이후에도 어떤 의미에서는 상당 기간 유지되었다(全虎兒, 1997). 고분벽화 역시 평양이 지니고 있던 이와 같은 독특한 지위, 기능, 역할을 기반으로 하여 고구려에 수용된 새로운 장의미술 장르 가운데 하나였다고 해야 할 것이다.

불교적 관념과 관련이 깊은 것으로 여겨지는 연꽃이 평양 지역 고분벽화에서는 중국에서 발달한 천제(天帝) 관념과 연결된 상징으로 나타나는 사례가 있는 것도 이러한 맥락에서 이해할 필요가 있다(전호태, 2000b). 평양 지역의 고분벽화에서 연꽃은 불교적 깨달음의 세계, 정토나 여래의 상징이기도 하지만, 천제에 대한 인식의 표현으로도 쓰였다. 사신과 신선신앙, 별자리신앙 관련된 제재, 생활풍속계열 제재가 평양 지역 고분벽화에서는 복합적으로 나타나고, 집안 고분벽화와 달리 제재 구성이 한쪽으로 치우치거나 극적인 변화를 보이는 사례가 상대적으로 적은 것도 평양문화의 복합적인 성격과 관련하여 이해해야 할 것이다.

제재 구성의 변화양상을 포함한 고분벽화 전개에서의 전체적인 흐름은 집안 국내성 지역과 평양이 큰 차이를 보이지 않는다. 하지만 특정한 시기나 지역별 분류를 바탕으로 구성내용을 분석하면 평양과 집안의 문화적 차이는 뚜렷하다. 평양 중기 고분벽화에서 생활풍속계 제재는 마지막까지 일정한 비중을 유지한다.

안악2호분, 쌍영총 외에 평양권 중기 벽화고분으로 주목되는 유적은, 널방 벽은 사방연속무늬 안의 연꽃으로 장식되었으면서도 천장고임이 천왕(天王), 지신(地神), 천추(千秋), 만세(萬歲) 등으로 장식된 천왕지신총, 벽면 전각도 위 목조가옥 골조 그림 사이로 커다란 연봉오리들이 배치된 용강대묘, 기둥 그림을 대신하여 역사(力士)가 그려진 대안리1호분 등이 있다. 천왕지신총 벽화에 등장하는 사람 머리의 새 천추는 안악1호분, 덕흥리벽화분, 무용총 벽화에도 보이는 것으로 하늘세계로 날아오르고자 하는 소망, 장생불사를 이룰 수 있게 한다는 선계로의 승선(昇仙) 관념을 잘 드러내는 존재이다(정재서, 2010).

3) 후기 고분벽화

후기 고분벽화는 6세기 초부터 7세기 전반 사이에 제작된다(전호태, 2004). 후기 고분벽화의 무덤양식은 매우 단순하다. 외방의 돌방무덤으로 사실상 통일되기 때문이다. 벽화 주제도 사신으로 한정된다. 사신 가운데 동쪽의 수호신 청룡, 서쪽의 수호신 백호는 주로 사악한 기운을 물리치는 역할을 하는 신수이다. 이와 달리 남쪽의 수호신 주작과 북쪽의 수호신 현무는 음양의 조화를 이루어 우주적 질서가 회복되게 하는 존재이다. 주작이 암수 한 쌍으로 표현되고 현무가 뱀과 거북이 얽힌 모습으로 묘사되는 것도 이 때문이다.

후기 고분벽화의 무덤구조는 외방의 돌방무덤으로 단순하지만, 잘 다듬은 커다란 판석을 축조재료로 사용한 대형 무덤이 대부분이다. 대형 무덤은 큰 비용과 인력이 동원되어야 축조될 수 있다. 후기 벽화고분의 무덤주인이 왕이나 왕족임을 짐작하게 하는 부분이다. 후기 벽화고분의 벽화가 석회를 바르지 않은 돌벽 위에 직접 그려진 것도 이전보다 높은 수준에 이른 아교 배합기술 및 고급 안료 덕이라고 해야 할 것

그림18 | 진파리4호분 널길 서벽 벽화 모사선화 – 하늘연못

이다.

외부문화요소를 나름의 구성과 양식으로 재창조하던 고구려에 새로운 자극을 준 것은 6세기 전후 중국을 풍미하던 남북조 양식이다(이태호, 2003; 전호태, 2004; 김진순, 2009; 정병모, 2013). 중국 남북조 미술양식의 영향은 6세기 전반에 제작되는 평양의 진파리1호분과 진파리4호분 벽화에 반영되고 있다.

남향의 외방무덤인 진파리4호분에는 널길 벽에 연못, 널방 벽에 사신, 천장고임에 인동연꽃, 천정석에 별자리가 그려졌다. 진파리4호분 벽화에서 눈길을 끄는 것은 널길 벽의 연못 그림이다(그림18). 널길 벽에는 중첩한 높은 산과 빽빽이 솟은 소나무에 둘러싸인 연못을 그렸다. 잔물결이 일고 있는 수면 위의 산호(珊瑚), 연못 한가운데로 뻗어 오른

연 줄기와 활짝 핀 연꽃, 그 좌우로 대칭을 이루며 치뻗은 인동잎과 연잎, 바람에 날리는 듯 연못 위 허공에 뜬 수염털 인동연봉오리, 소나무 사이로 빛나는 금빛의 십자꽃잎무늬, 산 밑의 암괴(巖塊) 등이 서로 어울리면서 연못에 신비스러운 분위기가 감돈다. 불교에서 말하는 천수국(天壽國)의 하늘연못이 이런 모습일지도 모른다(전호태, 1990). 연못 주변 산과 나무의 표현에 도식성이 엿보이기도 하지만, 선의 굵기와 색의 농담(濃淡)으로 대상의 부피감을 드러내려 했으며, 좌우 대칭구도 속에서도 세부표현에 변화를 주었다.

남향의 외방무덤인 진파리1호분에는 널길 벽에 문지기 천왕, 널방 벽에 사신, 천장고임에 구름과 인동연꽃, 천정석에 해와 달, 인동을 나타냈다. 진파리1호분 벽화에서 눈길을 끄는 것은 바람에 휘날리는 구름과 인동연꽃, 수염털 봉오리로 가득한 들판의 현무와 좌우의 산, 나무이다(그림19). 농담이 있는 나무 밑의 바위산과 선묘(線描)된 수목은 소박하게나마 이 산수에 공간감을 부여한다. 바람에 크게 흔들리는 듯한 화면 좌우의 큰 나무 두 그루는 몰골법(沒骨法)으로 실재감 있게 그려졌다(안휘준, 1980; 이태호, 2020). 고구려 화공의 수목 표현능력이 진파리4호분 벽화에서 한 걸음 더 나아갔다.

진파리4호분의 연못과 진파리1호분의 현무 그림에서 눈길을 끄는 것은 좌우에 산과 나무를 배치하고, 그 사이 공간에 중요한 소재를 그려 넣는 대칭적인 화면 구성, 배경에 하늘을 흐르는 구름과 바람에 휘날리는 인동연꽃 등을 그려 화면 전체에 생동감을 불어넣는 표현기법이다. 이는 모두 6세기 중국 남북조에서 유행한 회화양식 요소이다(吉村怜, 1985). 두 고분의 벽화에 중국 남북조미술의 양식과 기법이 상당한 영향을 끼쳤음을 알 수 있다(전호태, 2016a).

앞의 4~5세기 고분벽화의 분석에서 드러났듯이 고구려에서 외래 문화요소는 선택적으로 수용되며, 이후 그것에 수정이 가해져 고구려적 정체성이 담긴 새로운 문화요소로 재탄생한다. 6세기 중국 미술양식의 수용과 소화 과정에도 고구려의 이러한 방식이 적용되었음을 진파리1호분과 진파리4호분 벽화에서 확인할 수 있다. 특히 눈길을 끄는 것은 진파리1호분의 현무도를 비롯한 사신의 표현방식이다. 중국 북조 고분벽화 및 남조 고분의 석각선화(石刻線畵)에 등장하는 사신이 도교 선인(仙人)의 종속적 존재처럼 보이는 것과 달리, 진파리 고분벽화의 사신은 널방 각 벽면의 주인공으로 등장하고 있기 때문이다. 특히 진파리1호분 벽화의 현무도는 중국 남북조 미술양식의 주요기법은 받아들이면서도 제재 구성에는 변화를 주었으며, 세부표현에는 특유의 힘과 생명력을 더하여 고구려화를 이룬 작품이라고 할 수 있다(전호태, 2016a).

후기의 사신계 벽화고분인 호남리사신총은 널방 벽의 사신 외에는 다른 제재가 남아 있지 않다. 눈길을 끄는 것은 호남리사신총 벽화의 사신이 진파리1호분이나 진파리4호분 벽화의 사신이 보여주는 중국 남북조 회화양식적인 요소를 지우고 강서대묘와 강서중묘 벽화에 보이는 고구려 특유의 신수(神獸)의 세계를 여는 징검다리 역할을 한다는 사실이다. 호남리사신총 벽화의 사신들은 별다른 배경이나 동반하는 존재 없이 벽면의 주인공이자 유일한 제재로 그려졌다는 점에서 전형적인 고구려 사신계 고분벽화의 세계를 펼쳐냈다고 할 수 있다.

내리1호분 널방 천장고임 벽화는 6세기에 들어서면서 고구려의 화공들이 산수라는 제재를 어떻게 인식하고 소화했는지를 잘 드러낸다(그림20). 집안권, 평양권의 초기 및 중기 고분벽화에서 산수는 사냥도

그림19 | 진파리1호분 널방 북벽 벽화 모사도 – 현무

그림20 | 내리1호분 널방 천장고임 동북쪽 벽화 – 산수와 넝쿨

의 배경으로 그려졌다. 사냥이라는 실용적이면서 종교적인 행사가 진행되는 무대 겸 무대장치로 기능했을 뿐이다. 평양권의 덕흥리벽화분, 약수리벽화분, 집안권의 무용총, 장천1호분 등에서 산수는 쫓고 쫓기는 짐승과 사냥꾼들 사이에 세워진 무대장치였다.

그러나 6세기 벽화에서 산수는 독립적 제재가 된다(이태호, 1987). 내리1호분 널방 천장고임에 그려진 달 속의 계수나무, 천장고임 모서리의 산수는 이러한 새로운 흐름을 보여주는 좋은 사례이다. 산과 나무가 구체적인 형태를 갖추었다. 강서대묘 벽화에 보이는 온전한 산수의 출현을 예감하게 하는 작품이다.

강서대묘와 강서중묘의 벽화는 중국 남북조 회화양식이 수용된 뒤, 반세기 동안 고구려에서 나름의 새로운 회화세계가 어떻게 만들어졌는지를 잘 보여준다(전호태, 2018b). 강서대묘는 남향의 외방무덤으로 널방 벽에는 사신, 천장고임에는 선인과 신산(神山), 상금서수, 기화요초 등이 표현되었다. 천정석에는 황룡(黃龍)이 그려졌다. 강서대묘보다 상대적으로 늦은 시기에 축조, 제작된 강서중묘 널방 벽에는 사신, 천장고임에는 인동연꽃, 천정석에는 연꽃과 서조(瑞鳥)가 표현되었다.

강서대묘와 강서중묘에서 사신은 아무런 배경 없이 벽면에 그려졌다. 두 고분벽화의 사신은 세련된 필치와 선명한 채색으로 상상적 동물임에도 실재하는 존재처럼 그려졌다. 벽화에서 사신이 획득한 '실재성'은 무배경에 가까운 벽면에 깊은 공간감을 주어 화면이 아득한 하늘세계인 듯이 느껴지게 한다. 같은 시기 중국의 회화에서는 찾아보기 어려운 표현과 효과이다. 특히 강서대묘의 현무와 주작, 강서중묘의 청룡과 백호는 회화적 완성도가 대단히 높다.

물론 이 시기에 이르러서도 특정한 대상이 지닌 부피감이 효과적으로 표현되지 못하는 듯이 보이는 부분도 있다. 당대 최고의 작품으로 평가되는 강서대묘의 현무에서도 이러한 한계를 읽어낼 수 있다. 그런데도 벽화를 그린 고구려 화공은 현무의 뱀과 거북이 우주적 질서를 되살리기 위해 음양의 기운을 교환하는 순간을 강한 필선으로 잘 그려냈다(그림21). 네 다리로 버티고 선 거북에게서는 강한 기운이 뿜어나오고, 거북을 감은 뱀은 탄력과 긴장감으로 가득하다(全虎兒, 1993). 이는 중국 수·당시대 고분벽화의 현무의 뱀과 거북이 부피감은 드러내면서도 우주적 신수(神獸)가 자아내야 할 강한 기운은 뿜어내지 못하는 것과 비교된다(전호태, 2004c).

후기 고분벽화 사신도에서 확인되는 독자적 세계와 함께 보는 이의 관심을 끄는 것은 벽화의 산수도이다. 사냥 장면이나 사신의 배경으로만 그려지던 산수가 독립된 회화 주제가 될 조짐이 이 시기 벽화에 보이기 때문이다. 강서대묘 널방 남벽 주작 아래에 그려진 산악은 산 능선을 따라 엷게 담채(淡彩)를 가하여 제한적이나마 산의 부피감을 나타냈으며 가까운 산은 크고 뚜렷하게, 먼 산은 가까운 산과 거리를 두고 작고 희미하게 묘사하여 산의 원근을 알 수 있게 했다(그림22). 널방 천장고임 제3층 산수도에도 대상이 지닌 원근감과 공간감을 나타내는 기법은 그대로 적용되었으며 산 주름을 나타내는 준법(皴法)이 시도된 흔적도 있다(安輝濬, 1980). 산 능선에 나 있는 나무도 간략한 필치로 묘사되었으나 제법 사실적이다.

강서중묘 널방 북벽 현무 아래 그려진 산의 능선 표현에는 농담의 변화가 있고, 산에는 담채가 가해졌다. 이런 종류의 산수는 두 무덤보다 약간 앞서 제작된 내리1호분 널방 천장고임 제1층 동북 모서리에도 보인다. 이 벽화의 산수는 산 능선을 따라 그려진 수목에 원근 및 비례 개

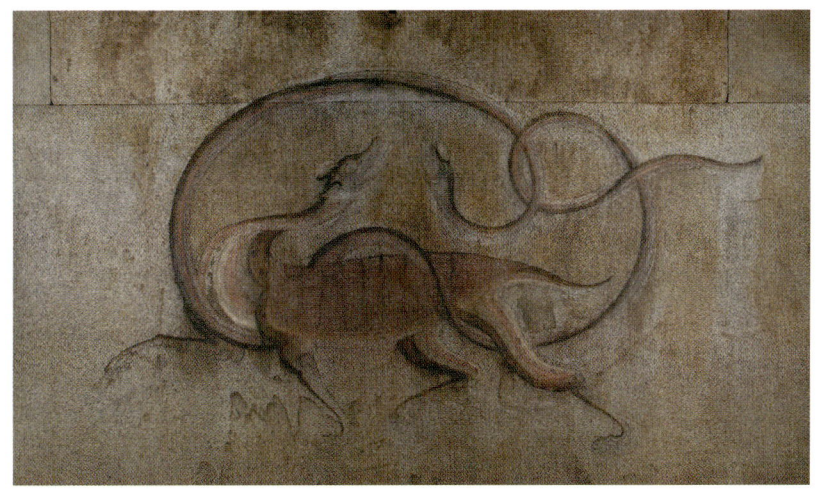

그림21 | 강서대묘 널방 북벽 벽화 – 현무

그림22 | 강서대묘 널방 천장고임 벽화 – 선계의 산과 선인

념이 적용되고 있는데, 여기에서 더 나아간 것이 강서대묘와 강서중묘 벽화의 산수라고 할 수 있다.

사신도와 산수도에서 확인할 수 있듯이 강서대묘와 강서중묘 벽화를 제작할 즈음의 고구려 회화는 원근비례 개념을 바탕으로 대상을 묘사하고, 화면 안에 거리와 공간을 부여하는 표현에 이미 상당히 익숙해 있다. 그러나 아직 괴량감, 부피감 표현은 익숙하지 않았던 듯이 보인다. 화공은 산수와 같이 평면상에 정지한 상태이거나 상하좌우 어느 한 방향으로 움직이는 물체가 지닌 부피감은 실감 나게 잘 묘사해냈다. 하지만 현무의 뱀과 거북처럼 여러 각도로 운동 방향을 바꾸는 물체가 지닌 부피감은 효과적으로 표현해내기 힘들어했던 듯하다.

통구사신총, 오회분5호묘와 오회분4호묘로 이어지는 6세기 집안 국내성 지역 고분벽화에서 먼저 살펴볼 유적은 통구사신총이다. 6세기 전반 축조된 것으로 보이는 통구사신총은 남향의 외방무덤이다. 널길에 불교의 천왕(天王)을 연상시키는 수문신장(守門神將)을, 널방 벽에 빠르게 흐르는 구름을 배경으로 사신을(그림23), 천장고임에 해신과 달신을 비롯한 문명신, 천인, 상금서수, 일월성신, 인동연꽃 등을 그렸다. 천정석에는 황룡을 묘사하였다.

통구사신총 벽화 널방 벽 사신의 배경을 이루는 빠르게 흐르는 구름은 당시 동아시아를 휩쓸던 중국 남북조 미술양식의 한 요소이다(전호태, 2016a). 그런데 중국 남북조 양식의 가장 특징적인 요소로 여겨지는 바람에 휘날리는 듯한 인동연꽃과 키 큰 나무는 통구사신총 벽화에 보이지 않는다. 이는 6세기 집안 국내성 지역 화가들이 중국 남북조 회화양식을 선택적으로 수용했음을 뜻한다.

오회분5호묘와 오회분4호묘 역시 남향의 외방무덤이다. 두 무덤 모

그림23 | 통구사신총 널방 북벽 벽화 모사도 – 현무

두 널길 벽에는 수문신장을, 널방 벽에는 사방연속 변형귀갑문을 배경으로 사신을, 천장고임에는 문명신과 천인, 상금서수를 그렸다. 천정석에는 오회분5호묘는 청룡과 백호를, 오회분4호묘는 황룡을 묘사하였다.

두 무덤의 벽화에서 먼저 살펴볼 것은 널방 벽의 사신과 배경을 이루는 사방연속 변형귀갑문, 귀갑문 안의 장식이다. 널방 벽의 사신은 인동과 불꽃으로 장식되거나 인동연꽃에서 화생하는 천인으로 채워진 변형귀갑문 위에 세련되고 숙달된 필치로 묘사되었다(그림24). 청룡과 백호는 입을 크게 벌리고 눈을 부릅뜬 채 상대를 덮쳐 내릴 듯한 자세로 하강하고 있으며, 주작은 크게 나래 치고, 현무는 대지 위에 힘있게 버

그림24 | 오회분5호묘 널방 서벽 벽화 – 백호

티고 서 있다. 사신은 몸 세부까지 세밀하게 묘사되었고, 오색(五色)으로 화려하게 채색되었다.

그러나 지나치게 선명한 윤곽선, 엄격하게 구분된 채색띠, 규칙적이고 도식적인 세부표현은 사신이 신수로서 지녀야 할 신비성과 사실성을 오히려 약하게 한다(全虎兒, 1993; 전호태, 2004c). 화려한 배경 그림은 벽지(壁紙) 같은 효과를 가져와 이런 종류의 화면이 지녀야 할 공간감을 약하게 만들어 결과적으로 사신의 힘과 운동력을 떨어뜨린다. 평양권 후기 고분벽화의 사신이 배경 표현을 생략한 채 그려져 오히려 공간적 깊이감을 확보한 것과 대조적이다.

벽지 효과를 가져온 화려한 사방연속 변형귀갑문은 6세기 고구려의 대외문화교류, 특히 새로운 미술양식과의 접촉을 시사한다는 점에서 의미 있는 회화적 제재라고 할 수 있다. 사방연속 귀갑문은 집안의 산성자귀갑총(山城子龜甲塚), 순천의 천왕지신총(天王地神塚) 등 5세기 고분벽화에도 보인다. 그러나 오회분5호묘 및 오회분4호묘 벽화에 보이는 사방연속 변형귀갑문과는 표현 기법과 내용, 수준이 다르다.

오회분5호묘 및 오회분4호묘 벽화의 변형귀갑문을 이루는 오색띠, 변형귀갑문 속 팔메트(Palmette)풍 장식무늬, 중국 북조 관인(官人) 복장을 한 화생천인(化生天人), 막대기 끝으로 팔괘(八卦)를 가리키는 도사(道士), 북조 석굴사원에서 발견되는 것과 유사한 벽 모서리의 역사형 괴수 등은 기존의 벽화 전통 외에 중국 남북조 및 내륙아시아, 서아시아 등 외부세계 여러 곳에서 고구려가 받은 문화적 자극도 함께 고려하게 한다(김진순, 2003).

고구려문화권 외부로부터의 문화적 자극의 과정과 내용은 아직 충분히 밝혀지지 않고 있다. 그러나 벽화의 사방연속 변형귀갑문은 고구려 국내성 일대의 문화전통, 국내성을 중심으로 한 문화교류의 통로가 평양과는 차별성을 지녔음을 시사한다(李松蘭, 1998; 김진순, 2009). 이와 관련하여 살펴보아야 할 것은 통구사신총을 포함한 6세기 집안 벽화고분 널방 천장고임 벽화의 제재 구성과 표현이다.

오회분4호묘 널방 천장고임 제1층에는 인동문, 연속교룡문, 제2층에는 밑면에 활짝 핀 연꽃, 옆면에 해신과 달신, 상서로운 새와 짐승을 탄 천신, 수레바퀴의 신, 대장장이신, 숫돌의 신, 불의 신, 농업신 등이 그려졌다. 3층에는 밑면에 하늘세계를 받치는 용을 묘사하고, 옆면에 연속교룡문, 기악천(伎樂天), 해와 달, 별자리, 흐르는 구름 등을 나타냈다.

벽화를 보면 이런 다양한 제재 사이에 공간적 여유를 두어 화면 구성에 질서를 부여하는 한편, 필요에 따라 제재 사이에 나무나 용, 구름 등을 그려 넣어 화면 전체의 밀도를 조절하고 있다. 이런 까닭에 개별 제재의 독자성이 확보된다. 동시에 제재 사이의 유기적인 관계도 살아나고 있다.

오회분4호묘 천장고임 2층에 배치된 신들 사이의 나무는 잎이 가지 끝에 둥근 부채처럼 모여 있고 각기 색깔이 달라 상상 속에서 변형된 존재임을 알 수 있다. 잎에는 농담이 있으며, 천장고임 3층의 흐르는 구름에도 음영이 있다. 화공이 대상이 지닌 입체감, 괴량감에 관심을 가지고 이를 표현해내려 노력한 결과로 보아야 할 것이다.

천장고임 2층의 사지를 꼿꼿이 세우고 등으로 하늘을 떠받친 용의 탄력 있는 자세, 천장고임 3층의 옷자락을 나부끼며 악기 연주에 몰두하는 기악천들의 유연한 몸짓, 천장고임 2층과 3층에 그려진 신과 천인들의 길고 갸름한 얼굴은 화공의 정확한 관찰력과 뛰어난 묘사력을 잘 보여준다.

집안권 후기 고분벽화 천장고임 벽화 구성 및 제재와 관련하여 진지하게 살펴볼 것 가운데 하나는 천장고임에 그려진 여러 문명신이다. 복희와 여와의 모습을 한 해신과 달신을 비롯한 신들은 문화적 기원이나 조형적 연원에서 고구려에 알려진 경로가 명확하지 않다(전호태, 2004). 현재 전하는 고구려 관련 문헌기록에 사람 얼굴에 용의 몸인 해신, 달신에 대한 언급은 보이지 않는다. 불의 신, 대장장이신 등도 마찬가지이다.

그렇다고 하여 이들 문명신을 중국 전래의 신화전설에서 비롯된 존재로 해석하기도 쉽지 않다. 실제 중국 전래의 신화전설이 성립되는 과

정도 단순하지 않을 뿐 아니라, 벽화에 모습을 드러낸 신 가운데 6세기까지 중국에서 조형된 수많은 신화, 전설상의 존재와 비교될 마땅한 사례도 없는 까닭이다. 한 가지 확실한 것은 벽화에 적용된 기법과 수준으로 보아 이들 제재는 이미 상당한 기간 고구려에서 내적 소화 과정을 거쳐 고구려적 힘과 분위기를 지닌 존재로 재창조된 상태라는 사실이다. 오회분4호묘 벽화의 복희형 해신과 여와형 달신에서 그런 측면이 잘 드러난다(權寧弼, 1984; 全虎兌, 1992).

오회분4호묘 널방 천정석에 그려진 황룡은 오행신앙과 관련이 깊다(전호태, 1993). 오행의 중심을 상징하는 신수인 황룡은 벽화의 사신도를 오신도로 바꾸는 존재이기도 하다. 고분벽화에서 널방의 천정석에 그려진 것이 지니는 비중이나 의미까지 고려한다면 벽화의 황룡을 무덤주인의 정체성, 생전의 사회적 지위나 신분과 관련 짓는 것도 가능해진다(최택선, 1988a,b; 손수호, 2001). 다만 고분의 규모에서 큰 차이가 나지 않는 통구사신총과 오회분4호묘에 그려진 황룡이 오회분5호묘에는 그려지지 않았다는 사실, 강서중묘 널방 천정석은 활짝 핀 연꽃으로 장식되었다는 점도 함께 고려하면 무덤주인의 신분과 지위에 대한 해석을 다시 시도할 필요가 있을 듯하다.

3. 벽화를 통해 본 생활상

1) 복식

『삼국지』 기사는 3세기 중반까지 고구려에서 '가(加)'로 불리던 지배층은 책과 절풍으로 상하, 대소를 구별할 수 있었음을 알려준다.[1] 이때까지 대동강 유역에는 낙랑이, 요동을 지배하던 정치세력의 후원을 받으며 명맥을 유지하고 있었다. 평양 금옥리1호분 벽화에 남아 있는 조우절풍(鳥羽折風)을 쓴 노인의 모습은 이 시기에 낙랑이 요동세력과 고구려 사이에서 정치적 줄다리기를 하면서 정치체제를 유지하려 애쓰고 있었음을 짐작하게 한다.

4세기 초 미천왕대에 이르러 낙랑, 대방 등이 소멸하고 대동강과 재령강 일대가 고구려의 지배 아래 들어갔음은 잘 알려진 사실이다.[2] 이후 안악을 포함한 대방 지역은 3세기 후반까지 고구려와 백제 사이에 영역 편입을 둘러싼 갈등의 장으로 남게 된다. 반면 평양을 중심으로 한 낙랑 고지는 고구려 남방 경략의 전진기지로 정비·개발된다. 주목되는 것은 이와 같은 정치적 격랑을 겪으며 이 지역은 주민 구성의 변화와 문화변동을 동시에 겪게 된다는 사실이다. 그 과정과 결과는 주거와 복식을 포함한 생활양식 전반에 크고 작은 영향을 미치게 된다(이경희, 2012; 전호태, 2015a).

평양과 남포 일원은 4세기 초 고구려의 영역에 편입되면서 사회적

---

1 『삼국지(三國志)』 권30 위서30 오환선비동이 고구려.
2 『삼국사기(三國史記)』 권17 고구려본기5 미천왕 14년 10월 및 15년 9월.

변화가 컸던 곳이다. 주민의 상당수가 이 지역을 떠났고 빈자리는 고구려에서 보낸 새로운 이주민들로 메꿔졌다. 이런 변화에도 불구하고 이 일대에는 토착문화와 한계(漢系)문화가 혼합하여 성립한 '낙랑문화'가 여전히 남아 일정한 정도 영향력을 유지했던 것으로 보인다(전호태, 2003). 고분벽화 인물 복식에서 확인되는 지역적 차이는 낙랑 고지의 각 지역에 미치던 낙랑문화의 영향력 정도와 연관하여 이해할 수 있다.

벽화 인물에서 볼 수 있는 평양식 복식의 특징인 여밈의 방향이 자유로운 무늬 없는 옷은 집안 국내성 유형 복식과는 뚜렷이 구별된다(이경희, 2009; 2010). 평양식 복식을 중국적 성격을 전제한 외래형으로 규정하기 모호한 부분이 있는 것도 이 때문이다. 이는 결국 4세기 초 이후 새로운 북방문화가 기존의 낙랑문화를 부분적으로 대체하거나 기존 문화에 섞여 들고 덧씌워지던 과정과 관련하여 이해할 수밖에 없다. 이런 식의 이해를 전제로 할 때 순천 동암리벽화분에 등장하는 인물들이 입은 옷은 집안 유형 복식의 남하 과정을 보여주는 좋은 사례로 볼 수 있다(전호태, 2016b).

집안과 평양 인물 복식의 특징이 한꺼번에 나타나는 남포 지역 고분벽화 인물도는 낙랑 고지 안에서도 남포 일대에 성립했던 경계문화, 곧 점이지대 문화의 특징을 잘 보여준다. 고조선, 낙랑에 이어 고구려시대에도 대외교섭 창구로 기능하는 남포는 평양보다 기존 문화의 해체 속도가 빨랐고 그 과정이 고스란히 고분벽화 인물 복식에도 반영되었다. 408년 묵서명이 남아 있는 덕흥리벽화분이나 5세기 전반 이른 시기의 작품인 감신총 벽화 등장인물에게서는 평양식 복식의 특징만 볼 수 있다.

그러나 이런 고분벽화보다 제작시기가 크게 뒤지지 않는 옥도리벽화분이나 대안리1호분 벽화 인물도에서는 집안 복식 특유의 요소를 쉽게 찾아낼 수 있다. 이들 고분보다 늦은 시기에 제작된 수산리벽화분이나 쌍영총에서는 집안 복식과 평양 복식 요소가 어깨를 나란히 하는 현상이 보이기도 한다(전호태, 2016a). 이들 고분벽화만으로도 경계적 성격이 강한 남포 지역 복식문화의 변화 과정을 알 수 있다.

안악문화권에서는 지역문화의 혼합보다는 부분적 대체 과정이 더 뚜렷하게 나타난다. 고분벽화에서 확인되는 복식문화의 성격도 개별적이라 할 정도로 차이를 보인다. 그러나 대체적인 흐름을 짚어내자면 안악3호분 벽화 인물도가 보여주는 낙랑문화의 성격이 5세기 후반 평양, 남포 지역에서 정착의 징후를 보이는 집안식 복식과 평양식 복식의 혼합, 융화를 거쳐 새로운 복식문화로 바뀐다고 할 수 있다. 안악2호분 벽화 인물의 복식이 이런 흐름의 한 단계를 보여주는 좋은 사례이다.

5세기 후반의 늦은 시기로 편년되는 남포 쌍영총 널길 벽 기마인물이 머리에 쓴 조우절풍은 "(고깔모양의 절풍에) 새깃을 꽂아 귀천의 다름을 나타낸다"는 『위서』의 기사가 구체적으로 무엇을 설명하는지를 잘 보여준다. 쌍영총 벽화에는 상대적으로 이른 시기의 남포 및 평양 지역 고분벽화 인물도에 빈번히 등장하는 책(幘)이 보이지 않는다.

『주서』 복식 기사에 언급된 골소(骨蘇)와 관련하여 주목되는 것은 6세기 초 편년 개마총 벽화 개마행렬 인물들이 머리에 쓴 모자이다(그림25). 행렬에 등장하는 7명 모두 머리에 절풍을 썼다. 행렬에서 두 번째 인물이 쓴 절풍에는 새깃 형태의 장식 두 개가 더해졌다. 가장 크게 묘사된 제일 앞 사람은 작은 보요(步搖)가 달린 높이 솟은 깃대 형상 장식, 좌우로 넓게 펼치면서도 끝이 뾰족하게 처리된 날개 형태의 장식이 붙어 극히 화려해 보이는 절풍을 머리에 썼다. 자색의 라(羅)로 만들고

그림25 | 개마총 널방 천장고임 벽화 모사도 – 행렬

금은으로 장식하며 관품이 있는 자는 새깃 두 개를 위에 꽂아 지위를 나타낸다는 골소가 이런 형태의 모자였을 가능성이 크다.

개마총 벽화 개마행렬에서 한 가지 주목되는 것은 머리에 절풍 쓴 7명 모두 무늬 없는 옷을 입었으며 벽화 모사도로 남은 다른 인물 중 원점무늬의 포를 입은 여자 1명이 포함되어 있다는 사실이다. 5세기 말 작품으로 추정되는 대동 덕화리1호분 벽화 행렬도의 인물 8명 가운데 시종으로 묘사된 마지막 2명이 원점무늬 저고리, 바지 차림인 것을 함께 고려하면, 6세기 전후 고구려의 주류 복식은 집안식 절풍, 평양식 무늬 없는 옷의 조합으로 보는 것이 타당할 듯하다.

『수서』에는 『주서』의 기사를 짧게 정리하면서 귀자(貴者)의 금은식 자라관(金銀飾紫羅冠)과 사인(使人)의 조우피관(鳥羽皮冠)을 나누어 언급한 기사가 있다.[3] 『북사』에는 앞의 기사를 종합 정리하면서 귀인의 소골, 사인(士人)의 조우절풍을 소개한 기사가 있다.[4] 『수서』와 『북사』 기사만으로 보면 높은 신분의 사람이 사용하는 금은 장식 소골(蘇骨)과 평범한 관인이 사용하는 조우절풍은 재질과 형태상 뚜렷이 구분되는 모자이다. 그러나 개마총 개마행렬 선두의 인물이 머리에 쓴 화려한 장식의 절풍은 『주서』에 언급된 골소 가운데 가장 고급스러운 수준의 관모임이 확실하다. 그렇다면 이들 사서에서 언급된 골소와 소골, 소골과 절풍은 같은 종류의 모자일까?

명칭만으로 보아도 『주서』의 골소와 『북사』의 소골은 같은 모자를 가리키는 용어임이 확실하다. 『수서』는 관(冠)의 명칭을 나누지 않고 재질의 차이만을 언급한다. 문장의 전개방식으로 보아 기록자 혹은 관찰자의 눈길을 끈 것은 평범한 관인과 달리 귀한 신분의 사람은 자라(紫羅)로 만든 것을 사용한다는 사실이다. 관의 형태, 종류가 같아도 재질의 차이가 뚜렷해서 한눈에 그 차이를 알 수 있었다. 그에 더하여 모자에 금은 장식까지 더한다면 그 귀천의 차이는 보는 이의 눈에 더욱 또렷이 다가올 수밖에 없다.

6세기에 이르러 고구려인이 사용하는 모자와 의복이 이전보다 다양한 재질의 옷감으로 만들어지고 귀천에 따라 금은 등으로 화려하게 장식되었음은 『북사』가 편찬되던 시기의 기록인 진대덕(陳大德)의 『고려기』를 포함하여 『구당서』, 『신당서』 기사를 통해서도 미루어 짐작할 수 있다. 고구려의 귀족들이 금은으로 장식한 금수(錦繡) 의복 차림으로 공회(公會)에 참가했다는 『삼국지』 기사부터 금으로 장식한 관복을 입

---

3 『수서(隋書)』 권81 열전46 동이 고려.
4 『북사(北史)』 권94 열전82 고려.

었다는 연개소문에 대한 『신당서』 기사까지 고구려인이 의복에 금은 장식을 덧붙이는 관습이 있었음도 오래전부터 알려져 있다.[5]

그러나 모자의 재질과 장식이 점차 화려하고 다양해지기 시작한 것은 4세기 후반부터 단계적으로 이루어진 고구려 관등의 분화와 관련이 깊은 별개의 문제이다. 알사, 태사, 대형, 소형 등의 관등명을 전하면서 이를 절풍장식과 직접 연계시켜 언급한 『위서』 기사는 고구려에서 관등에 따라 관모 장식의 형태, 내용이 달랐음을 구체적으로 전한다는 점에서 의미가 깊다(그림26).[6]

소수림왕대 율령 반포를 계기로 공식화한 관등 분화는 고구려의 영역이 확대되고 인구가 증가하며 대내외적 위상이 높아지면서 계기적으로 이루어졌을 것이다(임기환, 2004). 물론 분화된 관등을 제도적으로 정비하는 별도의 과정, 혹은 계기도 고려할 필요가 있다.

『남제서』에는 489년 북위가 고구려 사신과 남제 사신을 나란히 앉게 하자 남제 사신 안유명(顔幼明)과 유사효(劉思斅)가 북위 조정에 공식적으로 항의한 사건이 소개되었다.[7] 이 사건 전부터 동아시아 여러 나라 사이에서는 현실로 인식되고 있었음에도 공식화되지는 않다가 북위가 이를 국제외교의 현장에서 공개적으로 기정사실로 만들자 남제로부터 큰 반발을 산 경우이다. 이 기사에 이어 남제에 온 고구려 사절이 중서랑 왕융(王融)에게 머리에 쓴 관모가 이상하게 생겼다는 희롱의 말을 듣고 이에 대해 차분하고 자신 있게 대응하는 과정이 소개되었다.

---

5   『삼국지』 권30 위서30 오환선비동이 고구려; 『신당서(新唐書)』 권220 열전145 동이 고려.
6   『위서(魏書)』 권100 열전88 고구려.
7   『남제서(南齊書)』 권58 열전39 동남이 고려국.

그림26 │ 고구려 남자가 쓴 여러 종류의 모자
1. 안악3호분 2. 쌍영총 3. 수산리벽화분 4. 동암리벽화분 5. 안악3호분 6. 안악3호분
7. 안악3호분 8. 덕흥리벽화분 9. 무용총 10. 쌍영총 11. 마선구1호분 12. 동암리벽화분
13. 개마총 14. 삼실총 15. 덕흥리벽화분 16. 동암리벽화분

장수왕 통치 말년에 일어난 이 사건은 5세기 후반 고구려의 국제적 위상, 고구려인의 자의식, 고구려인의 복식에 대한 정보를 동시에 전해준다. 475년 한성을 공략하여 백제를 일거에 제압하면서 대내외적 위상을 더욱 확고히 한 고구려에서는 관제 정비가 한 차례 더 이루어져 관등, 관복의 등급에 따른 조합으로 구체화되었을 가능성이 크다(전호태, 2000a). 관복의 등급화가 이루어졌다면 관모의 형태, 재질, 장식 등도 역시 이에 맞추어졌을 수밖에 없다. 고구려인임을 알리는 표식처럼 인식되었던 절풍이 관모의 기본형으로 채택되어 절풍 재료와 장식 내용에 의해 상하귀천을 가리게 된 것도 이때부터였을 수 있다.

개마총 개마행렬 인물들이 머리에 쓴 다양한 장식의 절풍, 유물로 남아 전하는 고깔 형태의 금동관모와 커다란 새깃 형태의 금속제 관모 장식, 고구려인의 상징으로 인식되어 석굴사원 벽화나 선각화로 남아 전하는 당대 유적, 유물 속 인물들 머리에 쓴 조우관, 곧 조우절풍을 함께 고려하면 『구당서』, 『신당서』에 왕과 대신들이 머리에 썼다고 소개된 라관의 형태에 대해서도 재고할 필요가 있다. 백제의 사례를 보아도 고구려 후기 최고 관등 귀족들의 관모를 굳이 혜문관(惠文冠)이나 농관(籠冠) 형태라고 상정할 이유는 없기 때문이다.

『삼국사기』에 인용된 『통전』의 고구려 악공인 기사와 당 이백(李伯)의 시 「고구려」는 고구려 무용에 사용되는 무용복이 어떤 색상, 어떤 형태의 저고리, 바지, 치마, 허리띠, 신발로 이루어졌는지 알게 한다.[8] 기사의 구절을 무용총, 장천1호분, 마선구1호분, 태성리1호분, 고산동

---

8   『삼국사기』 권32 잡지 제1, "樂: 金花折風帽 白馬小遲回 翩翩舞廣袖 似鳥海東來."; 『악부시집(樂府詩集)』 권78 잡곡가사18 당 이백 고구려.

10호분, 옥도리벽화분 벽화의 무용도와 함께 음미하면 고구려 무용의 특징과 직업별 복식의 존재를 구체적으로 알 수 있다(전호태, 2013b).

2) 화장과 장신구

고분벽화 인물도만으로 고구려인의 화장기법이 얼마나 다양했는지 알기는 어렵다. 고분벽화 및 신라인의 화장 기사를 아울러 고려할 때 백분(白粉)을 사용한 분칠로 얼굴을 희게 보이도록 한 뒤 그 위에 붉은 색으로 연지, 곤지를 넣어 얼굴이 두드러져 보이게 하는 식의 화장법이 일반적이었음은 미루어 짐작할 수 있다(전호태, 2015b, 그림27, 표2). 옥도리벽화분 인물도의 사례 등으로 볼 때 볼연지를 둥근 점의 형태로만 넣지 않고 상현달 형태 등 변화를 주었고, 이마의 곤지 화장도 꽃모양으로 장식하는 등의 방식을 썼음을 알 수 있다.

고분벽화 인물도로 확인되는 연지 화장의 재료가 무엇이었는지를 알려주는 기사는 전하지 않는다. 그러나 고분벽화의 인물도로 확인되는 옷감의 염색기법 및 색채로 볼 때, 붉은색 염료의 생산에 사용되던 잇꽃(홍화)에 주목할 필요가 있다(전호태, 2021). 잇꽃에서 얻는 홍색 색소에 초를 넣어 연지를 만드는 것이 한국 전래 민간기법의 하나인 까닭이다. 홍색을 포함한 다양한 색으로 염색된 고구려의 라(羅)가 중국에도 알려졌고 고구려인이 옷감에 무늬를 넣을 때 채화법을 쓴 것으로 보이는 사례가 벽화에서 자주 발견된다는 점을 고려하면 고구려인이 연지를 만들 때 사용한 천연재료가 홍화였다고 보아도 무리는 아니라고 하겠다.

『구삼국사』 동명왕본기는 고구려의 시조 주몽이 졸본 송양국의 왕

그림27 | 고분벽화 인물도에 보이는 본 화장의 사례
1. 동암리벽화분 귀부인   2. 수산리벽화분 귀부인   3. 쌍영총 시녀
4. 장천1호분 무용수와 연주자

표2 고분벽화에 보이는 화장의 사례

문화권	벽화고분명	편년	화장한 인물	화장 내용	비고
평양권	안악3호분	357	귀족부인과 시녀 3인	아랫입술연지(?)	앞방 서쪽 곁방 서쪽 장방 안 시중 받는 장면, 이 외 회랑행렬도 등장인물들의 입술을 붉게 칠했으나 입술연지인지 여부는 확실하지 않음.
	동암리벽화분	4세기 후반	귀족부인과 시녀	입술연지, 볼연지	널방 바다 벽화 조각 부분, 일상생활의 한 장면(?)
	옥도리벽화분	5세기 전반	귀족부인과 시녀 3인	입술연지, 볼연지, 곤지(?)	널방 북벽 장방 생활도의 무덤주인의 부인
	송죽리벽화분	5세기 전반	마부	입술연지(?), 얼굴에 옅은 홍조 분칠(?)	널방 벽 생활 장면 중 말과 동반
	천왕지신총	5세기 중엽	귀족부인	볼연지, 입술연지, 꽃모양 곤지	널방 북벽 귀족 부부의 안채 생활
	수산리벽화분	5세기 후반	귀족부인 2인과 시녀 2인	입술연지, 볼연지, 곤지	널방 서벽 곡예 관람 인물행렬
			여인	곤지	
	쌍영총	5세기 말	시녀 2인	입술연지, 볼연지, 눈화장	널길 벽 인물행렬
			귀족부인	입술연지, 볼연지, 곤지	널방 북벽 장방생활도의 무덤주인의 부인
집안권	장천1호분	5세기 중엽	무용수	얼굴에 진한 홍조 분칠	앞방 북벽 백희기악 중 오현금 연주에 맞춘 무용을 위한 분장
			연주자	입술연지, 볼연지, 곤지, 얼굴에 흰 분칠	앞방 북벽 백희기악 중 오현금 연주를 위한 분장
			귀족부인	입술연지, 얼굴에 흰 분칠	앞방 천장고임 동면 예불 공양

과 활쏘기 실력을 겨루면서 활로 옥가락지를 맞혀 깨뜨렸다는 이야기를 전한다.[9] 고구려에서 사용되던 장신구에 대한 가장 오랜 기록이다.

---

9   『동국이상국집(東國李相國集)』 권3 동명왕편 소인 『구삼국사(舊三國史)』 동명왕본기.

그러나 고구려 유적에서 금제, 은제 반지는 여럿 출토되었지만, 옥가락지는 수습된 예를 찾기 어렵다. 이는 고구려인이 선호하고 무덤 속에도 껴묻던 장신구 가운데 반지는 주로 금제나 은제였던 데에 비롯한 현상일 수 있다.

근래까지 이루어진 고구려 유적에 대한 조사와 발굴결과로 볼 때, 고구려에서 지배층이 선호하는 금속제장신구가 적극적으로 만들어지거나 수입되어 유포되기 시작한 시기는 4세기 전후이다(전호태, 2016b). 4세기에 들어설 즈음 고구려는 대동강과 재령강 유역 한계(漢系) 군현에 대한 압박 수위를 높이고 요동 지역 진출도 적극적으로 모색한다. 4세기에 들어서면서 고구려는 교통의 요충 서안평을 점령한 뒤 낙랑군과 대방군을 잇달아 멸망시킨다.

이 시기 중국은 통일왕조인 서진(西晉)이 멸망한 뒤, 대분열기에 접어들었다. 이로 말미암아 4세기 초 동아시아에서는 인적, 물적 이동이 더 광범위하고 활발하게 일어났다. 고구려도 이런 상황의 한가운데로 발을 들여놓았다. 고구려가 동아시아 차원의 인적, 물적 교류의 장에 적극적으로 개입한 시기와 귀족층을 주된 수요자로 삼는 금속제장신구의 제작, 유통시점이 어느 정도 교집합을 이루는 셈이다.

4세기 초부터 정치·사회적 혼란이나 계속되는 재해 등을 이유로 외부세계의 사람들이 고구려에 흘러들거나 망명 오는 사례가 잦아졌다(전호태, 1993a). 고구려가 서로는 선비족 모용씨 세력, 남으로는 백제와 국경을 맞대게 된 이후 겪게 된 일이다. 전연이나 후연에서 고구려로 망명 온 이들 가운데 일부는 고구려 남부의 평양, 안악 일대로 새 삶터가 정해져 그들이 살던 흔적을 남기기도 했다(공석구, 2003; 여호규, 2009). 4세기 내내 북중국의 정세가 안정적이지 않았으므로 고구려와 북중국 왕조 사이의 사절 교환도 적지 않게 이루어졌고 크고 작은 전쟁도 여러 차례 일어났다. 4세기 초 이후에는 고구려와 백제의 관계에서도 갈등과 충돌이 계속되었다. 이런 사례도 넓은 의미에서는 인적, 물적 교류의 한 양상이라고 할 수 있다.

4세기 고구려의 대외교류에서 주목되는 것은 요동 지역에 대한 지배권을 놓고 갈등과 화해를 반복한 선비족 모용씨 세력, 곧 연(燕)과의 관계이다. 역사기록에는 남아 있지 않으나 4세기 중엽부터 연과의 접촉이 계속되는 가운데 고구려에는 무덤의 껴묻거리 중에 연으로부터 비롯되거나 연의 영향 아래 만들어진 것으로 보이는 문물이 나타난다(강현숙, 2013). 이와 관련하여 참고되는 것은 고구려가 건국 후 오래지 않아 한의 군현과 본격적으로 교섭하면서 한이 보낸 '조복의책(朝服衣幘)'과 '악공기인(樂工技人)'을 받았다는 기사이다.[10] 고구려가 연과 의제적으로나마 조공책봉 관계를 맺었다면 연으로부터 이런 관계를 확인시켜 주는 차원의 '의책기물(衣幘器物)'을 받는 것은 자연스러운 과정이었을 것이다.

고구려 유적에서 진식(晉式) 띠고리와 띠꾸미개 중 일부 형식이 4세기 후반이나 그 이전부터 출현하는 것은 서진 및 연과의 교류 결과로 보아야 할 것이다. 관모를 장식하는 보요나 그 외의 보조물도 서방의 문물이 고구려에 직접 전해지거나 고구려가 서방과의 교류를 통해 자극받은 데에서 비롯된 것으로 보아도 무리는 아닐 듯하다.

372년, 고구려에는 공식적으로 불교가 전해졌다.[11] 북중국을 사실상

---

10 『삼국지』 권30 위서30 오환선비동이 고구려.
11 『삼국사기』 권18 고구려본기6 소수림왕 2년 6월.

통일한 전진의 부견(符堅)이 보낸 승려 순도(順道)와 불상, 경문은 고구려가 새로운 종교문화 복합체에 구체적 관심을 가지는 계기를 제공했다. 더하여 고구려 사회는 이전과 다른 차원의 인간관, 세계관을 받아들일 것인지를 고민하게 하였다. 소수림왕대 국내성에서의 불사(佛寺) 창건을 시작으로 고국양왕대 왕명에 의한 불교신앙 장려책, 광개토왕대 평양 9사 창건에 이르는 일련의 과정은 고구려가 북중국 왕조들처럼 불교를 국가통합의 새 이념으로 삼게 되었음을 의미한다. 이는 고구려에서도 불교의 전륜성왕(轉輪聖王) 이념에 바탕을 둔 대왕의식의 성립과 확산이 시도되었음을 뜻한다(전호태, 2011a).

고구려가 선비족 모용씨 세력의 내분을 틈타 요동 진출과 지배에 성공한 4세기 말부터 북연 멸망을 둘러싼 북위와의 갈등을 군사적 충돌 없이 마무리하여 동북아시아의 패권(覇權) 국가로서 위상을 확고히 하는 5세기 전반 사이는 고구려의 왕과 귀족도 대내외적 위신이 높았던 시기이다. 평양 천도를 둘러싸고 장수왕과 국내성 보수 귀족세력 사이에 갈등이 빚어졌음에도 지속적이고 성공적인 대외군사활동은 왕과 귀족 모두에게 재부(財富)를 증가시키는 좋은 기회로 작용하였다.

5세기를 전후하여 고구려에서는 다양한 형식의 귀걸이가 등장했다(그림28, 29). 고구려의 굵은고리 귀걸이와 가는고리 귀걸이 대다수가 5세기 말부터 6세기 초 사이를 하한으로 편년되는 유적에서 출토된다. 이 시기에 허리띠를 장식하는 띠고리와 띠꾸미개 가운데 새로운 형식이 거의 출현하지 않는 점과도 비교되는 현상이다. 관모장식의 경우, 봉황모양장식 같은 이형장식의 일부만 새롭게 모습을 드러내는 것과도 대조된다.

고구려에서 국가 차원으로 추진된 불교장려책이 귀족과 백성들 사

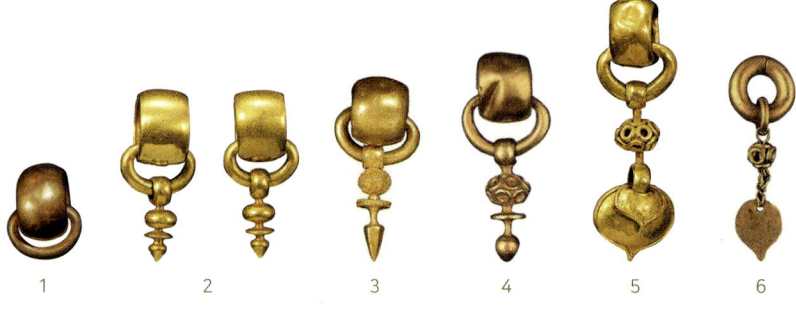

그림28 | 고구려 유적 출토 굵은고리 귀걸이의 주요 사례
1. 남포 용강 용흥리7호분 2. 남포 강서 보림리대동6호분 3. 서울 능동
4. 집안 산성하고분군 5. 대동군 6. 집안 마선구고분군

이에 받아들여져 내세관에까지 널리 영향을 끼치는 시기는 5세기 중엽 즈음이다. 연꽃이 불교적 깨달음 혹은 불교의 내세공간을 상징하는 기호처럼 여겨지는 것도 이 시기이다. 연꽃만으로 장식된 벽화는 이 시기 고구려 고분에서만 발견되는 고구려적 현상이기도 하다(전호태, 2004).

5세기 중엽을 전후하여 고구려에서 불교가 크게 유행하기 시작하여 사회 여러 분야에 영향을 끼치게 되었음은 불교미술품의 출현양상을 통해서도 확인할 수 있다(김진순, 2008; 양은경, 2011). 흥미로운 것은 고분벽화의 제재 구성으로 볼 때 5세기 중엽 이후 고구려에서 불교가 크게 유행하였음은 확실하나, 불교미술의 꽃인 불상은 6세기 중엽을 전후한 시기의 것이 다수 남아 전한다는 사실이다(金理那, 1996). 어떤 이유에서일까?

이와 관련하여 우선 생각할 수 있는 것은 불교신앙이 널리 퍼졌음에도 불구하고 고구려인에 의한 불상 조성이 더 늦은 시기에 활성화되었을 가능성이다. 중국에서도 불교신앙의 수용 이후 불상 조성을 포함한 불교미술활동이 활발해지기까지 상당한 시일이 소요되었다. 법흥왕대에 불교가 공인된 신라에서도 황룡사 창건, 장육존상(丈六尊像) 주조로

그림29   고구려 유적 출토 가는고리 귀걸이의 주요 사례
1. 집안 산성하고분군   2. 집안 산성하고분군   3. 남포 강서 보림리대동19호분
4. 집안 산성하고분군   5. 남포 강서 약수리벽화분   6. 대동 덕화리3호분

대표되는 대규모 불사는 7세기 중엽에 이르러서야 본격화한다. 고구려에서는 5세기 초에 이미 국왕의 명으로 평양에 9사를 창건하는 대규모 불사가 있었다. 그렇지만 귀족과 백성들이 대거 참여하는 불상 조성은 이로부터 1세기 정도의 시간이 흐른 뒤에야 낯설지 않은 일이 되었을 수 있다.

다음으로 동명성왕 주몽을 시조로 한 고구려식 성왕론(聖王論)과 고구려 중심의 천하관이 유효한 상태에서 고구려의 왕실과 귀족은 6세기 초까지도 금제 혹은 금동제 장신구를 위신재(威信財)로 적극 사용했을 수 있다는 것이다. 이와 관련하여 흥미로운 현상은 6세기 초를 하한으로 고구려에서 더는 새로운 형식의 금제귀걸이가 만들어지지 않았고, 이미 만들어졌던 형식의 귀걸이도 유적에서 출토되지 않는다는 사실이다(李漢祥, 2004; 전호태, 2016b). 이는 이 시기 이후로 편년되는 유적에서 금동제관모장식이 수습되고 허리띠를 장식하는 띠고리와 띠꾸미개가 출토되는 것과 비교된다.

이것은 위신재로 쓰이던 장신구에도 기능과 의미에 무게가 주어지는 정도가 다른 데에서 비롯된 현상으로 이해할 수 있다. 귀족 및 관인의 신분과 지위를 나타내는 위신재로 관모와 허리띠가 구체성을 띠는 데에 반해 귀걸이는 그렇지 않았을 수 있기 때문이다. 당시의 관례에 비추어 볼 때 관모와 허리띠를 놓고 다시 그 중요도를 매긴다면 아마도 관모에 우선권이 주어질 것이다.

645년 완공된 경주 황룡사 목탑지 심초석 아래에서 7세기 전반에 제작된 것으로 보이는 금동제귀걸이와 동제허리띠꾸미개가 발견되었다(李漢祥, 2004). 진단구(鎭壇具)로 묻힌 물품들이다. 이 금동제귀걸이는 7세기에 들어서면서 쇠퇴하는 신라 황금문화의 흐름을 읽게 하는 좋은 사례로 이해된다(전호태, 2019a). 신라의 왕실과 귀족사회에서 위신재로 사용되던 장신구의 재료인 금이 사원에 바쳐져 불상이나 사리공양구(舍利供養具) 제작에 쓰이게 되었다는 것이다.

이런 현상은 고구려에서도 일어났던 것으로 보인다. 6세기 전반에 이르러 고구려식 불상 조성이 본격화하고 불교미술활동이 활발해지자 고구려에서도 관모나 허리띠장식에 부분적으로 쓰이는 외에 장신구 제작에 금을 쓰는 일이 드물었던 것으로 볼 수 있다.

3) 음식

고구려에서 어로로 물고기와 자라를 비롯하여 하천과 바다의 다양한 산물을 수확하거나 성안의 연못 같은 곳에서 물고기를 길렀음은 관련 기사를 통해 확인할 수 있다.[12] 해안지역에서는 음식의 조리와 보관

---

12 『삼국사기』 권14 고구려본기2 대무신왕 11년 추7월; 『삼국사기』 권15 고구려본기3 태조왕 7년 하4월.

에 필수적인 소금이 생산되었다. 산야에서는 다양한 방식의 사냥을 통해 멧돼지, 사슴, 노루, 토끼 등의 들짐승, 꿩과 같은 야생 조류가 수확되었다(박유미, 2015). 가축으로 기르던 돼지, 소, 말, 양, 염소, 닭도 음식재료로 쓰였을 것은 더 말할 필요가 없을 것이다. 일부 채소류는 재배되었고 이 외에 다양한 종류의 산나물, 도토리를 비롯한 견과류, 마를 비롯한 뿌리식물류, 느릅나무 껍질과 같은 구황식물도 음식재료로 채취되었다. 때에 따라 고래나 바다표범 같은 해양동물도 사냥하여 고구려 왕실이나 중앙귀족에게 바쳐졌음이 기록으로 확인된다.[13]

기후풍토나 고고학적 발굴결과로 볼 때 고구려에서는 농경의 주된 방식이 밭농사였으며, 오곡으로 일컫는 조, 콩, 수수, 기장, 보리가 주로 경작되었다고 해야 할 것이다. 고구려가 한반도 중부지역으로 영토를 확장한 뒤 밭농사와 논농사로 쌀도 여러 곳에서 다량 수확되었음을 고고학적 발굴을 통해 확인할 수 있다(박태식, 2007). 그러나 생산량이 어느 정도였는지는 확실치 않다. 다만 임진강 유역 연천 무등리2보루 유적에서 탄화미와 탄화조가 대량 출토, 수습된 점을 고려할 때 6세기 전후 고구려 남부지역에서 국경지대의 병사들에게도 보급할 수 있을 정도로 쌀과 조의 수확이 이루어졌음을 미루어 짐작할 수 있다(심광주·김주홍·정나리, 1999).

고구려에서 수확된 곡물은 다양한 크기의 옹(甕)이나 호(壺) 같은 저장용기에 담겨 별도로 보관되었다. 부경과 같은 창고에 넣어두었던 곡물은 필요에 따라 꺼내 디딜방아로 찧거나 절구에 넣어 빻았다. 고분벽

---

[13] 『삼국사기』 권14 고구려본기2 민중왕 4년 9월; 『삼국지』 권30 위서30 오환선비동이 예.

화에 여러 차례 등장하는 것으로 보아 디딜방아는 가호마다 갖추고 있었을 가능성이 크다. 약수리벽화분에 보이는 디딜방아 곁 키질 장면은 디딜방아가 주로 곡식을 찧는 데 쓰였음을 시사한다(그림30). 근래까지 대부분의 농가는 디딜방아와 절구, 맷돌을 갖추고 있었다. 이를 고려하면 고구려에서도 찧은 곡식을 가루 내는 데에 주로 맷돌이 사용된 듯하다.

음식재료를 다듬고 조리하여 완성된 음식을 상에 담아내는 과정은 부엌에서 이루어졌다. 고구려에서 음식 조리와 관련하여 주목되는 것은 조리시설인 부뚜막의 형태이다. 현재까지 벽화로 확인되거나 유적에서 수습된 고구려의 부뚜막은 아궁이 위에 솥을 걸기 위한 확 하나만 뚫렸다(그림31). 이는 크고 작은 확이 여러 개 뚫려 솥 외에 조리용 기구 여러 개를 동시에 올릴 수 있는 중국 한~당대의 부뚜막과 차이를 보인다. 부뚜막의 아궁이와 굴뚝 구멍이 뚫린 방향도 중국 한~당대의 것은 일직선을 이루지만 고구려의 것은 90°의 각을 이루어 서로 구별된다(궁성희, 1990).

고구려 부뚜막의 이러한 형태적 특징은 음식문화 및 난방방식이 중국과 달랐던 데에서 비롯되었다. 부뚜막의 구조와 형태로 보아 고구려에서는 주식을 만들기 위해 부뚜막 위에 뚫린 확에 솥을 걸어 놓을 뿐 아궁이에 땐 불로 다른 요리를 하지 않았다. 아궁이에 연료를 넣고 태워 발생시킨 열의 상당량은 취사용으로 소모되기보다 구들을 데우는 난방용으로 사용되었다. 아궁이와 굴뚝 구멍이 90°의 각을 이루도록 뚫린 것도 부뚜막 안의 열이 장시간 보존되면서 구들을 데우는 데에 쓰이게 하려 함이었다.

중국에서는 부뚜막 아궁이와 굴뚝 구멍이 '一'자를 이루게 뚫어 아궁

그림30 | 약수리벽화분 앞방 동벽 벽화 모사선화 – 방앗간

그림31 | 약수리벽화분 앞방 동벽 벽화 모사선화 – 부엌

5장 고분벽화 357

이 안에 넣은 땔감이 잘 연소될 수 있도록 하였다. 연소열이 곧바로 취사용으로 쓰일 수 있게 한 것이다. 중국에서는 주식과 부식 구별 없이 여러 개의 일품요리를 내어 즐기는 식으로 식사가 진행되었다. 한꺼번에 2개 이상의 확을 사용하여 빠르게 동시에 조리하는 것이 선호되었을 수밖에 없다. 중국에서도 일반 백성은 따뜻한 일품요리 하나로 식사를 마치거나 미처 데우지 못한 차가운 음식으로 끼니를 때우는 경우가 많았을 것이다. 그러나 귀족의 식사방식은 이와 달랐을 것이 틀림없다.

벽화에서 알 수 있듯이 고구려에서는 솥 위에 시루를 얹어 뜨거운 증기로 쪄낸 음식을 주식으로 삼았다. 물론 이런 조리법 및 식사도 고구려 유적에서 시루와 솥이 자주 출토되는 4세기 이후의 일일 것이다(사공정길, 2014). 심발이 주로 출토되던 4세기 이전에는 곡식가루를 죽처럼 끓여 먹는 일이 보다 일반적이었을 것으로 보인다. 떡이나 밥이었을 이런 쪄낸 음식의 재료는 조나 기장, 보리, 그 외에 콩, 팥 등의 몇 가지 곡물에 견과류 및 뿌리식물의 가루가 약간씩 더해졌다고 보아야 할 것이다. 물론 경제적 여유가 있던 대귀족 집안에서는 쌀이 주식재료로 많이 쓰였을 가능성이 크다. 그러나 이는 이런 종류의 곡식을 대량으로 재배하고 수확하여 세금으로 거둘 수 있었던 평양 천도 이후의 일이었을 것이다.

조나 기장, 혹은 쌀과 보리를 증기로 쪄낸 주식은 수분 함량이 적어 이를 보완하는 음식과 짝을 이루어 식사하는 것이 바람직하다(음식고고연구회, 2011). 고두밥에 가까운 쪄낸 음식과 짝을 이룰 수 있는 것이 국이다. 국에 어떤 음식재료가 사용되었는지는 알 수 없다. 그러나 고구려에서 음식상에 국을 올려놓았음은 왕의 옷에 국을 엎질렀다는 동천왕대 기사로 확인할 수 있다.[14] 고구려인의 일상 식탁에서 밥과 국은 모두 발, 완 및 대부완(臺附盌)에 담아 상에 올렸을 것이다.

고구려에서 상에 반찬으로 올리는 것은 대개 소금에 절인 근채류였고 해안지역에서는 해초류였을 것이다. 때에 따라 사냥으로 얻은 짐승 고기, 어로를 통해 구한 물고기가 더해졌다고 해야 할 것이다. 고고학적 발굴결과를 정리하면 6세기 이후 종지, 접시, 구절판 등 반찬을 올릴 수 있는 배식용기의 기종이 다양해진다(사공정길, 2013). 이를 고려할 때 왕실이나 상급 귀족 집안이 아니더라도 경제적 여유가 있는 계층의 음식상 구성은 일반 백성에 비해 다채로웠을 수 있다.

고구려인은 술이나 장과 같은 발효음식을 만들어내는 데에 능했다는 기록으로 보아 종지에는 콩을 재료로 빚어낸 장류를 담아 상에 올렸던 듯하다.[15] 이배류(耳杯類)는 중국에서처럼 술잔으로 주로 쓰였을 것이다. 고분벽화 속의 상차림으로 보아 음료는 장동호(長胴壺)에 담았을 것이나 고구려 술로 알려진 곡아주(曲阿酒) 같은 술 외에 어떤 음료가 더 있었는지는 알기 어렵다.

고구려에서도 멧돼지나 노루 고기를 소금에 절인 뒤 훈제하여 고리에 걸어두거나 특정한 장소에 보관하다가 내어 손님에게 대접하는 일은 경제적으로 여유가 있는 왕실 또는 귀족 집안에서나 가능했을 것이다(崔南善, 1943; 윤서석, 1997). 간장과 같은 맛 재료를 더해 재운 고기를 불에 구워내는 요리로 추정되는 맥적(貊炙) 역시 일반 민가에서는 맛보기 어려운 음식 중 하나였다고 보아야 한다(윤서석, 1997; 박유미,

---

14 『삼국사기』 권17 고구려본기5 동천왕 원년.
15 『삼국지』 권30 위서30 오환선비동이 고구려; 『양서(梁書)』 권54 열전48 동이 고구려.

2013).[16] 후에 평원왕의 사위로 입신한 온달의 경우에서 보듯이 평양 인근에 거주하더라도 경작할 밭 한 뙈기 없는 집안에서는 흉년으로 날품팔이도 어려워지면 산에 올라가 느릅나무 껍질을 벗겨와 가루를 내어 쪄먹을 수밖에 없었다.[17]

상차림은 보통 부엌의 한편에서 이루어졌을 것이나 안악3호분 벽화에서 볼 수 있듯이 부엌 안의 구분된 공간에서 진행되기도 하였다(그림32). 상차림에 사용된 소반은 다리가 안으로 휘어든 낮은 것이어서 상을 받는 사람이 바닥이나 평상, 좌상 등 어디에 앉더라도 무릎 앞 가깝게 놓을 수 있었음을 알 수 있다. 무용총 벽화에서 보듯이 일자로 곧추 내려오는 다리가 긴 소반은 평상에 걸터앉은 사람이 식사하기에 불편하지 않도록 높이가 맞추어져 만들어진 것이다. 벽화로 보아 고구려에서는 때에 따라 쟁반처럼 다리가 없는 그릇받침도 사용되었다.

부엌에서 안채나 사랑채로 내가는 음식상은 모두 한 사람이 들고 갈 수 있는 크기의 것이다(그림33). 이는 대부분의 음식상이 개인 상이기 때문이다. 여럿이 함께 먹을 음식을 그릇에 담아 내갈 때도 작은 상이 쓰였다. 음식 시중을 드는 사람이 이 음식을 작은 그릇에 덜어 각 사람에게 나누어준 까닭이다. 고구려에서 특별한 경우가 아니면 '상다리가 휘도록' 크고 넓은 상에 한꺼번에 많은 음식 그릇을 올려놓고 함께 식사하는 일은 없었음을 알 수 있다.

귀족의 식사를 위한 상차림에 어떤 원칙이 있었는지는 확실치 않다. 각저총 널방 동북벽의 두 부인은 각각 발과 완이 3개 놓인 상을 받았다.

---

16 『고사통(故事通)』 소인 『수신기(搜神記)』.
17 『삼국사기』 권45 열전5 온달.

그림32 | 안악3호분 동쪽 곁방 벽화 – 음식 조리와 상차림

그림33 | 무용총 널방 벽화 모사도 – 음식상 나르기

그림34 | 무용총 널방 벽화 모사도 – 음식상 앞에서의 대화

무용총 널방 동북벽의 무덤주인은 발과 완이 5개, 두 승려는 발과 완이 4개 놓인 상을 받았다(그림 34). 같은 무용총 널방 동남벽 북쪽의 부엌에서 상을 내가는 두 여인이 두 승려의 상에 음식 그릇을 더하기 위해 각각 작은 완이 두 개 놓인 상과 발 두 개가 놓인 쟁반을 받쳐 든 것이 아니라면 각저총과 무용총 벽화로 볼 때 고구려에서 주인 남자와 승려들, 부인의 음식상에 오르는 음식 그릇의 수가 달랐다고 해석할 수 있다.

고구려의 음식문화 관련 유물자료 가운데에는 4세기와 6세기를 경계로 변화를 보이는 것이 여럿 있다. 심발은 4세기 이전의 유적에서 주로 발견되지만, 장동호는 4세기부터 본격적으로 확인된다. 솥과 시루도 4세기 이후 자주 발견되며 무덤 안에 부뚜막이 적극적으로 부장되거나 시설되는 것도 이때부터이다. 한강 유역과 그 이남의 고구려 유적에서 출토되는 배식용기의 종류가 많아지고 접시류가 많이 늘어나는 것은 6세기이다. 땅을 깊이 갈 수 있게 고안된 고구려식 쟁기는 4세기 이후 널리 보급되어 고구려에서 농업생산력을 높이는 데 크게 기여한다(김재홍, 2005).

고구려에서 4세기는 동북아시아의 지역세력에서 중심국가로 발돋움하는 시기이다. 미천왕의 즉위 이후, 고구려는 요동과 한반도를 잇던 중국 군현의 잔여세력을 제압하거나 포섭했다. 이 과정에서 압록강 하구의 서안평을 점령하고 대동강 유역에 자리 잡은 낙랑을 병합했다. 재령강 유역의 대방 지역으로도 진출하였다. 미천왕과 고국원왕대의 고구려는 서쪽으로는 요동, 남쪽으로는 임진강 일대로 진출을 도모하였다. 하지만 선비족 모용씨가 세운 요동의 전연, 한강 유역에서 북으로 세력을 확장하던 백제의 저지를 받았다.

이처럼 4세기는 혼강과 압록강 중류 유역을 기반으로 성장한 고구려가 요동평야와 대동강 유역 평야지대로 세력을 확장하던 시기이다. 주목되는 것은 이 두 지역이 선진적 농경기술을 기반으로 주변 지역과 구분되는 높은 생산력을 유지한 곳이라는 사실이다. 기록에서도 확인되듯이 본래 고구려 사람들은 생산력에 한계를 보일 수밖에 없던 산간지대 계곡지역의 선상지 평야에서 밭갈이를 중심으로 농사를 지었다. 이로 말미암아 상시적인 식량부족에 시달렸다.[18] 이런 까닭으로 고구려

---

18 『삼국지』 권30 위서30 오환선비동이 고구려; 『후한서(後漢書)』 권85 동이열전75 고구려.

사람들은 평소에 음식을 아껴 먹고 집마다 부경(桴京)이라 불리는 작은 창고를 지어 그 안에 식량을 모아 놓는 등 검소한 생활기풍을 유지했다. 부족한 식량자원은 채집, 수렵, 어로 외에 약탈, 공납 등에 의존하였다. 이를 고려할 때 4세기에 고구려의 영역이 넓은 평야지대로 확장되자 음식문화를 포함한 사회 전반에 변화가 일어났을 것은 미루어 짐작할 수 있다.

음식문화와 관련하여 주목되는 것은 농경지역이 크게 확대되고 곡물 생산량이 증대되었으리라는 점이다. 고구려의 영역에 평양 일원을 포함한 쌀농사 지역이 대폭 추가되면서 곡물 생산에서 오곡(五穀) 외에 쌀의 비중도 크게 높아졌을 것은 확실하다. 당연히 고구려 왕실과 귀족 가문의 주식 구성에서 쌀의 비중이 높아지고 음식조리법에도 변화가 뒤따랐을 것이다. 이 과정에 음식재료의 구성과 소비에서 일반 백성과 귀족 사이, 하급 귀족과 상급 귀족 및 왕실 사이에 거리가 벌어지기 시작했으리라는 추정도 가능하다(전호태, 2016b). 4세기 이후 고구려 유적에서 솥, 시루, 부뚜막이 빈번히 발견되고 이전보다 다양한 기종의 토기가 출토되는 것은 음식문화의 변화를 반영한다고 보아도 무방할 듯하다. 고구려 영역에서 곡물 수확량이 크게 증대되어 식량자원의 확보도 더 수월해지자 나타난 현상이다. 신분과 지위에 따라 식량자원을 확보하거나 분배받는 데에 차등성이 뚜렷해졌다고 해도 사회 전반이 누리게 된 상대적 풍요와 여유는 4세기 이전과 구분될 수밖에 없었다고 해야 할 것이다.

고구려의 음식예법과 관련하여 주목되는 것은 고분벽화에 등장하는 칠기(漆器) 및 상차림이다. 고분벽화에는 칠기를 올린 음식상이 여러 차례 등장한다(주영하, 2003). 벽화로 볼 때 귀족 남자와 부인, 승려가 받는 상차림은 다르다. 기록상 고구려 사회에서 신분이나 지위에 따라 상차림이 어떻게 달랐는지 확인되지 않는다. 그러나 『삼국사기』의 '기용(器用)'에 대한 간단한 기사로 볼 때 고분벽화에 보이는 상차림의 차이는 기존의 음식예법에 따른 것일 가능성이 크다.[19] 4세기 이후 고구려가 커다란 문화적 변화를 경험할 수밖에 없는 정치·사회적 조건과 맞닥뜨렸음을 고려할 때 5세기 전반에 제작한 고분벽화에 이전보다 정교해진 음식예법에 바탕을 둔 상차림이 표현된다고 해도 전혀 어색하지 않다고 하겠다.

4세기 이래 영역이 크게 확장되고 다른 관습과 전통 아래 살던 여러 민족을 사회의 일부로 받아들이고 서방에서 기원한 불교문화와 본격적으로 접하게 되자 고구려의 음식문화는 이전보다 훨씬 다채로워졌을 것이다. 불교문화가 전해지고 널리 퍼지면서 고구려 귀족 사이에 차를 마시는 풍습이 생겼으리라는 추정도 가능하다. 무용총 벽화의 무덤주인이 두 스님에게 설법을 듣는 장면 중 탁자 위 음료용기가 차와 관련되었다는 견해도 제기될 수 있다.

4세기를 경계로 고구려의 음식문화는 이전보다 다채로워지고 조리법도 발달한다. 조리와 상차림에 사용되는 용기의 종류도 매우 다양해졌다. 그러나 그 영향은 국내성과 평양을 비롯한 고구려의 중심도시에 한정되었을 것으로 보인다. 고구려 유적, 유물에 대한 근래의 고고학적 발굴 및 연구성과가 한강 유역 외에 평양과 집안 중심으로 축적되는 경향은 있다. 주요 지역을 벗어난 곳에 대한 간헐적인 학술보고 및 유적

---

19 『삼국사기』 권33 지2 기용(器用).

분포 밀집도를 보더라도 고구려시대에 존재했던 중심과 주변의 사회문화적 격차는 일반적 비교가 어려울 정도로 크게 벌어져 있었음이 확실하다.

고구려의 음식문화는 생활문화권별로 뚜렷한 차이를 보였을 것으로 보인다(전호태, 2016b). 구체적인 것은 고고학적 출토유물의 지역별 비교를 통해 어느 정도 가늠할 수 있다. 그러나 지금까지 알려진 자료로는 중심과 주변의 관계에서처럼 발굴성과의 차이가 지나치게 벌어져 객관적인 비교연구가 어렵다. 다만, 자료 축적의 양으로 볼 때 고구려 남북 문화권 사이의 상호 비교검토는 어느 정도 가능하다. 이와 관련하여 국내성 지역을 중심으로 한 북방문화권이 조, 기장, 수수를 주곡으로 할 수밖에 없는 밭농사 중심지역인 반면, 평양을 중심으로 한 남방문화권은 쌀과 보리를 주곡으로 할 수 있는 밭과 논의 혼합농사지역인 점을 주목할 필요가 있다. 주곡에 따라 음식 구성 및 상차림의 내용이 달라지기 때문이다.

국내성 및 졸본성 지역을 중심으로 발전하던 고구려 전기의 생활양식 및 음식문화에 대한 『삼국지』 기사는 고구려 식량 생산의 한계를 지적하였다.[20] 그러나 평양을 중심으로 한 고구려 후기 음식문화와 관련된 다른 기사에는 고구려에서 사용되는 다양한 기종의 음식그릇이 언급된다.[21] 이 두 기사에 배식용기의 종류가 많아지고 접시류가 많이 늘어난다는 6세기 한강 유역 고구려 유적 출토 고구려 토기 분석결과를 함께 고려해 역사적 해석을 시도해보기로 하자(사공정길, 2013).

---

[20] 『삼국지』 권30 위서30 오환선비동이 고구려.
[21] 『구당서(舊唐書)』 권299하 열전149상 동이 고려.

5세기 초 평양으로의 천도를 본격 추진할 즈음 고구려는 동북아시아 패권 국가로 지위를 굳혀가고 있었다. 서로는 요동에 대한 지배권을 확고히 하고 남으로는 임진강 유역까지 영역을 넓힌 상태였다. 천도를 전후한 정치적 불안정을 극복한 뒤 고구려의 영역은 남으로 더 확대되었다. 5세기 후반에는 한강 유역 대부분과 소백산맥 이남의 상당 부분이 고구려의 영역에 포함되었다.

　4세기 말부터 5세기 후반에 걸쳐 고구려가 확보한 영역의 상당 부분이 평야지대로 밭농사와 논농사에 적합한 지역이었다. 이 시기 고구려 영토에 새로 편입된 지역에서는 개량된 고구려식 농기구가 집중적으로 투입되어 농경이 이루어졌다. 그 결과 농업생산력이 크게 향상되었다(김재홍, 2005). 고구려가 새롭게 확보한 농경지는 조, 보리, 밀 외에 쌀농사에 적합한 지역이 많았다. 고구려의 새로운 영토는 곡물뿐 아니라 대체식량의 채집과 생산에도 유리한 지역이었다.

　고구려 후기에 요동 지역과 대동강과 재령강, 한강 유역에서 생산된 곡물은 평양성 일원뿐 아니라 국내성 일대를 포함한 고구려 북방의 주요 도시에도 일정량 공급이 가능할 정도였을 것이다. 이 시기 고구려 남쪽 국경지대의 성과 보루에는 주변 지역에서 생산된 쌀과 조 등이 군량으로 제공되었던 것으로 보인다. 6세기 고구려 관방(關防)유적 출토 배식용기들이 이전보다 다양해질 수 있었던 것도 국경지대의 성과 보루에까지 비교적 풍족하게 음식재료가 보급될 수 있었기 때문이라 하겠다.

　5세기 전반부터 동아시아 4강의 일원으로 전성기를 구가하게 되자 고구려의 수도 평양은 동북아시아의 중심이자 실크로드 동아시아 거점 도시의 하나가 되었다. 5세기 중엽 이후 왕실과 상급 귀족 가문이 주도

하는 새로운 문화적 흐름이 평양을 중심으로 형성되어 주변 지역으로 번져 나갔다. 그 내용 중 일부는 고분벽화에 남겨졌다(전호태, 1997a). 『구당서』에 언급된 변두(籩豆), 보궤(簠簋), 준조(罇俎), 뢰세(罍洗) 등의 음식 그릇은 비록 기자(箕子)의 유풍이라고 하나 천도 이후 형성된 평양 중심 문화의 흐름에서 비롯된 현상으로 보아야 할 것이다. 고구려의 귀족들이 연원이 오래인 제기(祭器)에서 유래한 식기를 사용했다는 언급은 6세기를 전후하여 고구려의 중앙귀족 사이에 번잡한 예법이 전제된 음식문화가 유행했으며 음식조리법과 요리의 종류도 매우 다양해졌다는 해석을 가능하게 한다.

평양을 중심으로 유행한 새로운 음식문화는 왕실과 상급 귀족 일부의 전유물이었을 가능성이 크다. 그러나 고구려가 전성기에 들어서면서 곡물 위주의 식량 생산이 크게 늘고 이에 힘입어 곡물 중심의 주식과 장류 및 근채류, 소량의 어류나 육류를 곁들인 부식으로 이루어진 식단이 일반화되기도 했을 것이다. 한강 일대 고구려 관방유적에서 배식용기의 비중이 높아진 것도 이와 관련된 현상으로 보아야 할 것이다.

4) 주거

고구려 백성의 주거는 'ㅡ'자형 초가가 기본형이었다. 방에 'ㄱ'자나 'ㅡ'자 고래의 쪽구들을 설치하여 겨울의 추위에 대비했다. 쪽구들 외의 바닥은 흙다짐 위에 짚이나 돗자리 등을 두껍게 깔아 냉기를 막았던 것으로 보인다. 결국, 고구려 민가에서 실내생활은 좌식과 입식이 혼용된 반(半)좌식, 반입식이었다고 해야 할 것이다. 몇몇 발굴사례로 보아 마을 둘레로는 얕은 담을 설치하여 경계로 삼았다.

고분벽화 제재의 배치방식은 고구려 귀족저택은 사랑채 역할을 하는 바깥채와 살림집인 안채로 구분되었음을 알게 한다. 『삼국지』 고구려전에 언급된 대옥(大屋), 소옥(小屋)이 벽화의 바깥채와 안채에 해당한다고 하겠다.[22] 안악3호분과 덕흥리벽화분의 벽화 제재 배치는 그 전형적인 사례라고 할 수 있다(전호태, 1999b). 안악3호분은 무덤주인 부부가 서쪽 곁방에 그려지고, 안채의 살림시설인 부엌, 고기창고, 우물, 방앗간, 외양간, 마구간 등은 동쪽 곁방에 묘사되었다(전호태, 2004). 널방에는 서벽에 가무 장면이 그려졌다. 이 경우 서쪽 곁방과 널방은 사랑채와 안채, 동쪽 곁방은 사랑채와 안채의 살림시설이 된다. 널길방은 대문과 좌우에 달린 행랑채에 해당하고 앞방은 바깥뜰과 안뜰이 된다. 'ㄱ'자 회랑은 안채의 회랑 및 후원이라고 할 수 있다.

　덕흥리벽화분에는 무덤주인이 앞방 북벽에 그려지고, 널방 안벽에도 묘사되었다. 이는 앞방이 사랑채, 널방이 안채로 상정되었기 때문일 것이다. 앞방 북벽 서쪽에 그려진 무덤주인과 앞방 서벽의 13태수배례도는 귀족저택의 사랑채가 관사로서의 성격도 지니고 있었음을 구체적으로 알게 한다(한인호, 1995). 살림시설은 모두 널방 각 벽에 표현되어 이런 시설이 주로 안채에 배치되었음을 알려준다. 널방 동벽과 남벽 동쪽에 그려진 연못 및 칠보공양 행사 장면은 안뜰의 동쪽 구역이 연못이 있는 정원이었음을 뜻한다. 서벽 남쪽의 마사희 장면은 안뜰 서쪽 구역이 여러 가지 놀이와 행사가 이루어지는 공간이었음을 시사한다. 앞방과 널방 사이의 이음길은 중문간, 앞방 남쪽의 널길은 대문간이라고 하겠다.

---

22 『삼국지』 권30 위서30 오환선비동이 고구려.

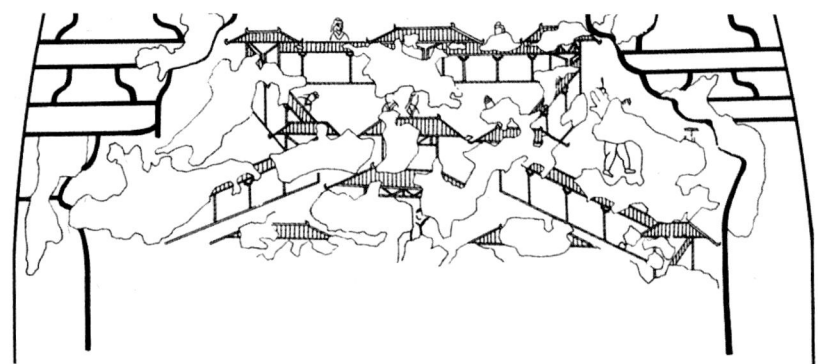

그림35 | 안악1호분 널방 북벽 벽화 모사선화 - 귀족저택

　벽화로 볼 때 귀족저택 건물 뼈대를 이루는 기둥, 두공, 도리에는 다양한 장식무늬를 넣었고, 지붕은 기와로 덮었다. 살림채 부속건물은 맞배지붕이며 사랑채와 안채에 해당하는 중심건물은 우진각지붕이다. 사원뿐 아니라 귀족저택이나 관사, 궁궐 건물지에 사용되는 기와에는 다양한 무늬를 넣었다. 기와의 무늬가 고구려 귀족과 왕실의 사유세계와 일정한 상관관계가 있는지도 관심 둘 만하다(백종오, 2008).
　성곽도 및 유적 발굴결과로 보아 사원이나 관청, 궁궐의 주요건물 가운데에는 중층 건물이 적지 않았다. 귀족저택을 포함하여 고급 주거와 주요한 건물 사이에는 전돌길이 만들어졌다(그림35). 고구려 귀족저택이나 궁궐 등에서 연못을 동쪽에 두는 관습이 성립했는지는 확실치 않다(徐廷昊, 2004). 덕흥리벽화분의 경우, 앞방 남벽의 동쪽과 서쪽, 널방 동벽의 북쪽 등 여러 곳에 연못이 보인다.
　일반 민가 및 일부 귀족저택, 제사용 건물 이외 귀족저택, 사원, 관청, 궁궐의 주거용 건물에는 온돌이 설치된 흔적이 보이지 않는다(송기호, 2019). 이런 건물에서는 입식생활을 가능하게 하는 화로와 같은 이

동성 난방기구가 사용되었으리라 추정된다(전호태, 2016b). 바닥 난방을 택하지 않은 건물에 설치된 평상에는 겨울 추위를 이겨낼 수 있도록 두꺼운 침구가 마련되었다고 보아야 할 것이다. 보온성이 높은 침구를 마련할 수 없는 일반 백성은 차가운 겨울 날씨를 견디기 위해 취사용 부뚜막에서 고래를 길게 내 만든 쪽구들을 기본 난방수단으로 삼았다고 보아도 무리는 아닐 것이다.

고구려에서는 귀족이 입식생활에 편리하도록 지어진 기와집에 거주한 것으로 보인다. 이와 달리 일반 백성들은 입식과 좌식을 겸할 수 있는 쪽구들 온돌 초가에서 지냈다고 하겠다. 그런데도 고구려에서 신분, 지위와 관계없이 좌식생활에 적합하지 않은 저고리와 바지 위주의 복식문화가 유지된 것은 고구려인이 처음부터 정주 농경 위주의 문화를 가꾸어오지는 않았기 때문일 수 있다. 복식문화에서 바지는 수렵, 목축 위주 생활양식과 관련이 깊다.

이와 관련하여 한 가지 더 주목되는 것은 귀족들이 좌식생활에 적합한 주거조건을 갖추지 않았음에도 실내에서 평상이나 좌상 위에 신발을 벗고 올라가 온돌방에 앉듯이 편안하게 책상다리 자세로 앉는 경우가 잦았다는 사실이다(그림36). 이는 귀족들이 입식생활에 익숙한 사람에게는 쉽게 찾아보기 어려운 자세로 앉는 데에 별다른 어려움을 느끼지 않았음을 의미한다. 저고리와 바지 차림의 수렵, 목축 민족이 의자에 앉기를 즐기고 이를 편하게 여기는 것과 대조적이다. 이는 고구려 백성과 귀족이 일상생활 중 평상을 자주 사용하는 좌식생활에 익숙했거나 익숙해지는 상태였음을 시사한다.

무용총 벽화의 예로 보아 귀족들은 실내에서 신발을 신은 채 걸상에 걸터앉아 식사하거나 대화를 나누는 데에도 익숙했음이 확실하다. 귀

그림36 | 수렵총 널방 북벽 벽화 모사도 - 신발을 벗고 평상 위에 앉은 무덤주인 부부

족저택 안에는 온돌이 설치되지 않는 것이 일반적이었다. 이를 고려하면 고구려의 귀족에게는 이런 방식의 입식생활이 낯설지 않았을 것이다. 그러나 고분벽화에 걸상보다는 평상이나 좌상이 자주 등장하는 것으로 보아 입식 위주 주거에서 생활하던 귀족들도 알게 모르게 온돌문화에 바탕을 둔 좌식생활이 몸에 배고 있었음은 부인할 수 없다고 하겠다.

고분벽화에서뿐 아니라 무덤에 부장된 모형에서도 형태와 기능을 짚어볼 수 있는 고구려의 부뚜막은 조리할 그릇을 올리는 확이 하나이다. 이는 확이 세 개이거나 그 이상인 중국 한~당시기 유적 출토 부뚜막과 대조된다. 고구려 부뚜막의 용도 및 구조, 음식문화의 특징을 알 수 있다. 부뚜막 아궁이에 불을 땠을 때 조리에 소모되는 열량을 줄여 이를 난방에 사용하려는 의도가 바탕에 깔리면서 고구려 부뚜막의 아궁이 방향, 부뚜막 확의 수, 부뚜막의 긴 고래, 굴뚝의 방향이 결정되었다고 하겠다.

난방을 겸하도록 만들어진 부뚜막에 조리를 위한 확을 하나만 뚫음으로써 고구려인은 죽이나 밥 같은 주식만 따뜻하게 익혀 조리하고 부식으로 사용되는 그 외의 음식, 곧 국과 반찬은 부뚜막 외의 다른 이동용 조리기구에서 임의로 끓이거나 익힐 수밖에 없게 된다. 그러나 당시의 음식 조리 조건이나 관습을 고려할 때 여름을 제외하면 따뜻하게 먹는 국 이외의 음식은 별도로 열을 가하는 과정을 거의 거치지 않았다고 보는 것이 적절할 듯하다. 한 번 익혔던 것을 버무려 무치거나, 이미 소금으로 절인 밑반찬을 약간 더하는 수준에서 부식이 마련되었다고 보아야 할 것이다. 중국과 달리 주식과 부식으로 구분되는 고구려 음식문화의 특징과 원인을 여기서 찾아볼 수 있다고 하겠다.

벽화로 그려졌거나 고분에서 출토된 모형 부뚜막과 다른 형태의 부뚜막이 고구려에서 사용되었을 가능성은 여전히 남아 있다. 안학궁과 같은 궁궐 건물지에서 쪽구들 시설이 전혀 발견되지 않는 점에 유의할 필요가 있다. 고구려의 민가나 귀족저택에서 사용되던 것과는 다른 형태의 조리용 부뚜막이 존재했음을 고려하게 하는 까닭이다. 궁궐 부엌에서 왕과 왕실 사람들을 위해 음식을 조리할 때 난방기능이 전혀 없는 여러 개의 확이 뚫린 별도의 조리용 부뚜막이 만들어져 사용되었다고 보아야 쪽구들이 전혀 없는 궁궐 건물지의 용도에 대한 자연스러운 해석이 가능하다(전호태, 2016b). 이 경우 궁궐의 음식문화는 주식, 부식이 뚜렷이 구별되는 민간과는 다른 방식으로 전개되었다고 보아야 할 것이다.

5) 음악과 무용

고구려에서 고취악이 먼저 발전하며 음악의 흐름을 주도한 것은 건국 초의 대내외 환경으로 말미암은 면이 크다. 무리 지어 노래하고 춤추기를 좋아하는 것으로 잘 알려진 고구려 사람들이[23] 10월 국중대회로 일컫는 동맹과 같은 정기적인 행사에 북과 나팔 등 각종 악기의 연주와 어우러지는 집단 가무와 각종 놀이를 즐겼을 것은 미루어 짐작하고도 남는다. 더욱이 고구려에는 장례 때에도 북을 치고 춤을 추며 고인을 떠나보내는 관습이 있었다.[24] 이런 사회문화적 전통이 있는 사회를 이끄는 세력이 고취악이 군사활동에도 큰 도움이 된다는 사실을 잘 알고 있었다면 이들에 의해 이런 음악이 어떻게 활용되었을지는 명확하다.

실제 한 군현 세력의 압박과 부여로부터의 압력에서 벗어나지 못했던 고구려 건국 주도세력은 고취악의 역할과 효과를 뚜렷이 인식하고 있었던 까닭에 주변 세력과 크고 작은 전투에서 이를 적극적으로 활용하였던 것으로 보인다. 유리왕대 선비와의 전투에서 고구려군이 북을 울리며 나아갔다는 기사는 이를 잘 보여주는 사례라고 할 수 있다.[25] 대무신왕대에 낙랑과의 전쟁에 앞서 왕자 호동을 앞세워 낙랑의 무기고에 있던 북을 찢고 뿔나팔을 부수게 한 것 역시 위와 마찬가지 효과를 염두에 두었기 때문이다.[26]

---

23 『삼국지』 권30 위서30 오환선비동이 고구려.
24 『수서』 권81 열전 제48 동이 고려.
25 『삼국사기』 권13 고구려본기1 유리명왕 11년 4월.
26 『삼국사기』 권14 고구려본기2 대무신왕 15년 4월.

이런 사실로 보아 고구려에서 고취악대의 구성과 훈련은 중앙정부 및 지방행정 단위에서 이루어졌을 가능성이 크며, 그 계기는 한과의 교류에서 마련된 것으로 보인다(전호태, 2016b). 문헌에서 확인할 수 있듯이 한은 고조선을 멸망시킨 뒤 옛 고조선 땅에 설치한 군현에 관리와 고취기인을 함께 보냈다.[27] 고구려 건국세력의 영역에 속했던 고구려현에도 고취기인이 보내졌고, 이 지역은 이들의 새로운 활동무대가 되었다. 고구려가 건국될 즈음 고구려 사람들은 이미 한의 고취악에 대해 알았고 이에 어느 정도 익숙해져 있었음을 짐작할 수 있다.

고구려가 국가적 발전을 이루는 과정에서 고취악에 쓰이는 악기의 종류는 점점 많아졌고 형태와 기능상의 변화도 뒤따랐던 것으로 보인다. 물론 악사들에 대한 훈련과 전문화 과정도 함께 일정한 변화를 겪었을 것이다. 특히 주의되는 것은 고구려가 한 군현의 중심으로 자처하면서 주변 지역에 강력한 사회문화적 영향력을 행사하던 낙랑을 세력권에 넣고 영역화한 데 이어 중국 중앙 왕조의 위력을 주변에 과시하던 위·진과 본격적으로 접촉하면서 고구려의 음악 및 놀이 문화가 겪게 되었을 변화와 그 내용이다.

안악3호분 대행렬도의 대규모 고취악대는 이와 관련한 여러 정보를 전해준다(그림37). 앞에서 인용한 대무신왕대 고구려의 낙랑 정벌 관련 기사에 따르면 낙랑에는 "스스로 울리는 북과 뿔나팔"이 있었다고 한다.[28] 이를 군사적 활용도가 높던 고취악이 낙랑에서는 인접국의 우려를 자아낼 정도로 발전해 있었다는 기사로 읽을 수도 있다. 낙랑이 한

---

27 『삼국지』 권30 위서30 오환선비동이 고구려.
28 『삼국사기』 권14 고구려본기2 대무신왕 15년 4월.

에서 동방으로 전해진 고취악을 유지, 발전시키는 중심이었기에 가능했던 현상으로 보아야 할 듯하다. 낙랑이 고구려에 흡수되는 4세기 초까지 낙랑에서 이런 전통은 유지되었을 가능성이 크다. 이런 점에서 안악3호분 대행렬도의 고취악대를 고구려가 낙랑을 영역화한 뒤 기존의 고구려 고취악에 낙랑 고취악을 흡수 발전시킨 결과물이라고 해석하는 것도 무리는 아닐 듯하다(전호태, 2016b).

고구려와 위·진의 접촉은 고구려 귀족들이 주요한 행사 참가나 업적을 기념하는 대행렬로 행렬 주인공의 지위를 과시하는 습성에 관심을 기울이는 계기가 된 듯하다. 안악3호분 대행렬도를 시작으로 평양·안악 일대 고분벽화에 고취악대가 포함된 행렬도가 빈번히 묘사되는 것도 이런 흐름과 관련하여 이해할 수 있다. 완함(阮咸)을 비롯한 새로운 형태의 현악기가 고구려에 전해진 것도 이런 종류의 악기가 적극적으로 사용되기 시작한 중국 위·진과의 교류에서 비롯되었을 가능성이 크다. 새로운 현악기의 전래는 고취악 중심으로 발전하던 고구려 음악에 관현악이 새롭고 독립적인 갈래로 자리매김하는 계기로 작용하였을 것으로 보인다.

고취악의 주요한 구성요소인 관악기가 고구려 초기부터 적극적으로 사용되었고 고조선시대에 사용되었던 것으로 전하는 현악기인 공후(箜篌)가 고구려에도 있었을 것을 고려하면 관악기와 현악기의 조합에서 비롯되는 관현악 역시 고구려 초기부터 음악의 한 갈래를 이루었을 가능성을 배제할 수는 없다. 그러나 공후가 와공후, 수공후로 개량되고 분화되었음이 『수서』에 처음 기록된 것으로 보아[29] 고구려 초기부터 고구려 사회에서 관현악의 음악적 비중이나 유행의 정도가 높았다고 보기는 어렵다. 유리왕이 불렀던 것으로 전하는 「황조가(黃鳥歌)」와 같은

그림37 | 안악3호분 회랑 벽화 - 무덤주인과 고취악대

서정적인 가요를 위해 공후와 같은 현악기가 사용되고, 혹 이런 노래가 춤과 어우러져 불렸다면 안악3호분의 3인 악대 반주와 같은 관현악 연주도 이루어졌을 것으로 짐작될 뿐이다.

고취악과 어우러지는 가무는 고구려의 오랜 문화전통이기도 했으므로 여러 형태의 집단활동의 한 부분처럼 여긴 것으로 보인다. 고분벽화 행렬도에 고취악에 맞추어 춤추는 모습이 자주 등장하는 것도 이런 전통을 반영하는 것으로 해석할 수 있다. 그러나 행렬 고취악에 등장하는 춤이 대개 칼이나 창을 손에 쥐고 추는 무사의 춤이라는 사실은 고취악에 부여된 군사적 성격으로 말미암은 현상이자 고구려가 위·진에 이어 5호16국시대의 강력한 호족(胡族) 국가들과 교류하면서 자연스럽게 형성된 관습일 수도 있다.

북위가 북연을 멸망시킨 436년을 기점으로 고구려는 동아시아 4강으로서 지위를 확고히 하게 된다. 이로부터 거의 1세기 동안 평양은 고구려의 독자적 세력권으로 인정받은 동북아시아의 정치·사회·문화의 중심으로 기능하게 된다. 평양성은 이제 평양문화라는 용어가 쓰일 수 있을 정도로 나름의 사조가 형성되어 유행하다가 새로운 것으로 대체되기도 하는 도시가 된 것이다. 이러한 사회문화적 흐름에 힘입어 5세기 평양에서는 귀족사회를 주요 후원자이자 수요자로 하는 춤과 노래가 크게 발달하였던 것으로 보인다.

고분벽화는 3인 이하의 무용수와 작은 악단이 동원되는 소규모 공연이 귀족의 초대로 귀족저택에서 빈번히 이루어졌음을 미루어 짐작

---

29 『수서』 권15 지 제10 음악하(下).

하게 한다(전호태, 2013b). 4세기 중엽 제작된 안악3호분 벽화의 1인무를 제외한다고 하더라도, 마선구1호분의 2인무, 태성리1호분과 고산동10호분의 3인무는 모두 무덤주인의 관이 놓이는 고분 널방의 벽에 묘사되어 이런 저간의 흐름을 잘 보여준다. 도구를 동반하지 않는 이런 춤은 현악이나 관현악 반주와 함께 이루어지는 것이 일반적이었을 것이다. 장천1호분의 1인무가 앞방 벽에 그려진 것은 백희기악도가 펼쳐진 앞방 벽이 무덤주인과 초대받은 귀한 손님의 야외나들이 공간인 점과 관련된 듯하다.

귀족의 초대로 이루어진다고 해도 주로 야외에서 공연되던 군무는 무용총과 장천1호분의 예로 보아 악기 반주 없이 합창과 함께 펼쳐지는 것이 일반적이었던 듯하다. 실제 합창은 성격상 반주 대신이 될 수도 있다. 고취악이 중요한 역할을 했을 동맹과 같은 대규모 야외행사가 아니면 중소 규모의 합창과 군무(群舞)는 오히려 어우러지기에 적절했을 수도 있다. 더욱이 무용총이나 장천1호분에서 공연되는 것과 같은 긴 소매가 너풀거리도록 우아한 움직임을 보여야 하는 군무는 고취악을 특징짓는 강하고 빠른 박자와 어우러지기 어렵다. 물론 현악기로 이런 춤에 적합한 곡조를 반주하는 것은 가능할 것이다.

4세기 중엽부터 시작된 서방에서의 불교 전래는 고구려가 동아시아 바깥 세계의 관념 및 문화와 농도 짙게 접촉함을 의미했다. 불교는 고구려 사회로서는 이전에 겪어보지 못한 낯선 관념과 문화였다. 그러나 불교에 담긴 서아시아·인도의 관념과 문화는 이미 5호16국시대의 시작과 함께 다양한 경로로 고구려에 흘러들고 있었으므로 고구려의 지배층으로서는 국가적·사회적 차원에서 방안을 마련하여 대응하기도 어려웠을 것이다. 정치적·사회적 여건상 이미 크게 넓힐 수밖에 없었던 대외접촉과 교류의 통로로 삼는 것이 효과적인 대응이 될 수도 있었고 실제상황이 그런 방향으로 흘러갔다.

전연을 공략하기 위한 후조(後趙)와의 접촉, 전연을 멸망시킨 전진(前秦)과의 통교 등 사건을 계기로 고구려에는 중국에서 크게 유행하던 불교신앙과 문화가 본격적으로 전해졌다. 소수림왕이 전진에서 전해진 불교를 공인한 지 20년이 채 못 되어 고국양왕이 불교를 믿어 복을 구하라는 왕명을 내린 것은 이런 저간의 흐름을 국가 차원에서 공식화한 선언이라고 할 수 있다.[30]

문헌에 언급된 고구려의 호선무(胡旋舞)는 한동안 서방에서 동방으로 흐르던 문화전파의 물결을 타고 고구려에 전해져 자리 잡은 문화예술의 한 장르라고 할 수 있다. 서북인도 및 중앙아시아 출신 승려들이 불교를 널리 전하고자 동방으로 오는 노정은 이 지역문화와 관념이 동방에 전해지는 길이기도 했다. 이런 사실을 고려하면 동서교통의 지역 거점 중 하나였던 고구려의 국내성이나 평양에 서역의 사마르칸트를 중심으로 번성하던 강국(康國)의 호선무가 알려진 것을 이상히 여길 일은 아니라 하겠다(趙世騫, 1997).

눈길을 끄는 것은 호선무가 고구려 고유의 춤이 아님에도 고구려를 대표하는 춤의 하나로 문헌에 기록되었다는 사실이다.[31] 이것은 불교가 고구려에 전해진 뒤 사회 전반에 큰 변화를 가져오고 5세기 중엽에는 불교신앙에 바탕을 둔 내세관이 고분벽화의 주제로까지 선호되는 현상을 떠올리게 한다. 외래문화의 수용에 대한 개방적 태도, 수용된

---

30 『삼국사기』 권18 고구려본기6 고국양왕 9년 3월.
31 『신당서(新唐書)』 권15 지 제11 예악.

외래문화요소의 적극적 소화, 외래문화의 고구려 문화구성요소로의 재창조라는 고구려식 외래문화 소화 원리가 호선무와 같은 서방 기원 예술 장르에도 적용되어 성공적인 결과에 이른 경우이다.

고구려가 서방문화예술을 적극적으로 받아들여 고구려화했음은 수의 구부악(九部樂), 당의 십부기(十部伎) 중 서량기(西涼伎)에 사용된 것으로 소개된 악기의 상당수가 고려기(高麗伎)의 것과 일치한다는 사실을 통해서도 재확인된다(이혜구, 1957). 서량기와 겹치는 악기의 일부는 평양 천도를 전후한 시기에 고구려가 북위나 유목제국 유연을 다리로 삼아 서역과 접촉하거나 북위를 거쳐 받아들인 것으로 보인다. 아마도 고구려가 중국 서북의 5량(涼) 및 중앙아시아 각국의 문화를 불교문화의 일부로 대거 받아들이는 과정에서 이들 악기 외에 춤이나 노래, 놀이도 동방에 전해졌을 것으로 추정된다(전덕재, 2006; 2012; 2020).

고구려의 서역문화 수용 및 소화와 관련하여 검토와 해석이 더 필요한 부분은 5세기 편년 고분벽화에 구체적으로 표현된 교예(巧藝)이다. 약수리벽화분, 팔청리벽화분, 수산리벽화분에 묘사된 나무다리타기, 공과 막대 던지고 받기나 수레바퀴 공중돌리기, 칼재주 등은 한의 화상석과 고분벽화에서도 자주 발견되는 재주로, 한과 그 뒤를 이은 위·진 등 왕조와의 접촉을 통해 고구려에 알려진 이른바 '백희(百戲)' 중 일부이다. 다만 공과 막대, 혹은 검을 동시에 사용하는 고구려 놀이꾼의 손재주는 두 종류의 도구를 따로 사용하는 것보다 기술적으로 진전된 것이어서 고구려 나름의 전통에서 비롯된 것으로 해석할 여지가 있다(전호태, 2018a).

그러나 장천1호분에 등장하는 원숭이가면놀이는 고구려에 새로 소개된 아직 낯설고 새로운 재주일 수 있다. 중국과 달리 기후환경으로 보아도 원숭이를 기르기 쉽지 않은 고구려에 원숭이가 직접 재주를 부리는 놀이가 일찍부터 알려져 유행하기는 어려웠다고 해야 할 것이다. 원숭이를 다루는 재주꾼 두 사람이 특이한 용모를 지닌 인물로 그려지지 않은 것은 이들이 고구려에 흘러든 공연을 업으로 삼으며 유랑하는 사람들일지라도 서역 출신은 아니었음을 시사한다. 그러나 5세기 중엽으로 편년되는 장천1호분에 특히 많은 서역문화 제재가 등장하는 점을 고려하면 벽화 중의 원숭이가면놀이도 유래는 서역일 가능성이 크다(전호태, 2016b).

392년 고국양왕이 국가적 차원에서 불교신앙을 장려하겠다는 의지를 피력하면서 동시에 추진한 것은 국가제의를 체계화하는 일이었다. 국사(國社)를 세우고 종묘를 수리하도록 함으로써 자칫 불교신앙과 문화의 확산 과정에 전통적인 종교관념과 제의체계가 약화되거나 혼란에 빠지지 않도록 한 것이다.[32] 436년 북연 멸망을 기점으로 고구려가 동아시아 4강으로서의 지위를 확보하면서 천손국(天孫國) 의식에 바탕을 둔 고구려 중심의 천하관을 내외에 피력하고 범고구려문화의 정립과 전파를 시도할 수 있었던 것도 이런 정책적 흐름이 있었기 때문에 가능했다고 할 수 있다.

불교를 매개로 한 서역문화 수용 및 소화를 통해 5세기 고구려문화는 독자성과 보편성을 아울러 지녀 개성이 두드러진 국제적 성격의 문화로 재탄생한 것으로 보인다. 이는 고구려 고유의 문화에 중국의 한 문화, 서아시아·인도문화를 포괄적으로 담은 서역문화가 차례로 더해

---

32 『삼국사기』 권18 고구려본기6 고국양왕 9년 3월.

지면서 범고구려문화로 불릴 수 있는 새로운 문화의 성립이 계속 시도되어 의미 있는 결과물을 내기에 이르렀음을 의미하는 것이기도 하다. 5세기 고구려의 국가적 과제의 일부이기도 했던 범고구려문화의 정립 과정에 외래문화요소가 어떤 방식으로 변형되고 녹아들었는지는 요소별 검토를 통해서만 그 실상에 대한 기본적인 이해가 가능할 것이다.

참고문헌

강현숙, 2005, 『고구려와 비교해 본 중국 한, 위·진의 벽화분』, 지식산업사.
_____, 2013, 『고구려 고분 연구』, 진인진.
강현숙·양시은·최종택, 2020, 『고구려 고고학』, 진인진.
남북역사학협의회·국립문화재연구소, 2007, 『남북공동 고구려 벽화고분 보존 연구보고서』.
박아림, 2015, 『고구려 고분벽화 유라시아 문화를 품다』, 학연문화사.
백종오, 2008, 『고구려 기와의 성립과 왕권』, 주류성출판사.
조선유적유물도감편찬위원회, 2000a, 『북한의 문화재와 문화유적』 I, 서울대학교 출판부.
_____, 2000b, 『북한의 문화재와 문화유적』 II, 서울대학교 출판부.
손수호, 2001, 『고구려고분연구』, 사회과학출판사.
송기호, 2019, 『한국 온돌의 역사-최초의 온돌 통사』, 서울대학교출판문화원.
심광주·김주홍·정나리, 1999, 『漣川 瓠蘆古壘-精密地表調査報告書-』, 한국토지공사 토지박물관·연천군.
음식고고연구회, 2011, 『炊事實驗의 考古學』, 서경문화사.
이한상, 2004, 『황금의 나라 신라』, 김영사.
임기환, 2004, 『고구려 정치사 연구』, 한나래.
전덕재, 2020, 『한국 고대 음악과 고려악』, 학연문화사.
전호태, 1999b, 『고분벽화로 본 고구려 이야기』, 풀빛.
_____, 2000b, 『고구려고분벽화연구』, 사계절.
_____, 2004b, 『벽화여, 고구려를 말하라』, 사계절.

_____, 2004c, 『고구려 고분벽화의 세계』, 서울대학교출판부.

_____, 2007, 『중국 화상석과 고분벽화 연구』, 솔.

_____, 2012, 『고구려 고분벽화 연구 여행』, 푸른역사.

_____, 2016a, 『고구려 벽화고분』, 돌베개.

_____, 2016b, 『고구려 생활문화사 연구』, 서울대학교출판문화원.

_____, 2018a, 『한류의 시작, 고구려』, 세창미디어.

_____, 2018b, 『고구려 고분벽화와 만나다』, 동북아역사재단.

_____, 2019a, 『황금의 시대 신라』, 풀빛.

_____, 2019b, 『무용총 수렵도』, 풀빛.

_____, 2020, 『고구려 벽화고분의 과거와 현재』, 성균관대학교출판부.

_____, 2021, 『고대 한국의 풍경』, 성균관대학교출판부.

정호섭, 2011, 『고구려 고분의 造營과 祭儀』, 서경문화사.

조선일보사, 1993, 『집안고구려고분벽화』.

崔南善, 1943, 『故事通』, 三中堂.

한인호, 1995, 『조선중세건축유적연구(삼국편)』, 사회과학출판사.

황욱, 1958, 『안악제3호분발굴보고』(『유적발굴보고』 3, 과학원고고학및민속학연구소), 과학원출판사.

공석구, 1990, 「德興里壁畵古墳의 主人公과 그 性格」, 『百濟研究』 21.

_____, 2003, 「4~5세기 고구려에 유입된 중국계 인물의 동향 – 문헌자료를 중심으로」, 『한국고대사연구』 32.

궁성희, 1990, 「고구려 무덤들에 보이는 부뚜막에 대하여」, 『조선고고연구』 1990-1.

權寧弼, 1984, 「高句麗壁畵의 伏羲·女媧圖」, 『空間』 207(1984-9).

金理那, 1996, 「高句麗 佛教彫刻樣式의 展開와 中國 佛教彫刻」, 『高句麗美術의 對外交涉』, 도서출판 예경.

김재홍, 2005, 「高句麗의 鐵製 農器具와 農業技術의 발전」, 『北方史論叢』 8.

김진순, 2003, 「集安 오회분 四·五號墓 벽화 연구」, 『미술사연구』 17.

_____, 2008, 「5세기 고구려 고분벽화의 불교적 요소와 그 연원」, 『美術史學研究』 258.

_____, 2009, 「高句麗 後期 四神圖 고분벽화와 古代 韓·中 문화 교류」, 『先史와

古代』30.
盧泰敦, 1981,「羅代의 門客」,『한국사연구』21·22합.
리창언, 1988,「동암리벽화무덤발굴보고」,『조선고고연구』, 1988년 2호.
박유미, 2013,「貊炙의 요리법과 연원」,『선사와 고대』38.
_____, 2015,「고구려 육류음식문화의 실제와 양상」,『고조선단군학』33.
박태식, 2007,「탄화곡물분석」(심광주·정나리·이형호, 2007,『漣川 瓠蘆古壘Ⅲ－第2次發掘調査報告書－』, 한국토지공사 토지박물관·연천군)
발굴보고, 2002,「새로 발굴된 태성리3호고구려벽화무덤」,『조선고고연구』2002년 1호.
사공정길, 2013,「高句麗 食生活 硏究」, 고려대학교 석사학위논문.
_____, 2014,「고구려의 취사용기와 취사방식」,『고구려발해연구』49.
徐廷昊, 2004,「壁畵를 通해 본 高句麗의 집문화(住居文化)」,『高句麗硏究』17.
安秉燦, 2003,「高句麗 古墳壁畵의 製作技法 硏究－바탕벽 제작기법을 중심으로－」,『高句麗硏究』16.
안휘준, 1980,「삼국시대 및 통일신라시대의 회화」,『韓國繪畵史』, 一志社
_____, 1988,「韓國古代繪畵의 特性과 意義－三國時代 人物畵를 中心으로－」 上·下,『美術資料』41·42.
_____, 2000,「삼국시대 회화의 일본 전파」,『한국 회화사 연구』, 시공사.
양은경, 2011,「高句麗 淸巖里土城 주변 출토 金銅冠의 系譜와 用途」,『東北亞歷史論叢』34.
여호규, 2009,「4세기 高句麗의 樂浪·帶方 經營과 中國系 亡命人의 정체성 인식」,『한국고대사연구』53.
윤서석, 1997,「한국 식생활문화의 역사」,『한국음식대관』1, 한국문화재보호재단.
이경희, 2009,「평양지역 고구려 고분벽화에 보이는 묘주 복식의 성격」,『韓國古代史硏究』56.
_____, 2010,「평양지역 고구려 벽화의 '중국풍' 복식 검토」,『韓國古代史硏究』60.
_____, 2012,「4~5세기 고구려 官服 연구」, 인하대학교 박사학위논문.
李松蘭, 1998,「高句麗 古墳壁畵의 天上表現에 나타난 火焰文의 意味와 展開」,『美術史學硏究』220.

李鐘祥, 2003,「韓國美術史에서 차지한 高句麗 壁畫의 位置 – 材料技法을 中心으로 –」,『高句麗研究』16.

이태호, 2003,「三國時代 後期 高句麗와 百濟의 四神圖 벽화 – 炭壁畵와 石壁畵의 表現方式을 중심으로 –」,『고구려연구』16.

이혜구, 1957,「高句麗樂과 西域樂」,『韓國音樂研究』(國民音樂研究會, 1957: 한국예술종합학교 종합예술원, 2000,『한국고대음악의 전개양상』, 민속원).

임영애, 1998,「고구려 고분벽화와 고대 중국의 서왕모신앙: 씨름 그림에 나타난 '서역인'을 중심으로」,『강좌미술사』10.

전덕재, 2006,「한국 고대 서역문화의 수용에 대한 고찰 – 백희잡기의 수용을 중심으로」,『역사와 경계』58.

＿＿＿, 2012,「古代의 百戲雜技와 舞樂」,『韓國古代史研究』65.

全虎兒, 1989,「5세기 高句麗古墳壁畵에 나타난 佛敎的 來世觀」,『韓國史論』21.

＿＿＿, 1990,「고구려고분벽화에 나타난 하늘연꽃」,『美術資料』46.

＿＿＿, 1992,「고구려고분벽화의 해와 달」,『美術資料』50.

＿＿＿, 1993a,「고구려 장천1호분벽화의 서역계 인물」,『울산사학』6.

＿＿＿, 1993b,「고구려의 五行信仰과 四神圖」,『國史館論叢』48.

＿＿＿, 1996,「高句麗 角抵塚 壁畵 硏究」,『美術資料』57.

＿＿＿, 1997a,「高句麗 後期 四神系 古墳壁畵에 보이는 仙·佛 混合的 來世觀」,『蔚山史學』7.

＿＿＿, 1997b,「高句麗 龕神塚 壁畵의 西王母」,『韓國古代史研究』11.

＿＿＿, 1998,「회화」(국사편찬위원회,『한국사』8 – 삼국의 문화).

＿＿＿, 1999a,「고구려 고분벽화의 문화사적 위치」,『한국미술의 자생성』, 한길사.

전호태, 2000a,「고분벽화에 나타난 고구려인의 신분관 – 5세기 집안지역 고분벽화의 인물도를 중심으로 –」(하일식 외,『한국고대의 신분제와 관등제』, 아카넷).

＿＿＿, 2003,「고구려 고분벽화의 기원」,『강좌 한국고대사』9, 가락국사적개발연구원.

＿＿＿, 2004a,「역사의 블랙홀, 안악3호분 묘지명」(한국역사연구회,『고대로부터의 통신』, 푸른역사).

＿＿＿, 2011,「고구려 수산리벽화분 연구」,『역사문화연구』40.

_____, 2013a, 「고구려 쌍영총 연구」, 『고구려발해연구』 46.
_____, 2013b, 「고구려의 음악과 놀이문화」, 『역사와 경계』 88.
_____, 2013c, 「고구려의 음식문화」, 『역사와 현실』 89.
_____, 2015a, 「고구려 복식문화 연구론」, 『한국사연구』 170.
_____, 2015b, 「고구려인의 화장과 장신구」, 『역사문화연구』 55.
정병모, 2013, 「중국 북조(北朝) 고분벽화를 통해 본 진파리1·4호분과 강서중·대묘의 양식적 특징」, 『강좌미술사』 41.
정호섭, 2008, 「고구려 벽화고분의 현황과 피장자(被葬者)에 대한 재검토」, 『民族文化研究』 49.
_____, 2010, 「高句麗 壁畵古墳의 編年에 관한 檢討」, 『先史와 古代』 33.
조우연, 2019, 「신발견 平壤 甫城里 고구려 벽화고분에 관한 一考」, 『고구려발해연구』 64.
周永河, 2004, 「壁畵를 通해서 본 高句麗의 飮食風俗」, 『高句麗研究』 17.
최택선, 1988a, 「고구려 사신도무덤의 주인공문제에 대하여」, 『조선고고연구』 1988년 1호.
_____, 1988b, 「고구려 인물풍속도무덤과 인물풍속 및 사신도무덤 주인공들의 벼슬등급에 대하여」, 『력사과학』 1988년 1기.

趙世騫, 1997, 『絲條之路樂舞大觀』, 新疆美術撮影出版社.

李王職 發行, 1916, 『朝鮮古墳壁畫集』.
朝鮮古蹟研究會(小場恒吉·有光敎一·澤俊一), 1937, 『昭和十一年度古蹟調查報告』, 朝鮮總督府.
朝鮮總督府(關野貞 外), 1915, 『朝鮮古蹟圖譜』 2, 名著出版社.
朝鮮總督府, 1930, 『高句麗時代之遺蹟』 圖版 下卷(古蹟調查特別報告 第五冊).
池內宏·梅原末治, 1940, 『通溝』 卷下(日滿文化協會).
土居淑子, 1986, 「死者と他界」, 『古代中國の畫像石』 第四章 二節, 同朋舍.
吉村怜, 1985, 「南朝天人圖像の北朝及ひ周邊諸國への傳波」, 『佛敎藝術』 159.
東潮, 1993, 「遼東と高句麗壁畫 – 墓主圖像の系譜 – 」, 『朝鮮學報』 149.

齊藤忠, 1979, 「高句麗古墳壁畵にあらわれた葬送儀禮について」, 『朝鮮學報』 91.
早乙女雅博, 2001, 「日本に所在する高句麗古墳壁畵模寫」(서울대학교 박물관 주최 국제학술대회, 『요령지역의 고대문화』 2001. 10. 9).
寒川恒夫, 1993, 「葬禮相撲の系譜」(제1회 아시아민속놀이국제학술대회 발표요지, 1993. 6. 20~6. 21, 중앙대학교 한국민속학연구소).

6 건축유적

1. 궁궐유적
2. 사묘유적
3. 사찰유적
4. 주택유적

6장
건축유적

최종택 | 고려대학교 문화유산융합학부 교수

고구려는 건국 초기부터 성곽과 궁궐을 지었던 것으로 보인다. 『삼국지』 위서 동이전에는 고구려 사람들이 "즐겨 궁실을 지으며, 거처하는 곳 좌우에 큰 집을 지어 귀신과 영성·사직에 제사한다"[1]고 하였으며, 『구당서』 고려전에는 "산과 골짜기에 의지하여 집을 지었는데 모두 띠로 지붕을 엮었으며, 오직 사원·신묘·왕궁 및 관청에만 기와를 사용하였다"[2]고 하였다. 이로 보아 고구려 사람들은 궁실을 잘 지었으며, 중요한 건축 부재의 하나인 기와의 사용이 엄격하게 정해져 있었던 것 등을

---

1 『삼국지』 권30 위서30 오환선비동이 고구려, "好治宮室 於所居之左右立大屋 祭鬼神又祀靈星社稷."
2 『구당서』 권199상 동이 고려, "其所居必依山谷 皆以茅草葺舍 唯佛寺神廟及王宮官府內用瓦."

알 수 있다. 고구려의 건물로 현재 실물이 남아 전하는 것은 없으나, 발굴된 유적과 고분벽화 등을 통해 그 내용의 일단을 알 수 있다. 고분벽화에는 성곽과 전각 및 건물의 구조를 비교적 자세히 묘사하고 있어서 이를 통해서 고구려 건축의 구조에 대해 알 수 있으나 고구려 건축유적에 대한 조사 및 연구는 그리 활발하지 못한 것이 현실이다. 고구려의 건축은 기거하는 주체에 따라 궁궐과 관청, 사묘, 사찰, 귀족저택 및 일반 주택 등의 사저, 군사들의 막사 등 다양하였으며, 거주 주체의 신분에 따라 규모와 형태에는 차이가 있었던 것으로 보인다.

고구려 건축유적에 대한 조사는 20세기 초 일제강점기로 거슬러 올라간다. 1910년대 일본인 연구자들은 만주 일대에 대한 조사를 실시하면서 집안(輯安) 동대자(東台子) 및 이수원자남(梨樹園子南) 유적 등을 확인하였다. 1935년에는 평양성 내성 지역 만수대에서 건물지에 대한 발굴조사가 이루어졌으며, 1938년에는 평양의 청암리사지를 발굴하였고, 이를 전후하여 상오리사지와 원오리사지 등도 조사하였다. 광복 이후에는 중국과 북한에서 고구려 유적에 대한 발굴조사를 집중하였으나 고분과 성곽에 대한 조사가 주를 이루었으며, 건축유적에 대한 조사는 별다른 성과가 없었다.

중국에서는 1957년 동대자유적에 대한 발굴조사가 실시되어 건축의 구조와 기능에 대한 논의가 진행되었으나 이후 주요 건축유적에 대한 조사는 이루어지지 않았다. 최근 2000년대 초반 환인(桓仁) 오녀산성과 집안 국내성 및 환도산성, 민주유적 등에 대한 발굴조사가 실시되어 고구려 건축에 대한 연구가 활발해지고 있다. 북한 지역에서는 1959년과 1960년 압록강 및 독로강 유역 댐 건설로 대규모 구제발굴이 이루어졌으며, 이 과정에서 로남리유적 등에 대한 발굴조사가 실시

그림1 | 안학궁성 및 정릉사지 발굴조사 광경(조선중앙력사박물관 전시 사진, 최종택 촬영)
1. 안학궁성 발굴조사(1974년) 2. 정릉사지 발굴조사(1974년)
3. 정릉사지 발굴조사 회의 광경(1974년)

되었다. 이어서 1970년대에는 정권의 집중적인 지원을 받으며 평양의 대성산성과 안학궁성, 정릉사지 등 건축유적에 대한 대규모 발굴조사가 진행되어 자세한 내용이 보고되었다(그림1).

고구려 건축에 대한 연구는 발굴된 유적을 대상으로 하는 고고학적 연구와 벽화고분과 문헌사료를 바탕으로 하는 건축학적 연구로 대별된다. 북한에서는 발굴조사성과와 고분벽화에 묘사된 건축요소 등을 종합하는 연구가 이루어졌으며, 1980년대 이후에는 정릉사지 등 주요 발굴성과를 바탕으로 건축의 평면형태와 구조 및 건축기술에 대한 연구가 이루어졌다. 1989년에는 그간의 연구성과를 종합하여 고구려 건축의 종류와 상부구조, 기초시설 및 건축기술에 대한 개론서가 간행되었다(리화선, 1989; 한인호, 1995). 남한에서도 한국건축사 연구의 일환으로 고구려 건축에 대한 개설이 이루어졌으며(尹張燮, 1972; 朱南哲, 2000), 1980년대 이후에는 고구려 건축에 대한 연구가 진행되었다. 초기에는 주로 중국과 북한의 연구성과를 소개하는 수준이었으나, 1990년대 이후 중국과 북한의 조사성과를 직접 접할 수 있게 된 이후부터 연구주제가 다양해지고 있다(조용환, 2015).

1. 궁궐유적

궁궐 또는 궁실이란 왕이 정무를 살피던 궁전을 비롯한 각종 공공건물을 함께 일컫는 말이다. 『삼국사기』에는 주몽이 건국하던 해에는 궁실을 지을 겨를이 없어 비류수가에 오두막을 짓고 기거하였으나, 3년 뒤인 동명왕 4년(기원전 34년) 가을 7월에 성곽과 궁실을 지었다고 전하고 있다.[3] 이처럼 고구려는 건국 초기부터 궁궐을 지었던 것으로 전하지만, 초기의 궁궐 모습이 어떠했는지는 오늘날 자세히 알기 어렵다. 문헌사료의 단편적인 기록을 통해 볼 때 고구려 궁궐은 왕궁 등 궁전건축 외에도 높은 대를 갖춘 건축과 정원 등을 갖춘 비교적 화려한 모습이었던 것으로 추정된다.[4]

현재 졸본시기 고구려 궁궐에 대해서는 오녀산성의 대형 건물지를

---

3 『삼국사기』권13 고구려본기 동명성왕 원년, "而未遑作宮室 但結廬於沸流水上居之."; 『삼국사기』권13 고구려본기 동명성왕 4년, "秋七月, 營作城郭宮室."
4 『삼국사기』권13 고구려본기 동명성왕 6년, "秋八月, 神雀集宮庭.";『삼국사기』권13 고구려본기 동명성왕 10년, "秋九, 鸞集於王臺.";『삼국사기』권16 고구려본기 산상왕 24년, "夏四月, 異鳥集于王庭.";『삼국사기』권16 고구려본기 서천왕 7년, "九月, 神雀集宮庭."

왕궁으로 추정하는 견해가 있지만(遼寧省文物考古硏究所, 2004), 유적의 연대는 물론이고 규모나 구조적인 측면에서 왕궁으로 비정하기는 어렵다. 2000년대 초반 국내성과 환도산성에 대한 발굴이 실시되어 국내성기 궁궐의 일면을 알 수 있게 되었다. 국내성 체육장지점 등 성 내부 중앙에서 4세기대의 건축유적이 조사되어 이를 통해 국내성기 궁궐 건축의 윤곽을 추정할 수 있다(朴淳發, 2012; 여호규, 2012). 그러나 개발로 인해 제한적인 발굴만 실시되어 궁궐의 전체 규모나 구조를 온전히 확인하기는 어렵다(吉林省文物考古硏究所·集安市博物館, 2004a).

한편, 환도산성에서는 궁전지에 대한 전면 발굴이 실시되었다(吉林省文物考古硏究所·集安市博物館, 2004b). 그러나 출토유물로는 건축의 연대를 5세기 이전으로 소급하기 어려워 국내성시기 궁궐건축의 전모를 파악하는 데 한계가 있다. 평양 천도 이후 평양성 전기에는 대성산성 아래에 위치한 안학궁성이 있으며, 이에 대해서는 자세한 발굴조사 보고서가 간행되어 있으나 역시 건축연대와 축조주체 등에 대한 논란이 있다. 6세기 후반 장안성(오늘날 평양성)으로 도읍을 옮긴 후 궁궐은 평양성 내성 지역에 위치한 것으로 추정되지만, 1935년에 긴급 발굴된 두 건축유적을 제외하고는 발굴조사가 이루어지지 않아 역시 자세한 내용을 알기 어렵다.

1) 환도산성 궁전지

집안시 외곽에 위치한 환도산성은 국내성기 국내성의 방어성으로 기능했으며, 일시적으로 왕성으로 사용되기도 하였다. 해발 652m의 환도산에 축조된 환도산성은 동·서·북 삼면이 험준한 봉우리로 둘러싸여 있으며, 남쪽에는 통구하가 흘러 자연해자 역할을 하고 있어서 방어에 유리한 지형을 갖추고 있다. 성의 둘레는 6,947m로 큰 성에 속하며, 모두 7개의 문지가 남아 있다. 2001년부터 2003년까지 발굴조사를 실시하였는데, 남벽과 남문지 및 서문지의 구조가 자세히 밝혀졌으며, 성내부 완사면에서 점장대와 연못, 궁전지 및 병영지 등이 조사되었다.[5]

궁전지는 성 내부 남쪽 해발 254m의 비교적 완만한 경사의 대지에 축조되었다. 남북 95.5m, 동서 86.5m 규모의 장방형 대지는 동북-서남 방향으로 경사를 이루고 있으며, 고저 차는 13m가량 된다. 궁전지는 담장으로 둘러싸여 있는데, 담장의 길이는 동변 91m, 서변 96m, 북변 75m, 남변 70m로 둘레는 332m이며, 면적은 8,260.75m^2에 달한다. 궁전지 내부는 경사지를 4개의 계단식 기단으로 조성하였으며, 아래쪽 서변 담장 중앙부와 서쪽으로 치우쳐 2기의 문지가 확인되었다. 가장 높은 지점의 동변 담장 외곽에는 배수구를 설치하였고, 각 기단의 동변에도 배수구를 별도로 설치하였다(그림2).

4단의 기단부에는 모두 11기의 건물을 축조하였는데, 2호 기단과 3호 기단의 중앙에는 각각 계단이 설치되어 있고, 2호 기단과 1호 기단 사이에는 광장이 조성되어 있다. 대부분의 건물은 기단 내부에 조성하였으나 1호 건물은 중앙광장 북편에 단독으로 조성하였다. 건물은 모두 적심기초와 초석을 사용하였고, 건물의 평면형태는 대부분 장방형이나 1호와 4호, 5호 건물은 방형이다. 2호와 3호 건물은 팔각형으로 제사나 의례와 관련된 건물로 추정된다. 3호 기단에는 하나의 장방형

---

5   이하 환도산성 궁전지에 대한 내용은 발굴조사보고서를 참고하여 정리한 것이다(吉林省文物考古硏究所·集安市博物館, 2004b).

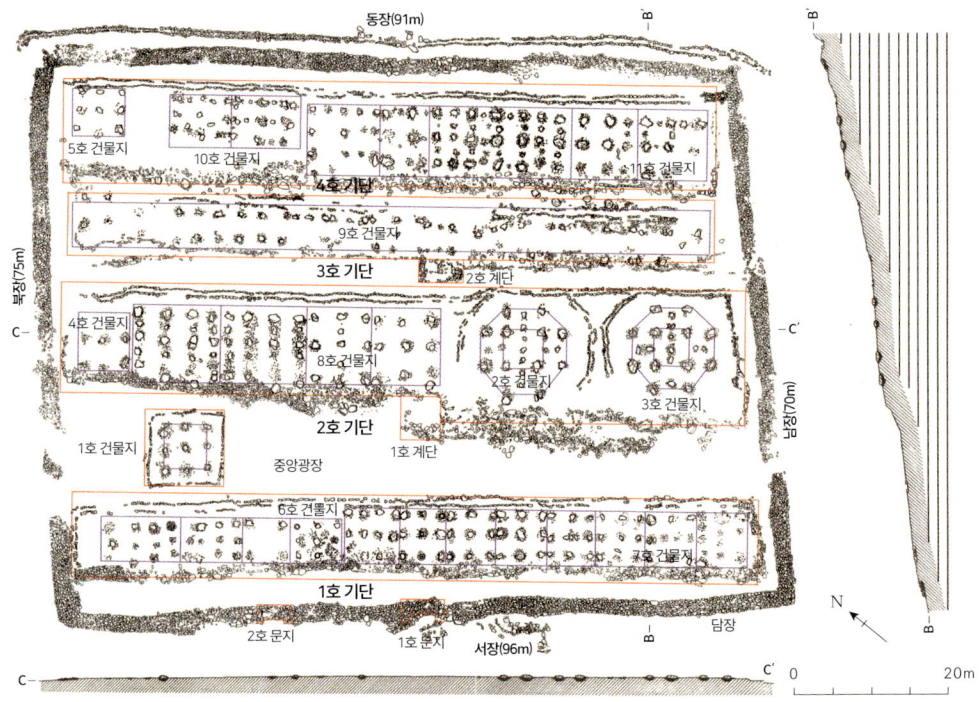

그림2 | 환도산성 궁전지 평면도(吉林省文物考古研究所·集安市博物館, 2004b, 도2, 41 수정)

건물(9호 건물지)을 축조하였는데, 전체 길이는 84.5m, 폭은 4m로, 궁전지 건물 중에서 가장 크다.

중앙광장 북편에 단독으로 축조된 1호 건물은 외곽에 할석을 사용해 기단부를 만들었는데, 규모는 9×9.5m이다(그림3). 건물은 9개의 초석을 사용한 정면 2칸, 측면 2칸의 방형 건물로 주간 거리는 2.8m 내외이다.[6] 다른 방형 건물인 4호와 5호 건물도 전체적인 규모와 형태는

---

6 발굴조사보고서에는 주간 거리를 2m로 보고했으나, 도상으로 계측해보면 각 초석의 중심부 간 거리는 2.8m가량 된다(吉林省文物考古研究所·集安市博物館, 2004b, 76~77쪽).

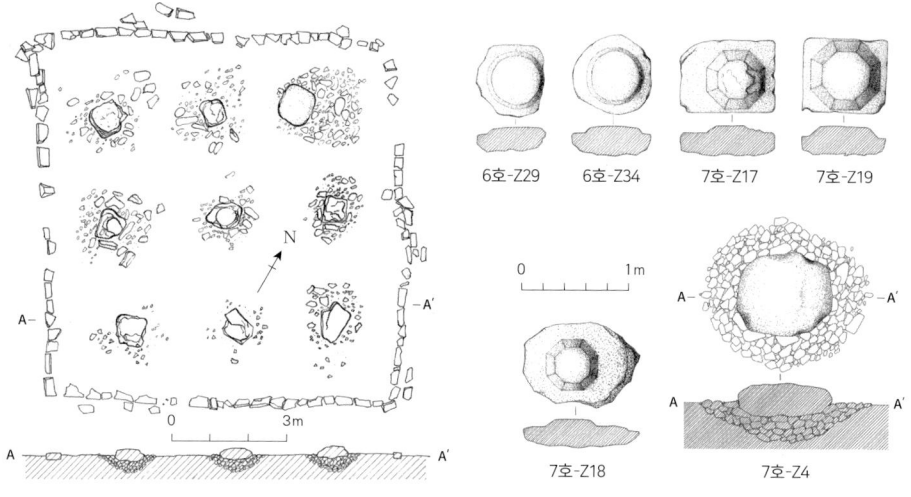

그림3 | 환도산성 궁전지 1호 건물지
(吉林省文物考古硏究所·集安市博物館, 2004b, 도42, 44, 45 수정)

1호 건물과 유사하다. 장방형 건물은 규모와 형태에 있어서 약간씩 차이가 있는데, 가장 큰 9호 건물은 측면 1칸으로 회랑건물로 추정하고 있다. 가장 낮은 쪽에 위치한 7호 건물은 정면 3칸, 측면 2칸으로 구성된 방형 공간 8개가 남북으로 연접된 형태인데, 주간 거리는 1.8m 내외이다. 한편, 8호 건물과 11호 건물은 측면 4칸의 공간이 남북으로 연접되어 있는데, 주간 거리는 7호 건물에 비해 좁다.

적심시설은 원형 수혈에 할석과 점토를 채운 형태인데, 7호 건물의 4호 적심의 경우 수혈의 직경은 1.65m, 깊이는 0.35m이다(그림3 7호-Z4). 초석은 대부분 자연석을 약간 다듬은 편평한 형태이나 일부는 화강암 표면을 정교하게 가공한 것들도 있다. 6호 건물의 29호와 34호 초석은 표면을 정면하여 곱게 다듬었으며, 가운데에 원형의 주좌를 만들였는데, 기둥의 직경은 45cm 내외이다. 7호 건물의 17호, 18호, 19호 초석은 주좌를 8각형으로 정교하게 다듬었는데, 기둥의 직경은 45~50cm로 추정된다(그림3).

환도산성 궁전지는 1962년 처음 윤곽이 조사된 직후부터 342년 전연 모용황의 침입으로 환도성이 함락되었을 때 소실되어 폐기된 궁전으로 추정하고 있다. 그러나 궁전지에서 출토된 유물 중 4세기로 소급할 수 있는 것은 없으며, 연화문와당 등의 편년에 의하면 평양 천도 이후의 유물이 주를 이루고 있다. 따라서 현재까지의 자료만으로는 환도산성 궁전지는 평양 천도 이후 국내 지역이 별도(別都)로 재편되었을 당시의 건축물로 추정하는 것이 타당하다(여호규, 2012).

2) 안학궁성

평양 대성산 소문봉 남쪽의 평탄한 대지 위에 축조된 안학궁은 427년 평양 천도 이후부터 586년 장안성으로 수도를 옮기기까지 왕궁으로 이용되었다. 안학궁 북쪽에는 대성산성이 방어성으로 위치해 있으며, 동쪽과 남쪽의 대동강, 서쪽의 합장강이 해자 역할을 하고 있다.[7]

안학궁은 한 변 622m의 평행사변형 토성으로 둘러싸여 있는데, 총 둘레는 2.5km, 면적은 38만m²에 달한다. 성벽은 밑부분을 3~7단의 돌로 쌓고, 그 위에 12m 높이로 흙을 다져 쌓은 토심석축 성벽이며, 성벽 바깥쪽에는 해자를 돌렸다. 문지는 모두 6개로, 남벽에 3개, 동벽과

---

[7] 이하 안학궁성에 대한 내용은 발굴조사보고서를 참고하여 정리한 것이다(김일성종합대학 고고학및민속학강좌, 1973).

서벽 및 북벽에 각각 하나씩 성문을 세웠으며, 성벽의 네 모서리에는 각루를 설치하였다. 성 내부 지형은 대체로 북고-남저, 서고-동저의 지형인데, 북문 남동쪽과 남궁 서쪽에는 흙을 쌓아 인공산을 만들고 정원을 조성하였다. 궁성 남동쪽 모서리에는 방형 연못을 설치하였으며, 성 내부의 물은 북문 동쪽의 암문에서부터 남쪽으로 이어진 수로를 따라 연못 서쪽을 지나 수구문을 통해 배출되도록 하였다(그림4).

궁성 내부에는 궁전 21기, 회랑 31기 등 모두 52기의 건물이 있었으며, 이들 건물의 총건평은 31,458m^2에 달한다. 건물들은 궁성의 중심축을 따라 남궁, 중궁, 북궁, 동궁, 서궁 등 다섯 구역으로 나누어 배치하였는데, 남북 축을 중심으로 좌우 대칭으로 배치하였으며, 회랑으로 연결되었다. 남궁은 가운데 규모가 큰 궁전 건물을 배치하고 좌우에 2기의 궁전을 배치하였으며, 각 궁전 건물은 회랑으로 연결하였다. 북궁은 세 구역에 각각 2기의 궁전 건물을 남북으로 평행하게 배치한 복잡한 구조이다. 동궁은 궁성 내부 동쪽의 가장 낮은 지점에 조성하였으며, 고저 차와 남북으로 이어지는 수로로 인해 다른 궁전들과 떨어져 있다. 동궁은 남북으로 길게 조성하였는데, 북쪽에 4기의 건물을 배치하고 이와 다소 떨어진 남쪽에 2기의 건물을 배치하였다. 서궁은 북궁과 이어져 있으며, 모두 7기의 건물이 있었던 것으로 추정된다. 남궁은 조회를 비롯한 왕의 정무를 위한 외전 또는 정전, 중궁은 왕이 일상적으로 거처하면서 정무를 돌보던 내전 또는 편전으로 추정되며, 북궁은 왕의 침실이 있는 침전으로, 동궁은 태자의 거처로, 서궁은 왕궁에서 일하던 사람들의 거처로 이용한 것으로 추정된다.

건물은 문루와 회랑, 궁전 등으로 구분되는데, 모든 건물은 적심기초를 사용하였으며, 별도의 난방시설은 설치하지 않았다. 적심기초는

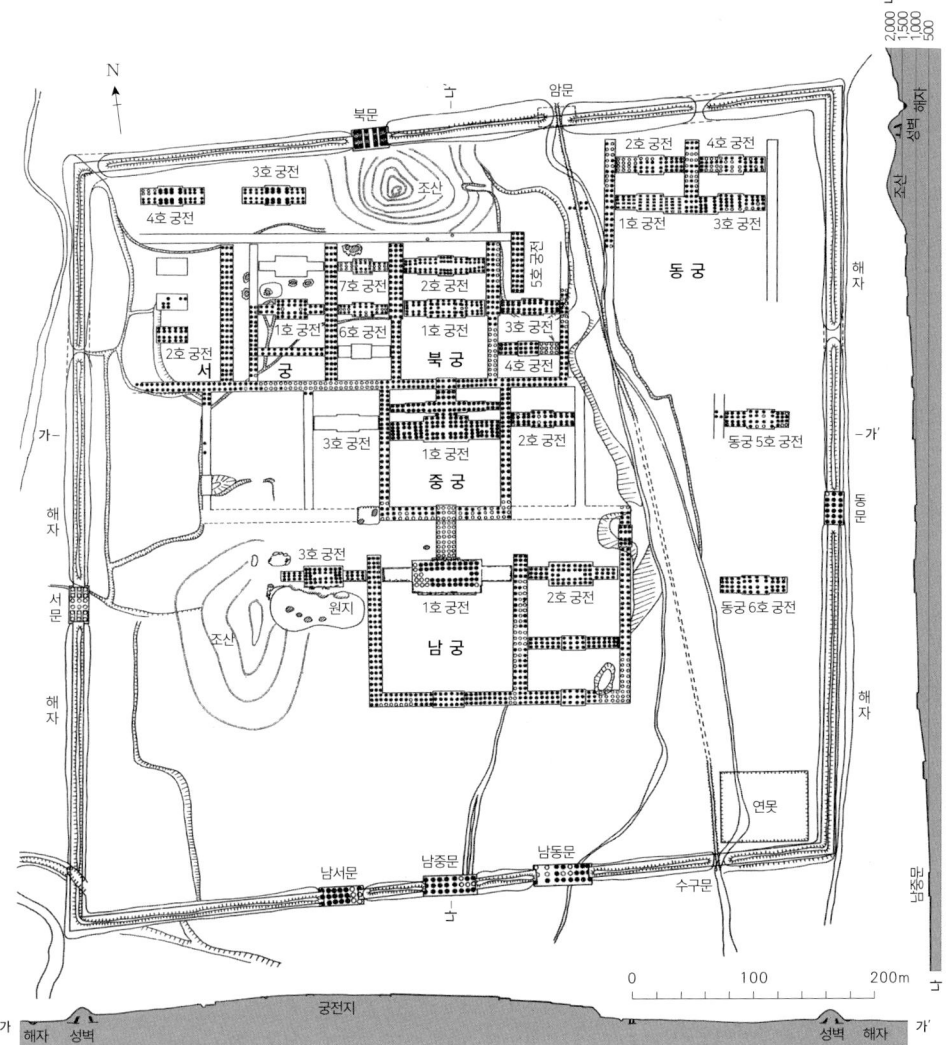

그림4 | 안학궁성 건물 배치도(김일성종합대학 고고학및민속학강좌, 1973, 그림84 수정)

2,590개가량 확인되었는데, 지름 2.5~3.5m, 깊이 0.6~1.7m의 수혈에 할석을 채운 형태이며, 문지의 적심 규모가 궁전 건물지의 적심보다 규모가 크고 깊이도 깊다. 적심시설은 원형이 주를 이루나 동궁의 1호 궁전 건물은 방형이다. 적심 위의 초석은 화강암을 편평하게 가공하였

는데, 원형으로 잘 다듬은 것도 적지 않다.

　회랑은 2열 또는 3열의 초석 열이 길게 이어지는 형태인데, 3열이 주를 이룬다. 문지는 성벽 중간에 설치된 것과 회랑 중간에 설치된 것으로 구분되는데, 초석은 3열이며 측면 2칸 구조이며, 정면 칸수는 규모에 따라 다르다. 남벽 중앙부에 위치한 남중문은 45.6×18m 규모의 기단부 위에 24개의 초석을 설치한 정면 7칸, 측면 2칸의 구조이다. 적심의 규모는 지름 3~3.5m, 깊이 1~1.7m인데, 앞줄은 지름 3.5m, 뒤의 두 줄은 지름 3m이며, 깊이는 뒷줄의 적심이 깊다. 정면 주간 거리는 가운데가 6.1m로 가장 넓고, 그 좌우로 각각 5.1m, 6m, 4.6m로 차이가 있으며, 측면 주간 거리는 5m이다(그림5-1).

　궁전 건물은 주변보다 높게 기단부를 조성하고 축조하였는데, 각 구역별로 중심건물은 가운데에 기둥을 배치하지 않았다. 가장 규모가 큰 중궁의 1호 궁전터는 앞뒤 두 채로 구성되어 있다. 전체 기단의 규모는 정면 90.5m, 측면 33m에 달하는데, 앞채는 정면 19칸이고, 측면은 중심부 5칸, 좌우 측면 4칸이며, 중심주 가운데에는 기둥을 설치하지 않았는데, 이러한 기둥 배치로 보아 중심부는 중층이었던 것으로 추정된다. 주간 거리는 중심부 가운데가 5m로 가장 넓고, 나머지는 4.5m이며, 측면 주간 거리는 앞에서부터 3.25m, 3m, 3m, 3m, 4.25m로 차이가 있다. 중심부 좌우 나래의 주간 거리는 정면이 각각 4.2m이고, 측면은 앞에서부터 각각 3m, 2.75m, 2.75m, 3m이다.

　정전에 해당하는 남궁의 1호 궁전은 길이 57.1m, 폭 27.3m의 기단부 위에 조성하였는데, 기단부는 1.5m로 다른 건물에 비해 높다. 초석은 정면으로 12개, 측면으로 5개를 배치하였으며, 가운데 줄의 초석 8개는 설치하지 않아 넓은 공간을 확보하였다. 건물은 장방형으로 정

1. 남중문 평·단면도

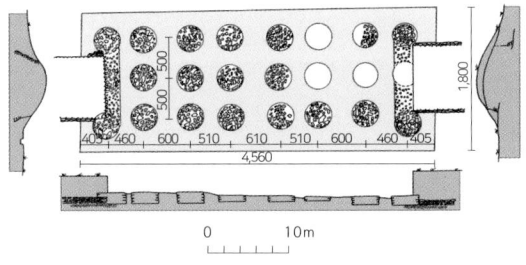

3. 중궁 출토 치미

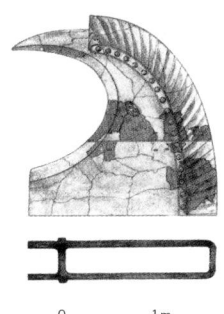

2. 남궁 1호 궁전지 평·단면도

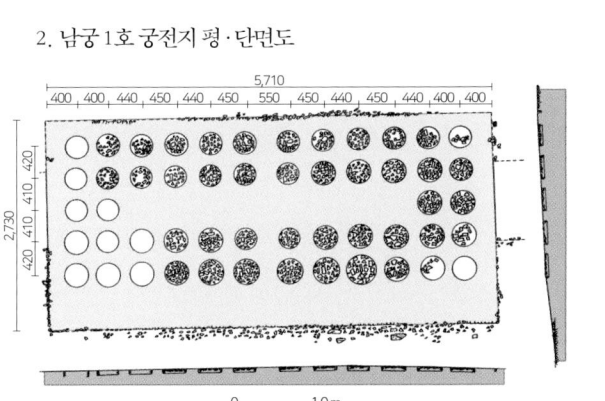

4. 남궁 출토 치미

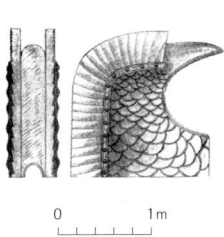

그림5 | 안학궁성 남중문지, 남궁 1호 궁전지 평·단면도 및 출토 치미
(김일성종합대학 고고학및민속학강좌, 1973, 그림98, 138, 216 수정)

면 11칸, 측면 4칸으로 정면 주간 거리는 가운데가 가장 넓어 5.5m이며, 그 양쪽으로 4.5m, 4.4m, 4.5m, 4.4m, 4m로 전체 길이는 49.1m이다. 측면 주간 거리는 앞뒤 두 칸은 4.2m, 가운데 두 칸은 4.1m로 전체 길이는 16.6m이다(그림5-2). 궁전 건물과 회랑지 등에서는 많은 양의 기와 등 건축부재가 출토되었으며, 중궁과 남궁에서는 각각 2점의 치미가 출토되어 건물의 규모와 웅장한 외관을 엿볼 수 있다. 치미는 연주문이 장식된 것 1점과 몸체에 비늘무늬를 장식한 것 3점으로 구분

되는데, 중궁에서 출토된 치미는 높이가 2.1m, 너비 1.8m, 두께 0.4m로 가장 크다. 비늘무늬로 장식된 치미는 높이 1.63m로 중궁 출토 치미보다는 작으나 발해 동경성에서 출토된 같은 형태의 치미보다는 크다(그림5-3, 4).

또한, 발굴조사를 통하여 많은 양의 기와와 토기 등 다양한 유물이 출토되었는데, 이를 근거로 평양 천도 직후에 안학궁성을 축조하여 586년 장안성으로 이도할 때까지 사용한 것으로 추정하였다. 그러나 안학궁을 평양 천도 직후 축조된 왕궁으로 보는 북한 학자들의 견해와 달리 안학궁에서 출토된 기와의 연대가 늦다는 점, 안학궁 축조 이전에 폐기된 고구려 석실분의 존재 등을 근거로 안학궁을 고구려 말기에 사용된 별궁(關野貞, 1941; 田中俊明, 1995), 또는 고려 서경의 좌궁으로 비정하는 견해(田中俊明, 2004; 朴淳發, 2012) 등이 제기되었다.

3) 평양성 내성 건물지

평양성에 대한 최초의 발굴조사는 일제강점기인 1935년에 실시되었다. 같은 해 3월 만수대의 평양신사 남쪽 참도(參道)를 개축하는 과정에서 문지가 확인되었고, 8월에는 만수대 대지에 평안남도 청사를 신축하는 과정에서 건물지가 확인되었는데(그림6), 이것이 평양성 내에서 조사된 유일한 궁궐 관련 건축이다.

만수대 문지는 1935년 3월 평양신사 남쪽의 참도 동쪽 경사면에 광장을 조성하기 위해 공사를 하던 중 지표 아래 3m 지점에서 소토층과 목탄층, 고구려 기와가 드러나 발굴조사를 실시한 결과 확인되었다(그림7). 문지는 동서 방향의 토루를 남북으로 가로질러 설치하였는데, 폭

그림6 | 평양성 배치도 및 건물지 발굴지점 위치도(배경지도는 국토지리정보원 1950년 항공사진, 평양성 윤곽 및 문지, 리방구획은 기경량, 2017, 도61 참조)

은 4.8m, 문도의 길이는 7m가량이다. 문도 양쪽에는 55cm 간격으로 방형 초석을 배치하였으며, 초석 가운데에는 원형 주공이 있는데, 불에 탄 목주가 남아 있는 경우도 있다. 문지 북단 5.2m 지점에서 화강암으로 된 문지방석이 확인되었다. 문지방석 양단에는 문주를 세웠던 장방형 구멍이 뚫려 있었고, 그 안쪽의 방형 초석에는 반구형의 철제확이

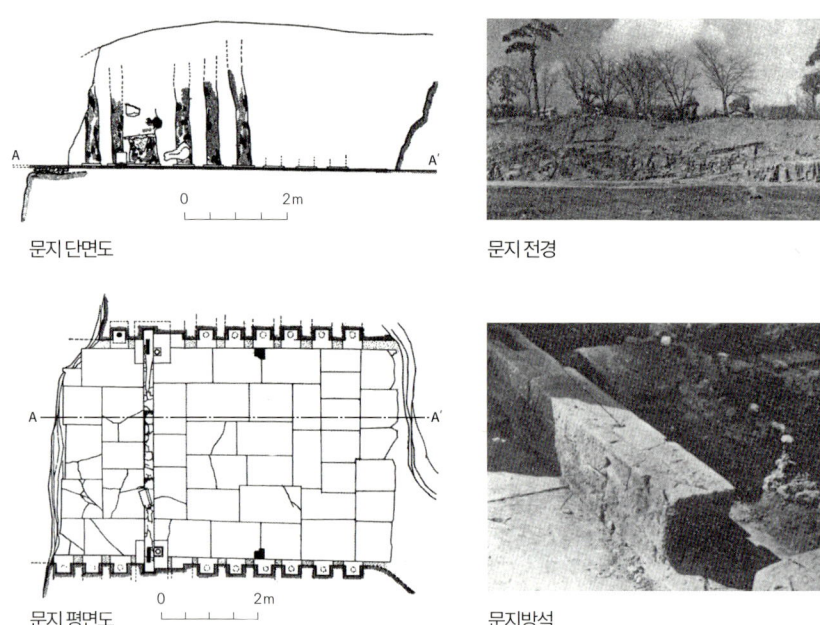

문지 단면도 문지 전경

문지 평면도 문지방석

그림7 | 만수대 주변 문지 및 문지방석(小泉顯夫, 1938b, 도판74-76 수정)

설치되어 있었으며, 주변에서는 두께 20cm 내외의 목제문비가 확인되었다. 또한 문지방석 양단 안쪽으로는 1.45m 간격을 두고 폭 28cm 홈이 2개 설치되어 있었는데, 수레가 다니던 통로로 추정된다. 문지가 조사된 지점은 만수대 서쪽의 성벽 토루와 골짜기로 구분되어 있어서 성문으로 보기 어려우며, 평양신사가 있던 북쪽 대지에 세워진 건물지를 둘러싼 토루에 설치된 것으로 추정된다(小泉顯夫, 1938b; 1986).

건물지는 만수대 대지 정상부에서 10m가량 아래쪽에 위치해 있으며, 평안남도 청사를 신축하는 과정에서 확인되었다. 서북쪽의 성벽으로 향하는 경사면 중복부를 굴토하는 과정에서 소토 및 탄화된 목재 등이 섞여 있어서 조사한 결과 화재로 소실된 건물지의 기둥으로 확인되

평·단면도

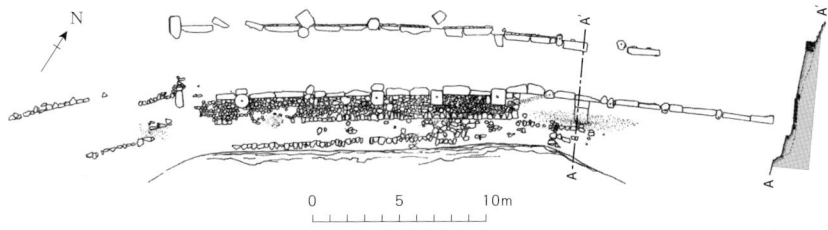

건물지 전경

북동쪽에서 본 전경 　　　　　　　　남서쪽에서 본 전경

그림8 │ 만수대 건물지(小泉顯夫, 1938b, 도6, 도판70 수정)

었다. 성벽의 내황(內隍)에 연접한 건물지는 북동-남서 방향의 세장방형이며, 양쪽 끝은 이미 유실되어 전체 크기를 알 수 없지만 남아 있는 크기는 폭 4m, 길이 36m에 달하는 거대한 규모이다(그림8). 건물지 양단에는 길이가 서로 다른 장방형 석재를 잇대어 깔고, 그 안쪽에는 4m 간격을 두고 원형과 방형의 초석을 배열하였다. 북서쪽 초석렬 바깥쪽은 급경사를 이루어 다른 유구가 확인되지 않았으나 남동쪽 초석렬 아래쪽으로는 할석을 깔아 만든 폭 1.6m가량의 기단이 확인된다. 다시 기단의 남동쪽으로는 석렬이 이어져 계단형 지형을 이루고 있어서 다른 건물지로 연결될 것으로 보이나, 소방대 건물 등이 있어서 확인하지 못하였다. 이상의 조사된 상황을 통해 볼 때 다른 건물지에 딸린 회랑

시설로 추정되며, 출토유물 중에 고려 기와와 도자편이 상당수 섞여 있는 점으로 보아 이 건물지는 고구려시기에 초축된 후 고려시기에 개축된 것으로 추정된다(小泉顯夫, 1986).

2. 사묘유적

고구려에는 조상신이나 국가제사를 지내는 사묘(祠廟) 건축이 있었는데, 『삼국지』에는 "거처하는 좌우에 큰 집을 짓고, 귀신과 영성 및 사직에 제사를 지낸다"고 하여 사묘의 위치와 종류를 구체적으로 전하고 있다.[8] 또한 고국양왕 8년(391년)에는 "3월에 교서를 내려 불교를 숭상하여 복을 구하게 하였으며, 관청에 명하여 나라의 사직을 세우고 종묘를 수리하게 하였다"[9]고 한 점으로 보아, 늦어도 4세기 후반에는 국사와 종묘 등 사묘 건축이 있었음을 알 수 있다.

집안시 국내성 동쪽의 동대자유적은 고국양왕대에 축조된 사묘유적으로 비정(方起東, 1982)된 이후 별다른 이견 없이 대표적인 사묘유적으로 알려져 왔다. 그러나 출토된 와당의 편년을 근거로 볼 때 평양 천도 이후에 축조되어 발해시기까지 사용한 것으로 추정(강현숙, 2010)되는 점이나, 종묘사직은 국내성 내부의 왕궁 주변에 위치했을 것이라는 점 등을 종합해볼 때 동대자유적을 사묘유적으로 보기는 어렵다.

---

8 『삼국지』 권30 위서30 오환선비동이 고구려, "於所居之左右立大屋 祭鬼神 又祀靈星 社稷."
9 『삼국사기』 권18 고구려본기6 고국양왕 8년, "三月, 下敎 崇信佛法求福 命有司 立國社 修宗廟."

한편, 환도산성 궁전지 내부에서 2기의 팔각 건물지가 조사되어 이를 불탑 또는 사묘 건축으로 추정하거나, 『삼국사기』 제사지에 시조묘가 둘이 있다는 구체적 기록을 근거로 환도산성 팔각 건물을 시조묘로 추정하기도 한다(최광식, 2007). 그러나 궁전지 내부의 건물 배치상태나 고구려의 가람배치 등과 비교해볼 때 이를 불탑으로 보기는 어렵다. 또한 거처하는 곳 좌우에 큰 집을 지어 귀신과 영성, 사직에 제사한다는 기록과도 배치상태가 일치하지 않아 이를 사묘 건축으로 특정하기도 어렵다. 다만 고대의 팔각형 건축은 종교나 우주관을 상징하는 것으로 이해되고 있으며(강병희, 2010), 통일신라시기의 경주 나정이나 이성산성 팔각 건물 등과 구조적인 면에서 유사하므로 환도산성 팔각 건물을 제사나 의례와 관련된 건물로 추정할 수 있다.

환도산성 팔각 건물은 궁전지 2호 기단의 남쪽에 치우쳐 나란히 위치하며, 같은 기단의 북쪽으로는 장방형 건물과 방형 건물이 위치한다(그림2). 건물이 위치한 지점은 다른 건물보다 기단부 폭을 넓게 조성하였는데, 서쪽 기단부는 훼손되었지만 동쪽과 남쪽 및 북쪽에는 건물의 윤곽과 동일하게 팔각형의 배수구를 설치한 것이 확인된다(그림9). 건물의 기단부는 별도로 조성하지 않았으나 이 배수구의 윤곽이 팔각 건물의 기단부 역할을 한 것으로 보이는데, 한 변의 길이는 5.46m, 폭은 12.24m이다.[10]

2기의 건물은 적심기초 위에 초석을 놓은 형태인데, 가운데에 4개,

---

10 이하 팔각 건물의 구조 특징은 보고서의 내용을 정리한 것이며(吉林省文物考古研究所·集安市博物館, 2004b, 78~80쪽), 그림9의 건물 규모와 관련된 일부 수치는 보고서 내용을 기반으로 재계측한 것이다.

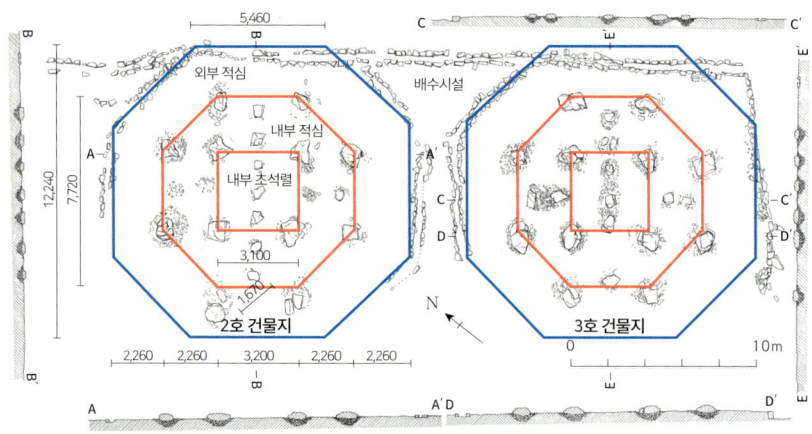

그림9 | 환도산성 궁전지 팔각 건물 평·단면도(吉林省文物考古硏究所·集安市博物館, 2004b, 도43 수정·편집, 안대환·김성우, 2013 그림2 참고)

외곽에 8개 초석을 배치하였으며, 건물의 중심부에는 동서 방향으로 7개의 초석을 일렬로 배치하였다. 적심시설은 지름 1.5m, 깊이 0.45m 의 원형 수혈에 할석을 채운 형태이고, 초석은 자연석을 약간 다듬은 형태로 크기는 1.1m 내외인데, 가운데 동서 방향의 적심과 초석은 이보다 약간 작다. 방형의 내부 적심렬과 팔각형의 외부 적심렬의 초석은 크기나 형태가 일정하고 배치도 정연한 데 비해 내부의 초석렬은 크기나 형태가 일정하지 않다. 그렇기 때문에 내부의 초석렬을 건물의 구조와 관계없는 종교나 의례를 위한 용도로 파악하기도 하지만 상부 구조물을 받치는 보조 기둥인 동바리기둥으로 추정된다(안대환·김성우, 2013). 이렇게 보면 팔각 건물은 내부 적심렬의 기둥 4개와 외부 적심렬 기둥 8개로 이루어진 중층 구조의 팔각 건물로 추정되며, 건물의 전체 폭은 7.72m가량 된다. 내부 방형 적심열의 주간 거리는 3.1m, 외부 팔각형 적심렬의 주간 거리는 3.2m이다. 궁전지의 층위나 출토유물로 보아 팔각 건물지는 궁전지의 다른 건물과 거의 비슷한 시기에 축조된 것으로 보인다. 보고서에서는 342년 전연 모용황의 침입으로 환도성이 함락되었을 때 소실되어 폐기된 것으로 추정하였으나 출토된 와당 등의 편년에 의하면 평양 천도 이후에 사용된 것으로 추정된다.

3. 사찰유적

고구려에 불교가 공인된 것은 372년의 일이다. 372년 전진 왕 부견이 승려 순도를 통해 불상과 불경 등을 고구려에 전하였으며,[11] 이어 375년에는 초문사(肖門寺)와 이불란사(伊弗蘭寺)를 건립하고 각각 순도와 아도를 머무르게 하였다.[12] 그러나 고구려에 불교가 전해진 것은 그보다 훨씬 전의 일인데, 4세기 전반 동진의 승려 지둔이 고구려의 도인에게 편지를 보냈다는 기록이 있으며, 357년에 축조된 안악3호분 벽화에도 불교의 상징인 연꽃이 그려지기도 한다. 불교가 공인된 이후 아도를 비롯해 승려들이 고구려에 입국하고, 고국양왕은 불교를 믿어 복을 받으라는 교를 내리기도 한다. 한편, 평양 천도를 앞두고 광개토왕은 평양에 9개의 사찰을 건립하기도 하는데,[13] 이처럼 불교의 수용은 국가의 적극적 후원하에 이루어졌으며, 4세기 중엽 이후에는 사찰 건

---

11 『삼국사기』 권18 고구려본기 소수림왕 2년, "夏六月, 秦王苻堅 遣使及浮屠順道 送佛像經文 王遣使廻謝 以貢方物."
12 『삼국사기』 권18 고구려본기 소수림왕 5년, "春二月, 始創肖門寺 以置順道 又創伊弗蘭寺 以置阿道 此海東佛法之始."
13 『삼국사기』 권18 고구려본기6 광개토왕 2년, "秋八月, 創九寺於平壤."

물이 축조되었을 것으로 추정된다.

고구려 사찰 건축은 고분벽화에도 묘사되었는데, 요동성총에는 내곽에 여러 층으로 묘사된 불탑이 확인되며, 장천1호분에는 주인공 부부가 절을 방문하여 불상에 예배를 드리는 장면이 묘사되어 있다. 이처럼 늦어도 4세기 후반경 고구려에는 사찰이 건립된 것으로 추정되지만 국내성 지역에서는 사찰 건축이 확인되지 않고 있다. 그 밖에 문헌에는 금강사, 반룡사, 영탑사, 개원사, 연구사, 금동사, 전구사, 대승사, 대원사, 유마사, 중대사 등의 사찰이 등장하는데, 이 중 금강사는 평양의 청암리사지에 비정되고, 나머지는 위치를 정확히 알 수 없다. 평양 천도 전후 또는 천도 이후의 사찰은 평양의 청암리사지와 상오리사지, 원오리사지, 정릉사지 및 봉산 토성리사지 등을 통해 알 수 있다. 이들을 통해 볼 때 고구려 사찰의 기본 배치는 가운데 탑을 중심으로 동·서·북쪽에 금당을 세운 1탑3금당식 가람을 특징으로 한다. 그 외에도 평양 일원에는 영명사지, 범운암, 낙사지, 청동사지, 중흥사지 등 고구려 사찰로 추정되는 사찰터가 있으며, 중흥사지에는 당간지주가 남아 있다(손수호·리영식, 2009).

1) 청암리사지

청암리사지는 안학궁성 서남쪽의 청암리토성 내부에 위치하며, 1938년에 조사되었다. 청암리토성은 안학궁성 남쪽을 동서로 흐르는 대동강이 방향을 바꿔 남행하는 지점에 위치하며, 토성의 남쪽 대동강 남안에는 장안성이 위치한다(小泉顯夫, 1940). 청암리토성 남벽은 대동강과 접하고, 동쪽에는 합장강이 남북으로 흐르는데 전체 평면은 반달

모양을 이루고 있다. 토성 내부 동서 양쪽과 중앙부에서 동쪽으로 약간 치우친 곳 등 세 지점에 고구려시기의 기와가 집중적으로 분포하는데, 청암리사지는 중앙부 동쪽에 위치한다(그림10-1).

청암리사지가 위치한 곳은 북동-남서 방향의 장방형 대지상 지형인데, 전반적으로 평탄한 지형을 이루나 북쪽이 약간 높다(그림10-2). 청암리사지는 전형적인 1탑3금당식 가람으로 남쪽에서부터 중문지, 목탑지, 중금당지를 일직선상으로 배치하였으며, 목탑지 좌우에는 각각 금당을 배치하였다. 이와는 별도로 중금당 동북쪽 대지에는 벽돌을 깐 건물지가 확인되었다(小泉顯夫, 1940). 제일 남쪽의 중문지는 가운데 문지 기초부와 좌우로 이어지는 회랑으로 구성되는데, 기초부 상면에는 고려시대 건물지가 중복되어 있어서 훼손이 심하여 기초부는 확인되지 않으며, 물받이시설만 확인된다. 문지의 북쪽 물받이시설에서 10.51m 지점에 목탑지 남변 기단이 위치하는데, 두 건물은 자갈로 포장된 도로를 통해 연결된다(그림10-3).

중앙부에 위치한 목탑지는 내부시설은 모두 훼손되고 외부의 기단시설과 초석렬, 물받이시설과 계단이 남아 있다. 기단부는 암반풍화토를 정지하여 만든 대지 위에 다듬은 돌을 놓아 팔각형으로 조성하였으며 각 변의 길이는 9.5m이다. 팔각 기단부 바로 바깥쪽에는 초석을 배치하였는데, 기단부보다 한 단 낮은 위치에 있다. 초석은 방형 또는 장방형으로 내부에 방형 주공이 있으며, 모서리에 위치한 초석은 오각형으로 정교하게 다듬어 팔각 기단부와 일치되게 하였다(그림11-2). 초석은 일부 유실된 것도 있지만 각 변에 5개씩을 설치하였으며, 양쪽 모서리 초석의 거리는 9.9m, 초석 사이의 주간 거리는 1.98m가량 된다. 초석렬 바깥쪽으로는 다듬은 할석으로 면을 맞추고 내부는 자갈을 깔

1. 청암리토성과 청암리사지 위치

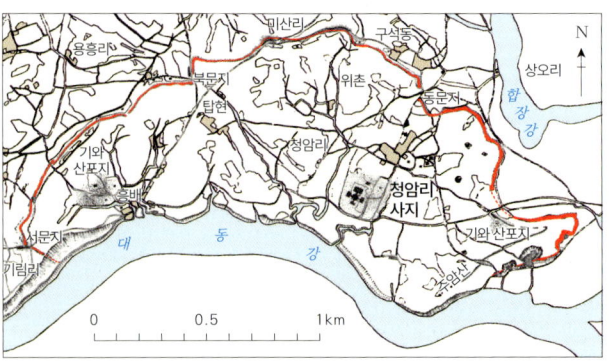

2. 청암리사지 배치도

3. 청암리사지 평면도

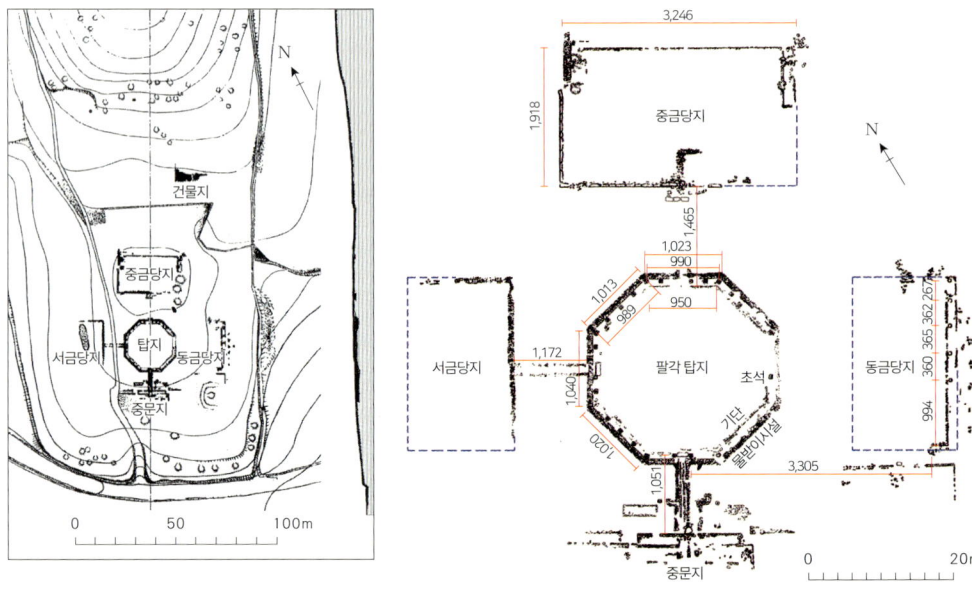

그림10 | 청암리토성과 청암리사지(小泉顯夫, 1940, 도판2, 9, 10 수정)

아 물받이시설을 설치하였는데, 폭은 0.7m가량 된다. 물받이시설은 동·서·남·북 네 변의 중앙부에서는 직각으로 이어져 중문지, 동·서 금당지, 중금당지로 연결되는데, 연결 도로의 가운데에는 다듬은 할석을 두 줄로 세워 암거 형태의 배수로를 설치하였다. 또한 각 변의 연결부에는 계단을 설치하였던 흔적이 있는데, 남변과 서변의 경우 초석 사이에 커다란 장방형 장대석이 하나 남아 있다(그림11-2). 물받이시설 한 변의 길이는 10.2~10.4m로 약간씩 차이가 있다. 중금당지의 서벽 북단의 기초부도 이와 유사한 구조를 하고 있는데, 건물 기단부와 물받이시설 양쪽 끝에는 판석을 세워 막았는데, 목탑지의 경우 판석이 확인되지는 않지만 원래 같은 구조였던 것으로 추정된다. 팔각 탑지 내부구조는 유실되어 남아 있지 않지만 내부의 팔각 기단과 한 단 낮은 초석렬의 이중 기단, 외곽의 물받이시설은 정릉사지, 상오리사지, 토성리사지의 목탑지에서 같은 구조를 하고 있어서 고구려 목탑지 구조의 기본적인 형태라 할 수 있다. 청암리사지 목탑지의 규모는 물받이시설의 폭은 27m, 초석렬 간의 폭은 24m, 기단부의 폭은 23.6m가량 되는데, 알려진 고구려 목탑지 가운데 가장 크다.

중금당지는 목탑지 북변에서 14.65m 떨어져 있는데, 고려시대 건물과 중복되어 있으며, 건물지 서벽 북쪽 지점에서 고구려시기의 건물 기초부가 확인되었다. 중금당의 기초부는 내부의 기단부와 외곽의 물받이시설, 그 사이의 초석렬 등으로 이루어져 있다(그림11-1). 기본적인 구조는 목탑지 기초부와 같은데, 초석렬이 물받이시설 쪽에 설치되어 있으며, 물받이시설과 기단부 양단에 판석을 세워 막은 점 등에서 약간의 차이가 있다. 고구려 건물지 상층의 고려시대 건물지는 긴 장대석을 연결하여 기단부를 조성하였는데, 전체 규모는 동서 32.46m, 남

1. 중금당지 서벽 북단 기초부

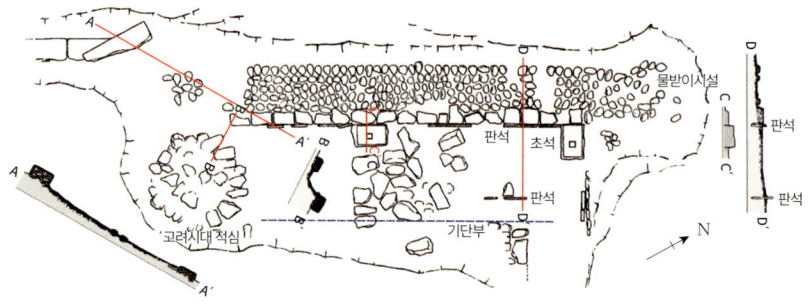

2. 목탑지 남벽 기초부

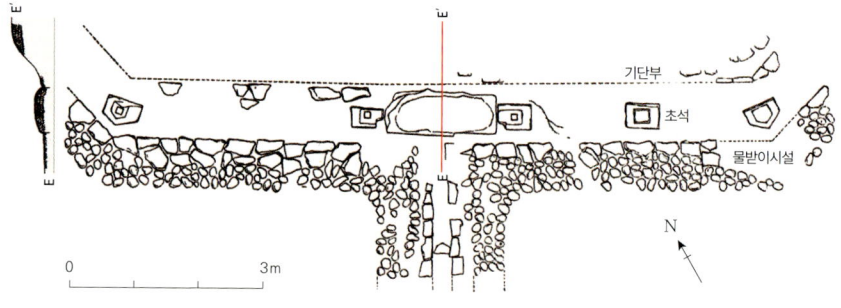

그림11 | 청암리사지 중금당지 및 목탑지 평·단면도(小泉顯夫, 1940, 도1, 2 수정)

북 19.18m이며, 고구려시기 중금당의 규모는 이보다 약간 작았을 것으로 추정된다.

동금당지는 동벽 일부가 잔존하는데, 전체 길이는 23.48m이다. 동벽에는 기단부 바깥쪽으로 5개의 초석이 남아 있고, 남변에도 하나가 있다. 남아 있는 초석의 배치를 보면 원래 동변에는 8개의 초석이 있었던 것으로 추정되는데, 주간 거리는 가운데가 3.6m이고, 그 양쪽으로는 각각 3.65m, 3.62m, 2.67m로 일정하다. 동변 초석렬의 배치를 남변에 적용해보면 남변에는 5개의 초석이 있었던 것으로 추정되며, 전체 건물은 정면 7칸, 측면 4칸으로 추정된다. 서금당은 훼손이 심하여 동변과 북변의 물받이시설과 목탑지와 연결되는 자갈길 일부가 확인되었다. 서금당 물받이시설의 윤곽은 남북 길이가 27m, 동서 폭은 12m이며, 목탑지 서변과는 11.72m 떨어져 있다. 한편, 중금당지 동북편에도 건물지가 확인되는데, 건물지 전면에 벽돌을 깔았으며, 적심기초 5개와 초석 1개가 확인되었다.

출토유물 중 '金' 또는 '寺' 등 명문 기와가 있어 이를 근거로 청암리사지를 문자명왕 7년(498년)에 축조된 금강사로 추정하는데,[14] 청암리사지 남쪽의 대동강에는 금강탄으로 불리는 여울이 있고, 주변에 금강전, 탑현 등의 지명이 남아 있어 이를 뒷받침해주고 있다. 또한 『동국여지승람』에는 "금강사터는 부의 동북 8리에 있다"고 하였으며, "주암산은 부의 동북 10리에 있다"고 하였는데,[15] 이 또한 청암리사지의 위치와 일치한다(그림10-1).

2) 상오리사지

상오리사지는 청암리사지 동남쪽 약 2km 떨어진 대동강 북안의 대지상에 위치하고 있으며(그림12-1), 1939년에 조사되었다(齊藤忠, 1940). 조사 전 대지상에는 기와편들이 산재하고 있었으며, 금동제풍탁과 철제고리가 수습되기도 하였다(小泉顯夫, 1986). 조사를 통해 목

---

14 『삼국사기』 권17 고구려본기7 문자명왕 7년, "秋七月 創金剛寺."
15 『동국여지승람』 권51, "金剛寺遺址在府東北八里.";"酒巖在府東北十里."

1. 위치도

2. 목탑지 기초부 노출광경

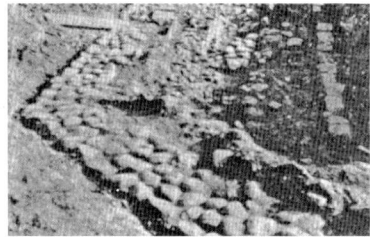

3. 평면도

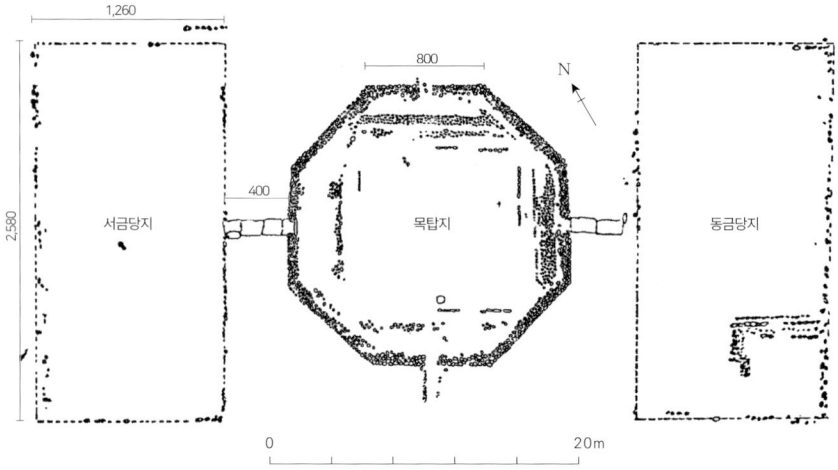

그림12 | 상오리사지(小泉顯夫, 1986, 도130, 134, 135 수정)

탑지와 동·서 금당지 일부가 확인되었으나 중금당과 문지는 훼손되어 확인할 수 없었다(그림12-3).

암반풍화토를 정지하고 만든 목탑지는 8각 기단을 이루고 있으며, 외곽에 0.9m 폭으로 자갈돌 4줄을 깔아 만든 물받이시설이 조사되었는데, 한 변의 길이는 8m가량 된다. 청암리사지 목탑지와 유사한 구조이지만 물받이시설 안쪽의 기단부 초석은 남아 있지 않으며, 내부에는 장방형 판석을 연결한 방형구조가 확인된다(그림12-2). 목탑지 동·서 양변에서 각각 4m가량 떨어진 지점에는 금당지가 확인되는데, 규모는 정면 25.8m, 측면 12.6m이며, 기단부는 길이 0.5m가량의 판석을 정연하게 깔았다. 보존 상태가 비교적 양호한 서금당지의 기단부 바깥쪽에는 길이 2m 간격으로 장대석이 놓여 있으며, 상면에는 방형의 구멍이 지그재그로 배치되어 있는데, 난간을 세웠던 시설로 추정된다. 동·서 금당지와 팔각 탑지의 통로에는 길이 0.7m, 폭 0.4m의 판석을 깔았는데, 서금당 쪽에 5매, 동금당 쪽에 2매가 남아 있다. 팔각 탑지의 남·북 양변에도 계단이 있었던 흔적과 중문과 중금당으로 이어지는 포도의 흔적이 남아 있다. 조사 과정에서 20여 점의 와당과 '東'자를 새긴 기와가 출토되었다.

3) 원오리사지

원오리사지는 평안남도 평원군 덕산면 원오리(현재는 덕포리)에 위치하며, 1937년에 조사되었다(小泉顯夫, 1938a). 평원군 일대는 평양에서 서북쪽으로 24km가량 떨어진 평원지역에 해당되며, 해발 248m의 만덕산 정상에서 서남쪽 기슭의 단구상 지형에 절터가 위치하고 있다. 절터는 남북 방향으로 상하 2단의 지형을 이루고 있는데, 중간에 높은 돌담장이 있으며, 상단부 남단에서는 고려시대 석탑 옥개석이 확인되었다(小泉顯夫, 1986). 조사결과 고구려시기의 절터가 폐기된 후에 고려시대 사찰이 들어선 것으로 확인되었는데, 조사 당시에는 경작지로 개간된 상태였다.

문지가 있었던 것으로 추정되는 남쪽의 낮은 지역은 훼손이 심하여 북쪽의 상단에 대한 발굴을 실시하였는데, 상층에서는 고려시대 건축 유구가 확인되었으며, 그 아래에서 고구려시기 건물의 기초부가 조사되었다. 고구려시기 건축의 기초부는 건물지 동북쪽에 치우친 지점에서 확인되는데, 2m 간격으로 배치된 2개의 잘 다듬은 대형 판석이 놓여 있었으며, 그 아래에는 할석을 채운 적심이 확인되었다. 대형 판석의 동쪽으로는 얇은 판석을 세워 연결한 건물 기단부 측면부가 확인되었다. 다시 그 남쪽에는 여러 개의 초석이 노출되었는데, 두 개의 원형 초석은 원래 위치로 보이고 나머지는 원래 위치에서 이동된 것으로 확인되었다. 훼손이 심하여 가람배치를 확인하기는 어려우나 조사된 건물지는 중금당지로 추정되며, 남쪽으로는 탑과 중문이 배치되었던 것으로 추정된다. 원오리사지에서는 발굴조사 이전에 이미 니불이 수집되어 주목을 받고 있었는데, 조사 과정에서도 여러 점의 니불과 와당 및 파편 상태의 치미 등이 출토되었다.

4) 정릉사지

정릉사지는 평양시 력포구역 무진리 일대 나지막한 산기슭에 위치하는데, 평양시 중심부에서 동남쪽으로 약 22km 정도 떨어진 곳이다. 사지의 바로 북쪽에는 전동명왕릉이 있으며, 그 뒤로 산중턱에는 진파리고분군이 위치하고 있다. 발굴조사 과정에서 '定陵', '陵寺' 등의 글자가 새겨진 토기 조각과 '定', '寺' 등을 인각한 기와 조각 등이 출토되어 정릉사로 불리게 되었는데, 시조 동명왕의 명복을 빌기 위해 건립한 원찰로 추정된다. 1974년 김일성종합대학에서 전동명왕릉을 비롯한 진파리고분군과 정릉사지 일대를 발굴하였다. 절터가 위치한 지역은 동서 방향으로 넓은 평지를 이루고 있으면서 북쪽과 동쪽이 약간 높은 지형을 이루고, 서남쪽의 일부 지점은 산에서 흘러내리는 하천의 범람으로 심하게 훼손되어 유적이 남아 있지 않았다(그림13). 발굴조사를 통해 절터의 규모는 동서 223m, 남북 132.8m, 면적은 29,614.4m²에 달하며, 1개의 목탑지와 18기의 건물지, 10기의 회랑지와 용도를 알 수 없는 원형 벽돌시설 2기, 방형 부석시설 1기를 확인하였다. 정릉사지는 서쪽으로 2° 치우친 남향으로 정남향에 가까우며, 전동명왕릉과는 3° 정도 틀어져 있다(김일성종합대학, 1976).

정릉사는 대표적인 고구려 사찰로 1탑3금당식 가람배치를 하고 있으며, 사찰의 외곽은 회랑식 담장을 돌렸으며, 그 안에는 1기의 탑과 크고 작은 건물 18채가 배치되어 있고, 각 구역과 건물들은 모두 회랑으로 연결하였다. 건물지는 5개 구역으로 구분되는데, 각 구역은 회랑으로 둘러싸여 있으며, 사지 전체의 북쪽과 동서 양 측면에는 배수구를 설치하였다. 사찰의 중심부인 제I구역에는 10기의 건물지가 조사되었는데, 남쪽에서부터 중문, 목탑, 동금당과 서금당이 회랑으로 둘러싸여 있고, 그 북쪽에는 중금당과 경루 및 종루가 회랑으로 둘러싸여 있으며, 다시 그 북쪽으로는 강당 2기와 온돌이 설치된 건물 1기가 배치되어 있다(그림13). 제I구역 북단 배수구 바깥에는 남북 24m, 동서 14m 범위에 기묘한 형태의 바위가 노출되어 있으며, 바위산과 회랑 사이에는 바위를 깎아서 만든 길이 있다. 이곳에 있던 암반 노두는 사찰을 건립할 당시 의도적으로 노출하여 조성한 정원시설로 추정된다. 그 밖에 9호 건물지와 10호 건물지 사이의 회랑 중간에는 동서 방향의 배수로를 설치하였는데, 할석을 쌓아 만든 깊은 지하식 배수구로 서쪽으

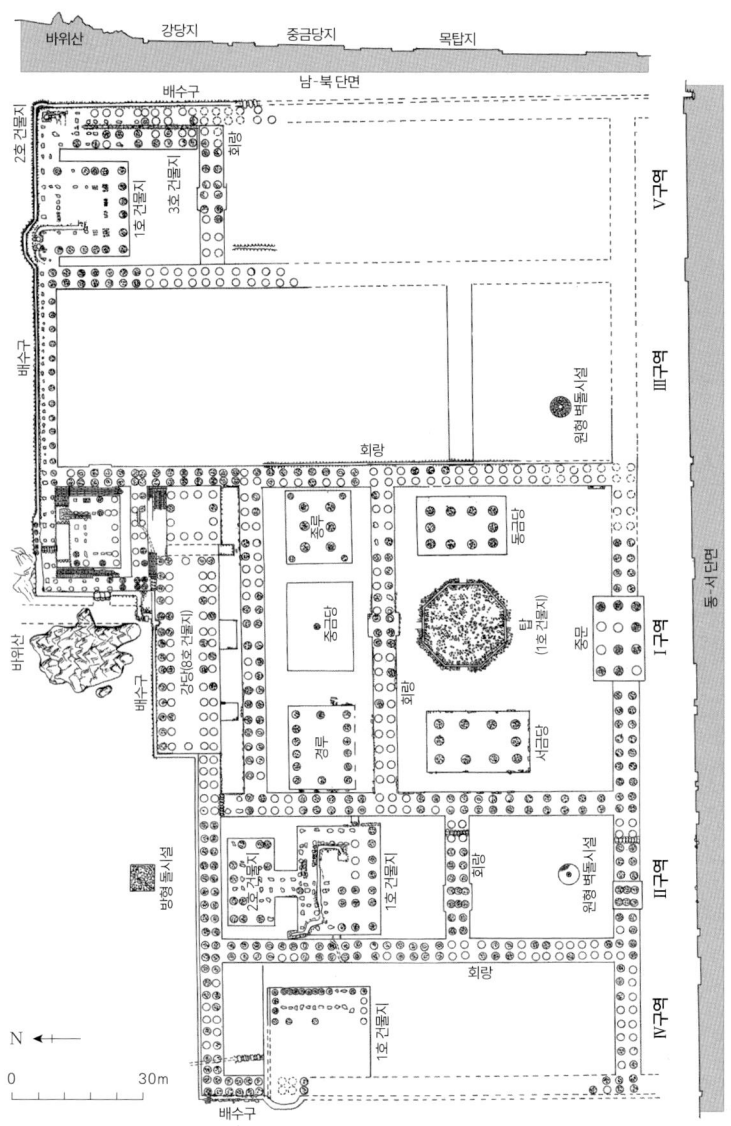

그림13 | 정릉사지 평·단면도(김일성종합대학, 1976, 그림144 수정)

로 이어져 건물 바깥쪽 배수구와 연결되어 물이 빠져나가도록 하였다.

제Ⅱ구역은 중심부 바로 서쪽에 위치하며, 남쪽에 원형 벽돌을 깐 시설이 있고, 회랑을 지나 북쪽에는 2기의 건물지가 남북으로 연결되어 있으며, 남쪽 1호 건물지에는 기다란 온돌을 설치하였다. 제Ⅱ구역 북쪽 회랑지에서 10m 정도 떨어진 지점에는 5.8×5.4m 규모로 할석을 쌓은 석축 구조물이 있는데, 용도는 알 수 없다. 제Ⅲ구역은 중심부 바로 동쪽에 위치하는데, 훼손이 심하여 남쪽의 원형 벽돌시설과 회랑지 외에 다른 건물이 확인되지는 않았다. 원형 벽돌시설은 제Ⅱ구역의 원형 벽돌시설과 대칭되는 지점에 있으며, 직경은 4.6m이다. 가운데 일부 지점은 벽돌이 남아 있지 않지만 시설 전면에 걸쳐 벽돌을 둥글게 깔아 원형시설을 만들었으며, 맨 바깥 줄은 벽돌을 세워서 마감하였는데, 용도는 알 수 없다. 제Ⅳ구역은 사지의 서쪽 끝부분에 해당하며, 훼손이 심하여 1기의 건물지와 회랑지 및 배수구 일부가 조사되었다. 제Ⅴ구역은 사지의 동쪽 끝부분에 해당하며, 북쪽 일부를 제외하고 훼손이 심하다. 유구가 잔존하는 북동쪽 모서리 부분에는 배수구가 정연하게 남아 있으며, 3기의 건물지가 회랑으로 둘러싸여 있다(그림13).

제Ⅰ구역 중앙 남부에 위치한 팔각 목탑지는 청암리사지나 상오리사지, 토성리사지의 목탑지와 유사한 구조인데, 청암리사지 목탑지보다는 약간 작은 규모이다. 목탑지 외곽의 물받이시설은 0.6m 폭으로 할석과 판석을 깔았으며, 한 변의 길이는 약간씩 차이가 있으나 8.4m 정도이다. 물받이시설의 동·서·남·북 네 변의 중앙에는 1.3~2m 폭으로 통로가 있는데, 문지와 금당지로 연결되는 계단이 있었던 것으로 추정된다. 목탑지 기단부는 물받이시설보다 한 단 높게 조성하였으며, 외곽에는 면을 맞춘 할석을 놓고 내부에는 전면에 걸쳐 할석을 채웠는데,

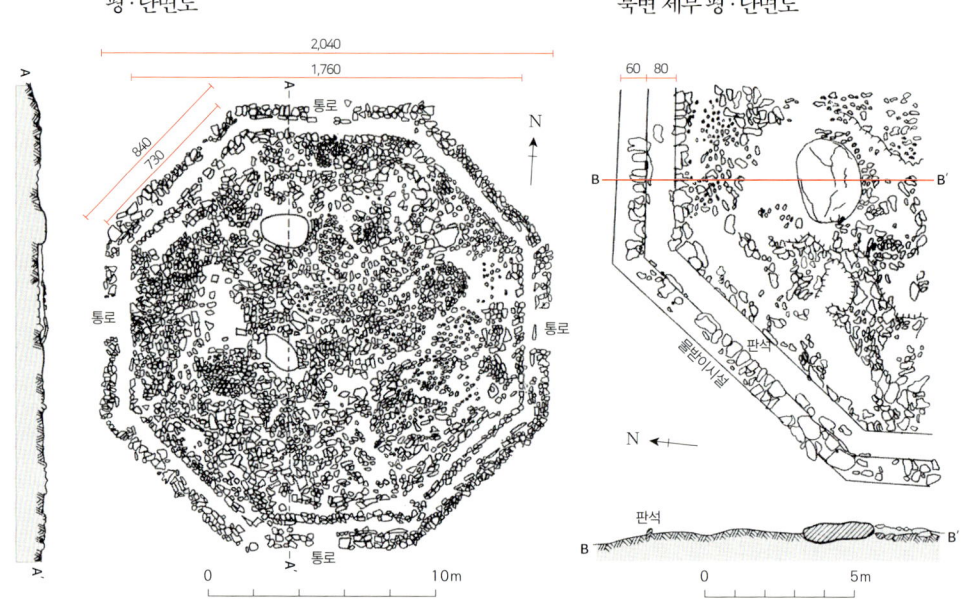

그림14 | 정릉사지 팔각 탑지(김일성종합대학, 1976, 그림151, 153 수정)

기초부의 깊이는 2m이다(손수호·리영식, 2009). 돌기초의 상부시설은 훼손되어 남아 있지 않으며, 기단부와 물받이시설 양쪽 끝부분에는 얇은 판석을 세워 막았는데 폭은 0.8m가량 된다(그림14).

목탑지를 제외한 나머지 건물들은 구덩이를 파고 할석을 채운 적심기초를 사용하였는데, 대부분 건물의 적심은 원형이나 제Ⅰ구역 10호 건물지와 제Ⅴ구역 1호 건물지의 적심은 방형으로 차이가 있다(그림15). 금당지는 목탑지를 중심으로 동·서 양측과 북측에 배치하였는데, 서금당지는 목탑에서 9.2m, 동금당지는 5.5m 떨어져 있다. 서금당지는 정면 3칸, 측면 2칸으로 주간 거리는 정면 5.6m, 측면 3.9m이다. 동금당지는 서금당지와 같은 구조이나 주간 거리는 차이가 있는데, 측면은 3.8m이고, 정면은 가운데가 3.15m, 그 양쪽은 각각 4.8m이다.

목탑지 북쪽의 중금당지와 경루 및 종루는 폭 6.8m의 회랑을 경계로 목탑 및 동·서 금당 구역과 구별되는데, 후대의 건물로 인해 교란이 심하여 중금당의 구조는 자세히 알 수 없다. 적심이나 초석 등 시설이 거의 남아 있지 않으나 좌우 건물의 배치 등을 통해 볼 때 정면 17.8m, 측면 14.8m 정도로 추정된다. 중금당 서쪽의 5호 건물지는 경루로 추정되는데, 정면 5칸, 측면 2칸으로 주간 거리는 3×5.75m, 전체 규모는 19.4×13.5m이다. 종루로 추정되는 동쪽의 7호 건물지는 정면 16.4m, 측면 13.8m로 방형에 가까운 형태이다. 다른 건물들과 달리 네 모서리에 각각 1개의 적심을 배치하고, 가운데에 6개의 적심을 배치하였다.

중금당에서 북쪽으로 회랑을 지나 동서 방향으로 긴 8호 건물지가 있는데, 규모와 위치로 보아 강당으로 추정된다. 강당지는 동서 길이 44m, 남북 폭 14.5m로 정릉사지의 건축물 중에서 가장 규모가 크다. 건물의 평면은 정면 13칸, 측면 4칸의 동서로 긴 장방형으로 건물의 크기는 정면 41.5m, 측면 11.5m이다. 초석은 정면으로 14개, 측면으로 2개씩 배치하였는데, 가운데 줄은 초석을 배치하지 않고, 양 측면에만 초석을 하나씩 배치하였으며, 남북 각 2열의 초석렬은 간격이 좁고 가운데 두 칸은 간격이 넓다. 이와 같이 장방형의 건물을 두 줄 기초로 축조한 것은 건물 가운데에 넓은 공간을 확보하기 위한 것으로 생각된다.

강당지 동쪽의 10×9m 공간에 9호 건물지가 있었으나 훼손이 심하여 2개의 적심 외에 다른 시설은 확인되지 않았다. 9호 건물지 북쪽에는 벽돌을 깐 시설이 있으며, 그 북쪽의 회랑 중간에는 서쪽으로 이어지는 지하식 배수구가 있다. 벽돌은 종으로 6줄, 횡으로 1줄을 번갈아 깔았으며, 남아 있는 범위는 폭 4m, 길이 20m가량 된다. 벽돌시설 아래에는 10호 건물지에서 흘러내리는 물이 빠져나가는 배수구를 설치하였다.

10호 건물지는 8호 건물지(강당)의 중간에서 북쪽으로 꺾여 확장된 회랑 내부에 위치하는데, 서쪽과 북쪽 회랑 밖으로는 배수구를 설치하였고, 그 바깥쪽으로는 정원으로 조성된 바위산이 있다(그림13). 또한 북쪽 배수구에는 원형 초석이 5개 있고, 그 위에 네모난 석제동바리를 세웠는데, 배수구를 건너는 시설이 있었던 것으로 생각된다. 건물지 바깥쪽 4면에는 두 줄 기초의 회랑을 둘렀으며, 남쪽 회랑의 동쪽 끝부분에는 지하식 배수시설을 설치하였다. 회랑과 건물 사이에는 벽돌로 포장하였으며, 벽돌 바깥쪽은 다듬은 석재로 마감하였다.

건물의 기초는 방형 적심이 주를 이루는데, 일부는 건물 북쪽의 바위산과 연결되는 암반 노두를 정지하여 초석 없이 바로 기둥을 세운 경우도 있다. 적심과 초석은 건물의 윤곽을 따라 남·북 양변에 각각 6개, 동서 변에 4개씩 배치하고, 그 안쪽에는 남쪽으로 치우쳐 조금 작은 적심을 가로로 7개, 세로로 4개를 배치하였는데, 내부 공간을 넓게 확보하기 위한 배치로 생각된다. 건물의 규모는 동서 10m, 남북 9m이며, 회랑의 폭은 3m, 회랑과 건물 사이의 폭은 2m가량 된다. 건물 내부 동북쪽 공간에는 온돌을 설치하였는데, 온돌의 동쪽 벽체는 초석과 겹쳐 있어서 사용할 당시에는 기둥과 맞닿아 있었던 것으로 보인다. 온돌 벽체는 깨진 기와와 벽돌을 사용해 구들 골을 만들었으며, 굴뚝은 건물 북쪽의 벽돌을 깐 시설에 설치하였다. 온돌시설의 길이는 8m, 폭은 1.3m, 높이는 1.2m이며, 벽체의 두께는 0.3~0.45m가량 된다(그림15). 그 밖에 제Ⅱ구역 1호 건물지와 제Ⅴ구역 1호 및 2호 건물지에도

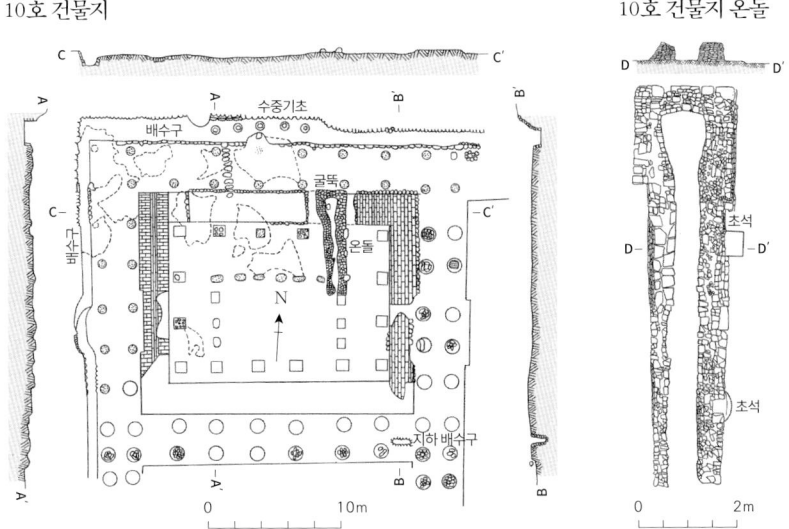

그림15 | 정릉사지 제Ⅰ구역 건물지 평·단면도(김일성종합대학, 1976, 그림171, 175 수정)

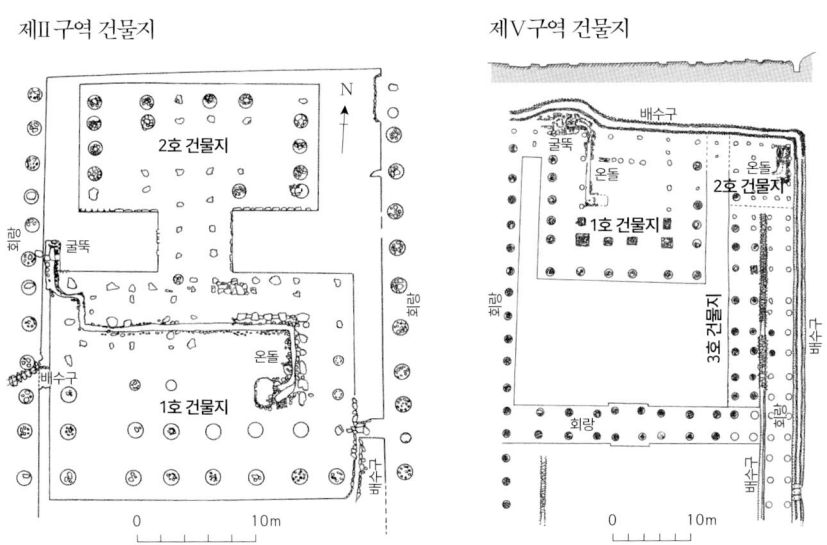

그림16 | 정릉사지 제Ⅱ구역 및 제Ⅴ구역 건물지 평·단면도
(김일성종합대학, 1976, 그림179, 187 수정 전제)

온돌을 설치하였으며(그림16), 침실로 사용한 건물에는 온돌을 설치하였던 것으로 생각된다.

5) 토성리사지

토성리사지는 황해북도 봉산군 토성리에 위치하며, 서쪽으로는 멀리 재령강, 남쪽으로는 재령강의 지류인 서흥강이 인접해 있다. 발굴조사를 통해 팔각 목탑지를 중심으로 동·서 금당지와 북쪽의 중금당지, 원형 벽돌시설 등이 조사되었는데, 기본적인 구조와 배치는 정릉사지 및 청암리사지와 동일하다(남일룡, 1987).

동금당지와 중금당지는 훼손이 심하지만 목탑지와 서금당지는 비교적 양호한 상태로 남아 있어 구조를 알 수 있다. 목탑지는 외곽의 물받이시설과 기단부로 구성되는데, 물받이시설은 양변에 판석을 세우고 내부에 자갈을 깐 형태로 한 변의 길이는 9.1m, 폭은 0.7m가량 된다. 물받이시설은 바깥쪽으로 약간 경사지게 하였으며, 남변 중앙부에 0.85×0.8m 크기의 화강암 판석이 놓여 있는데, 남쪽의 중문지로 향하는 도로와 연결되는 계단시설의 일부로 추정된다. 물받이시설의 폭은 22m, 전체 둘레는 72.8m이다(그림17).

물받이시설 바깥 면에서 안쪽으로 1.5m 간격을 두고 기단부를 조성하였는데, 물받이시설보다 한 단 높으며, 기초석 일부가 남아 있으나 내부시설은 훼손되어 확인되지 않는다. 기단부 한 변의 길이는 7.7m이며, 전체 둘레는 63.2m, 폭은 18.2m이다. 서금당지에서는 물받이시설만 조사되었는데, 1.4m 폭으로 강자갈을 한 겹 깔았다. 물받이시설을 기준으로 서금당지의 규모는 정면 18.2m, 측면 9.1m이다. 목탑

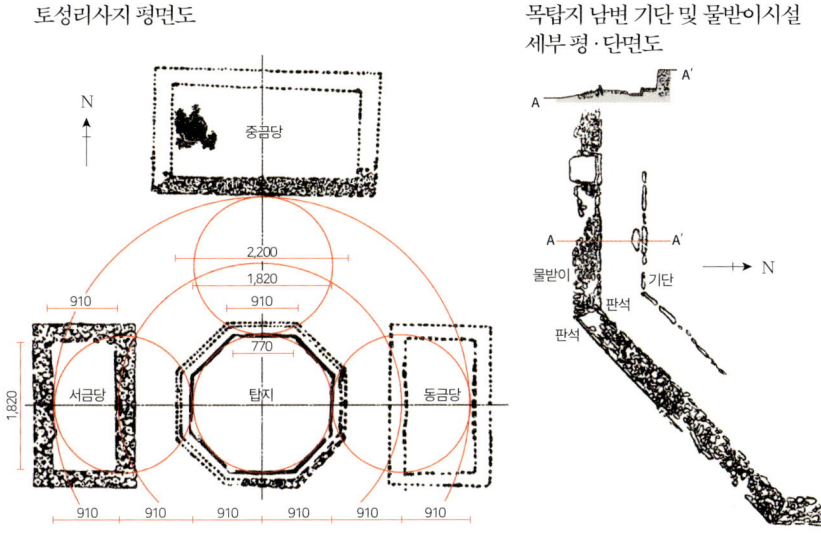

그림17 | 토성리사지(남일룡, 1987, 13쪽 도면 수정 전제)

지 중심부에서 27.3m 북쪽에는 중금당을 배치하였는데, 1.8m 폭의 물받이시설이 확인되었다. 그 밖에 목탑지 동남쪽으로 36m가량 떨어진 지점에는 직경 2.5m의 벽돌을 깐 원형시설이 확인되는데, 정릉사지에서도 같은 형태의 원형시설이 목탑지 남쪽 양쪽에서 확인되었다.

토성리사지는 기초부의 폭 18.2m를 기준으로 비례를 정하여 축조하였는데, 이를 고구려척 35cm를 기준으로 환산하면 52자에 해당한다. 즉, 목탑지 기초부 폭을 기준으로 원을 그리면 동·서 금당지 안쪽 벽면을 만나고, 1.5배인 27.3m 원을 그리면 중금당지 남변과 동·서 금당 바깥쪽 변을 만나게 된다(그림17). 또한 목탑지 기초부 양변에서 18.2m의 0.5배인 9.1m 떨어진 지점에는 동·서 금당이 위치하게 되는데, 이것으로 보아 토성리사지는 고구려척을 기준으로 하여 1:2의 비례로 정밀하게 설계된 것임을 알 수 있다. 토성리사지에서는 많은 기와와 와당이 출토되었는데, 고구려의 황해도 지역 진출과 관련된 역사적 정황을 근거로 4세기 말경에 축조된 것으로 추정하고 있다(남일룡, 1987).

4. 주택유적

고구려시대 주택은 발굴된 유적이 많지 않지만, 고분벽화에 당시 주택을 묘사한 그림이 많이 있어 그 형태를 비교적 자세히 알 수 있다. 『구당서』에는 고구려의 주택에 대해 "거처하는 곳은 반드시 산과 계곡에 의지하여 모두 띠풀로 집의 지붕을 이는데, 단지 사찰과 사당 및 왕궁과 관청 등은 기와를 사용한다. … 겨울이면 모두 긴 구덩이를 만들고 아래로 숯불을 지펴서 방을 따뜻하게 한다"[16]고 기록하고 있는데, 고분벽화나 발굴된 유적을 통해 조사한 내용과도 일치한다.

고구려 사람들은 죽어서도 생전의 삶을 그대로 누리고자 하였으며, 이러한 생각은 고분벽화에 반영되어 있다. 특히, 4세기 중엽에서 5세기 중엽에 이르는 시기에 제작된 고분벽화는 무덤 주인의 생활 및 풍속과 관련된 내용을 주로 그렸으며, 따라서 고분의 구조도 당시 주택의 모습을 많이 반영하고 있다. 생활풍속을 주로 그린 벽화고분으로 대표적인 안악3호분(357년)과 덕흥리고분(408년)은 무덤이 여러 칸으로 나

---

16 『구당서』 권199상 동이 고려, "其所居必依山谷, 皆以茅草葺舍, 唯佛寺神廟及王宮官府乃用瓦. … 冬月皆作長坑, 下燃熅火以取暖."

뉘어 있으며, 안악3호분에는 회랑도 있다. 이들 고분은 당시 귀족의 주택을 묘사한 것인데, 귀족주택은 주인이 공적인 업무를 처리하던 사랑채와 일상생활을 영위하던 안채로 크게 구분되며, 안채와 사랑채는 담장으로 구분되었다. 주택의 외곽은 담장을 둘렀으며, 건물은 물론 담장에도 기와지붕을 얹었다. 귀족주택의 경우 안채와 사랑채와 같은 주요 건물 외에도 부엌과 고깃간, 우물, 다락창고와 차고(수렛간), 외양간, 마구간 등 다양한 부속시설이 마련되었다. 또한 규모에 따라 차이가 있겠으나 연못이 있는 정원을 꾸미고, 규모가 큰 집에서는 정원에서 활쏘기를 즐길 수도 있을 정도였다(전호태, 1999).

집안의 난방은 벽을 따라 설치된 온돌을 통해 해결하였다. 고구려의 온돌은 오늘날의 온돌방과는 차이가 있는 것으로 고래가 하나나 둘밖에 없어서 흔히 '쪽구들'이라고 불린다. 온돌은 집안시 외곽의 동대자유적과 황해도 오매리 절골유적 등에서 확인되며, 최근 조사된 아차산의 고구려 보루에서도 같은 형태의 온돌이 많이 발굴되었다. 온돌은 납작한 돌을 두 줄로 세우고 그 위에 얇은 구들장을 얹은 후 진흙을 발라 마감하였으며, 불을 때는 아궁이는 고래의 진행 방향과 직각이 되도록 설치하였다. 직선형 온돌도 있으나 규모가 큰 집에서는 'ㄱ'자형으로 꺾인 형태를 주로 사용하였으며, 이 경우 온돌이 집안의 두 벽을 따라 설치되어 난방 효과를 높일 수 있었다.

일반 평민들이 살던 집의 모습은 발굴된 유적을 통해 알 수 있다. 고구려 초기 유적인 자강도 시중군 로남리유적에서는 3기의 집자리가 조사되었다. 이 중 2호 집자리의 구조가 잘 남아 있는데, 동서 12m, 남북 10m의 남향집이다. 집 안에는 'ㄱ'자형의 외고래 온돌 2기가 동서 방향으로 설치되어 있으며, 기둥구멍 4개가 일정한 간격으로 배치되어 있었다. 이보다 늦은 평안남도 북창군 대평리유적에서는 집자리 바닥을 진흙으로 잘 다듬은 뒤 'ㄱ'자형 온돌을 설치하였는데, 모두 고래가 두 줄이었다. 기둥은 주춧돌을 놓고 그 위에 세웠는데, 땅을 파고 기둥을 세운 로남리 집자리보다 발전된 것이다. 일반 평민들의 집은 강을 끼고 산을 의지한 지형에 지었으며, 집자리에서는 기와가 출토되지 않는다.

1) 동대자유적 건물지

동대자(東台子)유적은 국내성 동쪽 500m 지점의 황토대지에 위치하는데, 1913년 조사에서 다량의 기와와 초석이 확인되었으며(關野貞, 1914), 1958년 발굴조사를 통해 자세한 내용이 알려지게 되었다(吉林省博物館, 1961). 동대자유적에서는 모두 4기의 건물지가 조사되었는데, 발굴보고서에서는 2호 건물지를 침실, 1호 건물지를 관청으로 추정하고, 전체 건물지의 구조와 규모로 보아 궁궐이나 제사를 지내던 사직이 있던 곳일 가능성을 제시하였다. 이후 문헌기록을 근거로 동대자유적을 국가제사를 지내던 종묘사직으로 추정하고, 1호 건물지를 토지신에게 제사하던 사(社), 2호 건물지를 곡물신에게 제사하던 직(稷)으로 비정하였다(方起東, 1982). 이후 이 유적은 국내성시기의 대표적인 국사(國社)로 인식되어 왔으나, 건물지의 축조시기와 구조상 특징으로 볼 때 국내성시기의 제사시설로 볼 수 없다는 견해(강현숙, 2010)가 설득력을 얻고 있다.

동대자유적 건물지의 주향은 북서-남동 방향으로 동서 35m, 남북 36m 범위에 4기의 건물지가 연접해 있다(그림18). 가운데 동쪽의 1호

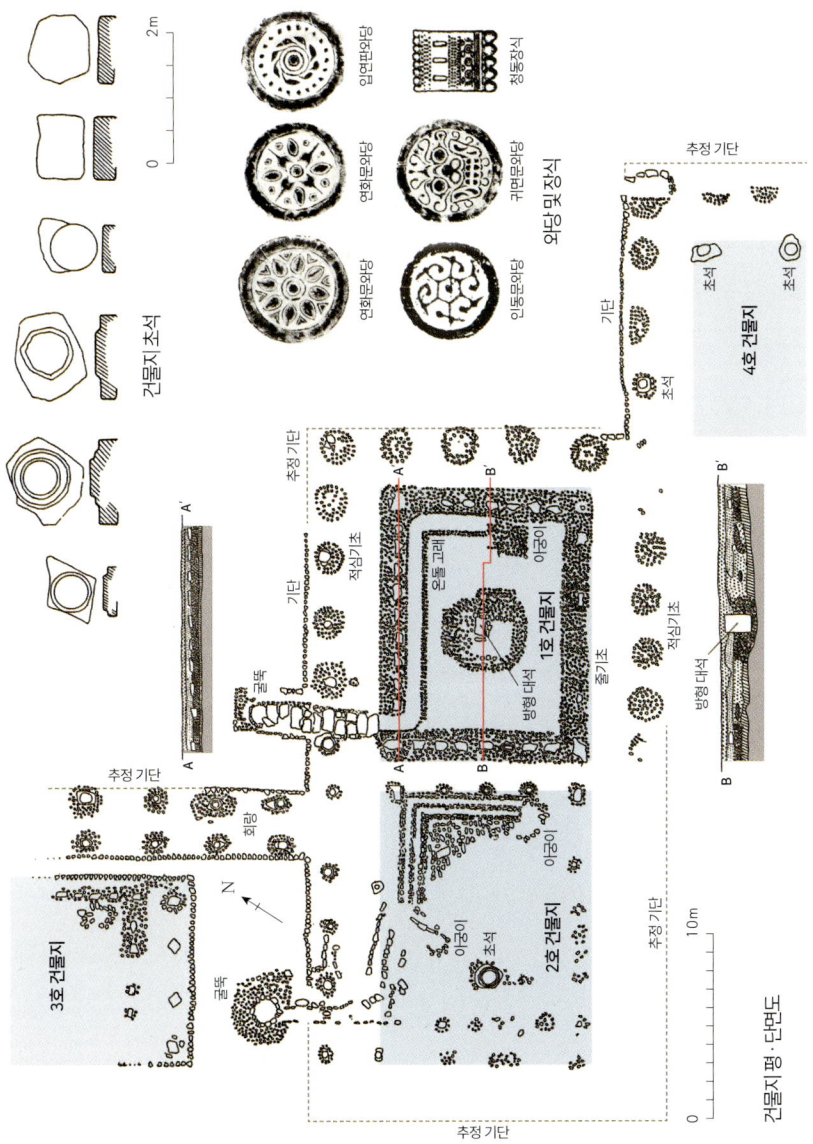

그림18 | 동대자유적(吉林省博物館, 1961, 도2~4, 6, 8 수정 편집)

6장 건축유적

건물지는 비교적 구조가 잘 남아 있으나, 서쪽의 2호 건물지는 서벽과 남벽 및 북벽 일부가 훼손되었고, 북쪽의 3호 건물지는 남벽과 동벽 일부, 남쪽의 4호 건물지는 북벽과 동벽 일부가 남아 있다. 1호 건물은 동서 15m, 남북 11m의 장방형 건물지로 벽체는 자갈돌 줄기초 위에 초석을 놓은 형태인데, 줄기초의 폭은 1.5~2m, 두께는 0.3~0.5m가량 된다. 줄기초 위에 놓은 초석은 판석을 거칠게 다듬어 만들었는데, 북벽과 동·서 벽에는 각각 10개 내외의 초석을 놓았다. 벽체 구조는 남아 있지 않지만 줄기초 위의 초석에 기둥을 세우고, 그 사이는 점토로 채워 마감한 것으로 생각되며, 남벽 중앙부와 좌우 양쪽에는 초석이 없는 점으로 미루어 이곳에 출입구를 설치했던 것으로 추정된다.

1호 건물 동벽과 북벽에는 외고래 구들을 설치하였으며, 북벽의 서쪽 모서리를 관통하여 북쪽의 굴뚝과 연결된다. 구들의 벽체는 자갈돌을 2~3겹 깔고 그 위에 깨진 기와를 엎어서 쌓았으며, 바닥에도 깨진 기와를 깔았다. 구들의 뚜껑은 얇은 판석으로 덮었는데, 건물 외곽의 굴뚝 쪽에는 좀 더 크고 두꺼운 판석을 덮었으며, 구들 외벽은 점토로 마감하였다. 건물 가운데에는 길이 0.8m, 폭 0.6m, 높이 1m의 방형 대석이 놓여 있으며, 대석 주변과 하부에는 자갈을 깔아 기초를 마련하였다. 대석의 일부는 자갈 기초에 묻혀 있고 0.6m가량은 노출된 상태인데, 이를 토지신과 농사신에게 제사를 지내던 상징물인 사주(社主)로 추정하고 있다(方起東, 1982).[17]

---

17 방형 대석의 높이가 1m로 높다는 점과 주변에 넓은 범위로 자갈을 깔았다는 점 등이 이를 제사시설의 상징물로 추정하는 근거가 된 것으로 생각되는데, 대석의 높이가 높은 점을 제외하면 적심기초 위에 초석을 놓은 것과 같은 형태이며, 2호 건물 내부에도 적심과 초석이 확인되는 점으로 미루어볼 때 건물을 가로지르는 보를 받치던 기둥의

2호 건물은 줄기초가 아니라 적심기초 위에 초석을 놓은 형태인데, 규모는 1호 건물과 같은 것으로 생각된다.[18] 2호 건물에도 동벽과 북벽에 구들을 설치하였는데, 1호 건물 구들과는 달리 두 줄 고래인 점에서 차이가 있다. 2호 건물 내부 중앙에서 서쪽으로 약간 치우친 곳에는 적심시설 위에 원형으로 잘 다듬은 초석이 놓여 있는데, 동서 방향의 보를 받치던 기둥의 초석으로 생각된다. 한편, 이 초석의 북쪽에 또 다른 구들 아궁이가 확인되는데, 2호 건물이 폐기된 후에 추가된 것으로 생각된다.

　2호 건물의 서벽과 남벽의 외곽은 훼손되어 명확한 구조를 알기 어려우나 도면상으로 보면 1호 건물과 2호 건물은 같은 기단 위에 조성된 것으로 보인다. 1호 건물의 북벽과 동벽 및 남벽 외곽에는 일정한 간격으로 설치한 적심과 초석이 확인되고, 북쪽 적심렬 외곽의 기단은 굴뚝을 감싸고 북쪽의 회랑과 연결된다. 2호 건물 북벽 외곽에도 1호 건물 북벽 외곽의 적심과 같은 간격으로 적심이 설치되어 있고, 그 북쪽의 기단이 북쪽 회랑과 연결되는 점은 1호 건물과 동일하다. 이상과 같은 구조와 2호 건물의 서쪽과 남쪽이 훼손된 점을 감안하면 당초 2호 건물의 서쪽과 남쪽에도 적심렬이 설치되었던 것으로 추정할 수 있다. 1호 건물과 2호 건물 외곽의 적심과 초석은 북쪽 회랑과는 달리 1열로 배치되어 있는데, 여기에는 건물 지붕의 처마를 받치던 기둥을 세웠던 것으로 생각되며, 건물 벽체 바깥쪽에 공간을 확보함으로써 회랑과 같은 공

　　초석으로 이해하는 것이 타당하다고 생각된다.
18　발굴조사보고서에서는 2호 건물의 규모를 동서 15m, 남북 14m로 제시하고 있으나, 북벽 외곽의 적심기초까지 포함한 것으로 생각되며, 온돌의 배치를 통해 볼 때 남북 길이는 1호 건물과 같은 11m로 이해하는 것이 타당하다.

간을 마련한 것으로 추정된다.

　3호 건물은 독립된 기단 안쪽으로 줄기초를 한 건물이며, 남벽과 동벽 일부만 남아 있어 전체 규모는 알 수 없다. 건물의 기단 동쪽으로는 남북 방향의 회랑이 있고, 남벽 외곽의 기단 안쪽에 4개의 적심 또는 초석이 있는데, 역시 지붕 처마를 받치는 기둥을 세웠던 것으로 추정된다. 4호 건물은 동벽의 초석 2개와 북벽 및 동벽 외곽의 적심렬과 기단 일부만 남아 있어 전체 규모와 구조를 알기 어려우나 다른 건물과 유사했던 것으로 추정할 수 있다. 발굴조사 후 보고된 내용만으로 보면 동대자유적 건물지는 1호 건물과 같은 줄기초 건물과 2호·3호·4호 건물 등 적심기초 건물의 두 종류가 있었던 것으로 보인다. 그러나 2호 건물의 동북쪽에 나중에 추가된 구들이 확인되는 점과 두 줄 고래의 구들이 있는 점, 출토유물 등으로 보아 동대자유적은 오랜 기간 사용된 것으로 추정되며, 그 과정에서 건물의 증축과 보완이 이루어졌을 개연성이 크다. 이런 점을 고려하면 초축 시점의 건물은 1호 건물과 같은 줄기초 벽체의 건물과 외곽의 처마를 받치던 기둥(적심기초)과 회랑 등으로 구성되었던 것으로 추정할 수 있으며, 1호와 2호 건물은 단일 기단 위에 축조된 동일 구조의 건물이었을 가능성이 크다.

　발굴조사 과정에서 많은 양의 기와와 토기, 철부(鐵釜) 파편 및 철촉 등이 출토되었는데, 와당의 형태적 특징을 고려할 때 동대자유적 건물의 초축 시점은 평양 천도 이후로 추정되며, 전형적인 발해시기 과대장식이 출토되는 점 등으로 보아 발해시기까지 사용된 것으로 추정된다(강현숙, 2010). 건물의 축조 연대와 함께 구조적인 측면을 고려하면 동대자유적을 국가제사를 위한 국사로 이해하던 기존의 견해는 설득력이 떨어지며, 국내성 외곽에 설치된 귀족의 주택으로 추정하는 것이 타당할 것으로 생각된다.

2) 국내성 체육장지점 건물지

2000년 이후 국내성 내 여러 곳에 대한 발굴조사가 실시되었으며, 체육장[19]지점에서 4기의 건물지가 확인되었다. 체육장지점은 국내성 내부 한가운데에 위치하며, 북쪽은 현대 건축의 기초로 훼손되었다. 이 일대의 층위는 5개로 구분되는데, 건물지는 4층 상면에서 조사되었다(吉林省文物考古硏究所·集安市博物館, 2004a). 건물은 동서 방향으로 배치되었는데, 각 건물의 주향은 같으며, 제일 동쪽의 1호 건물지가 가장 크고, 나머지 3기의 건물은 비슷한 규모이다. 1호 건물지 아래 5층에서는 남북으로 긴 기단 석렬이 조사되었고, 그 서쪽에서는 소형 수혈 7기가 조사되었는데, 여기서는 시유도기와 중국청자 등이 출토되었다(그림19).

1호 건물은 남북으로 긴 장방형 건물로 서벽과 남벽에는 자갈과 할석을 섞어 만든 4개의 적심이 남아 있고, 북벽과 동벽에는 할석과 자갈을 깐 줄기초 시설이 남아 있다.[20] 또한 서벽의 적심 위에는 초석이 남아 있고, 그 동쪽 건물 내부에는 몇 개의 초석이 남아 있는데, 건물 내

---

19 '체육장'은 중국어 표현이므로 '운동장'으로 표기하는 것이 옳으나 유적 명칭에 혼란을 줄 수 있어서 중국어 표현을 그대로 사용하기로 한다.
20 서벽 적심의 바깥쪽으로는 할석조의 기단 석렬이 있으며, 동벽 줄기초의 외곽도 유사한 구조이다. 보고서에는 이에 대한 자세한 언급은 없으나 보고서의 도판을 통해 볼 때 서벽의 적심도 원래는 동벽과 같은 줄기초 위에 초석을 놓은 구조였으며, 나중에 교란으로 초석이 있는 부분만 남아 적심으로 잘못 판단한 것일 가능성이 크다(吉林省文物考古硏究所·集安市博物館, 2004a, 도판 19). 같은 벽체 구조는 동대자유적 1호 건물지 줄기초 벽체를 참고할 수 있다.

부의 초석은 원래 위치에서 이동된 것으로 보인다. 건물의 규모는 길이 29m, 폭 21.1m, 적심의 지름과 동벽 줄기초 폭은 1.5m가량이다. 한편, 건물 중앙부 북쪽으로 약간 치우쳐 구들과 같은 ㄱ자형 구조물이 있는데, 이 건물과 동시기에 축조된 것인지는 확실치 않다. 또한 건물 동벽 안쪽에 남북으로 긴 기단 석렬이 위치하는데, 이 건물의 아래층에 위치하며, 선행 건물의 기단으로 추정된다.

1호 건물의 서북 모서리 서쪽에 접하여 2호·3호·4호 건물이 나란히 배치되어 있는데, 세부적으로는 약간의 차이가 있으나 기본적으로는 같은 구조의 건물이다. 그중 2호 건물지의 구조가 비교적 잘 남아 있는데, 건물 벽체는 자갈을 깐 줄기초이며, 초석은 남아 있지 않아 원래 초석을 사용했는지는 불분명하다. 줄기초는 지면을 약간 파고 자갈을 채워 깔았는데, 폭은 1.1~1.3m가량이다. 건물 벽체 외곽에서 0.5~1.1m 간격을 두고 할석조의 기단이 건물 전체를 두르고 있는데, 보고서에는 이를 외장(外墻)으로 이해하고, 회(回)자형 건물로 명명하였다. 그러나 줄기초 벽체 외곽의 석렬은 줄기초와는 달리 바깥쪽에 할석을 세우고 그 안쪽에 할석을 채운 구조로 자갈을 이용해 축조한 줄기초와는 다르다. 이를 건물 벽체로 보면 건물 내벽 바깥에 0.5~1.1m 간격을 두고 외벽을 두른 형태의 건물이 되는데, 이는 구조적으로나 기능적으로도 이해하기 어려우며, 따라서 건물 벽체가 아니라 기단으로 이해하는 것이 타당하다. 기단의 폭은 1.2m 내외로 그 위에 초석이 확인되지는 않으나 처마를 받치던 기둥이 있었던 것으로 추정되며, 건물의 형태는 동대자유적의 건물과 유사한 것으로 생각된다. 1호 건물 기단의 규모는 동서 13.5m, 남북 14m, 줄기초 벽체의 규모는 동서 10.2m, 남북 10m, 건물 내부의 규모는 동서 7.6m, 남북 7.5m이다.

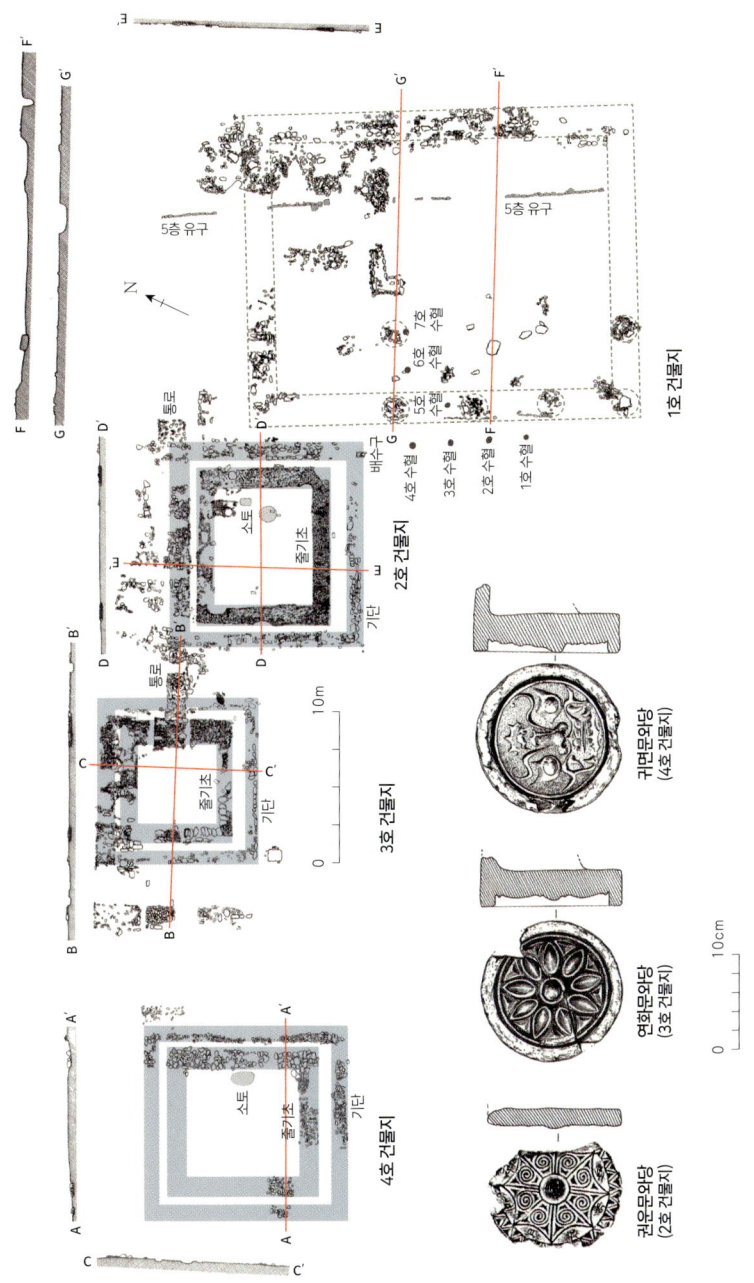

그림19 | 국내성 체육장지점 건물지 평·단면도 및 출토유물(吉林省文物考古硏究所·集安市博物館, 2004a, 도65, 66, 69, 70, 72, 73, 75 수정 편집)

2호 건물지 내부에서 구들시설은 확인되지 않았으나 동벽 내부 중간지점에 소토의 흔적이 확인되고, 북동 모서리 안쪽에는 할석이 흩어져 있는 점으로 보아 원래는 동벽과 북벽에 ㄱ자형 구들이 설치되었을 가능성이 크다. 또한 2호 건물지 동북쪽 기단 외곽에 자갈을 깐 보도가 있는데, 이는 2호 건물 서북 모서리에서 3호 건물과 연결되며, 3호 건물지 서쪽에도 비슷한 구조물이 확인된다. 이러한 점으로 보아 당초 각 건물은 기단을 따라 서로 연결되어 있었던 것으로 추정할 수 있다. 한편 2호 건물지 기단 남쪽에는 동쪽 기단과 같은 방향으로 벽돌을 세워 만든 암거식 배수구가 설치되어 있다.

3호 건물과 4호 건물도 2호 건물과 기본적으로 같은 구조인데, 3호 건물의 남벽 줄기초와 서벽 줄기초 일부에는 판석이 깔려 있고, 4호 건물지 동벽 줄기초도 할석으로 마감하였는데, 나중에 보수한 흔적으로 추정된다. 4호 건물지 동벽 안쪽 중앙부에 소토 흔적이 있는데, 역시 구들의 아궁이가 있었던 흔적으로 추정된다. 3호 건물의 기단부 규모는 동서 10.3m, 남북 10.5m, 내부 줄기초 벽체의 규모는 동서 8m, 남북 8.5m가량이며, 4호 건물의 기단부 규모는 동서 12.25m, 남북 13.6m, 내부 줄기초 벽체의 규모는 동서 7.5m, 남북 10.4m가량으로 추정된다.

위에서 살펴본 바와 같이 체육장지점의 2호·3호·4호 건물은 줄기초 벽체의 방형 건물로 벽체 바깥에는 기단을 두르고 처마를 받치던 기둥을 설치한 구조로 추정되며, 동대자유적의 건물과 기본적인 구조는 같은 것으로 추정된다. 1호 건물은 적심기초와 줄기초가 혼재된 것으로 보이지만 훼손과 중복이 심하여 당초 모습을 확인하기는 어렵다. 다만 현존하는 적심기초와 줄기초를 건물 기단으로 보면 다른 건물과 비숫한 구조였을 가능성이 크다. 한편, 체육장지점 2호 건물지 북쪽에서 25m가량 떨어진 유아원지점에서는 동서 방향의 배수구시설이 확인되었으며, 1호 건물지 남쪽에서 약 40m 떨어진 실험소학교지점에서도 동서 방향의 배수구시설이 확인되었다. 두 유적의 배수구 방향이 체육장지점 건물의 방향과 일치하는 점으로 미루어볼 때 이 두 유적이 체육장지점 건물지의 남변과 북변을 이루는 것으로 추정된다(吉林省文物考古硏究所·集安市博物館, 2004a).

건물지에서는 다량의 기와와 벽돌 등이 출토되었으며, 건물지 아래층인 5층 수혈유구에서는 시유도기와 중국청자 등이 출토되었다. 2호 건물지와 5층 퇴적층에서 권운문와당이 각각 1점씩 출토되었는데, 2호 건물지 출토 권운문와당은 자방부에 태(泰)자를 양각하였고, 주연부에는 거치문을 시문하였으며, 내향연호부에는 '□□年造瓦故記歲'라는 명문을 양각한 형태이다. 이러한 형태의 권운문와당은 우산992호분에서 여러 점 출토되었는데, 우산992호분 출토 권운문와당에는 338년으로 비정되는 무술(戊戌)이라는 간지명이 있다. 따라서 이 권운문와당이 2호 건물의 지붕에 사용된 것이라면 건물의 연대는 4세기 전반경으로 추정할 수 있다. 그 밖에 3호 건물지와 4호 건물지에서는 무복선연화문와당과 귀면문와당이 출토되었는데, 형태적 특징으로 보아 5세기를 상회하지는 않으며, 대체로 평양 천도 이후에 유행한 것으로 추정된다. 한편, 건물지 아래층인 5층 수혈에서는 여러 점의 시유도기와 청자가 출토되는데, 시유도기의 문양은 4~5세기에 유행한 것이다. 수혈에서 출토된 청자는 중국 육조시기 동진에서 유행한 것과 유사한 형태로 대체로 4세기 전반대로 추정되며, 2호 건물지에서 출토된 권운문와당의 연대와 비슷하다.

이상의 출토유물과 건물의 구조 및 중복관계를 고려하면 체육장 지점에는 늦어도 4세기 전반경에 건물지가 축조되었으며, 이후 여러 차례 개축을 거쳐 평양 천도 이후까지 사용된 것으로 추정된다. 또한 유적의 위치가 국내성의 중앙부라는 점과 건물지의 남북 폭이 대략 100m에 달하는 점을 고려하면 체육장지점 건물지는 국내성시기에 중요한 기능을 한 건물이 있었을 것으로 추정된다.

3) 집안 민주유적 건물지

민주유적은 집안시 태왕진 민주촌에 위치하는데, 북쪽의 우산고분군과 남쪽의 압록강 사이의 평원지대에 해당한다. 유적의 서쪽으로 1.5km 지점에는 국내성이 위치하고, 북쪽으로 0.5km 지점에 오회분, 남쪽으로 0.6km 지점에 압록강이 위치한다. 민주유적에서는 대형 건물지와 2기의 석주(石柱)가 조사되었는데, 이미 일제강점기에 석주와 초석이 확인되었으며, 1961년 석주유적은 현급문물보호단위로 지정되었고, 1963년에는 북한과 중국의 합동조사단이 동쪽 석주에 대한 조사를 실시하였으나 조사내용은 보고되지 않았다. 이후 1984년 간행된 『집안현문물지』에 서쪽 석주와 그 서북방 40m 지점에 대형 건물지가 있다는 사실이 보고되었으며(吉林省文物志編委會, 1984), 2003년에는 석주 서쪽의 건물지에 대한 발굴조사를 실시하여 3개의 건물군을 조사하였다(吉林省文物考古硏究所·集安市博物館, 2004a).

민주유적 건물지는 담장으로 둘러싸인 3개의 건물군으로 이루어졌는데, 가운데 위치한 2호 건물군이 가장 잘 남아 있다. 2호 건물군은 남북으로 긴 장방형 담장으로 둘러싸여 있는데, 전체가 남아 있는 남쪽 담장의 길이는 37.5m가량 된다. 서벽은 약 36m가 잘 남아 있으나 북단이 훼손되어 전체 길이는 알 수 없지만 2~5호 건물의 북단까지 거리를 고려하면 대략 46m 이상으로 추정된다(그림20). 이를 고려하면 2호 건물군의 규모는 동서 37.5m, 남북 46m가량으로 추정된다. 담장 기초는 외곽에 장방형의 할석을 쌓고 내부에는 강돌을 채운 형태이며, 폭은 2.25m가량 된다. 남쪽 담장 동단에는 문지가 있는데, 끊어진 담장 안과 밖으로는 네 개의 초석이 놓여 있으며, 초석의 거리는 3.5~4m가량 된다. 화강암제 초석은 상부를 팔각형으로 잘 다듬었으며, '石', '井' 등의 문자가 음각되어 있다. 문지의 서쪽 초석 바깥쪽에는 담장을 관통하는 암거식 배수구를 설치하였는데, 폭은 0.25~0.3m가량 된다. 2호 건물군 내부에는 5기의 건물이 있는데, 1호와 2호 건물지는 적심기초의 초석 건물지이며, 나머지 3기의 건물지는 훼손이 심하여 정확한 구조나 규모를 확인하기 어렵다.

1호 건물군은 2호 건물군의 동쪽 담장과 2.5~3m가량 떨어져 있으며, 내부에는 2기의 건물과 여러 개의 초석이 확인되지만 훼손이 심하여 구조와 규모는 확인하기 어렵다. 남쪽 담장 일부와 서쪽 담장 일부가 남아 있는데, 담장의 기초는 2호 건물군의 담장 기초와 같다. 나머지 담장은 훼손이 심하여 정확한 규모는 알 수 없으나 남쪽 담장 동쪽 끝부분에 팔각형으로 다듬은 초석이 하나 남아 있으며, 2호 건물군의 문지와 같이 끊어진 담장 서쪽으로 배수구가 설치되어 있다. 이러한 점으로 보면 1호 건물군의 남쪽 담장은 2호 건물군의 담장과 같은 구조임을 알 수 있는데, 담장의 서쪽 끝에서 문지 초석까지의 거리도 동일하다. 이러한 점을 고려하면 1호 건물군의 남벽 길이도 2호 건물군과 같이 37.5m 내외로 추정할 수 있으며, 동벽과 서벽의 길이도 비슷한 규

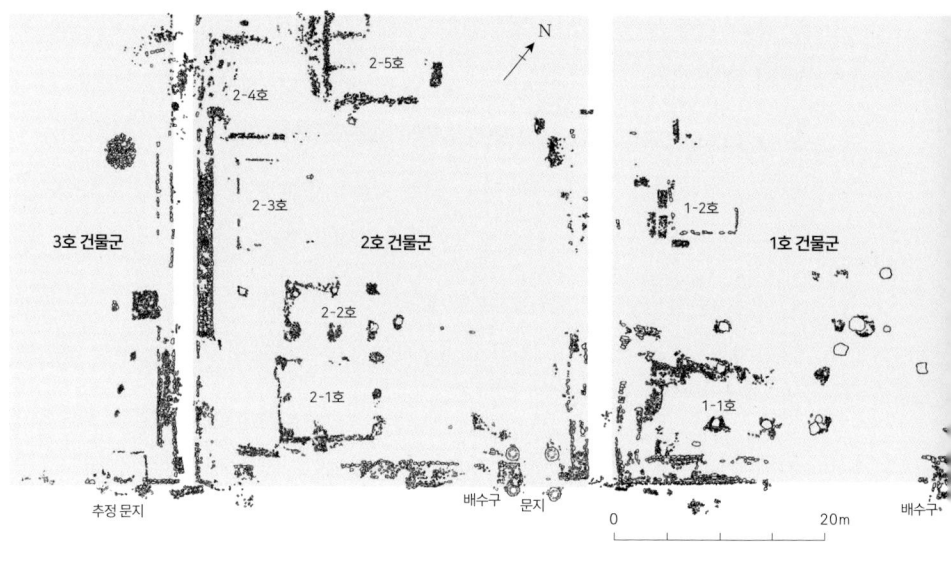

모로 추정된다.

2호 건물지 서편의 3호 건물군도 같은 구조로 생각되는데, 동벽과 남벽 일부가 남아 있으며, 다른 건물군와 같은 남벽 동단에 문지로 추정되는 구조가 확인되는 점으로 보아 규모도 비슷했을 것으로 생각된다. 한편, 1호 건물군 동쪽에는 서측 석주가 있으며, 여기서 40m 동쪽에 동측 석주가 위치해 있다. 석주의 바깥쪽에는 담장 기초가 확인되는데, 다른 건물군의 담장 기초와 같은 형태이다. 2기의 석주 사이에는 민가가 있어서 조사가 이루어지지는 않았지만, 다른 건물군과 유사한 건물이 있었을 가능성이 크다. 이상의 건물군 구조를 통해 볼 때 민주유적 건물지는 동서 37.5m, 남북 46m 이상의 담장을 두른 건물군 3개와 비슷한 규모의 담장을 두른 석주를 포함하는 시설이 나란히 배치된 것으로 이해되며, 전체 폭은 160m가량 될 것으로 추정된다. 민주유적에서 출토된 유물 중 연대를 특정할 만한 유물이 없으나 토기와 시유도

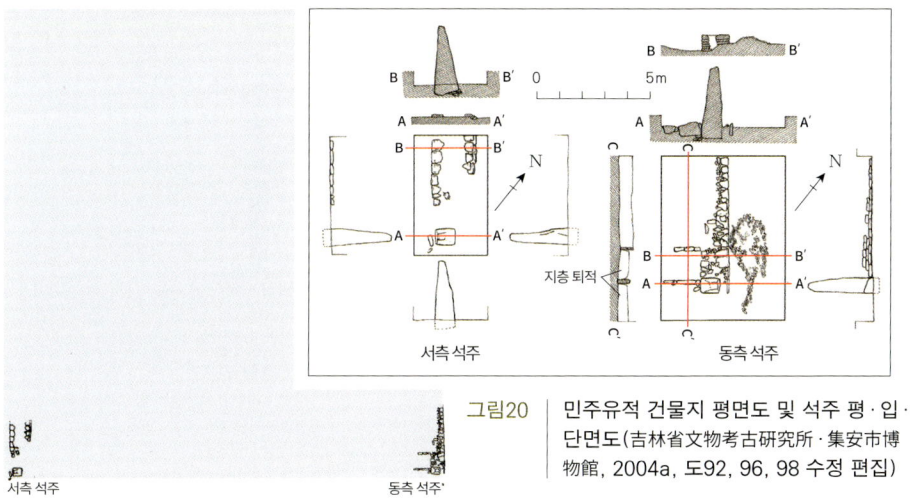

그림20 민주유적 건물지 평면도 및 석주 평·입·단면도(吉林省文物考古研究所·集安市博物館, 2004a, 도92, 96, 98 수정 편집)

기 등이 국내성 건물지에서 출토된 유물과 유사한 점으로 미루어 국내성기에 축조되었을 가능성이 크다.

4) 남한 지역의 고구려 건물지

남한 지역에서도 상당수의 고구려 건물지가 조사되었는데, 몽촌토성에서 조사된 줄기초 건물지와 온돌 건물지를 제외하면 모두 보루 등 관방시설에서 확인된 군사용 막사 건물이다. 몽촌토성에서 출토된 건물은 서남지구의 고지대에 위치하고 있는데, 자연지형을 성토하여 정지한 후 조성하였다. 건물의 기초는 줄기초와 독립기초를 혼합한 방식으로 규모는 정면 3칸 이상, 측면 2칸의 장방형 건물이다. 주간 거리는 정면이 5.5m, 측면이 3m이다. 건물의 기초는 벽채의 윤곽을 따라 폭 30cm, 깊이 40cm가량을 굴토한 후 작은 자갈을 채워 벽기초를 하고,

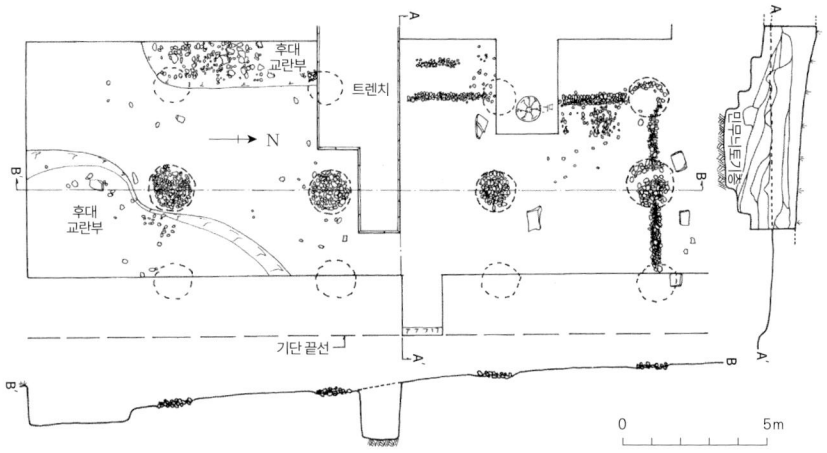

그림21 | 몽촌토성 고구려 적심 건물지 평·단면도(최종택, 2002, 그림4)

기둥이 설 자리에는 직경 70~80cm가량의 적심을 설치하였는데, 초석은 확인되지 않는다(그림21). 적심 건물지 동쪽에 온돌 건물지가 1기 확인되었으나 벽체는 모두 유실된 상태로 자세한 구조는 알 수 없다(최종택, 2002).

군사들의 막사도 일반 평민의 집과 비슷하였다. 물론 야전에서 일시적으로 주둔할 경우에는 천막 등을 이용했겠으나, 장기적인 주둔의 경우는 막사용 건물을 지었다. 발굴조사가 이루어진 아차산보루에서 확인된 건물지는 모두 71기에 달한다. 보루별로 건물지의 수량에 차이가 있는데, 홍련봉1보루와 아차산4보루가 각각 18기와 17기로 가장 많으며, 구의동1보루를 제외하면 용마산2보루의 건물지가 가장 적다. 그런데 홍련봉1보루는 553년 이후 신라가 축조하였거나 재사용한 것이고, 이를 제외하면 고구려 당시에 축조된 건물은 10여 기 내외였던 것으로 보인다.

건물은 대부분 지상식이지만 일부 수혈식과 지하식 건물도 있다. 수혈식 건물은 구의동1보루 건물지와 홍련봉1보루 1호 수혈 건물지, 아차산4보루 6호 건물지 등 3기이며, 수혈을 파고 벽체에 기둥을 세운 구조이다. 구의동1보루 건물지의 평면형태는 원형이며, 직경은 7.6m, 깊이는 0.6~0.7m인데, 내부에는 온돌과 저수시설을 설치하였고, 방형의 출입시설을 부가하였다. 홍련봉1보루 1호 수혈식 건물은 4.5×4.4m의 방형으로 깊이는 0.8m이다. 수혈 내부 동벽과 남벽에는 벽구를 설치하였으며, 벽체를 따라 8개의 주공이 남아 있는데, 간격은 1.5~2m로 일정하지 않다(그림22-3). 이 건물은 보루의 가장 남쪽에 위치하며, 건물 남벽 바로 외곽으로 목책렬이 돌아가고 있다. 건물 내부에 시설물은 없으나 건물 남서 모서리 바로 바깥지점에서 문틀에 사용된 철제 확쇠 2점이 출토되었으며, 발굴 전 지상에서 문비석이 1점 확인되었다. 이러한 점으로 미루어 이 건물 남서 모서리 쪽의 목책에 출입을 위한 문비가 설치되었던 것으로 추정된다. 아차산4보루의 6호 건물은 1호 건물의 서쪽 석축 바로 아래에 위치하며, 건물의 주공이 설치된 동벽 일부와 ㄱ자형 온돌만 확인되어 전체 규모는 확실하지 않지만 주변 공간으로 보아 장방형으로 추정된다.

지하식 건물은 홍련봉1보루에서 2기가 조사되었는데, 석재로 벽체를 쌓았다는 점에서 수혈식 건물과는 구조상 차이가 있다. 홍련봉1보루 12호 건물은 암반을 정지한 후 석재를 이용해 방형의 벽체를 구축한 후 외부는 마사토와 점토를 쌓았다(그림22-2). 따라서 수혈을 파고 벽체를 쌓지는 않았지만 건물의 바닥은 지표보다 아래에 위치하게 된다. 건물 내부 북벽에 설치한 온돌은 경사를 이루며 올라와 건물 밖으로 빠져나오도록 하였다. 암반에서부터 석축의 높이는 1.1m 정도이나, 온

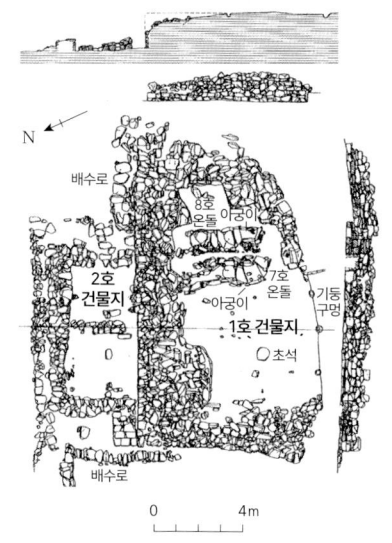
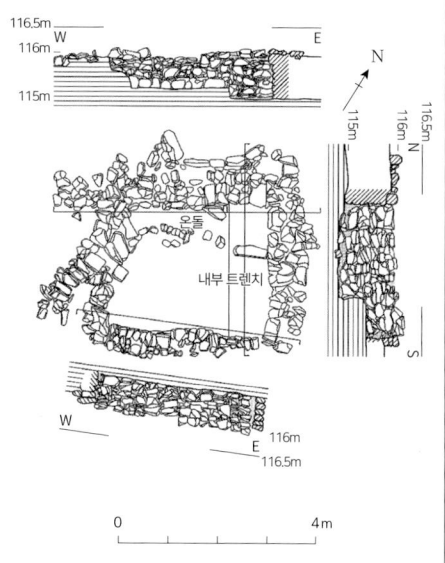
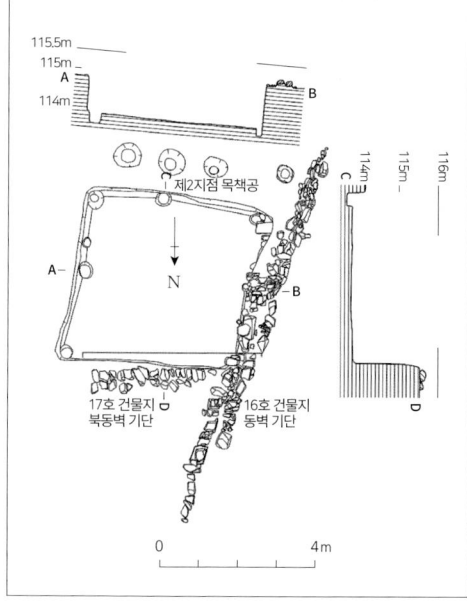

그림22 | 아차산 고구려 보루 건물지
(1: 임효재 외, 2000, 그림8,
2: 崔鍾澤 외, 2007a, 도면33,
3: 崔鍾澤 외, 2007a, 도면19)

돌이 위치한 건물 바닥에서부터 벽체의 높이는 0.8m가량 된다. 홍련봉1보루 1호 건물은 보루의 가장 북쪽 출입시설 안쪽에 위치하는데, 서벽은 유실되어 흔적이 불분명하지만 동벽과 남벽은 석축을 하여 건물 바닥은 지하에 위치하게 된다. 건물의 북벽은 안쪽 목책렬을 그대로 이용하였는데, 목책공 중간에 판재의 흔적이 남아 있어서 건물의 북벽은 판재로 마감하였던 것으로 추정된다.

이상 5기의 건물을 제외한 나머지는 모두 지상식 건물이다. 지상식 건물은 성토된 보루의 바닥면에 위치하는데, 아차산4보루의 1호 건물은 석축을 쌓아 기단을 조성한 후 그 위에 벽체를 구축하였다(그림22-1). 건물의 평면형태는 장방형 또는 방형이 대부분이나 일부 부정형도 있다. 부정형은 건물 전체적으로는 방형이나 장방형을 이루나 한 벽이 호선을 이루는 형태로, 지형적 요인에 의한 것으로 보이며 예외적인 형태로 생각된다. 건물의 전체 구조가 잘 남아 있는 경우 평면형태는 장형에 가까우며 내부에는 온돌을 설치하였다. 대표적인 예로 홍련봉2보루의 2호, 4호, 8호 건물을 들 수 있는데, 건물의 규모는 5m 내외로 정방형에 가까우며, 건물 모서리에 출입구를 설치하였고, 벽체를 따라 온돌을 설치하였다(그림23). 굴뚝은 벽체 밖에 설치하였는데, 8호 건물지의 굴뚝은 석재를 둥글게 쌓아 정교하며 규모도 크다. 벽체도 비교적 완전한 상태로 남아 있는데, 먼저 지름 15cm가량의 기둥을 세우고 그 사이에 작은 할석과 점토를 섞어 쌓았으며, 다시 짚 따위의 유기물을 섞어 반죽한 점토를 발라 마감하였다. 마무리된 벽체의 두께는 20cm가량 된다.

건물 내부에는 일반적으로 온돌을 설치하였는데, 온돌은 평면형태가 ㄱ자형인 것과 직선형 두 종류가 있다. 지금까지 조사된 53기의 온

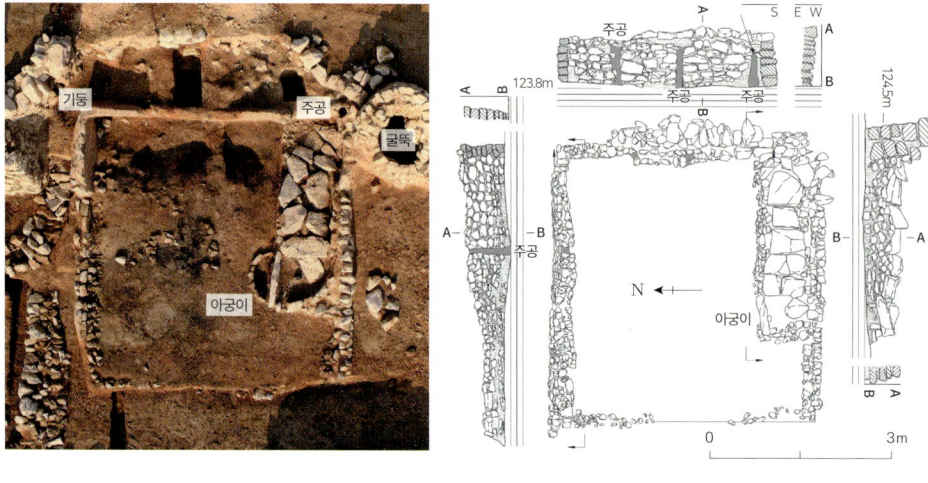

그림23 | 홍련봉2보루 건물지(1: 한국고고환경연구소, 2: 崔鍾澤 외, 2007b, 도면14)

돌 중 ㄱ자형은 13기에 불과하고 직선형 온돌이 40기로 훨씬 많다. 온돌의 벽체는 작은 할석과 점토를 섞어 쌓아 벽체를 만들고 그 위에 커다란 판석을 올려 고래를 만들었으며, 다시 벽체는 점토로 미장하였다. 아궁이는 고래와 직교하는 방향으로 설치하였는데, 좁고 긴 석재를 세워 아궁이 틀을 만들고 그 위에 이맛돌을 얹었으며, 아궁이 내부에는 솥을 받칠 수 있도록 지각을 설치하였다. 아차산4보루 5호 건물지 온돌과 같이 아궁이가 2개인 경우도 있으며, 아궁이 앞에 둥글게 돌을 돌려놓은 경우도 있다. 굴뚝은 건물 밖에 설치하는 것이 일반적인데, 굴뚝 하단은 방형으로 쌓은 것이 일반적이다. 굴뚝 바닥의 개자리는 온돌 고래보다 깊게 파고 자갈을 깔았으며, 아차산4보루 5호 온돌의 경우 건물 밖에서 개자리의 재를 치우기 위한 시설을 마련하였다(그림24 화살표). 각 보루에서 많은 양의 토제연통이 출토되는 점으로 보아 굴뚝

그림24 | 아차산4보루 5호 건물지 복원 모습과 온돌(ⓒ최종택)

에는 토제연통을 세웠던 것으로 보인다. 거의 모든 온돌이 외고래이지만 홍련봉2보루의 8호 건물지와 아차산3보루의 3호·8호 건물지와 같이 고래가 2개인 경우도 있다. 일반적으로 하나의 건물에 1기의 온돌을 설치하였으나 아차산4보루 1호 건물처럼 2기의 온돌을 설치한 경우도 있다.

건물 지붕에 대한 자료는 거의 남아 있지 않으나 구의동1보루에서는 판재를 이용해 지붕을 덮었던 흔적이 남아 있으며, 홍련봉1보루의 1호·12호 건물은 기와를 덮었던 것으로 추정된다. 현재까지 조사된 자료로는 그 이상의 추론이 불가능하지만 대부분의 건물이 짚이나 억새 등과 같은 유기물로 지붕을 덮었을 가능성이 크다고 생각된다.

한편, 건물 내부에 온돌이 설치된 점으로 보아 대부분의 건물이 주거용으로 사용되었던 것으로 보이나, 일부 건물의 경우 주거용으로 보

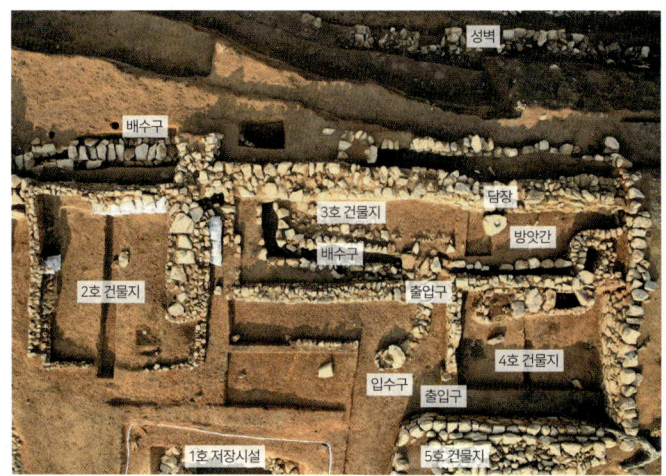

그림25 | 홍련봉2보루 건물지 배치(ⓒ한국고고환경연구소)

기 어려운 경우도 있다. 71기의 건물지 중 온돌이 확인되지 않은 건물은 21기에 달하는데, 이 중 상당수는 보존 과정에서 온돌이 훼손되었을 가능성이 크다. 그러나 홍련봉2보루의 1호·6호 건물과 아차산4보루의 2호 건물 등과 같이 배치상 주거용으로 보기 어려운 건물이 몇 기 있다(그림25 왼쪽). 이러한 건물은 용도를 알 수 있는 자료가 없으나, 주거용 건물에 딸린 부속건물이나 저장용 창고 같은 용도로 사용되었던 것으로 추정된다. 그 밖에 홍련봉2보루의 5호 건물은 내부에 온돌이 설치되어 있기는 하지만 다른 건물과 달리 벽체를 두껍게 축조하였으며, 바닥에 소토와 점토가 깔려 있고, 커다란 판석이 놓여 있는 점으로 보아 주거용이 아닌 공방용 건물로 추정된다(그림25 오른쪽). 또한 출입구 안쪽 우측에 토기 태토로 보이는 회색 점토가 쌓여 있는 점으로 보아 토기를 제작한 공방이었을 가능성이 큰 것으로 생각된다.

참고문헌

김일성종합대학 고고학및민속학강좌, 1973, 『대성산의 고구려 유적』, 김일성종합대학출판사.
김일성종합대학, 1976, 『동명왕릉과 그 부근의 고구려 유적』, 김일성종합대학출판사.
리화선, 1989, 『조선건축사(1)』, 과학백과사전종합출판사.
손수호·리영식, 2009, 『고구려의 건축』(조선고고학전서 28-중세편 5), 사회과학원 고고학연구소·진인진.
尹張燮, 1972, 『韓國建築史』, 東明社(1984년 중판).
이정범·하재령·조보럼, 2015, 『홍련봉 1·2보루』(한국고고환경연구소 연구총서 66).
임효재·최종택·양성혁·윤상덕·장은정, 2000, 『아차산 제4보루-발굴조사 종합보고서-』, 서울대학교박물관.
전호태, 1999, 『고분벽화로 본 고구려이야기』, 풀빛.
朱南哲, 2000, 『韓國建築史』, 高麗大學校出版部(2014년 개정판 3쇄).
崔鍾澤, 2002, 「夢村土城 內 高句麗遺蹟 再考」, 『韓國史學報』 12, 高麗史學會.
崔鍾澤·李秀珍·吳恩姃·吳珍錫·李廷範·趙晟允, 2007a, 『紅蓮峰 第1堡壘 發掘調查 綜合報告書』, 高麗大學校 考古環境研究所.
崔鍾澤·李秀珍·吳恩姃·趙晟允, 2007b, 『紅蓮峰 第2堡壘 1次 發掘調查報告書』, 高麗大學校 考古環境研究所.
한인호, 1995, 『조선중세건축유적연구(삼국편)』, 사회과학출판사.
강병희, 2010, 「고대 중국 건축의 8각 요소 검토-고구려 8각 불탑의 조망을 위하여」, 『한국사상사학』 36.
강현숙, 2010, 「중국 길림성 집안 동대자유적 재고」, 『한국고고학보』 75.
奇庚良, 2017, 「高句麗 王都 研究」, 서울대학교 박사학위논문.

남일룡, 1987, 「황해북도 봉산군 토성리 고구려 절터에 대하여」, 『조선고고연구』 1987-4.

朴淳發, 2012, 「高句麗의 都城과 墓域」, 『한국고대사탐구』 12, 한국고대사탐구학회.

안대환·김성우, 2013, 「삼국시대~통일신라시대 팔각건물지의 성격과 역사적 전개」, 『대한건축학회논문집』 29.

여호규, 2012, 「고구려 國內城 지역의 建物遺蹟과 都城의 공간구조」, 『한국고대사연구』 66.

조용환, 2015, 「고구려 건물지 연구」, 고려대학교 석사학위논문.

최광식, 2007, 「한중일 고대의 제사제도 비교연구-팔각건물지를 중심으로-」, 『선사와고대』 27.

吉林省文物考古研究所·集安市博物館, 2004a, 『國內城-2001~2003年集安國內城與民主遺址試掘報告-』, 文物出版社.

_____, 2004b, 『丸都山城-2001~2003年集安丸都山城調査試掘報告-』, 文物出版社.

吉林省文物志編委會, 1984, 『集安縣文物志』.

遼寧省文物考古研究所, 2004, 『五女山城-1996~1999, 2003年桓仁五女山城調査發掘報告』, 文物出版社.

吉林省博物館, 1961, 「吉林輯安高句麗建築遺址的清理」, 『考古』 1961-1.

方起東, 1982, 「集安東台子高句麗建築遺址的性質和年代」, 『東北考古與歷史』 1982-1.

小泉顯夫, 1986, 『朝鮮古代遺跡の遍歷-發掘調査三十年の回想』, 六興出版.

關野貞, 1914, 「滿洲輯安縣及平壤附近於高句麗時代遺蹟(2)」, 『考古學雜誌』 5-4.

_____, 1941, 「高句麗の平壤城及長安城について」, 『朝鮮の建築と藝術』, 岩波書店.

小泉顯夫, 1938a, 「泥佛出土地元五里廢寺址の調査」, 『昭和十二年度古蹟調査報告』, 朝鮮古蹟研究會.

_____, 1938b,「平壤萬壽臺及其附近の建築物址」,『昭和十二年度古蹟調査報告』, 朝鮮古蹟研究會.

_____, 1940,「平壤淸岩里廢寺址の調査」,『昭和十三年度古蹟調査報告』, 朝鮮古蹟研究會.

田中俊明, 1995,「後期の王都」,『高句麗の歷史と遺蹟』, 中央公論社.

_____, 2004,「高句麗の平壤遷都」,『朝鮮學報』190.

齊藤忠, 1940,「平壤大同郡林元面上五里高句麗建築址の調査-昭和十四年に於ける朝鮮古蹟調査の概要」,『考古學雜誌』30-1. 日本考古學會.

7

남한의 고구려 유적

1. 성곽
2. 고분
3. 출토유물
4. 역사적 의미

7장
남한의 고구려 유적

최종택 | 고려대학교 문화유산융합학부 교수

　남한 지역에서 고구려 유적이 조사된 것은 비교적 최근의 일이다. 물론 1979년 〈충주고구려비〉가 발견되었으나 성곽이나 고분 및 취락 등 유적의 존재는 확인되지 않았다. 이후 1980년대부터 남한 지역에서 고구려 고분과 구조가 유사한 고분이 간헐적으로 조사되었다. 그러나 이를 고구려 고분으로 특정할 자료가 없어 '고구려계' 고분으로 인식하였을 뿐 더 이상 진전된 논의는 불가능하였다.

　1988년 한성시기 백제의 도성으로 추정되는 몽촌토성에서 고구려 유구과 유물이 조사되면서 남한 지역 고구려 유적에 대한 조사가 활기를 띠기 시작했다. 1994년에는 한강 북안의 아차산 일원에서 20여 개소의 고구려 보루가 확인되었고, 1997년부터는 발굴조사가 시작되었다. 1990년대 임진강·한탄강 유역과 양주분지에서 다수의 고구려 성

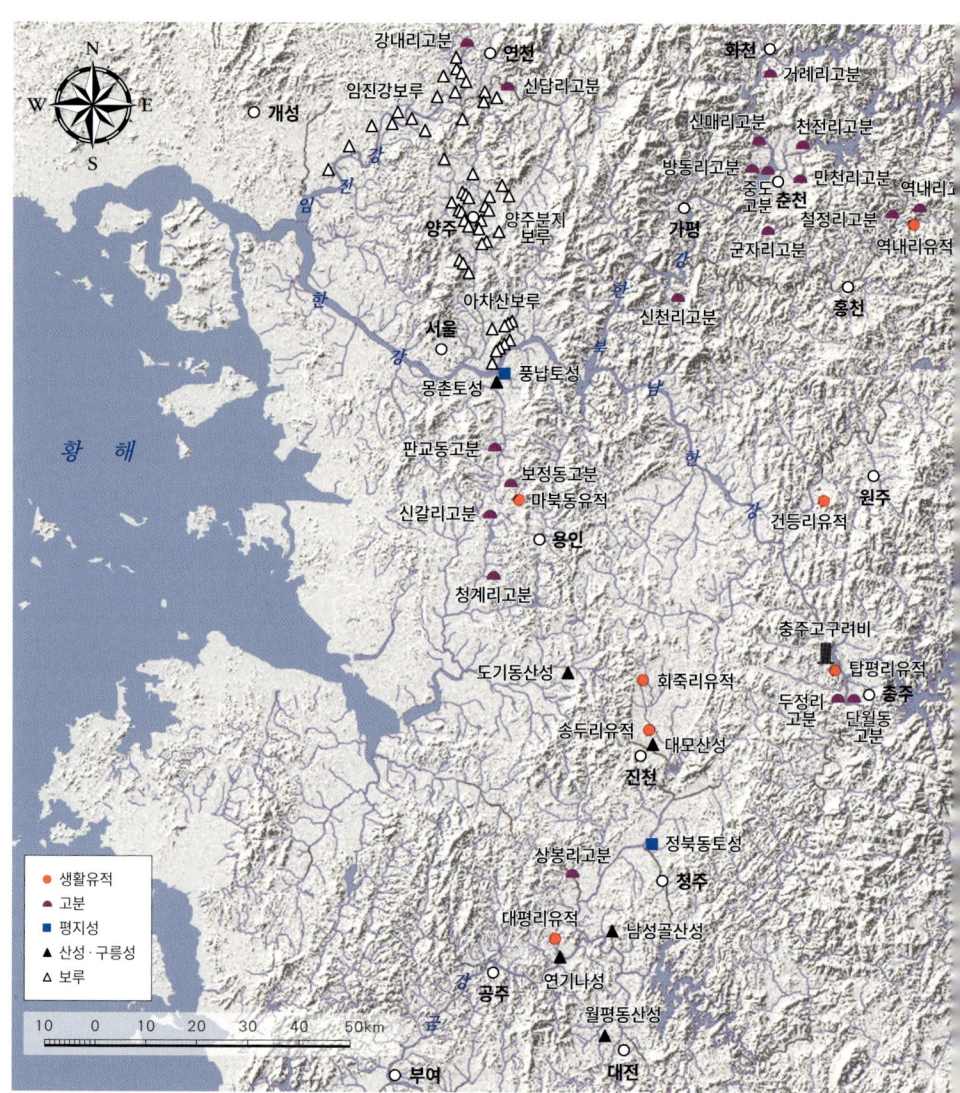

그림1 | 남한 지역 고구려 유적 분포도(ⓒ최종택)

곽이 확인되었고, 이후 금강 유역에서도 고구려 성곽이 발굴되었으며, 최근 안성천 유역과 미호천 유역에서도 고구려 성곽이 조사되고 있다. 2000년대 중반 이후에는 고구려 토기가 부장된 고분의 조사 사례가 증가함에 따라 그동안 간헐적으로 조사된 '고구려계' 고분들을 고구려 고분으로 명확하게 인식할 수 있게 되었다. 또한 일부 고구려 고분군의 주변에서는 취락유적이 조사되고 있어 고구려의 남진 과정과 경영에 대한 논의가 진전되고 있다(그림1).

1. 성곽

1) 조사연구현황

남한 지역에서 고구려 유적의 존재가 처음 확인된 것은 1988년 몽촌토성 동남지구의 발굴조사를 통해서이다. 그해 겨울 보고서 작성을 위한 유물 정리 과정에서 고구려 토기 나팔입항아리(廣口長頸四耳甕)의 존재가 확인되었다(그림2). 물론 이전의 조사에서도 고운 점토질의 흑색마연토기들이 확인된 바 있으나 고구려 토기의 영향을 받은 백제 토기로 간주되었다. 그러나 전형적인 고구려 토기로 알려진 나팔입항아리의 확인으로 인해 같은 제작 전통을 가진 일련의 토기류를 백제 토기와 구분할 수 있게 되었다.

1988년 몽촌토성 발굴조사를 통해 고구려 토기의 존재가 확인됨에 따라 남한 지역 특히 한강 유역에 고구려 유적이 존재할 가능성에 대한 관심이 높아지게 되었다. 몽촌토성 출토유물을 정리하는 과정에서

그림2　몽촌토성 출토 나팔
입항아리(ⓒ서울대
학교박물관)

1977년 한강 북안의 구의동에서 발굴되어 서울대학교박물관에 보관되고 있던 토기류에 대한 재분석이 이루어졌다. 분석 과정에서 몽촌토성 출토 고구려 토기류와 구의동유적 출토 토기류가 같은 제작 전통임을 확인하고 구의동유형으로 분류하였고, 그 시기는 475년 이후로 분류하였다(金元龍 외, 1988). 1989년에는 몽촌토성 서남지구 고지대의 지상 건물군을 조사하는 과정에서 'ㄱ'자형 온돌을 갖춘 지상 건물지가 확인되었다. 남북 3.1m, 동서 3.7m 규모의 온돌유구는 중국 집안(集安) 동대자(東台子)유적 건물지와 구조가 유사한 점이나 층위상의 증거 등으로 보아 고구려가 축조한 것이며, 그 연대는 475년 이후에서 551년 사이로 추정하였다(金元龍 외, 1989). 또한 1988년에 구의동유형으로 명명된 토기류를 고구려 토기류로 보고함으로써 이를 고구려 토기로 명확히 인식하게 되었다. 이상의 몽촌토성 발굴성과를 바탕으로 1991년에는 1977년 발굴 당시 백제 고분으로 보고되었던 구의동유적이 고구려 군사시설로 재인식되었고, 출토된 철기류 15종 1,353점(철촉 1,300여 점)에 대한 재분석이 이루어졌다. 1993년에는 구의동유적에서 출토된 토기류 19개 기종 369개체분에 대한 분석이 이루어졌다. 이어 1995년에는 한강 유역에서 출토된 고구려 토기에 대한 종합적인 분석이 이루어졌다(崔鍾澤, 1991; 1993; 1995).

1994년에는 구리문화원에서 실시한 아차산 일원의 지표조사를 통하여 15개소에 달하는 고구려 군사시설을 확인하였으며(강진갑 외, 1994), 이를 보루성으로 명명하였다(金玟秀, 1994). 이후 보루성이라는 명칭은 보루에 이미 방어시설로서 성의 개념이 포함되어 있음을 이유로 보루로 칭하고 있다(崔鍾澤, 1999b). 1997년에는 아차산4보루에 대한 발굴조사가 시작되어 1998년에 마무리되었다. 이 발굴조사에서는 둘레 210m가량의 성벽과 두 개의 치, 그리고 내부에서는 7기의 건물지와 간이대장간시설 등이 비교적 양호한 상태로 확인되었으며,[1] 26개 기종 538개체의 토기류와 복발형투구를 포함한 203점의 철기류가 확인되었다(임효재 외, 2000). 이 발굴을 통해서 아차산 일원 고구려 보루의 구조에 대한 대략적인 윤곽이 밝혀졌으며, 구의동보루와의 비교를 통하여 당시 보루에 주둔하였던 군사의 수를 추정하는 등 향후 연구의 발판이 마련되었다.

    아차산4보루에 대한 발굴조사성과에 힘입어 1999년에는 아차산 시루봉보루 발굴조사가 시작되었으며, 이는 2000년에 마무리되었다(임효재 외, 2002). 2002년 중국의 이른바 '동북공정'의 여파로 고구려에 대한 관심이 폭증하였고, 아차산 고구려 보루도 다시 주목을 받게 되었다. 그 결과 2004년에는 홍련봉1보루가 발굴되었으며, 2005년에는 홍련봉2보루와 아차산3보루의 일부가 발굴되었다. 홍련봉2보루에서는 520년에 해당하는 '경자(庚子)'명 토기접시가 출토되어 아차산보루에 대한 연대관이 더욱 명확해졌다. 아차산3보루에서는 단야시설과 디

---

[1] 이후 2007년 아차산4보루의 정비·복원을 위하여 성벽에 대한 추가 조사가 이루어졌는데, 이 조사를 통해 성벽의 둘레는 256m로 수정되었으며, 치와 목책 등의 시설이 추가로 확인되었다(국립문화재연구소 유적조사연구실, 2009).

딜방앗간 등의 시설물이 새롭게 확인되었다. 발굴 도중 아차산3보루 남쪽 등산로에서도 방앗간시설이 확인되어 일대를 아차산6보루로 명명하기도 하였다(崔鍾澤 외, 2007a; 2007b; 2007c).

이후 2005년과 2006년에 걸쳐 용마산2보루가 발굴되었으며(양시은 외, 2009), 2007년에는 아차산4보루의 정비를 위한 성벽 추가 발굴이 이루어졌다. 이 조사를 통해 아차산4보루에서 2기의 치가 새로 확인되었고, 남쪽으로는 용마산2보루에서 확인된 것과 유사한 복합구조의 치가 확인되었다. 또한 성벽 내부에 일정한 간격으로 설치한 목책시설도 추가로 확인되었다(국립문화재연구소, 2009). 2009년과 2010년에는 시루봉보루의 정비복원을 위해 시루봉보루 외곽의 성벽에 대한 추가 발굴조사가 이루어졌다(이선복 외, 2013). 2012년과 2013년에는 정비복원을 위해 홍련봉1·2보루에 대한 추가 발굴조사가 실시되었다. 홍련봉1보루는 2004년의 조사를 통해 내부시설에 대한 조사는 완료되었으며, 2012년에 성벽 전체에 대한 추가 조사가 실시되었다. 조사결과 다른 보루에서 확인되는 치는 확인되지 않았으며, 보루 북쪽에 치와 같이 튀어나온 출입시설이 확인되었다. 또한 성벽 외곽에 기둥을 세웠던 흔적과 함께 성벽 중간에 세웠던 주동의 흔적이 자세히 조사되었으며, 축조 당시부터 이중으로 구축한 성벽의 구조도 새롭게 확인되었다. 홍련봉2보루의 추가 발굴은 복원과 정비를 위한 조사로서 성벽은 물론 외곽에 대한 조사가 실시되어 보루의 내부는 물론 외곽시설물에 대한 전면적인 조사가 이루어졌다는 점에서 중요하다(이정범 외, 2015; 2019). 이로써 아차산보루의 내부는 물론 외부구조가 자세히 밝혀지게 되었으며, 각 보루의 발굴상황을 종합해볼 때 각 보루를 구축하는 데 일정한 규칙이 적용되었음을 알 수 있게 되었다. 또한 2016년에는 중랑천

그림3 | 복원된 연천 호로고루 동벽 전경(ⓒ최종택)

좌안의 낮은 봉우리에 위치한 배봉산보루를 발굴조사하였는데, 보루 내부 유구는 모두 유실되었으나 성벽 축조와 관련된 영정주 구덩이가 2열로 확인되었다(서울문화유산연구원, 2018).

임진강 유역에서는 1991년 지표조사를 통해 고구려 유적이 처음으로 보고되었으며(김성범, 1992), 1995년에는 연천 호로고루와 당포성, 은대리성 등의 주요 고구려 성곽이 확인되었다(육군사관학교, 1995). 또한 1999년에는 호로고루에 대한 정밀지표조사를 실시하는 과정에서 20여 개소의 성곽과 보루가 확인되었고, 무등리2보루에서는 대규모의 탄화미와 탄화조 등이 수습되었다(심광주 외, 1999). 이어 2000년에는 호로고루에 대한 발굴이 시작되었으며, 2011년까지 4차에 걸쳐 발굴조사가 실시되었고, 이후 성벽 복원 과정에서 동벽과 치에 대한 발굴조사가 실시되었다(토지박물관, 2001; 심광주 외, 2007; 2014; 한울문화재연구원, 2018, 그림3). 2003년에는 은대리성에 대한 시굴조사가 실시되었고(박경식 외, 2004), 이후 성 내부에 대한 추가 발굴조사가 실시되었으며(중앙문화재연구원, 2018), 당포성 성벽에 대한 발굴조사가 실시되었다(육군사관학교, 2003). 2010년부터 2012년까지 무등리2보루에 대한 발굴조사가 실시되었고, 2017년에는 무등리1보루에 대한 발굴조사가 실시되었는데, 무등리2보루에서는 완전한 상갑 1벌과 사행상철기 등 중요 유물이 출토되기도 하였다(이선복 외, 2015; 이정은 외, 2019). 그 밖에 임진강 하구의 파주 덕진산성에 대한 발굴조사가 2012년부터 2017년에 이르기까지 5차에 걸쳐 실시되었다(中部考古學硏究所, 2014; 2018).

양주 지역에서는 1998년 지표조사를 통해 무려 28개소의 보루가 조사되었고, 이 중 상당수는 고구려 보루로 확인되었다(토지박물관, 1998). 보루는 주로 천보산맥의 지봉인 도락산과 천보산·불곡산의 능선을 따라 남북으로 열을 지으며 배치되어 있는데, 이 중 천보산2보루에 대해서만 간단한 발굴조사가 이루어졌으며(이선복 외, 2014), 2014년부터 태봉산보루에 대한 발굴조사가 실시되었다(겨레문화유산연구원, 2016; 2017; 2018). 2018년부터는 독바위보루에 대한 발굴조사가 진행되고 있다(화서문화재연구원, 2019; 2020).

그 밖에 안성천 유역에서도 안성 도기동산성(하문식 외, 2016; 기남문화재연구원, 2018)이 발굴되었으며, 금강과 미호천 유역에서 진천 대모산성(車勇杰·盧秉湜, 1996), 청주 정북동토성(충북대학교박물관, 2018), 세종 남성골산성(차용걸 외, 2004; 2008), 연기 나성(중앙문화재연구원, 2015), 대전 월평동유적(국립공주박물관, 1999; 李漢祥, 2000; 李浩炯·姜秉權, 2003) 등이 발굴되었는데, 대체로 5세기 후반경에 축조된 것으로 밝혀지고 있다.

2) 입지와 분포

남한 지역에서 조사된 고구려 성곽은 대략 50여 개소에 이르며, 향후 조사결과에 따라 유적의 수는 다소 증가할 것으로 생각된다. 성곽은 입지와 규모에 따라 평지성과 산성 및 보루로 구분되며, 임진강·한탄강 유역과 양주분지 일원, 한강 하류 유역의 아차산 일원, 금강 유역 등 크게 네 지역에 나뉘어 분포하고 있으며, 최근 안성천과 미호천 유역에서도 고구려 성곽이 조사되고 있다.

임진강은 함경남도 덕원군 일대에서 발원하여 마식령산맥을 따라 남행하다가 연천군 전곡읍 일대에서 한탄강과 합류한 후 서남쪽으로 흘러 판문점과 파주 일원에서 한강과 합류하여 황해로 유입된다. 한탄강과 합류한 임진강은 한반도 중부와 북부를 가로지르는 경계를 이루고 있어 남북 교통의 장애물이 되는 한편, 교두보 역할을 하고 있어 강을 따라 삼국시대 성곽이 밀집하여 분포한다. 경기도 연천군과 파주군 일대를 동서로 관통하는 임진강과 한탄강 유역에는 강을 경계로 20여 개소의 고구려 성곽이 분포하고 있으며, 이 중 호로고루, 은대리성, 당포성, 전곡리토성, 무등리1·2보루, 덕진산성은 발굴조사가 이루어졌다(그림4).

임진강·한탄강 유역의 성곽은 강 북안의 평지에 위치한 평지성과 강안의 낮은 봉우리에 위치한 보루로 구분되는데, 남한의 다른 지역에 비해 평지성이 많은 것이 특징이다. 호로고루, 은대리성, 당포성이 대표적인 평지성인데, 임진강으로 흘러드는 샛강과 임진강 사이에 형성된 삼각형의 강안대지에 축조하였다. 유적이 위치한 곳은 샛강에서 유입된 토사로 인해 수심이 낮은 여울목이 형성되어 도강이 유리한 지점

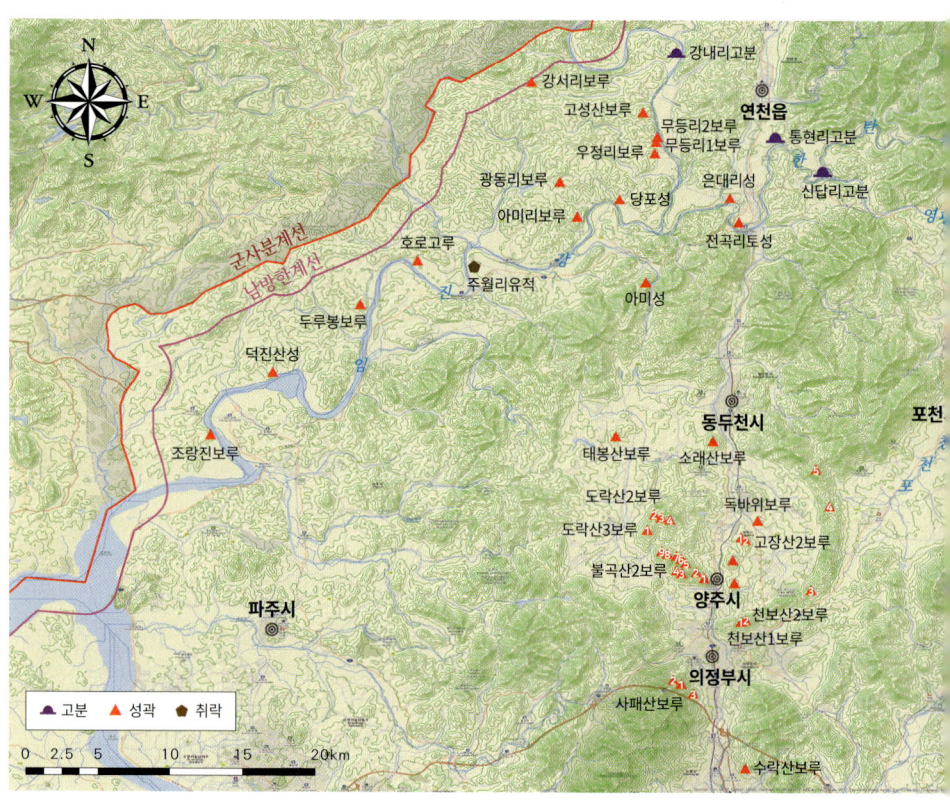

그림4 | 경기 북부지역 고구려 유적 분포도(ⓒ최종택)

이다. 또한 강 본류와 샛강으로 둘러싸인 두 면은 높은 현무암 절벽으로 이루어져 있어 견고한 방어시설이 필요치 않으며, 나머지 한 면에만 견고한 성벽을 쌓았다. 임진강 하류의 강 북안 언덕에 위치한 덕진산성은 평지성은 아니지만 입지는 유사한 특징을 공유하고 있다. 임진강 본류 좌안에 위치한 무등리1·2보루와 고성산보루, 우정리보루 역시 나지막한 봉우리에 위치하며 도강을 감제하기 유리한 곳에 위치하고 있다. 한편, 강서리보루처럼 해발 350m가 넘는 높은 곳에 배치된 성곽도 있으며, 광동리보루처럼 강에서 다소 떨어진 곳에 위치한 보루도 있는데 역시 도강을 위한 교두보나 도강을 차단하기 위한 방어 기능을 한 것으로 생각된다. 임진강 남쪽에 입지한 성곽은 아미성이 유일한데, 작은 지천을 두고 신라의 수철성과 마주 보고 있으며, 동두천의 소래산보루나 태봉산보루와 이어지는 남북 교통로를 확보하기 위한 교두보 역할을 한 것으로 추정된다.

한편, 임진강 남안의 백제 육계토성 내부의 주월리유적 백제 주거지에서 고구려 토기가 출토되었으며, 임진강 좌안의 강내리와 한탄강 북안의 통현리 및 신답리에서 고구려 고분이 조사되었고, 포천 성동리 신라 취락유적에서도 고구려 토기가 출토되었다. 주월리유적 출토 토기는 4세기 중·후반경으로 편년되고, 강내리고분은 5세기 후반경으로 편년되는데, 고구려의 임진강 유역 진출과 상실 과정을 이해하는 데 중요한 유적으로 평가된다.

양주분지는 지리적으로 임진강 유역과 한강 하류 지역의 가운데에 위치한 교통의 요충지로 28개소의 보루가 분포하고 있다(그림4). 이 중 태봉산보루, 천보산2보루, 독바위보루 등에 대한 발굴조사가 진행 중인데, 독바위보루도 당초 알려진 것과는 달리 크고 작은 두 개의 보루가 있는 것으로 조사되고 있다. 각각의 보루는 평지의 길목을 내려볼 수 있는 전망이 좋은 능선상의 봉우리에 위치하고 있다. 보루는 단독으로 입지하는 경우도 있으나 대부분은 능선을 따라 몇 개씩 연결되어 축조되어 있는데, 일정한 간격을 두고 선형으로 배치되어 있다.

양주분지 동쪽을 호형으로 둘러싸고 있는 천보산에는 5개의 보루가 위치하고 있으며, 분지 중앙부 서쪽의 도락산과 불곡산에도 각각 4개와 9개의 보루가 분포하고 있다. 분지 중앙부 동쪽으로는 독바위보루와 고장산1·2보루가 입지하며, 그 남쪽으로는 큰테미산보루와 작은테미산보루가 남북으로 배치되어 있다. 양주분지 북쪽의 동두천에는 태봉산보루와 소래산보루가 위치해 있는데, 이 두 보루는 임진강과 한탄강을 건너 남하하는 교통로의 입구에 입지하고 있다. 양주분지의 보루들은 양주분지를 둘러싼 형국을 취하고 있어서 남하하는 교통로뿐만 아니라 양주분지 전체를 방어하는 기능을 한 것으로 생각된다. 또한 천보산보루는 동쪽의 포천 방면에서 남하하는 교통로를 방어하는 기능도 한 것으로 추정된다. 또한 의정부 서남쪽 사패산에도 3개의 보루가 위치해 있으며, 그 동남쪽으로 서울 노원구에는 수락산보루가 위치해 있는데, 수락산보루는 다시 남쪽의 봉화산보루, 망우산보루와 이어진다. 양주분지 일원 보루의 규모는 대체로 둘레 100m 내외로 소규모이지만 서로 연결되어 거대한 방어기지를 구성하고 있다. 발굴조사가 진행 중이어서 자세한 사항은 알 수 없지만 양주분지의 보루는 남하하는 부대의 교통로를 확보하기 위한 전진기지의 기능과 북상하는 부대를 차단하기 위한 역할을 하였던 것으로 추정된다.

한강 유역은 한반도의 중심부로 남북 간 왕래의 통로인 동시에 넓은 들이 있고 황해로의 진출이 용이하여 지정학적으로 중요한 지역으로, 삼국시대에 들어와서는 이 지역을 차지하는 것이 국가의 흥망을 좌우할 정도로 중요한 위치를 차지하였다. 한강 북안의 아차산 일원에는 모두 22개소의 보루가 분포하고 있는데, 지금까지 7개의 보루가 발굴되었거나 조사가 진행 중이다.

아차산은 현재의 서울과 구리의 경계를 이루고 있는데, 서쪽으로 용마봉, 북쪽으로 망우산 등 주변 산지를 포함하여 아차산이라 부른다. 아차산 일대의 산줄기 좌우로 흐르는 중랑천과 왕숙천 유역에는 저평

그림5 | 아차산 일원의 지형과 고구려 보루 분포도
(배경지도는 1966년 국토지리정보원 항공사진, ⓒ최종택)

한 충적평야가 넓게 발달해 있어 육로교통에서 아주 중요한 위치를 차지하고 있다. 아차산은 해발 285m, 용마산은 해발 348m로 높지는 않지만 한강변에 위치하고 있어 산 위에 서면 서울시를 둘러싼 모든 산과 한강변의 경관을 조망할 수 있다. 특히, 아차산은 그리 높은 산지는 아니지만, 충적평야지대와 한강에 인접하여 위치하고 있어 주변 지역을 조망하는 데 있어서 최상의 위치라 할 수 있다. 아차산에서는 남으로 한강 남안의 풍납토성과 몽촌토성 일대가 한눈에 들어오며, 중랑천변과 왕숙천변을 이용한 육로를 조망할 수 있으며, 한강을 통한 적의 접근까지 조망할 수 있다. 이러한 까닭에 아차산은 고대부터 현대에 이르기까지 군사적으로 중요한 자리를 차지하고 있으며, 아차산 고구려 보루의 입지도 이러한 지리적·지형적 이점을 바탕으로 하고 있다(그림5).

삼국시대에 들어와 아차산 일원은 교통과 통신의 요충지로서 그 중요성이 더욱 부각되었다. 이 지역을 최초로 점유한 세력은 백제인데, 아단성(阿旦城)으로 비정되는 아차산성이 아차산에 위치해 있으며, 바로 한강 남안에는 한성기 백제의 도성인 풍납토성과 몽촌토성이 자리하고 있다. 몽촌토성 남쪽으로는 석촌동고분군, 방이동고분군, 가락동고분군 등이 있으며, 아차산 동쪽 한강 남안에는 미사리유적과 암사동유적 등 백제의 취락유적이 위치하고 있다. 475년 백제가 웅진으로 천도한 이후 이렇다 할 백제 유적은 확인되지 않으며, 고구려 유적이 주로 확인된다. 고구려 유적은 주로 관방유적으로 아차산 일원에는 21개소의 보루가 남아 있으며, 한강 남안의 몽촌토성도 한동안 고구려군이 재사용하였다. 551년에는 백제가 수복하였으나 553년 이후 이 일대는 신라가 차지하는데, 아차산성은 신라의 북한산성으로 사용되었으며, 동남쪽의 하남시에 위치한 이성산성은 신라가 새로 설치한 신주(新州)의 치소로 사용된 것으로 보인다. 그 밖에 아차산 서남쪽의 중곡동고분군과 아차산 일대의 고분군, 방이동고분군, 가락동고분군 등은 신라에 의해 축조된 것이다.

아차산 일원의 고구려 보루는 1994년 구리문화원에서 실시한 지표조사를 통해 구체적인 내용이 알려지게 되었다. 이후 1997년 실시된 발굴조사와 지표조사를 통하여 현재 아차산 일원의 보루는 모두 22개소로 확인된다. 그러나 조사 전에 파괴된 정립회관보루 등을 고려하면 더 많은 수의 보루가 있었을 것으로 추정된다. 일제강점기 조사에 따르면 아차산성 동북쪽, 현재의 워커힐호텔 경내 작은 구릉에도 보루가 있었던 것으로 추정되며, 홍련봉보루 서북쪽 400m 지점의 백련봉에도 보루가 있었던 것으로 추정된다. 그 밖에도 고양군 독도면의 광장리·

능리·중곡리·구의리 일대에 아차산성을 포함한 10개소의 성지와 봉수가 있었다고 하며, 양주군 노해면 상계리·중계리에 3개소, 중하리와 아천리 일대에도 5개소의 성지와 봉수가 있었다고 한다(강진갑 외, 1994). 실제로 발굴 과정에서 새로운 보루의 존재가 확인되기도 하는데, 2005년 아차산3보루 발굴조사 당시 아차산2보루 서쪽 능선 등산로에서 방앗간시설의 일부가 확인되어 아차산6보루로 명명된 바 있다. 또한 아차산3보루 바로 북쪽에도 석축시설이 확인되며, 아차산1보루 북쪽 등산로에서도 보루로 추정되는 지점이 확인되는 점 등으로 보아 향후의 조사성과에 따라서 더 많은 수의 보루가 확인될 가능성이 크다.

한편, 1970년대 말 강남의 잠실지구와 강북의 화양지구에 대한 개발이 이루어지면서 한강 본류와 지류가 정비되었는데, 1977년 구의동 보루가 발굴될 당시까지는 구 지형이 대체로 유지되었던 것으로 보인다(그림6). 개발 이전 아차산 남쪽의 한강은 두 줄기로 갈라져 잠실과 신천 일대를 둘러싸고 있었으며, 한강 본류의 폭도 50m 내외로 좁았다. 몽촌토성 북벽 쪽으로는 성내천이 곡류하고 있으며, 석촌동고분군 남서쪽으로는 탄천이 사행천을 이루고 있다. 또한 아차산의 서쪽으로는 중랑천이 여러 갈래로 나뉘어 흐르고 있으며, 아차산 동쪽으로는 왕숙천이 곡류하여 한강으로 유입된다. 암사동유적 북안의 동쪽과 남안의 서쪽 강변에는 넓은 모래톱이 형성되어 있으며, 하중도 형태를 띠고 있는 잠실과 신천 일대도 모래톱이 넓게 형성되어 있다.

아차산 좌우의 중랑천과 왕숙천 일대는 하천을 따라 남북으로 긴 평지를 이루고 있으며, 해발 50m 내외의 얕은 구릉을 제외하고는 지형적 장애물이 전혀 없다. 아차산 서북쪽 평지에는 해발고도 160m의 봉화산이 독립 구릉을 이루고 있는데, 여기에 보루가 설치되어 있으며, 조

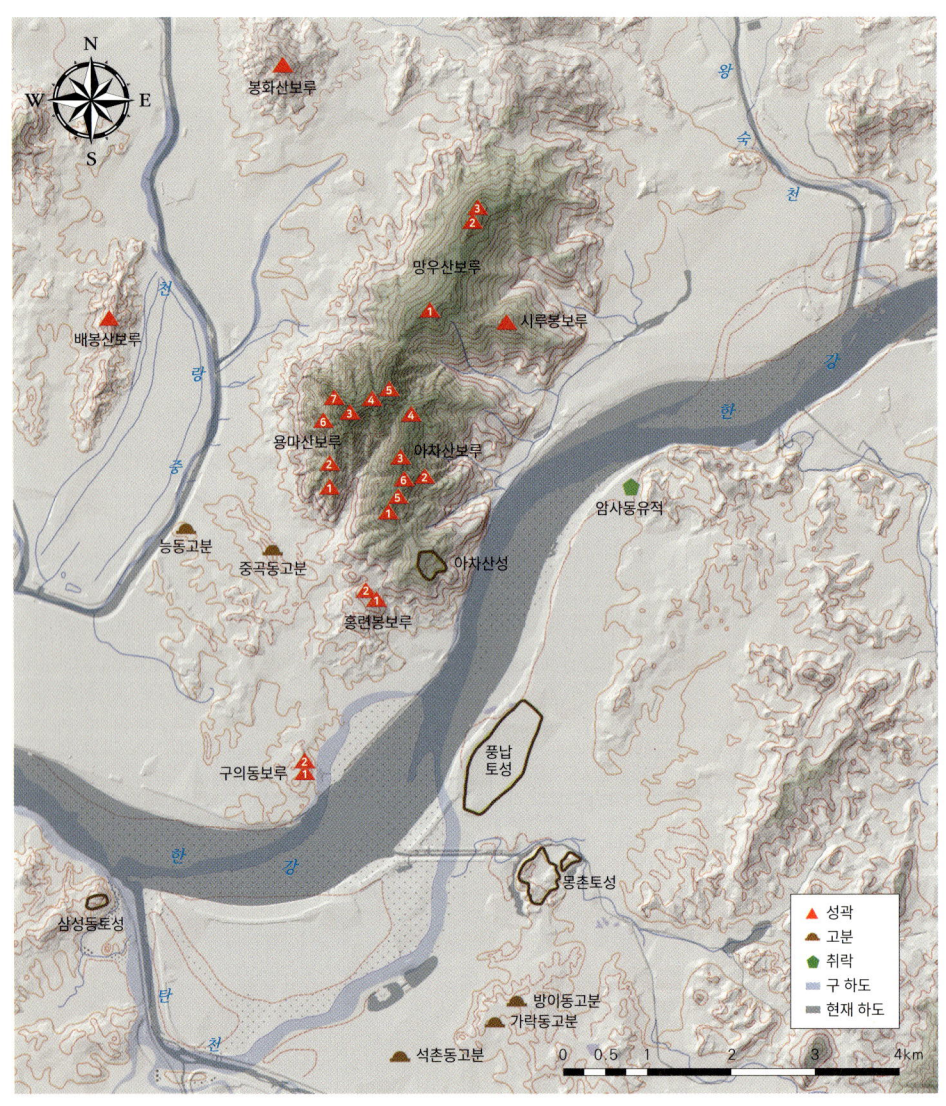

그림6 | 아차산 일원 고구려 보루 분포도(배경지도는 1972년 간행된 지도, ⓒ최종택)

선시대 아차산 봉수대가 이곳에 설치되었다. 최근 중랑천 좌안의 배봉산에서도 고구려 보루가 조사되었다. 아차산 서남쪽 중곡동고분군 남쪽에서 구의동보루 사이에는 얕은 구릉이 형성되어 있는데, 지형적 특성으로만 보면 이 일대에 또 다른 보루 등의 유적이 있었을 가능성이 크다. 반면에 아차산 일대에서 가장 높은 용마봉은 해발 348m, 아차산은 해발 285m 등이며, 그 자체로는 그리 높지 않으나 주변이 모두 평지인 탓에 비고가 높아 우뚝 솟은 느낌을 준다. 이와 같은 지형적 특성 때문에 아차산 좌우는 고대부터 남북 간 교통의 요충으로 활용되었으며, 아차산 일원에 설치된 보루도 이러한 지형적 요인을 고려하여 배치된 것으로 보인다.

아차산 일원의 보루는 입지에 따라 평지의 단독 구릉상에 배치된 것과 아차산 능선의 봉우리에 배치된 것으로 나뉜다. 단독 구릉에 입지하는 보루는 봉화산보루와 구의동1·2보루 및 홍련봉1·2보루 등 5기가 있으며, 구의동보루는 한강 바로 북안에 인접해 있어서 최전방 초소의 역할을 한 것으로 생각된다. 봉화산보루는 중랑천변 평지의 북쪽 끝에 위치하며, 북쪽의 수락산보루와 함께 양주 일대의 보루와 연락을 위한 보루로 추정된다. 홍련봉1·2보루는 아차산 능선의 최말단과 연결되는 지점에 위치하는데, 평지와 아차산 줄기가 만나는 중간지점에 해당한다. 한편, 아차산 줄기는 용마봉5보루 지점에 이르러 용마산 능선과 아차산 능선의 두 줄기로 갈라지는데, 각 능선에 6~7개의 보루가 배치되어 있으며, 시루봉보루는 동쪽으로 뻗어 내린 능선의 끝자락에 위치한다.

각각의 보루는 위치에 따라 감시대상지역의 차이가 있었던 것으로 보이는데, 주요 보루의 가시권역 분석결과에 잘 나타나 있다(최종택,

2013). 가장 북쪽의 단독 구릉에 위치한 봉화산보루는 아차산 서쪽 중랑천변 전역을 가시권역으로 하고 있는데, 구의동보루와 한강 이남 지역까지도 조망할 수 있으며, 망우산3보루 북쪽 능선이 잘린 지점을 통해 아차산 동쪽 일부 지점도 조망이 가능하다. 망우산보루 중 가장 높은 곳에 위치한 망우산2보루는 아차산 좌우의 평지를 모두 가시권역으로 하는데, 이는 보루가 남북으로 이어지는 좁은 능선에 위치하고 있기 때문이다. 망우산2보루에서는 봉화산보루와 시루봉보루는 물론이고 아차산2·3·4·6보루와 용마산3·4·5·7보루 등도 조망할 수 있다.

아차산과 용마산 줄기가 만나는 곳에 위치한 용마산5보루는 아차산 서남쪽 일부 지역과 한강 이남의 풍납토성 주변을 제외한 거의 모든 지역을 가시권역으로 하고 있다. 또한 용마산1·2·6·7보루와 아차산1·5보루를 제외한 나머지 보루 모두가 조망되는 좋은 입지를 가지고 있다. 아차산 일대에서 가장 높은 봉우리에 위치한 용마산3보루는 아차산 주변 전역을 가시권으로 하고 있으나, 아차산 능선의 동쪽 바로 아래 지역과 아차산성 건너편 지역은 조망할 수 없는 위치에 입지하고 있다. 용마산1보루는 아차산 서남쪽 일대를 가시권으로 하며, 구의동보루와 홍련봉보루, 아차산 능선의 보루들도 조망된다.

시루봉보루는 아차산 서쪽 왕숙천변 일대와 한강 이남의 풍납토성 및 몽촌토성 일대를 가시권역으로 하고 있으며, 망우산보루와 아차산2·3·4·6보루 및 용마산4·5보루를 조망할 수 있는 위치에 입지하고 있다. 아차산 능선의 최북단에 위치한 아차산4보루는 왕숙천변 평지와 한강 이남의 동쪽지역을 가시권역으로 하는 점에서 시루봉보루의 가시권역과 중첩된다. 그러나 아차산4보루에서는 아차산 서남쪽 한강 이남 지역을 조망할 수 있는 점에서 시루봉보루보다 넓은 지역을 조망할 수 있는 우월한 위치에 입지하고 있다. 아차산 능선 말단에 위치한 홍련봉1보루는 한강 이남 지역 전역과 서쪽 중랑천변 일부를 가시권역으로 하며, 구의동보루와 용마산1·2·3·4·5보루 및 아차산1보루를 가시권역 안에 두고 있다. 아차산일대보루 중 가장 남쪽의 한강변에 접하여 위치한 구의동보루는 얕은 구릉임에도 불구하고, 한강 이남 지역 전역과 북쪽의 봉화산보루까지 조망할 수 있는 좋은 위치에 입지하고 있다. 또한 구의동보루에서는 홍련봉보루는 물론 아차산과 용마산의 주요 보루를 조망할 수 있다.

이상에서 살펴본 바와 같이 아차산일대보루군은 각각의 위치에 따라 감시할 수 있는 대상지역에서 차이가 있으며, 보루를 축조할 당시 이러한 지형적 요건을 고려한 것으로 생각된다. 즉, 서쪽의 용마산 줄기를 따라 늘어서 있는 보루들은 주로 중랑천 일대를 감제하기 위하여 배치되었으며, 아차산 줄기의 보루들은 왕숙천변과 한강 이남의 감시를 위하여 배치된 것으로 보인다. 봉화산보루는 북쪽의 보루들과 연락을 위한 중간지점에 배치되었으며, 홍련봉과 구의동 일대의 보루들은 한강 이남과 한강의 수로를 조망하기 위하여 배치된 것으로 보인다. 또한 각 보루들의 가시권역은 서로 중첩되는 현상을 보이는데, 한강 이남 지역이 가장 많이 중첩되는 것으로 보아 한강 이남 지역을 주요 감제 대상으로 하였음을 알 수 있다. 한편, 구의동보루와 홍련봉보루는 각각 2기의 보루가 독립구릉에 쌍으로 배치된 점을 특징으로 하나 나머지 아차산 능선의 보루들은 일정한 거리를 두고 떨어져 있다. 구의동보루와 홍련봉보루는 직선거리로 2km가량 떨어져 있으나 능선의 보루들은 대략 400~500m가량 떨어져 있다. 용마산 능선의 보루들과 아차산 능선의 보루들은 마주 보고 있는데, 음성이나 수신호로 연락이 가능한 위치에 자리 잡고 있다. 각각의 보루는 독립적으로 위치하지만 선형으로 배치되어 있어 유기적인 관계를 가지고 있으며, 아차산 전체가 하나의 요새와 같은 기능을 할 수 있었던 것으로 이해된다.

한강 하류 지역 이남의 고구려 성곽은 호서 지역의 미호천과 금강 유역에 주로 분포하는데, 최근 안성천 남안에 위치한 도기동산성이 조사되는 점으로 미루어볼 때 향후 경기 지역에서도 고구려 성곽이 추가로 조사될 가능성이 크다. 금강 유역에는 세종 남성골산성, 세종 나성 등이 있으며, 금강의 지류인 갑천변에도 월평동산성[2]이 위치하고 있다. 또한 북쪽으로는 금강의 지류인 미호천을 따라 진천 대모산성과 청주 정북동토성이 위치하고 있다(그림7). 호서 지역의 고구려 성곽은 다른 지역과는 달리 규모가 큰 성이 밀집 분포하지 않고 단독으로 분포한다는 점에서 분포상의 차이가 있다. 또한 성곽이 위치한 지역은 육로나 수로를 이용한 교통의 결절점에 해당하는데, 남성골산성이 위치한 곳은 금강 뱃길의 최상류에 해당하며, 고대는 물론 조선시대까지 교통과 물류의 중심지 역할을 하였다. 호서 지역의 성곽은 출토유물의 편년에 따르면 5세기 후반경에 해당하며, 구체적으로는 475년 고구려의 한성 공함 이후 남하하는 과정에 축조된 것으로 추정된다. 즉 한성에서 성남, 용인, 화성 지역을 따라 남하한 고구려는 안성 도기동산성과 진천 대모산성을 거쳐 차령산맥을 넘은 뒤 청주 정북동토성을 거쳐 청원 남

---

2 대전 월평동산성은 사비시기 백제가 축조한 석성으로 알려져 있으나, 백제 성벽 기저부에서 수혈유구와 고구려 토기가 확인되고, 바로 인접한 능선의 월평동유적에서 고구려 성벽과 수혈유구 등이 확인되어 백제 산성이 축조되기 전에 고구려 성곽이 있었던 것이 확인되었다. 이 글에서 언급하는 월평동산성은 기존에 월평동유적으로 불린 곳으로 백제가 축조한 성곽과 구별되는 것이다(崔鍾澤, 2016).

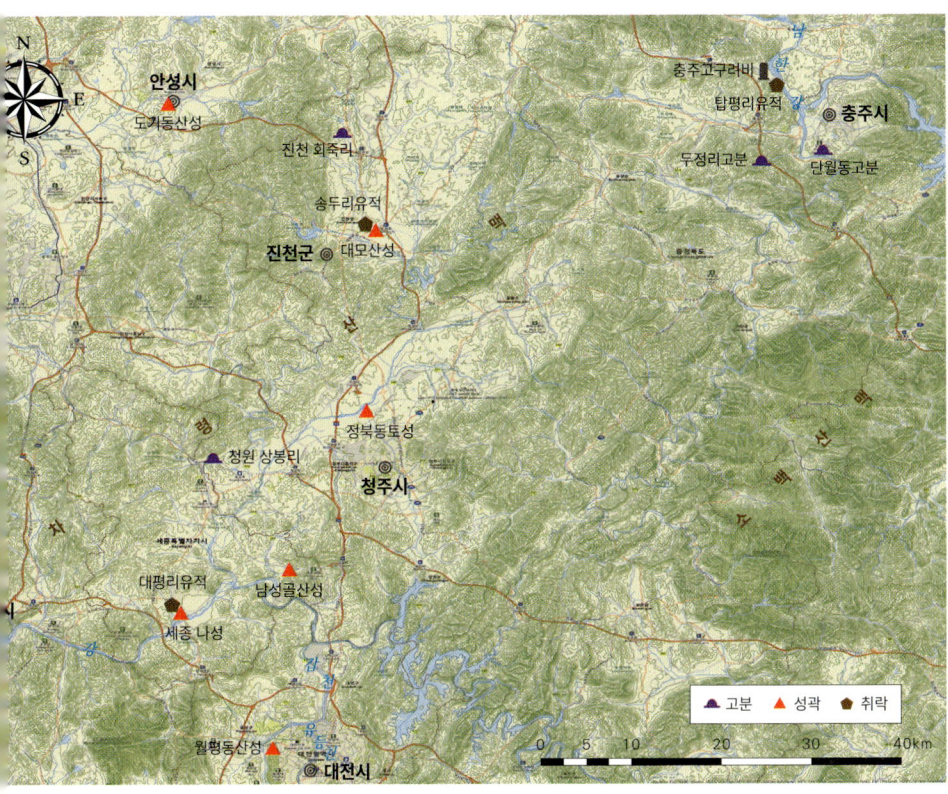

그림7 | 호서 지역 고구려 유적 분포도(ⓒ최종택)

성골산성과 세종 나성 등 금강 유역에 이르러 백제의 웅진도성을 바로 외곽에서 압박한 것으로 보인다. 한편, 5세기 후반 고구려 남하 경로로 추정되는 지역인 성남 판교동, 용인 보정동, 용인 신갈리, 화성 청계리, 오산 궐동 등지에서 고구려 고분이 발굴되었으며, 용인 마북동 등 고구려 취락유적도 조사되고 있다.

3) 구조

남한 지역의 고구려 성곽은 평지성과 산성 및 보루로 구분된다. 평지성은 임진강 북안의 호로고루, 당포성과 한탄강 북안의 은대리성, 전곡리토성 및 미호천 유역의 정북동토성 등이 있다.[3] 호로고루, 은대리성, 당포성은 강 본류와 지류 사이에 형성된 삼각형 지형에 축조한 탓에 성의 평면형태는 삼각형이며 강에 접한 단애면에는 성벽을 쌓지 않고, 나머지 한쪽 면에만 성벽을 쌓았다. 성의 둘레는 은대리성이 1km가량으로 가장 크고, 당포성은 728m, 호로고루는 400m가량 된다. 전곡리토성은 목책만 일부 조사되어 전체적인 형태는 알 수 없지만, 앞에서 살펴본 3성과는 다른 형태이다. 한편, 세종 나성은 금강 북안의 나지막한 구릉에 위치한 토성으로 엄밀히 평지성이라 할 수는 없으나 입지와 축조방법에 있어서 평지성과 같은 특징을 공유하고 있다.

산성은 파주 덕진산성, 연천 아미성과 안성 도기동산성, 진천 대모산성, 세종 남성골산성, 대전 월평동산성 등이 있는데, 덕진산성과 도기동산성, 대모산성, 남성골산성은 내성과 외성으로 구성되어 있다. 산성의 규모는 도기동산성이 둘레 2km가량으로 가장 크고, 대모산성이 1.25km, 덕진산성 외성이 948m, 남성골산성이 700m가량이며,

---

3 청주 정북동토성은 미호천과 무심천 합류지점 바로 동쪽의 미호천 남안에 위치한 방형 토성으로 토성 바깥쪽으로 해자가 설치되어 있으며, 동서남북 네 곳에 문지가 있고, 둘레는 675m이다. 정북동토성은 원삼국시대 이후 목책성으로 축조되었다가 토성으로 개축된 것으로 통일신라시대까지 여러 차례 수·개축이 반복된 것으로 보인다(충북대학교박물관, 2018). 최근 발굴조사에서 해자가 폐기된 후의 퇴적층에서 5세기 후반경의 고구려 토기가 출토되었으나 고구려가 정북동토성을 사용할 당시의 모습은 정확히 밝혀지지 않고 있다. 이 때문에 현재의 자료상으로는 정북동토성과 같은 평지의 방형 토성을 남한 지역 고구려 성곽의 한 유형으로 설정하기 어렵다.

아미성은 363m로 가장 작다. 성벽은 도기동산성과 남성골산성의 외성은 목책성이고, 대모산성은 토성이며, 덕진산성과 월평동산성은 토심석축성, 아미성은 석성 등으로 다양하다.

보루는 임진강·한탄강 북안과 양주분지, 한강 북안의 아차산 일원에 집중적으로 분포하며, 규모는 양주분지의 고장산2보루나 큰테미산보루와 같이 둘레 500m를 넘는 것도 있으나 대부분은 둘레 300m 이내의 작은 규모이다. 전면적인 발굴조사가 이루어진 아차산 일원의 보루를 보면, 외곽의 해자와 성벽과 치 등 방어시설, 내부의 건물지와 저수시설, 저장시설 및 배수시설 등이 기본적인 구조이며, 보루별로 단야시설과 방앗간 등을 갖추고 있다(그림8).

남한 지역 고구려 성곽의 성벽은 목책성과 토성, 토심석축성 및 석성 등으로 구분되는데, 토성은 세종 나성 등 매우 적은 사례만 확인되고, 순수한 석성은 아미성 등에서만 확인된다. 목책성은 가장 먼저 사용된 것으로 호로고루의 토심석축성 아래층에서 목책성이 확인되었으며, 도기동산성과 남성골산성의 외성도 목책성으로 확인된다. 목책성은 안팎으로 일정한 거리를 두고 2열의 목책렬을 세운 것으로, 남성골산성의 경우와 같이 외곽 목책렬 안쪽에 보조 기둥을 세운 주열이 1열 추가되기도 하고, 바깥쪽 목책렬 하단부를 석축으로 보강하기도 하였다. 도기동산성에서는 목책 바깥쪽에 토낭을 쌓아 기단부를 구축한 사례도 확인된다(기남문화재연구원, 2018).

토심석축성은 남한 지역에서 가장 일반적으로 성벽을 구축하는 방법인데, 임진강·한탄강 유역의 대부분 성곽과 아차산 일원의 보루는 모두 같은 방식으로 축조된 것으로 확인된다. 월평동산성에서도 토심석축성이 확인되고, 토성으로 보이는 진천 대모산성도 원래는 같은 토

그림8 | 홍련봉2보루 유구 배치도(ⓒ한국고고환경연구소)

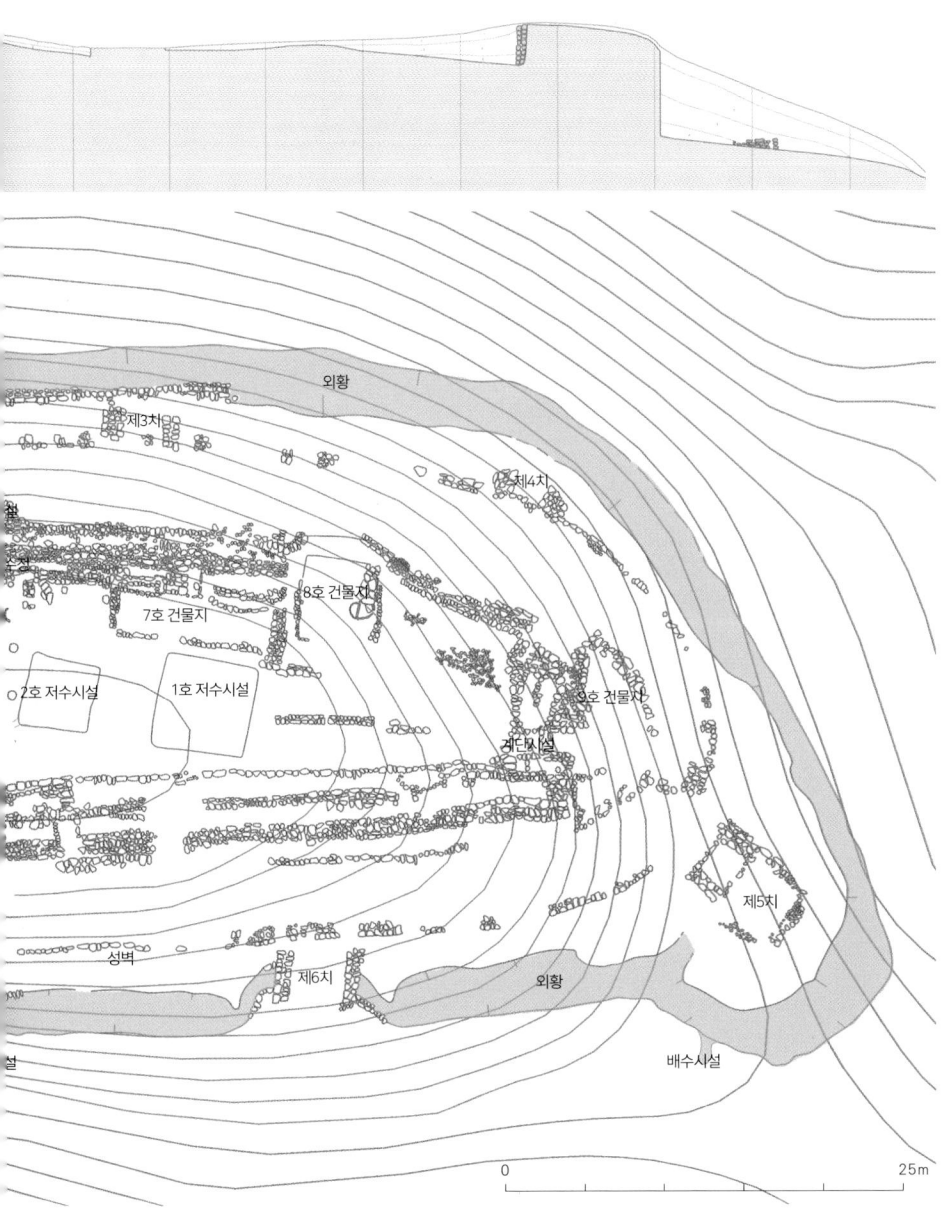

그림9 | 호로고루 성벽 전경
(ⓒ한국토지박물관)

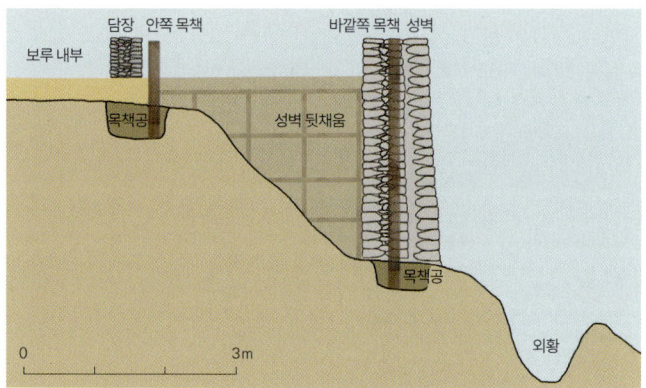

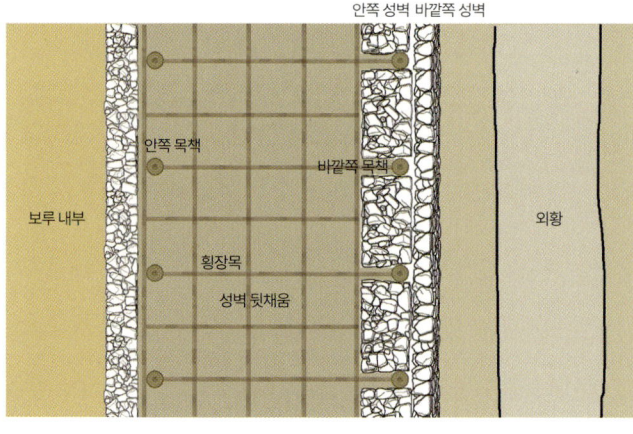

그림10 | 아차산 고구려 보루 성벽 구조 개념도

심석축성이었던 것으로 추정된다. 토심석축성은 먼저 내외 2열의 영정주를 세운 후 이를 종장목과 횡장목으로 엮은 후 내부는 점토로 다져 토축부를 축조하고, 그 바깥쪽으로 1~2겹의 석축 성벽을 쌓았다(그림 9, 10). 그래서 성 외부에서는 석축 성벽만 보이게 되지만 바깥쪽 성벽이 무너지면 토축부에 기대어 쌓은 1차 석축부에 일정한 간격의 영정주 기둥 홈이 드러나게 된다. 규모의 차이가 있지만 같은 형태의 기둥 홈은 평양의 대성산성에서도 확인된다. 한편, 호로고루와 당포성에서는 토축부 바깥쪽의 1차 석축 성벽의 기둥 홈 바닥에서 확돌이 조사되었는데, 석축을 쌓기 위한 가설목을 고정하여 성벽을 견고하게 유지해주는 구조물의 기능을 한 것으로 추정된다(심광주, 2018).

성곽의 내부에는 여러 기의 건물과 저수시설 및 배수시설 등이 설치되었다(그림11). 병사들의 막사로 사용된 건물들은 일부 움집 형태도 있지만 대부분은 지상 건물이다. 방형이나 장방형으로 돌과 점토를 섞어 쌓은 담장식 벽체에 맞배식 지붕을 덮은 구조로 대부분 5×7m 내외의 크기이다. 건물지 내부에는 온돌이 설치되어 있는데, 온돌은 고래가 하나뿐인 이른바 '쪽구들'로서 판석을 세워서 벽체를 만들고, 그 위에는 납작하고 긴 판석으로 뚜껑을 덮은 뒤 짚을 섞은 흙으로 미장한 형태이다.

성곽의 내부에는 1~2기의 저수시설을 갖추고 있다. 저수시설은 풍화암반토를 방형으로 굴토하여 만들었으며, 벽체와 바닥에는 뻘을 채워 방수 처리를 하였다. 벽체에는 통나무를 쌓아가며 뻘을 채웠으므로 사용할 당시에는 통나무가 노출되어 벽체의 역할을 하였을 것으로 보인다. 저수시설의 규모는 약간씩 차이가 있으나 저수 용량이 비교적 일정한 것으로 보아 보루의 규모에 따라 확보해야 할 저수 용량이 정해져 있었던 것으로 보인다.

그림11 | 아차산 고구려 보루 내부 시설물(ⓒ한국고고환경연구소)
1. 온돌 2. 배수시설 3. 방앗간 4. 건물지 5. 저수시설 6. 단야로 7. 소성유구

그 외에도 보루의 특징에 따라 여러 시설물이 설치되었다. 아차산4보루와 용마산2보루 및 아차산3보루의 경우 단야시설이 설치되어 있어서 철기류에 대한 간단한 수리 정도는 직접 수행하였던 것으로 추정된다. 홍련봉2보루에서는 토기 소성과 관련된 시설이 확인되었으며, 아차산3보루와 홍련봉2보루에서는 지하식 저장고가 확인되기도 하였다. 또한 아차산3보루에서는 방앗간이 확인되었는데, 방아확과 볼씨가 함께 배치된 상태로 발굴되었다. 이러한 각종 시설물로 보아 이들 보루에 주둔한 고구려군은 다양한 기능을 수행할 수 있는 병사로 구성되었으며, 출토된 철제농공구들은 이들이 평상시에 농사와 같은 생업에 종사하였음을 보여준다.

4) 편년

역사적인 상황을 고려할 때 남한 지역 고구려 관방유적은 고구려가 본격적으로 남진을 시도한 4세기 말 이후에 축조된 것이다. 그러나 출토된 토기류의 제작기법과 형태적인 특징을 고려할 때 지역별 또는 유적별로 축조시점과 사용기간에 상당한 차이가 있다.

지금까지 가장 많은 연구가 이루어진 한강 유역의 경우 고구려 토기의 대표적인 기종인 구형호류에 대한 형식 변천에 따르면 아차산 일원 보루에서 출토된 구형호류는 6세기 전반으로 편년된다. 반면에 몽촌토성에서 출토된 사이장경옹(나팔입항아리)의 경우 형태적 특징으로 보아 5세기 후엽으로 편년된다. 또한 홍련봉2보루에서는 520년에 해당하는 '경자(庚子)'명 토기가 출토되어 이러한 연대관의 명확한 근거가 되고 있다(그림12). 이러한 토기류의 편년에 의하면 475년 백제의 수도

그림12 | 홍련봉2보루 출토 경자명 토기 (ⓒ최종택)

한성을 공함한 고구려군은 500년 무렵까지 한강 이남의 몽촌토성에 주둔하였으며, 한강 북안의 아차산 일원 보루는 500년 무렵에 축조되어 551년까지 존속한 것으로 편년된다.

또한 남한 지역 성곽에서 출토된 토기류는 제작기법과 형태적 특징을 기준으로 크게 두 유형으로 구분된다. 첫 번째 유형은 표면이 흑색이 많고, 태토에 모래가 섞여 있으며, 표면에 점열문이나 중호문 등이 시문된 것이고, 두 번째 유형은 표면이 황색이고, 태토는 모래가 섞이지 않은 니질이며, 문양이 시문되지 않은 것이다. 한강 유역 고구려 토기의 편년에 따르면 전자는 5세기 중엽 이후 500년 무렵까지로 편년되며, 후자는 500년 이후 6세기 중엽까지로 편년된다.

임진강과 한탄강 유역의 성곽들은 두 유형이 모두 있으며, 일부 유적에서는 더 늦은 시기의 토기류가 출토되고 있으므로 5세기 중엽 이후 축조되어 일부는 7세기 중엽까지 사용된 것으로 생각된다. 양주분지의 관방유적은 발굴된 사례가 부족하여 자세히 알기 어려우나 천보산2보루 출토 토기류를 통해 볼 때 5세기 중엽 이후에 축조된 것으로 생각된다.

반면에 남성골산성을 비롯한 금강 유역의 관방유적에서는 첫 번째 유형의 토기류만 출토되어 비교적 짧은 기간 동안 존속했던 것으로 생각된다. 토기류의 연대관과 역사적 상황을 고려할 때 475년 이후 축조되어 500년 무렵까지 존속했던 것으로 추정된다.

2. 고분

1) 조사연구현황

남한 지역에서 고구려 고분이 처음 확인된 것은 1916년의 일이지만 간단한 현지조사를 통해 존재가 확인된 것으로 별다른 관심을 끌지 못하였다(朝鮮總督府, 1916). 이후 1980년대 초반 춘천 방동리(金元龍, 1981)와 신매리(趙由典, 1987)에서 고구려계 석실분이 조사되었으나 고분 내부에서 유물이 출토되지 않아 이를 고구려 고분으로 특정할 만한 근거가 없어 더 이상의 논의가 이루어지지 못했다. 1990년대 들어와 방동리고분에 대한 재조사가 이루어졌고(盧爀眞·沈載淵, 1993), 춘천 만천리에서도 유사한 구조의 석실분이 조사되었다(翰林大學校博物館, 2000). 이를 통해 남한 지역 고구려 고분의 존재 여부에 대한 관심이 증폭되었지만 확실한 유물이 출토되지 않는 상황에서 논의의 진전은 이루어지지 못하였다. 이어 2000년대 초반 연천 신답리(김상익·김충배, 2003), 춘천 천전리(江原文化財研究所, 2008), 홍천 역내리(강원문화재연구소, 2005), 가평 신천리(이재설 외, 2009) 등지에서 고구려계 석실분이 잇달아 발굴되었으나 역시 고구려 고분으로 특정할 만한 유물은 출토되지 않아 연구는 답보상태에 머무를 수밖에 없었다.

그러던 중 2007년 봄 용인 보정동에서 2기의 석실분이 발굴되었는데, 각 고분에서 철제 관정 및 관고리와 함께 확실한 고구려 토기 심발과 흑색마연토기 구형호가 1점씩 출토되었다(이희수 외, 2009). 같은 해 성남 판교동(韓國文化財保護財團, 2012), 홍천 철정리(江原文化財硏究所, 2010), 충주 두정리고분군(김병희 외, 2010)이 발굴되었으며, 두정리고분군에서도 고구려 토기가 출토되었다. 2008년에는 화성 청계리고분(한백문화재연구원, 2013b)이 조사되었으며, 역시 고구려 토기가 출토되었다. 2010년에는 연천 강내리에서 9기의 고분이 3기씩 열상으로 배치되어 발굴되었으며, 고구려 토기와 함께 관정, 관고리, 금동제품 등이 출토되었고(김병모 외, 2012), 화천 거례리에서도 1기의 고분이 조사되었다(한백문화재연구원, 2013a).

이처럼 2007년 이후 고구려 토기가 출토되는 고분의 발굴 사례가 증가하면서 남한 지역 고구려 고분의 존재가 명확해졌다(그림13). 또한 고구려 토기가 출토되는 모든 고분이 장방형 묘실에 우편재 연도를 특징으로 하고 있으며, 삼각고임방식의 천정 가구와 회칠로 마감한 묘실 벽체 등 전형적인 고구려 고분의 특징적인 속성을 공유하고 있음이 확인되었다. 아울러 유물이 출토되지 않는 고분도 이러한 고구려 고분의 특징을 모두 또는 일부를 공유하고 있으며, 백제나 신라의 석실분과는 구조적인 측면에서 일정한 차이가 있다(崔鍾澤, 2011).

2) 입지와 분포

지금까지 남한 지역에서 조사된 고구려 고분은 14개 지역에 걸쳐 35기에 달하는데,[4] 입지와 분포에 있어서 특징적인 속성을 공유하고

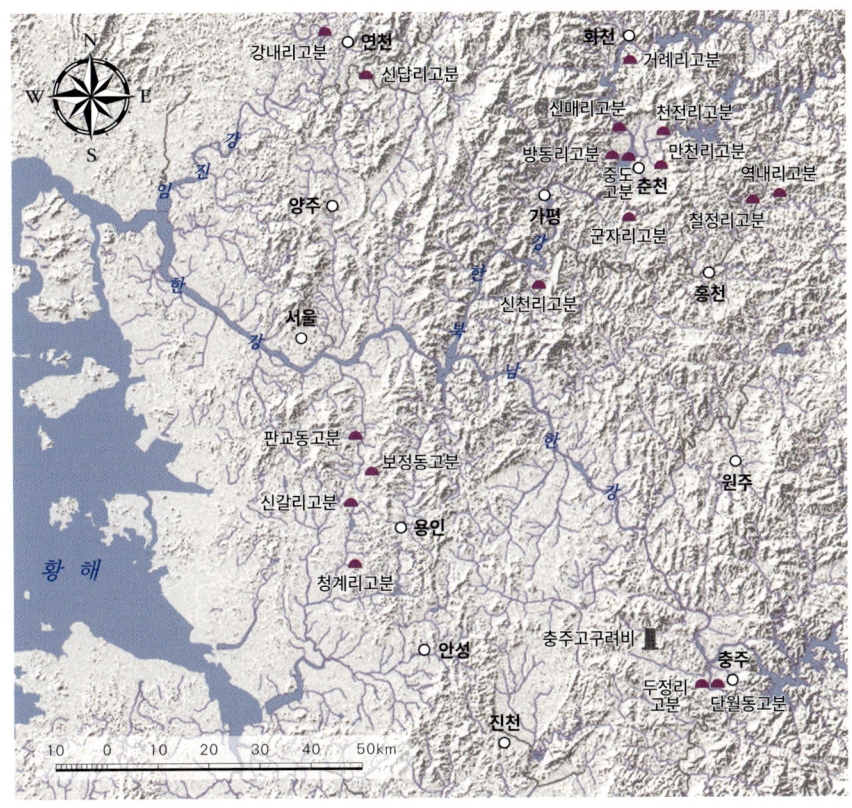

그림13 | 남한 지역 고구려 고분 분포도(ⓒ최종택)

있다. 남한 지역 고구려 고분은 임진강·한탄강, 북한강 상류, 남한강 상류 등 큰 강가에 위치하거나 성남, 용인, 화성 등지의 내륙에 분포하고 있는데, 내륙에 분포하는 경우에도 하천에 인접해 있어서 강가의 저평한 지역에 입지하는 특징을 공유하고 있다(그림13).

---

4 2011년까지 조사·보고된 수이며(崔鍾澤, 2011), 이후 용인 신갈, 춘천 중도 등에서 고구려 고분이 추가 조사되어 남한 지역에서 조사된 고분은 67여 기에 달한다(최병현, 2015).

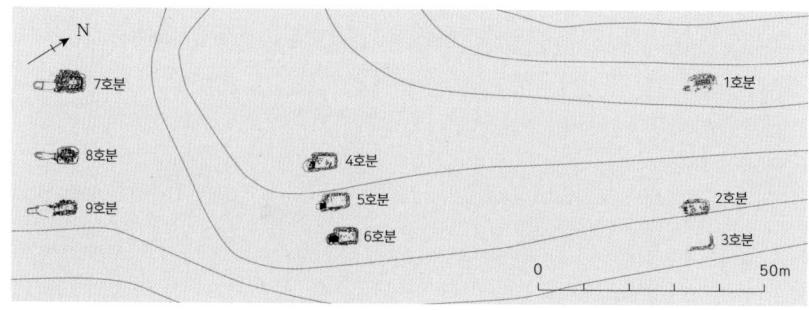

그림14 | 연천 강내리고분군 배치도(ⓒ김병모 외, 2012, 50쪽, 도면3 재편집)

세부적으로 보면 남한 지역 고구려 고분의 입지는 구릉 말단부나 곡부, 강가의 충적대지로 구분된다. 화천 거례리고분, 홍천 철정리고분, 춘천 천전리고분은 강가의 충적대지에 입지해 있어 일반적인 고구려 고분의 입지를 충실히 따르고 있다. 나머지 대부분의 고분은 구릉 말단에 입지하고 있는데, 구릉 말단이라고는 하나 경사가 완만하며, 두정리고분군을 제외하면 해발고도가 100m 미만의 저평한 완사면에 위치해 있다. 또한 강내리고분군은 강가의 충적대지와 이어지는 곳에 위치해 있으며, 보정동고분, 신답리고분 역시 강과 인접한 구릉 말단의 저평한 완사면에 위치해 있다. 한편, 춘천 신매리고분과 방동리고분, 만천리고분, 판교동고분 역시 구릉 말단에 위치해 있으나 다른 고분들보다는 다소 경사가 급한 사면에 위치하고 있으며, 보정리 소실 21호분과 청계리고분 역시 구릉 말단의 비교적 경사가 급한 곡부 사면에 위치해 있다. 일반적으로 고구려 고분은 충적대지나 구릉 말단의 완사면에 위치하지만 비교적 경사가 급한 사면이나 곡부에 위치하는 경우도 있으므로(김일성종합대학 고고학및민속학강좌, 1973) 남한 지역 고구려 고분 역시 입지에 있어서 동일한 특징을 공유하고 있다고 할 수 있다.

남한 지역 고구려 고분은 1기 또는 2~3기가 분포하는 경우가 대부분이다. 그러나 충주 두정리고분군은 5기가 한 줄로 배치되어 있으며, 연천 강내리고분군은 9기의 고분이 3기씩 열을 지어 배치되어 있어 열상으로 군집을 이루며 분포하는 고구려 고분의 일반적 특징을 잘 보여준다(그림14). 이상과 같이 남한 지역 고구려 고분은 큰 강이나 작은 하천 변의 충적대지나 구릉 말단 완사면에 입지하며, 이는 북한 지역이나 중국 동북지방 고구려 고분의 입지와 같다. 또 두정리고분군이나 강내리고분군에서 보는 바와 같이 여러 기의 고분이 열상으로 배치되는 점도 고구려 고분의 일반적인 특징과 동일하다. 이는 남한 지역의 고구려 고분이 비교적 넓은 지역에 걸쳐 소수로 분포하기는 하지만 입지와 분포에 있어서 일정한 규칙에 따라 축조되었음을 보여주는 증거이다.

3) 구조

남한 지역에서 조사된 고구려 고분 중 구조가 모두 확인된 예는 연천 신답리1호분이 유일하다. 그러나 대다수의 고분은 천정부를 제외한 묘실의 일부 또는 전체가 확인되어 봉분을 제외한 나머지 구조를 파악하는 데 어려움이 없다.

(1) 봉분

대부분의 고분은 봉분이 남아 있지 않으나 연천 신답리1호분과 춘천 천전리고분, 홍천 철정리2호분, 춘천 방동리고분 등에서 봉분의 형태 또는 관련된 구조가 확인되었다. 신답리1호분은 봉분이 비교적 완전한 형태로 발굴되었는데, 평면형태는 원형으로 보고되었으나 원래 방형

그림15 | 남한 지역 고구려 고분 평면도

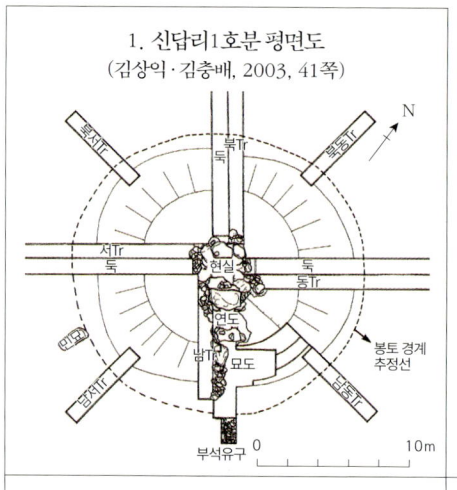

1. 신답리1호분 평면도
(김상익·김충배, 2003, 41쪽)

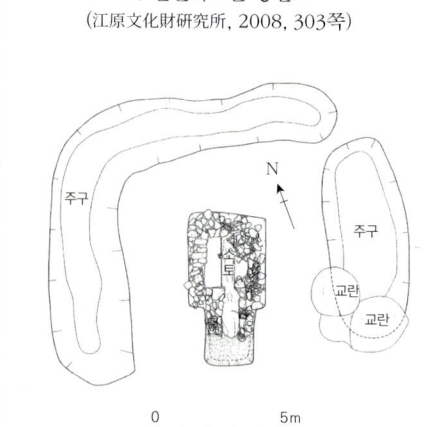

2. 천전리고분 평면도
(江原文化財研究所, 2008, 303쪽)

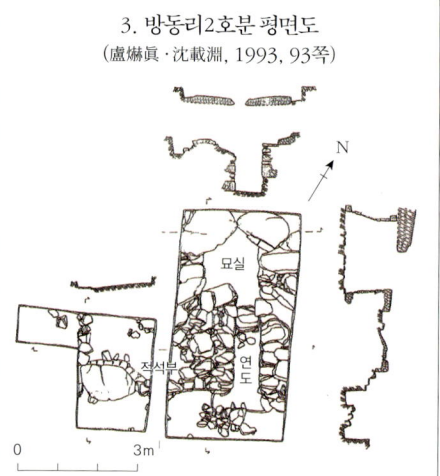

3. 방동리2호분 평면도
(盧爀眞·沈載淵, 1993, 93쪽)

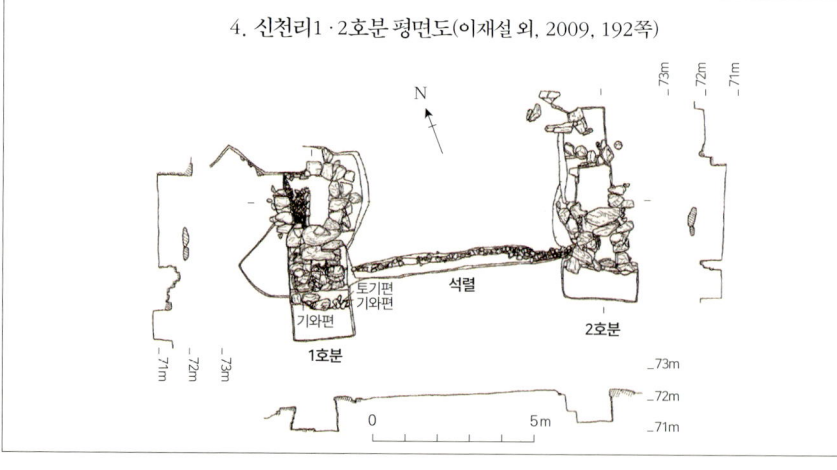

4. 신천리1·2호분 평면도(이재설 외, 2009, 192쪽)

이었을 가능성이 크다(그림15-1). 봉분은 석실의 축조와 동시에 이루어졌는데, 회흑색점토질의 기반토층 위에 황갈색·갈색·회갈색의 점토와 사질점토를 겹겹이 다져 쌓았다. 규모는 동서 19.4m, 남북 19m이고, 잔존하는 높이는 3m이나 원래 높이는 4m 내외로 추정된다(김상익·김충배, 2003).

천전리고분과 철정리2호분은 묘실 외곽에서 주구가 확인되었다(그림15-2). 구조가 잘 남아 있는 천전리고분의 경우 묘실 입구 쪽은 주구가 없는 'ㄷ'자 형태이고, 주구의 폭은 1.85~3.2m, 깊이는 0.4~0.75m 가량 된다(江原文化財硏究所, 2008). 또한 철정리2호분 역시 연도 쪽이 터진 'ㄷ'자형 주구가 설치되어 있다(江原文化財硏究所, 2010). 일반적으로 고구려 고분에는 주구가 설치된 예가 없으나 평안남도 대동군 고산리7호분과 대보면7호분과 같이 봉분 외곽에 구가 확인되는 예가 있어서[5] 주구를 남한 지역에서만 보이는 특수한 시설이라고 하기는 어렵다. 한편, 구조상으로 보면 주구 안쪽에 봉분이 설치된 것이 분명한데, 천전리고분의 동서 주구 사이 폭은 8m, 철정리2호분은 5m가량 되므로 봉분의 규모는 이와 비슷한 크기로 추정할 수 있다. 주구의 형태로 보아 천전리고분의 봉분은 방대형이었을 것으로 추정된다(그림15-2). 그 밖에 방동리2호분은 묘실 외곽으로 방형 적석부가 설치되어 있으며(그림15-3), 가평 신천리고분군에서도 1호분과 2호분의 연도부를 연결한 석렬이 확인되었는데(그림15-4), 봉분의 유실을 막기 위한 시설로 추

---

5 고산리7호분은 고분의 북쪽에 선명하게 주구가 남아 있으며, 대보면7호분의 경우 폭의 차이는 있으나 방대형 봉분의 기저부를 따라 주구가 확인된다(梅原末治, 1938, 도판 6, 30). 보고서에는 이에 대한 자세한 설명이 없으나 거의 완전한 형태로 봉분이 잔존하는 것을 고려하면 고분 축조 시 설치된 주구일 가능성이 크다.

정된다(이재설 외, 2009).

(2) 묘실의 위치와 축조방식

남한 지역에서 조사된 고구려 고분의 묘실 위치는 지상식과 반지하식이 있는데, 반지하식이 많다. 지상식은 지면을 정지하고 바로 묘실을 구축한 것과 경사지의 높은 면을 'ㄴ'자 형태로 파내고 묘실을 축조한 것으로 구분된다. 축조 과정이 잘 밝혀진 신답리1호분의 경우를 보면 약간의 굴곡이 있는 기반토 위에 입자가 곱고 점도가 높은 회흑색점토를 6~30cm 두께로 다진 후 묘실을 축조하였으며, 벽석을 놓은 후 벽석 뒷면의 공간을 동시에 점토로 채우며 벽체를 구축하였다(그림16 아래). 판교동1·2호분은 경사진 지형의 풍화암반을 깎아 정지하였으며, 낮은 지점은 사질점토를 채운 후 다시 벽체를 축조하였다(韓國文化財保護財團, 2012).

반지하식은 벽체의 일정 높이까지만 굴광을 한 후 축조한 것으로 대부분의 경우가 이에 해당된다. 굴광의 깊이는 보통 벽체의 3~5단 정도 높이까지 이르며, 잔존 깊이는 충주 두정리2호분의 경우 39cm가량 된다. 천전리고분의 경우는 묘실과 연도부 모두를 굴광한 후 축조하였는데, 석축 구조의 연도부 외곽까지 굴광이 이어져 묘도와 같은 구조를 하고 있다(江原文化財硏究所, 2008). 화천 거례리고분 역시 연도부까지 굴광하였으며, 연도부 외곽까지 자갈이 깔려 있어 묘도 역할을 한 것으로 보인다(한백문화재연구원, 2013a). 반지하식 고분의 입지는 구릉 말단 완사면이나 충적대지를 구분하지 않으며, 특히 충적대지에 축조된 고분 모두가 반지하식 구조를 하고 있다. 이러한 현상은 상식적으로 이해하기 어려운 점이 있으나 묘실의 기초를 견고하게 하려는 의도에서

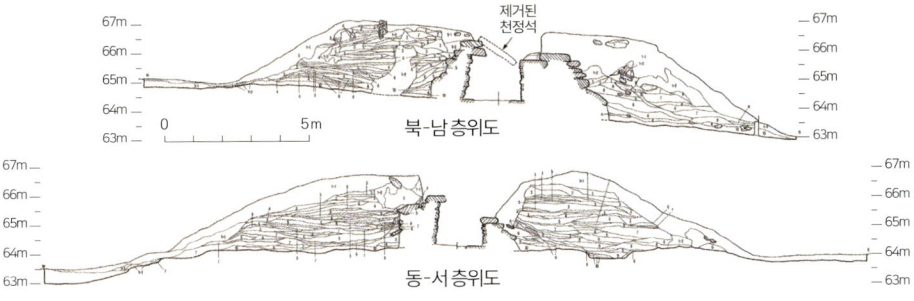

그림16 | 연천 신답리고분 전경(위, ⓒ최종택) 및 1호분 층위도(아래, ⓒ김상익·김충배, 2003, 61쪽)

비롯된 것으로 생각된다.

    묘실의 축조재료는 크기나 형태에 있어서 다소 차이가 있으나 기본적으로는 판석형 할석을 사용하였다. 묘실 벽체는 동시에 축조하였는데, 장방형의 석재를 가로로 눕혀서 쌓았으며, 할석 사이에 생긴 공간에는 작은 돌을 채워 넣는 것이 일반적이었다. 일부 고분은 할석 벽체에 회반죽을 발라서 마감하였는데, 신답리1호분과 천전리고분은 바닥까지 회를 발라 마감하였다. 신매리고분의 경우는 벽체를 축조할 때 할석 사이에 회를 놓고 쌓아올려서 다른 고분과 축조방식에서 차이를 보인다. 또, 강내리고분군의 경우 벽체에 점토를 발라 마감한 것이 있는데, 회반죽으로 마감하는 것과 같은 맥락으로 볼 수 있다. 한편, 벽체를 1매의 커다란 판석으로 마감한 예가 하나 있다. 홍천 철정리4호분은 북벽과 연도가 설치된 남벽을 각각 1매의 판석을 세워서 마감하였으며, 먼저 판석을 세워 북벽과 남벽을 축조한 후 그 사이에 할석을 쌓아 장벽을 축조하였다(그림18-2). 고구려 고분에서 유사한 방식으로 축조된 고분으로는 평안남도 덕천시 남양리2호분(최응선·김성철, 2009) 등을 들 수 있으나 수적으로는 소수에 불과하다.

묘실의 벽체는 수직으로 쌓아올린 것처럼 보이지만 천정까지 구조가 남아 있는 경우를 보면 모두 안으로 약간씩 기울어져 있다. 그렇기 때문에 석실의 단면형태는 마치 궁륭상 천정처럼 보이기도 하지만 이는 천정의 크기를 줄여 벽체가 받는 하중을 줄이기 위한 노력으로 보인다. 또한 신매리고분은 벽석 제1단부터 각 모서리 돌을 직접 교차시키지 않고 떨어지게 배치한 후 그 사이에 작은 돌을 넣어 모서리 각을 죽이며 쌓았다(趙由典, 1987). 방동리고분에서도 이와 유사한 축조방식을 사용했는데(盧爀眞·沈載淵, 1993), 역시 위로 갈수록 조금씩 안으로 들여쌓아 천정의 공간을 줄이기 위해 고안된 기법으로 보인다.

(3) 천정 가구 및 연도

천정 구조를 알 수 있는 고분이 많지는 않으나 일부라도 남아 있는 경우는 모두 삼각고임방식의 천정이다. 대체로 묘실 벽체의 마지막 단은 편평한 석재를 이용해 정연하게 쌓고, 모서리에 각각 1매씩의 판석을 놓아 삼각형으로 모를 줄여 쌓는다(그림17). 천정 구조가 잘 남아 있는 신매리고분의 경우 그 위에 1단을 더 올려 모줄임을 한 후 마지막으로 1매의 판석을 덮어 천정을 마감하였으며(趙由典, 1987), 신답리1호

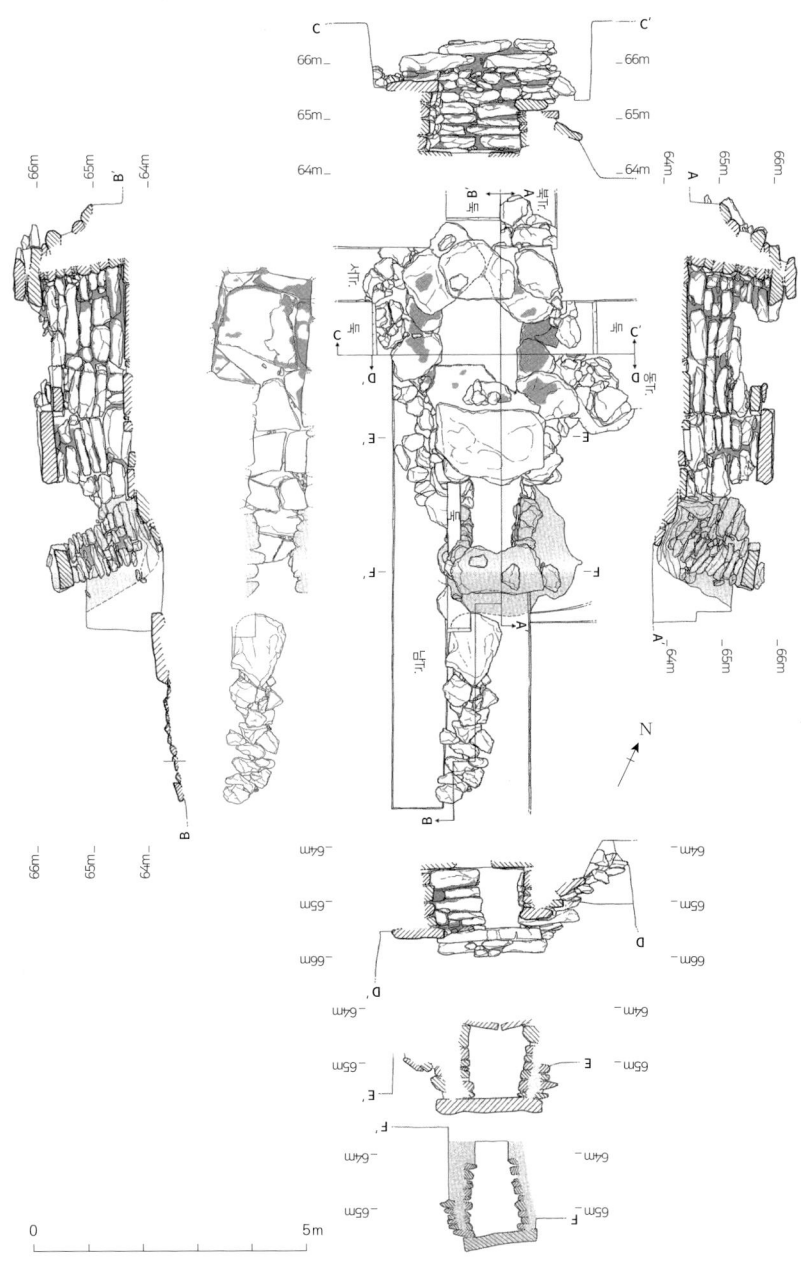

그림17 | 연천 신답리1호분 석실 평·입면도(ⓒ김상익·김충배, 2003, 67쪽)

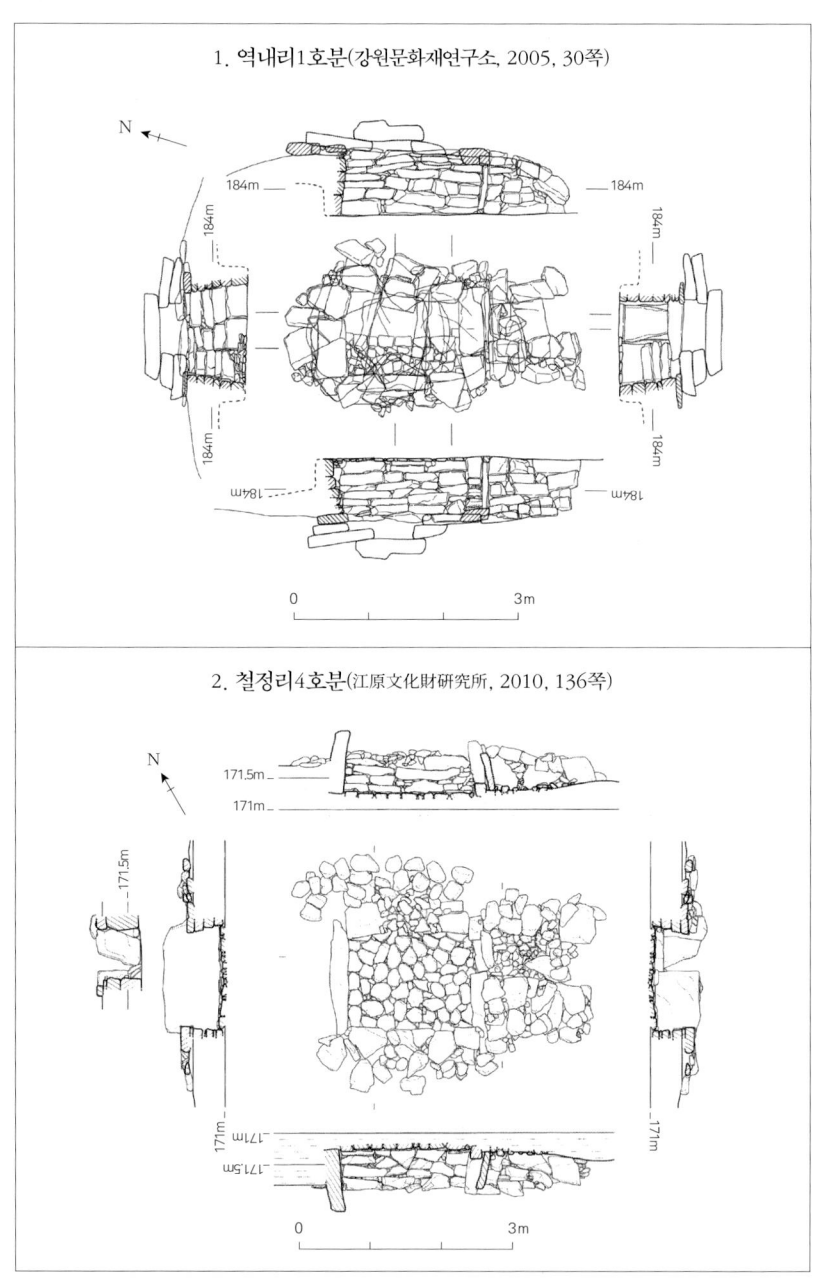

그림18 | 역내리1호분 및 철정리4호분 평·입면도

분과 방동리2호분, 역내리1호분도 마찬가지로 2단의 삼각고임천정이다. 삼각고임천정이라도 형태에는 다소 차이가 있는데, 역내리1호분의 경우 삼각고임방식과 평행고임방식이 섞여 있는 것처럼 보이기도 한다(그림18-1). 이처럼 같은 삼각고임방식의 천정이라도 그 구조에 차이가 있는 것은 석재의 형태와 크기의 차이에 기인한 것으로 보이며, 방형의 대형 판석을 사용할 경우는 정형화된 삼각고임구조가 가능했지만 형태가 불규칙하거나 작은 판석으로는 정형화된 삼각고임구조를 만들기 어려웠던 것으로 보인다. 한편, 연도부 쪽의 천정은 대체로 여러 매의 판석을 이용해 바로 덮는 평천정 형태이며, 묘실과 연결되는 부분은 대부분 커다란 장방형 석재를 올려서 문미(門楣)의 효과를 내고 있다.

　연도는 묘실 단벽의 우측에 치우쳐 위치하는 우편재 연도가 대부분이다. 예외적으로 신답리2호분은 단벽 중앙에 위치해 있으나 파괴가 심하여 일부 남아 있는 벽석을 이용해 추정한 것이므로 정확하지 않다(김상익·김충배, 2003). 또 천전리고분의 경우 단벽 중앙에서 우측으로 치우쳐 위치하지만 묘실 우측 벽과 직선상에 놓이지 않아서 일반적인 우편재 연도와 차이가 있다(그림19-1).

　대부분의 고분은 연도만 존재하지만 신답리1호분은 연도 바깥쪽으로 묘도가 따로 연결되어 있다. 또한 천전리고분과 거례리고분은 할석으로 축조된 연도 바깥쪽으로 굴광선이 이어지고 있어서 일종의 묘도와 같은 역할을 한 것으로 볼 수 있다.

　연도와 관련된 시설로서 묘실과 연도가 만나는 부분에 장방형의 석재를 두어 문지방석의 역할을 한 예가 있는데, 방동리2호분과 철정리2·3·4호분이 이에 해당된다(그림18-2). 방동리2호분은 1매의 판석을 세워서 막은 뒤 바깥쪽으로는 커다란 괴석을 무더기로 쌓아서 연도를 폐쇄하였는데, 이때 판석이 문비 역할을 한 것으로 보인다. 그 밖에 신답리1호분, 신매리고분, 천전리고분, 방동리1호분, 역내리1호분, 철정리4호분, 신천리2호분, 판교동1호분에서 1매 또는 2매의 판석으로 연도와 묘실 사이를 막은 것이 확인되며, 일부 고분에서는 세워진 채로 있어서 역시 문비의 역할을 한 것으로 보인다.

(4) 관대 및 바닥

남한 지역에서 조사된 고분 중 바닥에 특별한 시설을 한 것이 상당수에 달하는데, 바닥 전면 또는 일부에 불을 놓아 다짐한 것과 회다짐을 한 것, 할석이나 판석을 깐 것 등이 있다. 강내리고분군의 대부분은 묘실 바닥 거의 전면에 걸쳐 불다짐을 하였으며, 만천리1·2호분은 연도만 불다짐을 하였다. 두정리고분군은 모두 묘실 중앙부 일부만 타원형으로 불다짐을 하였다. 그 밖에 신매리고분의 바닥은 회다짐을 하였으며, 천전리고분은 불다짐을 한 후 회칠을 하였다.

바닥 전면에 할석이나 판석을 깔아 마감한 예는 신답리1·2호분, 거례리고분, 보정동1·2호분 등이 있다. 신답리2호분의 경우를 보면 바닥면을 정지한 후 묘실 벽체를 축조함과 동시에 바닥에 판석을 깔았으며, 빈 공간에는 작은 할석을 채우고 회를 발랐는데 연도와 묘도 바닥에도 판석을 깔았다. 보정동1·2호분은 묘실 바닥 전면에 판석을 깔고 빈틈은 할석과 점토를 채웠으며, 철정리4호분도 마찬가지이다. 화천 거례리고분은 묘실 바닥과 연도 바닥 전면에 먼저 천석을 고르게 깔고 난 후 그 위에 판석을 깔았으며, 판석 사이의 빈틈에는 작은 할석을 끼워 넣었다.

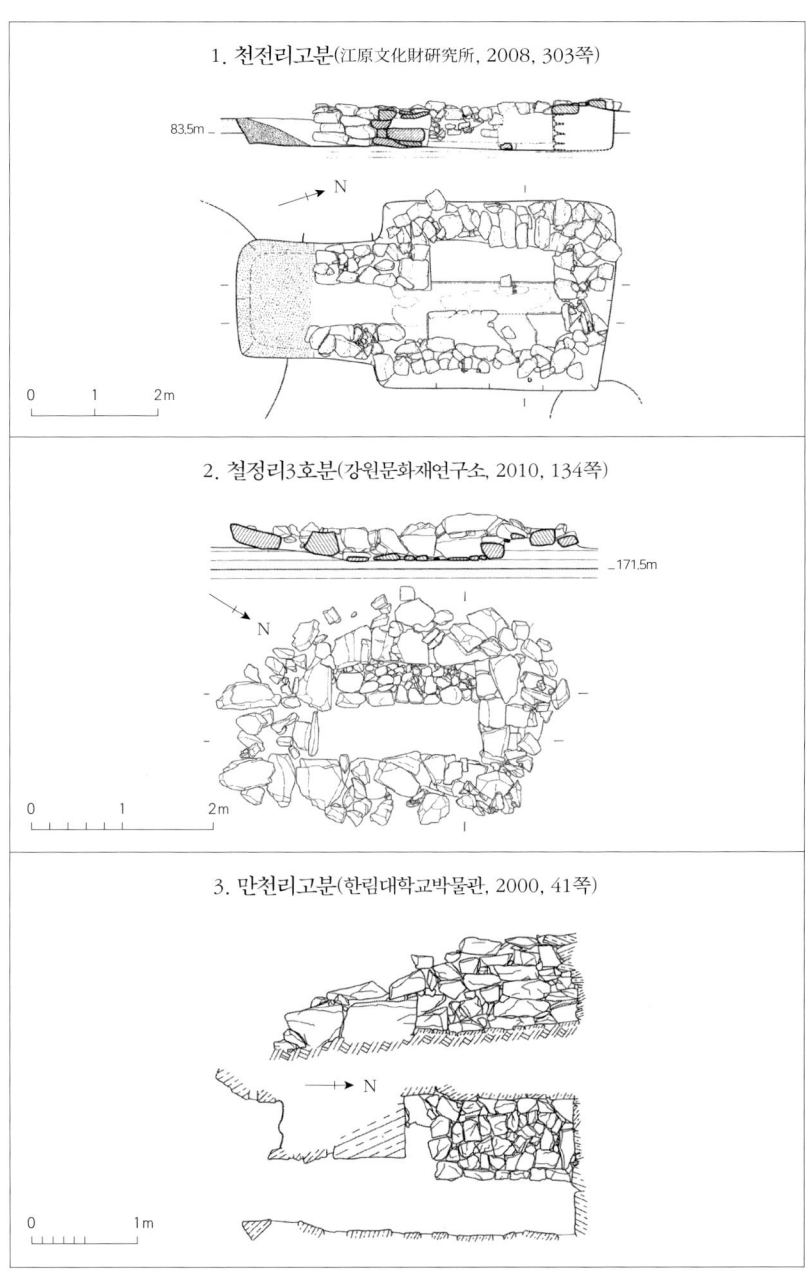

그림19 | 남한 지역 고구려 고분의 관대시설

이상과 같은 바닥 처리와 별도로 관대를 설치한 고분도 확인되는데, 바닥 처리를 한 고분의 경우는 관대가 설치되지 않은 경우가 많다. 또한 바닥 처리를 한 고분의 경우 대부분 관정이 출토되고 있으며, 반대로 신매리고분을 제외하면 관대가 설치된 고분에서는 관정이 출토되지 않는다. 이러한 점으로 미루어 볼 때 일부 고분은 묘실 바닥에 불다짐이나 회다짐, 또는 판석을 까는 등의 처리를 한 후 관을 안치했으며, 일부는 관대를 설치한 후 그 위에 직접 시신을 안치했을 가능성이 크다.

관대는 묘실의 좌측에 설치된 경우가 대부분이며, 천전리고분만 묘실 양측에 관대가 설치되어 있다(그림19). 관대는 대체로 천석이나 할석을 이용해 쌓았으나 천석과 할석을 섞어서 쌓은 경우도 있다. 묘실 벽체와 반대쪽(묘실 중앙부 쪽)은 장방형의 석재를 길게 놓아 마무리한 예가 많으며, 천전리고분과 신매리고분의 경우는 할석으로 쌓은 후 회를 발라 마감하였다(그림19-1). 관대의 높이는 차이가 있지만 대체로 10cm 내외로 높은 편이다.

(5) 묘실의 규모 및 평면형태

묘실의 평면형태는 기본적으로 장방형이다. 묘실의 규모는 대체로 묘실의 장축 길이와 비례하는데, 2.2m를 기준으로 소형과 중형으로 구분된다(그림20-1).[6] 묘실의 평면형태는 일반적으로 장방형이지만 장축비에서 차이가 있으며, 장축비 1.6을 경계로 장방형과 세장방형으로

---

6   묘실의 크기를 소형과 대형으로 구분하지 않고 소형과 중형으로 구분하는 이유는 북한이나 중국 동북지방의 무벽화단실분 중에 길이 4m가 넘는 대형분이 있어 용어상의 혼동을 피하기 위한 것이다.

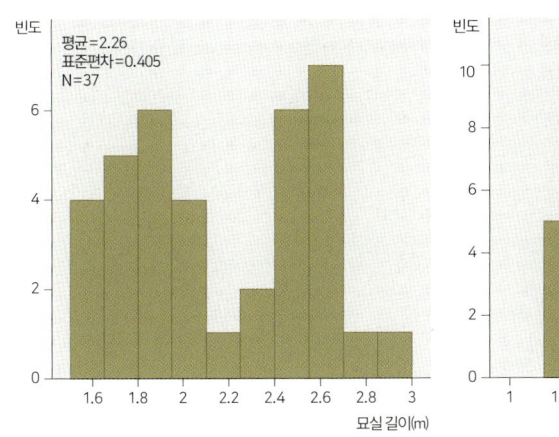
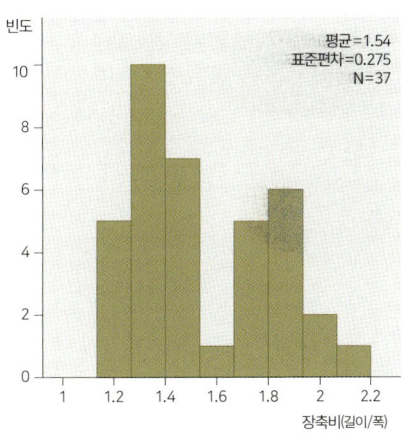

그림20 | 남한 지역 고구려 고분의 묘실 길이와 장축비 분포도(ⓒ최종택)

구분할 수 있다(그림20-2).

(6) 묘실의 방향

묘실의 장축 방향은 남서-북동, 남동-북서 등 편차가 있으나 기본적으로는 남북 방향을 이루고 있으며, 연도는 남쪽을 향하고 있다. 다만 보정동1·2호분과 보정리 소실 21호분 등 용인 지역 고분 3기와 철정리4호분은 장축이 동남-서북 방향이며, 연도는 동쪽을 향하고 있어서 다른 고분과 차이가 있다. 고분의 장축 방향과 지형과의 관계를 살펴보면 강내리고분군의 경우 장축 방향이 등고선과 평행하고, 강의 흐름과도 일치하며, 연도는 강 하류를 향하고 있다(그림14). 인골이 출토된 고분을 통해 피장자의 두향을 살펴보면 연천 강내리 2호분과 8호분, 9호분 모두 머리를 연도 쪽으로 두고 있어 서남향이며, 신매리고분도 마찬가지로 동남향이다. 반면에 신답리1호분은 두개골편이 주로 북쪽에서 출토되어 머리를 연도 반대편에 둔 것으로 보고 있어 차이를 보인다(김상익·김충배, 2003).

4) 편년

일반적으로 고구려 고분의 외부형태는 적석총에서 봉토분으로 변화하고, 내부구조는 수혈식에서 횡혈식으로 변화한다. 또 횡혈식석실봉토분은 묘실의 구조와 평면형태 및 천정 가구방식 등에서 차이를 보이며 변천하는데, 벽화분의 경우 벽화의 내용에 따라 비교적 자세한 변천이 알려져 있지만 벽화가 없는 봉토석실분의 경우는 자세한 편년이 이루어지지 못하고 있다. 다만 묘실의 평면형태가 장방형에서 방형으로 변화하고, 좌우편재 연도에서 중앙 연도로 변화하는 경향은 확인되고 있다(姜賢淑, 2000).

남한 지역 고구려 고분은 묘실 길이 2.2m를 기준으로 소형과 중형으로 구분되고, 장축비 1.6을 기준으로 장방형과 세장방형으로 나뉜다. 강내리고분군 9기와 두정리고분 5기 모두 세장방형이며, 방동리2호분도 세장방형에 속한다. 그런데 앞에서 살펴본 바와 같이 두정리2호분 출토 B형 구형호와 강내리8호분 출토 C형 구형호는 형태상 5세기 중엽으로 편년되며, 이 고분들은 세장방형에 속한다. 반면에 장방형으로 구분되는 보정동2호분과 청계리고분 1호 석실에서 출토된 C형 구형호는 5세기 후엽으로 편년된다. 출토유물상의 이러한 차이와 일반적으로 고구려 횡혈식석실분이 장방형 묘실에서 방형 묘실로 변화하는 사실을 염두에 두면 세장방형 묘실의 강내리고분군과 두정리고분군 및 방동리2호분은 5세기 중엽, 나머지는 5세기 후엽으로 편년된다.

한편, 묘실의 평면형태와 바닥 처리방법 및 관대의 유무는 서로 상관관계가 있는데, 일정한 경향성이 보인다. 즉, 장방형 묘실에는 관대가 설치된 것과 없는 것이 비슷하지만 세장방형 묘실은 관대가 없는 것이 압도적으로 많다. 또한 장방형 묘실 중 바닥 처리를 한 것과 안 한 것은 비슷한 분포를 보이는 반면, 세장방형 묘실 중 바닥 처리를 안 한 것은 소수에 불과하고 한 것이 주를 이룬다(崔鍾澤, 2011). 정리하면 세장방형이 유행하는 5세기 중엽에는 관대를 설치하지 않고 바닥 처리를 한 예가 많으며, 장방형이 유행하는 5세기 후엽에는 관대를 설치한 예가 많다. 이를 다시 관정 및 관고리의 출토양상을 감안해 정리하면 5세기 중엽에는 불을 놓아 다진 묘실 바닥에 관을 안치한 경우가 많고, 5세기 후엽에는 관대를 설치하고 시신을 직접 안치한 예가 많다고 할 수 있다.

3. 출토유물

남한 지역에서 처음으로 발굴된 고구려 유물은 1921년 경주시 노서동 가옥 건축 중에 우연히 발견된 금관총에서 출토된 청동사이호(靑銅四耳壺)라고 할 수 있다. 광복 직후인 1946년 한국인에 의해 처음으로 발굴조사가 실시된 경주 호우총에서는 청동호우(靑銅壺杅)가 출토되었는데, 바닥에는 415년으로 추정되는 을묘(乙卯)년 광개토왕과 관련된 명문이 있어서 주목을 받았다. 1963년에는 경남 의령군 대의면 하촌리의 도로공사 중에 고구려 불상 금동연가7년명여래입상이 우연히 발견되었고, 비슷한 시기 진천 회죽리와 청원 상봉리 등지에서 고구려 금제귀걸이가 우연히 발견되었으며, 1979년에는 충주에서 남한 유일의 고구려 비인 〈충주고구려비〉가 발견되기도 하였다.

이상과 같이 남한 지역에서도 20세 초부터 신라 고분이나 유구와 유리된 채 간헐적으로 고구려 유물이 발굴 또는 발견되었으나, 확실한 고구려 유적에서 고구려 유물이 출토된 것은 1980년대 이후의 일이다. 1988년 몽촌토성 동남지구 발굴조사에서 고구려 토기 사이장경옹(四耳長頸甕)이 출토되었으며, 이를 계기로 1977년 조사된 구의동유적 출토유물도 고구려 유물로 재인식되었다. 이어 1994년에는 아차산 일원의 지표조사를 통해 20여 기의 고구려 보루와 고구려 유물이 조사되었고, 1997년 아차산4보루 발굴조사를 필두로 최근까지 7개의 고구려 보루에 대한 발굴조사가 실시되었다. 또한 1999년 이후 임진강·한탄강 유역, 양주분지, 경기도 성남·용인·화성·안성, 강원도 춘천·화천·홍천, 충청북도 충주·진천·청주·청원 및 세종과 대전에 이르는 광범위한 지역에서 고구려 유적이 조사되었고, 많은 양의 고구려 유물이 출토되었다. 남한 지역 출토 고구려 유물은 장신구류, 토기류, 와전류, 철기류 등으로 구분된다.

1) 장신구류

장신구류는 금제귀걸이, 은제 팔찌와 반지 및 구슬 등이 있는데, 고분에서 출토된 것이 대부분이다. 남한 지역에서 출토된 고구려 귀걸이는 모두 8점으로 세종 남성골산성에서 1점, 춘천 중도고분에서 1점, 중도F지구에서 2점이 출토되었으며, 나머지는 연천 선곡리, 서울 능동, 진천 회죽리, 청원 상봉리 등지에서 채집된 것이다(그림21). 채집품의 출토 유구는 명확하게 알 수 없지만 대체로 고분 부장품으로 추정된다.

남한 지역 출토 귀걸이는 모두 주환-유환-중간식-수하식으로 구성된 전형적인 고구려 귀걸이 형태인데, 태환식이 5점으로 주를 이루며, 세환식은 1점에 불과하다. 중도F지구 출토품 2점은 주환이 유실되었으나 중간식 연결금구가 판상으로 되어 있어 원래 태환식이었을 가능성이 크다. 태환식귀걸이의 유환은 모두 타원형이며, 세환식의 유환은 원형으로 태환식에 비해 작다. 중간식은 모두 구체를 이루고 있는데, 서울 능동 채집품은 중간식 연결금구와 구형 중간식, 원판형 수하식에 누금기법으로 인동문과 화문을 정교하게 장식하였는데, 알려진 고구려 귀걸이 중 가장 화려한 것으로 꼽힌다. 남성골산성 출토품도 이와 유사한 형태이나 연결금구와 중간식 및 원판형 수하식에 누금장식이 생략된 형태이고, 나머지는 모두 여러 개의 작은 고리를 연접하여 만든 이른바 소환연접구체를 중간식으로 하고 있는데, 연천 선곡리 채집품은 소환연접구체 가운데 가로로 눈을 새긴 대를 돌린 점에서 차이를 보인다. 수하식은 추형과 심엽형 두 종류가 각각 4점인데, 서울 능동 채집품과 남성골산성 출토품은 약간 길쭉한 각진 추형이고, 청원 상봉리 채집품과 춘천 중도 출토품은 각이 없는 짧은 형태로 약간의 차이가 있다. 심엽형 수하식은 대체로 끝이 뾰족하고 테두리가 도톰하게 장식된 크고 작은 심엽형 금판 2매를 연결하였으나, 연천 선곡리 채집품은 테두리가 없는 심엽형 금판 1매로 이루어진 점에서 차이가 있다. 또한 수하식 연결금구도 얇은 금판을 둥글게 말아 만들었으나, 선곡리 출토품은 소환 형태의 연결금구를 사용한 점에서도 차이가 있다.

남한 지역 출토 귀걸이는 형태나 제작기법의 속성을 통해 볼 때 대체로 5세기 후엽에서 6세기 전엽으로 편년되며(劉나리, 2015), 이러한 연

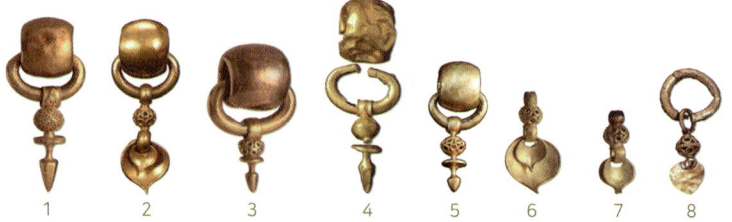

그림21 남한 지역 출토 금제귀걸이(ⓒ 1·8: 국립중앙박물관, 2~4: 국립청주박물관, 6·7: 예맥문화재연구원, 5: 최종택)

1. 서울 능동(길이 6cm) 2. 진천 회죽리(길이 6.1cm) 3. 청원 상봉리(길이 5.2cm)
4. 세종 남성골산성(길이 6cm) 5. 춘천 중도(길이 4.5cm) 6. 춘천 중도F구역(길이 3.6cm)
7. 춘천 중도F구역(길이 2.7cm) 8. 연천 선곡리(길이 4.3m)

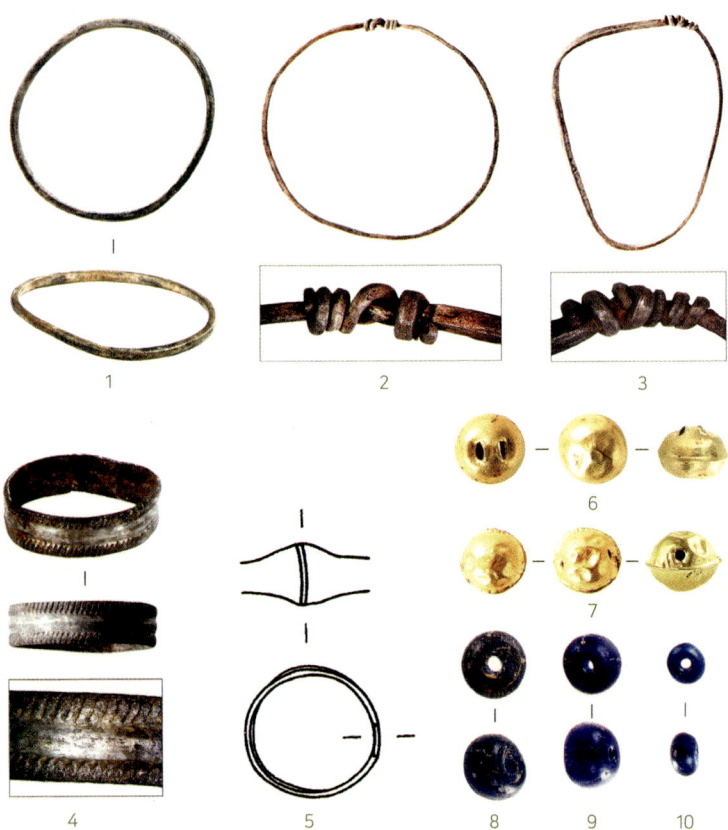

그림22 남한 지역 고구려 고분 출토 은팔찌와 반지, 금박구슬 및 유리구슬 (축척 부동, ⓒ 1~4, 6~10: 高麗文化財研究院, 5: 중원문화재연구원)

대관은 인접지역의 고구려 고분이나 보루 등의 연대와도 일치한다. 또한 금제귀걸이의 소유자는 당시 고구려 사회의 상위 신분이었음을 고려하면 남한 지역의 고구려 유적이 남진을 위한 거점의 역할 외에도 일정 기간 주둔을 염두에 둔 것으로 추정할 수 있는 정황적 근거로서 중요하다(최종택, 2011; 2016).

팔찌는 은제와 청동제가 있는데, 은제팔찌는 연천 강내리2호분에서 1점(그림22-1), 강내리8호분에서 2점(그림22-2·3), 충주 단월동10호분에서 2점이 출토되었으며, 청동제팔찌는 충주 단월동5호분에서 2점이 출토되었다. 특히, 단월동5호분에서는 남성과 여성의 인골이 각각 1구씩 조사되었는데, 남녀 피장자가 각각 팔찌를 착용하고 있었던 것으로 확인된다. 팔찌는 외면에 작은 눈을 도드라지게 새긴 것과 가는 선을 둥글게 구부려 연결한 두 종류인데, 전자는 단월동5호분에서 확인된다. 연천 강내리8호분에서 출토된 한 쌍의 팔찌는 가느다란 은봉을 둥글게 휘어 만든 후 양단을 구부려 고리를 만들어 연결한 후 끝을 1~3회 감아서 마무리하였는데, 이와 유사한 형태의 팔찌는 무령왕릉에서도 확인된다(김병모 외, 2012).

반지 역시 은제와 청동제가 있는데, 은제반지는 연천 강내리2호분에서 1점(그림22-4), 충주 두정리4호분에서 1점(그림22-5), 충주 단월동10호분에서 2점 등 총 4점이 출토되었으며, 청동제반지는 단월동5호분 여성의 인골 주변에서 1점이 출토되었다. 반지는 은관을 둥글게 말아 연결하고 2조의 횡침선을 돌린 후 짧은 거치문을 시문하여 장식한 것(그림22-4)과 은봉 또는 청동봉을 둥글게 말아 연결한 후 윗면을 마름모꼴로 편 형태(그림22-5) 두 종류가 있는데, 전자는 연천 강내리2호분 출토품이 유일하다. 나머지는 모두 후자의 형태에 속하는데 평양 안학궁터2호분 등지의 고구려 고분에서 흔히 출토되는 것과 같은 형태이다(김일성종합대학 고고학및민속학강좌, 1973).

그 밖에 연천 강내리고분군에서는 금박구슬 2점 및 유리구슬 3점이 출토되었다(그림22-6~10). 금박구슬은 속이 빈 주판알 모양이며, 매달아 장식할 수 있도록 가운데나 양 측면으로 구멍이 뚫려 있다. 유리구슬은 3점 모두 감청색을 띠며, 세로 방향으로 기포흔이나 백색 줄이 보이는데 이는 유리를 늘려서 만든 흔적으로 보인다. 또한 과학적 분석 결과 산화나트륨과 산화칼륨을 융제로 사용한 것이 확인되어 소다유리로 추정된다(김병모 외, 2012).

2) 토기류

1988년 몽촌토성 동남지구 발굴조사에서 고구려 토기 사이장경옹이 출토된 것을 계기로 몽촌토성에서 출토된 같은 제작기법의 토기류와 구의동유적에서 출토된 토기류를 고구려 토기로 인식하게 되었다. 이어서 아차산 일원의 보루에서 다량의 고구려 토기가 출토되었으며, 임진강 유역의 연천 호로고루를 비롯해 대전의 월평동유적에 이르는 넓은 지역에서 많은 양의 고구려 토기가 출토되었다.

토기의 기종은 대략 30여 개로 분류되며, 대부분 일상생활에서 사용하던 실용기이다(그림23). 보루별로 차이가 있기는 하지만 출토양상을 보면 단일 기종으로는 옹류가 가장 많고, 동이류·구형호류·접시류·장동호류·완류·시루류 등의 순으로 많이 출토된다. 광구장경사이옹류와 원통형삼족기류는 실용기가 아니라 의례용기로 추정되는데, 출토량이 빈약하며 완형으로 출토되는 예도 거의 없다. 그 밖에 또아리병류·구절판류·호자류·깔때기류·주좌류 등은 소량만 출토되는 기종으로 일반적으로 실생활에서 많이 사용되지 않은 것이다.

용기류 외에도 다양한 토기가 출토되는데, 연천 호로고루에서는 상고(相鼓)라는 명문이 새겨진 토제북이 출토되었으며, 직선으로 마감된 구연부 아래에 3열의 구멍이 지그재그로 뚫려 있어서 가죽을 덮고 끈을 연결할 수 있도록 되어 있다. 명문은 남아 있지 않지만 양주 천보산2보루에서도 같은 형태의 토제북이 출토되었다. 그 밖에 호로고루에서는 토제벼루와 저울추, 관모형 토제품 등이 출토되었다(그림24).

남한 지역에서 출토된 토기류는 기종별로 약간씩 차이가 있지만 대체로 유사한 제작기법을 공유하고 있다. 우선 모든 기종이 평저로 제작되었고, 호·옹류의 경우 목과 구연이 발달되었으며, 호·옹류 및 동이류, 시루류 등에는 대상파수를 부착하였다. 태토는 기본적으로 매우 정선된 니질점토를 사용하였다. 예외적으로 심발류와 부형토기류는 사립이 함유된 점토질태토를 사용하였으며, 석면을 보강제로 사용하기도 한다. 니질태토의 토기는 별도의 보강제를 사용하지는 않았으나 대부분의 토기에 산화철(Fe$_2$O$_3$) 성분의 붉은색 덩어리가 섞여 있는 것이 관찰되며, 의도적으로 섞은 것인지 원료 점토에 포함되어 있던 것인지 여부는 명확하지 않다(崔鍾澤, 1995). 토기질은 대체로 경질에 가까우나 일부는 표면이 손에 묻어날 정도로 약화되어 있다. 일부 회색조의 토기류는 경도가 상당히 높은 반면에 구연부나 동체부 일부가 찌그러지거나 부풀어 오른 경우가 많아 주된 제작기술은 아니었던 것을 알 수 있다. 토기의 표면색은 황색·흑색·회색의 세 가지로 대별되는데, 황색이 가장 많으며, 토기 표면에 슬립을 입힌 것으로 보이는 경우도 간혹 있다.

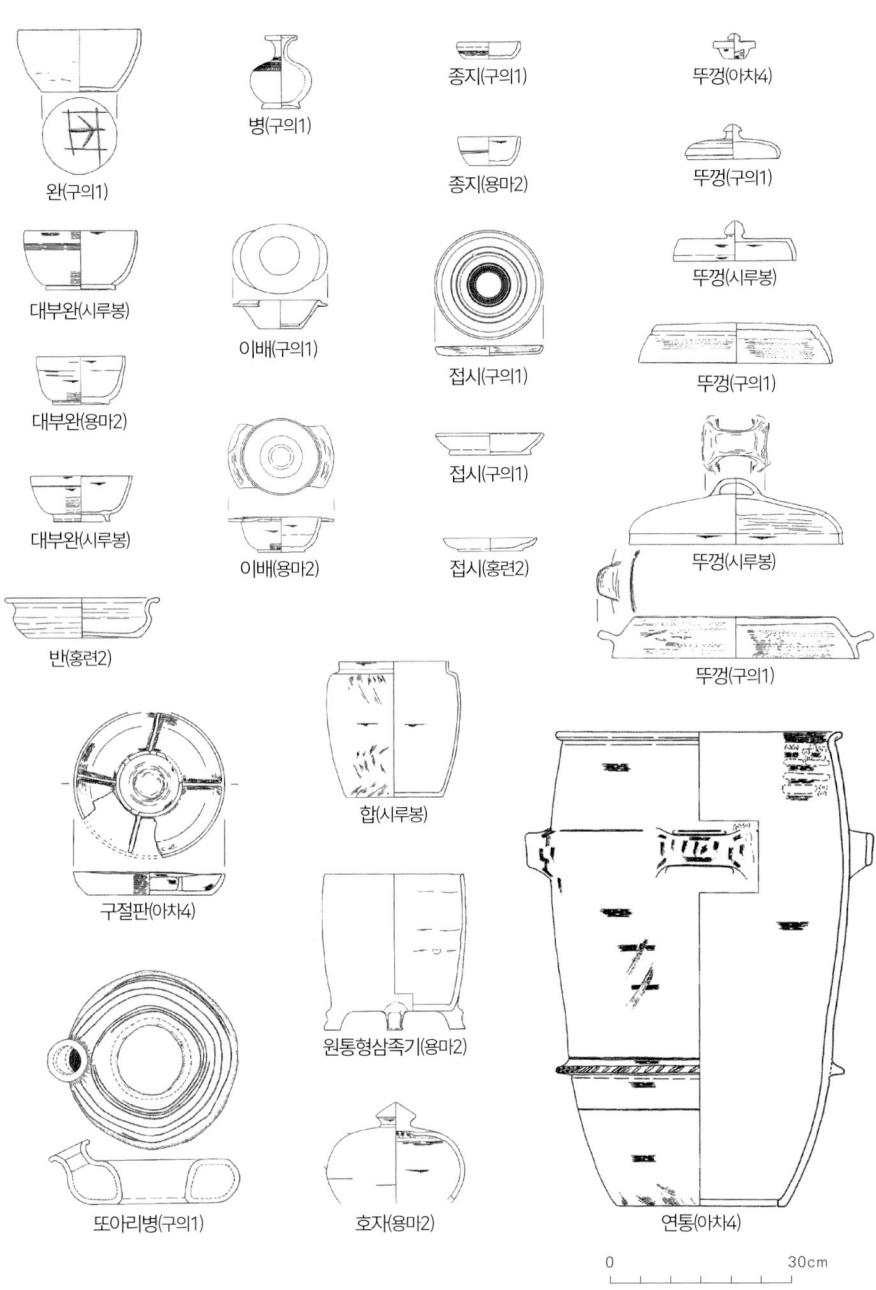

그림23 | 남한 지역 출토 고구려 토기(ⓒ최종택)

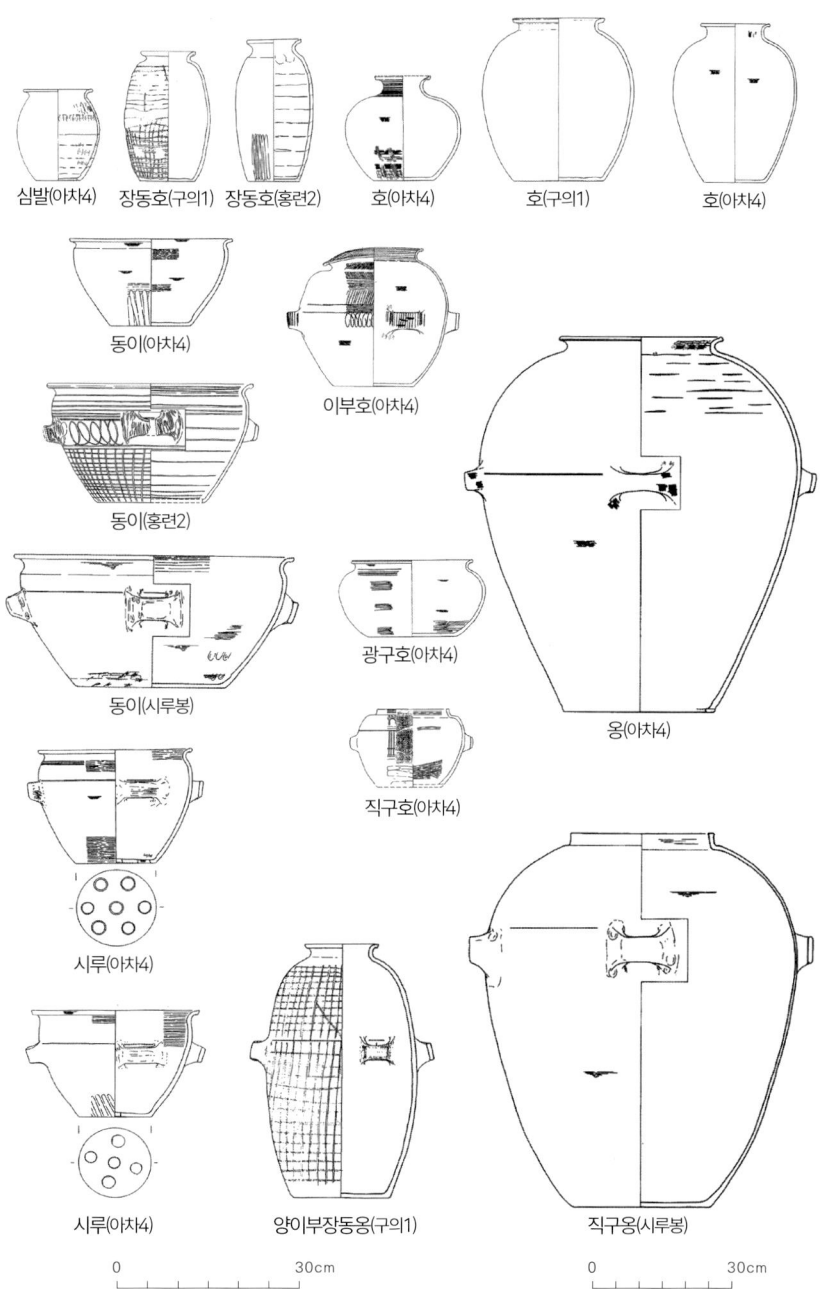

7장 남한의 고구려 유적   517

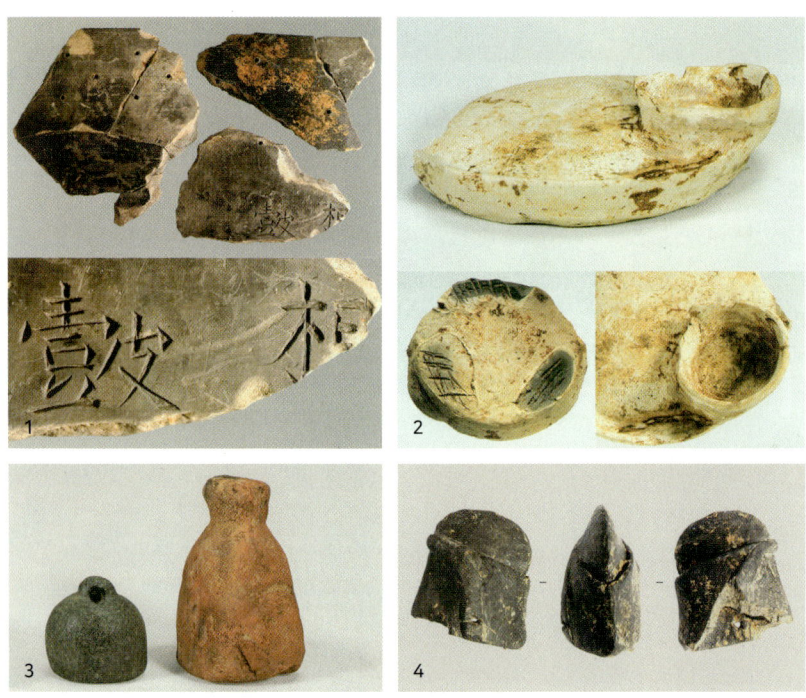

그림24 | 남한 지역 출토 고구려 토기(심광주 외, 2007; 2014 원색사진에서 발췌 전재)

　성형은 대체로 테쌓기를 한 후 물레를 사용하여 마무리하는 방법을 통해 이루어진다(그림25). 제작 과정을 보면 저부에서 구연부 쪽으로 올라오면서 성형하는데, 먼저 납작한 바닥을 만들고 그 위에 점토 띠를 쌓아 올라가는 방식을 취하고 있다. 바닥과 동체부를 접합하는 방식은 두 가지가 있는데, 첫 번째는 납작한 바닥을 만들고 그 위에 점토 띠를 올려놓고 쌓는 방식이며, 두 번째는 납작한 바닥을 만들고 그 주위에 점토 띠를 붙여서 쌓는 방식이다. 이 두 방법은 기종과 관계없이 혼용되는 것으로 보이는데, 전자는 대체로 장동호류와 같은 소형 기종에서 많이 관찰된다.

동체부는 점토 띠를 쌓고 아래위로 손으로 눌러서 접합한 후 물레질하여 마감하는데, 점토 띠의 폭은 기종에 따라 다르다. 장동호류와 같은 소형 기종의 경우 점토 띠의 폭은 2~3cm에 불과하지만 옹류와 같은 대형 기종의 경우 점토 띠의 폭이 10cm를 넘는 것도 있다. 테쌓기를 하면서 손으로 눌러서 점토 띠를 서로 접합하여 구연부까지 성형한 후 안팎을 물레질하여 깨끗이 마무리하였다. 동체부나 뚜껑에 손잡이를 붙이는 방법은 손잡이 종류에 따라 차이를 보이는데, 동체부에 대상파수를 부착할 경우 가운데 심을 박고 그 주변에 점토를 덧붙여 마무리하였으며, 뚜껑에 파수를 부착할 경우는 파수를 부착할 지점에 먼저 여러 줄의 홈을 낸 후 손잡이를 부착하였다.

일부를 제외한 거의 모든 토기의 표면은 물레질로 마무리하였다. 많은 토기들은 물레질을 한 후 부분적으로 깎기 기법을 사용하여 정면하는데, 예새를 사용한 문지르기나 깎기 등이 많이 사용되었다. 그 밖에 예새를 이용한 횡방향 정면 후 음각선을 그은 경우와 예새를 이용하여 횡방향 깎기와 종방향 깎기를 병행한 경우 등이 있으며, 표면에 승문이 타날된 경우도 가끔 있다. 토기 표면에 음각으로 문양을 새기는 경우는 없으며, 흔히 암문으로 불리는 찰과법에 의한 불규칙한 사선문이나 격자문, 연속고리문 등이 시문된다(그림26). 표면 색조는 황색이 가장 많으며, 흑색과 회색의 경질토기도 있는데, 회색경질토기는 소성 과정에서 형태가 변형된 것이 많다.

토기의 제작과 관련된 여러 속성 및 기술은 토기의 제작 전통을 특정하게 되는데, 이는 다른 한편으로 시간적인 요소와 밀접한 관계를 갖는다. 몽촌토성과 은대리성, 남성골산성의 토기류에서는 황색조의 토기가 상대적으로 적고, 니질태토의 경우에도 고운 사립이 소량 섞여 있

그림25 | 아차산보루 출토 고구려 토기류의 제작흔(ⓒ최종택)

그림26 | 아차산보루 출토 고구려 토기류의 암문(ⓒ최종택)

는 경우가 많이 확인된다. 또 이들 유적의 토기에서는 비교적 많은 수의 토기에 문양이 시문되어 있으며, 문양의 종류도 음각 횡선문과 점열문, 중호문, 파상문 등이 단독 또는 결합하여 시문되고, 일부 유적에서는 승문이나 격자문, 선조문 등이 타날되기도 한다. 대전의 월평동유적 출토 토기류도 이와 유사한 특징을 공유한다.

반대로 구의동1보루, 홍련봉1·2보루, 용마산2보루, 아차산3·4보루, 시루봉보루, 호로고루, 독바위보루 등에서는 표면색이 황색인 토기의 구성비가 상대적으로 높으며, 심발형토기를 제외하고는 완전한 니질태토의 토기가 대부분이다. 또 이들 유적에서는 음각으로 시문된 토기가 거의 없으며, 반대로 격자문이나 연속고리문 등의 암문이 시문된 토기의 비중이 상대적으로 높다. 그 밖에 시루봉보루에서는 굽이 달린 완류의 수가 다른 유적에 비해 월등히 많으며, 특히 통굽을 만들고 내부를 깎아 내는 기법은 자기에서 보이는 굽의 제작기법과 같은 것이어서 시간적으로 늦은 시기의 것으로 파악되고 있다(梁時恩, 2003). 이상과 같이 남한 지역 고구려 유적에서 보이는 토기의 제작기법과 관련된 속성의 차이는 유적 간 시간적인 차이를 반영하는 것으로 보이는데, 몽촌토성을 대표로 하는 이른 시기의 유적과 구의동1보루 및 아차산 일원의 보루를 중심으로 하는 늦은 시기의 유적으로 큰 경향성을 파악할 수 있다.

그 외에도 고구려 토기 호류와 옹류, 장동호류, 동이류, 심발류의 구연 형태의 구성비 차이를 통해 유적 간의 시간적 차이를 분석할 수 있다. 이들 기종의 구연부는 구순 말단의 처리에 따라 네 유형으로 구분된다(그림27). 첫째는 구연부가 거의 직선으로 외반하며, 구단부를 둥글게 처리한 것(A형)이고, 둘째는 직선으로 외반한 구연부의 말단이 각지게 처리된 것(B형)으로 이 경우 구단부 바깥쪽으로 침선이 돌아가는 경우가 많다. 셋째는 둘째 유형과 유사하지만 구단부 하단이 들리고 홈이 파진 것(C형)이며, 넷째는 구연부를 밖으로 말아서 접은 것(D형)이다.

남한 지역 각 유적별 고구려 토기의 구연부 형태의 분포는 그림28과 같다. 그간의 연구결과에 따르면 단순하게 처리된 A형과 B형 구연보다 구단부를 밖으로 말듯이 둥글게 접은 D형이 시간적으로 늦게 사용되는 것으로 밝혀지고 있는데(崔鍾澤, 1999a), 이러한 구연 형태 구성비는 유적별로 차이가 있어서 구연 형태의 구성비에 따라 각 유적 간 시간적 차이를 추론할 수 있다. 이러한 구성비를 참조한다면 아차산 일원의 보루들과 호로고루는 몽촌토성이나 은대리성, 월평동유적, 남성골산성, 주월리유적보다 상대적으로 늦은 시기의 유적으로 판단할 수 있다. 이를 다시 토기질이나 표면색조, 문양 등 여러 속성의 분석결과와 함께 고려하면 남한 지역 고구려 토기가 출토되는 유적은 주월리유적(4세기 후반)-남성골산성, 월평동유적, 은대리성, 몽촌토성(5세기 후반)-호로고루와 아차산 보루(6세기 전반) 순으로 배열할 수 있다.

남한 지역 고구려 토기 중 형태상 가장 특징적인 기종은 사이장경옹류이다. 사이장경옹류의 형식 변천 및 편년관에 의하면 몽촌토성 출토 사이장경옹은 삼실총 및 장천1호분 출토품보다는 늦고 문악리1호분 출토품보다는 이른 시기의 것으로 볼 수 있으며, 그 구체적인 연대는 고구려가 한성을 함락한 직후인 5세기 후반으로 추정할 수 있다.

구형호류는 공처럼 둥근 동체부에 짧게 외반된 목이 달린 것 중에서 동체부에 파수가 부착되지 않는 것들이다. 구형호류는 구연부를 포함한 목의 형태와 동체부의 형태에 따라 세 유형으로 구분되는데, A형은 동체부가 대체로 구형을 이루나 최대경이 어깨쪽에 있으며, 무엇보다

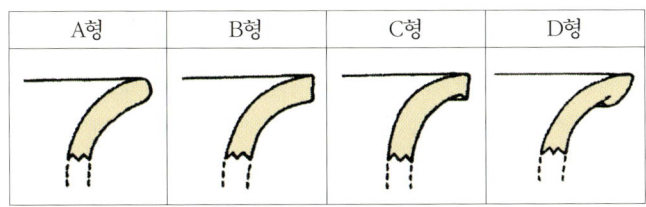

그림27 | 고구려 토기 호·옹류 구연부 형태 분류(ⓒ최종택)

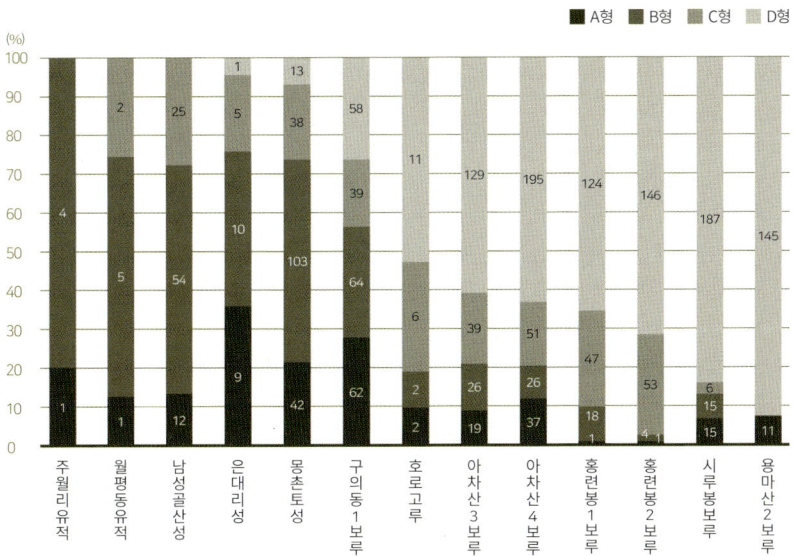

그림28 | 남한 지역 유적별 고구려 토기 구연 형태 백분율 분포도(숫자는 최소 개체수)

도 목과 구연부가 거의 직립에 가까운 것을 특징으로 한다. B형은 동체부가 눌린 공모양의 편구형이며, 목은 짧게 직립하다가 밖으로 꺾이는 형태를 하고 있다. C형은 동체부가 대체로 구형을 이루고 있으나, 다른 유형에 비해 세장한 형태이고, 목은 외반되어 있으나 B형에 비해 짧은 것이 특징이다(그림29). 구형호류의 형태별 변천에 따르면 구의동보

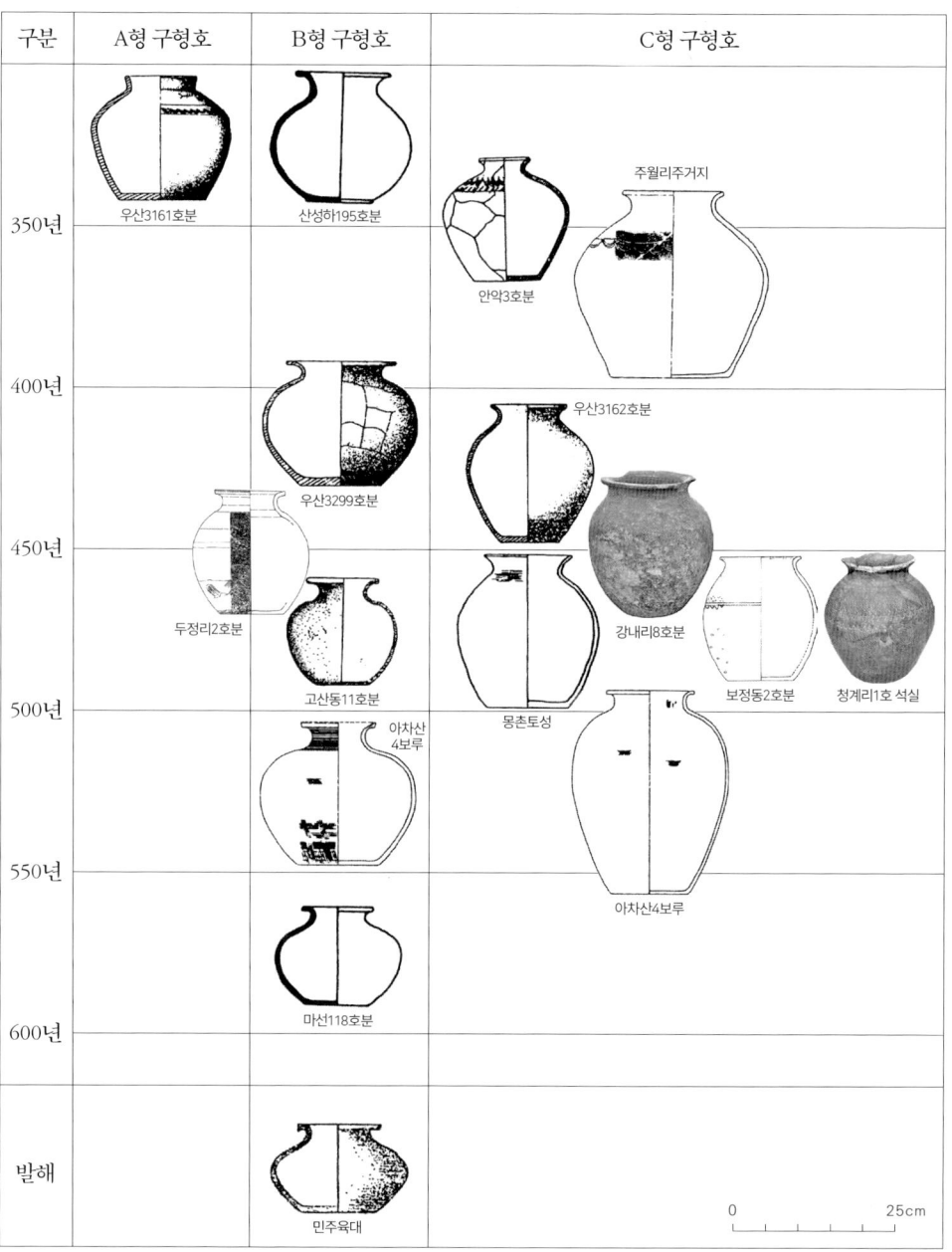

그림29 | 고구려 토기 호류 변천도(ⓒ최종택)

루나 아차산보루에서 출토된 구형호는 6세기대에 속하는 것이며, 몽촌토성 출토품은 이보다 약간 이른 5세기 후반으로 편년된다. 한편, 최근 조사된 연천 강내리고분, 용인 보정리고분, 화성 청계리고분, 충주 두정리고분 등에서 출토된 구형호류도 몽촌토성 출토품과 유사한 5세기 후반으로 편년된다(최종택, 2011).

고구려 토기의 제작기법상 특징과 구연 형태 구성비, 기종별 편년, 역사적 상황 등을 종합해볼 때 남한 지역 고구려 유적의 편년적 위치는 다음과 같다. 남한 지역에서 출토된 가장 이른 시기의 토기 자료는 주월리유적에서 출토된 구형호이며, 이를 통해 주월리유적 고구려 토기의 연대는 4세기 후반대로 비정할 수 있다. 그다음으로는 남성골산성, 월평동유적, 은대리성, 몽촌토성 등의 유적인데, 이들 유적의 고구려 토기는 대략 5세기 후반대로 편년된다. 각 유적별 절대연대를 비정할 만한 자료가 충분하지는 않지만 몽촌토성의 경우는 고구려의 한성 공함 연대(475년)를 상한으로 한다. 몽촌토성 고구려 유적의 하한은 토기의 편년결과를 통해서 짐작할 수 있는데, 몽촌토성 고구려 토기의 형식 변이가 크지 않은 점을 고려할 때 그 존속기간을 25년 정도로 보면 대략 500년을 전후한 시점이 몽촌토성 고구려 유적의 하한이 될 것으로 생각된다. 다음으로는 구의동1보루, 호로고루, 아차산4보루, 시루봉보루 등 아차산 일원의 고구려 보루와 임진강 유역의 유적 일부가 이에 해당하는데, 양주 지역의 일부 유적도 이 시기에 속할 것으로 생각된다. 이들 유적의 절대연대에 대해서는 홍련봉2보루에서 출토된 경자명 토기가 있는데, 그 연대가 520년에 해당하므로 이들 유적의 연대는 6세기 전반으로 비정할 수 있다. 상한은 몽촌토성 고구려 유적의 하한연대를 참고하여 500년을 전후한 시점으로 비정하고, 하한연대는 백제가 한강 유역을 회복하는 551년으로 비정할 수 있다.

3) 와전류

남한 지역에서 기와류가 출토되는 유적은 임진강·한탄강 유역의 호로고루와 당포성, 두루봉보루, 무등리1보루, 아미성 그리고 한강 유역의 홍련봉1보루 등 매우 제한적이며, 이 중 와당은 호로고루와 홍련봉1보루에서만 출토된다. 그 밖에 아차산성에서 고구려 기와 및 와당이 출토되는데, 홍련봉1보루 출토품과 같은 것이다. 또 가락동5호분 현실 바닥 정지에 고구려 기와류가 사용되었는데(沈光注, 205), 폐기된 기와류를 재사용한 사례이므로 원래 용도로 보기는 어렵다. 발굴조사가 실시된 홍련봉1보루에서는 1호 건물지 주변에서만 기와와 와당이 출토되는 등 제한적이지만 호로고루에서는 기와폐기장이 확인되었고, 평기와와 와당 외에 치미와 착고 등도 출토되었으며, 기와의 사용과 관련된 명문기와가 출토되어 본격적인 기와 사용의 사례로 중요하다. 그 밖에 구의동보루와 호로고루에서는 문양이 없는 소문전이 여러 점 출토되었는데, 바닥에 깔아 사용했던 것으로 추정된다.

와당은 홍련봉1보루에서 6점, 호로고루에서 10여 점이 출토되었는데, 두 유적 모두 각각 동일한 양식의 와당만 출토되는 특징이 있다. 홍련봉1보루 출토 와당은 6점 모두 꽃봉오리 형태의 연화를 선조와 부조로 표현한 연화복합문와당이다. 자방은 반구형으로 융기된 형태이며, 외곽으로 2줄의 권선이 돌아가고 있다. 연화의 중앙에는 융기선이 표현되어 있어 강한 볼륨감을 나타내고 있다. 연화 사이에는 삼각형의 주문이 표현되어 있으며, 와당면과 주연부 사이에는 1줄의 권선이 돌아가고 있다. 주연부는 와당면보다 좀 더 높게 돌출된 것이 특징이다. 주연부가 남아 있는 와당을 통해 볼 때 와당의 지름은 17~19cm 정도로 큰 편이다.

와당의 색조는 대부분이 적색이며, 한 점만 회색을 띠고 있다. 적색 와당의 경우에도 표면에 붉은색을 채색한 것이 아니라 산화염 소성에 의한 것이다. 태토는 고운 니질점토를 사용하였으며, 자방과 연화에 분리사(分離沙)를 사용한 것이 확인되는데, 와당면뿐만 아니라 주연부에서도 분리사가 확인된다. 와당의 절단면에서 2~3매의 점토판을 이용하여 접합한 것이 확인된다. 주연부는 와당면을 성형한 뒤 따로 제작하여 접합하였으며, ㄴ자 형태의 홈을 파서 수키와를 접합하였는데, 와당의 뒷면은 도구를 사용하여 다듬었다(그림30-1).

와당면에서 확인할 수 있는 표현기법에서 몇 가지 공통점을 확인할 수 있었다. 와당면이 남아 있는 경우 부조로 표현한 연화의 끝이 외곽의 주연부와 이어져 있는 점을 모두 확인할 수 있다. 또한 부조로 표현된 연화의 크기가 일정하지 않으며, 연화의 오른쪽 끝부분이 왼쪽보다 높이가 낮다. 마지막으로 삼각 주문의 형태가 모두 같은 부분에서 작게 표현된 점을 확인할 수 있다. 이러한 특징을 고려해볼 때 홍련봉1보루 출토 와당은 모두 동일 와범에서 제작된 것으로 보인다. 한편, 아차산성 남문지 일대 조사에서도 같은 형태의 와당 2점이 출토되었는데, 역시 동일한 와범에서 제작된 것으로 추정된다. 유사한 형태의 연화복합문와당은 상오리사지 등 평양 지역에서 주로 출토되는데, 홍련봉1보루의 연대가 6세기 전반에 해당하므로 같은 형식의 와당을 편년하는 데 참고가 된다.

호로고루 출토 와당은 저수시설에서 출토된 1점을 제외하면 모두 기

그림30 | 남한 지역 출토 와당·치미·착고(ⓒ1: 한국고고환경연구소, 2~4: 토지박물관)

와폐기장에서 출토되었으며, 모두 같은 형식의 연화문와당이다. 당면 중심에는 작은 반구형자방이 있고, 주위에는 융기된 연봉형연화 6엽을 배치하였으며, 연화 사이에는 주연부 쪽에서부터 삼각형 간판을 배치하였다. 주연부는 와당의 크기에 비해 넓고 높으며, 크기는 홍련봉1보루 와당에 비해 작다. 와당 뒷면은 날카로운 도구로 사선을 깊게 새긴 후 수키와 와구부와 접합하였으며, 수키와 안쪽은 점토를 추가하여 보강하였다(그림30-2). 호로고루 연화문와당과 유사한 형태는 국내성지역에서 주로 확인되는데, 홍련봉1보루 연화복합문와당이 평양 지역에서 주로 확인되는 점과는 대조적이다. 두 유적의 와당 형태 차이가 시간적인 것인지, 와공의 출신지역 차이인지는 알 수 없으나 향후 검토가 필요한 문제이다(심광주 외, 2014).

치미는 호로고루에서 파편 상태로 여러 점이 출토되었는데, 2~3cm 폭의 니질점토를 테쌓기로 성형하였으며, 표면에는 타원형 문양이 음각되어 있는데, 보고자는 이를 물고기 비늘 형태의 도안 일부로 추정하고 있다. 고구려 유적에서 치미가 출토되는 유적은 매우 제한적인 점을 고려하면 호로고루유적의 위계가 매우 높았음을 보여주는 또 다른 증거로서 중요한 자료로 생각된다(심광주 외, 2014). 지붕 마루의 기왓골을 막는 데 사용된 착고는 호로고루의 기와폐기장에서 9점이 출토되었는데, 소성하기 전의 수키와를 와도로 절단하여 제작한 것으로, 내면에는 포흔이 그대로 남아 있다. 착고의 상면은 수키와의 장변을 그대로 사용하였고, 측면과 하단부는 둥글게 잘라 마무리하였는데, 여러 차례의 와도 흔이 남아 있다. 착고 역시 치미와 함께 국내성이나 평양 지역의 주요 건물지에서 출토되는 특수기와로서 호로고루의 높은 위계를 보여주는 자료의 하나로 중요하다.

그림31 | 홍련봉1보루 출토 기와류(ⓒ한국고고환경연구소)

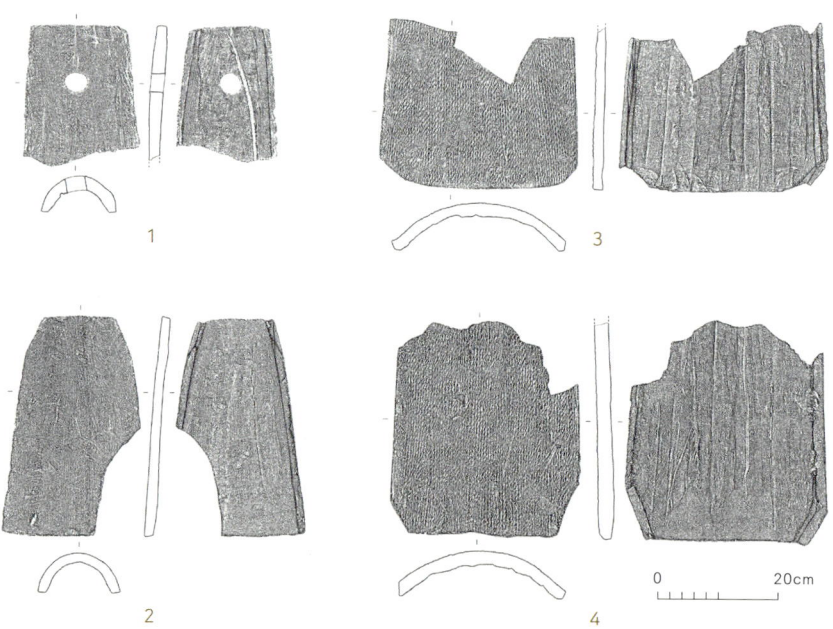

그림32 | 호로고루 출토 기와류(ⓒ토지박물관)

남한 지역에서 출토된 고구려 기와류의 대부분은 평기와인데, 홍련봉1보루에서 5,000여 점, 호로고루에서 수만 점의 기와가 출토되었다. 기와의 제작에는 대체로 모골와통이 사용되었는데, 호로고루 수키와의 경우 원통와통을 사용하였으며, 암기와는 승문이 주를 이루고 수키와는 무문이 주를 이룬다. 홍련봉1보루 기와는 회색 계열이 많은 반면 임진강 유역의 기와는 적색 계열이 주를 이루는 등 약간의 차이가 있다(그림31, 32).

호로고루 수키와 중에는 명문이 새겨진 것이 여러 점 확인된다. 그중 하나에는 "… □小瓦七百十大瓦□八十用大四百卅合千"과 같은 명문이 있는데, "… 작은 기와는 710(장), 큰 기와는 □80(장), 깨졌어도 사용할 수 있을 만큼 큰 기와 조각 430장을 모두 옮겼다"와 같이 해석된다. 이는 호로고루의 건축에 사용된 기와를 운반한 내역을 적은 일종의 회계부 성격을 지닌 것으로, 건축에 사용하고 남은 기와를 따로 보관하기 위해 옮기고 그 내역을 적은 것으로 이해된다. 이는 당시 호로고루에 이두문을 이해할 수 있는 정도의 한문에 소양이 있는 중요 인물이 상주하였거나 건축에 참여하였음을 보여주는 것으로, 와당이나 치미, 착고기와와 함께 호로고루의 높은 위계를 보여주는 중요한 자료로 이해된다(기호철, 2014).

4) 철기류

남한 지역의 고구려 유적에서 제철과 관련된 시설은 확인된 바 없으나, 아차산3·4보루와 용마산2보루, 무등리2보루에서는 철기를 수리하거나 철 소재를 이용해 철기를 제작하였던 시설이 조사되었다. 이들은 본격적인 단야시설이라기보다는 간이대장간의 역할을 한 것으로 보이는데, 아차산4보루에는 건물지 외곽의 경사진 곳에 온돌 형태의 단야시설이 설치되어 있었고, 주변에는 수리를 위해 모아 둔 철기 수십 점이 함께 출토되었다. 아차산3보루의 단야시설은 타원형의 수혈구덩이 바닥에 길이 80cm가량의 단야로가 설치되어 있었다. 또 홍련봉2보루에서는 단야구인 철제집게가 출토되었고, 단야용 망치는 여러 보루에서 출토되었다. 그 밖에 무등리2보루에서는 단야시설이 확인되지는 않았지만 다량의 슬래그(slag)가 확인되기도 하였다. 이러한 점으로 미루어 남한 지역의 각 관방유적에서는 철 소재를 이용해 철기를 제작하거나 사용 중 파손된 철기를 수리하는 정도의 작업이 이루어졌던 것으로 이해된다.

남한 지역에서 출토된 철기류는 용도에 따라 무기와 갑주, 마구, 농공구, 용기류 등으로 구분되며, 기타 용도가 불분명하거나 특수한 용도의 철기도 확인된다. 지금까지 발굴조사가 이루어진 아차산 일원의 보루와 호로고루, 무등리1·2보루, 천보산2보루 등에서 출토된 철기류는 대체로 유사한 특징을 보이는데, 다음에서는 아차산 일원의 철기류를 중심으로 종류별로 구분하여 살펴보기로 한다.

아차산보루에서 출토된 철기류 중 무기류가 가장 많은데 전체의 84.5%를 차지하며, 농공구류가 7.5%, 생활용구류, 용기류, 마구류 등은 5% 미만을 차지한다(최종택, 2013). 무기류는 철촉과 철도, 철부 등이 주를 이루고, 방어용 무기류인 갑옷과 투구도 출토된다(그림33, 34). 무기류 중에서는 철촉이 가장 많은 양을 차지한다. 삼익촉과 착두형촉 및 소량의 기타 형식을 제외하면 모두 세장형촉이다. 세장형촉은 오각형의 납작한 촉두와 단면 방형의 긴 촉신에 좁고 긴 슴베를 가진 형태

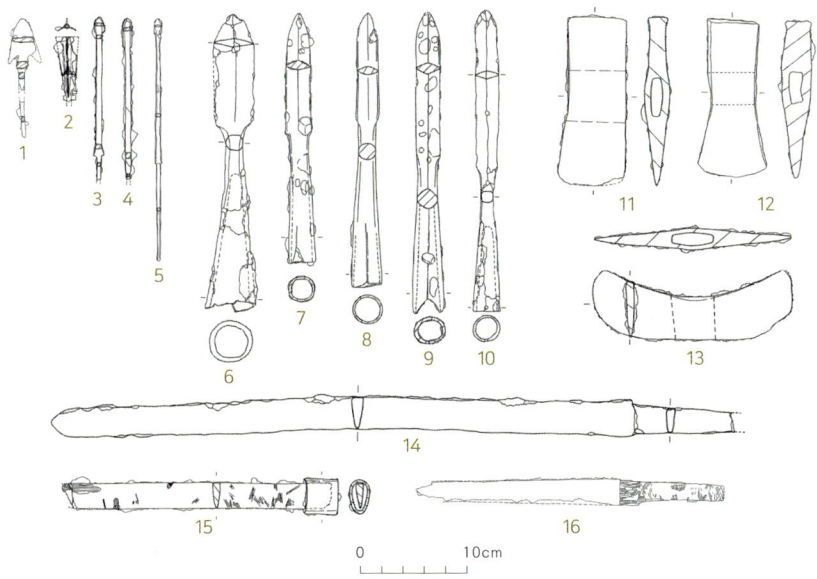

그림33 | 아차산 일원 보루 출토 무기류(ⓒ최종택)

로 전체 길이는 25cm가량 된다. 이러한 촉은 2세기대로 편년되는 칠성산871호분에서 출토된 예가 있지만 대체로 4세기 이후에 유행한 것으로 보인다. 또한 환인 지역의 오녀산성이나 집안 지역의 환도산성, 심양 석대자산성, 무순 고이산성 등 방어 기능이 강조되는 성곽에서 주로 출토되는 점으로 미루어 고구려 중기 이후에는 대표적인 인마살상용 화살촉으로 사용된 것으로 이해된다.

도(刀)는 환두부가 유리된 채로 출토된 경우가 많으나 잔존하는 병부의 형태로 보아 원래는 환두도로 추정된다. 아차산4보루 출토 철도의 병부 쪽에는 얇은 철판을 타원형으로 접어서 만든 초구금구가 남아 있다. 구의동보루에서 출토된 도가 가장 완전한 형태인데, 현존하는 길이는 68.3cm이다. 모(矛)는 28점 중 25점이 관부가 형성된 형태이며,

관부 없이 봉부로 이어지는 형태는 3점에 불과하다. 유관철모 중 공부 하단이 직기형인 것이 연미형에 비해 빈도가 높다. 모는 봉부의 형태에 따라 광봉형과 협봉형으로 나뉘는데, 구의동1보루 출토품 일부를 제외하면 모두 협봉형이다. 봉부의 길이도 장봉과 단봉이 있으나 단봉이 많다. 부(斧)는 거의 모든 보루에서 확인되는데, 대부분이 횡공부이다. 횡공부 외에 공부가 있는 철부도 있으나 이는 무기로 보기 어렵다. 그 밖에 초승달모양의 월형부와 쌍인부 등 특수한 형태의 도끼도 소량 출토되었다(그림33).

방어무기로는 아차산4보루에서 복발이 있는 소찰주 1식이 출토되었는데, 복발 1개와 52매의 소찰로 이루어져 있다(그림34-1). 복발은 소위 몽고발형으로 반구형이며, 평면은 타원형에 가까운 말각삼각형으로서 전면이 좀 더 뾰족하게 돌출되어 있다. 복발의 하단부는 마치 차양처럼 짧게 벌어져 있는데, 여기에 1.5~2cm 간격으로 작은 구멍이 2개씩 뚫려 있어 가죽끈을 이용해 다른 소찰들과 연결하도록 하였다. 복발에 연결되었던 소찰은 출토 시에 이미 주의 원형이 파괴된 상태였기 때문에 전체 형태의 복원이 쉽지 않다. 소찰은 두께 0.2cm 내외의 얇은 철판을 이용해 외형을 제작한 후 각 테두리 중간 부분에 2개 혹은 1개씩 구멍을 뚫은 것이 대부분인데 크게 세 유형으로 구분되며, 볼가리개와 목가리개 등 부착 부위에 따라 서로 다른 형태를 하고 있다.

갑옷은 모두 찰갑으로 다양한 형태의 찰갑편이 출토되었다. 아차산 보루에서 출토된 찰(札)은 크기와 모양에 따라 세 형식으로 구분되지만 기본적으로는 상단부는 직선이고 하단부는 모를 접은 형태인 상방하원형이다. I형식의 소형 소찰은 소찰주에 사용된 것으로 볼 수도 있겠으

소찰주(아차산 4보루)   철제찰갑(무등리 2보루, 왼쪽이 전면, 오른쪽이 후면)

그림34 | 소찰주 및 철제찰갑(ⓒ서울대학교박물관)

나, 아차산4보루에서 특이한 형태의 소찰주가 확인된 점으로 미루어 볼 때 찰갑에 사용된 것으로 판단된다. 소찰 자체만으로는 각 형식별 사용된 부위를 구분하기 어려우나, Ⅰ형식은 신갑의 상부, 중형의 Ⅱ형식과 대형의 Ⅲ형식은 요갑 또는 경갑에 사용된 것으로 추정된다(최종택, 2013). 한편, 무등리2보루에서는 완전한 형태의 동갑 1점과 관모형 복발이 있는 소찰주가 함께 출토되었는데(그림34), 이를 통해 소찰의 부위별 형태와 연결기법 등을 확인할 수 있다(이선복 외, 2015).

마구류는 재갈과 등자, 편자, 교구방울 등이 있는데, 아차산4보루에서는 재갈과 등자가 같은 건물지에서 함께 출토되었다(그림35). 재갈은 이른바 환판비에 해당되며, 재갈쇠와 고삐이음새, 재갈멈추개로 이루어져 있다. 재갈쇠는 2절식으로 각 마디는 단면 원형인 철봉의 양 끝을 구부려 타원형고리를 만든 후 그 끝을 두 번 정도 철봉에 감아 마무리하였다. 재갈쇠의 내환은 외환에 비해 작으며, 내환과 외환이 각각 수직과 수평을 이루고 있다. 각각의 외환은 크기와 형태가 비슷하나, 내환은 한쪽은 크고 다른 한쪽은 작다. 고삐이음쇠 역시 재갈쇠와 같은 방식으로 꼬아서 제작하였는데, 고삐와 이어지는 외환은 내환보다 큰

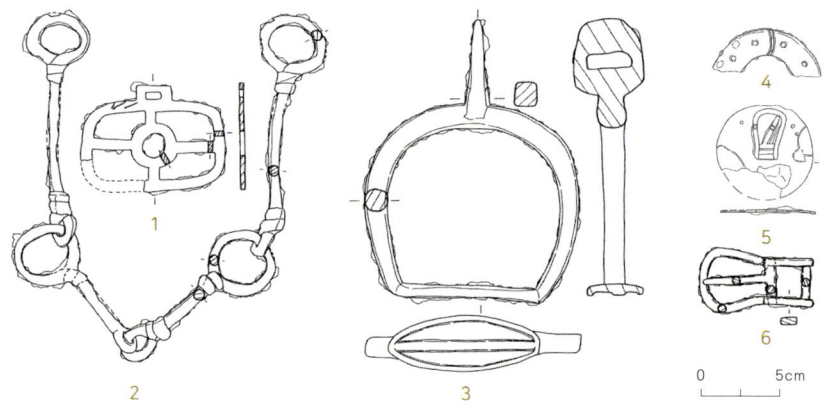

그림35 | 아차산 일원 보루 출토 마구류 각종(ⓒ서울대학교박물관)

직경을 가지고 있으며 함과 마찬가지로 철봉을 중심으로 내환과 외환이 수직과 수평을 이루고 있다. 재갈멈추개는 얇은 철판으로 제작하였는데, 장타원형 환판의 외곽 하단은 작은 돌기가 달려 있으며, 상단에는 장방형 입문이 부착되어 있다. 환판의 내부는 십자형을 기본으로 하고 중심부에는 함공이 뚫려 있는데, 함공의 외경은 3cm가량 된다. 함에 연결되지 않은 상태로 출토되었지만 별도의 장치 없이 함외환에 직접 연결하였던 것으로 보인다.

아차산4보루에서 출토된 등자는 이른바 터널형의 윤등으로서 주조품이다. 병부는 윤부 위에 약간의 목을 세운 뒤, 말각제형의 현수부를 90°틀어서 부착한 형태이다. 윤부는 단면 원형으로서 두께는 일정한 편이나 병부에서 윤부 중앙과 답수부에 이르기까지 그 두께가 소폭 감소한다. 발이 직접 닿는 답수부의 평면형태는 유엽형이며, 그 바닥의 외측 중앙과 양 측면은 길게 돌선을 만들어 보강하였다. 병부는 끝으로 갈수록 얇아지는데, 아래쪽으로 내려오면서 일정한 비율로 두꺼워져 병부와 연결되는 목 부분에서는 윤부의 환봉과 같은 굵기가 된다. 병부의 중앙에 장방형의 현수공이 뚫려 있다.

편자는 아차산3보루에서 출토되었으며, 납작한 철판을 둥글게 돌려 만든 반원형이다. 철판의 단면은 약간 휘어 있는데, 두께는 0.2cm 내외이다. 양쪽 끝이 일부 결실되어 있으나 전체적으로 반원형에 가까우며, 철판의 중심부를 따라 네 개의 구멍이 남아 있다. 유사한 형태의 편자가 몽촌토성에서 출토된 바 있으며, 아차산3보루 출토품에 비해 다소 크다.

농공구류는 철겸·보습·삽날·살포·쇠스랑 등 농기구류와 끌·정·단조철부 등 공구류로 크게 나뉘며, 집게와 망치 등 단야구도 소량 출토된다. 용기류는 주로 솥과 호가 출토되는데, 구의동1보루에서는 아궁이에 솥과 호가 나란히 걸린 채 출토되었다. 반면에 다른 보루에서는 완형으로 출토된 사례가 없으며, 이는 유적의 폐기 상황과 관련된 것으로 생각된다. 즉, 구의동1보루와 달리 아차산의 보루들은 철솥과 무기 등 주요 물품을 거두어 철수한 것으로 추정된다. 생활용구에는 다양한 철기가 포함되는데, 문고리가 가장 많은 양을 차지한다. 그 밖에 홍련봉1보루와 용마산2보루에서는 문틀에 사용된 확쇠가 출토되었고, 구의동2보루에서는 문지도리쇠가 출토되어 문짝 구조를 복원하는 데 중요한 자료가 되고 있다.

4. 역사적 의미

　475년 고구려의 한성 공함과 이후 한성을 포함한 중부지역의 영유와 관련한 문헌사료가 자세하지 않거나 모순된 점이 많아 이에 대해 서로 다른 입장의 여러 논의가 이루어졌다. 1980년대 후반 이후 최근까지 한강 유역을 포함한 중부지역에서 다양한 고구려 유적이 조사되어 관련 논의가 어느 정도 정리되고는 있다.

　475년 고구려의 공격으로 한성이 함락되자 백제는 고대국가의 기틀을 다지는 기반이 되었던 한성을 포기하고 웅진으로 천도함으로써 새로운 시대를 맞이하게 된다. 이후 538년 사비로 천도할 때까지 63년간의 웅진기는 초기의 약화된 왕권으로 인한 정국의 혼란과 동성왕대의 국력 회복, 무령왕·성왕대에 걸친 부흥으로 요약된다. 백제사에서 웅진기는 고대국가 형성에 중요한 역할을 해왔던 한강 유역의 상실이라는 점에서 의미가 크다. 백제의 한성 실함은 정치·경제·외교에 있어서 커다란 혼란을 가져와 국가의 존립을 위협할 수 있는 상황이었다. 따라서 천도 이후에도 백제는 한강 유역에 대한 관심을 버릴 수가 없었으며, 이를 수복하려는 노력이 웅진기 내내 지속되었다. 이러한 까닭에 백제사 연구에 있어서 웅진기 한강 유역의 상황과 관련된 문제는 중요하게 취급되어 왔으며, 이에 대한 논란이 계속되고 있다. 문제의 핵심은 웅진기에 한강 유역을 영유한 주체가 누구였으며, 그 방식은 어떠했는가 하는 것이다.

　한강 유역에서 5~6세기 고구려의 고고자료가 조사·연구되면서 이에 대한 논의가 다시 활기를 띠고 있다. 즉, 1988년 몽촌토성에서 고구려 토기가 확인된 이후 그동안 백제고분으로 보고되었던 구의동유적이 고구려 보루로 재인식되었다. 이어 한강 북안의 아차산에서 여러 기의 고구려 보루가 발굴조사되었으며, 임진강·한탄강 유역과 양주분지, 충남 진천과 충북 청원, 대전 등지에서도 고구려 유적이 조사되었다. 이러한 고고자료는 직접적으로는 고구려의 남진과 관련된 것이지만, 이를 계기로 고구려의 한강 유역 지배방식과 웅진기 한강 유역 영유문제에 대한 관심이 다시 촉발되었다. 특히 최근까지 계속된 아차산 일원 고구려 보루의 발굴을 통해 475년에서 551년에 이르는 동안의 고고자료 편년과 성격이 점차 분명히 드러나고 있으며, 이를 통해 웅진기 동안의 한강 유역 상황에 대한 새로운 인식이 가능해졌다.

현재까지 조사된 고구려 유적에 대한 연구성과에 따르면 475년 고구려의 한성 공함 이후 한강 유역과 그 이남 지역의 상황은 다음과 같이 정리할 수 있다(최종택, 2013). 475년 장수왕의 한성 공함 이후 왕은 돌아갔으나 고구려군은 몽촌토성에 주둔하고 웅진 방면으로 남하를 계속하였다. 이후 동성왕대를 거쳐 무령왕대에 이르러 한강 유역에 대한 백제의 공세가 강화되자 500년을 전후한 시점에 몽촌토성을 비롯한 한강 이남의 고구려군은 한강 이북으로 철수하여 아차산 일원에 주둔하였다. 그렇지만 몽촌토성을 포함하는 한강 이남 지역을 백제가 안정적으로 확보하고 경영하였던 것은 아닌 것으로 보이는데, 이는 한강 이남 지역에서 웅진기 백제와 관련된 유적이나 유물이 확인되지 않는 점에서도 뒷받침된다. 무령왕대에는 이러한 상황 전개에 따라 한강 유역 외곽은 물론 멀리 황해도 지역에서까지 전투를 하는 등 대고구려 공세를 강화할 수 있었고, 성왕대에도 이러한 상황의 기조가 유지되었다. 그러나 성왕대의 전선은 다시 충청도 일원까지 남하하였으며, 551년 백제가 한성을 회복할 당시 먼저 한성 지역을 얻고 나서 평양 지역을 획득하였다는 점으로 보아 551년 직전 무렵에는 한강 이남 지역도 고구려의 관할하에 있었던 것으로 이해된다.

문헌사료와 상충되는 면이 없지는 않지만 고고자료를 통해서 보는 한 475년 이후 한강 유역은 고구려의 지배하에 있었다. 그러나 한성 공함 이후 한강 유역에 대해 고구려가 행한 조치에 대해서는 기록이 없어서 그 내용을 알기 어렵다. 종래에는 이 시기 고구려의 한강 유역 영유를 인정하는 입장에 있더라도 한강 유역에 대한 고구려의 영역지배를 부정적으로 생각해 왔었다. 그 까닭은 한강 유역에서 확인되는 고구려 유적이 대부분 소규모의 보루이며, 일반적으로 고구려 영역에서 확인되는 대규모 거점성의 존재가 확인되지 않았기 때문이다. 또한 475년 한성 공함 직후 고구려군이 모두 철수한 것으로 인식하기도 하였고, 당시의 정황으로 보아 한성이 폐허가 되고, 대부분의 기반시설이 모두 상실된 마당에 고구려가 당장 이를 중심으로 지방관부를 설치하고 주둔군을 배치하는 등 영토로 삼을 수 없었을 것이라는 주장이 제기되기도 한다(김병남, 2004).

그러나 몽촌토성에서 고구려 유적의 존재가 확인되면서 이러한 생각은 재고를 요하게 되었다. 475년 한성 공함 이후 장수왕과 고구려군은 돌아갔으나 일부는 몽촌토성에 주둔하고 있었으며, 진천의 대모산성과 세종 남성골산성, 세종 나성, 대전 월평동산성 등이 몽촌토성과 비슷한 5세기 후반의 고구려 유적으로 편년되는 점(崔鍾澤, 2004b)은 고구려가 몽촌토성을 거점으로 하여 금강 유역으로 남진을 계속하였음을 확인시켜 주는 것이다. 또한 몽촌토성에서 확인된 적심 건물지를 비롯한 특수한 구조의 지상 건물지와 의례용 토기의 존재를 통해 몽촌토성에 주둔한 지휘관이 상당한 신분의 소유자였음을 추론할 수 있으며

(崔鍾澤, 2002), 이를 통해 몽촌토성이 거점성의 기능을 담당하였음을 상정할 수 있다. 진천의 대모산성은 발굴조사가 이루어지지 않아 자세한 내용을 알 수 없지만 세종 남성골산성 역시 조사된 규모나 내용으로 보아 거점성으로서의 기능을 하기에 충분하다. 따라서 이러한 거점성들을 중심으로 고구려는 한강 이남 지역의 영역화를 시도하였을 것으로 추정된다.

그런데 이와 관련하여 한성을 실함한 이듬해인 문주왕 2년(476년)에 대두산성을 수리하고 한강 이북의 주민을 이주시킨 사실[7]을 들어 한강 유역이 공백상태였다고 볼 수도 있다. 그러나 이를 웅진으로 천도할 당시 함께 온 한수 이북의 민호들을 대두산성에 집단으로 안치한 것으로 보면 자연스러우며, 오히려 이 기사야말로 한성 공함 후 고구려가 한강 유역을 영유하였음을 보여주는 기사로 이해할 수도 있다(김현숙, 2005). 또한 『삼국사기』에는 한성 공함 이후 6세기 초반까지 백제에 대한 고구려의 공격이 보이지 않는 반면에 신라에 대해서는 지속적인 공세를 취하는 것으로 나타나는데, 이는 한강 유역에 대한 고구려의 지배가 어느 정도 관철된 데에 기인한 것으로 보인다.[8]

그렇다면 고구려가 점령한 이후 백제의 한성은 어떻게 되었을까? 주지하듯 백제 한성시기의 도성과 관련해서는 하북위례성, 하남위례성, 한산, 한성 등이 거론되고 있으며, 시간의 흐름에 따라 명칭에 변화가 있었던 것으로 이해되고 있다. 즉, 근초고왕 26년(371년) "移都漢山"

---

7 『삼국사기』 백제본기 문주왕 2년조, "修葺大豆山城 移漢北民戶."
8 이와 관련하여 한성 실함 후 웅진으로 천도한 백제는 국가 존망의 기로에 서 있었으며, 사태를 수습하기 위해 더 이상의 전투를 하지 않는 대신 고구려에 신속하고 영토를 할양하였을 가능성이 있다고 보기도 한다(李道學, 2005).

이 있기 전까지의 백제 도성은 위례성으로 불렸고, 한산으로의 이도와 더불어 한성이라는 명칭이 사용되었으나, 한성 공함이 있은 475년 이전까지 백제인들은 여전히 위례성을 도성 전체를 대표하는 범칭으로 사용하였고, 한성은 주로 군사방어성과 관련된 명칭으로 사용하였다. 475년 이후 고구려가 위례성(『삼국사기』 개로왕 21년조의 북성: 풍납토성)을 폐기하고 군사방어적 성격이 강한 한성(『삼국사기』 개로왕 21년조의 남성: 몽촌토성)만 활용함에 따라 한성이 백제 고도를 대표하는 명칭으로 부상하였다는 것이다(余昊奎, 2002). 475년 이후 몽촌토성에 고구려군이 주둔하고 있었던 점으로 보아 타당한 견해로 보이며, 이에 따르면 점령 이후 고구려는 한강 유역(구체적으로는 한강 남안)을 한성으로 불렀던 것으로 생각된다.

한편, 아차산 일원 고구려 보루는 중랑천변 일대의 남평양을 방어하기 위한 시설이며, 495년 문자명왕의 남순과 관련하여 설치된 것으로 보는 견해(崔章烈, 2001)가 제시된 바 있다. 또 남평양은 4세기 중엽에 황해도 신원군의 장수산성 아래에 있었으며, 475년 이후 한강 유역으로 옮겨졌다고 보기도 한다(손영종, 1990). 이러한 견해에 따르면 475년 백제의 한성을 공함한 몽촌토성에 주둔한 고구려는 이를 여전히 한성이라고 불렀으며, 495년 이후에는 한강 북안의 중랑천변에 남평양을 건설하고 주변의 아차산에 보루를 축조한 것이 된다.[9] 이는 475년 이후 고구려군은 몽촌토성에 주둔하였다가 500년을 전후한 시점에 한강 북안의 아차산 일원 보루로 철수하였다는 필자의 견해와도 일치한다.

---

9   이와 관련 최근 고구려 남평양의 위치를 중랑천변의 장안평 일대로 비정하는 견해가 발표되기도 하였다(여호규, 2020a; 2020b).

고구려의 한강 이남 지역에 대한 영역화와 관련하여 최근 발굴사례가 증가하는 남한 지역의 고분 자료가 중요하다. 남한 지역에서 고구려계 고분이 조사되기 시작한 것은 1980년대 초반의 일이나 이를 고구려 고분으로 특정할 만한 유물이 출토되지 않아 연구는 답보상태를 거듭하였다. 그러나 2000년대 중반 이후 용인 보정동고분을 비롯한 여러 고분에서 고구려 토기가 출토되면서 남한 지역 고구려 고분의 존재가 분명해지게 되었다(崔鍾澤, 2011). 남한 지역 고구려 고분은 임진강·한탄강, 북한강 상류, 남한강 상류 등 큰 강가에 위치하거나 성남, 용인, 화성 일대의 내륙에 분포하고 있는데, 지금까지 조사된 고분의 수는 67기에 달한다.

남한 지역의 고구려 고분은 대부분 우편재 연도의 횡혈식석실분이며, 묘실 길이 2.2m를 기준으로 소형과 중형으로 구분되고, 장축비 1.6을 기준으로 장방형과 세장방형으로 나뉜다. 고구려 횡혈식석실분의 형식 변천과 출토유물을 통해 볼 때 세장방형 고분은 5세기 중엽으로 편년되며, 장방형 고분은 5세기 후엽으로 편년된다. 고구려의 남한 지역 진출은 평양 천도 이후 본격화되었지만 이미 4세기 후반 고구려는 중원 지방 진출을 위해 북한강 상류의 춘천과 홍천과 횡성, 원주를 거쳐 남한강 수계를 통과하여 충주에 이르는 교통로를 확보하였으며, 400년 광개토왕의 신라 구원 이후에는 북한강 유역을 영역화한 것으로 보인다(금경숙, 2001). 이러한 견해에 따르면 강내리고분군과 방동리2호분 및 두정리고분군과 같은 세장방형 고분은 고구려의 중원 진출 및 영역화와 관련된 것으로 추정된다. 나머지 5세기 후엽의 장방형 고분들은 475년 한성 공함 이후 점령지에 대한 영역화를 시도하는 과정에서 축조된 것으로 생각된다.

또한 남한 지역 고구려 고분은 비교적 넓은 지역에 걸쳐 분포하고 있으나 구조적인 특징에 있어서 강한 정형성을 보이고 있다. 내부에서 출토되는 유물로 보아 5세기 중엽에서 후엽에 이르는 비교적 짧은 시기에 고구려인들에 의해 축조된 고분임이 분명하다. 고분의 피장자에 대한 자료는 별로 남아 있는 것이 없지만 연천 강내리 2호분과 8호분에서는 금제구슬과 은제팔찌, 유리구슬 등이 출토되었으며, 충주 두정리4호분에서는 은제지환이 출토되었다. 이러한 장신구류가 출토된 고분은 비교적 규모가 큰 고분에 해당하며, 남한 지역 고구려 고분의 피장자는 상위 신분의 소유자였던 것으로 보인다.

최근 발굴조사가 확대됨에 따라 관방유적과 고분 외에도 홍천 철정리와 역내리, 춘천 우두동, 원주 건등리, 용인 마북동, 진천 송두리, 충주 탑평리 등 곳곳에서 고구려 취락유적이나 고구려 토기가 출토되는 유적이 조사되고 있어 주목된다. 이 유적들은 모두 신라가 다시 사용하였기 때문에 고구려시기의 유구나 문화층이 명확히 확인되지는 않지만 특징적인 고구려 토기가 출토된다. 이러한 취락유적에서 출토된 고구려 토기는 기형이나 문양에 있어서 유사한 특징을 가지고 있으며, 5세기 후엽으로 편년된다(그림36).

그런데 이들 취락유적의 분포를 보면 춘천 우두동유적은 만천리고분과 인접해 있으며, 홍천 철정리유적과 역내리유적은 철정리고분 및 역내리고분과 바로 인접해 있다. 또, 충주 탑평리유적은 두정동고분군 및 〈충주고구려비〉와 인접해 있으며, 용인 마북동유적은 보정리고분군과 인접해 있다. 한편, 신답리고분군과 강내리고분군 주변에는 파주 주월리유적 외에도 많은 수의 관방유적이 분포하고 있다. 이러한 분포상의 특징을 근거로 할 때 고분의 피장자는 인접한 취락유적이나 관방

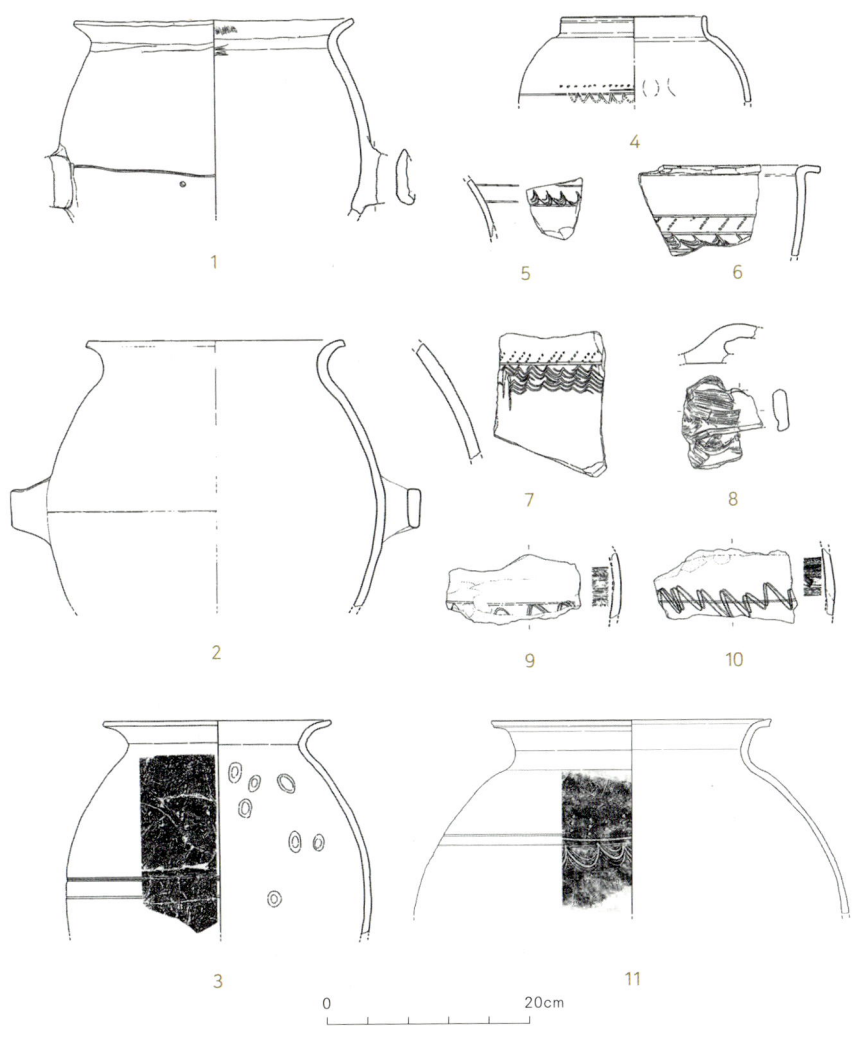

그림36 남한 지역 취락유적 출토 고구려 토기
1. 역내리유적 2·9·10. 건등리유적 3. 송두리유적 4~7. 마북동유적
8. 철정리유적 11. 탑평리유적

유적에 거주하던 고구려인으로 추정할 수 있겠다. 따라서 남한 지역 고구려 고분의 피장자는 단기간의 전투 중에 전사한 지휘관 등이 아니라 일정기간 체류하던 집단의 상위 계층으로 보는 것이 합리적이다. 이러한 추론과 관방유적의 분포를 연계해볼 때 475년 한성을 공함한 고구려는 장수왕은 귀환하였으나, 이후 점령지에 대한 영역화를 진행하였던 것으로 이해된다.

그러면 한성 공함 이후 고구려가 영역화를 시도한 고구려의 남방한계는 어디까지이며, 경영방식은 어떠한 것이었을까? 충북 진천의 대모산성이나 세종 남성골산성, 연기 나성, 대전의 월평동유적의 고고자료로 보아 5세기대 고구려의 최대 영역은 백제 영역이었던 금강 하류의 대전 지역에까지 이르렀던 것으로 확인되고 있으며, 시간에 따른 변화가 있었던 것으로 보인다. 고구려의 점령지역, 특히 한강 이남 지역에 대한 고구려의 지배방식에 대해서는 논란이 많지만 고고자료만으로 보는 한 광개토왕대와는 달리 실질적인 지배를 시도하였던 것으로 보인다. 구체적인 경영방식에 대해서는 몇 가지 가능성이 제기되고 있다. 고구려가 이 지역을 〈충주고구려비〉에 보이는 "하부(下部)"로 통괄했을 가능성이 크고, 하부의 하위조직으로서의 군현제는 아니더라도 군현명과 같이 대소로 세분된 행정구획을 성에 귀속시켰을 것으로 보기도 한다(李昊榮, 1984). 또한 551년 백제가 한강 유역을 탈환할 당시 한강 유역이 군(郡)으로 편제되었던 것으로 이해하기도 한다(노태돈, 2005).

고구려가 한강 유역에 대한 영역지배를 관철하였다면 이를 위해 파견된 지방관의 신분은 어떠하였을까? 일반적으로 고구려에서는 대형(大兄) 관등을 지닌 수사를 파견하여 군 단위의 행정을 담당하게 하였

그림37 | 아차산4보루 출토 '후부(後卩)'명 토기(왼쪽)와 '병술(丙戌)'명 평양성각자성석 세부(오른쪽)

는데, 〈충주고구려비〉에서도 수사가 보이는 점으로 미루어 한강 유역도 군과 같은 행정단위로 편제되었다고 볼 수 있으며(노태돈, 2005), 수사와 같은 지방관의 존재를 상정해볼 수도 있다. 이에 대한 직접적인 자료는 없으나 아차산4보루에서 출토된 '후부도○형(後卩都○兄)'명 접시가 일단의 실마리가 될 수도 있다. 여기서 '후부(後卩)'는 '후부(後部)'를 의미하는 것이고, '도○형(都○兄)'은 관등명이나 인명으로 보인다. 아차산4보루보다 다소 늦은 시기의 것이지만 병술년(566년)의 평양성각자성석(丙戌十二月中漢城下後 卩小兄文達節自此西北行涉之)에서 이와 같은 용례가 보인다(그림37). 두 유물의 시차가 크지 않은 점과 한강 유역의 한성이 551년 이후 황해도 신원 지방으로 옮겨진 것(손영종, 1990)을 고려한다면 아차산4보루의 '후부'도 한성(漢城)의 '후부'로 해석할 수 있다. 이로 보아 당시 한강 유역이 도성에서 보이는 것과 같이 몇 개의 구역으로 구분되어 있었음을 알 수 있다. 아쉽게도 아차산4보루의 명문에는 관등명이 표현되어 있지 않아 신분을 알 수 없으나 다양한 계층의 관리들이 파견되었을 가능성이 크다.

　남한 지역 고구려 유적의 조사 및 연구는 1980년대 말 이후 본격화 되었는데, 비록 짧은 기간이었지만 상당한 연구성과를 거둔 것으로 생각된다. 현재 남한 지역에서 조사된 가장 이른 시기의 고구려 유물은 파주 주월리유적에서 출토된 구형호 등으로 4세기 후엽 또는 4세기 말로 편년된다. 다음으로는 세장방형 묘실의 횡혈식석실분으로 5세기 중엽에 해당된다. 5세기 후엽에는 장방형 묘실의 횡혈식석실분이 축조되었으며, 아울러 몽촌토성과 대모산성, 남성골산성, 월평동유적, 은대리산성, 당포성 등도 이 시기에 해당된다. 이후 6세기 전반에는 한강 북안의 아차산 일원에 고구려 보루가 축조되어 551년까지 존속한 것으로 밝혀지고 있다. 양주분지와 임진강·한탄강 유역 대부분의 보루들도 대체로 5세기 중반 이후에 축조된 것으로 이해되나 폐기시점에 대해서는 추후 연구가 필요하다.

　지금까지의 연구성과를 통해 볼 때 고구려는 4세기 후반 이후 북한강 상류와 남한강 상류를 통해 충주 지역으로 진출하였는데, 연천 강내리고분군과 춘천 방동리2호분 및 충주 두정리고분군과 같은 세장방형 고분은 고구려의 충주 지역 진출 및 영역화와 관련된 것으로 추정된다. 한편, 475년 한성 공함 이후 고구려군은 몽촌토성에 주둔하고 진천과 청원, 대전으로 진출하였으며, 점령지에 대한 영역화를 시도했던 것으로 이해되는데, 나머지 5세기 후엽 이후의 장방형 고분들은 이러한 영역화 과정에서 축조된 것으로 생각된다. 또한 이 고분들 인근에서 고구려의 취락유적이 속속 조사되고 있는데, 이를 통해 고구려가 남한 지역에 대한 영역화를 적극적으로 시도하였으며, 이러한 경략활동은 일정 기간 지속되었던 것으로 이해된다.

참고문헌

강원문화재연구소, 2005, 『洪川 驛內里 古墳群-國道 44號線(구성포-어론간) 道路 擴·鋪裝工事區間內 遺蹟發掘調査報告書Ⅱ』, 江原文化財研究所 學術叢書 33.
_____, 2008, 『泉田里 B지역』, 江原文化財研究所 學術叢書 80.
_____, 2010, 『洪川 哲亭里 Ⅱ遺蹟-B·C지구-』, 江原文化財研究所 學術叢書 103.
_____, 2011, 『春川 牛頭洞遺蹟 Ⅰ-직업훈련원 진입도로 확포장공사 구간내 유적 발굴조사보고서』, 江原文化財研究所 學術叢書 112.
강진갑·류기선·손명원·심광주·윤우준·이달호·이도학·주강현, 1994, 『아차산의 역사와 문화유산』, 구리문화원학술총서 1, 구리시·구리문화원.
겨레문화유산연구원, 2016, 『양주 태봉산보루Ⅰ-시굴 및 1차 발굴조사보고서』, 학술조사보고 43.
_____, 2017, 『양주 태봉산보루Ⅱ-2차 발굴조사보고서』, 학술조사보고 52.
_____, 2018, 『양주 태봉산보루Ⅲ·Ⅳ-3·4차 발굴조사보고서』, 학술조사보고 61.
京畿文化財研究院, 2009, 『龍仁 麻北洞 聚落遺蹟-삼막곡~연수원간 도로개설 구간내 문화유적 시·발굴조사 보고서』, 學術調査報告 109.
국립공주박물관, 1999, 『大田 月坪洞遺蹟』, 국립공주박물관 학술조사총서 8.
국립문화재연구소 유적조사연구실, 2009, 『아차산 4보루 발굴조사보고서』.
國立中原文化財研究所, 2010, 『忠州 塔坪里遺蹟(中原京 추정지)발굴조사보고서』.
기남문화재연구원, 2018, 『安城 道基洞山城』, 발굴조사보고 6.

金玟秀, 1994, 『漢江流域에서의 三國史의 諸問題』, 九里文化院.

金元龍·任孝宰·朴淳發 1988, 『夢村土城-東南地區發掘調査報告』, 서울大學校博物館.

金元龍·任孝宰·朴淳發·崔鍾澤, 1989, 『夢村土城-西南地區發掘調査報告』, 서울大學校博物館.

김병모·김아관·안성민·박성남·구준모·황윤희·서유재·이미화, 2012, 『漣川 江內里 遺蹟 - 군남홍수조절지 건설사업 문화재 시·발굴조사(Ⅰ구역)-』.

김병희·유용수·김정인·오운석, 2010, 『忠州 豆井里遺蹟 - 충주 클린에너지파크 조성부지 문화유적 발굴조사보고서』, 중원문화재연구원.

김상익·김충배, 2003, 『연천 신답리고분 발굴조사보고서』, 토지박물관 학술조사총서 16, 한국토지공사 토지박물관.

김일성종합대학 고고학및민속학강좌, 1973, 『대성산의 고구려 유적』, 김일성종합대학출판사.

김현숙, 2005, 『고구려의 영역지배방식 연구』, 도서출판 모시는사람들.

박경식·서영일·방유리·김호준·이재설, 2004, 『연천 은대리성 지표 및 시·발굴조사 보고서』, 단국대학교 매장문화재연구소.

서울문화유산연구원, 2018, 『배봉산보루유적』, 서울문화유산연구원 학술총서 28.

손영종, 1990, 『고구려사 1』, 과학백과사전종합출판사(1997년 백산자료원에서 재출판).

심광주·김주홍·정나리, 1999, 『漣川 瓠蘆古壘 精密地表調査報告書』, 한국토지공사 토지박물관.

심광주·이형호·김태근·이수정, 2014, 『漣川 瓠蘆古壘 Ⅳ 第3·4次發掘調査報告書』, 토지주택박물관 학술조사총서 30.

심광주·정나리·이형호, 2007, 『漣川 瓠蘆古壘 Ⅲ 第2次發掘調査報告書』, 토지주택박물관 학술조사총서 27.

양시은·김진경·조가영·이정은·이선복, 2009, 『용마산 제2보루 발굴조사보고서』, 서울대학교박물관.

예맥문화재연구원, 2008, 『原州 建登里遺蹟 - 원주 건등리 아파트신축부지 발굴조사보고서』, 學術調査報告書 7.

육군사관학교 육군박물관, 1995, 『京畿道 漣川郡 軍事遺蹟유적 地表調査報告書』.

육군사관학교 화랑대연구소 국방유적연구실, 2003, 『연천 당포성 지표 및 발굴조사 지도위원회 자료집』.

이선복·양시은·김준규·조가영·이정은, 2015, 『연천 무등리 2보루』, 서울대학교박물관.

이선복·양시은·남은실·조가영·김준규, 2013, 『시루봉보루 II』, 서울대학교박물관.

이선복·양시은·최정아·이정은·김준규·알뜨라뭉흐, 2014, 『양주 천보산 2보루-2012년 조사 보고서』, 서울대학교박물관.

李印學·李秀珍, 2009, 『龍仁 麻北洞 遺蹟』, 韓國考古環境研究所.

이재설·신승주·박지영·조충현, 2009, 『서울-춘천고속도로 5공구 I·J·K지구내 가평 신천리유적』, 한백문화재연구원 학술조사총서 13, 한백문화재연구원.

이정범·오현준, 2019, 『홍련봉 1·2보루 - 3차 발굴조사보고서-』, 한국고고환경연구소 연구총서 84.

이정범·하재령·조보럼, 2015, 『홍련봉 1·2보루』, 한국고고환경연구소 연구총서 66.

이정은·김현우·김준규·이선복, 2019, 『연천 무등리 1보루 정밀발굴조사보고서』.

李浩炯·姜秉權, 2003, 『大田 月坪洞山城』, (財)忠淸文化財研究院.

이희수·배기동·이한용·김기룡, 2009, 『용인 보정동 고분』, 한양대학교 문화재연구소 총서 16.

임효재·최종택·양성혁·윤상덕·장은정, 2000, 『아차산 제4보루 - 발굴조사 종합보고서-』, 서울대학교박물관.

임효재·최종택·임상택·윤상덕·양시은·장은정, 2002, 『아차산 시루봉보루 - 발굴조사 종합보고서-』, 서울대학교박물관.

中部考古學研究所, 2014, 『坡州 德津山城-1·2次 學術發掘調査』.

_____, 2018, 『坡州 德津山城II-1~5次 學術發掘調査綜合報告書』.

중앙문화재연구원, 2015, 『燕岐 羅城里遺蹟-행정중심복합도시 중앙녹지공간 및 생활권 2-4구역 내 저습8구역(북쪽)』.

_____, 2018, 『연천 은대리성 성내부 발굴조사』.

車勇杰·盧秉湜, 1996, 『鎭川 大母山城 地表調査 報告書』, 忠北大學校 湖西文化研究所.

차용걸·박중균·한선경, 2008, 『淸原 南城谷 高句麗遺蹟-2006년도 추가발굴조사』, 중원문화재연구원.

차용걸·박중균·한선경·박은연, 2004, 『淸原 南城谷 高句麗遺蹟』, 忠北大學校博物館.

崔茂藏, 1994, 『忠州 丹月洞古墳群 發掘調査報告書』, 建國大學校博物館.

최응선·김성철, 2009, 『고구려의 돌칸흙무덤(2)』, 조선고고학전서 31(중세편 8), 사회과학원 고고학연구소, (주)진인진.

崔鍾澤, 1993, 『九宜洞-土器類에 대한 考察』, 서울大學校博物館學術叢書 2, 서울大學校博物館.

_____, 2013, 『아차산 보루와 고구려 남진경영』, 서경출판사.

崔鍾澤·吳珍錫·李廷範·趙晟允, 2007c, 『峨嵯山 第堡3壘 1次 發掘調査報告書』, 高麗大學校 考古環境硏究所.

崔鍾澤·李秀珍·吳恩娅·吳珍錫·李廷範·趙晟允, 2007a, 『紅蓮峰 第1堡壘 發掘調査 綜合報告書』, 高麗大學校考古環境硏究所.

崔鍾澤·李秀珍·吳恩娅·趙晟允, 2007b, 『紅蓮峰 第2堡壘 1次 發掘調査報告書』, 高麗大學校 考古環境硏究所.

충북대학교박물관, 2018, 『청주 정북동토성 Ⅳ-해자 터 발굴조사』, 학술총서 129.

하문식·황보경·이상규·김재은·유가해·문창희, 2016, 『안성 도기동 산51-3번지 건물신축부지 내 유적』, 세종대학교박물관 학술조사보고서 80.

韓國文化財保護財團, 2005, 『鎭川-鎭川Ⅰ·C間 道路 擴·鋪裝工事區間 內 松斗里遺蹟 發掘調査 報告書』, 學術調査報告書 163.

韓國文化財保護財團·韓國土地住宅公社, 2012, 『성남 판교동유적 Ⅱ-19·22구역』, 學術調査報告書 249.

한국토지공사 토지박물관, 1998, 『양주군의 역사와 문화유적』.

_____, 2001, 『漣川 瓠蘆古壘一次發掘調査略報告』.

翰林大學校博物館, 2000, 『春川市 東面 萬泉里古墳 發掘調査報告書』, 翰林大學校博物館硏究叢書 13.

한백문화재연구원, 2013a, 『화천 거례리유적-4대강 살리기 북한강 12공구 거례지구 4구간 A·C~F구역』, 한백문화재연구원 학술조사총서 38.

_____, 2013b, 『화성 청계리유적 I -가지구-』, 한백문화재연구원 학술조사총서 39.

한울문화재연구원, 2018, 『연천 호로고루 동벽 남측 치성』.

화서문화재연구원, 2019, 『양주 독바위보루 2차 발굴조사 학술회의 자료집』.

_____, 2020, 『양주 독바위보루 I -1차 시굴 및 발굴조사 보고서』.

姜賢淑, 2000, 「高句麗 古墳 硏究」, 서울大學校 博士學位論文.

금경숙, 2001, 「高句麗 領域으로서의 北漢江 流域-靺鞨문제와 관련하여-」, 『韓國史學報』 11, 高麗史學會.

기호철, 2014, 「漣川 瓠蘆古壘 출토 기와 銘文」, 『漣川 瓠蘆古壘Ⅳ(第3·4次 發掘調査報告)』, 한국토지공사 토지박물관.

김병남, 2004, 「백제 웅진천도 초기의 한강 유역 상황」, 『韓國思想과 文化』 26, 韓國思想文化學會.

김성범, 1992, 「軍事保護區域 內 文化遺蹟 地表調査報告書-京畿道 漣川郡 編」, 『文化財』 25, 文化財管理局.

金元龍, 1981, 「春城郡 芳洞里의 高句麗系 石室墳 二基」, 『考古美術』 149, 韓國美術史學會.

노태돈, 2005, 「고구려의 한성 지역 병탄과 그 지배 양태」, 『향토서울』 66, 서울特別市史編纂委員會.

盧爀眞·沈載淵, 1993, 「江原道 春城郡 芳洞里의 特異構造 石室墳」, 『古文化』 42·43合輯, 韓國大學博物館協會.

백종오, 2005, 「高句麗 기와 硏究」, 檀國大學校 博士學位論文.

심광주, 2005, 「南韓地域 出土 高句麗 기와에 대한 硏究」, 『한국기와학회 학술논집』 1, 한국기와학회.

_____, 2018, 「임진강유역 삼국의 성곽과 관방체계」, 『임진강유역, 분단과 평화의 고고학-2018 경기문화재연구원·중부고고학회 학술대회 자료집』, 중부고고학회.

梁時恩, 2003, 「漢江流域 高句麗土器의 製作技法에 대하여」, 서울大學校 碩士學位論文.

여호규, 2002, 「漢城時期 百濟의 都城制와 防禦體系」, 『百濟硏究』 36, 忠南大學校百濟硏究所.

_____, 2020a, 「고구려의 韓半島 中部地域 지배와 漢城 別都의 건설」, 『한국고대사연구』 99집(온라인판).

_____, 2020b, 「고구려의 '南平壤' 건설과 운영」, 『2천년 역사도시 서울의 공간이동과 경관변화』, 2020 역사도시, 서울 – 평양학술대회 발표자료집.

劉나리, 2015, 「高句麗 金製 耳飾 硏究」, 고려대학교 석사학위논문.

李道學, 2005, 「漢城 陷落 以後 高句麗와 百濟의 關係 – 躭羅와의 관계를 중심으로 –」, 『전통문화논총』 3, 한국전통문화학교.

李漢祥, 2000, 「大田 月坪山城 출토 高句麗土器」, 『韓國古代史와 考古學』, 鶴山 金廷鶴博士頌壽紀念論叢.

李昊榮, 1984, 「高句麗·新羅의 漢江流域 進出 問題」, 『史學志』 18, 檀國史學會.

趙由典, 1987, 「春城郡 新梅里 高句麗式 石室墳 一例」, 『三佛金元龍敎授停年退任紀念論叢 –考古學編』, 三佛金元龍敎授停年退任紀念論叢刊行委員會.

최병현, 2015, 「중부지방 백제 한성기 축조·신라 재사용 석실분과 고구려·신라 연속 조영 고분군」, 『고고학』 14-2, 중부고고학회.

崔章烈, 2001, 「漢江 北岸 高句麗堡壘의 築造時期와 그 性格」, 『韓國史論』 47, 서울大學校國史學科.

최종택, 1991, 「九宜洞遺蹟出土 鐵器에 對하여」, 『서울大學校博物年報』 3, 서울大學校博物館.

_____, 1995, 「漢江流域 高句麗土器 硏究」, 『韓國考古學報』 33, 韓國考古學會.

_____, 1998, 「고고학상으로 본 고구려의 한강유역 진출과 백제」, 『百濟硏究』 28, 忠南大學校百濟硏究所.

_____, 1999a, 「高句麗土器硏究」, 서울大學校 博士學位論文.

_____, 1999b, 「京畿北部地域의 高句麗 關防體系」, 『高句麗硏究』 8, 고구려연구회.

_____, 2001, 「고구려 토기 연구 현황과 과제」, 『고구려연구』 12, 고구려연구회.

_____, 2002, 「夢村土城 內 高句麗遺蹟 再考」, 『韓國史學報究』 12, 高麗史學會.

_____, 2004a, 「아차산 고구려 보루의 역사적 성격」, 『향토서울』 64, 서울시사편찬위원회.

_____, 2004b, 「남한지역출토 고구려 토기 연구의 몇 가지 문제」, 『白山學報』 69,

白山學會.

_____, 2006a, 「南韓地域 高句麗 土器의 編年 研究」, 『先史와 古代』 24, 韓國古代學會.

_____, 2006b, 「集安 '高句麗王陵' 出土遺物의 諸問題」, 『한국고대사연구』 41, 한국고대사학회.

_____, 2008, 「고고자료를 통해 본 백제 웅진도읍기 한강유역 영유설 재고」, 『百濟研究』 47, 忠南大學校 百濟研究所.

_____, 2011, 「南韓地域 高句麗古墳의 構造特徵과 歷史的 意味」, 『한국고고학보』 81, 한국고고학회.

_____, 2014, 「남한지역 고구려 유적 연구현황과 과제」, 『고구려발해연구』 50, 고구려발해학회.

_____, 2015, 「고구려 고고학 연구 120년」, 『고구려발해연구』 53, 고구려발해학회.

_____, 2016, 「湖西地域 高句麗遺蹟의 調査現況과 歷史的 性格」, 『백제연구』 63, 충남대학교백제연구소.

梅原末治, 1938, 『昭和十二年度古蹟調査報告書』, 朝鮮古蹟研究會.
朝鮮總督府, 1916, 『大正五年度古蹟調査報告』.

찾아보기

ㄱ

가락동고분군 474
가락동5호분 526
각저총 301
간구자고분군 163, 174, 184, 212
간구자AM2호분 164, 180
간성리연화총 251
감신총 339
강내리고분 471
강내리고분군 494, 495, 499, 504, 507, 508, 514, 543, 544, 548
강내리2호분 507, 513
강내리8호분 507, 508, 513
강내리9호분 507
강상적석묘 176
강서대묘 228, 233, 234, 251, 256, 258, 259, 263, 315, 317
강서리보루 470
강서삼묘 257, 263
강서중묘 228, 256, 259, 327, 331
개거식(開拒式) 89
개마총 340

거례리고분 494, 498, 503, 504
건강(建疆)유적 37
건설산성(建設山城) 114
건지벽화법(乾地壁畵法) 288
걸망성 135
경신리1호분 230, 242, 251, 256, 258, 260, 261, 267
'경자(庚子)'명 토기 465, 489, 525
계단 152, 155, 227
계단돌무덤 156
계단(목개)석실적석총 161, 169
계단목실적석총 161, 168, 182, 205, 208
계단석실적석총 171, 183, 185, 190, 200, 205, 208, 210, 237, 252
계단식 158, 178
계단식 분구 182
계단적석총 155, 156, 161, 185, 187, 212, 248
계장식 158, 179, 182
계장식목곽적석총 205, 208
계장식무기단적석총 179

고검지산성(高儉地山城) 83, 99, 104, 114
고국양왕 380, 413
고국원왕 197, 295, 297
고국천왕 195
『고려기』 342
고려기(高麗伎) 381
고려성산성(高麗城山城) 75, 78, 80, 132
고려화사(高麗畵師) 315
고력묘자고분군(高力墓子古墳群) 16, 25, 184, 185, 187
고력묘자1호분 169, 233
고력묘자11호분 169
고력묘자15호분 158, 168
고력묘자21호분 170, 171
고력묘자31호분 181
고산동7호분 239, 259
고산동10호분 345
고산동15호분 237, 251
고성산보루 470
고이산성(高爾山城) 79, 120, 122, 124, 130, 131, 533
고임식 천장 232, 233
고장산1보루 472
고장산2보루 472, 483
고취악 374
골소(骨蘇) 340
〈관구검기공비(冊丘儉紀功碑)〉 29, 35

관대 242, 506
관마장관애 117
관방유적 489
관방체계 109, 111
관산리2호분 250
관상(棺床) 242
관애 116
관정 506
광개토왕 112, 351, 413, 509, 543
광개토왕릉 201, 259, 261
〈광개토왕릉비〉 15, 22, 24, 26, 72, 113, 152, 172, 199, 200
광구장경사이옹 514
광대산고분구역 257
광동리보루 471
구노성 120
『구당서』 342
구덩이기초법(基槽基礎法) 84
『구삼국사』 346
구월산성 140
구의동보루 465, 477~479, 523, 533
구의동유적 464, 510, 514
구의동1보루 448, 453, 477, 521, 525, 534, 537
구의동2보루 477, 537
구형호 489, 522, 525
국내도성 154, 196, 247~249, 265
국내성(國內城) 13, 38, 40, 58, 82, 105, 113, 216, 394, 397

국내성시기 187, 191, 204, 439, 441
궁륭상식 천장 232~234
권운문와당 196~198, 200, 209, 443
귀면문와당 35, 443
귀장(歸葬) 254
그랭이기법 84
금강 109
금강사(金剛寺) 45, 414
금계신앙(金鷄信仰) 310
금관총 509
금동연가7년명여래입상 509
금옥리1호분 338
기단 152, 155, 227
기단돌무덤 155
기단목곽(관)적석총 161, 165
기단목실적석총 161, 166
기단봉토분 226
기단봉토석실분 247
기단석실적석총 161, 166
기단식 158, 178
기단적석총 155, 179, 185, 187, 226

ㄴ

나부체제(那部體制) 111
나성 468, 480, 482, 483, 540, 546
나팔입항아리(廣口長頸四耳甕) 463, 464
나합성(喇哈城) 16, 22
낙랑의 벽돌무덤 246

낙사지 414
남사리29호분 250
남성골산성 76, 142, 468, 480, 482, 483, 490, 510, 511, 519, 522, 525, 540, 546, 548
남양리2호분 500
『남제서』 343
남파동고분군 186
남파동32호분 168
남평양(南平壤) 139
낭랑산성 131
내리1호분 327
노고성 104
노변강토장성(老邊崗土長城) 129
노변장관애(老邊墻關隘) 79, 117
노서동 가옥 509
노철산적석묘 176
노하심유적 190
노하심중층56호분 163
노호초2호분 165
노호초4호분 165
노호초5호분 165
녹가장전실묘(碌家莊塼室墓) 297
능묘(陵廟) 216

ㄷ

단군신화 305
단야시설 489, 532
단월동5호분 513

단월동10호분 513
단축법(短縮法) 314
단칸구조 235, 239, 244, 252, 261, 264
당포성 45, 75, 81, 83, 102, 467, 469, 482, 487, 526, 548
대고력묘자 185
대동강 137
대라권구관애 118
대모산성 91, 468, 480, 482, 483, 548
대보면7호분 497
대석개묘 174
대성산성 41, 44, 45, 46, 48, 53, 59, 102, 183, 237, 253, 258, 261, 395, 397, 487
대안리1호분 286, 324
대전자(大甸子) 175
대천오십전(大泉五十錢) 18
대천초소 117
대평리유적 434
대흑산산성(大黑山山城) 99, 101
덕진산성 469, 482, 483
덕화리1호분 233, 321, 323
덕흥리고분 238, 432
덕흥리벽화분 242, 292, 294
도(刀) 533
도기동산성 77, 468, 480, 482, 483
도성제 54, 113
독락산성 103
독바위보루 468, 471, 521

돌각담무덤 151, 155
돌구멍(石洞) 99, 100
돌기둥 244
돌무덤 155
돌무지무덤 151, 155
동대자(東台子) 394
동대자유적 410, 434, 435, 464
동대파(東台坡)356호분 163, 181
동마록포자고성 117
동명(성)왕 353, 422
동북공정 465
동분이혈합장(同墳異穴合葬) 171, 230
동분이혈합장무덤 231
동수(佟壽) 295
동실묘 183
동암리벽화분 293, 295
동전자고분군 185, 187
동천왕릉 195
동해로(東海路) 118
두루봉보루 526
두만강 109
두정리고분군 492, 494, 495, 504, 508, 543, 548
두정리2호분 498, 508
두정리4호분 513
두칸구조 236, 237, 239, 242, 259
들여쌓기 85
등성시설 104

ㄹ

로남리유적 433
로남리 집자리 434
로암리고분 250
롱오리산성 136
룡골산성 135
릉한산성 135
리방제(里坊制) 56

ㅁ

마가채산성(馬家寨山城) 89
마북동유적 544
마선구고분군 37, 187
마선구1호분 233, 234, 239, 251, 345, 348
마선구626호분 157, 179, 191, 193, 208, 214, 215
마선구1000호분 198
마선구2100호분 191, 197, 198, 208, 212, 214, 216
마선구2378호분 157, 179, 190, 191, 193, 208, 256
마선구2379호분 193
마선구2380호분 193
마선구2381호분 193
만발발자유적 174
만보정고분군 187
만보정78호분 168, 169
만보정242호분 212, 248, 250

만보정242-1호분 168, 169
만보정242-2호분 169
만보정1368호분 233, 234, 239, 248, 287, 289
만천리고분 494, 544
만천리1호분 504
만천리2호분 504
망강루고분군 16, 88, 163, 174, 184, 190
망강루4호분 157, 163, 164, 177, 180, 190
망강루5호분 157
망강루6호분 157, 163, 190
망우산보루 472, 478
망파령관애 117
매장부 154, 158, 161
모(矛) 533
모두루총 237
모용황 401, 413
목개석실(木蓋石室) 160, 182
목관 230
목실 182
목책성 76, 483
몰골법(沒骨法) 326
몽촌토성 139, 447, 448, 461, 463, 464, 474, 475, 478, 489, 490, 514, 519, 521, 522, 525, 539, 540, 542, 548
묘실 506

무기단 152, 155, 227
무기단목곽(관)적석총 161, 163
무기단무덤 155
무기단 분구 156
무기단석광적석묘 174
무기단석실적석총 161, 165
무기단식 158, 178
무기단적석묘 161
무기단적석총 155~157, 179, 187, 190, 193
무등리보루군 82
무등리1보루 468~470, 526, 532
무등리2보루 355, 467, 469, 470, 531, 532, 535
무령왕릉 513
무복선연화문와당 443
무용총 301
문악리1호분 169
문자왕릉 261
문지도리쇠 537
미사리유적 474
미창구장군묘 306
미천왕 295
미천왕릉 196
민주유적 394, 444, 447

ㅂ

박작성(泊灼城) 132
반량전(半兩錢) 19

반월산성 91
발해 동경성 406
방계대(方階台) 157
방계제(方階梯) 157
방단계제(方段階梯) 157
방단(方壇)적석묘 157
방단석광적석묘 165
방단적석묘 165
방동리고분 491, 494, 495, 500
방동리1호분 504
방동리2호분 497, 503, 508, 543, 548
방리제(坊里制) 54, 56
방아확 489
방이동고분군 474
방형 156
방형 묘실 508
배장묘(무덤) 194, 197, 200, 204, 214~216, 265
백마산성 135
백암성(白巖城) 88, 93, 98, 130
버팀축조법(戱築法) 84
범고구려문화 383
범운암 414
벽돌무덤 248
벽화분 187, 226, 232, 508
변우산성 120
보정동고분 494, 543
보정리고분군 544
보정동1호분 504, 507

보정동2호분 504, 507, 508
보정리 소실21호분 494, 507
복발형투구 465
복사리벽화분 233, 234, 239, 293, 295
복수 현실 239
본계(本溪) 120
볼씨 489
봉상왕릉 198
봉석묘 183
봉성리1호분 293
봉토분 187, 226
봉토석실분 508
봉화산보루 472, 477, 478, 479
봉황산산성(鳳凰山山城) 68, 69, 93, 100, 104, 130, 132
부(斧) 534
부견(符堅) 351, 413
부경(桴京) 364
부이강(富爾江) 22, 114
북구관애 117
북방식 지석묘 242, 245
분구 154, 155, 161, 178
분구 지향형 묘제 158
불교 413
비류수(沸流水) 14
비사성 132
비아랍성 120

ㅅ

사마르칸트 380
사묘유적 410
사신총 256
사아식 233, 234
사우돌출형 156, 163
사이장경옹(四耳長頸甕) 510, 514, 522
사장리1호분 169, 170, 171, 182, 237
사찰유적 413
산상왕릉 194, 195
산성 113
산성자귀갑총(山城子龜甲塚) 335
산성자산성(山城子山城) 26, 28, 31, 32, 35
산성하고분군 187
산성하195호분 168
산성하332호분 237
산성하725호분 237
산성하983호분 237, 239
산성하1408호분 233, 234
산성하전창36호분 191, 208
산용5호분 177
산정식 산성 31
삼각고임방식 492, 500
삼각고임천정 503
『삼국사기』 345
『삼국지』 338
삼년산성 91
삼송산성 120

삼실총 92, 228, 237, 238, 293, 295, 522
삼악산성 103
상고성자고분군(上古城子古墳群) 16, 24
상오리사지 394, 414, 417, 419, 420, 425, 527
상왕가촌 250
상왕가촌묘(上王家村墓) 297
상활룡2호분 163, 181
상활룡5호분 181
새날리 250
서강 남대석릉 195
서단산문화 174
서대총 182, 191, 196, 208, 212, 214, 256
서안평현(西安平縣) 114
석개묘 173
석개석광적석묘 174
석개적석묘 174
석관묘 174
석광(石壙) 159
석광적석총 179
석대자산성(石臺子山城) 83, 89, 92, 97, 106, 130, 533
석대 215
석붕형(石棚形) 240
석상(石床) 242
석성 81, 483
석실 182, 225~227, 249

석실기단봉토벽화분 263
석실기단봉토분 230, 258
석실봉토벽화분 185, 190, 235, 237, 255
석실봉토분 225, 226, 235, 244, 246, 249, 252, 253
석실적석총 247
석암리120호분 250
석촌동고분군 474, 475
석호관애 117
설성산성 91
성벽 배수시설 104
성산산성(城山山城) 86, 99, 107
성자산산성(城子山山城) 89, 93, 98
성장립자산성(城墻砬子山城) 114, 117
성총(星塚) 315
세장방형 묘실 508
세장형촉 532
소고력묘자 185
소골(蘇骨) 342
소래산보루 471, 472
소성자산성(小城子山城) 114
소수림왕 343
소수림왕릉 198
소자하(蘇子河) 114, 120, 130
소찰주 534, 535
소형(小兄) 35
송화강(松花江) 109
수락산보루 472, 477
수릉(壽陵) 254

찾아보기 563

수산리벽화분 319, 340
『수서』 341
수양산성 140
수직기둥홈 102, 103
수혈식 152, 508
수혈식 석곽 159
수혈식 장법 154, 159, 178, 247
순도(順道) 351, 413
습지벽화법(濕地壁畵法) 288
시루봉보루 106~108, 465, 466, 477, 478, 521, 525
시유도기 443
시조사당(始祖廟) 113
식물원10호분 239
신답리고분 494
신답리고분군 544
신답리1호분 495, 498~501, 504, 507
신답리2호분 503, 504
『신당서』 342
신매리고분 494, 499, 500, 504, 506, 507
신성 116
신성도(新城道) 120
신원유적 187
신천리고분군 497
신천리2호분 504
십사도구고성 117
십이도만관애 117
쌍영총(雙楹塚) 244, 318

쌍인부 534

ㅇ
아단성(阿旦城) 474
아도 413
아미성 482, 483, 526
아차산 465, 472~474, 476, 477, 488, 490, 514, 539, 542, 548
아차산보루 448, 525
아차산1보루 475
아차산3보루 453, 465, 466, 475, 489, 521, 531, 537
아차산4보루 93, 448, 449, 451, 452, 465, 466, 478, 489, 510, 521, 525, 531, 533~536, 547
아차산6보루 466
아차산성 526, 527
아차산일대보루군 20, 82, 93, 96, 97, 106, 479
안악1호분 293
안악2호분 317
안악3호분 234, 236, 244, 245, 248, 250, 254, 285, 287, 413, 432, 236
안유명(顔幼明) 343
안자구402호분 233
안장왕릉 261
안주성 135, 136
안학궁 47, 49, 50, 52, 59, 253, 258, 406

안학궁3호분 51
안학궁성 395, 397, 401, 403, 405
안학궁터2호분 514
안학동5호분 228, 229
암사동유적 474, 475
애하첨고성 125
약수리고분 92
약수리벽화분 238, 329, 331
양민73호분 166
여장(女墻) 99
역내리유적 544
역내리1호분 502~504
연도 230, 234, 235, 237, 242
연무리2호분 156, 163
연주성 120
연통산산성(煙筒山山城) 89
연화문와당 35, 41, 198, 200, 201, 209, 529
연화복합문와당 526, 527
연화총 286
연화화생 315
영릉남성지 125
영릉진고성(永陵鎭古城) 72, 114
영명사지 414
영성자벽화분 250
영성자산성(英城子山城) 78, 131
영화9년명 동리묘 228, 229, 248
오골성(烏骨城) 68, 132
오국리무덤 231

오국성(五國城) 152
5나부체제 113
오녀산 16
오녀산성(五女山城) 15, 16, 18, 20, 21, 23, 25, 31, 72, 86, 87, 92, 99~101, 113, 120, 125, 394, 396, 533
오녀산성 평면도 17
오도령구문고분 163
오룡산성 120, 125
오수전(五銖錢) 18
오회분1호분 264
오회분2호분 264
오회분3호분 264
오회분4호분(묘) 231, 256, 258, 260, 263, 264, 289
오회분5호분(묘) 231, 239, 256, 258, 260, 263, 264, 289
옥도리벽화분 339
온달 360
온달산성 91
온돌 448
온화보 남대총 195
온화보 서대총 195
옹진고성 140
와룡산성 104
와방구산성 117
왕융(王融) 343
외황(外隍) 107
요동성(遼東城) 121, 128, 130, 131

요동성총 231, 238, 240, 285, 288, 414
요철법(凹凸法) 296
요하(遼河) 109
용강대묘(총) 89, 92
용담산성(龍潭山城) 78, 126
용마산1보루 478
용마산2보루 448, 466, 489, 521, 531, 537
용마산3보루 478
용마산5보루 478
용수산성 126
용호동1호분 169
우가촌 타두적석묘 176
우두동유적 544
우산하고분군 187
우산하41호분 169, 172, 181, 251
우산하68호분 166, 167
우산하249호분 168
우산하540호분 171
우산하742호분 233
우산하992호분 182, 191, 196, 208, 215
우산하1041호분 232
우산하1340호분 168, 181
우산하1897호분 233
우산하2110호분 182, 191, 195, 208
우산하2112호분 181
우산하2174호분 237, 238
우산하2891호분 169

우산하3105호분 169, 250
우산하3126호분 169
우산하3148호분 168
우산하3232호분 166
우산하3241호분 166
우산하3283호분 250
우산하3296호분 166
우산하3319호분 182, 183, 209, 250
우정리보루 470
우편재연도 249
운평리4-6호분 156, 163, 180
운평리4-9호분 163
운평리4-10호분 166, 167, 181
웅진도성 481
원구식(圓丘式) 157
원구식적석총 157
원오리사지 394, 414, 421
원통형삼족기류 514
월평동산성 480, 482, 483, 540
월평동유적 468, 514, 522, 525, 546, 548
월형부 534
위나암성(尉那巖城) 27, 28, 31, 72
『위서』 343
위패산성(魏覇山城) 83, 107
유관산성 120
유단식적석총 158
유사두칸구조 183, 237, 239
유사효(劉思斅) 343

유주자사 297
육도하 114
윤가촌적석묘 176
은대리(산)성 467, 469, 482, 519, 522, 525, 548
이가보산성 130
이도구문관애 117
이백(李伯) 345
이불란사(伊弗蘭寺) 413
이성산성 91
이수원자남(梨樹園子南) 394
1탑3금당 414, 415
임강고성 117
임강총 182, 191, 194, 195, 208
임진강 490
입석판 212

ㅈ

자매산성(오누이성) 140
자안산성 117, 125
작은테미산보루 472
장군산적석묘 176
장군총 59, 152, 169, 172, 183, 191, 199, 200, 201, 208, 210, 212, 214~216, 226, 251, 254~256, 259, 261
장대석 228
장무이무덤 248, 250
장방형 156
장방형 묘실 508

장산동1호분 235, 239, 244, 293, 295
장산동2호분 235, 293, 295
장수산성 139, 140
장수왕 59, 112, 345, 546
장안성(長安城) 13, 14, 54, 112, 253, 397, 406, 414
장천고분군 185, 187
장천고성 117
장천1호분 232, 233, 310, 312, 414, 522
장천2호분 229
적백송고성(赤柏松古城) 72, 114
적석묘(총) 151, 173, 227, 245, 246
전곡리토성 469, 482
(전)동명왕릉 251, 256, 258, 260, 261, 265
전륜성왕(轉輪聖王) 351
전방후방형 215
전방후원형 156, 163, 215
전석혼축실(塼石混築室) 159, 182, 226
전석혼축실봉토분 249
전수호산성(轉水湖山城) 73, 114
전원후방형 156, 163, 215
전축분 228
절천장총 169, 171, 181~183, 233, 234, 237, 251
점열문 490
정릉사 259, 265
정릉사지 395, 414, 417, 422~424,

426, 429
정립회관보루 474
정북동토성 468, 480, 482
조벽지법(粗壁地法) 288
조우절풍(鳥羽折風) 338
졸본(卒本) 13, 14, 25, 27, 113, 191
좌우편재 연도 508
주몽 353
『주서』 340
주월리유적 471, 522, 525, 544, 548
주택유적 432
준법(皴法) 330
중곡동고분군 474, 477
중도고분 510
중앙연도 231, 242
중천왕 195
중호문 490
중흥사지 414
지경동1호분 237
지경동2호분 237
지둔 413
진대덕(陳大德) 342
진파리고분군 258, 423
진파리1호분 256, 259, 315, 317
진파리4호분 251, 256, 259, 315, 317
집안 26, 58, 114
〈집안고구려비〉 15, 26
집안324호분 228, 229
집안1897호분 232

쪽구들 433, 487

ㅊ

착암기초법(鑿岩基礎法) 84
찰(札) 534
책성(柵城) 68, 76, 126
천리장성 128, 131
천보산2보루 468, 471, 490, 515, 532
천손국(天孫國) 382
천수국수장(天壽國繡帳) 315
천왕지신총 286, 288, 324
천장 가구 226, 231
천전리고분 494, 495, 497~499, 503, 504, 506
천추총 46, 171, 172, 183, 191, 198~200, 208, 209, 212, 214, 216, 254, 256
철배산성 120
철옹성 136
철정리고분 494, 544
철정리유적 544
철정리2호분 495, 497, 503
철정리3호분 503
철정리4호분 500, 502, 503, 504, 507
청계리고분 492, 508
청동사이호(靑銅四耳壺) 509
청동사지 414
청동호우(靑銅壺杅) 509
청룡산성 135, 136

청암리사지 43, 394, 414~417, 419, 420, 425
청암리토성(청암동토성) 41~43, 52, 59, 253, 414, 416
청야전술(淸野戰術) 116
초대형분 156
초문사(肖門寺) 413
최진보산성(催陳堡山城) 75
추룡리 250
〈충주고구려비〉 461, 510, 544, 546
치(雉) 96
치미 529
치악산성 138
칠개정자관애 117
칠성산고분군 187
칠성산65·66호분 170, 171
칠성산96호분 250
칠성산211호분 191, 195, 208, 215
칠성산695호분 166
칠성산871호분 157, 179, 190, 191, 194, 208, 214, 215, 533
칠성산879호분 158, 166, 167, 181
칠성산1096호분 169, 171, 182
칠실총 240

ㅋ

큰테미산보루 472, 483

ㅌ

탑산산성 130
탑평리유적 544
'태녕(太寧)4년'명 권운문와당 40
태백산성 138
태봉산보루 471, 472
태서법(泰西法) 296
태성리1호분 236, 238, 244, 345, 348
태성리2호분 235, 250, 286, 288
태성리3호분 236, 287
태왕릉 46, 59, 152, 169, 171, 172, 183, 191, 198~201, 208, 209, 212, 214, 215, 226, 240, 254, 256
태왕호(太王號) 111
태자성 120, 121, 125
태자하(太子河) 114, 120, 131
태환식귀걸이 511
토갱묘 174
토갱석곽묘 174
토갱석곽석관묘 174
토광(土壙) 159
토광석곽묘 174
토석혼봉묘(무덤) 165, 183
토성 78, 483
토성리사지 414, 417, 425, 430, 431
토심석축공법(土芯石築工法) 81
토심석축성 483
토포리대총 251, 256, 258, 260, 261, 263, 265, 267

통구고분군 185
통구분지 154, 156, 187, 191, 249, 257, 258
통구사신총 258, 260, 332, 333
통구성(通溝城) 38
통구12호분 232, 233, 234, 286, 288, 317
통구하(通溝河) 26
『통전』 345
통주성 135

ㅍ

판교동고분 494
판교동1호분 498, 504
판교동2호분 498
팔청리벽화분 244, 319, 323
패왕조산성(覇王朝山城) 87, 114, 117
편재연도 231
평거식(平据式) 89
평양도성 183
평양도성시기 253~256, 258
평양성 14, 41, 46, 47, 53, 54, 55, 57, 59, 88, 137, 253, 406
평양성각자성석 547
『평양속지(平壤續志)』 56
평양역전이실분 238, 250
평양 천도 110, 112, 397, 401, 413, 438, 443
평원왕 360

평지성 113, 482
평천장 232, 233
평행고임방식 503
평행삼각고임 234, 235, 252
포곡식 산성 31, 32, 45, 128
풍가보자(馮家堡子) 175
풍가보자4호분 177
풍가보자유적 석개적석묘 174
풍납토성 474, 478, 542

ㅎ

하고성자토성(下古城子土城) 15, 16, 22~24
하보산성 120
하해방고분군 187
하활룡8호분 163, 164, 180
하활룡24호분 157, 180
하해방31호분 251
한성 490, 522, 538, 539, 541
한왕묘(漢王墓) 259
한탄강 490
현도군(玄菟郡) 114
현실 230
협피구고성 117
호남리사신총 251, 256, 258, 260, 261, 263, 265, 327, 331
호로고루 45, 75, 81, 83, 102, 103, 467, 469, 482, 483, 487, 514, 515, 521, 522, 525~527, 529, 531, 532

호분석(護墳石) 212
호산산성(虎山山城) 130, 132, 136
호선무(胡旋舞) 380
호자구(蒿子溝)고분군 190
호자구1호분 157
호점산성 103
혼강(渾江) 15, 22, 114
혼전(魂殿) 298
혼하 120
홍련봉보루 474, 478, 479
홍련봉1보루 45, 103, 448, 449, 451, 453, 465, 466, 477, 521, 526, 527, 531, 537
홍련봉2보루 106, 107, 108, 451, 453, 465, 466, 477, 489, 521, 525, 532
홍련봉2보루 유구 484
홍예식(虹霓式) 89
화장지법(化粧地法) 288
화피전자고성 117
환도산성(丸都山城) 19, 34, 38, 58, 87, 88, 92, 93, 99, 105, 113, 116, 185, 187, 216, 394, 397, 533
환도산성 궁전지 401, 411, 412
환두도 533
환문총 291, 293
환인 25, 113, 114
「황조가(黃鳥歌)」 376
황주성 138
회색경질토기 519
횡구식 석곽 159
횡혈식 152, 205, 225, 508
횡혈식석실봉토분 508
횡혈식석실분 508, 543, 548
횡혈식 장법 154, 159, 178, 182, 225, 247, 248, 253
휴류산성 138
흑구산성(黑溝山城) 73, 74, 87, 104, 114
흑색마연토기 492
흘골산성 136
흘승골성(紇升骨城) 13, 15, 21, 110

고구려통사 8

고구려 고고
- 유적 편

초판 1쇄 인쇄 2021년 12월 20일
초판 1쇄 발행 2021년 12월 31일

엮은이   동북아역사재단 한국고중세사연구소
지은이   양시은, 강현숙, 전호태, 최종택
펴낸곳   동북아역사재단

등록   제312-2004-050호(2004년 10월 18일)
주소   서울시 서대문구 통일로 81 NH농협생명빌딩
전화   02-2012-6065
팩스   02-2012-6189
홈페이지   www.nahf.or.kr
표지디자인   역사공간
제작·인쇄   역사공간

ISBN   978-89-6187-680-3 94910
          978-89-6187-595-0 (세트)

• 이 책은 저작권법에 의해 보호를 받는 저작물이므로 어떤 형태나 어떤 방법으로도
  무단전재와 무단복제를 금합니다.

• 책값은 뒤표지에 있습니다. 잘못된 책은 바꾸어 드립니다.